KB002801

자치경찰

- 제주자치경찰제도의 체계적 접근 -

신 현 기

法 文 社

이 저서는 2017년 정부(교육부)의 재원으로 한국연구재단의 지원을 받아
수행된 연구임(NRF-2017S1A6A4A01018927).

Municipal Police

– An systematical approach to Jeju Municipal Police System –

by

Prof. Dr. Hyun Ki Shin

2021

Bobmunsa

Pajubookcity, Korea

This work was supported by the National Research Foundation of Korea
Grant funded by the Korean Government(NRF-2017S1A6A4A01018927).

Mein ganz besonders Dank gilt meinem verehrten Doktorvater Herrn Prof. Dr. Peter J. Opitz der Ludwig-Maximilians-Universität München Deutschland/Germany

Am 27 Juli 2016(Dienstag), im Untersuchungsbüro von
Herrn Prof. Dr. Peter J. Opitz an der Universität München Deutschland/Germany

머 리 말

어느 나라를 막론하고 자기 국가와 사회를 존속시키는 데 있어서 가장 중요한 요소들 중 하나는 바로 경찰의 유지·운용이다. 경찰은 자기 나라 사회의 질서를 유지하여 모든 국민이 경제활동을 자유롭게 영위하도록 해주는 매우 중요한 역할을 수행한다. 경찰이 존재하지 않는다면 사회질서가 무너져 국가 존립 자체가 불가능하게 된다는 이야기다. 지구상의 모든 국가에서 운용하고 있는 경찰제도는 그 나라가 처한 역사, 문화, 전통, 법과 행정 그리고 국가가 처한 상황에 따라 각기 상이하게 정착·발전되고 있다. 예를 들어 북유럽 국가들은 애초에 자치경찰제로 출발하여 훗날 국가경찰제로 개편하여 발전시키는가 하면, 국가경찰제를 시행하던 일본은 제2차 세계대전에서 미국에 패망한 후 미군사령관에 의해 국가 및 자치경찰이 공존하는 이른바 혼합형 경찰제를 시행해 오고 있다. 영국인들이 미국, 캐나다, 호주, 뉴질랜드 등지로 이주하여 각기 국가를 창설할 때 모국인 영국의 경찰제를 따르지 않고 각자가 처한 상황에 맞게 독특한 자기 고유의 경찰제도를 발전시키고 정착시켜 왔음을 볼 수 있다. 말 그대로 같은 민족이면서 각기 다른 경찰제를 발전시켰다는 점은 아이러니컬한 경찰사로 이해된다. 한국 경찰제 경우도 매우 특이한데, 1945년 10월 21일 미군정하에서 국립국가경찰이 창설되었고, 이른바 한국형 국가경찰제로 정착시켰으며 탄탄하게 유지 및 발전되어 세계에서 범죄 검거율이 가장 높은 경찰로 알려지고 있다.

특히 2006년 7월 1일부터는 국내 처음으로 제주특별자치도라는 일정 지역에서 기존처럼 국가경찰은 기존대로 유지하면서, 동시에 제주도지사가 별도로 지방공무원 신분으로 이른바 한국형 자치경찰제를 도입하여 시행해 오고 있다. 이들은 도지사기 임명하고 운영하는 지방공무원 신분을 유지하고 있다. 다만 제주자치경찰제는 유럽의 프랑스, 스페인, 이탈리아 자치경찰제를 벤치마킹한 모델인데도 불구하고 제주도에서 또 다른 한국형 자치경찰제로 정착 발전시킨 독특성을 보여주고 있다. 초창기에는 토대구축을 위해 38명의 국가경찰이 퇴직하고 동시에 제주자치경찰공무원으로 특별임용되는 절차를 거쳐 정착되었으며 연이어서 자치순경들이 임용됨으로써 법적으로 정해진 정원 127명 체제를 모두 갖추게 되었다.

2019년 5월부터 제주자치경찰단장은 4급 자치총경에서 한계급 승격되어 3급에 해당하는 고창경 자치경무관이 맡고 있다. 자치경찰의 인력 차원에서는 제주도청에서 직원들 중 일부가 이관되어 인력 증원이 꾸준히 이루어졌으며, 제주자치경찰 중 수사권을 행사할 수 있는 특별사법경찰들은 주어진 고유 수사업무를 활발하게 수행하고 있고 기타 모든 다른 직원들은 주로 순찰위주의 근무에 집중해 왔다.

2006년 7월 제주자치경찰이 창설된 이후부터 지금까지 경찰학계와 경찰실무계에서 제주자치경찰은 예방순찰 위주로만 운영되었기 때문에 무늬만 경찰이라는 목소리가 매우 높았던 게 사실이다. 2017년 5월 10일 출범한 문재인 정부는 검경 수사권 조정과 자치경찰제 도입을 하나의 연계과제로 묶었고 이를 100대 국정과제 중 13번째 과제로 제시함으로써 그 중요성을 잘 보여주었다. 제주자치경찰제를 전국으로 확대·시행하기 위한 일환으로 국가경찰인 제주지방경찰청은 산하 소속 경찰공무원들 중 1차, 2차, 3차, 4차에 걸쳐 총 268명을 선발해 제주자치경찰단으로 파견했으며 국가－자치경찰이 혼합 근무를 시도했다. 그리고 본 시범실시가 전국 광역시도로 확대 가능한지에 관한 시범실시를 단행했다. 2019년 1월 기준 제주자치경찰의 인원은 도청과 제주경찰청에서 파견된 인력까지 모두 합쳐 총 420명 정도로 대폭 확대되었다.

이들 국가경찰－자치경찰의 총인원은 제주자치경찰단장(자치경무관)의 지휘하에 운영되고 있다. 하지만 그동안 시범실시에서는 원래의 제주자치경찰단 소속의 자치경찰은 참여하지 않고 오직 국가경찰에서 파견된 268명을 이른바 파견 자치경찰이라는 이름으로 실제 지구대와 파출소에서 시범 자치경찰업무를 적극적으로 수행하였다. 그럼에도 불구하고 경찰청이 국가·자치경찰을 대상으로 설문조사한 결과에 따르면 부정적이라는 응답이 적지 않았고, 사무분장 등 협조 역시 부정적으로 나타났다. 특히 현직 경찰관들이 제주자치경찰제 운영이 원활하지 않다고 답했다. 이들은 '초동조치권 부족' 등을 주요 이유로 꼽았다. 2020년 12월 현재에도 국가경찰의 파견 운영은 중단되고 국가경찰기관으로 복귀하게 되었다. 매우 흥미있는 시범실시였는데, 그 이유는 향후 전국적으로 자치경찰제가 도입될 것을 대비하여 사전에 미리 시범실시를 통해 검토해 보았다는 차원에서 그 의미가 매우 크다고 평가된다. 아쉽게도 2019년 9월에 실시한 경찰청의 제2차 설문조사에서는 제1차 때보다 더 부정적인 결과가 나왔다. 한마디로 국가경찰과 자치경찰단에 파견된 경찰인력 모두 제주형 자치경찰제는 전국적으로 확대되어서는 안된다는 부정적인 입장을 강하게 보여주었다.

본 저서는 2006년 7월 국내 처음으로 자치경찰제를 실시한 제주자치경찰제에 대해 어떠한 프로세스를 거쳐 그 시작부터 2021년 4월까지 15년간 운영되어 온 내용들을 경찰행정학적 차원에서 총 망라해 보고자 했다. 특히 제주자치경찰제의 탄생 배경, 법적 토대, 조직, 인사, 예산, 그리고 운영상황과 성과 등을 모두 담아 내어 이 분야를 연구하고자 하는 후속연구세대들에게 자치경찰분야 연구의 기본 토대를 구축해 주고자 했다. 무엇보다 국내 처음으로 제주자치경찰제도를 한 권의 학술저서로 출판하게 된 것은 늦은 감은 있지만 큰 의미를 지니기에 충분하다고 본다. 본 저서는 대학교재인 교과서형이 아니라 논문형 연구 저서로 진행된 학술서이다. 그리고 본 저서가 추후 제주자치경찰제 관련 저서들이 지속적으로 연구 출판되는 데 있어서 하나의 참고자료로서 기여를 하길 기대한다. 본 제주자치경찰 관련 저서는 국내에서 처음으로 시도한 저서이기 때문에 그 내용면에서 부족한 점이 적지 않은 만큼 향후 독자들의 따가운 비판을 기대한다. 그리고 부족한 부분은 향후 지속적으로 연구하면서 보완해 나가고자 한다. 그동안 제주자치경찰에 대한 논문은 많이 나왔지만 지난 15년을 정리한 학술저서는 국내 자치경찰 관련 학자 중 누군가가 꼭 연구해서 세상에 내놓아야 하는 이른바 소외 연구 영역이었다.

특히 본 저서가 심층 연구되어 한 권의 학술연구서로서 세상의 빛을 볼 수 있도록 지난 3년간 재정적 지원을 아끼지 않은 교육부 산하 한국연구재단에 이 자리를 빌려 진심으로 감사와 경의를 표한다. 그리고 본 저서가 완성되기까지 자치경찰론 강의에서 각 주제별 토론을 진행하며 귀중한 의견을 함께 나누어 주었던 한세대학교 경찰학 박사(김세진, 서헌원, 이종필, 정현정, 최돈수, 황정용, 김영길, 봉유종)들에게도 감사를 전한다.

그리고 1999년 2월 저자에게 철학박사 학위(Dr. phil. / 정책학 전공 / 사회학 부전공)를 수여해 주시고 오늘날 경찰학계에서 학문의 길을 걸어갈 수 있도록 항상 염려를 아끼지 않으시는 독일 바이에른(Bayern)주립 루드빅 막스밀리안스 뮌헨대학교(Ludwig-Maximilians-Universität München)의 페터 요하임 오피츠(Prof. Dr. Peter J. Opitz) 지도교수(Doktorvater)님에게 본 저서를 바친다.

또한 2009년 3월 저자가 주도하여 경찰학 박사과정을 개설하고 모집하여 많은 박사들을 배출하였다. 저자가 직접 박사학위 논문을 지도해 준 박승훈 박사,

김재주 박사, 양현호 박사, 이상훈 박사, 전준석 박사, 임종헌 박사, 곽영걸 박사, 김재화 박사, 오정석 박사, 김학배 박사, 문재명 박사, 장승수 박사, 조세희 박사, 최준선 박사, 강기중 박사, 강동주 박사, 김주한 박사, 배철수 박사, 윤호연 박사, 장기현 박사, 양재열 박사, 박종철 박사, 신동선 박사, 조동택 박사, 이진경 박사, 박민석 박사, 강문봉 박사, 김경숙 박사, 김정환 박사, 박승현 박사, 안동현 박사, 오용훈 박사, 이임걸 박사, 이재술 박사, 최재천 박사, 양경민 박사, 이주민 박사, 임경호 박사, 김연주 박사, 김종갑 박사, 박주진 박사, 전영태 박사, 김성훈 박사, 김이문 박사, 김하경 박사, 김현우 박사, 박미영 박사, 정치원 박사, 최홍만 박사, 강길주 박사, 김민정 박사, 김장수 박사, 김창준 박사, 김환권 박사, 류은희 박사, 진병동 박사, 김세진 박사, 서헌원 박사, 이종필 박사, 최돈수 박사, 황정용 박사에게도 학문 세계를 묵묵히 개척해 나가는 데 있어서 무궁한 발전이 함께 하길 진심으로 기원한다.

그리고 2021년 경찰학 박사학위 과정을 마무리하고 학위를 수여받게 되는 정현정에게도 학문적 용기를 함께 한다. 또한 2022년 2월 경찰학 박사학위 취득을 목표로 논문을 작성 중인 강봉철, 김웅환, 허준호, 류정원, 곽춘근, 오승주, 유병태, 이유준, 임성진, 황재규 Dr. cand.에게도 어려움 없이 박사학위 취득이라는 큰 열매가 맺어지기를 기도한다. 또한 박사학위 과정에서 학문을 불태우고 있는 김균근, 배근석, 곽나현, 조수아, 곽윤기, 강윤석, 정광웅 경찰학 박사과정의 원우들에게도 힘찬 응원을 보내며 미래에 그들의 학문 세계가 광활하게 펼쳐지기를 기원한다.

특히 본 저서가 완성되는 데 있어서 귀중한 자료를 보내주시고 응원을 아끼지 않으신 제주자치경찰단의 고창경 단장님(자치경무관)과 김동규 정책관님(자치총경), 정길우 과장님, 고정근 과장님, 김충신 경감님에게도 심심한 감사를 전한다. 그리고 오래전인 2003년 노무현 정부 때부터 자치경찰제를 함께 연구하며 토론해 온 박억종 교수님, 이종복 교수님, 곽태석 교수님, 이영남 교수님, 안영훈 교수님, 조성택 교수님, 이상열 교수님, 박동균 교수님, 이정덕 교수님, 김택 교수님, 이상훈 교수님(대전대), 남재성 교수님, 황문규 교수님, 황명선 논산시장님, 안성률 박사님, 심익섭 교수님, 고기철 박사님(서울경찰청 자치경찰 차장), 박준휘 실장님, 양영철 교수님과 미국 메릴랜드대의 최진욱 교수님에게도 감사드리며 향후에도 자치경찰제 토론의 장을 더 활발하게 펼쳐 나가기를 기원한다.

　끝으로 본 저서가 어려운 여건에도 불구하고 세상의 빛을 볼 수 있도록 흔쾌히 출판을 허락해 주신 법문사 사장님께 심심한 감사를 표한다. 그리고 본서가 출판되는 데 있어서 복잡한 교정작업에 많은 수고를 아끼지 않고 큰 힘을 보태주신 편집부 김제원 이사님과 영업부 정해찬 과장님에게도 이 자리를 빌려 진심으로 감사를 표한다.

2021년 5월

신산본 한세대학교에서

신 현 기

차 례

제 3 장   유럽형 자치경찰제도의 분석 ·· 45

제 1 절   프랑스의 자치경찰제도 ·· 48

1. 정치행정체제와 경찰조직체계 48

    1) 프랑스의 정치와 행정체제 48   2) 프랑스 경찰조직체계 49

2. 국가경찰제도 51

    1) 프랑스 경찰조직의 법적 토대 51

    2) 국가일반경찰 51   3) 국가군인경찰 53

3. 자치경찰제도 54

    1) 프랑스 자치경찰의 설치 54

    2) 프랑스 기초자치경찰의 지위와 권한 및 임무 56

    3) 프랑스 기초자치경찰의 행정조직 59

    4) 프랑스 기초자치경찰의 인사관리 분야 60

4. 프랑스 자치경찰 사례 63

    1) 뇌이시 기초자치경찰의 조직 63

    2) 뇌이시 국가경찰 조직 63

    3) 뇌이시의 국가경찰과 자치경찰 간 공조 63

제 2 절   스페인의 자치경찰제도 ·· 65

1. 정치행정체제와 경찰조직체계 65

    1) 스페인의 정치행정체제 65   2) 스페인 경찰조직체제 65

2. 국가경찰제도 66

    1) 국가일반경찰 66   2) 국가군인경찰 67

3. 자치경찰제도 67

    1) 스페인 자치경찰의 설치 67

    2) 스페인 자치경찰의 권한과 임무 68

    3) 자치경찰의 인사관리 69

4. 스페인 자치경찰 사례 70

    1) 카탈로니아주의 자치주경찰 조직 현황 70

    2) 카탈로니아 자치주경찰과 기초자치경찰을 위한 교육과 훈련 73

제 3 절   이탈리아의 자치경찰제도 ··· 74

1. 정치행정체제와 경찰조직체계 74

    1) 이탈리아 정치행정체제 74   2) 자치정부 종류 74

    3) 자치경찰의 법적 토대 74   4) 이탈리아경찰의 조직체계 74

    5) 이탈리아 종류 현황 75

제1장

서 론

제1장 서 론

제1절 연구의 목적, 필요성, 범위 및 방법

1. 연구의 목적과 필요성

우리 사회에서 경찰(警察/Police/Polizei)이 존재하는 근본적인 목적은 큰 의미에서 볼 때, 흔히 국민의 생명과 재산 및 질서를 유지하기 위해서라고 정의되어지곤 한다. 구체적으로 경찰은 우리 사회 속에서 공공의 안녕과 질서를 체계적으로 유지하면서, 특히 사회질서유지를 위한 최후의 보루이면서 주요한 역할을 수행하는 존재라는 점에서 그 가치를 크게 인정받고 있다. 동시에 범죄예방을 위한 사전적 기능과 범죄수사의 수단을 활용한 사후적 대응을 통해 국가적·사회적 정의를 실현하고자 하는 것이 또 하나의 경찰이 존재해야 하는 주요 목적이라고 이해된다. 이를 위해 국가경찰은 강력한 국가권력을 그리고 지방자치경찰은 지방자치단체의 힘을 적극적으로 활용하게 된다. 무엇보다 경찰 권력은 시민에게는 가장 근접해 있는 국가권력의 실체를 강하게 느끼게 하며, 또 다른 한편에서는 근대사회의 형성과정에서 정립된 시민인권의 확대 및 실현이라는 이상적 목표를 구현함에 있어서 가장 경계해야 할 대상으로 평가받고 있는 것 또한 사실이다. 특히 경찰은 국가권력을 실현해야 하는 중요한 존재적 가치를 지니고 있음에도 불구하고 우리 사회에서 경찰의 부도덕한 모습이 이따금씩 나타남에 따라 절대적 권력에 기반하고 있는 국가의 정당성에 대한 의문이 제기되기도 한다.

오늘날 경찰행정을 자세히 들여다 볼 때, 시민이 기존 경찰의 권력적 힘에만 의존하던 방식에 대해 이미 많은 비판이 제기되고 있다. 경찰이 원래 추구하는 가치와 함께 경찰활동의 목표달성을 끊임 없이 추구하게 되는데, 이를 위한 성패는 사회구성원들 간 협력의 산물이라는 것은 이미 역사적·실증적 경험을 통해 증명되고 있다. 이미 1960년대 미국을 중심으로 활발하게 발전한 소위 지역사회 경찰활동(Community Policing)은 바로 이러한 사고에 그 토대를 두고 있다고 볼 수 있다. 특히 지구상에는 영국, 미국, 캐나다, 호주, 벨기에, 멕시코 등 자치경찰제를 상당히 발전시킨 나라들이 있고, 이에 반해 국가경찰제를 중심으로 운영하면서 동시에 기초자치단체 차원에서 자치경찰제를 병행하여 추가적으로 실시하고 있는 프랑스, 스페인, 이탈리아도 존재한다. 영미법계 및 대륙법계 국가에서의 경찰활동이 국가의 절대적 권력에 근거한 하향적 법집행이 아닌 지역주민들의 합의에 기초한 이른바 서비스 지향적 경찰활동으로 정의되고 있다는 사실은 대륙법계 국가와 시민의 관계형성에 치중해 왔던 우리 한국경찰에게도 적지 않은 시사점을 던져 주고 있다.

이러한 새로운 패러다임을 성공적으로 정착시키는 과정에서 반드시 전제되어야 할 것은 바로 시민의 협력이다. 특히 경찰이 이러한 시민의 협력을 얻어내기 위해서는 결코 기존의 위하적 수단이나 절대적 권력이 아닌 스스로 자발적인 협력방안을 찾고 동시에 발굴해 나가는 지속적인 노력이 필요하다. 보다 정확히 표현하면 시민들의 신뢰와 존경 그리고 지지와 협력이 바로 성공적인 경찰활동의 기본토대가 된다는 점이다. 무엇보다 경찰이 시민들로부터 자발적 신뢰와 존경을 획득하기 위해서는 경찰활동이 도덕적, 윤리적, 합리적, 체계적 및 법적 기본토대를 공고하게 구축해 나가야 하며, 동시에 이에 대한 학문적 연구와 접근이 요구된다.

본 저술은 2006년 7월 1일부터 제주특별자치도에서 국내 최초로 창설 및 시행중인 자치경찰제의 내부 활동에서 발생하는 다양한 조직구조적, 인적, 예산적, 직무수행적 차원을 주목하고 2006년부터 본 연구가 마무리되는 2021년 전반기까지 총 15년 가까이 본 제도의 시행, 정착, 발전 단계까지를 체계적으로 집대성하게 되었다. 특히 제주특별자치도에서 본 자치경찰제가 전국 최초로 시행되었고 동시에 그 토대가 구축 및 정착되는 일련의 과정 속에서 발생하는 갈등상황들까지도 교육훈련적, 윤리적, 사회적 및 행정법적 관점을 망라하여 학제적 관점에서 문제점을 제시하고자 했다. 또한 본 주제를 심층 연구 논의함으로써 제주자치경찰제도의 체계를 정립하는 동시에 경찰학 연구자들과 실무자들이 국내에서 유일하게 독자적으로 구축된 제주자치경찰제도의 기본 토대에 대해 심층 고민해 볼 수 있는 단초를 제공하고자 했다.

2006년 7월부터 우리나라 섬지역인 제주에서 시행중인 자치경찰제는 국제적 차원에서 볼 때, 자치경찰제의 종주국이라고 할 수 있는 영미국가들에서도 찾아 볼 수 없는 우리나라 고유의 독창적인 한국형 제주자치경찰제도로 발전 및 정착 되어 나왔다는 평가가 가능하다. 우리나라 제주자치경찰제는 프랑스 자치경찰제 도를 참고로 해서 우리나라에서만의 독특한 모델로 자리잡았다는 이야기이다. 이 처럼 제주특별자치도는 본 제도가 지닌 장단점에도 불문하고 제주도만의 독특한 자치경찰제도로 발전시켜 나왔다는 점에서 그 의미가 매우 크다. 그동안 이에 대 해 많은 학술연구들이 이루어져 왔다. 특히 우리가 제주자치경찰제에 대해 지속 적으로 체계적인 연구를 진행해야 하는 중요한 이유는 전국적으로 자치경찰제를 도입해야 하는 지방분권 이념의 실천과제를 실행해 나가야 하기 때문이다. 그동 안 우리나라 자치경찰제 도입을 위해 노무현 정부(2003.2~2008.2), 이명박 정부 (2008.2~2013.2), 박근혜 정부(2013.2~2017.5)에서는 범정부적 차원에서 시급한 정부과제 중 하나로 선정해 꾸준히 다루어 왔다. 2017년 5월 10일 출범한 문재인 정부(2017.5.10~2022.5.10)에서는 100대 국정과제 중 13번째 중요한 실천과제로 제시하고 이를 실현하기 위한 노력을 다하고 있다.[1]

2021년 7월 1일 기준으로 만 15년의 역사를 가지고 있는 제주자치경찰제도는 정부가 향후 전국적으로 자치경찰제를 도입하고자 하는데 있어 중요한 하나의 롤 모델로서 그 가치가 매우 크다고 평가된다.

본 저서에서는 법적 토대, 도입단위, 인사, 조직, 예산, 업무, 도입시 참고했던 외국의 자치경찰제도, 수사기능을 행사하는 산하 특별사법경찰의 수사권, 자체 공 항안전 업무, 기마경찰, 관광경찰 관련 업무, 단장의 임무와 책임, 지난 시간 동안 의 제주자치경찰이 쌓아온 성공적 성과에 대한 분석, 국가경찰과의 관계 설정 분 석 등 제주자치경찰이 나아갈 현재와 미래의 바람직한 방향 부분까지 체계적으로 분석하게 되었다.

본 저서는 본 연구기간이 3년임을 감안해 볼 때 2006년 제주자치경찰제 시행 이후 2021년 3월까지 약 14년 8개월간의 시작과 성과 관련 내용을 집대성하여 후속연구자들의 이 분야에 대한 지속적 연구를 위한 단초를 제공하는데도 작은 기여를 하고자 했다.

---

1) 문재인 정부에서는 100대 국정과제 중 13번째 과제로 지방분권 차원에서 자치경찰제 도입을 선정했고, 법적·제도적 기반의 방향을 잡기 위해 경찰청에 경찰개혁위원회를 설치하고 바람직 한 제도적 도입 방향을 잡아 나가고 있다.

2. 연구의 범위

본 저서의 연구범위는 노무현 참여정부(2003.2.25~2008.2.25) 시절인 2006년 7월 1일 제주자치경찰제가 실시된 시점부터 이명박 정부(2008.2.25~2013.2.25)와 박근혜 정부(2013.2~2017.5.10), 그리고 문재인 정부(2017.5.10~2021.3)의 새 일원화 자치경찰 모델의 도입 및 실시까지를 다루었다.

특히 본 저술사업에서 기획한 연구의 기간 범위는 2020년 4월 30일까지의 기간 내에 한정하여 기술되었다가 지원재단의 평가에서 추가로 보완작업의 필요성이 제기되어 2021년 3월까지의 제주자치경찰제도 변화에 따른 내용도 후편에서 함께 다루게 되었다.

노무현 참여정부 시절 전국에서 유일하게 섬지역인 제주특별자치도에서만 자치경찰제를 한정하여 시행하는데 그쳤음은 물론 노무현 참여정부는 자치경찰제 도입을 전국으로 확대 시행하기 위해 정부입법으로 (가칭)자치경찰법안을 국회에 제출했지만 여야 간의 첨예한 정책대결 등으로 인해 법사위가 다루어보지도 못한 채, 정부의 임기만료와 함께 자동 폐기되었다. 이어서 이명박 정부와 박근혜 정부도 우리나라 기초자치단체 차원에서 자치경찰제를 도입하는 정책을 제시하고 많은 노력을 기울였지만 법적인 기초토대를 마련하는 것조차 어려웠으며 임기만료와 함께 사실상 논의 선상에서만 머물렀다. 박근혜 정부에서는 외부연구용역을 발주해 (가칭)자치경찰법안을 마련하는 노력도 있었지만 국회에 상정하지는 못하고 임기만료로 중단되었다. 지난 역대 정부들 중 노무현 참여정부의 자치경찰제는 매우 중요한 의미를 갖는다. 그 중요한 이유 중 하나는 우리나라에서 최초로 제주특별자치도에서만 자치경찰제가 시행되었기 때문이다. 비록 노무현 참여정부의 자치경찰제 도입계획이 전국적으로 확대 시행하겠다는 목표달성에는 미치지 못했지만 후속 정부들에게 큰 동기를 부여했다는 점에서 적지 않은 의미를 던져 주었다.

본 저서의 완성을 위한 연구의 범위는 다음과 같다. 즉 제1장 서론에 이어서 제2장에서는 국가경찰 및 자치경찰제도의 체계적 구축을 위한 기본 토대를 심층적으로 살펴보았다. 제3장에서는 외국의 자치경찰제에 대한 분석과 법적 토대를 다루었다. 특히 2006년 7월 전국에서 유일하게 제주도에서만 실시하게 된 자치경찰제는 프랑스, 스페인, 이탈리아의 자치경찰제를 벤치마킹하여 만들어진 제도라는 특징을 지니고 있다. 다시 말해 이들 유럽국가들에서 활용하고 있는 자치경찰 제도를 본 연구의 완성을 위한 연구배경 차원에서 반드시 살펴볼 필요가 있다. 즉 벤치마킹하게 된 대상이라는 차원에서 매우 중요한 의미를 지니고 있다. 그리 고 자치경찰제의 종주국이라고 할 수 있는 영미법계의 국가들이 활용하고 있는 자치경찰제도를 분석해 보는 것이 큰 의미가 있기 때문에 이 부분도 본 연구에서 심층 분석하게 되었다. 일본의 경우도 상부에 국가경찰제가 있고 하부인 광역자 치단체(도도부현)에서 지방자치경찰제를 시행하고 있는 만큼, 이것을 함께 분석해 보고자 한다. 특히 김대중 정부는 1998년 일본형의 자치경찰제 모델(상부는 국가 경찰, 하부는 도도부현 광역자치단체의 자치경찰제)을 벤치마킹하고자 정부가 설치했 던 산하 경찰개혁위원회에서 심층 검토하기도 했다. 제4장에서는 제주자치경찰제 의 체계적 구축을 위한 기본 토대를 분석했다. 그리고 제5장에서는 제주자치경찰 제의 토대구축을 위한 조직, 인사, 예산 및 장비 영역을 기술하였다. 제6장에서는 사회와 제주자치경찰을 다루었으며, 제7장에서는 행정공무원으로서의 제주자치경 찰을 다루었다. 제8장에서는 제주자치경찰의 활동성과에 대한 심층 분석을 시도 하였으며, 제9장에서는 제주자치경찰의 직무교육훈련과 재교육에 대해 다루었다. 제10장에서는 2017년 5월 10일 출범하게 된 문재인 정부가 전국 17개 광역시도 단위에서 시행하게 될 전국 단위 자치경찰제 도입과 관련해 진행되고 있는 과정 들에 대해 분석하였다. 그리고 제11장에서는 통일 이후 남북한의 통합 자치경찰 제도에 관한 미래 설계를 다루었다. 제12장에서는 제주자치경찰의 확대운영에 대 한 실태 분석을 다루었다. 제13장은 제주자치경찰제도의 문제점과 미래 지향적 개선 방향을 그리고 제14장에서는 본 연구를 통해 얻은 결과들을 요약하고 정책 제언도 제시해 주는 결론 부분을 마무리했으며 드디어 본 저서가 완성되었다.

3. 연구의 방법

본 저서의 집필은 복석한 바를 완성하는 데 있어서 그 기본방침과 체계 및 빙 법을 다음과 같이 정했다.

첫째, 국내에서 유일하게 제주도에서만 시행중인 제주자치경찰제는 경찰학, 법 학(형사법), 범죄학, 심리학, 사회학, 행정학, 정치학, 경제학, 경영학, 철학, 역사학 등이 상호 연계하여 이른바 학제 간 연구로 진행되어야 하는 영역들인 동시에 응용학의 성격도 가진다. 따라서 본 저서도 실제 생활에서 일어나는 제반문제 및 시민생활 상황의 해결에 도움을 주고자 하는 관점에서 저술되었다. 제주자치경찰 활동의 특수성으로 인해 발생할 수 있는 지역적·사항적 갈등상황들을 검토하고 그 해답을 질서유지적, 시민편의적, 제도적, 형사범적·행정범적 기본원리와 정신에서 찾아 나가며 집필되었다.

둘째, 학제적 접근(간학문적) 연구를 시도했다. 제주자치경찰제도 관련 업무는 법과 제도에 근거하여 실행되며, 이 과정에서 여러 가지 사회적 파장이 나타나게 된다. 무엇보다 경찰과 시민간의 현실에 대한 문제를 해결하기 위해서는 현실의 문제에 대한 정확한 진단이 전제되어야 한다. 또 현재의 제도적 틀 안에서 어떤 대안이나 선택이 가능한지를 검토해야 한다. 따라서 사회과학적 문제진단에서 출발하여 형사법적, 행정법학적, 법철학적, 사회학적, 사회범죄학 및 정치철학적, 도덕 철학적, 지방행정학적 및 지역문화적 차원을 고려하면서 연구의 목적에 접근하였다.

셋째, 사례연구를 통해 현실과의 접목을 시도하였다. 예를 들어 국내에서 유일하게 2006년 7월 1일부터 시행된 제주자치경찰제는 이미 15년여의 역사를 가지고 있다. 이 과정에서 조직, 인사, 예산, 교육훈련 및 업무수행을 기능별로 심층 연구하였고 이를 총 망라하여 구체적인 사례들을 분석하였다.

끝으로 본 저술은 중간차원의 탐구(middle level inquires)를 중심으로 했다. 즉 제주자치경찰제와 관련된 주제별 탐구로서, 제주자치경찰의 문화와 정치로부터 제주자치경찰 중립성의 문제, 경찰활동의 본질과 관련한 제주자치경찰의 역할 및 그 한계, 제주자치경찰 개인의 사생활, 제주자치경찰의 상징성과 실용성, 제주자치경찰의 수사상에서의 법적 미비 문제, 물리력 행사의 한계, 직원의 교육과 재교육의 새로운 가치, 조직의 개편, 시민안전과의 조화, 자치경찰제도의 바람직한 미래지향적 방향의 제시 등이 그 주된 주제로 다루어졌다.

본 저서를 집필하는 데 있어서 그 주요 기본체계는 다음과 같이 이루어졌다. 먼저 국내에서 유일하게 제주도에서만 시행 중인 제주자치경찰제도에 대한 기본적인 이해를 위해 최소한의 분량으로 제주자치경찰제도와 관련된 이론적 배경을 기술하였다. 여기에서 우려되는 과도한 추상성을 최대한 지양하고 현재 법적 토대 위에서 운영 중인 제도를 실증적으로 분석하고 제주자치경찰제도의 발전방향을 제시한다는 학문적 토대를 구축하는 차원에서 핵심 내용을 체계적으로 정리했다.

본 저술의 완성을 위한 연구방법은 문헌자료조사방식과 기술적 접근방식을 활용해 완성되었다.

첫째, 문헌연구로서 제주특별자치도 산하 자치경찰단(단장 자치경무관)에서 수행중인 제주자치경찰제 관련 각종 신문, 인터넷, 정부기록물, 정부내부자료, 국회회의록, 외국의 자치경찰제도 관련 자료, 학술논문들, 저서들을 조사 및 수집하여 이론적인 연구 관련 논의를 위한 연구자료로 적극 활용하였다. 또한 제주자치경찰제도 관련 전문가들과 나눈 개인적인 학술교류와 연계된 지식들도 좋은 참고자료로 삼았다. 이 밖에도 제주자치경찰의 실태를 분석하기 위해 제주자치경찰단의 설치단위, 인사관리, 조직구조, 직무범위와 관련된 자료, 인터넷에 이미 공개된 각종 자료, 관련 기관들의 각종 내부자료들을 집중 조사 및 활용했다. 나아가서 제주자치경찰단에 정보공개청구를 시도하여 얻은 가장 최신의 통계 자료들을 적극 활용함으로써 본 저서의 가치와 신뢰도를 극대화 하는 노력을 기울였다. 그리고 본 학술 저서는 제주자치경찰제도를 심층 분석하여 체계적으로 접근하는 등 이 분야의 학문적 토대를 구축해 나가는데 있어서 길라잡이가 되어야 한다는 데 초점을 두고 진행되었다.

둘째, 제니퍼 메이슨(Jennifer Mason, 1996)이 개발한 질적연구방법론을 적극 활용하였다. 일반적으로 질적연구라고 하면 질적 면접조사, 관찰 및 질적자료의 심층 분석 등이 있다. 특히 이 중에서 질적자료의 분석방법을 활용하게 되었다. 일반적으로 질적연구의 경우 면접조사, 관찰 및 질적자료의 분석이 많이 활용되고 있다. 특히 질적연구에서 수집되고 많이 활용되는 문서를 보면 개인문서, 각종 인공물, 공적문서, 연구자 스스로에 의하거나 연구자를 위해 만들어지거나 작성된 각종 문서 그리고 온라인 형태의 문서 등이 있다. 본 연구에서는 내부문서자료와 보도자료 등을 주로 활용했음을 밝혀둔다. 특히 제주특별자치도와 제주자치경찰단을 필자가 직접 여러 차례 방문하면서 관계자들과 나눈 대화와 토론 내용들을 적절하게 본 연구에 활용했다.

본 저서를 집필하면서 연구 분석의 요소는 제주자치경찰제 도입의 추진동기, 추진기구, 추진모형, 쟁점사항, 운영성과 및 결과 등으로 나누어 살펴보았다. 본 연구의 내용을 도식화 하면 [그림 1-1]과 같다.

[그림 1-1] 연구의 흐름도

국내 처음으로 2006년 7월 제주특별자치도에 제주자치경찰단 발족

⬇

제주자치경찰제의 조직, 인사, 예산, 운영체계의 분석

⬇

제주자치경찰제의 제도적·법적, 운영상 나타난 문제점에 대한 심층 분석

⬇

제주자치경찰제의 발전을 위한 미래지향적 제언

제 2 절   제주자치경찰제도 관련 선행연구의 검토

1. 저서 관련 선행연구

우리나라에는 아직까지 "제주자치경찰제도의 체계적 접근" 혹은 "제주자치경찰론" 등과 관련해 전문적인 학술저서가 출판된 바 없다. 본 저서는 교육부 산하한국연구재단의 지원을 받아 연구가 본격적으로 진행되었다. 무엇보다 이는 제주자치경찰제가 시작된 지 11년 만인 2017년 5월부터 2020년 4월 30일까지 국내처음으로 제주자치경찰제도에 관해 저술 작업이 시도되었다는 점에서 큰 의미와가치를 지니고 있다. 특히 제주자치경찰제가 시행된 지 14년이 넘어 15년이 다되도록 이 분야의 전문 저술 출판작업이 이루어지지 않았다는 것은 다소 늦은 감이 있다. 따라서 이 분야에서 본 저술작업은 이제라도 반드시 이루어져야 할 국가적이며 학술적 연구과제 임에 틀림없다.

지금까지 제주자치경찰제만을 다룬 전문적인 저서가 출판된 적은 전혀 없지만넓은 의미에서 자치경찰제와 관련해 일반 저서들은 2~3권이 이전에 출판된 적이있었다. 예를 들어 새정치국민회의 소속 정균환 의원은 1996년 김대중 정부에서자치경찰제를 도입하기 위해 연구했던 내용들을 모아 「지방자치완성을 위한 자치경찰」이라는 저서(도서출판 신유영사, 1996)를 출판한 바 있다.[2]

한편 이 당시 김대중 정부의 자치경찰제 도입노력은 초반에 도입을 위한 회의를 거듭하다가 검경간의 수사권 논쟁이 심화되면서 전격 중단되었다. 이는 더 이상 진전되지 못한 채 정부의 임기만료와 함께 중단되었다. 이어서 자치경찰을 다룬 저서가 추가로 출판되었는데, 김영환 외, 「자치경찰제도론」(도서출판 현남, 2004); 신현기, 「자치경찰제도론」(웅보출판사, 2004); 양영철, 「자치경찰론」(대영문화사, 2008) 등이 바로 그것이다. 우선 정균환은 김대중 정부의 자치경찰제 도입 준비위원장을 맡아 연구하면서 모았던 자료들을 활용해 우리나라 자치경찰제의 도입 필요성 및 당위성 등을 중심으로 기술하였다. 2004년 출판된 신현기의 「자치경찰론」은 저자가 직접 프랑스, 스페인, 이탈리아 국가들의 자치경찰제를 둘러보고 이들 서유럽 국가들이 시행하고 있는 국가경찰 및 자치경찰제를 혼합하여 순조롭게 기능하고 있는 모델에 대해 살펴보면서 우리나라 자치경찰제 도입과 관련해 바람직한 방안을 심층 분석하였다.3)

특히 본 저서는 2006년 7월 1일 제주특별자치도에서 도입한 자치경찰제가 프랑스의 자치경찰제를 벤치마킹했다고 강조하고 있다. 이어서 양영철(2008)의 「자치경찰론」(대영문화사)이 출판되었다. 본 양영철(2008)의 「자치경찰론」이라는 저서는 제주도에 자치경찰제가 도입될 당시 그 토대를 구축한 전문가로서 외국의 자치경찰제와 비교를 통해 자치경찰제에 대한 전반적인 내용을 다룬 학술저서로 평가된다.4) 그 후 2021년 2월 신현기의 「자치경찰론」 저서의 개정6판이 출판되어

---

2) 그러나 본 저서는 전문학술저서는 아니며 제1부 자치경찰이란 무엇인가, 제2부 경찰중립과 자치경찰 및 민방위제도 설문조사, 제3부 자치경찰에 대한 정부와 전문가 입장, 제4부 자치경찰제 도입 노력 역사 등을 정리한 것으로, 특히 우리나라에 자치경찰제를 도입해야 한다는 김대중 정부의 입장 및 도입 준비를 위한 기초자료들을 모아놓은 자료로 이해된다.

3) 신현기의 「자치경찰론」 저서는 2014년 11월 한세대학교의 연구비 지원을 통해 웅보출판사를 통해 출판된 후 개정3판을 거쳐 2010년 도서출판 진영사를 통해 개정4판을, 그리고 2017년 개정5판을 내놓게 되었다.

4) 제주투데이 언론기사를 통해 제주대학교는 행정학과 양영철 교수의 「자치경찰론」(대영문화사, 2008)이 올해 문화관광부 우수학술도서로 선정됐다고 21일 밝혔다. 「자치경찰론」은 양 교수가 2004년부터 5년간 대통령위원회 소속 지방자치경찰특별위원회 위원장을 맡으면서 얻은 300여 회에 걸친 회의자료, 2차례의 해외자치경찰방문자료, 30여 차례의 공청회자료, 수십 차례 자치단체와의 의견교환 자료 등을 이용해 저술한 서적. 자치경찰의 기원과 유형을 우리나라 역대정부가 만든 안과 선진국 자치경찰과의 비교를 통해 참여정부의 자치경찰안을 설명하고 있다는 점에서 기존의 자치경찰론 책과 구별이 된다는 게 대학 측의 설명. 이 책에선 또 자치경찰의 도입단위, 기능, 자치경찰공무원, 국가경찰과의 관계, 조직과 인사, 제주자치경찰의 운영사례와 자치경찰도입을 위한 전제조건 등을 경험적 자료를 통하여 제시하고 있다. 양 교수는 참여정부 당시 자치경찰도입을 주도했고, 이 안은 우리나라 역사상 처음으로 제주특별자치도에 적용됐다 (제주투데이, 고상철 기자, 2009. 7. 21).

나왔는데 2020년까지의 최신자료들이 추가되었다.

한편 위의 저서들이 보고서 형태 혹은 대학교재 형태로 집필된 일반적인 저서들인데 반해, 본 연구자가 금번에 집필한 이른바 「제주자치경찰제도의 체계적 접근」이라는 저서는 일반 대학교재가 아니라 2006년 7월 제주특별자치도에서만 도입 및 시행되어 15년(2021년 3월 기준)간 정착된 독특한 유형의 제주자치경찰제를 논문연구형 방식으로 집대성했다는 점에서 그 의미가 크다고 본다. 이처럼 본 저서는 국내에서 처음으로 시도한 제주자치경찰제만을 집대성한 논문형 방식으로 작성되었으며 향후 우리나라 제주자치경찰제를 연구하는 데 있어서 중요한 기초 연구토대를 제공하는 데 부족하지 않다고 본다.

2. 학술연구논문 관련 선행연구

1) 선행연구 분석

위에서 살펴본 바와 같이 우리나라 자치경찰제에 관한 일반적인 연구는 진행되었지만, 이에 반해 「제주자치경찰제도의 체계적 접근」 또는 「제주자치경찰제도론」에 대한 심층적 연구가 나날이 중요시 되어 왔음에도 불구하고 지금까지 이에 대한 전문 학술 저서를 출판하는 작업을 누구도 시도하지 않은 상태다. 다시 말해 제주도에 자치경찰제가 도입 시행된 지 2021년 기준 15년이 되도록 아직까지 이에 대한 전문저서가 전혀 출판되지 않고 불모지로 남아 있다. 따라서 향후 우리나라 자치경찰제도의 발전과 관련된 학문적 연구 토대의 구축을 위해 체계적인 저서 집필을 위한 접근을 시도하는 것, 그 자체만으로도 큰 의미를 지니고 있다. 현재 우리나라에는 전국적으로 4년제와 2년제 대학 중 약 130여개 대학에 경찰행정학 관련 학과가 설치·운영되고 있다. 자치경찰제도 분야가 이들 경찰행정학과와 매우 밀접하게 핵심적인 역할을 수행하고 있는 학문영역임에도 불구하고, 이들 학과들에서조차도 자치경찰제도와 관련해 독자적인 커리큘럼이 거의 개설되지 못하고 있을 뿐 아니라 심지어는 교양과정 차원에서 조차도 자치경찰제도를 강좌로 개설하지 않은 게 사실이다. 이러한 이유는 매우 중요함에도 불구하고 경찰 관련 대부분의 학자들이 자치경찰제 관련 학술연구에 관심을 많이 갖지 않은데 기인하고 있다. 또 하나는 아직 자치경찰제가 제주도 이외에 전국 어느 곳에서도 실시되고 있지 않은 관계로 학자들로 하여금 연구에 관심이 적은 것도 원인으로 보인다. 이 때문에 국가경찰제보다는 자치경찰제에 관한 연구가 소외 학문 분야로 남아 있었다. 이 밖에 또 하나의 원인은 우리나라가 76년(2021년 기준) 이상을 국가경찰제도에 익숙해져 있다는 점도 큰 원인으로 분석된다.5) 또한 대학에서 이를 담당할 교수진이나 적절한 이론서적의 부재도 중요한 또 하나의 원인이 될 수 있다.

국내에서 유일하게 시행중인 제주특별자치도에서 자치경찰제는 시민의 안전을 위해 기본질서를 유지하면서 다른 한편에서는 검사의 지휘를 받으며 형사소송법에 따라 행정범죄자를 적발하는 임무를 수행하는 특별사법경찰 사무도 담당하는데, 이 권한은 2006년 7월 시행 때부터 애초 법적인 권한이 함께 부여된 제도다. 초창기에는 이들이 관광경찰의 역할도 수행했지만, 2017년 기구개편을 통해 새로 만들어진 경찰정책관실에서 민생수사 1담당과 2담당에서 맡고 있다. 이들은 형법범을 담당하는 일반사법경찰과 함께 검사의 지휘를 받으며 수사상의 양대 축을 형성하고 국민의 생명과 재산을 지키는 매우 중요한 경찰업무를 수행하고 있다. 동시에 향후 우리나라가 전국적으로 자치경찰제도를 확대 실시해야 하는 중요한 시점에 와있고, 그 도입을 위한 노력이 국가적 차원에서 본격화 되고 있다. 이처럼 본 주제가 중요한 학문적 연구영역인데도 불구하고 제주자치경찰제에 대한 전문 학술저서가 15년 만에 출판된 것은 큰 다행이 아닐 수 없다.

또한 「제주자치경찰제도의 체계적 접근」이라는 본 저서는 2006년 7월부터 실시된 제주자치경찰제도를 심층 분석하고 바람직한 미래지향적 방향을 제시하게 되었다는 점에서 그 의미가 크다고 본다. 이제 본 저술 작업이 완성되어 제주자치경찰제에 대한 연구 토대를 구축함으로써, 본 저서는 대학과 대학원의 경찰행정학 관련 학과들에서 강의교재로 유용하게 활용될 것으로 기대된다. 또한 본 저서는 체계적이고 현실감 있는 교육, 그리고 추상적·이론적 체계화를 통해 구체적으로 제주자치경찰제도의 이론과 실제라는 현실상황에 접목시켜 지속적으로 나디날 수밖에 없는 제반 문제들에 대한 해결점을 찾고자 하는 교육이 실현되도록 하는 차원에서도 적지 않은 기여가 있을 것으로 기대된다.

특히 지금까지 제주자치경찰제도의 체계적 접근 관련 연구 분야가 그 중요성에 비해 미지의 상태에 머물러 있었던 것은 아마도 제주자치경찰제도가 사회과학, 행정학, 형사법, 범죄학, 수사학 및 행정법학의 학제적 연구로서 성격이 복합

---

5) 우리나라 국가경찰은 1945년 10월 21일 미군정 하에서 전격 창설되었다.

적인 차원에 기인하고 있기 때문으로 보인다. 자치경찰제에 대한 연구는 경찰행정학을 전공하는 사회과학자들과 법학자들의 관심영역에서도 벗어나 있었다. 그 근본적인 이유는 선행연구나 자료의 부족 등에도 밀접하게 연계되어 있는 만큼, 본 저서는 자치경찰 연구 분야에서 보다 많은 연구가 진행되도록 도와주는 하나의 학문적 연구의 단초도 제공할 것으로 평가된다.

본 연구자가 기획한 「제주자치경찰제도의 체계적 접근」이라는 저술 작업은 다음과 같이 3가지 차원에서 의미가 있다. 즉 대학에서 사용할 일반적인 대학교재 형태의 자료를 모아놓는 방식의 저술 작업이 아니라는 점, 논문 작성 방식을 통한 저술 작업을 진행한 것이라는 점, 그리고 본 저서는 아직까지 연구되어 저서로 출판된 바 없는 불모지로 남아 있는 연구분야라는 점에서 의미가 크다고 본다. 역시 본 저서는 제주자치경찰제를 체계적으로 분석함은 물론 이 분야의 연구토대를 탄탄하게 구축해주는 길라잡이 역할을 했다는 점에서도 일정한 가치도 지니고 있다.

그동안 본 연구자는 자치경찰제를 직간접적으로 활용하고 있는 영국, 미국, 캐나다, 오스트레일리아, 멕시코, 브라질, 프랑스, 스페인, 이탈리아 및 일본의 자치경찰 현장을 둘러보면서 축적해 온 폭넓은 지식과 경험을 바탕으로 본 학술연구가 완성되었다. 조금 더 부언하면 본 저서는 국내에서 유일하게 시행중인 제주자치경찰제도를 시대별 변천과정, 조직, 인사, 재정, 교육, 성과, 바람직한 미래지향적 방향, 문제점과 개선방안 등 전반적인 관련 영역을 체계적으로 심층 분석하고 완성함으로써 연구 목적의 가치를 높이고자 최선의 노력을 다했다.

본 저술 작업은 총 3차년도로 나누어 진행되었다. 크게 1차년도에는 국내에서 유일하게 제주특별자치도에서만 시행 중인 제주자치경찰제도의 체계적 접근을 위한 학술 목적을 달성하기 위해 제도의 도입 시행 때인 2006년 7월부터 2011년 6월까지 5년간을 분석했다. 이어서 2차년도에서는 2016년 6월 까지 5년간을 심층 분석하여 시행 후 10년간을 분석했다. 마지막으로 3차 연도 연구에서는 본 저술 작업이 3년간 집필되는 기간을 감안하여 2019년을 지나 2021년 3월 말까지 추가 기간동안을 분석했다. 물론 본 저서가 완성되어 최종 출판하는 해가 2021년 초반인 만큼 추가적으로 출판되기 전까지의 최신 자료들도 지속적으로 보완되었다. 예를 들어 2020년 초의 제주자치경찰제 관련 새로운 내용들, 예를 들어 2021년도 초까지 제주자치경찰단의 인사, 조직, 예산, 성과 등에 대해서도 망라하여 담아내었다.

이는 한국연구재단이 목적한 우수한 인문사회학자의 창의적이고 자유로운 저술 발간을 지원함으로써 학술성과 및 연구경험을 축적하는 목적에도 적극 부합하게 될 것이다.

한편 위에서 언급한 것처럼 지금까지 제주자치경찰제도의 도입 및 실시 이후 제주자치경찰제라는 제목과 관련된 전문적인 학술연구서는 전무한 상태다. 하지만 그동안 학술논문들은 상당히 많이 발표되었다.

우리나라에서 최초로 실시된 제주도의 자치경찰제도는 2006년 제정된 이른바 제주특별자치도 설치 및 국제자유도시 조성을 위한 특별법(시행 2011. 8. 24. 법률 제10700호 개정)에 기인하고 있다. 본 법에 따라 2006년 7월 1일 제주도지사 소속으로 제주자치경찰단을 출범시키고 현재까지 시행되고 있다. 한국도 1991년부터 지방자치법에 따른 지방자치제를 도입 및 시행해 오고 있고, 오늘날 분권이 세계적 추세인 만큼 제주자치경찰제는 전국으로 확대되는데 있어 중요한 의미를 지닌다. 제주자치경찰제가 처음 도입될 때, 시행착오 없는 조직을 구축하기 위해 38명의 국가경찰이 이관되어 기초토대를 다졌다. 여러 차례의 신임자치경찰관 모집을 통해 2018년 현재까지 법정수 130명의 순수 제주자치경찰공무원을 가진 조직으로 확대되었다. 2021년 초에는 그 수가 159명에 이르고 있다.

제주자치경찰들의 핵심직무는 국가경찰이 수행하는 직무를 제외한 대부분이 생활안전을 위한 순찰, 교통, 지역행사 관련 지역경비, 사회적 약자보호, 특별사법경찰, 관광경찰 사무수행 등에 중요한 초점이 맞추어져 있다. 이러한 업무의 분담은 2006년 국가경찰인 제주지방경찰청장과 제주특별자치도지사 간에 맺어진 업무분담 협약에 기인하고 있다.

이처럼 우리나라 제주자치경찰제가 양적으로 많은 확대를 가져왔음에도 불구하고 수준 높은 질적 차원에서 현재까지 그렇게 깊이 있는 연구가 이루어졌는지는 명확하지 않다.

그럼에도 불구하고 자치경찰제에 대한 제도적 개념정립 차원에서는 많은 연구물들이 발표되었다. 이미 자치경찰과 관련해 수십 편의 석사학위논문이 연구되어 나왔고, 여러 편의 자치경찰 관련 테마로 박사학위논문도 발표되었다. 한국연구재단 산하 KCI급 전문학술논문들도 비교적 많이 나와 있는데, 예를 들면 황정익 (2007)의 제주자치경찰 현황과 치안업무의 범위, 신현기(2007)의 제주자치경찰제

의 실태분석과 개선방안에 관한 연구, 신현기(2012)의 제주자치경찰단 특별사법경
찰제의 실태분석과 개선방안에 관한 연구, 신현기(2013)의 노무현·이명박·박근
혜 정부의 자치경찰제에 대한 실태 분석, 신현기(2015)의 제주자치경찰제의 실태
분석과 박근혜 정부의 자치경찰제 도입 방향 등이 그 대표적이다. 그리고 연구보
고서들도 극소수 발표되었는데, 안영훈(2005)의 유럽형 자치경찰제도 모델분석 및
한국법제연구원(원소연·홍의표·권영호·이성용, 2011)의 광역자치경찰과 기초자치
경찰제에 대한 입법평가 － 제주자치경찰제의 사례와 독일경찰법제의 연구를 중심
으로 － 등이 대표적이다.

　　이러한 배경에 주목하면서 본 연구자는 현재까지 연구되어 나온 결과물들을
중심으로 한 번도 출판된 적이 없는 「제주자치경찰제도의 체계적 접근」이라는 전
문학술 저서의 집필을 시도하여 2021년 3월까지 3년 6개월간의 연구를 마무리하
게 되었다.

2) 외국자치경찰 현황 분석

　　영국의 자치경찰제 운영을 보면 내무부 장관이 예산을 주고 52명의 지방경찰
청장이 자기 지역의 치안질서를 유지하는 지방자치경찰제도를 시행 중에 있다.
영국은 지방경찰제도를 중심으로 운영하기 때문에 경찰청장이라는 직위는 존재하
지 않는 독특성을 보여준다. 즉 내무부 장관은 경찰청장이 없기 때문에 곧바로
직접 52명의 지방경찰청장들을 지원하는 방식이다. 내무부 장관은 법적으로 지방
경찰청장들에게 예산만 주고 직접 관리는 하지 못한다. 시민으로부터 직접 지역
치안위원장이 선출되고 지역평의회가 이를 상호 견제하는 제도를 취하고 있다.
즉 영국의 자치경찰제는 내무부장관, 지역치안위원장, 지역치안평의회, 지방경찰
청장 등 소위 4원체제로 운영되고 있다. 물론 지역치안위원장은 주민이 직선으로
선발하는 지역도 있고 아니면 부시장이 겸직으로 맡는 지역도 있다.

　　이에 반해 같은 영미법계 국가인데도 불구하고 미국의 자치경찰제 경우는 매
우 종류가 다양하다. 연방차원의 국가경찰사무를 수행하기 위해 재정, 관세, 우편,
화폐 등 여러 분야에서 국가경찰의 역할을 수행하는 다양한 종류의 수사경찰관들
이 존재한다. 동시에 50개 주마다 주경찰이 조직되어 운영되고 있다. 그리고 군
(County)지역의 군경찰, 도시(City)지역마다 도시경찰(City Police) 등, 매우 다양한
경찰형태를 유지하고 있다. 그리고 주로 경찰권은 지방자치단체의 고유권한으로

주어져 있다. 뉴욕시 도시경찰을 예로 들어보면 다음과 같다. 즉 뉴욕시민들이 직접 뉴욕시장을 선출하고 선출된 시장은 시민들의 생명과 재산을 지켜주어야 하는 의무를 지켜야 하며, 이에 따라 시장은 경찰청장을 임명하여 치안질서를 유지해 나가는 시스템을 유지하고 있다. 이것이 진정한 의미의 자치경찰시스템으로 이해된다.

캐나다 자치경찰의 경우는 영국인들이 이주하여 개척한 국가임에도 불구하고 왕립연방경찰(RCMP)이 거대경찰조직을 이루고 있다. 동시에 지방자치단체들과 협약을 맺은 후 일정한 치안비용을 받고 파견되어 치안직무를 대행해 주는 독특한 시스템을 유지하고 있다. 특히 캐나다는 재정자립도가 가능한 온타리오주와 퀘벡주는 자체적으로 경찰조직을 갖추고 경찰권을 유지해 나가고 있지만, 나머지 대부분의 지역은 왕립연방경찰(RCMP)에 의존하고 있는 경찰시스템을 유지하는 제도이다. 인구는 적고 영토는 광활하다는 데 기인하고 있는 것으로 평가된다.

오스트레일리아의 자치경찰 경우도 그 독특성을 보여준다. 오스트레일리아는 역시 영국인들이 진출하여 개척한 국가로서, 이곳은 각 주중심의 자치경찰제도를 유지하고 있다. 오스트레일리아 역시 같은 민족인 영국과 미국 및 캐나다와의 자치경찰제 비교에서도 확연히 색다른 특색을 보여준다. 이처럼 같은 영국인들인데도 불구하고 영·미국가들이 각기 다른 자치경찰제도를 유지 및 운영해 나가는 특징을 보여준다.

프랑스의 자치경찰제도는 물론 국가경찰제를 기본으로 한다. 이와는 별도로 36,000여개 기초자치단체에서 시장이 자체적으로 경찰권을 부여받고 지역에 따라 수명에서 수백명까지 자치경찰관을 선발해 운영하고 있는 특색을 보여준다.[6] 물론 모든 기초자치단체에서 시장들이 자치경찰제를 운용하는 것은 아니다. 그러나 이들 자치경찰들은 범죄예방을 위한 순찰, 기초질서유지, 약자보호 등 생활안전 분야에서 수사권 없이 운영되는 모델이다.

스페인의 자치경찰 역시 국가경찰을 원칙으로 하되 지방자치단체들에서 시장이 자치경찰을 선발하여 수사권 없이 기초질서를 유지하는 제도를 운영 중이나. 독특하게 바르셀로나가 주도인 카탈루냐주(州)를 비롯해 일부 3~4개 주에서는 독자적인 주경찰제를 운영하고 있다.

이탈리아 자치경찰제도의 경우도 역시 색다르다. 즉 국가경찰제도를 중심으로

---

6) 프랑스 리용의 경우 자치경찰관의 인원은 250여명에 달하는 것으로 알려져 있다.

하되, 도자치경찰, 주자치경찰, 시자치경찰제도 등 매우 다양한 여러 종류의 자치경찰제를 병행하여 시행하고 있다. 이곳 도시자치경찰제의 경우도 시장이 자체적으로 자치경찰공무원을 선발 임용하여 직접 운용하고 있다는 점이 특이하다.

독일의 경찰제도는 연방경찰이 있고, 각 16개 주중심의 경찰제도를 특징으로 한다. 각 주마다 각기 고유의 경찰법을 가지고 있으며 자체적으로 주경찰을 중심으로 치안을 유지하는 시스템을 특징으로 한다. 그 밖에 헤센(Hessen)주의 프랑크푸르트(Frankfurt)시를 비롯해 일부 시(市)에서는 자치경찰제에 해당하는 이른바 도시경찰(Stadtpolizei/city police) 제도를 활용하고 있다. 이들은 주로 위생, 식품, 환경, 약자보호, 기초질서유지 업무 등이 핵심이다. 한국에서는 이러한 행정법 위반인 행정범들을 단속하여 처벌하는 업무를 특별사법경찰들이 수행한다.7)

일본의 자치경찰은 국가공안위원회 산하에 국가경찰이 활동하고 있고, 지방의 47개 도도부현에 이른바 도도부현공안위원회가 지방자치경찰을 관리하고 있으며 그 산하에 지방경찰이 치안업무를 수행하고 있다. 일본에서는 전국 7개 관구 소속의 국가경찰 감시하에 지방경찰제가 운용되는 특징을 보여준다. 일본에서 경찰하면 국가경찰(약 7,800명)보다는 지방자치경찰(약 300,000명)을 의미하며 모두가 지방경찰 위주로 기능한다고 볼 수 있다.

위에서 살펴본 여러 나라의 자치경찰제도 중 특히 프랑스, 이탈리아, 스페인의 경찰제도를 2006년 노무현 참여정부가 벤치마킹하여 국내에서 유일하게 제주특별자치도에서만 제주도지사의 부속기구로 출범시켰다. 바로 이것이 현재까지 지속적으로 정착 및 운영되어 오고 있는 것이다. 자치경찰제의 종주국이라고 할 수 있는 위의 구주 국가들(프랑스, 스페인, 이탈리아 등)이 운용하는 자치경찰제도의 배경 하에 우리나라 제주자치경찰제 모형은 제주도에서만의 독특한 자치경찰제 모형으로 탄생시킨 학술적 가치를 지니고 있다고 평가된다. 무엇보다 제주자치경찰제 역시 전 세계 어느 나라에서도 찾아보기 어려운 아주 독특한 자치경찰제 모델로 발전시킨 케이스에 해당한다.

3) 제주자치경찰제 관련 논문 분석

지금까지 발표되어 나온 제주자치경찰제와 관련하여 연구되어 발표된 선행연

---

7) 우리나라 특별사법경찰제는 18개 중앙부처 중 15개 부에서 그리고 17개 광역시도와 약 225개의 기초자치단체 등에서 광범위하게 시행해 나가고 있다. 통상 관할 지방검찰청 검사장이 행정공무원 중에서 지명하거나 원래 법적으로 특별사법경찰업무 권한이 주어진 곳도 있다.

구 논문들을 정리하면 다음과 같다. 즉 기존의 제주자치경찰제 연구들은 주로 제주자치경찰제의 도입배경, 제주자치경찰제와 해외제도의 사례비교, 제주자치경찰제의 문제점 분석과 제도적 개선방향의 제시, 무늬만 자치경찰이라는 비판적 시각을 제시하는 논문 등이 주류를 이루고 있다. 이처럼 제주자치경찰의 제도적인 문제를 다루는 것이 주류를 이루었으며, 나아가서 최근에는 제주자치경찰제의 정책집행 성과와 관련된 연구논문들도 서너 편 정도 발표되고 있다.

본 연구의 목적을 달성하는 과제 중 하나는 현재까지 우리나라에서 연구해 나온 자치경찰제에 대한 주제들이 무엇이었는지 알아보는 일이 우선 선행되어야 한다. 본 연구는 제주자치경찰제 시행 초기부터 연구되어 온 선행연구들을 통해서 연구의 흐름도를 정리하는 것도 매우 중요하다고 보았으며, 이에 따라 지금까지 우리나라에서 연구되어 온 제주자치경찰제에 대한 선행연구들을 조사하기 위해 국내 최고의 도서관인 국립중앙도서관 검색대와 일반 컴퓨터의 인터넷을 적극 활용하였다. 이러한 검색대와 일반 인터넷 자료를 통해 키워드인 자치경찰을 치면 나타나는 자료가 500여개 가까이 된다.

무엇보다 우리나라에서 본격적으로 자치경찰 관련 논문이 출판되어 나오기 시작한 것은 1980년대 이후가 주류를 이루고 있다. 따라서 1980년대부터 본 연구가 결과물을 출판하게 되는 2020년 4월까지 각 10년 단위로 나누어서 다음과 같이 분석해 보았다. 이는 2006년 7월 제주특별자치도에 자치경찰제가 시행되기 한참 이전인 1981년부터 2019년 말까지 거의 40여년 동안의 자치경찰 관련 연구들을 정리하는 데 있어서 주요한 역사적 배경이 된다.

4) 1981년~1990년

이 시기에 자치경찰연구를 시도한 석사학위 논문이 3편이나 있었다. 일찍이 1988년에 이종복의 석사논문을 출발점으로 해서 1990년 유봉안과 박광수의 석사학위 논문도 발표되었다. 이 때는 이미 정부에서 1985년 정부와 여야는 지방자치제 실시를 약속한 시기였다. 즉 1989년과 1990년에는 이미 지방자치법이 개정되어 지방자치제 실시를 눈앞에 두고 있던 시기이다. 이러한 영향으로 인해 이 당시의 자치경찰 관련 논문들은 대체로 자치경찰이 실시되어야 한다는 당위성 차원에 중점을 두고 있었다고 분석된다.

5) 1991년~2000년

한국은 비록 짧은 기간이기는 하지만 1961년 잠시 몇 개월간 지방자치제를 시행한 역사를 가지고 있다. 하지만 사회적 혼란이라는 이유를 들어 박정희 소장은 군사 혁명(쿠데타)을 일으켰고, 이로 인해 우리나라 자치경찰제는 전면 중단이라는 위기를 맞이했다. 긴 시간이 흐른 뒤 꼭 30년 만인 1991년 마침내 전국에 지방자치제가 부활되었다. 이처럼 1991년부터 2000년까지는 지방자치가 전격 부활되어 자리를 잡아가는 시기였다. 특히 1991년에는 지방의회가 구성되어 기초자치단체인 시군구와 광역단위인 광역시도에서 의원을 선출하였다. 그러나 단체장은 기존에 관선단체장들이 임명되어 있었기 때문에 임기가 완전히 완료되는 1995년에 가서 주민 직선방식에 의해 선출됨으로써 마침내 민선자치 시대가 열리게 되었다. 이 기간 동안 자치경찰에 대한 저서와 학술논문은 무려 72편에 달했다.8)

전장에서도 간단히 언급한 바와 같이 1994년 경찰법 개정안을 주도해 나갔던 민주당 소속 정균환 의원은 2년 후인 1996년에 자치경찰제에 관해 다루었던 내용들을 모아 「자치경찰」이라는 저서를 출판했는데, 이것이 우리나라에서 처음으로 출판된 자치경찰 저서라고 볼 수 있다. 하지만 위 저서의 경우는 자치경찰제를 도입하기 위한 법적 및 제도적 내용을 소개하는데 그치고 더 이상 연구를 통한 개정판이 이어지지는 못했다. 위에서 소개한 72편의 저서와 논문 중에서 석사학위 논문이 무려 44편을 차지했다. 나머지 논문들은 대부분이 관련 전문 학자들의 학술 소논문들이었다. 이들이 다룬 논문의 내용들은 주로 외국의 자치경찰제를 소개하는 동시에 한국에 적합하고 합리적인 자치경찰제의 도입 모델을 제시하는데 초점이 맞추어졌다. 이 당시에 대부분의 논문은 일본형 자치경찰제 모델을 제시하는 것이 주류를 이루었다.9) 일본의 경우 이러한 지방경찰 모델은 흔히 종속형으로 불리어지고 있다.10)

---

8) 양영철, "역대 정부의 자치경찰도입 정책 추진과 정책적 함의 관한 연구", 한국경찰연구학회, 「한국경찰연구」, 제14권 제1호(2015년 봄), p. 122.

9) 일본형은 총리 산하에 국가공안위원회가 있고 그 산하에 경찰청 장관이 위치하고 국가경찰이 유지되는 것이다. 사실상 국가공안위원회가 독립적으로 국가경찰을 운영하는 것인데, 국가경찰은 전국을 7개 관구로 나누어서 지방경찰을 관리하는 체제이다. 사실 일본은 지방경찰이라고 불리는데, 광역단위인 도도부현(동경도, 홋카이도, 교토부, 오사카부, 43개 현)에서 도도부현공안위원회가 산하의 지방경찰을 운영하는 체제이다. 이 경우 전국 47개의 광역자치단체가 있고, 47명의 광역단체장은 지방경찰에 대해 직접 지휘나 어떤 권한도 없이 없고 산하 도도부현공안위원회와 소할(소속만 유지하는 정도)관계에 있다(신현기·김형만 외 7인, 「비교경찰제도론」, 파주: 법문사, 2007, pp. 117–176).

여기서 학자들이 연구한 이른바 종속형이란 도입단위는 광역 그리고 지방경찰위원회는 시도지사 소속으로 유지하되 지방경찰서는 국가경찰의 지휘와 감독을 받게 하는 모형이었다. 이러한 종속형을 심층적으로 연구한 학술논문은 이상원(1995), 최승원(1997), 김현소(1998), 심익섭(1999), 최종술(1999), 이종수(1999), 이관우(2000) 등이다. 이들 논문들 중 서너 편은 구체적으로 자치경찰제의 운영방안을 제시하는 논문도 있었다. 나아가서 정우열·한태천(1999)은 자치경찰의 효과성에 관한 학술논문을 다루기도 했다. 이상원(1999)의 경우는 자치경찰제 도입에 따른 경찰청 중앙수사국 개편안도 제시했다. 한발 더 나아가 박성균(1999)과 박종규(1999)는 자치경찰과 수사권 독립에 관한 연구논문을 발표한 것이 독특했다. 그리고 최병학(2000)은 구체적으로 충남에 자치경찰제를 도입했을 때를 가정하고 그 조직도와 운영에 대해 심층 분석하였다. 이상의 선행연구들을 분석해 볼 때, 우리나라 자치경찰제의 도입을 위한 1세대로서 자치경찰 연구분야의 기초연구 토대를 구축하는 중요한 시기였다고 정리된다.

6) 2001년~2010년

이 기간 동안 우리나라에서 자치경찰제에 대한 연구논문이 가장 많이 발표되고 출간되었다. 저서와 학술논문의 수는 무려 293개에 달했다. 이 기간 동안 자치경찰 저서는 김영환 외(2003), 신현기(2004), 양영철(2008) 등 3권이나 출판되었다. 자치경찰을 다룬 전문 저서 이외에 석사 및 박사 학위 논문도 135편이나 발표되었다. 박억종(2006)은 세종대학교에서 「한국형 자치경찰제도의 도입방안에 관한 연구」로 행정학 박사학위를 취득하기도 했다. 이 외의 나머지 논문들은 학자들의 학술논문들이었다. 이 기간 중 2004년 이전에 나온 자치경찰제 논문들은 사실 1990년대와 거의 동일하게 자치경찰을 소개하는 것과 도입모형에 대한 내용들이 주류를 이루고 있음을 보여준다. 신현기·김현일(2001)과 허경미(2003)의 자치경찰 논문이 그 대표적이다. 그 후 2003년 2월에 노무현 참여정부가 출범하였고 대선 공약에서 경찰의 수사권 독립과 자치경찰제 도입을 국정과제 중 하나로 설정했던 관계로 정부 차원에서 자치경찰제 도입 준비가 본격화 되었다. 이를 대표하는 제주자치경찰제 관련 학술논문이 양영철·이기우(2004)로부터 발표되었다.

---

10) 양영철, "역대 정부의 자치경찰도입 정책 추진과 정책적 함의 관한 연구", 한국경찰연구학회, 「한국경찰연구」, 제14권 제1호(2015년 봄), p. 122.

본 논문은 우리나라에서 유일하게 섬지역인 제주특별자치도에서 자치경찰제를 도입하는 데 길라잡이 역할을 수행하게 되었다. 특히 본 논문은 2006년 7월 제주특별자치도에서 국내 처음으로 자치경찰제가 도입되는 토대를 제시했다는 점에서 큰 관심을 끌었다.

하지만 위의 논문은 제주자치경찰제 도입 관련 모형과 내용에 대해 상당한 비판과 동시에 더 나은 대안을 제시하는 학술논문들이 다수 발표되었다. 그 대표적인 학술논문들은 이영남(2004, 2005), 이상열(2004), 변희재(2006), 정진환(2006), 김도식(2008), 황현락(2008) 등에 의해 발표되었다. 이러한 시기를 거쳐 2000년 중반 이후에는 기존 자치경찰제의 기초연구 분야를 뛰어넘어 본격 도입된 제주자치경찰제(2006)에 대해 운영상의 문제를 심층 분석하는 제주자치경찰제 연구가 주류를 이루게 되었다. 그 대표적인 논문은 신현기(2006), 신현기(2007), 한상암(2007), 조철옥(2007), 신현기(2008), 안영훈(2008), 이영남(2008), 황현락(2008), 최종술(2009), 이상열(2010) 등으로부터 발표되었다.

7) 2011년~2020년

2011년부터 이 기간동안 자치경찰에 대한 저서는 새로이 출판된 것이 없다. 이 때는 단지 신현기(2017)의 자치경찰론이 개정되어 개정판이 나오는 정도에 그쳤다.[11] 2015년까지 발표된 자치경찰제 관련 논문은 총 46편에 달했다. 이 중에서 학위논문은 총 14편인데, 박승주(2012)와 강희창(2013)은 박사학위 논문을 발표했다. 양영철(2015)의 연구에 따르면 2015년까지 46편의 논문 중 12%나 되는 12편이 제주특별자치도에서 2006년 7월부터 시행중인 자치경찰에 대한 주제들인 것으로 나타났다. 신현기(2011), 김성수(2011), 황정익(2011), 최관(2012), 이상열(2012), 최준혁(2013) 등이 대표적이다. 신현기(2012)와 이영남(2012)은 이명박 정부의 자치경찰제 도입에 대한 비판과 제언 등을 다루기도 했다. 나아가서 신현기(2012)는 제주자치경찰단 자치경찰의 특별사법경찰제를 분석하고, 노무현·이명박·박근혜 정부의 자치경찰제에 관한 실태분석(2013), 제주자치경찰제의 변화와 박근혜 정부 자치경찰제의 전망(2015), 박근혜 정부의 자치경찰제 도입에 대한 실태분석(2016), 제주특별자치도 자치경찰 활동의 목표설정과 평가 분석(2016) 등에

---

11) 신현기는 2004년에 자치경찰론 저서를 웅보출판사를 통해 출판한 이후 2010년 진영사를 통해 제4판 그리고 2017년에 제5판을 개정 출판하였다.

대한 연구도 내놓았다. 그 밖에 신현기·이상열·남재성·양재열(2017)은 서울시 특별사법경찰 10년, 자치경찰제로의 전환을 위한 발전 방안 연구라는 연구보고서를 통해 2017년 5월 10일 출범하여 100대 과제 중 13대 국정과제로 제시된 광역단위 자치경찰제 도입에 따른 방향을 제시하기도 했다. 황문규(2018)는 현 시점에서 도입 가능한 자치경찰제 모델 구상과 과제라는 논문을 통해 현 단계에서 논의 중인 자치경찰제 도입 모델에 대한 비판적 검토 및 단계적 시행모델의 필요성을 제시하였다.

이상열·신현기·이상훈·남재성(2019)은 자치경찰제의 성공적 안착을 위한 도입방안 연구에서 2019년 하반기 시범실시 지역으로 선정된 서울시 자치경찰제가 성공적으로 정착되기 위한 방안을 체계적으로 제시하였다.12) 본 연구보고서는 새롭게 자치경찰로 이관될 국가경찰들을 어떻게 서울시 자치경찰 조직으로 안착시킬 것인지에 대한 세부 연구물로서 나머지 16개 광역시도 자치단체들이 미래 자치경찰제를 도입하는데 있어서 길라잡이 방향을 제시해 줄 것으로 평가된다.

황문규(2020)는 자치경찰에 대한 민주적 통제 방안이라는 논문에서 향후 광역시도에 창설될 자치경찰제 도입 후 자치경찰을 어떻게 통제할 것인지에 대해 심층연구하고 그 대안을 제시하였다.

이상의 자치경찰제 관련 선행연구들의 특징을 정리해 보면 첫째, 1990년대와 2000년대 초반까지는 자치경찰제의 제도를 소개하는 내용이 주류였고, 둘째, 2000년대 중반에는 노무현 참여정부의 기초자치단체 중심의 자치경찰제 도입에 관한 연구가 주요 테마였다. 셋째, 2000년대 후반과 2010년대 전반은 제주자치경찰제 운영상의 제도 개선방안과 이명박 정부(2008~2013)와 박근혜 정부(2013.2~2017.5)의 자치경찰제 도입에 관한 모형과 방향이 다루어졌다. 넷째, 2017년 5월 10일 출범한 문재인 정부에서는 이전 정부와는 달리 17개 광역자치단체 차원에서 자치경찰제를 도입하겠다는 국정과제 중 하나로 선언했고, 이 분야가 중요한 학술연구 테마로 떠오르게 되었다.

---

12) 2019년 하반기 시범실시 계획은 국회에서 여야 간 합의를 이루지 못해 2020년 2월까지도 전국 단위의 자치경찰제 실시를 위한 토대가 될 경찰법 전부개정안이 국회에 의원입법 발의는 되었으나 아직까지 논의조차 못하고 있는 상태다.

국가경찰 및 자치경찰제도의 체계적 구축을 위한 기본 토대

제2장 ● 국가경찰 및 자치경찰제도의 체계적 구축을 위한 기본 토대

제1절 국가경찰과 자치경찰의 개념 정립과 모형

본 저술작업의 목적을 달성하기 위해 우선 학문적으로 정립되어 나온 국가경찰제와 자치경찰제의 개념과 모형에 대해 살펴보는 것은 매우 주요한 의미를 지닌다.

어느 나라를 막론하고 대부분의 국가들은 자국의 역사, 문화, 전통, 법, 행정 및 정치적인 상황과 특성에 따라서 국가경찰제나 자치경찰제 또는 절충형(혹은 종속형)[1] 경찰제도를 도입하여 운영하고 있다.

위에서 소개한 3가지 경찰제도의 모형 중 어느 경찰제도를 막론하고 각기 고유한 장점과 단점을 동시에 지니고 있다. 이러한 차원에서 볼 때, 지구상에 존재하는 경찰제도들 중에 어느 것이 절대적으로 우수한 경찰제도라고 정의하는 것은 큰 의미가 없다고 본다. 그 근본적인 이유는 어느 국가이든지 자기 국가의 실정에 맞게 적합한 경찰제도를 발전시키고 활용해 왔기 때문이다.

아래에서는 위에서 소개한 3가지 경찰제도의 모형들을 심층 분석하였다. 3가지 모형인데, 즉 첫째, 종속적 지방경찰제이다. 둘째, 대등적 자치경찰제(절충형 또는 혼합형)이다. 셋째, 독립적 자치경찰제가 바로 그것이다.[2] 특히 국가경찰과 자치경찰 간 권한 관계에 따른 자치경찰유형은 자치경찰의 활동에 있어 국가경찰이 관여하는 정도를 적용하여 분류하는 것을 의미하는데, 이것을 하나의 표로 정리하면 다음과 같다.

---

1) 여기서 일본의 경찰모형을 이야기 할 때, 종속형이라는 용어는 위에는 국가경찰이고 하부는 지방자치경찰이기 때문에 나올 수 있는 주장이다. 그러나 아직까지 경찰학계에서 이 용어가 공인되거나 합의된 것은 아니다.

2) 행정안전부 자치경찰제실무추진단, 「2004-2007 자치경찰제 추진 중간보고서」, 2008, p. 27.

〈표 2-1〉 국가경찰과 자치경찰 간 권한관계를 기준으로 한 유형

구분	내용
종속적 자치경찰	• 권한구조: 국가경찰 독점 • 상호관계: 국가경찰에 대한 자치경찰의 종속 • 사례국가: 일본
대등적 자치경찰	• 권한구조: 양자간 부분 분점 • 상호관계: 양자간 병렬관계(국가위임사무는 종속관계 형성) • 사례국가: 이탈리아, 스페인
독립적 자치경찰	• 권한구조: 양자간 완전 분점 • 상호관계: 양자간 독립관계 • 사례국가: 미국

출처: 금창호·권오철·하동현. (2012). "제주자치경찰제도의 정책평가와 개선과제", 「연구보고서」, 한국지방행정연구원, p. 12.

1. 종속적 지방경찰제(실질적 국가경찰제)

본 종속적 지방경찰제(실질적 국가경찰제)는 중앙정부가 경찰에 관한 일체의 권한을 전적으로 행사하는 모형이다. 다시 말해 중앙정부가 경찰에 대해 책임지고 운영하면서 경찰의 모든 활동에서 나타나는 결과들에 대해 총체적인 책임을 전적으로 지게 되는 경찰제도이다. 결국 이 모형은 모든 경찰권을 국가라고 하는 중앙정부가 행사하는 체제인 만큼 중앙경찰이 지방경찰에 대해서도 지시와 통제를 함께 행사하게 된다. 이처럼 본 모형은 국가경찰의 지시를 받게 되는 지방경찰은 자신들이 행사하고 있는 경찰권에 있어서 상당히 제약을 받을 수밖에 없는 구조다. 이 때문에 물론 경찰활동이 지방자치단체별로 이루어질 여지는 거의 없게 된다. 결국 지방경찰은 국가경찰의 체제 속에 온전히 놓여 있는 관계로, 이러한 상태에 놓인 지방경찰은 중앙경찰에 소속되어 자치적 요소라고는 있을 수 없다. 결론적으로 말하면 이러한 종속적 지방경찰제를 흔히 국가경찰제라고 부르기도 한다. 전 세계적으로 이러한 경찰체제를 유지하는 대표적인 국가들은 바로 한국을 비롯하여 북유럽에 위치한 핀란드, 스웨덴, 덴마크 등이다.3) 본 모형에 대한 학술적 이해를 돕기 위해 그림으로 나타내면 다음과 같다.

---

3) 신현기, 『자치경찰론(제5판)』(부평: 진영사, 2017), p. 26; 신현기, 『자치경찰론(제6판)』(부평: 진영사, 2021), p. 30.

[그림 2-1] 종속적 지역경찰제의 모형

2. 대등적 자치경찰제(절충형 또는 혼합형)

　흔히 대등적 자치경찰제란 다른 용어로 절충형 혹은 혼합형이라고 불리어지기도 한다. 이 모형은 국가경찰과 자치경찰이 상호 병존한 상태로 운영되어지는 경찰체제로 이해할 수 있다. 이 경찰체제 모형은 흔히 경찰사무의 영역을 기준으로 해서 구분되어지고 있다고 이해하면 된다. 다시 말해 국가경찰은 경찰사무 중 국가경찰사무로 분류된 것을 스스로 국가경찰이 담당하는 경우이다. 그리고 이와 반대로 지방경찰은 자치경찰사무로 이루어진 과제들을 스스로 자기들이 수행해 나가는 것이다. 물론 예외적이기는 하지만 경우에 따라서는 국가경찰이 일련의 경찰업무들을 자치경찰에게 위임하여 그 해당 경찰업무가 자연스럽게 이루어지도록 하는 경우도 있다. 이 경우에 국가경찰은 지방경찰에 대해 경찰사무의 내용에 대한 그 관리와 책임을 직접 지시하고 감독할 수 있는 일련의 통제권을 전적으로 소유하게 된다.

　이러한 경찰모형은 위에서 언급한 특성들로 인해 국가경찰과 자치경찰 간 관계의 경우 결국 국가위임 사무만을 제외할 경우 종속적이거나 상하적인 관계가 성립되지 않음은 물론 양자 간에 분명하고 명확한 대등적 관계를 유지할 수 있다. 하지만 이 경찰모형은 자신이 가지고 있는 이론적 특성에도 불구하고 실제에서는 국가경찰이 자치경찰을 어느 정도는 지배하는 구조를 형성할 가능성이 비교적 높다는 것이 일반적인 통설이다. 즉 이 경찰모형에서는 자치경찰이 국가경찰의 영향권을 완전히 벗어나기가 쉽지 않다는 데에 기인하고 있다. 또한 이 경찰모형은 제도적이라기보다는 경찰업무의 성격상, 경찰문화적 전통상 또는 관행 등에 따라 형성된 것으로 이해할 필요가 있다. 지금까지 살펴 본 위와 같은 절충형 혹은 혼합형 경찰제를 도입 및 시행하는 국가는 일본이 대표적인 케이스이다.4)

[그림 2-2] 대등적 자치경찰제의 모형

출처: 신현기, 『자치경찰론(제6판)』(부평: 진영사, 2021), p. 31.

3. 독립적 자치경찰제

본 경찰모형이 가지고 있는 특징은 국가경찰과 자치경찰이 서로 완전하게 분리되어 운영되는 경찰체제라는 점이다. 이러한 모형을 가진 경찰체제하에서 국가경찰은 당연히 중앙정부에 소속되어 스스로 국가경찰 고유의 사무에 관해 경찰권한을 행사한다. 하지만 이러한 경찰모형 하에서 국가경찰은 자치경찰 사무에 관해 어떠한 영향력 행사도 허용되지 않는다는 특징을 지니고 있다.

한편 이러한 독립적 자치경찰제 하에서 자치경찰공무원들은 지방정부 산하에 속해 있으면서 스스로 자치경찰에 관한 제반 경찰업무를 고유권한 하에서 독자적으로 수행한다고 볼 수 있다. 따라서 이 경우 국가경찰은 자치경찰에 대해 어떠한 영향력도 행사할 수 없다. 바로 이것이 고유 의미를 지닌 자치경찰제 모형인데, 이 경찰모형은 국가의 경찰 기능 중 거의 대부분이 사실상 자치경찰로 이관된 경우에 해당된다. 여기서 주목할 것은 자치경찰의 설치를 위한 위치를 독립된 기관으로 운영할 것이냐 혹은 지방정부의 직속기관으로 운영해 나갈 것이냐에 대

---

4) 하지만 엄밀한 의미에서 볼 때, 일본의 경찰제도는 또 다른 시각에서 종속형이라고도 부르는 학자도 있다. 일본의 경찰제도는 국가경찰(약 7,800명)과 도도부현 광역단위의 지방경찰(약 300,000명)로 이루어져 있는데, 국가경찰이 일본 전역을 7개 관구지역으로 나누어 지방경찰을 관리하는 시스템이다. 국가경찰 산하에 전국 도도부현 광역자치단체에 경찰권을 넘겨주고 각 광역자치단체들이 지방경찰로 치안질서를 유지하는 모형이다. 이 때문에 일본 경찰은 지방경찰 중에서 한국의 총경급으로 승진하는 경찰을 지방경무관이라고 부르는데, 즉 지방경무관으로 승진하면 그 신분이 지방공무원에서 국가공무원으로 바뀐다. 한국의 경찰제도를 가지고 예를 들어 보면 2018년 1월 현재 한국 경찰은 국가경찰제도를 시행하고 있는데, 지방 고유의 치안사무를 모두 17개 광역시도지사에게 지방경찰권을 이관해 주고 국가경찰이 담당해야만 하는 고유의 국가경찰권(외사, 정보, 보안, 사이버, 광역권 수사 등)만 유지하는 경우를 상정해 볼 수 있다.

한 결정에 따라서 근본적인 차이가 날 수 있다는 특징을 지니고 있다.5)

[그림 2-3] 독립적 자치경찰제의 모형

출처: 행정안전부 자치경찰제실무추진단, 「2004-2007 자치경찰제 추진 중간보고서」, 2008, p. 28.

한편 자치경찰제를 도입하는 목적은 무엇인가? 그 목적은 일반적으로 다음과 같은 목적에 기초를 두고 있음을 알 수 있다. 그리고 한국의 경우는 지역실정에 알맞은 치안행정의 제공이라는 목적 이외에 중앙정부로부터 권한을 지방으로 이양하는 이른바 분권화를 완결하고자 한다는 목적이 역대 정부마다 제시되어 나왔다.

〈표 2-2〉 자치경찰제의 도입 목적

구분	내용
일반적 목적	• 치안서비스의 탄력적 공급 • 지방행정의 실효성 확보 • 자치경찰의 정치적 중립성 확보 • 지방자치단체와 경찰간 마찰해소 • 주민과 협조적 치안수요 대응 • 지역실정에 부합한 자치경찰 조직운영 • 주민통제로 경찰부패 방지
한국형 목적	• 지방분권의 완결

출처: 금창호·권오철·하동현. (2012). "제주자치경찰제도의 정책평가와 개선과제", 「연구보고서」, 한국지방행정연구원, p. 13.

---

5) 행정안전부 자치경찰제실무추진단, 「2004-2007 자치경찰제 추진 중간보고서」, 2008, p. 28.

제 2 절   대륙법계 국가의 국가경찰제와
영미법계 국가의 자치경찰제

흔히 법체계를 이야기할 때, 대륙법계는 독일, 프랑스, 네덜란드, 스페인, 이탈리아 등 주로 서유럽 국가들을 지칭한다. 이에 반해 영미법계 법체계를 유지하고 발전시켜 온 국가들은 바로 영어를 사용하는 영국, 미국, 캐나다, 호주, 뉴질랜드 등이 대표적으로 꼽히고 있다. 따라서 이와 같은 법체계를 중심으로 각 국가들은 자기 고유의 경찰제도들을 정착시키고 발전시켜 나왔다. 과거뿐만 아니라 오늘날 세계 각국은 자기 나라만의 고유 전통과 문화 및 역사에 따라 고유의 경찰제도를 발전시켜 왔다. 특히 각 국가들은 자국 경찰제도의 바람직한 발전과정 내에서 모든 경찰업무를 국가의 이익 및 지방적 이익과 관련되는 영역으로 구분해 왔다. 이것이 의미하는 것은 바로 경찰을 운용하는 주체가 누구냐를 기준으로 삼은 것을 뜻한다. 말하자면 경찰을 운용하는 그 주체가 국가이며 국가경찰제로 분류하고, 역시 경찰운용을 지방자치단체가 주관해 나갈 경우는 바로 자치경찰이 되는 것이다. 이처럼 지금까지 지구상의 거의 모든 국가들은 경찰의 운용 주체가 누구냐를 기준으로 국가경찰체제와 자치경찰체제로 양분해 정착시켜 나왔다.6)

여기서 그 나라 경찰의 주체가 국가냐? 아니면 지방자치단체냐? 하는 것은 바로 그 나라의 지방자치이념이나 법체계와 정치 및 행정제도가 어떠냐 하는 기준에 의존하는 것이 통례이지만, 최종적으로는 각 해당 국가들마다 자신들의 역사적 전통, 문화, 사상, 정치적 환경변화, 치안상태 및 경찰의 발전방향에 따라서 끝임 없이 변천되고 발전되어 나왔다.

그동안 학문적으로 분류되어 온 기준들을 중심으로 살펴보면 대체적으로 독일·프랑스·스페인·이탈리아·태국·제2차 세계대전 시의 일본 및 한국 등과 같은 대륙법계국가들에서는 국가가 바로 경찰의 주체였다. 그러나 영국·미국·캐나다·호주·뉴질랜드 등으로 대변되는 이른바 영·미법계 국가들에서는 지방자치단체가 곧 경찰운용상의 핵심 주체인 자치경찰제를 정착시키고 발전시켜 나왔다. 이 밖에도 1980~1990년대를 지나면서 서유럽 국가 중 벨기에의 경우는 프

---

6) 신현기, 『경찰조직관리론』(파주: 법문사, 2018), p. 40; 이영남·신현기, 『경찰조직관리론』(서울: 법문사, 2003), p. 280.

랑스의 경우처럼 국가경찰, 국가군인경찰, 자치경찰제도 등을 운용해 오다가 경찰개혁을 전면적으로 단행하였다. 즉 벨기에는 1986년 2월 기초자치단체법과 1992년 7월 경찰기능법에 의해 자치경찰제로 전격 통폐합 및 개편하는 결과를 보여주었다. 추가로 벨기에 정부는 위 3가지 종류의 경찰조직 체계를 1998년 12월 기존 2원구조의 통합경찰조직법 및 2001년 국가군인경찰, 기초자치경찰, 사법경찰에 관한 법령의 폐지를 왕령을 통해 과거 경찰조직 및 기능에 관한 관련 법령들을 폐지하는 경찰개혁을 단행하였다. 이에 따라 벨기에 경찰의 경우도 오늘날 자치경찰제로 모든 경찰조직이 개편되어 운용되는 큰 변화를 보여주었다.

멕시코의 경우도 지속적으로 자치경찰제를 운영하면서 발전시키는 대표적인 국가로 분류해 볼 수 있다. 그리고 비록 영미법계에서 운용하고 있는 자치경찰제 모형에 밀접하게 접근할 수는 없지만 또 다른 형태의 자치경찰제를 시행하는 국가 중 대표적인 나라는 전장에서 간략히 소개한 바 있는 프랑스, 스페인 및 이탈리아이다. 이들 국가들은 전통과 역사, 문화 및 치안 안정과 관련된 정치적인 판단이나 필요성에 의해 강력한 국가경찰제를 중심으로 운영하고 있다. 동시에 지방정부들이 원하는 경우는 각각 시군구 기초자치단체장들이 스스로 결정하여 별도로 자치경찰제를 운영할 수 있도록 제도적인 법적 장치를 마련해 놓고 있다. 이러한 제도는 국가경찰이냐 아니면 자치경찰제냐를 떠나서 또다른 국민치안을 위한 새로운 제도로서 독특성을 보여주고 있다.[7]

한편 대륙법계 국가들의 경찰제도는 그 기능면에서 볼 때, 광의의 경찰개념을 채택하고 있는 특징을 강하게 보여준다. 이에 반해 영·미법계 국가들의 자치경찰제는 협의의 경찰개념과 특징을 강하게 고집하고 있다. 역사적인 맥락에서 볼 때, 각 국가마다 경찰 활동의 기원은 오래전 원시사회에서 자율적 활동 상황과 특징들을 통해 어렵지 않게 찾아 볼 수 있다. 원시 인류가 사회생활을 영위하며 생존을 도모하는데 있어서 가장 중요한 일은 외적의 침입에 적극적으로 대비하는 동시에 공공사회의 질서를 유지하는 일이 주요 관건이었다. 하지만 원시사회가 현대사회로 점차 진보하고 변화되면서 이러한 기능들이 끝임 없이 분화되었다. 이와 같이 진보, 변화, 분화 및 발전들에 따라 이른바 자위제도(自衛制度)를 대신

---

7) 2006년 7월 제주특별자치도가 시행한 자치경찰제도는 바로 이들 프랑스, 스페인, 이탈리아 국가의 시군구 단위에서 운용하고 있는 자치경찰제에서 벤치마킹을 시도한 것이었다. 특히 그 중에서도 제주자치경찰제는 프랑스 시군구 단위에서 시행 중인 자치경찰제 모형에 가장 가깝다고 평가된다.

하는 또 다른 제도들이 탄생하게 되었는데, 예를 들어 사람들은 전문적 직업인을 채용해 그들에게 생명과 신체 및 재산의 보호를 비롯해 사회질서의 유지에 관한 임무를 맡기게 된 것이다. 이것이 개인경호, 국가경찰제도, 자치경찰제도, 민간경비업제도 등으로 발전되었다고 추정해 볼 수 있다.

한편 영·미법계 국가에서 경찰관념은 위에서 살펴본 관점에 기초를 두고 있다. 영미법계 국가들의 경찰조직은 역시 지방분권을 매우 중요시하고 있어 자치체경찰제도를 정착 발전시켜 나왔다. 이에 반해 대륙법계 국가들은 조금 다른 시각을 가지고 있다. 이들은 경찰을 이야기 할 때, 개인의 생명·신체·재산의 보호뿐만 아니라 더 나아가서 국가의 정책을 촉진시키기 위해 필요한 행정분야까지도 경찰개념 속에 포함시키고 있다. 그리고 대륙법계 국가들에서 국가경찰은 곧 국가경찰로서 중앙집권적 조직을 갖게 되었다. 그러나 경찰제도상 양대 체제의 주체는 물론이고 이것에 상응하는 기능에 있어서 광의와 협의(광협)의 여부는 원칙적으로 그렇다는 의미일 뿐이다. 이것이 대륙법계 국가에서는 오직 국가경찰제만 존재해야만 하는 것은 절대로 아니며 같은 맥락에서 그 기능도 또한 광의(廣義)의 경찰제만을 취해야 한다는 것도 아니다.

영·미법계 국가라고 해서 반드시 자치경찰만이 존재하는 것은 결코 아니다. 그리고 그 기능도 반드시 협의의 경찰을 취한다는 것은 아니다. 말하자면 후술하는 바와 같이 국가경찰제의 대표적인 표본이라고 알려져 있는 독일(獨逸)의 경우도 자치경찰제도가 가미되고 있다. 州 중심의 지방경찰제로 정착시킨 독일의 경찰제도에서 최근에는 하부단위에 자치경찰제적 요소를 가미한 새로운 제도를 발전시키고 있는데, 프랑크푸르트(Frankfurt)시 도시경찰(City Police)이 성공적으로 정착되었는데, 이는 바로 그 좋은 하나의 예가될 수 있다.[8] 자치경찰제의 발상지이며 종주국이라고 일컬어지는 영국(英國)의 경우도 수도 런던(London)에는 국가기관인 수도경찰청이 설치되는 등 국가경찰과 자치경찰과의 절충조직(折衷組織)이 유지되기도 했다. 그러다가 영국의 수도경찰청은 수도라는 특수성으로 인해 국가경찰제를 취하고 있었지만 2000년대 초반에 시민투표를 통해 자치경찰제로 전격 개편되었다. 이에 반해 현재 영국의 식민지인 북아일랜드 경우는 오늘날까지도 여전히 국가경찰체제를 유지하고 있다. 또한 현행 일본(日本)의 경찰도 이러한 절

---

8) 신현기, "프랑크푸르트시 도시경찰제와 서울시 자치경찰제 도입에 관한 실태 분석", 한국치안행정학회, 「한국치안행정논집」, 2017, 3(4): 1-25.

충식 경찰조직형태를 취하고 있다. 일본은 국가공안위원회 산하에서 국가경찰이 활동하고 47개 광역단위인 도도부현 소속의 지방경찰은 도도부현공안위원회 산하에서 지방경찰-자치경찰이 활동하고 있다.

이처럼 각 국가들은 대륙법계 국가이든 영미법계 국가이든 각기 장점을 살린 경찰제도를 가미하여 성공적으로 발전시켜 오고 있음을 인식할 수 있다.

1. 대륙법계 국가의 국가경찰제

전장에서 살펴본 바와 같이 대륙법계 국가에서는 대부분 국가경찰제도를 취하고 있다. 이것은 경찰권이 해당 국가의 중앙정부에 귀속되어 행사되고 있으며, 경찰관은 국가의 중앙집권적인 행정조직에 의해 소극적 행정의 기능 이외에 일부 적극적 행징의 기능도 수행하는 제도라는 특징도 지니고 있다. 이러한 제도 하에서는 국가가 바로 경찰의 직접적인 주체가 되는 것이며, 그 인사 · 조직 및 운영이 직접 중앙정부의 의지에 따라서 처리되는 것이다.

2. 영미법계 국가의 자치경찰제

영 · 미법계에 속하는 대부분의 국가에서 경찰제도는 대륙법계 국가에서의 경찰제도와는 달리 지방자치경찰제도를 유지 및 발전시켜 나왔다. 전장에서도 언급했던 바와 같이 지방자치경찰제도라 함은 지방분권이라는 정치사상에 따라서 지방자치단체에 온전한 자치권을 인정하여 경찰의 설치와 운영의 책임을 자치단체에 완전하게 위임하는 제도이다. 따라서 경찰의 주체는 국가가 아니라 바로 지방자치단체인 것이다. 이뿐만 아니라 그 기능은 경찰의 기본업무를 핵심으로 하는 소극 행정을 수행함을 원칙으로 한다. 그러나 영 · 미법계 국가에서도 전적으로 자치경찰제만을 운영하는 것은 아니며, 그 나라의 국가적 목적에 따라서 국가경찰제를 가미하여 행하는 경우들도 적지 않다. 영국 식민지인 북아일랜드가 대표적이다.

제 3 절   국가경찰제와 자치경찰제의 장점과 단점

1. 국가경찰제의 장·단점

어느 나라를 막론하고 자국의 역사, 전통, 문화, 그리고 정치적 영향에 따라서 각기 자국에 유리한 경찰제도를 도입과 운용 및 바람직한 방향으로 발전시켜 나가는데 집중하고 있다. 국가경찰제든 자치경찰제든 본 경찰제도들은 각각 장점과 단점을 지니고 있기 때문에 어느 경찰제가 더 좋은 제도라고 단정하는 것은 대단히 무의미한 주장이다. 왜냐하면 그 국가가 처한 역사, 문화, 전통 및 현 상황에 따라서 모두 다를 수밖에 없기 때문이다.

먼저 국가경찰제의 장점과 단점을 분석하면 다음과 같다.

1) 장 점

그동안 비교경찰제도적 차원에서 학문적으로 정의되어 지고 있는 국가경찰제의 장점들 중 대표적인 몇 가지만 살펴보면 다음과 같다.9)

첫째, 경찰은 그 본래의 경찰 성질상 사회적 질서유지에 있어서 해악이 되는 원인을 제거하기 위한 실력 행사로 이해되어지곤 한다. 국가경찰제는 국가라는 강력한 권력기관의 권한을 막강하게 행사할 수 있기 때문에 지방자치단체보다는 보다 강한 국가권력에 바탕을 두고 폭넓고 광범위한 집행력을 행사하게 된다.

둘째, 앞에서 언급한 바와 같이 국가경찰은 중앙정부의 신속한 지원 하에 자신들의 경찰조직이 전국적일뿐 아니라 통일성을 보유하고 있는 만큼 비상시에 경찰청의 수뇌부를 정점으로 일사분란하게 산하의 각 경찰기관들이 상호간 밀접한 협력이 이루어지고 있다. 이처럼 중앙정부의 명령에 의한 통일적 운영을 바탕으로 어떠한 비상 치안상황에서도 신속하며 전면적인 대처가 매우 용이하다는 장점을 지니고 있다.

셋째, 국가경찰은 전국적으로 공통적인 법령을 갖게 된다. 따라서 각기 지역마다 색다른 법령을 갖추게 되는 자치경찰제에 비해 경찰업무의 추진이 비교적 신속히 이루어질 수 있다. 이뿐만 아니라 국민들 입장에서도 자율적인 민주성 및

---

9) 신현기, 『경찰학개론』(파주: 법문사, 2015), p. 15.

서비스 제공차원에서도 편리한 점이 적지 않다는 장점을 지니고 있다.

넷째, 국가경찰제라는 체제하에서 경찰관들은 일반사법경찰로서 지역적인 제한 없이 전국지역을 업무영역으로 하고 있기 때문에 어느 곳이든 지역적 제한 없이 비교적 폭넓고 자유롭게 활동을 펼칠 수 있다. 이러한 이유로 인해 지역적 및 전국적 범죄수사상 유리하다는 장점을 지니고 있다.

다섯째, 국가경찰조직은 전국적이고 공통이기 때문에 중앙정부의 인적 및 재정적 지원 하에 경찰관의 수가 많은 편이다. 또한 경찰공무원의 교육·훈련 등에 다액의 예산을 필요로 하는 특수시설을 설치하기가 상당히 용이하다. 그리고 국가경찰은 인사행정상 적재적소의 배치와 유능한 경찰관의 승진에 대한 융통성이 자치경찰제에 비해 많다는 장점을 지니고 있다.

여섯째, 국가경찰은 지방정치가들로부터 경찰공무원의 인사와 운용에 대한 직접적인 간섭을 직접 배제할 수 있게 된다. 이에 따라 경찰의 기강이 유지됨은 물론, 경찰조직의 내부질서가 확립되어 일관된 경찰정책을 수행할 수 있다는 장점을 지니고 있다.

2) 단 점

위에서 살펴본 바와 같이 아무리 완벽한 경찰제도를 추구하려고 노력하는 국가경찰이라고 하더라도 원래부터 지니고 있는 단점에서 완벽하게 벗어나는 일은 쉽지 않다. 국가경찰이 지니고 있는 단점을 정리해 보면 다음과 같다.

첫째, 국가경찰은 국민의 생명·신체·재산의 보호를 비롯해 사회적 위해(危害)를 우선적으로 방지하는 경찰의 본래 임무를 경우에 따라서는 경시하기도 한다. 다시 말해 국가경찰제하에서 경찰은 타 일반행정에 수반되는 특수경찰로 이용될 가능성이 비교적 높다는 단점을 지니고 있다. 이뿐만 아니라 국가경찰은 중앙정부에서 관리하기 때문에 중앙정부의 의지 및 의도에 따라 얼마든지 특수한 정책수행에 주력하는 것이 비교적 자유롭다. 이러한 문제 때문에 국가경찰은 경찰정책에서 자못 방향이 빗나갈 경우 이른바 정치경찰로 전락하게 될 위험에 노출되기 쉽다. 또한 국가경찰의 단점 중에 하나는 경찰의 관료화를 조장하게 될 가능성이 높다는 점이다. 경우에 따라서 국가경찰은 국민에게 위압감을 주기도 하고 스스로 부당한 직무집행을 수행하기도 하는데, 이런 경우 별로 책임을 느끼는데 있어서 무감각할 가능성도 적지 않다는 점이 지적되기도 한다.

둘째, 국가경찰의 경우 대부분의 법령이 전국에 통일적으로 적용된다. 그동안 경찰학계에서 적지 않게 지적되어 온 것 중 하나가 바로 국가경찰제 하에서 국가경찰은 국가경찰 중심의 치안정책을 기획하다보니 지방치안실정에 맞지 않는 치안정책이 수립되고 집행될 가능성이 매우 높다는 점이다. 특히 국가경찰은 중앙정부의 정치적 영향력으로부터 자유롭지 않은 특수성 때문에 시민과의 접점에 놓여있는 지역경찰(지구대/파출소)을 위한 경찰정책이 제대로 세워지지 않는 경우가 생길 수 있다는 것이다. 그리고 국가경찰은 경찰 관련 법률들에 대해서 그 개정의 절차가 매우 복잡하기 때문에 임기응변적 조치가 비교적 곤란하다는 점도 그동안 학계로부터 꾸준히 지적된 사항이다.

셋째, 우리나라 국가경찰의 경우 경정 이상은 국가경찰청에서 직접 전보를 시행한다. 이처럼 중앙에서 실시하는 간부의 인사이동이 매년 빈번하게 발생하다보니, 이들 해당자들이 지방으로 내려간 경우, 그곳 지방실정에 맞는 임무수행에 전념하기보다는 중앙에 더 신경을 쓰는 폐단이 농후하다는 점이 오래전부터 지적되어 왔다. 이들 중간 간부급 이상의 경찰관들이 대부분 지방으로 전보되었다가 복귀해야 하기 때문에, 이런 경우 해당자들은 특히 가족을 떠나 멀리 지방으로 내려가 근무하게 된다. 결국 해당자는 낯선 지역에 배치됨으로써 상황에 따라 사기가 저하될 가능성이 적지 않다는 것이다. 오늘날에는 문제가 크지 않겠으나, 이전에는 이러한 상황이 잘못된 문제를 야기시키는 경우도 소개되곤 했다. 즉 해당자들이 중앙이나 수도권 지역으로 가급적 빨리 되돌아가기 위해 인사청탁을 하는 경우도 발생할 수 있다는 지적이 이전에 경찰학계의 연구에서 자주 논의되기도 했었다.

넷째, 국가경찰은 전국의 지역실정이 모두 다른데도 불구하고 전국경찰을 위한 경찰의 설비를 갖추는 데 있어서 일괄적으로 설계할 수 있다는 점이 지적된다. 즉 전국을 동일하게 일관된 관점에서 계획하게 되면 지방실정에 적합한 경찰설비를 제대로 갖추기가 쉽지 않다는 단점을 지니고 있다. 이는 결국 지방경찰기관에 소속된 경찰관들에게 있어 경우에 따라서는 공복관념의 결여 문제와 직결될 수도 있다. 또한 이러한 단점은 자못 경찰과 해당 지방주민과의 관계에서 지역사회경찰활동을 추진해 나갈 때, 치안협력이 효율적으로 이루어지지 못할 가능성도 있다. 따라서 궁극적으로는 지역주민으로 하여금 경찰기관과 경찰공무원들에 대한 친근감 내지는 친밀감을 표출하기보다는 오히려 반감을 느끼는 역기능에 노출될 가능성도 있다는 단점을 가지고 있다.

2. 자치경찰제의 장·단점

전장에서 살펴본 바와 같이 대륙법계 국가경찰제도 처럼 영·미법계에서 발달해 나온 자치경찰제 역시 독특한 장·단점을 지니고 있다. 자치경찰제의 장단점은 위에서 분석해 본 대륙법계에서 발전해 나온 국가경찰제의 장·단점을 역으로 바꾸어 이해하면 어려움이 없을 것이다. 우리나라의 경우 2017년 5월 출범한 문재인 정부에서 국가경찰제를 유지한 채, 별도로 17개 광역시도 차원에서 이른바 국민을 위한 자치경찰제를 도입한다고 선언했다. 이같이 정부가 선언한 만큼 크든 작든 간에 그리고 어떠한 형태로든 변화가 있을 것으로 심층 기대된다. 이러한 의미에서 자치경찰제가 본래 지니고 있는 속성을 들여다보는 것이 어느 정도 가능한 장·단점을 살펴보는 것도 큰 의미가 있다고 본다.10)

1) 장 점

자치경찰제가 지닌 장점을 몇 가지 살펴보면 다음과 같다.

첫째, 원래 지방자치단체는 작은 지역에 집중된 행정조직이라는 특징을 가지고 있다. 이러한 특징과 함께 각 지방자치단체들은 주민의 경제상태나 지역문화 속에서 지역별로 각기 색다른 지방색을 유지하고 있다.11) 이뿐만 아니라 지방은 도시와 비교해서 각종 범죄나 교통 등 지역적 특수성뿐만 아니라 경찰상의 제반 문제들 내에서도 상당히 다른 특색을 보여준다. 따라서 자치경찰제는 이러한 지역적 특색에 따라 각종 치안문제에 신속하게 대응할 수 있는 유리한 조건을 지니고 있다. 이것이 하나의 중요한 장점으로 평가되고 있다.

둘째, 경찰제에서 경찰공무원들은 지방자치단체 소속의 지방공무원이라는 신분을 유지한다. 이들은 중앙정부에서 내려간 국가공무원이 아니라 대부분 그 해당 지역에서 선발되어 임용된 자기 지역 출신들이 경찰관으로 임용된 것이다. 자치경찰은 이러한 특수성으로 인해 자기 지역의 치안유지에 대한 책임감이 상당히 강할 수 있다. 또한 이들은 토착생활을 영위하려는 경향이 비교적 높기 때문에 공복으로서 자기지역 주민(시민)에 대해 친절함은 물론 무책임한 행동을 하기보다

---

10) 신현기, 『경찰학개론』(파주: 법문사, 2015), pp. 283-284.
11) 서울특별시, 「서울시 특별사법경찰 10년, 자치경찰제로의 전환을 위한 발전 방안 연구」, 최종 보고서, 2017, p. 13.

는 오히려 강한 책임의식을 보여줄 수 있다는 기대가 가능하다. 동시에 주민(시민)도 자기 지역 출신들이 경찰공무원에 임용되어 직무를 수행하고 있기 때문에 경찰관들에 대한 큰 호감을 가지고 경찰관의 제반 비행문제를 억제시키면서 자발적으로 협력할 수 있다는 것이다. 이는 최근 중요시되고 있는 지역사회경찰활동의 활성화에도 큰 도움이 될 수 있다는 기대가 가능하다. 또한 자치경찰제 하에서 지역주민들은 경찰조직 및 경찰시설의 결함에 대해서도 보다 적극적으로 개선하려는 노력과 관심도 보여준다. 다시 말해 실제로 자치경찰제 하에서 이러한 문제들을 어느 정도 개선하려고 노력한다는 장점을 비교적 강하게 지니고 있다고 분석된다.[12]

셋째, 자치경찰제의 대상이 되는 지방자치단체들은 비교적 작은 지역의 독립된 조직들이므로 필요한 경우 조직운영의 개혁 또한 용이한 편이다. 무엇보다 인접뿐 아니라 같은 동급에 해당하는 지방자치단체와의 경쟁심 차원에서도 개혁이 더욱 촉구되는 경우가 많다는 점도 하나의 장점으로 꼽히고 있다.

넷째, 자치경찰제 하에서는 지역상황에 적합한 인선이 수월하다는 장점을 지니고 있다. 이와 같은 토대 위에서 경찰인사행정이 안정될 수 있다는 점이다. 더 나아가서 지방자치단체에 소속된 자치경찰공무원들은 같은 지역과 위치 및 지위에 비교적 오래 있을 수 있으며, 때에 따라서는 상당히 우수한 치안실적을 높일 수 있는 기회가 많을 수 있다는 장점도 지니고 있다.

2) 단 점

위에서 살펴본 바와 같이 자치경찰제는 많은 장점을 지니고 있음에도 불구하고 동시에 적지 않은 단점들을 포함하고 있다.

첫째, 자치경찰제는 어떤 의미에서 보면 경찰공무원이 일반행정에 소속된 부속기구로서 비쳐질 수 있다는 단점을 가지고 있다. 이러한 원인은 지방자치단체장이 바로 자치경찰의 장이라는 점에 기인한다. 일반적으로 자치경찰이란 지방자치단체 내에서 집행력이 강한 동시에 비교적 작은 분립 지역 내에서 독립된 경찰이라는 특징을 지니고 있다. 이러한 특징으로 인해 지방자치단체 내에서 경찰기관 간의 상호협력이라든가 혹은 상호간 응원이 상대적으로 약할 수밖에 없다. 그

---

12) 서울특별시, 「서울시 특별사법경찰 10년, 자치경찰제로의 전환을 위한 발전 방안 연구」, 최종 보고서, 2017, p. 13.

리고 자치단체 내부에서 예산이 충분하지 않을 수 있고 경찰력의 확보 또한 경우에 따라서는 용이치 않을 가능성도 내포하고 있다는 단점이 지적된다. 이로 인해 궁극적으로는 경찰운용상 매우 중요시되는 기동성이 떨어질 수 있다는 것이다.

둘째, 자치경찰은 관할구역의 한정으로 인해 경찰기능을 최대한 발휘해야 한다는 차원에서 일정한 한계가 있다는 것이다. 오늘날에는 급속한 산업화로 인해 교통통신이 놀라울 정도로 발전하고 있다. 수도권과 지방이 초고속열차나 자가용을 이용해 일일생활권으로 정착되었다. 또한 전 세계적으로 인공지능(AI)을 응용한 4차 산업혁명도 급격하게 진행되고 있다. 모든 가정의 모든 기기들에 인공지능을 접목시켜 활용하게 되는 인공지능 시대가 본격 도래하고 있다. 이러한 급속한 일련의 발전 과정 속에서 자치경찰제는 형식적인 행정구획에 대해 철저히 무시하고 불가분의 일체를 이루는 경향이 나타날 수 있다. 이러한 현상들은 범죄수사나 교통단속상의 차원에서 볼 때, 통일된 경찰활동을 요구하게 되는 경향이 나타날 수 있다. 특히 조그만 관할지역에 극히 한정된 자치경찰은 경찰기능을 최대한 발휘해야만 한다는 차원에서 볼 때 매우 불편할 수밖에 없다. 그리고 경우에 따라서는 치명적인 결함으로 나타날 수 있다. 이뿐만 아니라 대도시의 경우 경찰은 그때그때마다 상황과 필요에 적극 대응하여 발달하는 특징을 보여준다. 하지만 소도시의 경찰은 이러한 입장과 어느 정도 거리가 있을 수 있다. 무엇보다 순수 농촌지역의 경우에서 경찰은 근대화되어 있지 못한 이유 때문에 자치단체 내에서 일련의 경찰활동들이 적지 않은 지장을 받기도 한다.

셋째, 자치경찰제하에서 중요한 단점으로 지적되는 것 중의 하나는 바로 지방 토호세력들로부터 간섭이 어느 정도 혹은 필연적으로 나타날 수도 있을 것으로 예측해 볼 수 있다. 그리고 경우에 따라서는 선거에 의해 지방자치단체의 수뇌부가 경질될 수도 있다. 이러한 상황이 나타날 경우에는 경찰간부의 이동도 나타날 수 있게 되어 장기근무가 곤란에 처할 수도 있다. 이뿐만 아니라 자치행정이 부패하는 경우가 발생한다면 이와 비례하여 경찰의 부패가 나타날 수도 있으며 더 나아가서 악정을 초래할 위험에도 노출될 가능성도 있다.

넷째, 자치경찰제하에서는 자못 경찰공무원 인사에 대한 정치가들의 여러 가지 간섭들은 물론이고 더 나아가서 경찰간부들의 자기 소속직원에 대한 각종 통제력이 충분하게 미치지 않을 경우 해당 경찰간부의 위신이 서지 않고 필요한 관리와 감독 및 이상적이며 적정한 배치를 제대로 할 수 없게 될 수도 있다. 이렇게 되면 결국 경찰조직의 기강문란과 경찰정신의 이완을 초래할 수도 있다. 그 결과 경우에 따라서는 전면적으로 붕괴될 수 있는 상태에까지 도달할 수도 있는 위험성이 어제든지 존재할 위험성도 있다는 단점을 지니고 있다.

다섯째, 자치단체가 작고 조직인원이 적은 경우에는 경찰공무원이 고정되어 있기 때문에 유능한 경찰인재들이 승진할 수 있는 기회를 얻기가 곤란하다는 지적이 상존한다. 나아가서 경찰공무원을 적재적소에 배치하기가 어렵다는 것이다. 또한 교양훈련을 위한 특별시설도 만들려면 비용이 많이 발생하게 되고, 유능한 형사(刑事)들을 언제든지 필요한데도 불구하고 어려움이 상존한다는 점이다. 즉 특수훈련과 경험이 필요한 전문 형사 및 수사관들을 확보하기가 비교적 어렵고 곤란할 수 있다는 문제점에 직면하게 될 수 있다는 점도 큰 단점 중에 하나다.

여섯째, 자치경찰제 하에서는 경찰의 임무가 원칙상 소극적인 성격을 지니고 있다는 점도 하나의 단점이 될 수 있다. 따라서 경비절약 측면에서 적지 않은 희생문제들이 발생할 수 있으며, 자치단체의 규모가 작으며 재정이 열악한 경우에는 이러한 문제에 직면하게 됨으로써 적지 않은 어려움에 처할 수도 있다.

3. 소   결

지금까지 대륙법계 국가의 국가경찰제와 영미법계 국가의 자치경찰제를 정확하게 이해할 수 있는 개념 정립과 함께 본 제도들이 가지고 있는 장점과 단점에 대해 살펴보았다. 이 양자 간에는 상호 밀접한 관계가 존재하고 있는데, 대륙법계 국가경찰제도의 장점이 영미법계 국가의 자치경찰제 단점으로 작용하는 동시에, 반대로 국가경찰제의 단점이 자치경찰제의 장점으로 작용하는 등 이들 양자 간에는 서로 다른 장단점을 지니고 있는 특징을 보여주고 있다. 따라서 오늘날 지구상에 존재하는 수많은 국가들은 오래전에 대부분이 영미법계 자치경찰제 아니면 대륙법계 국가경찰제 중 하나를 도입 및 발전시켜 나왔다. 하지만 오늘날에는 대부분의 국가들이 양자 간의 장점들만을 모아서 운용하는 방향으로 나아가고 있음을 인식할 수 있다. 이러한 실상과 관련해 그 좋은 예를 들어보면 다음과 같다.

첫째, 영국의 경우이다. 즉 영국의 경우는 자치경찰제의 종주국이면서 전국 52개 지방경찰청들은 내무부장관으로부터 경찰예산 중 60~70%를 보조금으로 지원받고 있다. 자치경찰제 개념을 보면 지방자치단체 스스로가 자치경찰 운영 예산을 자기 스스로 세수를 확보하여 해결하는 것을 원칙으로 했다. 시간이 흐르면서 조금씩 변화도 나타났다. 즉 지방자치단체들이 자치경찰제를 시행하면서 이러한 이념에 충실했었다.

둘째, 벨기에의 경찰개혁이다. 즉 벨기에의 경우는 국가경찰, 국가군인경찰, 그리고 벨기에는 자치체경찰에서 국가경찰 영역과 자치경찰 영역으로 대폭 재편하는 경찰개혁을 단행하여 그들만의 장점을 최대한 살려낸 성과를 보여주었다. 벨기에의 지도를 놓고 가운데를 중심으로 나누어 볼 경우 위쪽은 네덜란드계가 주류이고 아래쪽은 프랑스계 민족이 주류를 차지한다. 이에 따라 이전에는 프랑스의 영향으로 국가경찰 이외에 국가군인경찰제까지도 활용해 왔었는데, 이를 통합하여 자치경찰제로 전격 개편하는 경찰 대개혁을 성공시킨 것으로 평가된다.

셋째, 북유럽 국가들의 경우이다. 비록 시기적인 차이는 다양하지만 스웨덴, 노르웨이, 핀란드의 경우는 제2차 세계대전을 전후하여 각기 기존의 자치경찰제에서 국가경찰제로 회귀하는 모습도 보여주었다. 이는 경찰제도 운용상에서 장점을 살려내고 보다 강력한 질서유지의 필요성이 대두되었고 이에 따라 강력한 국가경찰제로 전격 개편하였다. 그럼에도 불구하고 국가경찰제로 변경한 이후 이전의 자치경찰제가 사라진 것이 아니고 여전히 경찰제도 속에 깊숙이 녹아서 기능하고 있는 특징을 보여주고 있다.

넷째, 프랑스, 스페인, 이탈리아는 같은 라틴민족으로서 국가경찰과 국가군인경찰제로 탄탄하게 정착되어 운영되어 나오다가 각각 필요에 의해 3국 모두가 추가로 시군구 기초자치단체 차원에서 부분적으로 자치경찰제를 도입하게 되었다. 즉 국가경찰, 국가군인경찰, 자치경찰이라는 3자가 혼용된 치안질서유지를 위한 경찰체제를 잘 정착시켜 나가고 있다. 정리해보면 프랑스, 스페인, 이탈리아는 국가경찰과 국가군인경찰을 중심으로 하고 있고, 더 나아가서 프랑스는 비교적 부유한 시들만 자치경찰을 별도로 운용하는 특색을 보여준다. 스페인도 마찬가지인데 일정 지방자치단체들에서 자치경찰을 운용하고 있다. 이탈리아는 독특해서 국가경찰제와 국가군인경찰 이외에 추가로 주에는 주자치경찰, 도에는 도자치경찰, 시에는 시자치경찰제가 활용되고 있다.

다섯째, 영국의 연방인 캐나다는 영국인들이 이주하여 국가를 창설했으면서도 모국이었던 영국에서 경찰제도와는 확연히 다른 경찰모형을 만들어 냈다. 즉 캐나다는 광활한 국토(10개 주와 3개의 준주)지만 인구가 약 3,500만명 정도에 그침으로써 연방경찰(RCMP)이 지방자치단체들과 협약을 맺고 어느 정도의 경찰운영비를 받으며 경찰관을 파견해 치안유지를 대행해 주는 형태로 발전시켜 나왔다. 물론 캐나다 주 중에서 인구수가 비교적 많고 재정자립도가 상당히 확보된 동시에 주로 프랑스계가 살고 있는 퀘벡(Quebec)주 및 온타리오(Ontario)주는 자체적으로 주경찰을 운용하고 있다. 그러나 나머지 8개 주정부는 빈약한 재정문제 때문에 자치경찰을 가지지 못하고 연방경찰에 의존하고 있다. 즉 캐나다 연방경찰은 전국 180여개의 기초자치단체와 계약하고 치안질서를 유지해 주고 있다. 캐나다 토론토 같은 시의 경우는 기초자치단체별로 경찰관서를 별도로 구성하여 운영하기도 한다.

여섯째, 미국경찰은 연방경찰(국가경찰), 주경찰(State Police), 군(County)경찰, 시경찰(City Police) 등 매우 다양한 종류의 경찰시스템을 운용하고 있다.

일곱째, 멕시코에서도 국가경찰과 자치경찰제가 혼용되고 있다. 이러한 예들은 바로 그 국가의 여러 가지 정치, 행정, 문화, 역사, 전통을 살려야 하는 필요성에 의해 생겨난 산물로서의 경찰제도가 발달된 것이다.

여덟째, 오스트레일리아와 뉴질랜드의 경우도 역시 영국의 연방이다. 그럼에도 불구하고 오스트레일리아는 연방에 국가경찰이 기능하고 동시에 각 주에는 주경찰 중심으로 기능하고 있는 경찰제이다. 이에 반해 뉴질랜드의 경우는 역시 영국의 연방국가인데도 불구하고 자국이 가지고 있는 역사, 문화, 전통 그리고 현재 처한 상황의 필요성에 따라서 자치경찰제가 아니라 국가경찰제로 운용되는 특징을 보여주고 있다.

아홉째, 일본의 경찰제는 국가경찰이 국가공안위원회를 중심으로 그 산하에 7,800여명의 국가경찰공무원들이 전국을 7개의 관구로 나누어 광역자치단체인 도도부현 47개에 속한 약 30여만명의 지방자치경찰관들을 관리 감독하는 시스템이다. 물론 국가경찰이 직접 관리 감독하는 시스템은 아니고 47개 광역자치단체의 30여만명의 지방경찰은 도도부현공안위원회가 관리 감독하고 있다. 국가경찰에서는 도도부현지방경찰본부에 경무부장, 경비부장, 수사부장, 형사부장 등 4명만 파견하여 근무하도록 하고 있을 뿐이다. 이는 국가경찰 산하 지방경찰이 종속경찰제 혹은 혼합형경찰제로 유지되는 시스템이라고 불리어진다. 위에서 분석 및 제시한 각 국가들의 경찰제도를 종합해 보면 각 국가들이 자국의 경찰제도에서 좋은 장점들을 수집하여 체계적으로 재정립한 경찰형태라는 것을 어렵지 않게 찾아볼 수 있다.

유럽형 자치경찰제도의 분석

유럽형 자치경찰제도의 분석

본 장에서는 유럽국가들 중 국가경찰을 중심으로 운영하면서 동시에 자치경찰제를 함께 시행하고 있는 프랑스, 스페인, 이탈리아의 정치체계와 경찰조직체계의 개요, 국가경찰제도, 자치경찰제도 및 관련 사례를 중심으로 간략하게 분석해보고 이들의 제도가 제주자치경찰제 도입에 있어서 어떤 참고가 되었는지에 대해 심층 분석한다.1) 이들은 라틴민족 계열로서 경찰제도상에서 많은 공통점을 지니고 있다. 이들 국가는 국가일반경찰, 국가군인경찰, 자치경찰제를 모두 공통적으로 운용하고 있다는 점에서 매우 큰 의미를 지니고 있기도 하다.2) 다음의 분석을 통해 알 수 있는 바와 같이 프랑스, 스페인, 이탈리아의 자치경찰제도는 2006년 7월 1일 노무현 정부가 제주특별자치도에 한정하여 자치경찰제를 도입할 때, 상당히 많이 벤치마킹했다. 이 때문에 제주자치경찰제도의 기본 구조, 업무 분야, 권한 등 여러 가지 면에서 비슷한 점을 많이 찾아 볼 수 있다. 따라서 제주자치경찰제를 연구하는데 있어서 먼저 프랑스, 스페인, 이탈리아의 자치경찰제도를 살펴보는 것은 의미가 크다고 보고 정치행정체제와 경찰조직체계, 국가경찰제도, 자치경찰제도, 자치경찰 사례에 대해 간략하게 정리하기로 한다. 그리고 이들 국가들의 자치경찰제 관련 핵심 내용들을 자세히 살펴보는 동시에 시사점도 함께 찾아보고자 한다.

---

1) 일본의 경찰제는 국가경찰과 자치경찰이 혼합되어 있어서 혼합형 경찰제라고도 불리어지고 있고, 또한 국가경찰과 광역자치단체에 해당하는 47개 광역 도도부현경찰로 운영되기 때문에 이를 국가경찰에 종속되어 지방자치경찰제가 운용되기 때문에 종속형 경찰제라고도 불려지고 있다.
2) 참고로 미국을 비롯해 캐나다, 오스트레일리아 및 뉴질랜드 국가를 창설한 사람들로써 같은 영국 민족임에도 불구하고 각 국가마다 완전히 다른 형태의 경찰제로 발전시켜 나왔다.

제 1 절 프랑스의 자치경찰제도

1. 정치행정체제와 경찰조직체계

1) 프랑스의 정치와 행정체제

(1) 프랑스의 통치체제

서유럽에서 가장 큰 면적(543,965㎢)을 가진 프랑스는 약 65,227,142명(2020년 추계)의 인구를 가졌으며 파리가 수도이다. 화폐는 유로화를 사용하며 국가수반은 대통령이다. 정부수반은 수상으로 이루어진 국가로 대통령제와 내각책임제의 혼합형이다. 대통령과 수상이 권력을 분점하는 이원적 정부제로 대통령은 수상 임명권과 수상의 제청에 따라 장관 임면권을 가진다. 프랑스 유권자가 직접 선출하는 하원 577명은 5년 임기제이고 상원은 319명으로 9년 임기제로서 매우 긴 편이다. 그리고 행정부 관할 행정재판과 사법부 관할 사법재판 등 이원화를 이룬다.3)

(2) 프랑스 지방자치제도

프랑스는 1982년에 신지방분권법(꼬뮨/기초정부, 데빠르뜨망/도정부, 지역정부인 레지용의 권리와 자유에 관한 법률)이 통과되어 실질적인 지방자치가 본격화되었다. 이에 근거해서 데빠르뜨망인 도와 꼬뮨(시읍면)은 자치정부 지위를 갖게 되고 그 수가 무려 36,722개로 광범위하게 확대되는 특징을 보여주게 되었다.

〈표 3-1〉 프랑스 지방자치 계층구조

지방정부
꼬뮨(기초자치정부)
데빠르뜨망(도자치정부)
레지용 지역/ (광역도) 자치정부
해외영토지방자치정부
해외특별지방자치정부

출처: 치안정책연구소(안영훈), 「유럽형 자치경찰제도 모델분석」, 2005-12, p. 4.

---

3) https://100.daum.net/encyclopedia/view/b23p4344b(검색일: 2020. 9. 20.); 치안정책연구소(안영훈), 「유럽형 자치경찰제도 모델분석」, 2005-12, p. 3.

① 레지용 지역자치정부

프랑스의 레지용은 전국을 22개 지역으로 나눈 것이다. 1982년 자치정부 법인격을 취득했고 1986년 지방선거를 통해 자치정부를 구성했다. 의원정수는 지역(광역도)자치정부로서 31~209명 정도의 의원정수를 가지고 있다.4)

② 데빠르뜨망(도자치정부)

이는 1982년 신지방자치법에 따라 기초자치정부와 지역자치정부의 중간계층인 도자치정부로서 지위를 얻었다. 도자치정부의 행정수반은 민선도지사가 맡게 된다. 그의 권한은 자치정부 의회의장을 겸하며 그와 함께 도의 예산편성과 지출권을 가진다. 특히 이 민선도지사는 행정권한으로 교통분야의 특별경찰권과 도관할 재산의 관리권을 지닌다. 그리고 도자치정부의 행정구역 관할 경찰권도 가진다.

③ 꼬뮨 기초자치정부

기초자치정부의 구성은 기초의회가 구성된 다음 1순위 대표가 다수당 지방의원의 과반수 선거에 따라 시장으로 선출되어 기초자치단체를 이끌고 있다. 시장은 국가의 보통지방행정기관의 지위를 가지며 동시에 시장의 고유권한인 기초정부의 최고행정책임자로서 예산권과 정책집행권 등을 행사한다. 프랑스 기초자치단체 시장은 경찰행정권을 가진다. 각종 시민보호를 위한 예방차원에서 일반행정경찰권을 가지며 더 나아가서 도로교통, 관광보호와 관련되는 특별경찰행정권도 동시에 행사한다.5)

2) 프랑스 경찰조직체계

(1) 프랑스 경찰 역사

① 자치경찰을 거쳐 국가경찰로 변화

프랑스의 경우 원래 경찰권과 경찰력은 지방 중심이었으나 시간이 흐르면서 국가경찰화로 흘러 1934년 자치경찰에서 국가경찰조직을 갖췄다. 특히 오늘날 프랑스의 국가군인경찰은 전쟁이 많았던 당시에 지방의 치안 문란을 잡기 위해 지방 주둔 군인들이 치안을 담당해 온 것이 오늘날까지 국가군인경찰로 발전 및 정착된 것이다. 1941년 8월 당시 지방정부에서 오랫동안 유지되어 오던 자치경찰이

---

4) 치안정책연구소(안영훈), 「유럽형 자치경찰제도 모델분석」, 2005-12, p. 4.
5) 치안정책연구소(안영훈), 「유럽형 자치경찰제도 모델분석」, 2005-12, p. 7.

국가 각 도의 임명도지사에 귀속되면서 국가경찰로 일괄 통합되는 전철을 밟았다. 특히 파리경찰도청의 특수성을 고려해 자치경찰과 국가경찰이 1966년 7월 통합되었으며 계속해서 전국적으로 국가경찰화를 완성했다. 특히 프랑스 국가군인경찰은 기존에 국방부 장관이 지휘하다가 2002년부터 평시에는 내무부장관으로 일원화되었고 마침내 국가경찰체제의 통합적 운영이 이루어졌다.6)

② 지방자치 실시와 자치경찰제 부활

1982년 지방자치제를 실시한 프랑스는 1995년 국가경찰 개혁도 단행하고 1999년 자치경찰법을 제정하여 지방정부의 자율적 경찰재정도 어느 정도 확보하게 되었다.

(2) 프랑스 경찰의 종류

① 국가군인경찰과 국가일반경찰

프랑스 내무부 소속의 국가경찰총국 내 국가일반경찰과 국방부 소속 군인공무원인 국가군인경찰이 국가경찰체제의 기둥이라고 해도 과언이 아니다. 프랑스에는 국가경찰과 자치경찰이 존재하고 있지만 어디까지나 국가경찰인 국가일반경찰과 국가군인경찰이 경찰력의 핵심역할을 수행한다.

② 프랑스 자치경찰

프랑스 자치경찰은 국가경찰보다 역사가 오래되었으며 기초자치정부의 시장이 지휘한다. 당연히 지방공무원 신분이며 1999년 지방자치법 통과와 함께 자치경찰의 숫자가 점차적으로 증가하고 있으며 3가지 자치경찰 종류가 있는데 기초정부의 자치경찰, 국가경찰로 자치경찰을 대신하는 경우, 농촌지역의 자치경찰 등이 바로 그것이다.

③ 한국의 특별사법경찰 같은 일반공무원

프랑스에서도 세무공무원, 산림공무원들 처럼 특별한 경찰권을 가진 공무원들도 있는데 예를 들어 소방구조센터의 소방공무원도 시장이나 임명도지사의 지휘하에 각기 제한된 경찰권을 가진다.

(3) 프랑스 경찰의 재정

프랑스에서 국가경찰은 국고에서 재정을 지원하는 반면, 자치경찰인건비는 자

---

6) 치안정책연구소(안영훈), 「유럽형 자치경찰제도 모델분석」, 2005-12, p. 10.

치정부가 일반예산에서 경상비로 충당한다. 자치정부에 재정적 곤란문제는 추가적으로 국고보조를 통해 충당하기도 한다.

2. 국가경찰제도

1) 프랑스 경찰조직의 법적 토대

프랑스는 1996년 9월 정부령인 국가일반경찰과 국가군인경찰 간의 권한 배분 및 협력체제의 조직에 관한 정부령은 대국민 안전서비스와 안보에 관한 국가일반경찰과 국가군인경찰의 권한 배분을 제정하여 오늘에 이르고 있다.[7]

2) 국가일반경찰

(1) 국가일반경찰의 지위와 권한 및 임무

① 지위

프랑스의 국가일반경찰 공무원은 특수직렬의 국가공무원으로서 보수의 경우 일반공무원과 약간 다르다. 위험수당 및 특별연금제도 역시 우대하는 체제를 유지하고 있다.[8]

[그림 3-1] 프랑스 국가일반경찰의 모습

출처: 신현기©, 2004. 5. 15 촬영.

---

7) 치안정책연구소(안영훈), 「유럽형 자치경찰제도 모델분석」, 2005-12, p. 14.
8) 신현기, 『자치경찰론(개정5판)』(부평: 진영사, 2017), p. 100.

② 프랑스 경찰의 권한과 임무

프랑스 국가경찰은 다른 나라에서처럼 국가안전을 위해 정보, 정치, 경제, 사회 등 치안 관련 자료를 모아 행정부에 제공하는 등 국가체제가 유지되도록 돕는다.

③ 국가일반경찰조직

국가일반경찰은 내무부 소속의 국가경찰총국(경찰청)이 총괄하는데 물론 내무부장관의 지휘를 받는다. 경찰청장인 국가경찰총국장은 대부분 임명도지사 직군에서 임명되고 있는데, 그는 경찰의 최고행정을 책임진다.

[그림 3-2] 프랑스의 경찰조직체계도

출처: 신현기, 『자치경찰론(개정5판)』(부평: 진영사, 2017), p. 100.

프랑스는 국가경찰총국에서 일반경찰뿐만 아니라 소방 관련 업무도 담당하기 때문에 전국소방학교까지 관리한다. 그리고 국가일반경찰이 재난 및 재해 등도 담당한다. 이들 국가일반경찰은 전국의 95개 도자치정부 관할지역에서 경찰활동을 펼친다. 역시 전국 약 442개의 경찰서에 배치되어 치안활동을 수행하는데 총인력은 145,000여명이며 그 중에서 78,000여명이 전국적으로 경찰총국의 지휘하에 지역경찰서의 고유 치안업무를 수행한다.

④ **프랑스의 특별경찰**

법상 철도, 공항, 시위진압경찰권은 임명도지사에 속하며 영화관 관련 경찰권은 문화부 장관이 가진다. 그리고 외국인에 관한 경찰권은 내무부장관이 권한을 가지며 건물붕괴 위험 등은 임명도지사가 경찰권한을 행사한다.

(3) 프랑스 경찰인사관리체계

프랑스 경찰은 3개 직군으로 구성되는데 A직군은 최고관리직군으로 경정, 총경, 경무관, 치안감, 치안정감급이며 B직군은 중간관리자직군으로 경사, 경위, 경감 급이다. C직군은 집행경찰공무원직군인데 순경후보관, 순경, 경장, 경사보급 등이다.9)

3) 국가군인경찰

(1) 지위와 권한 및 임무

① **지위**

프랑스 국가군인경찰은 2003년의 경우 99,000여명이 근무했고 13,700여명의 보조군인경찰도 유지했으며 직업장교와 하사관으로 하되 여성에게도 일정수의 문이 개방되어 있다. 이들은 전국의 4,250여개의 지역 군경찰대에서 근무한다. 이들 국가군인경찰은 평시에 내무부 장관이 그리고 비상시에는 국방부장관이 지휘하는데 국가일반경찰이 없는 인구 20,000명 미만의 소도시 및 농촌지역에서 경찰업무를 수행하는데 전국의 95% 정도를 관할하는 상황이다.10)

---

9) 치안정책연구소(안영훈),「유럽형 자치경찰제도 모델분석」, 2005-12, p. 21.
10) 치안정책연구소(안영훈),「유럽형 자치경찰제도 모델분석」, 2005-12, p. 24.

[그림 3-3] 프랑스 국가군인경찰

출처: 신현기·이임걸. (2012). "프랑스 군인경찰제도에 관한 연구", 「자치경찰연구」, 5(3), p. 10.

② 국가군인경찰의 기본임무

국가군인경찰은 일반행정경찰기능과 사법경찰기능을 수행한다. 사실상 이들은 행정경찰업무(약 52%), 사법경찰업무(약 36%), 국방업무(5.7%), 중앙부처협조업무 (3.5%) 등을 포괄적으로 수행하는 특징을 지니고 있다.11)

③ 국방기능 업무

국가군인경찰은 평시에 군사시설의 감시, 군사법경찰활동, 군교통경찰활동, 군대의 동원 준비, 핵무기 호송, 해외 평화유지활동 등의 안전활동을 책임진다. 특수임무로서 국제테러나 인질, 요인보호, 에스코트 등의 임무도 수행한다.

3. 자치경찰제도

1) 프랑스 자치경찰의 설치

(1) 프랑스 자치경찰의 법적 근거

오늘날 프랑스 경찰은 내무부 소속의 국가경찰총국을 중심으로 한 국가경찰조직과 국가군인경찰(평상시는 내무부 장관이 지휘하고 비상시는 국방부장관이 지휘) 및 지방자치단체장의 관할 하에 조직되어 운용되는 자치경찰제로 나뉘어져 있다.12) 그러나 행정경찰이라고 하는 개념 하에서 상호간 보완 관계를 유지하지만 어디까지나 국가경찰제를 중심으로 운영되고 있다. 프랑스는 1998년 6월을 기해 '자치

---

11) 치안정책연구소(안영훈), 「유럽형 자치경찰제도 모델분석」, 2005-12, p. 24.
12) 프랑스 국가경찰은 인구 20,000명 이상인 도시지역에서 근무하고 있고, 이와는 달리 인구가 20,000명 이하인 지역에서는 국가군인경찰이 치안질서를 유지하는 것으로 크게 나누어져 있다. 추가로 기초자치단체에서는 시장이 자치경찰제를 운영하고 있다.

경찰법'을 제정한 바 있으며, 이어서 1999년 4월 15일 자치경찰법 내에서 관련 제도들을 재정비하였다. 2012년에는 치안 유지와 관련된 규정들을 하나로 통합한 국내치안법이 제정되기도 했다. 프랑스 코뮌 시장의 경찰권, 자치경찰공무원의 인사, 자치경찰의 임무, 무기휴대 및 사용, 장구・장비, 교육훈련, 조직 및 인력, 자치경찰공무원의 권리・의무, 국가경찰관의 업무협약 등에 관한 사항은 국내치안법에서 규정하게 되었다.13)

본 법에서는 지방자치법에 근거한 자치경찰에 관해 잘 규정하고 있다. 이 법에는 하나의 특징이 있는데, 특히 자치경찰서의 경우는 최소한 5명의 인원으로 구성되어 운영 중이다. 검찰총장의 의견을 적극적으로 참고한 후 임명도지사와 해당 기초자치단체의 시장들 간 협정에 따라 설치가 가능하도록 했다. 이뿐만 아니라 프랑스 자치경찰법 3조에 근거하여 자치경찰업무에 관해 내무부장관을 적극적으로 보조하도록 하자는 취지에서 자치경찰자문위원회를 운영하고 있다. 또한 자치경찰은 해당 시장들의 요청에 의해 임명도지사로부터 허가를 받은 후 국가경찰과 일련의 치안협력 활동에 참여할 수 있도록 서로 간에 협력 관계를 긴밀하게 유지하고 있다.14)

(2) 프랑스 자치경찰의 설치권

프랑스 자치경찰은 꼬뮌법 제L.131-1조에 따라서 시장에 속하며, 시장은 이른바 행정경찰권을 가지는 동시에 특별경찰행정권인 도로교통, 관광보호 등의 권한을 갖도록 법에 규정하고 있다. 자치경찰의 설치조건은 5명 이상과 이하로 나누어진다. 즉 5명 이상인 경우는 시장과 국가로부터 임명된 임명도지사는 검사의 의견을 들은 후 상호 간의 협력 논의한 협약을 체결함을 원칙으로 한다.15) 본 협약에는 자치경찰관의 관여사유와 방식 및 관여장소 따위를 규정한다. 궁극적으로 본 협약은 국가일반경찰과 국가군인경찰 등과 조정한 자치경찰관의 개입방식까지도 결정하고 있으며, 만일 자치경찰 수가 5명 미만일 경우는 역시 시장의 요구에 따라 협력협약을 체결하지만 안하는 경우도 있을 수 있다. 통상적으로 자치경찰의 임무는 프랑스 지방자치법전 제2212-6조에 따라 새벽 06시부터 저녁 23시까지 수행하고 있다.

---

13) 대통령 소속 지방자치발전위원회(서원대학교 산학협력단), 「지역맞춤형 자치경찰 기본운영모델 개발에 관한 연구」, 연구보고서, 2016, p. 48.
14) 신현기, 『자치경찰론(5판)』(부평: 진영사, 2017), p. 106.
15) 치안정책연구소(안영훈), 「유럽형 자치경찰제도 모델분석」, 2005-12, p. 39.

(3) 프랑스 자치경찰의 종류

프랑스 자치경찰은 3가지 종류로 이루어진다. 첫째, 우선 일반 자치경찰(Agent de police municipale)을 운영 중이다. 이들은 도심지역에서 기초자치단체 시장의 경찰명령권을 집행하는 지방공무원이다. 이들의 핵심 업무는 주민의 공중위생, 안전, 질서유지의 확보 등을 맡는 것이다. 다시 말해 이들은 관할구역 내에서 자신들의 자치조례에 따른 시장 고유의 경찰권을 집행하는데 집중한다. 둘째, 전원경찰(Garde-Champêtre)이다. 이들은 역사가 매우 오래된 자치경찰에 해당하는데, 주로 농촌지역에서 일반 자치경찰과 동일한 임무를 수행하고 있다. 셋째, 이른바 공공감시인(Agent de surveillance des voies publiques: ASVP) 제도이다. 이들은 다음의 업무들을 핵심 내용으로 한다. 예를 들어 관할 내 공공장소 및 노상 청결유지 위반행위, 보험증 미부착, 이웃간 소음발생 행위, 주정차위반, 그 밖의 도시환경법 위반을 비롯해 경범죄에 대한 적발과 이 범죄에 대한 통고처분을 핵심 업무로 하고 있다.16) 경찰견(警察犬) 운용팀도 102명에 달할 정도로 큰 편이다.

2) 프랑스 기초자치경찰의 지위와 권한 및 임무

프랑스 자치경찰은 일반자치경찰과 농촌자치경찰이 운영되고 있다. 프랑스의 자치경찰에 대한 내용은 다음과 같이 기초자치단체의 선출직인 시장이 운영하고 있다.

(1) 자치경찰의 법적 지위

① 일반자치경찰

프랑스 시장의 경찰명령권 하에서 주로 도심지역에서 자치경찰이 운영되는 경우가 일반자치경찰인데 핵심내용은 질서유지와 주민의 안전 및 공중위생을 감시하는 일이다.

---

16) 대통령 소속 지방자치발전위원회(서원대학교 산학협력단 김영식 외), 「지역맞춤형 자치경찰 기본운영모델 개발에 관한 연구」, 연구보고서, 2016, p. 49.

[그림 3-4] 프랑스 파리 근교 뇌이시 자치경찰의 순찰장면

출처: 신현기ⓒ, 2004. 5. 15 촬영.

② 농촌자치경찰

프랑스에서 농촌자치경찰 혹은 전원자치경찰이라고 불리는 이들은 주로 농촌지역에서 활동하는 데 도심지역의 일반자치경찰의 업무와 거의 동일하다. 프랑스 알사스 지방에는 녹색경찰도 운영되는데 이른바 지방정부연합전원자치경찰로 관할지역의 숲속에서 자연환경보호와 화재감시 업무 등도 직접 담당하고 있다.17)

(2) 프랑스 자치경찰의 권한과 임무

① 자치경찰의 기본 임무

프랑스에서 자치경찰에게 주어진 담당업무는 상당히 제한되어 있다는 점이다. 그 이유는 전장에서 언급한 바와 같이 국가경찰과 국가군인경찰체제가 잘 정착되어 있고 추가적으로 부유하며 스스로 원하는 기초자치단체에서만 자율적으로 시행하는 제도에 기인하고 있기 때문이다. 즉 모든 지역에 국가경찰이 치안질서를 유지해 주고 있기 때문에 대부분 부유한 지역만 자치경찰제를 시행하는 성격이 강한 것이 사실이다. 국가경찰이 잘 지켜주고 있고 추가적으로 순찰을 더 돌면서 치안질서를 유지하는 특징을 지니고 있는 관계로 큰 권한을 주지 않고 있다고 해석된다. 무엇보다 자치경찰제에 대한 운영은 기초자치단체가 국가와 협약을 체결하고 그에 따라 조정되는 것을 특징으로 한다. 그리고 지방자치법상 공공질서, 안녕과 안전 및 위생환경의 유지에 집중하는 임무가 바로 그 주요 핵심사항이다.

---

17) 치안정책연구소(안영훈), 「유럽형 자치경찰제도 모델분석」, 2005-12, p. 41.

특히 자전거, 자동차 및 스쿠터를 활용하여 관할지역을 순찰, 교통통제, 공공도로 상의 장애물 제거, 주차장 감시, 노약자 보호를 비롯해 여러 가지 업무들을 수행해 나가고 있다. 또한 프랑스는 자치경찰장의 지휘를 받는 안전보조요원도 운영하는데, 이들은 공원, 학교, 시청사 등 공공시설물을 보호하는 임무도 지니고 있다.[18] 이 밖에도 다음과 같은 업무를 자치경찰들이 수행하고 있는데, 몇 가지만 소개하면 다음과 같다.

- 시민들이 거리에서 집단싸움, 소란스런 모임, 소음, 공공집회 장소의 소란, 거주자의 평온을 해치는 야간의 집단모임과 연계된 모든 침해 행위의 적극적 억제
- 공해, 화재, 홍수, 산사태 등을 비롯해 유행성 전염병, 자연재해 등의 재앙이나 사고를 비롯해 그 원조와 조치수단에 의한 응급조치권이라던가 상급행정의 개입요청에 따른 예방
- 시민의 무책임으로 인해 맹수나 유해한 동물의 방치로 야기될 가능성이 큰 사건의 예방과 처리
- 광장이나 거리에서 그리고 공공장소의 통행과 편리에 관련된 모든 것, 예를 들어 장애물 제거, 청결, 청소, 건조물 등이 추락할 경우 장애유발 위험이 있는 창문 노출의 금지, 붕괴위험 건물의 수선과 파괴 등
- 경기, 카페, 교회, 시장, 공공의례 그 밖의 공공장소 등과 같은 집회장소에서의 질서유지
- 식료품점의 사장들이 판매목적에 적합한 무게나 길이를 준수하고 있는지에 대한 여부 감시
- 정신이상자로부터 침해에 대한 시민의 보호, 즉 안전, 공중도덕, 개인의 소유를 침해할지도 모를 정신적 장애를 겪고 있는 사람에 대해 시급하게 필요한 조치의 이행
- 주민의 식량 보급을 적극적으로 보장할 수 있는 방식으로 관할구역 내 빵집의 연간 휴무와 통제[19]

② 프랑스 자치경찰의 도로교통 임무

프랑스 지방자치법전 제2212-5조에 따라 자치경찰은 기초자치정부가 제정한 경범죄행위 관련 조서를 작성하며 음주운전자가 음주측정을 거부할 시 국가일반

---

18) 치안정책연구소(안영훈), 「유럽형 자치경찰제도 모델분석」, 2005-12, 2005, p. 67.
19) 행안부 자치경찰제실무추진단, 「선진외국 경찰제도 비교」, 2009, p. 52; 신현기, 『자치경찰론』 (부평: 진영사, 2017), p. 109.

경찰이나 국가군인경찰관에게 보고하며 사법경찰관은 법상 자치경찰이 즉시 연행하도록 명령하는 방식에 따르고 있다.

③ 자치경찰의 사법경찰리를 위한 보조 임무

프랑스 자치경찰은 형사소송법 21-2조에 근거해 경범죄, 경죄, 중죄를 인지한 후 즉시 국가경찰에 보고하는 동시에 인적사항을 조사하여 시장과 관내 사법경찰관을 경유해 관할 검사에게 보고한다. 하지만 벌금을 조치할 권한은 물론 없다. 그리고 사법경찰의 범죄수사 시에 보조요원으로 협조할 임무를 진다.

3) 프랑스 기초자치경찰의 행정조직

프랑스에서 시장은 자치경찰의 최고책임자인 동시에 민원행정의 책임자일 뿐만 아니라 동시에 선거관리 책임자이며 사법경찰관이면서 또한 고유 경찰행정권을 보유하고 있다.

프랑스의 경우 자치경찰법에 근거해서 전국 모든 자치단체장들은 국가가 임명한 도지사의 합리적인 행정통제하에 스스로 자치경찰제를 설치하여 운영하는 것이 법적으로 가능하다. 하지만 물론 의무로 기초자치단체장들이 자치경찰제를 시행해야 하는 것은 아니고, 그들의 자율에 맡겨져 있다. 오늘날 프랑스의 기초자치단체(꼬뮌/commune) 수는 약 36,779개 정도로 알려져 있다.[20] 이들 중 기초자치단체 대부분은 주민이 200명에서 1,000여명 미만이다. 하지만 주민수가 5,000명이 넘는 기초자치단체도 물론 존재하는데, 무엇보다 5,000명 이상의 인구를 가진 대다수의 기초자치단체는 자치경찰제를 운영 중이다. 프랑스에서 자치경찰채용은 물론 동일하지는 않은데, 예를 들어 해당 자치단체의 규모라든가 나아가서 재정자립도나 시장의 치안정책이 어떠냐에 따라서 다양한 차이를 보여주고 있다. 이 때문에 지역별로 각 도시마다 자치경찰의 업무 범위도 상당히 다양한 편이다. 프랑스의 자치경찰제는 경우에 따라 한두 명의 자치경찰관을 선발해 운영하는 기초자치단체도 꽤 존재하는데, 이런 지역이 무려 64%나 된다.[21]

---

20) 신현기, 『자치경찰론』(부평: 진영사, 2017), p. 106; 신현기, 『자치경찰론(제6판)』(부평: 진영사, 2021), p. 108.
21) 신현기, 『자치경찰론』(부평: 진영사, 2017), p. 107.

<표 3-2> 프랑스 자치경찰의 규모

자치경찰인원	비율	비고
1~2명인 경우	64.1%	
3~4명인 경우	15.9%	
5~49명인 경우	19.1%	
50~99명인 경우	0.7%	
100명 이상인 경우	1.2%	5개소

출처: 신현기, 『자치경찰론』(부평: 진영사, 2017), p. 107; 치안정책연구소(안영훈), 「유럽형 자치경찰제도 모델분석」, 2005-12, 2005, p. 49.

프랑스의 자치경찰제 시행 근거가 마련된 것은 그 역사가 상당히 오래되었음을 알 수 있다. 즉 1977년 1월 27일 꼬뮨법을 통해 자치경찰제 시행을 위한 법적 기초토대가 구축되었다. 이를 근거로 해서 통합지방자치법과 자치경찰법을 제정했으며, 동시에 프랑스 자치경찰의 사무를 비롯해서 국가경찰의 통제 범위에 관한 법적 토대까지 모두 갖추게 되었다.

4) 프랑스 기초자치경찰의 인사관리 분야

(1) 프랑스 자치경찰의 계급

프랑스 자치경찰관 계급은 순경시보, 순경보, 순경, 경사, 경위, 경감, 경정(자치경찰장)으로 구성되어 있다.

(2) 프랑스 자치경찰의 인력

프랑스의 전국 기초자치정부는 약 37,000여개인데, 그 중에서 사실상 인구 2만명 이상을 가진 기초지방정부들 대부분은 자치경찰 조직을 운영하는 것으로 보여진다.[22] 자치경찰에게 45% 이상의 자치정부가 무기휴대를 허용하고 있는데, 권총, 경찰봉, 최루탄발사기, 가스총 등이다. 한편 2013년도 기준으로 프랑스 자치경찰공무원의 수는 약 27,259명 정도를 보여준다. 이전에 비해 약 13,000명 이상이 증원된 것을 알 수 있다.

---

22) 치안정책연구소(안영훈), 「유럽형 자치경찰제도 모델분석」, 2005-12, 2005, p. 50.

〈표 3-3〉 자치경찰 인력현황(2013년 기준)

구분	일반자치경찰 Policiers municipaux	공공감시관 Agent de surveillance des voies publiques (ASVP)	전원경찰 Gardes- champêtres	경찰견운용팀 brigades canines
계	19,916	6,283	958	102

출처: Effectifs des polices municipales par commune - année 2013(https://www.data.gouv.fr/); 대통령 소속 지방자치발전위원회(서원대학교 산학협력단 김영식 외), 「지역맞춤형 자치경찰 기본운영모델 개발에 관한 연구」, 연구보고서, 2016, p. 50.

(3) 자치경찰의 임용과 교육

프랑스에서 정규직 자치경찰 순경은 만 18세가 되어야 지원이 가능하며 1차는 필기, 2차는 면접과 체력시험이며 체력분야는 100미터 달리기, 높이뛰기, 포환 던지기, 넓이뛰기, 50미터 수영 등이다. 자치경찰교육은 자치경찰임용자의 경우 이론교육 67일, 자치정부에서 실무교육으로 34일, 국가군인경찰과 소방서 등 국가경찰기관에서 현장교육 20일을 받아야 한다. 그리고 교육비는 물론 자치경찰 소속의 지방정부가 전액 부담한다.[23]

(4) 자치경찰의 보수와 복장 및 장비

일반적으로 프랑스의 자치경찰 보수체계는 국가경찰공무원과 동일하고 급여수당체계도 역시 동일하다. 기본급 이외에 근무자 수당, 시간외 수당, 주택보조수당, 가족수당 등을 지급한다. 프랑스 자치경찰의 복장은 국가일반경찰이나 국가군인경찰과 혼동을 주는 복장을 해서는 안된다. 반드시 직무 중 유니폼을 입고 신분증을 휴대하며 반드시 계급이 보이도록 하고 등뒤에 반드시 자치경찰이라는 글씨 표식을 해야 한다. 그리고 국가경찰과 협력협약이 체결된 경우만 가능하고 국가경찰의 주관 하에 매년 2회 50발의 사격연습을 의무화 하고 있다. 무엇보다 사격은 국가기관의 주관 하에 증명서가 발급되며 이것을 자치경찰은 소속 자치정부와 관할 임명도지사에게 제출해야 한다.[24]

(5) 자치경찰과 국가경찰 간 협약체계

프랑스 자치경찰은 지방자치법전 제L.2212-6조에 따라 시장이 5명 이상 자치

---

23) 치안정책연구소(안영훈), 「유럽형 자치경찰제도 모델분석」, 2005-12, 2005, p. 53.
24) 치안정책연구소(안영훈), 「유럽형 자치경찰제도 모델분석」, 2005-12, 2005, p. 57.

경찰을 운영할 경우 시장과 임명도지사는 검사의 의견을 들은 후 원령으로 규정한 조정협약을 맺고 있으며 5명 이하인 경우도 물론 시장이 적극적으로 요구할 시에도 조정협약 체결은 가능하다. 일반적으로 국가경찰과 자치경찰 간에 체결한 본 협약은 지역사회의 공공질서 유지 임무에 있어 국가경찰이 우선적이라는 내용이 핵심사항으로 강조된다. 본 협약의 핵심사항을 요약 정리하면 다음과 같다.

- 본 협약 제1조는 자치경찰과 국가경찰이 정기적 회의를 통해 시민보호와 질서유지를 위해 의견교환
- 자치경찰장은 관할지역 국가경찰 책임자에게 자치경찰의 무기소지자와 무기종류 상황을 통보
- 자치경찰과 국가경찰의 책임자는 합동으로 경찰활동을 펼쳐야 할 경우 국가경찰 책임자의 지휘 아래서 수행하게 된다는 점을 협약내용에 명기 및 서명
- 국가경찰이 현상범이나 도난차량의 정보를 자치경찰에 제공하면 자치경찰이 이를 발견 시 곧바로 국가경찰에 보고
- 자치경찰책임자와 국가경찰책임자는 음주운전자 통제와 도로교통관리 상의 공동업무 시에 어떤 방법과 절차로 협력할 것인지를 사전에 결정해 놓음
- 임명도지사와 시장은 매년회의를 통해 협력협약 내용과 추진상황을 평가하고 필요시에 검사에게 제출[25]

(6) 국가차원의 자치경찰자문위원회 설치

프랑스 지방자치법전 제L.2212-7조에 따라 자치경찰자문위원회가 설치 운영 중인데 내무부 장관 산하 자치경찰의 조직 및 기능에 대한 통일된 기준의 제정뿐 아니라 자치경찰 제반 문제에 대한 의견 수렴이나 자문 등을 수행한다. 본 위원회의 구성은 국가대표로 내무부, 국방부, 법무부, 해외영토부, 건설교통부와 8명의 시장이 위원으로 참여한다. 즉 총 24명의 위원 중 시장대표, 국가대표, 자치경찰 노조대표가 각각 1/3씩 참여한다.[26] 자문위원회의 임기는 6년이다. 본 위원회의 결정사항은 비공개이며 회의비로 실비를 받는다. 위원장은 선출된 시장 중에서 맡도록 되어 있다. 그리고 내무부 장관은 임명도지사나 시장 및 지검장과 상의하고 경찰청 감사관실을 통해 감사를 한 후 시장, 임명도지사, 지검장 등에게 통보

---

25) 치안정책연구소(안영훈), 「유럽형 자치경찰제도 모델분석」, 2005-12, 2005, p. 61.
26) 치안정책연구소(안영훈), 「유럽형 자치경찰제도 모델분석」, 2005-12, 2005, p. 64.

해 준다.

4. 프랑스 자치경찰 사례

1) 뇌이시 기초자치경찰의 조직

(1) 자치경찰조직

본 연구자가 2004년 프랑스 파리 근교 뇌이시를 직접 방문했을 때, 이곳의 국가경찰은 150여명인데 반해 자치경찰은 36명이었다.27) 1991년 뇌이시에 자치경찰제가 시행되었는데 시장 직속으로 36명 2개 팀이었다. 이 자치경찰 중 9명의 안전보조원이 학교건물과 공공건물의 경비를 담당한다. 이들은 월요일부터 금요일까지 7시 30분부터 오후 9시까지 그리고 토요일은 10시부터 오후 8시까지 근무한다. 또한 일요일에도 9시부터 오후 7시까지 근무하고 있다.28)

(2) 권한과 임무

뇌이시 자치경찰의 주요임무는 국가경찰과 공조해 시민의 인명과 재산을 보호하는데 중점을 두고 있다. 자치경찰은 근무시에 자전거, 자동차, 스쿠터 등을 이용하여 관할지역 순찰과 교통통제, 주차장 감시, 노약자 보호, 공공도로에서 장애물 제거 등을 수행한다.

2) 뇌이시 국가경찰 조직

이곳 뇌이시의 국가경찰은 150명 정도로 지역 치안유지를 위해 24시간 근무체제를 유지하고 있다.

3) 뇌이시의 국가경찰과 자치경찰 간 공조

(1) 지역안전위원회 운영자로서 시장

프랑스 뇌이시의 시장은 지역안전위원회 위원장으로서 교육기관의 대표자, 소방공무원, 국가경찰관 등으로 위원을 구성해 학교지역 중심의 범죄예방 및 교통안전 관련 문제들을 해결하기 위해 정기적으로 회의를 개최한다.

---

27) 2004년 뇌이시 안내 책자 참조; 신현기, 『자치경찰론(5판)』(부평: 진영사, 2017), p. 109.
28) 신현기, 『자치경찰론(5판)』(부평: 진영사, 2017), p. 110.

(2) 시민과 자치경찰 담당부시장의 민원 해결

자치경찰은 매주 수요일 오후에 시간을 정해 시민들의 치안 관련 민원처리를 수행해 나가고 있다.

(3) 자치경찰과 국가경찰 간 업무 관련 협력과 분담

뇌이시의 시민이 112나 17의 번호로 신고하는 경우 긴급요청은 국가경찰본부에서 응대하고 가장 가까이 있는 자치경찰과 국가경찰이 출동한다. 자치경찰은 국가경찰처럼 도보나 자전거 및 차량을 통해 순찰을 하며 관내 치안유지를 한다. 그리고 자치경찰과 국가경찰은 관내 도로교통 안전을 위해 자동차 속도위반이나 운전 중에 핸드폰을 사용하는 행위, 음주운전 검사, 안전띠 착용 관련 단속 등 여러 가지 공조를 취하고 있다.[29]

(4) 시자치정부에 대한 도자치정부의 재정지원

자치경찰의 인건비는 지원하지 않고 오직 중·고등학교 지역 중심의 감시카메라 설치(CCTV) 비용 관련 재정만 지원해 주고 있다. 원래 자치경찰제란 지방자치단체가 스스로 재정을 마련하여 운영해 나가는 것을 원칙으로 한다. 역시 프랑스의 자치경찰제 운영도 이러한 운영 철학에 토대를 두고 있다. 바로 자치경찰제를 운용하는 기초자치단체가 스스로 재정을 확보하는 책임을 지고 있다. 이에 따라 프랑스 자치경찰제 운영은 곧 기초자치단체들이 얼마나 재정확보 능력을 갖추고 있느냐에 따라 그 도입 여부가 결정된다고 볼 수 있다. 이러한 재정자립도의 확보 여부에 따라 프랑스 기초자치단체들은 자기 소속의 자치경찰공무원에게 봉급 지급상의 차이를 보여준다. 물론 기초자치단체에서 재정적 어려움을 겪을 때 도와 같은 광역자치단체차원에서 어느 정도 보조해 주기도 하는데, 인건비는 인정되지 않고 있기 때문에 전혀 지원되지 않고 있다. 다만 순찰차나 기타 순찰을 위한 장비 구입비 등에만 지원된다.[30]

---

29) 치안정책연구소(안영훈), 「유럽형 자치경찰제도 모델분석」, 2005-2, 2005, p. 70.
30) 신현기, 『자치경찰론(5판)』(부평: 진영사, 2017), p. 112.

제 2 절   스페인의 자치경찰제도

1. 정치행정체제와 경찰조직체계

1) 스페인의 정치행정체제

스페인은 52개의 도와 17개의 자치주로 이루어진 단일 국가로서 8,082개 정도의 기초자치정부를 가지고 있다.

2) 스페인 경찰조직체제

(1) 국가안전경찰조직법(1986)

스페인은 1986년 3월 국가안전경찰조직법을 새로이 제정했는데, 이에 근거해 국가일반경찰과 자치주경찰 및 자치경찰 등으로 재정립되었다. 이에 따라 스페인의 17개주 중 카탈로니아주, 바스크주, 나바라주는, 예를 들어 카탈로니아주는 국가일반경찰이 아니고 독자적인 카탈로니아주경찰(주도는 바로셀로나)로 운영하고 있다.

(2) 스페인 경찰의 종류

위의 국가안전경찰조직법(1986)에 따라 국가가 공공안전에 대한 보장 임무를 지고 있으며 3개의 자치주와 지방정부들은 이에 공동으로 참여할 의무를 부여받고 있다.

i) 국가일반경찰과 국가군인경찰: 국가공공안전을 위한 공권력 기관은 국가에 속한 국가일반경찰과 국가군인경찰(Guardia Civil)이 있고 자치주에는 주자치경찰 및 기초지방정부의 공권력기관으로 자치경찰 등 3가지 종류로 운영되고 있다.[31] 원래 스페인은 국가군인경찰 중심이었다. 그 후 국가일반경찰은 5만명 정두로 창설되어 내무부장관이 관리하고 있다.

ii) 3개 자치주정부경찰과 기초자치경찰: 본 연구자가 2004년에 방문했던 스페인 경찰은 국가일반경찰관이 45,362명, 국가군인경찰이 72,500여명이었고 바스크 자치주 7,500여명, 카탈로니아 자치주 7,600여명 등이었다.[32]

---

31) 치안정책연구소(안영훈),「유럽형 자치경찰제도 모델분석」, 2005-2, 2005, p. 83.

[그림 3-5] 스페인 경찰조직의 체계도

출처: 경찰청 경찰혁신위원회, 「선진국 자치경찰 운영사례연구를 위한 현지시찰 자료집」, 2004. 5. 15-24,
　　　p. 91; 신현기, 『자치경찰론(5판)』(부평: 진영사, 2017), p. 124.

2. 국가경찰제도

1) 국가일반경찰

　　내무부 장관의 지휘를 받는 국가일반경찰은 약 53,736명 정도였다. 스페인의 경우도 전장에서 살펴본 프랑스의 경우처럼 인구 2만여명을 기준으로 그 이상은 국가일반경찰이 치안을 유지하고 있다. 국가일반경찰의 권한과 임무는 다음의 사

---

32) 신현기, 『자치경찰론(5판)』(부평: 진영사, 2017), pp. 128-133; 치안정책연구소(안영훈), 「유럽
　　형 자치경찰제도 모델분석」, 2005-2, 2005, p. 83.

항인데 주민등록증이나 여권 관리, 스페인 출입국 관리의 통제, 외국인 망명자 관리와 국외 추방 및 이민관리, 마약 범죄 관리, 국제경찰 간 협력 등이 바로 그것이다.

2) 국가군인경찰

① 지위와 권한 및 임무

스페인 국가군인경찰은 군인 신분을 가지고 공권력을 수행하는데, 거의 모두 군인신분을 유지한다. 군인경찰이 가진 권한은 무기와 폭약 관련 법적 관리, 국가 재정관리와 위조화폐범 방지, 교통통제와 교통관리, 주요 공공시설에 대한 보호, 불법마약거래에 대한 방지, 자연과 수자원 및 산림보호, 도시 간 범죄자 수송 등이 핵심이다.

② 군인경찰의 인사관리

19세부터 30세 사이의 스페인 국적자는 공개시험을 통해 군인경찰이 될 수 있는데 100% 중에서 이들은 약 50%가 군인경찰이 되며 나머지 50%는 이미 3년 이상 군복무를 한 자 중에서 임용되는 방식을 취하고 있다.[33]

3. 자치경찰제도

1) 스페인 자치경찰의 설치

(1) 스페인 자치경찰의 역사

프랑스의 자치경찰 경우처럼 스페인의 자치경찰도 처음에는 지역별로 자치경찰을 운영하다가 훗날 국가일반경찰이 만들어지면서 국가경찰로 통합 운영되는 모습을 보여주었다.

(2) 스페인 자치경찰의 법적 토대

스페인의 경우는 헌법 제149조 1항 29호에 따라 17개 광역자치단체는 물론이고 행정의 기초단위라고 불리는 시(Municipio)들이 스스로 경찰력을 보유할 수 있는 권한을 가진다. 또한 헌법 제148조 1항 22호에 따르면 각 자치단체가 자치단체 소속의 공공건물과 각종 시설물에 대한 보호와 경계, 그리고 국회가 정하는

---

33) 신현기, 『자치경찰론(5판)』(부평: 진영사, 2017), p. 127.

해당 법률의 범위 이내에서 자치경찰(Local police)의 조정과 권한을 가진다고 명시하고 있다. 또한 경찰 관련 치안조직법에 주(州) 경찰의 창설이 가능하도록 하고 있다. 이 밖에 기초자치경찰의 경우는 지방행정체제의 기본법과 각 주(州)의 자치규약에 따른 각 해당 시의 규칙에 근거해 자치경찰의 창설이 얼마든지 허용된다.

스페인의 자치경찰 수는 대략 65,000명 정도다. 물론 광역자치단체인 주와 기초자치단체인 시의 경우도 모두 도입이 가능하다. 물론 자치경찰제의 설치 기준은 없다. 다시 말해 자치단체의 재정확보에 따라 도입 선택이 열려 있다.

한편 주지사 관할로 이루어지는 州자치경찰이 있고 시장 관할 하에 운영되고 있는 市자치경찰 등이 있다. 위에서 살펴본 프랑스의 자치경찰제가 그렇듯이 이웃 국가인 스페인에서 자치경찰의 기능은 역시 활동 폭이 넓지 않은 편이다. 일정한 한계가 있으며 국가경찰의 기능을 어느 정도 보완해 주는 역할에 그치고 있다고 보면 된다.[34]

(3) 스페인 기초자치경찰의 설치 운영

스페인의 기초자치정부는 각 자치주의 법률과 지방자치법률 및 시의 조례와 규약 등에 따라서 자치경찰제도를 창설할 수 있다. 특히 1986년 지방자치 관련법에 따른 국회시행령에 근거해 주민이 5,000명 이상인 기초자치정부는 자치경찰제도를 조직할 수 있도록 했다. 물론 자신들의 관할지역 내에서만 권한이 미친다. 기초자치경찰의 인력은 대략 50,000여명에 달했다.[35]

2) 스페인 자치경찰의 권한과 임무

(1) 지방자치기본법과 권한 및 임무

스페인 지방자치기본법에 따라서 정부나 시는 공공장소의 치안 유지, 도시지역의 차량과 교통질서 유지 등을 행한다. 자치경찰의 기능으로는 기초자치정부의 공공시설 보호나 감시 및 도시 내의 교통질서유지, 관할구역의 공공질서 유지, 재난시 시민의 보호 등이다.

---

34) 신현기, 『자치경찰론(5판)』(부평: 진영사, 2017), p. 130.
35) 신현기, 『자치경찰론(5판)』(부평: 진영사, 2017), p. 130.

(2) 기초자치경찰의 사법경찰 기능

기초자치경찰의 경우 주요 기능은 행정경찰기능이 주요 임무이며 법에서 위임하는 모든 경찰 기능을 수행할 수 있다. 주요 인사의 신변보호, 관공서 공공건물 보호, 범죄예방 활동과 집회시위 관리 등에서 국가일반경찰과 밀접한 협력을 행하는 것 등이다.

3) 자치경찰의 인사관리

(1) 기초자치경찰의 인사체계

약 1,700여개 단위조직으로 구성된 스페인의 기초자치경찰은 약 5만여명에 달한다. 전국의 기초자치정부 중 약 20% 정도가 자치경찰조직을 창설해 운영 중인데, 이는 스페인 전체 인구 중 거의 90% 이상에게 경찰서비스를 고르게 제공하고 있음을 보여주는 것이다. 기초자치경찰의 계급은 4개인데 순경, 경사, 경감, 경정급 등이다.

(2) 기초자치경찰의 임용과 훈련

기초정부의 시장은 자치경찰장을 주로 시 집행부의 최고 관리자층에서 임명하고 있다. 자치경찰에 지원하고자 하는 자는 30세 이하여야 하고 순경은 일반채용이고 경사, 경감, 경정급 25% 정도는 특별채용을 통해 이루어진다. 나머지는 내부승진 방식으로 이루어진다. 기초자치경찰의 교육훈련은 관할 자치주의 지방경찰학교나 시립경찰학교 등을 통해서 교육훈련과 직무교육 및 보수교육 등이 이루어진다.

(3) 기초자치경찰의 제복과 무기 소지

동일표준에 따른 복장규정에 의해 기초자치경찰은 청색 제복과 흰색 제복을 착용한다. 대부분의 기초자치경찰은 9미리 구경의 피스톨 권총을 소지하고 근무한다. 하지만 무기에 관한 모든 권한은 국가권한에 속하고 시행령에 무기 소지 관련 내용이 규정되어 있다.36)

---

36) 신현기, 『자치경찰론(5판)』(부평: 진영사, 2017), p. 135; 치안정책연구소(안영훈), 「유럽형 자치경찰제도 모델분석」, 2005-2, 2005, p. 106.

4. 스페인 자치경찰 사례

1) 카탈로니아주의 자치주경찰 조직 현황

(1) 카탈로니아주 경찰의 종류

1979년부터 카탈로니아주는 자치주 법률에 의해 주지사의 통치체제가 확립되었고 주자치경찰과 시자치경찰을 주지사 산하 주내무부에서 집중적으로 관리한다. 카탈로니아 자치주 지역의 경찰조직은 주경찰, 기초자치경찰 및 국가경찰 등이 배치 운영되고 있다.

〈표 3-4〉 카탈로니아 자치주지역 경찰의 종류

기초자치정부(시장)	기초자치 경찰	카탈로니아 자치주경찰조직
자치주정부(주지사)	주정부 경찰	
국가(내무부장관)	국가일반경찰	국가경찰

출처: 치안정책연구소(안영훈), 「유럽형 자치경찰제도 모델분석」, 2005-2, 2005, p. 83.

(2) 카탈로니아 자치주경찰 조직의 개선

이곳 주는 1982~1983년에 걸쳐 자치주경찰을 창설해 운영하다가 1994년에 자치주경찰법이 통과되고 국가의 승인을 받아 본격적으로 주경찰이 교도소관리와 국가인사보호 및 오락시설관리를 비롯해서 모든 국가경찰의 기능을 대신 수행하게 되었다.

(3) 카탈로니아 자치주경찰의 권한과 임무

이곳 자치주경찰은 기존 국가경찰이 수행하던 대부분의 업무를 직접 수행하게 되었는데, 즉 주자치경찰이 교통질서 유지뿐 아니라 사법경찰의 기능도 수행함은 물론이고 더 나아가서 이른바 자치주정부법의 집행 관련 임무와 지역 내의 시민 안전과 질서유지를 위한 경찰활동을 수행하고 있다.

(4) 국가경찰의 임무

국가경찰은 업무가 축소되어 헌법에 보장된 것만 다루게 되었다. 즉 밀수와 관세이탈, 국경경비와 출입국관리 업무, 총포 화약 허가 관리, 여권과 주민등록증 발급 등이 그 좋은 예이다. 2008년 이후 국가경찰이 점차 철수하게 되었다.

(5) 카탈로니아주 기초자치경찰

카탈로니아주에는 946개나 되는 기초자치정부가 존재한다. 이미 2004년도의 경우 200여개의 기초정부에서 시장을 책임자로 기초자치경찰이 운영되었다. 자치경찰의 수는 다양한데 1~2명을 운영하는 도시도 존재하고 있으며, 특히 바로셀로나시는 2,000명 이상의 자치경찰을 운영한다.

(6) 기초자치단체 경찰(시경찰)

스페인의 기초자치단체는 법률에 따라 주민 5,000명 이상인 경우 자치경찰의 창설권이 부여되어 있다. 물론 그 형태는 다양하다. 스페인은 약 8,097여개의 시(市)가 설치 운영되고 있다. 이 중 약 1,146개 시(14%)가 5,000명 이상의 인구를 보유 중이다. 市경찰은 물론 해당시 내에서 활동하는 것이 원칙이나 긴급한 경우와 당국의 요청이 있는 경우 예외도 인정된다.[37] 특히 市경찰(City Police)은 치안조직법, 주(州)의 각종 처분, 법규를 비롯해 기타 당해 시당국 규칙에 적극적으로 따르면서 규정된 복장을 착용해야 한다는 원칙을 철저하게 지키고 있다.[38] 그리고 市경찰이 운영되지 않는 도시의 경우는 경찰권 행사에 있어서 권한을 재산과 시설을 보호하는 요원으로 대체하기도 한다.[39]

한편 스페인의 기초자치경찰인 市경찰은 다양한 형태로 창설할 수 있다. 그러나 자치경찰제를 시행하지 않고 있는 자치단체의 경우도 별 문제는 없다. 왜냐하면 국가경찰이 전체 지역의 모든 치안을 담당해 주기 때문이다. 스페인의 경우 법상 모든 기초자치단체에 의무로 자치경찰을 창설하라는 규정이 전혀 없다. 따라서 자치주별로 다양한 자치경찰법령이 제정되어 운용되고 있다. 각 시별로 조례와 규칙이 다르기 때문에 결국 다양한 형태로 운영된다. 스페인은 전체 市 중에서 약 20%가량이 자치경찰을 보유 중이다. 스페인 市자치경찰은 총 50,000여 명이 넘는다. 스페인 기초자치단체의 자치경찰공무원 인력은 지역마다 큰 차이를 보여 주는데, 예를 들어 주민수, 행정구역 규모, 범죄발생유형을 기준으로 적게는 1~2명에서 많게는 2,000명이 넘는 리용시(市)도 존재한다. 스페인은 전국에 8,087여개의 자치시가 있고, 이 중 인구 5,000명이 넘는 시는 법률, 조례, 경찰조

---

37) 스페인 치안조직법, 제52조 제1항.
38) 경찰청 경찰혁신위원회, op. cit., p. 96.
39) 스페인 치안조직법, 제51조 제2항; 여기서 의미하는 요원이란 경비원(Guarda), 감시원(Vigil-ante), 경비요원(Agente) 등을 가리킨다.

직법을 기준으로 市자치경찰을 보유하고 있다. 물론 자치경찰이 미설치된 市는 경비원과 순찰대원들이 자치경찰업무를 맡고 있다.

〈표 3-5〉 스페인 자치경찰의 수

주민수	자치경찰의 보유비율	평균인력(명)
5,000~10,000명	92%	9
10,000~20,000명	97%	19
20,000~100,000명	98.5%	54
100,000명 이상	100%	42.5

출처: 행안부 자치경찰제 실무추진단, 「선진외국 경찰제도 비교」, 2009, p. 91; 신현기, 『자치경찰론』(부평: 진영사, 2017), p. 130.

스페인 市자치경찰은 음주운전단속 및 사고처리와 같은 교통업무, 방범, 범죄인체포, 경범죄 피해자보호와 같은 시민의 안전업무를 책임진다. 스페인 자치경찰의 조직도와 국가경찰과의 관계를 보면 [그림 3-6]과 같다.

[그림 3-6] 스페인 국가경찰과 자치경찰의 체계도40)

출처: 경찰청 경찰혁신위원회, 「선진국 자치경찰 운영사례연구를 위한 현지시찰 자료집」, 2004. 5, 15-24, p. 96; 신현기, 『자치경찰론』(부평: 진영사, 2017), p. 131.

---

40) 빠이스 바스코주, 카탈루냐주, 나바라주 등 3개 주는 자체 주자치경찰제를 유지하고 있다.

스페인의 자치경찰 수는 약 50,000여명 정도다. 지방자치단체는 공개적으로 시험을 통해 자치경찰후보자를 모집한 후 경찰아카데미에 보내서 신임교육을 시키고 있는데, 각 도시마다 각기 교육프로그램이 차이가 있기도 하다. 스페인의 자치경찰은 자체적으로 능력을 발휘하는 것이 아니라, 상호간 협력을 하는 것이 핵심사항이다.

각 지방자치단체가 자치경찰제도를 실시하는데 있어서 중요한 사항은 재정 확보 여부에 따라 수용할 수 있는 것이다. 말하자면 예산에 따라 그 실시여부가 달려있다고 보면 된다.41) 한편 스페인의 기초자치단체에서 자치경찰을 설치하지 않는 곳은 예산이 부족한데 기인하고 일단 자치경찰제를 도입 및 실시할 경우 독자적 치안자율권이 보장되지만, 그에 반해 국가경찰로부터 어떠한 치안서비스를 지원받지 못한다는 단점에 직면한다. 이러한 이유 때문에 스페인에서는 자치경찰제를 실시하지 못하고 있는 지역도 꽤 많은 편이다.42)

2) 카탈로니아 자치주경찰과 기초자치경찰을 위한 교육과 훈련

카탈로니아 자치주경찰이 되기 위해서는 우선 몇 개 단계의 절차를 거쳐야 하는데 선발시험, 기초교육, 실무교육이 바로 그것이다. 1985년에 설립된 카탈로니아 경찰학교에서 기초교육을 받고 있다. 물론 자치주경찰과 기초자치경찰들은 동일한 방식으로 경찰교육을 받는다는 점이 큰 특징이다.43) 그 근본 이유는 양자가 동일 교육을 받은 결과 미래의 협력이 가능하고 더욱이 미래에 통일된 경찰활동을 펼치는데 좋은 결과가 기대된다는 것이다. 무엇보다 경찰의 선발은 다음과 같이 3가지 방식에 따르고 있는바, 제1단계 선발시험은 교양시험과 의료검진 그리고 교양시험과 심리테스트를 통해 시민안전총국이 선발한다. 제2단계 기초교육은 선발된 경찰관후보자는 기초교육을 9개월간 카탈로니아 경찰학교에서 받고 있다. 제3단계는 실무교육인데 경찰교육생은 비교적 긴 12개월간 수습기간을 거쳐 자치경찰에 정식 임용된다.44)

---

41) 스페인 내무성 경찰부서의 책임자와 인터뷰 내용 참조.
42) 스페인 내무성 경찰부서의 책임자와 인터뷰 내용 참조.
43) 치안정책연구소(안영훈), 「유럽형 자치경찰제도 모델분석」, 2005-2, 2005, p. 121.
44) 치안정책연구소(안영훈), 「유럽형 자치경찰제도 모델분석」, 2005-2, 2005, p. 121.

제 3 절   이탈리아의 자치경찰제도

1. 정치행정체제와 경찰조직체계

1) 이탈리아 정치행정체제

오늘날 이탈리아 인구는 약 6,046만명(2020년 10월 기준)이며 행정체제를 보면 20개 州(region)를 비롯해, 103개의 道(Province) 그리고 약 8,101여개의 시(Co-muni)로 구성되어 있다. 그리고 1,014명으로 구성된 상하 양원과 주대표 합동회의에서 선출되는 대통령이 총리를 임명한다. 상원과 하원 모두 각 5년의 임기를 가진다.

2) 자치정부 종류

이탈리아의 자치정부 조직은 기초자치정부, 도정부, 광역시정부, 지역정부, 중앙정부로 이루어져 있다.

3) 자치경찰의 법적 토대

이탈리아 자치경찰의 운용을 위한 법적근거는 자치경찰법에 기초하며, 여기에 자치경찰의 임무와 조직 및 운영 규정 등이 잘 나타나 있다. 이탈리아의 각 주정부 차원 그리고 지역 내에서 운영 중인 자치경찰에 대한 통일성을 유지하도록 하기 위해서 이른바 지역 중심의 통일된 규정을 하나의 자치경찰법령으로 제정하여 운영하는 특징을 보여주고 있다. 이탈리아에서 자치경찰이라고 하면 흔히 도시경찰을 말한다. 이탈리아 도시경찰은 운영상에 있어 상당한 독립성을 유지하고 자치 원칙에 따라 조직되고 있다. 여기에서 지방경찰 조직이 운영되고 있다. 그러나 전 지역의 도에 도시경찰이 운영되고 있는 것은 물론 아니다.

4) 이탈리아경찰의 조직체계

이탈리아 군인경찰은 1814년 왕족의 신변안전을 위해 창설되었고, 특히 인구가 많은데도 불구하고 국가일반경찰은 6,680명, 국가군인경찰은 2만여명, 자치경찰인력은 약 7,300여명이었다. 비교적 경찰관 수가 적은 편이다.

5) 이탈리아 종류 현황

이탈리아에는 특수경찰로 국가산림경찰과 교도경찰 등도 운영하고 있다. 이 외에 국가경찰로서 국가일반경찰, 국가군인경찰 및 재정경찰이 있고 추가로 도시 지역에는 자치경찰이 존재하는 등 2원화되어 운영 중이다. 특히 국가군인경찰과 재정경찰(재무경찰)은 군인의 신분을 지닌다. 그리고 국가군인경찰과 국가일반경찰은 치안과 공공안전 전체에 대해 책임을 지고 있다. 한편 국가경찰은 일반 치안과 지역도로와 상업부문의 치안을 맡는다. 도경찰은 특정분야인 하천보호, 환경, 사냥과 낚시 등을 담당한다. 자치경찰은 지역 내 자치경찰 간 협력 등을 수행한다.

2. 국가경찰제도

1) 경찰조직의 법적 근거

이탈리아의 경찰조직 근거법은 이탈리아 헌법 제117조에 근거하고 있다. 즉 여기에 공공질서유지에 공공안전의 권한을 담고 있다.

2) 국가일반경찰

내무부장관 관장하에 약 10만여명의 국가일반경찰이 운영 중인데, 이들은 1981년까지 군인신분을 유지하기도 했다. 이들은 질서유지와 공공안전, 범죄예방, 재난구조, 운전면허증, 허가증, 범죄진압 등 사법경찰기능 등을 맡는다.

3) 국가군인경찰

(1) 이탈리아 국가군인경찰의 역사

이탈리아명으로 카라비니에리라고 불리는 국가군인경찰은 창설 역사가 1814년으로 올라간다.

(2) 군인경찰의 권한과 임무

이탈리아 국가군인경찰은 군인이라는 신분을 가지고 제2차 세계대전에 참전했

[그림 3-7] 이탈리아 국가경찰 조직체계도

출처: 경찰청 경찰혁신위원회, 「선진국 자치경찰 운영사례연구를 위한 현지시찰 자료집」, 2004, p. 140.

으며 제4의 군대로서 군인경찰 사무와 행정경찰 및 사법경찰과 재난관리, 국경감시 등 많은 업무를 수행한다.

(3) 행정조직

군사 관련 업무는 국방부 장관의 지휘, 시민안전과 공공안전에 관련된 내무부

장관의 지휘 그리고 사법경찰 업무와 관련해서는 사법부의 지휘를 받는 특징을 보여준다. 전체 군인경찰의 80% 수준인 87,000여명은 지방조직에 소속되어 활동한다.

(4) 임용 방법과 승진

이탈리아에서 국가군인경찰이 되기 위한 조건은 고등학교 졸업과 육군에서 2년간 군경력자이다. 근무연수와 실적으로 승진하며 시험승진도 존재하고 1997년부터 퇴직연령이 기존 57세에서 60세로 늘어났다.[45]

3. 자치경찰제도

1) 이탈리아 자치경찰의 설치

(1) 자치경찰의 조직

이탈리아는 1986년 3월 기초자치경찰법에 자치경찰조직을 규정했다. 이에 따라 각 자치정부들은 자치경찰조직의 설치를 위해 조례를 제정 및 시행하고 있다. 이탈리아 자치단체는 관할 지역마다 경찰을 선택적으로 실시할 수 있도록 보장되어 있어 자치경찰 및 자체경찰력을 보유할 수 있는데, 언제나 재정자립도의 여부에 따라 그 가능성이 결정된다. 州자치경찰이 운영되기 위해서는 최소한 7명 이상의 경찰관을 보유해야만 한다. 물론 7명에 미치지 못하는 경우는 다른 도시와 연합해 구성 및 운영하는 것도 또한 가능하다. 애초 이탈리아 자치경찰은 道(Province) 그리고 市(Comuni) 지역에만 설치·운영되었으나 추후 긴급한 상황에 효과적으로 대처할 필요성이 점차 부각되면서 결국에는 주(region)에도 주자치경찰이 설치되었다. 따라서 특이하게도 이탈리아는 道자치경찰, 市자치경찰, 州자치경찰을 모두 유지하고 있는 셈이다. 市자치경찰의 경우 경찰책임자, 운용관리, 지원부서 등 세 가지 구성요건을 갖춘 경찰본부 그리고 지구대로 이루어져 있다.

법률규정에 따르면 이탈리아 자치경찰공무원의 수는 인구 1,000명당 1명이다. 그럼에도 불구하고 실제로는 해당 자치단체들이 해결할 수 있는 재정능력에 따라 채용인원이 조정될 수 있는 여지도 남아 있다. 물론 이탈리아에서 州자치경찰은 주지사가 관리하고 있다. 이탈리아 수도인 로마를 예로 들어보면 로마도 자치경

---

45) 치안정책연구소(안영훈), 「유럽형 자치경찰제도 모델분석」, 2005-2, 2005, p. 154.

찰은 290여명 정도의 경찰관으로 운영된다. 이탈리아의 州자치경찰, 道자치경찰, 市자치경찰 중에서 가장 큰 자치경찰조직은 물론 市자치경찰이다. 로마도 산하의 로마시 자치경찰은 6국 1실의 경찰본부 및 19개 지구대로 운영되고 있으며 계급은 7개 계층에 6,800여명의 경찰관이 근무한다.46) 실제로 로마 市자치경찰은 로마도 자치경찰에 비해 약 20배 이상 큰 규모로 운영되고 있다.47)

(2) 기초자치경찰의 설치 현황

① 기초자치단체 시장의 자치경찰의 지휘권한

기초자치정부의 시장은 자치경찰을 운영하는데 있어 책임자이다. 지방의회의 동의를 받아 자치경찰조직에 관한 시장령을 제정하며 자치경찰을 운영하는 경우는 자치경찰단의 설치가 가능하다. 자치경찰조직을 설치하는 경우 조건이 있는데, 이 경우 시장은 지역의 주민수, 유동인구수, 그리고 지역특성 등을 고려하여 자치경찰조직을 구성해야 한다.

② 자치경찰의 종류

도시자치경찰은 도시 내에서 시민의 안전과 안전보호 및 상업위생 자치경찰은 상행위 질서유지와 위생상태 검사 등을, 그리고 도시건설 자치경찰은 자치정부 도심 내의 건축 규정준수 여부의 검사 등을, 농촌경찰은 농수산과 산림보호와 관련된 경찰임무를, 환경감시 자치경찰은 자연환경과 동식물보호 임무를, 그리고 관광자치경찰은 관광지에서 주민들의 안전보호에 관련된 임무를 주로 수행하고 있다.

③ 자치경찰의 역할

이탈리아 자치경찰이 하나의 작은 사례이기는 하지만 국가경찰의 역할을 하는 경우도 있는데, 즉 로마 시내에서 교통사고로 인해 사망사고가 발생한 경우 도시경찰이 형법을 다루는 국가경찰에 바로 이관해야 한다. 또한 시내에서 B라는 상점이 법이 정한 영업시간 이후에도 계속 영업을 지속하는 경우 즉시 도시경찰이 조사에 착수하는데, 이러한 좋은 예가 바로 도시경찰이 국가경찰의 역할을 담당하는 케이스에 해당된다.48)

---

46) 신현기, 『자치경찰론』(부평: 진영사, 2017), p. 156.
47) 양영철, 『자치경찰론』(서울: 대영문화사, 2008), p. 117.
48) 본 연구자의 이탈리아 내무성 경찰국에서 경찰책임자와 인터뷰 내용.

이탈리아 도시경찰은 자신만의 업무를 위한 법을 가지고 있으며 국가경찰은 고속도로를 담당하는 동시에 필요한 경우 도시경찰의 역할을 담당하기도 한다. 그러나 도시경찰(City Police)은 국가경찰이 맡고 있는 고유 영역을 법적으로 침범하지 못한다.[49] 도시경찰은 일반적으로 다음과 같은 16개의 직무를 유지하고 있는데, 예를 들어 상점의 영업활동 감시, 교통소통의 원할 문제, 낚시나 수렵에 관련된 사무, 도시 안에 건설되는 건물 통제 등이 그 대표적이다.[50] 이탈리아도 자치경찰제를 잘 발달시킨 나라 중에 대표적인데 독특하게도 그 종류가 많은 편이며, 주자치경찰, 도자치경찰, 시자치경찰 등과 같은 여러 운영모형을 활용하고 있다.[51]

이탈리아의 모든 자치단체는 자치경찰법(Legge quadro sull'ordinamento della Polizia Municipale) 제12조 제1항에 근거해서 관할지역들이 각각 자체적으로 자치경찰을 다음과 같이 설치 운영하고 있다.[52]

i) 주(州) 자치경찰(Polizia Regionale): 이탈리아의 주자치경찰은 20개 州 자치경찰법(Disciplina delle funzioni di polizia locale) 제2조 제2항에 근거해 지방정부의 업무가 긴급한 상황에 처하게 될 경우 신속하고 매우 효과적으로 적극 대처할 필요가 크다는 새로운 시대적 요청에 따라 설치되었다. 이에 근거해 이탈리아의 주(州) 경우 최소 7명 이상의 경찰관만 보유할 수 있으면 그 자체적으로 경찰조직을 보유할 수 있다는 법적 근거를 가지고 있다.[53]

ii) 도 자치경찰(Polizia Provinciale): 이탈리아는 103개 道관할 내의 대기, 삼림, 동물, 호수 하천 등 환경보호에 관한 조직을 조정해야 하는 필요성에 따라 기존 경비조직을 재구성하여 자치경찰제를 설치하여 운영하고 있다. 이탈리아에서 도로법(Codice della Strada)의 개정에 따라 道가 관할하고 있는 고속도로 관련 순찰 업무영역이 道자치경찰로 전격 이관되어 수행해 나오고 있다.

iii) 시(市)자치경찰(Polizia Municipale): 8,000여개의 市자치경찰은 자치경찰법(Legge quadro sull'ordinamento della Polizia Municipale) 제7조 제2항에 잘 나타나 있고, 이에 따라 유동인구의 수, 지역주민의 수, 지역의 특성 등을

---

49) 본 연구자의 이탈리아 내무성 경찰국에서의 경찰책임자와 인터뷰 내용.
50) 신현기, 『자치경찰론』(부평: 진영사, 2017), p. 158.
51) 본 절에서 다루는 운영모형, 조직, 인사, 운영관리, 재무, 법제화 등에 대한 내용은 경찰청 경찰혁신위원회의 선진국 자치경찰 운영사례연구를 위한 현지시찰 자료집을 재인용하여 활용하였음을 밝혀 둔다(pp. 145-150 참조).
52) 자치경찰법 제12조.
53) 州자치경찰법(Disciplina delle funzioni di polizia locale) 제2조 제2항.

고려해 경찰관의 수를 정하는 방식을 활용하고 있다.54)

[그림 3-8] 자치경찰 조직체계도55)56)

출처: 경찰청 경찰혁신위원회, 「선진국 자치경찰 운영사례연구를 위한 현지 시찰 자료집」, 2004, p. 145; 신
현기, 『자치경찰론』(부평: 진영사, 2017), p. 156.

(4) 자치경찰의 재정

지역자치정부가 산하의 도와 기초단위의 자치경찰에 재정지원을 하는 경우도
있다. 하지만 각 자치정부들이 자체예산으로 자치경찰을 설치해 운영해 나가고
있다.57)

---

54) 자치경찰법(Legge quadro sull'ordinamento della Polizia Municipale, LEGGE 7 marzo
    1986, n. 65) 제7조 제2항; 신현기, 『자치경찰론』(부평: 진영사, 2017), p. 158.
55) 로마市 자치경찰의 경우(http://www.comune.roma.it/info_cittadino/schede/carte/cartapm/pm
    _cs_01.htm).
56) 로마道 자치경찰의 경우.
57) 신현기, 『자치경찰론』(부평: 진영사, 2017), p. 163.

2) 이탈리아 기초자치경찰의 지위와 권한 및 임무

(1) 기초자치경찰의 지위

이탈리아의 자치경찰법 제5조1항a는 자치경찰관이 이른바 사법경찰리의 지위를 가진다고 명시하고 있다. 이와 더불어 자치경찰 책임자의 경우도 사법경찰관의 지위를 가진다고 규정하고 있다. 그리고 자치경찰장교는 공공안전경찰관의 지위를 가지는데, 결국 임명도지사가 자치경찰장교를 공공안전 담당 경찰관으로 임명하게 되는 경우, 그 해당자들은 경찰업무 이외의 시간에도 역시 무기소지가 가능하다는 지위를 가진다. 이뿐만 아니라 경찰장교가 공공안전 경찰관의 자격을 부여받게 되면 이들은 매년 정기훈련뿐만 아니라 사격시험에 합격해야만 하는 등의 의무가 부여된 훈련과정도 거친다.[58]

(2) 기초자치경찰의 권한과 임무

행정경찰 관련 기능 분야에서 권한은 교통단속과 공공안전 및 영업규제 등이다. 그리고 교통경찰 기능 분야에서 권한은 교통범죄예방과 교통사고보고 및 교통규범제정을 포함하여 교통사고예방까지를 포함한 권한을 지니고 있다. 자치경찰은 이 밖에도 국가경찰의 기능으로서 권한인 공공안전에 대해서도 보조기능 수행자로서 권한을 유지한다. 또한 자치경찰은 다음의 임무들을 수행하고 있다. 즉 법에 따라 위임된 영역내에서 행정법규의 집행과 사법경찰의 업무, 자연재해와 재난 안전, 개인사고 시 구호조치, 기초정부의 자치법령 준수에 대한 감시, 시민의 안전과 시민생활에 대한 감시 등이 바로 그것이다.

(3) 이탈리아 기초자치경찰의 행정조직과 시장의 지위

기초자치경찰의 총책임자는 물론 인사권자인 시장이며 그는 임명권자이기도 하다. 특히 자치경찰 관련 시장령도 제정함은 물론이고 자기 지역의 주민 수나 유동인구 수 등을 감안해 자치경찰관 수를 결정하고 있다. 기초자치경찰단을 조직하는 경우는 최소 자치경찰관이 7명 이상이어야 한다.[59] 시장이 자치경찰장을 임명하면 그는 시장을 대신해서 산하 자치경찰관들의 교육이나 업무수행에 대해 책임을 진다.[60]

---

58) 신현기, 『자치경찰론』(부평: 진영사, 2017), p. 154.
59) 치안정책연구소(안영훈), 「유럽형 자치경찰제도 모델분석」, 2005-2, 2005, p. 161.
60) 신현기, 『자치경찰론』(부평: 진영사, 2017), p. 165.

(4) 이탈리아 기초자치경찰의 인사관리

① 기초자치경찰의 임용과 교육훈련

이탈리아의 기초자치정부가 자치경찰을 임용하는데 지원자격은 고등학교 졸업자이다. 각 도시에서는 자치경찰공무원 채용방식이 마련되어 있다. 자치경찰관은 합격 및 임용되면 기초교육과정을 이수한다. 정기적으로 재교육이 계속 이루어진다. 직무교육과 함께 연간교육이 이루어지는데 핵심 내용은 자기방어와 업무수행을 위한 기술이 중심을 이룬다.61) 특히 보수의 경우 자치정부의 예산에서 지급되는데, 물론 여기에는 각종 수당도 포함된다.

② 이탈리아 기초자치경찰의 복장

기초자치정부의 자치경찰들은 국가경찰과 구별되는 제복을 착용하도록 규정을 가지고 있는데 모든 자치경찰은 사실상 제복을 착용하고 근무하는 게 일반적이다.

③ 자치경찰의 무기소지 관계

자치경찰의 무기 소지는 자치경찰법 제5조와 자치경찰의 무장에 관한 내무부 시행령(n.145, 1987. 3. 4)에 따라서 자치경찰에게 무기소지를 할 수 있는 최소한의 자율권을 보장해 주고 있다. 무기의 종류와 관할하는 총기의 수 및 사격훈련장 등에 관하여 자치경찰 법규로 제정한 후 시행하고 있다. 또한 지역의 국가의 대표인 도지사가 지역에서 발생하는 범죄율이나 시민의 안전 등과 관련해서 문제점이 발생할 경우에는 그 지역을 관할하고 있는 시장에게 자치경찰에 대한 합당한 총기사용을 직접적으로 요구할 수도 있다.62) 무기는 반자동 권총과 피스톨 그리고 자치경찰관의 무기휴대에 대한 총 수, 사격훈련장에 대한 법적인 규정 등이며 도지사에게 이 내용을 필히 보고해야 한다.

④ 지역치안협력위원회

이탈리아의 지역치안협력위원회는 기초자치정부의 시장과 지역의 관할 의원들로 이루어져 있다. 이 위원회는 관할 구역의 치안서비스 향상을 위해 상부에 지원을 요구하기도 한다.

---

61) 신현기, 『자치경찰론』(부평: 진영사, 2017), p. 165.
62) 안영훈, ibid.

⑤ 이탈리아 자치경찰과 국가경찰 간 상호 협력

이탈리아 자치경찰법(Legge quadro sull'ordinamento della Polizia Municipale, LEGGE 7 marzo 1986, n. 65) 제4조 제1항에 의해 자치경찰은 기본적으로 산하 자치단체의 관할범위 내에서 활동하는 게 원칙이다. 그러나 예외적으로 관할 외 지역에서도 물론 활동한다.[63]

자치경찰법 제4조 제1항 4호에서 명시된 관할 외 활동의 기준은 다음과 같다.

- 관할지역과 연관된 사항 및 관할지역의 대표로서 참여
- 관할지역에서 발생한 범죄로 인한 부득이한 경우
- 재해나 사고가 발생하여 구호활동과 연계된 관할 이외 원조의 경우는 미리 사전협정에 따라서 임명도지사(Prefetto)에게 사전 보고한 후 시행하는 것 등을 규정[64]

4. 이탈리아 자치경찰 사례

1) 로마시 자치경찰과 예산편성권

이탈리아 로마시는 1992년부터 시자치경찰이라는 명칭을 공식적으로 사용하고 있다. 특이하게도 로마시는 기초자치정부이면서 이탈리아의 수도라는 특징을 지니고 있다. 로마시는 19개의 준자치구로 구분되어 있고 19개 구의 주민이 직접 선거를 통해 구청장을 뽑는다. 로마가 수도이기는 하지만 별도로 법률상 특별한 권한이나 지위를 부여받은 것은 전혀 없다. 특히 로마의 각 구청은 행정적 자율성만 보장해 주었고 자체적인 예산편성권은 주어지지 않았다.[65]

2) 로마시 자치경찰의 설치상 법적 토대

라찌오(Lazio) 주정부 산하에 로마시가 있는데 2002년 로마시는 시의회의 결정으로 자치경찰조직법을 제정했다. 이렇게 자치법규로써 자치경찰조직법을 제정한 이유는 대도시 교통문제와 세계적 관광도시로서 공공안전 문제 및 대도시의 치안확보를 위한 이미지 개선을 비롯해 능률성을 극대화 하고자 하는데 그 목적

---

63) 자치경찰법 제4조 제1항.
64) 자치경찰법 제4조 제1항; 신현기, 『자치경찰론』(부평: 진영사, 2017), p. 164.
65) 치안정책연구소(안영훈), 「유럽형 자치경찰제도 모델분석」, 2005-2, 2005, p. 166.

이 있었다.66)

3) 로마시 자치경찰 인력

이탈리아 수도인 로마시 시경찰법규집(2002. 5. 7, N. 249) 제5조 및 제8조를 보면 로마시 자치경찰은 다른 도시의 경찰들보다 상당히 많은 도시치안업무들을 담당하고 있다.67)

 - 로마市 법령의 준수 여부에 대한 감시와 자치경찰에 위임되어 있는 행정법 규 집행과 관련된 위반사범의 단속
 - 로마시 교통소통의 관리를 비롯해 공공질서 유지와 범죄예방을 위한 순찰
 - 로마시의 공공시설에 대한 보호와 관리
 - 로마시민들의 공공안전에 대한 상태 점검과 시민생활의 질에 대한 감시활동
 - 로마시에서 자연재해와 재난 그리고 개인의 사고발생 시 즉각적인 구호조치
 - 관련법에 따라 위임된 범위에서 합법적인 사법경찰 업무의 신속한 수행
 - 사법부의 책임과 권한 및 계획 하에 이루어지는 범죄소탕과 범인수색 및 범죄상황에 대해 즉시 보고를 해주는 등의 이른바 사법경찰 보조기능68)

4) 로마시 자치경찰의 권한과 임무

로마시 자치경찰의 경우 로마시 자치경찰조직법 제5조에 따라 자체 행정구역 내에서 자치경찰활동을 펼치고 있다. 예를 들어 범죄예방 순찰활동, 공공질서 유지, 주요 인사의 신변보호, 도시교통경찰의 교통관리, 공공시설의 보호와 관리, 시민의 안전 확보, 자연재해와 재난 등의 긴급구조 등이 바로 그것이다.69)

5) 로마시 자치경찰장의 권한

(1) 시장과 자치경찰장

로마시장과 시장의 자치경찰 권한위임권을 받은 시의원은 로마 자치경찰장을

---

66) 치안정책연구소(안영훈), 「유럽형 자치경찰제도 모델분석」, 2005-2, 2005, p. 167.
67) 경찰청 경찰혁신위원회, op. cit., p. 147.
68) 안영훈, 『자치경찰제의 준거틀과 모형설계』(서울: 한국지방행정연구원, 1998, 연구보고서 98-2 (제291권).
69) 로마시 자치경찰조직법 제5조.

지휘 관리한다. 로마시 자치경찰조직법 제26조에 따라 로마시 자치경찰장은 주요 업무에 대해 시장과 자치경찰 권한위임자에게 보고한다.[70]

(2) 로마시 자치경찰본부

자치경찰본부는 자치경찰에 대한 지도와 감독 및 감사를 수행하는 등 총괄 지휘한다.

6) 로마시 자치경찰의 인사관리

(1) 로마시 자치경찰의 인력과 계급

약 7,000여명으로 구성된 로마시 자치경찰은 7계급으로 이루어졌다. 자치경찰은 지역별로 인력도 대규모로 이루어진 조직이 아니기 때문에 계급의 종류도 7개 정도로 유지되고 있다.

(2) 로마 자치경찰의 교육

로마시 자치경찰조직법 제36조에 따라서 자치경찰들은 임용된 후 기초준비교육 과정을 마치고 이어서 시경찰학교에서 평가과정과 재교육을 받는다. 시경찰학교의 교육 내용은 일반교육과 예비교육 및 직무교육 등이다. 그리고 자치경찰장은 교육정책 지침에 따라 매년 자치경찰의 교육계획을 수립 운영하고 있다.[71]

(3) 로마시 자치경찰의 복장 및 무기사용

로마시 자치경찰은 근무 중 제복의 왼쪽 가슴 위에 표식이나 배지를 부착하여 타인으로 하여금 잘 보이도록 해야 한다. 로마시 자치경찰은 고유의 늑골 장식으로 주홍색 바탕에 금색의 이중 테두리를 사용하고 있다. 그리고 경찰모자에는 사각형으로 만들어진 자리에 "S.P.Q.R"이라는 문구를 넣었다.

(4) 로마시 자치경찰의 복지

로마시의 경우 자치경찰조직법 제35조에 따라 자치경찰을 위한 법적보호와 민간책임보험이 마련되어 있다. 또한 자치경찰이 활동하는 데 있어서 필수적인 상해와 사망 관련 보험, 운송시의 손상과 손해 보험, 치안활동에 필요한 자동차 보험 등이 마련되어 있다.

---

70) 로마시 자치경찰조직법 제26조.
71) 로마시 자치경찰조직법 제36조.

7) 로마시 자치경찰과 국가경찰 간 협력

위 양자가 협력하는 경우, 일반적으로 국가경찰이 로마 시장의 사전동의를 얻어서 추진하는 경우가 많은 편이며, 반대로 자치경찰이 국가경찰에 요청하는 경우는 로마시장의 이름으로 요청하고 있다.

제 4 절   프랑스, 스페인, 이탈리아
자치경찰제도의 시사점

어느 국가를 막론하고 국가 간 동일한 경찰제도를 활용하는 경우는 존재하지 않으며 국가마다 각각 다른 경찰제도를 발전시켜 왔다. 비단 같은 영어를 사용하고 동일한 민족에서 출발해 각기 다른 국가를 창설한 영미법계 국가들(미국, 영국, 호주, 캐나다, 뉴질랜드) 조차도 각자가 처한 역사, 문화, 전통 및 주어진 환경에 따라 각기 다른 경찰제도를 발전시켜 왔음을 알 수 있다.

이러한 현상은 대륙법계 국가들의 경우도 별반 다르지 않다. 대륙법계와 영미법계 경찰제도를 혼용하여 독특한 경찰제도를 발전시킨 일본의 혼합형 혹은 종속형 경찰제도 역시 우리 지구상에서 독특한 경찰제도에 해당된다. 또 하나 주목할 것은 어느 나라를 막론하고 각 국가들은 각 나라들이 시행하고 있는 경찰제도들 중에서 장점들을 모아다가 자신들의 경찰제도를 더 좋게 발전시켜 나가고 있는 현상들을 뚜렷하게 나타내 주고 있다. 비록 영미법계 국가의 경찰제도를 발전시킨 국가들도 시간이 지나면서 대륙법계 경찰제도의 장점을 받아들이고 있으며, 그 반대로 대륙법계 국가들도 영미법계 경찰제도의 장점을 받아들여 자신들의 경찰제도를 발전시켜 나오고 있는 점이 바로 그 좋은 예들이다.

지금까지 프랑스, 스페인, 이탈리아 기초자치정부들이 운영하고 있는 자치경찰 기구를 살펴보았다. 이들 국가들은 기초자치정부의 수장인 시장에게 자치경찰의 인사권과 재정 운영 등의 권한이 주어져 있다는 공통점을 보여준다. 물론 이들 3개 국가들은 국가경찰제를 중심으로 치안유지를 수행하고 있으며 동시에 기초자치정부에 자치경찰을 운영하도록 하여 제도적으로 정착시켰다는 점이 큰 특징 중 하나이다.

1. 국가 간 자치경찰의 유형

위에서 살펴 본 프랑스, 스페인, 이탈리아의 자치경찰제도는 자치경찰이 국가
경찰을 보조적 역할을 해주는 국가들이라는 공통점을 지니고 있다. 이들 국가들
은 국가경찰제도 이외에 지방자치정부들 책임 하에서 경찰활동을 펼치는 자치경
찰제도를 정착시켜 나온 것이 우리나라 자치경찰제도에 있어 적지 않은 시사점을
던져주고 있다.

〈표 3-6〉 자치경찰제 구분에 따른 국가

국가	자치경찰조직의 유무
영국, 네덜란드	협의의 자치경찰 조직이 없는 국가
미국, 캐나다의 퀘벡, 벨기에, 스위스	자치경찰이 중요한 역할
스페인, 이탈리아, 프랑스, 포르투갈, 독일	자치경찰이 보조적 역할
스페인, 프랑스, 이탈리아, 포르투갈, 독일(일부 주)	자치경찰법을 제정하여 운영

출처: 치안정책연구소(안영훈), 「유럽형 자치경찰제도 모델분석」, 2005-2, 2005, p. 182 재인용.

전장에서 살펴보았듯이 스페인과 이탈리아 자치경찰의 경우는 비교적 폭넓은
자치경찰제를 운영하고 있다.

2. 프랑스, 스페인, 이탈리아 자치경찰제도의 특징

위의 3국에서 시행 중인 자치경찰제는 사실상 국가경찰제에서 가지고 있는 경
찰권한 면에서 볼 때 너무나 제한적임을 알 수 있다. 그럼에도 불구하고 위 3국
이 시행중인 자치경찰제도는 그들 지역사회의 공공안전과 치안유지 및 교통질서
그리고 주민들의 신변의 안전보호뿐만 아니라 어린이와 노약자 같은 사회적 약자
보호와 장애인 보호 등 이른바 지역사회경찰활동의 실천을 위한 기초자치정부의
매우 중요한 기둥이 되었다. 무엇보다 이들 3국이 시행 중인 자치경찰제도에서
자치경찰의 권한은 창설시부터 사법경찰을 보조하는 역할에 머물도록 설계되었
다. 말하자면 그 이상의 경찰권한은 오직 국가사법경찰의 권한으로 확고하게 규
정해 두고 있는 것이다.[72]

---

72) 치안정책연구소(안영훈), 「유럽형 자치경찰제도 모델분석」, 2005-2, 2005, p. 186.

위 3국의 자치경찰제 분석에서 볼 수 있듯이 그들 양 경찰은 시민들의 치안안정을 위해 기능분담을 확고하게 나누고 체계화 한 상태에서 경찰치안서비스를 제공해 주고 있음을 인식할 수 있다. 특히 위 3국의 자치경찰제의 경우도 지방자치제 기본원칙의 확고한 뿌리 위에서 주민이 직접 선출한 시장이 지방공무원인 자치경찰을 직접 지휘함은 물론 기초자치단체의 안전을 확보하는 동시에 공공서비스 주체로서 최선의 역할을 훌륭히 수행해 나가고 있다.

향후 우리나라 전국에 도입될 자치경찰제에 위 3국의 자치경찰제 특징은 지방자치제의 본질이 무엇인지에 대한 시사점도 함께 던져주고 있다.

제 5 절   제주자치경찰제 도입과 프랑스, 스페인, 이탈리아의 자치경찰

1. 대통령 소속 정부혁신·지방분권위원회 자치경찰위원회

2003년 2월 25일 정권을 출범시킨 노무현 정부는 정부혁신·지방분권위원회와 그 산하에 자치경찰제 소위원회를 중심으로 우리나라 자치경찰제 도입을 위한 바람직한 방안을 집중 연구하였다. 자체적으로 많은 연구를 진행하면서 외국의 자치경찰제 모델에 관한 집중 분석이 이루어졌다. 물론 우리나라 전국의 시군구에서 자치경찰제를 도입하겠다는 노무현 대통령 후보자의 선거공약을 임기 중 실현하기 위한 일환에서였다.

2. 경찰청 경찰혁신위원회 자치경찰 소위원회

노무현 정부(2003.2.25～2008.2.25)의 주요 정부정책 중 하나가 1945년 10월 21일 미군정하에서 창설된 국가경찰제 이외에 추가적으로 시군구 기초자치단체에 자치경찰제를 도입하겠다는 것이었다. 2003년 경찰청도 경찰혁신위원회를 만들어 그 산하에 자치경찰 소위원회도 함께 출범시켰으며 우리나라 자치경찰제 도입을 위한 수많은 회의를 개최하였다.

3. 자치경찰위원회 간 합동회의와 합동 유럽3국의 자치경찰 기관 방문

대통령 소속 정부혁신·지방분권위원회 자치경찰위원회와 경찰청 경찰혁신위원회 자치경찰 소위원회 위원들은 노무현정부의 자치경찰제 도입을 위한 여러 차례의 합동회의를 진행하다가 보다 바람직한 자치경찰제 도입 관련 아이디어를 얻기 위해 합동방문단을 꾸려 2004년 5월 국가일반경찰, 국가군인경찰, 기초자치경찰제 등 3가지 종류를 시행하고 있는 프랑스, 스페인, 이탈리아의 자치경찰 기관을 현지 답사했다.

마침내 노무현 참여정부는 양 기관의 합동방문단이 유럽3국 시찰에서 벤치마킹 해 온 기초조사자료를 참고하여 국가경찰제도의 분권방식이 아닌, 즉 국가경찰제도는 그대로 놓아둔 채, 그리고 전국 단위가 아니고 전국에서 유일하게 일명 제주특별법에 기초해 오직 제주특별자치도에서만 2006년 7월 1일을 기해 국가경찰 창설 61년 만에 자치경찰제를 전격 도입하게 되었다.

4. 노무현 정부의 제주특별법에 따른 제주특별자치도만의 자치경찰제 도입

마침내 노무현 정부에서 제주특별자치도는 2006년 7월 1일 이른바 제주자치경찰제를 도입하게 되었으며 이는 우리나라에서 최초로 국가경찰제를 그대로 놓아 둔채 별도로 도지사 산하에 지방공무원 신분으로 새롭게 도입했다는 점에서 적지 않은 상징성을 남겼다.

이렇게 볼 때, 우리나라 제주자치경찰제는 프랑스, 스페인, 이탈리아 자치경찰제도에서 많은 시사점을 얻었다고 볼 수 있으며 그 근본제도적 원리를 사실상 그대로 벤치마킹했다고 보면 된다. 제주자치경찰제도는 위의 3개국처럼 초창기에 제주시장과 서귀포시장이 본 제주자치경찰제를 운영하다가 그 후 이를 개편하여 광역도 차원인 제주특별자치도지사 부속기구로 제주자치경찰단 내에서 운영해 나오고 있다. 그러나 인사권자는 제주도지사이다.

이 당시 노무현 정부에서 여야 간의 이해관계 그리고 국가가 처한 여러 가지 상황들로 인해 전국적으로 자치경찰제를 도입하지 못하고 오직 아름다운 섬지역인 제주특별자치도에만 국한되어 시행되었다는 점에서는 사실상 아쉬움이 적지 않았다. 결국 전국적 단위에서 자치경찰제를 도입하는 노력은 2008년 2월 이명박 정부와 2013년 2월 박근혜 정부 그리고 2017년 5월 문재인 정부를 거치면서 계속되었다.

제주자치경찰제도의 체계적 구축을 위한 기본 토대

제4장 ● 제주자치경찰제도의 체계적 구축을 위한 기본 토대

제1절 제주자치경찰제의 정의와 연혁 및 법적 토대

1. 제주자치경찰제 도입경위와 개념정의

우리나라 자치경찰제에 관한 논의는 사실상 1955년부터 꾸준히 진행되어 왔다고 볼 수 있다. 하지만 우리나라 자치경찰제 도입과 관련해 본격적으로 논의를 시작한 시기는 1998년 2월 취임한 김대중 국민의 정부 하에서였다. 이 당시 경찰청에 이른바 경찰개혁위원회가 설치되었고 자치경찰제(안)을 마련해 발표했는데 이 당시 자치경찰제 도입 모델은 일본형 자치경찰제를 많이 참고하였다.

구체적으로 이 당시 경찰개혁위원회가 내놓은 자치경찰제 모델의 핵심은 경정 이상 계급은 국가경찰로 남고 반면에 경감 이하의 계급은 지방자치경찰로 소속한다는 방안이 핵심 내용이었다고 분석된다. 김대중 대통령 후보자는 선거공약에서 당선 시에 경찰의 수사권 독립과 자치경찰제 도입을 주요 정책 중 하나로 제시하였다. 실제로 대통령에 당선 이후 김대중 정부의 정책에 따라 경찰청은 경찰개혁위원회를 출범시켜 자치경찰제 도입을 본격 논의하며 도입 모델도 내놓게 되었다. 이 당시 자치경찰제 도입 모델에 관한 대안 마련 이외에 검경 간의 수사권 논쟁이 경찰과 검찰 간에 이견을 보이며 상당히 격화되었다. 이러한 양자 간 논쟁의 격화를 가라앉히기 위해 김대중 정부는 아쉽게도 출범 7~8개월 만에 더 이상 자치경찰제 도입과 수사권 독립에 관한 논의를 전격 중단시켰다.

또한 1997년 말 불어닥친 IMF 경제위기에서 벗어나야 하는 더 시급한 국정과제 때문에 아쉽게도 김대중 정부는 더 이상 자치경찰제 도입이라는 논의를 진전시키지 못한 채 5년의 임기 만료와 함께 끝나게 되었다. 김대중 국민의 정부가 추진하려다 중단된 자치경찰제 도입과 수사권 독립 이라는 불씨를 살려낸 것은 연이어서 대통령에 당선된 노무현 대통령이었다. 이전의 김대중 대통령 후보처럼 노무현 대통령 후보도 자치경찰제 도입과 검경수사권 독립을 주요 대통령 후보 선거공약 중 하나로 제시한 바 있다. 대통령에 당선된 노무현 후보는 2003년 2월 참여정부라는 슬로건을 걸고 출범하여 프랑스, 스페인, 이탈리아의 자치경찰제 모델을 벤치마킹하여 우리나라에서 유일하게 섬지역인 제주특별자치도에서 2006년 7월 자치경찰제를 출범시켰다. 이처럼 제주도에서 자치경찰제가 최초로 도입 시행되었다는 것은 우리나라 경찰사에서 큰 획을 긋는 중요한 사건이었다. 이에 대한 자세한 관련 내용은 다음 장에서 자세히 다루기로 한다.

〈표 4-1〉 노무현 참여정부 이전의 자치경찰제 도입 논의

논의 시기	논의 주제	주요내용
1955.9.11	국무회의	• 시도지사 소속하의 3인 시도경찰위원회 설치 • 시도경찰위원회의 집행기구로 시도경무청 설치
1960.5.24	국회	• 경찰중립화 기초특별위원회 구성 하에 경찰의 이원화 추진
1972	치안행정 기획단	• 안보위해 감소 및 지방재정능력 향상 조건으로 지역단위 자치경찰 도입검토 필요성 제기
1985.12	치안본부	• 2000년대를 향한 경찰발전 방향: 시도단위 자치경찰제 도입 － 시도경찰위원회 관리 하에 지방경찰청 설치
1988.11.25	정균환 등 6인 국회의원	• 일본식 중앙·자치 이원화 경찰제 도입안 － 시도경찰청은 시도자치단체장이 지방의회 동의로 임명 － 지방경찰 재정은 지방재정으로 함을 원칙
1989.2.25	내무부	• 경찰에 대한 지휘감독 추진 방안: 자치경찰제 검토 － 제1안: 국가경찰과 지방경찰로 이원화 － 제2안: 국가직과 지방직의 혼합배치(국가직과 지방직의 계급 및 업무분할 방식)
1989.7	행정개혁 위원회	• 지방자치단체 정착 후 자치경찰제 도입 여부 검토 제안 － 제1단계: 시도지사의 지방경찰이 예산상 협조 관계 유지 － 제2단계: 지방경찰청장의 시도지사 추천으로 임명(지휘감독권은 경찰청장에 둠) － 제3단계: 시도지사 하부에 지방경찰위원회, 지방경찰을 설치(국가경찰과 지방경찰의 분리)
1990	행정쇄신 위원회	• 경찰행정쇄신방안 － 1989년 행정개혁위원회안과 유사한 내용을 담고 있

		음.
1992.7.7	한국개발연구원 (경찰청 연구용역)	• 2000년대 경찰행정발전방안: 경찰 중립성 확보방안 　− 장기적으로 국가경찰과 지방경찰로 구분 　− 집행경찰은 자치단체 내의 치안유지에 관한 포괄적 업무 담당
1998.2.25	김대중 국민의 정부	• 경찰개혁위원회의 설치로 자치경찰 모델에 관한 활발한 연구 진행 　− 1999년 국민의 정부는 논의에 대한 보류 선언
2003.2.25	노무현 참여정부	• 정부지방분권위원회 및 경찰청 경찰개혁위원회 자치경찰 소위원회에서 자치경찰제 논의 　− 제주특별자치도에 국한해서 자치경찰제 도입(127명 정원) 　− 전국 시군구 기초자치단체 차원에서 자치경찰제 도입 방향
2008.2.25	이명박 정부	• 지방행정체제추진개편위원회 　− 전국 시군구 기초자치단체 차원에서 자치경찰제 도입 방향
2013.2.25	박근혜 정부	• 대통령 소속 지방자치발전위원회(위원장 심대평) 　− 전국 시군구 기초자치단체 차원에서 자치경찰제 도입 방향
2017.5.10	문재인 정부	• 자치분권위원회(위원장 정순관/김순은) 　− 100대 국정과제 중 13번째로 자치경찰제를 광역시도 차원에서 도입하기로 함 　− 국가경찰관 중 43,000명을 광역시도에 설치될 자치경찰로 인력 이관(시범실시지역: 서울, 세종, 제주, 기타 2~3곳 예정)

출처: 금창호·권오철·하동현. (2012). 제주자치경찰제도의 정책평가와 개선과제, 「연구보고서」, 한국지방행정연구원, p.14를 참고하여 저자가 보완 함.

한편 제주자치경찰제의 기본 구조를 정리해 보면 다음과 같다. 2003년 2월 25일 노무현 참여정부는 모든 국민이 정부 정책에 참여한다는 의미를 담은 참여정부라는 슬로건을 내세우며, 특히 "분권과 자율"이라는 세계적 흐름에 걸맞고 시민 및 주민이 정부와 함께 호흡하는 치안서비스를 제공하고자 가장 활발하게 노력했다고 평가된다.

윤보선 대통령과 장면총리의 의원내각제가 시행된지 불과 수개월 만에 우리나라 지방자치제는 1961년 박정희 소장의 5·16군사혁명으로 인해 전격 중단되었다. 이는 중단된 지 꼭 30년 만인 1991년 국회에서 지방자치법이 제정됨에 따라 다시 부활되었다.

국민 직선에 의해 1991년에는 기초 및 광역지방의회가 구성되어 임기를 시작했다. 그러나 기초·광역자치단체장들은 이미 관선임명제에 의해 임명되어 아직 임기가 남아있었던 관계로 그 임기가 만료되는 1995년에 가서야 직선을 통해 제1기 민선지방자치 단체장들이 선출되었다. 이처럼 1991년에 민선 제1기 기초의회 의원과 광역의회 의원들은 기초 및 광역자치단체장과는 달리 이미 4년의 임기를 마치고 1995년에 민선 2기 시대를 맞아했다. 이처럼 기초 및 광역자치단체장들은 1995년에 와서야 민선 1기로 선출되었고 민선 2기 기초 및 광역의회 의원들과 함께 1995년 지방자치제를 본격화했다.

앞에서 살펴 본 일련의 과정들은 2006년 7월 우리나라 제주특별자치도에 자치경찰제가 도입되는데 있어서 하나의 중요한 기본 토대가 되기도 했다. 자치경찰제란 지방분권이라는 정치사상에 토대를 두고 지방자치단체의 고유 권한과 책임하에 지역주민들의 자유로운 의사에 따라서 치안업무를 어디까지나 자주적으로 해결해 나가는 것을 의미한다.[1)

제주자치경찰제는 1995년 우리나라에 지방자치제가 본격 실시된 지 11년 만에 그리고 국가경찰이 1945년 창설된 지 61년 만에 도입되었으며 이는 우리나라 경찰사에 상당히 획기적인 변화를 가져오는 계기가 되었다. 우리나라 경찰은 1945년 8월 15일 제2차 세계대전에서 승리한 미군정이 일본을 평정한 후 남한에 진주하여 군정 통치가 시작된 후 같은 해 10월 21일 국가경찰로 출범하였다. 북한 지역은 이미 소련군이 진주함으로써 남북이 분단되고 상호간 첨예하게 대립하는 특수한 상황에 처하게 되었다.[2) 분단된 남북한이 1950~1953년까지 3년여의 민족전쟁을 치르고 첨예하게 대립하는 양상이 수십년간 지속되었으며, 이로 인한 특수성은 결국 자치경찰제 도입을 아직은 시기상조라는 주장이 우위를 선점하게 하는 중요한 계기로 작용했다. 또한 과거 정부들은 1991년부터 지방자치제가 30년 만에 부활되었기 때문에 자치경찰제 도입에 관한 테마를 활발하게 논의 선상에 올리는 노력이 필요했음에도 불구하고 현실은 그러하지 못했다. 자치경찰제는 분권의 이념에 따라 경찰력이 지방으로 분산되는 것을 의미한다. 아마도 역대 정

---

1) 제주특별자치도, 「제주자치경찰의 이해」, 2006, p. 4.
2) 우리나라 국가경찰은 2020년 10월 21일 창설 75주년을 맞이했다.

부들이 자치경찰제보다 국가경찰제를 선호했던 것은 정권이 유지되고 안보와 보안이 국가경찰제에서 더 강력하고 중요하다고 보았기 때문으로 이해된다. 하지만 1991년 지방자치제가 도입된 이후 지방자치단체장들도 고도화되었으며 치안 유지 관련, 즉 자치경찰권한의 지방이양에 목소리를 강하게 내고 있다.

한편 우리나라 국가경찰체제는 2020년 10월 기준 창설 75주년을 맞이했으며 치안안전의 차원에서 분명 전 세계적으로 그 우수성을 인정받고 있다. 우리나라 국가경찰의 범죄해결률은 세계적으로 그 어느 나라도 따라올 수 없다고 평가되고 있는 점에서 여실히 증명되고 있다. 하지만 이러한 국가경찰제의 긍정적인 측면에도 불구하고 지방자치제가 도입된 이후 분권이념에 따라 자치경찰제 도입에 대한 목소리는 점차 커졌다. 특히 전 세계적으로 지방자치제를 시행하고 있는 국가들 대부분은 자치경찰제를 시행하고 있다. 흔히 지방자치제를 시행하는 국가들을 보면 소방자치, 교육자치, 경찰자치(자치경찰)의 도입 실시는 기본사항으로 알려져 있다. 이런 의미에서 볼 때 지방자치제를 시행하는 국가에서 자치경찰제 실시는 분권이라는 정신에도 매우 부합하는 것으로 이해된다.

아무튼 2003년 2월에 출범한 노무현 참여정부가 2006년 7월 1일부터 제주특별자치도에 자치경찰제를 도입·실시하면서 주민의 참여를 바탕으로 전국의 지역마다 그 지역의 특성에 적합하며 주민의 의사에 적극 부응하는 치안행정을 구현하게 되었으며 동시에 지방행정과 치안행정의 연계성을 높여 우리나라 지방자치의 완성도를 고도화시키는 계기도 마련했다고 본다.

제주자치경찰제는 광역자치단체 중 하나인 제주특별자치도에서 주민으로부터 직선에 의해 선출된 도지사가 자기의 책임 하에 지방공무원 신분을 가진 자치경찰공무원을 선발하고 임용하여 도내 지역의 치안질서를 바로 도지사 책임하에 이루어 나가는 치안질서유지의 완성 이라는 정의가 가능하다. 지방자치법에 근거해 제주도지사는 자주조직권, 자주인사권, 자주재원권 등을 행사할 수 있는 권한이 주어져 있다.[3] 이에 따라 제주도지사는 2006년 7월 1일을 기해 중앙정부의 지원을 바탕으로 국내에서 처음으로 제주자치경찰제를 도입하여 시행에 들어갔다.

위와 같은 노무현 정부의 노력 이후 이명박 정부, 박근혜 정부, 문재인 정부로 이어져 오면서 자치경찰제 도입을 위한 노력은 꾸준히 이어졌다. 그러나 어느 정부도 이에 대해 속도를 내는 데는 일정한 한계가 있었다. 여야 간 도입 관련 불

---

3) 신현기, 『행정학개론』(부평: 진영사, 2019), p. 269.

협화음, 검경 간의 자치경찰제 도입 논의 관련 갈등, 학계에서의 국가경찰제와 자치경찰제에 관한 장단점 관련 이견 등 다양한 이견들이 존재했다. 특히 국가경찰제를 고집하는 부류와 자치경찰제를 도입해야 한다고 주장하는 그룹 간에 각기 다른 목소리도 존재했는데, 국가적 차원의 큰 과제인 자치경찰제를 도입한다는 것은 입법을 위한 여야 간의 합의, 공청회를 통한 국민적 합의 등 수많은 논의 절차들이 무수히 많은 관계로 많은 시간이 필요한 실정이다. 자치경찰제 도입과 관련해 또 하나의 큰 논쟁의 대상이 되었던 것은 국가경찰이 전국의 치안상황을 하나의 시각에서 설계 및 기획하다 보니 지역특성에 적합한 치안서비스를 제공하는데 있어서 다소 미흡하다는 지적도 만만치 않았다.

우리나라의 자치경찰제 도입에서 그 도입과 관련해 필요성 내지는 당위성에 어느 정도 국민적 합의를 이룬 것은 2020년에 들어와서라고 해도 과언이 아니다. 그 결정적인 계기가 된 것은 검경간의 수사권 조정을 위한 정부의 노력과 함께 입법부의 형사소송법 개정을 통한 법적 토대 마련도 중요한 역할을 했다고 본다. 즉 검경수사권 조정에 따른 국가경찰의 권한 확대뿐 아니라 국정원에서 가지고 있던 국내정보 수집권과 수사권도 국가경찰로 이관됨으로써 거대해진 국가경찰의 권력이 인권침해라는 위험성을 내포하고 있기 때문에 국가경찰의 권력분산을 자치경찰제의 도입을 통해 분산시켜야 한다는 당위성이 국민으로 하여금 합의에 도달하게 되었다고 본다.

2. 제주자치경찰제의 도입배경

1945년 8월 15일 우리나라가 제2차 세계대전에서 연합군으로부터 패망한 일본으로부터 해방된 이후 같은 해 10월 21일 미군정하에서 국가경찰을 창설했음에도 불구하고 같은 시기에 이미 자치경찰제 도입에 대한 논의도 미미하게나마 시작되었다. 물론 분단 후 혼란기에서 이론적 논의 정도였다고 볼 수 있다. 일본식민지에서 해방되고 남북한으로 갈려져 첨예하게 대립하다가 김일성 북한 공산정부의 남침으로부터 야기된 1950년 6·25사변이 터지고 3년간 동족상잔을 경험하였다. 장장 3년이나 전쟁을 치르고 휴전 및 분단의 아픔과 함께 남북이 첨예하게 대립하게 됨으로써 지난 70여년 이상을 긴장 속에 살아오고 있다.

사실상 1980년대 하반기까지 우리나라 자치경찰제 논의는 그저 미미한 정도였다고 볼 수 있다. 물론 자치경찰제 도입을 위한 테마가 뜨거워지는 계기가 마련되지는 못했지만 그럼에도 불구하고 1980년 12월 내무부 치안본부가 펴낸 「2000년대를 향한 경찰발전 방안」이라는 기획보고서에서 자치경찰제 도입안을 언급하게 되었다. 이 시점을 시작으로 1990년대에 들어와 행정쇄신위원회와 민주당정책자문위원회를 통해 자치경찰제 도입방안이 본격 논의되는 계기가 되었다. 그리고 1997년 새천년국민회의 정당은 마침내 자치경찰제 도입을 대통령후보 선거공약으로 제시하였다. 전장에서 간략이 언급했듯이 김대중 대통령후보는 대통령에 당선될 경우 주요 국정과제 중 하나로 경찰의 수사권독립과 자치경찰제 도입을 제시하였다. 마침내 1997년 12월 대선에서 승리한 김대중 국민의 정부는 1998년 2월 25일 취임한 후 "지방자치경찰제 기획단"을 출범시켜 같은 해 가을까지 활발하게 자치경찰제 도입을 위한 노력에 집중했던 것은 적지 않은 의미를 가진다. 특히 첨예하게 대립하고 있는 남북 간의 대결, 광역범죄대응능력의 미비, 검찰과 경찰 간의 수사권 미조정 갈등 등으로 인해 더 이상 진전되지 못하고 결국에는 무기한 연기되었으며 2003년 2월 정권의 임기만료와 함께 자치경찰제 도입시기가 상당히 미루어지게 되었다.

역시 전장에서 노무현 정부의 자치경찰제에 관해 간략히 언급했듯이 2002년 12월 대선에서 노무현 후보는 만일 당선될 경우 임기 내 자치경찰제의 도입과 경찰의 수사권 독립을 주요 대선공약 중 하나로 제시한 바 있다. 마침내 노무현 대통령당선자는 2003년 2월 25일 참여정부를 탄생시킨 후 지방분권을 위한 핵심과제로 "자치경찰제 도입"을 선정했으며 취임과 동시에 실천에 옮겼다. 이어서 2003년 7월 자치경찰제 도입을 포함해 지방분권 로드맵을 확정하였다. 이를 구체화하기 위한 법적 토대가 구축되었는데, 2004년 1월 16일 지방분권특별법이 제정되고 국가의 의무사항으로 자치경찰제 도입을 명문화하게 되었다. 마침내 2004년 5월 정부혁신지방분권위원회 자치경찰 TF팀과 경찰청 산하 경찰혁신위원회 자치경찰 TF팀 위원들은 공동으로 프랑스, 스페인, 이탈리아의 자치경찰제 현장을 함께 눌러보고 2004년 5월 10일 귀국하여 정부혁신지방분권위원회 주관으로 구체적인 자치경찰제 도입모형을 확정했다. 2005년 5월 20일 정부혁신지방분권위원회는 제주특별자치도 기본구상안에 제주도에 국한하여 자치경찰제를 전격 도입하겠다고 발표했다.4) 이에 따라 노무현 정부와 제주도는 이를 위한 입법

---

4) 제주특별자치도, 「제주자치경찰의 이해」, 2006, p. 4.

을 신속히 추진하게 되었다.

그 당시 노무현 참여정부는 전국단위에 자치경찰제를 도입하는데 있어 숫적으로 우세한 야당의 지지를 받지 못한채 자치경찰법도 제정하지 못했으며 제주특별자치도 내에서만 국한해 자치경찰제를 도입하게 되었다. 하지만 이는 어떤 자치경찰법의 도입 없이 단순히 제주특별법의 조문 속에 자치경찰제를 도입하여야 한다는 내용에 근거하여 제주도의회의 조례만 가지고 출발하게 되었다. 그 결과 2006년 2월 21일을 기해 국회에서 이른바 「제주특별자치도 설치 및 국제자유도시 조성을 위한 특별법」이 통과되었다. 이에 따라 제주자치경찰의 창설과 함께 본격적인 출범이 가능하게 되었다. 마침내 2006년 3월 11일 제주자치경찰제 도입을 위한 세부시행계획이 마련되었으며, 2006년 6월 30일 제주자치경찰제 시행과 관련된 법률 6개가 국회를 통과하게 되었다. 이를 근거로 국가경찰공무원을 상대로 38명의 경력직 자치경찰공무원을 최종 선발하고 자치경찰제 출범을 위한 기틀을 신속하게 마련했다.

마침내 2006년 7월 1일 전국 최초로 제주도에서 자치경찰이 탄생되었는데, 이는 1945년 10월 국가경찰이 창설된 이후 60년 만의 결실이었다. 이때 제주자치경찰의 수행 업무는 지역특성에 적합한 생활안전, 지역교통, 관광지의 치안서비스를 제공하는 것으로 정하고 힘차게 출발하였다.

3. 제주자치경찰제 도입을 위한 정부의 기본계획

노무현 참여정부는 2005년 10월 14일 이른바 "제주특별자치도 기본계획"을 확정하였는데, 이곳에서 시범실시를 위해 마련된 핵심내용을 살펴보면 다음과 같다.

첫째, 그 당시 국가경찰인 제주지방경찰청의 조직 운영시스템은 이전처럼 그대로 유지한 채 이와는 완전히 별도로 제주특별자치도 도지사 소속하에 자치경찰을 설치하는 방안이 제시되었다. 이에 따라 제주자치단체(도지사)와 국가경찰(제주지방경찰청장) 간 업무협조를 위해 광역단위 치안행정위원회를 설치하게 되었다.

둘째, 제주자치경찰 조직이다. 제주자치경찰은 제주주민에 대해 책임과 권한의 범위를 명확히 하기 위해 독임제로 운영하게 되었다. 자치경찰대장은 내부임용을 원칙으로 하되 경우에 따라서는 외부임용이 가능한 개방형 방식도 문을 열어 놓았다.

셋째, 자치경찰의 사무와 권한 범위를 어디까지 정할 것이냐 하는 문제도 주요 관건이었다. 일단 초창기에 제주자치경찰의 사무는 방범순찰, 교통안전과 지도단속, 기초질서유지 활동, 제주공공시설과 행사시 경비를 비롯해 주민생활밀착 치안서비스로 한정되었다. 이어서 제주도지사와 국가경찰인 제주지방경찰청장 간에 사무처리 범위에 관한 협약이 맺어졌다. 이와 동시에 또 하나 중요한 고유직무로 제주자치경찰에게 주어진 것은 "환경·식품·건축·산림·공중위생 등을 비롯해 17개 분야의 특별사법경찰관리 직무"였다. 특히 제주자치경찰의 권한은 경찰관직무집행법을 준용하며 일반범죄에 대한 수사권은 국가경찰에 인계하는 것으로 결정되어 결국에는 제주자치경찰은 무늬만 자치경찰로 전락하게 되었다는 비판이 상당히 많은 전문가들로부터 나오기도 했다. 이에 따라 제주자치경찰은 2006년 7월 1일 시행 시부터 현재까지 그동안 부여되어 있는 경찰관직무집행법을 한번도 활용하지 못했다. 정확히 말하면 이것은 제주자치경찰이 경찰관직무집행법을 수행할 업무가 주어지지 않았다는 데 기인한다고 봄이 정확하다.

넷째, 제주자치경찰의 재원조달문제였다. 제주자치경찰제가 시행되기 위해서는 재원이 긴요한데, 애초에 이 재원은 제주자치단체 스스로 부담함을 원칙으로 정했다. 다만 국가경찰에서 제주자치경찰로 이관된 38명에 대한 인건비와 연금 및 운영비에 대해서만 경찰청의 국가예산에서 보조하기로 함으로써 오늘날까지 이어지고 있다.5) 이러한 국고지원은 국가경찰에서 제주자치경찰로 이관된 38명의 해당 국가경찰공무원이 만 60세에 모두 퇴직할 때까지 계속 지원하도록 되어 있다.

다섯째, 기존 국가경찰이 수행하던 교통안전시설 관리업무를 제주특별자치도로 이관하게 되었다. 이에 따라 시간이 가면서 교통 관련 형사사건을 제외하고 대부분의 교통업무는 제주자치경찰단으로 이관되었다. 그리고 기존에 제주도청 교통행정과에서 담당해 오던 불법 교통위반 단속 활동이 대부분 자치경찰단으로 이관되어 수행하고 있다.

위와 같이 노무현 정부의 제주자치경찰제 도입시에 일련의 기본계획들이 수립되었으며 곧바로 실천에 옮겨짐으로써 향후 본 제도가 정착되는 데 있어 중요한

---

5) 무엇보다 국고지원은 제주자치경찰단 창설시 국가경찰에서 특별 임용된 38명 모두가 퇴직할 때까지 지원됨을 법적으로 보장했다. 38명이 100% 모두 퇴직하면 사실상 국고지원 의무는 없어진다고 볼 수 있다. 다만 예외는 2018년부터 2020년 2월까지 268명의 국가경찰이 자치경찰단에 파견되어 있는데 향후 자치경찰제를 다루는 정부의 정책에 의해 어떤 대안들이 나올지는 기다려 보아야 알 수 있다.

기본토대로 자리매김했다.

4. 제주자치경찰의 창설 준비

제주도에서 제주자치경찰의 출범 과정이 어떤 절차를 거쳐서 2006년 7월에 공식적으로 출범하게 되었는지에 대한 전 과정을 [그림 4-1]을 통해서 보면 정확하게 알 수 있다. 정확히 2005년 입법추진이 있었고 2006년 2월 제도화가 이루어졌으며 3월에는 세부시행계획이 이루어진 후 6월에 가서 국회를 통과하여 7월 1일 출범하는 역사가 이루어졌다.

[그림 4-1] 제주자치경찰의 출범 과정

출처: 제주자치경찰단 홈페이지: http://jmp.jeju.go.kr(2014. 2. 10 검색).

한편 그 당시 제주자치경찰제가 도입될 경우를 대비해 크게 3단계 로드맵을 상정했었다. 도입과 준비기를 거쳐 확산기로 이어지고 궁극적으로는 정착기를 2008년으로 상정하였다. 하지만 자치경찰의 권한이 미약하고 업무범위와 수사권도 전혀 없이 미미하게 출범함으로써 이는 결국 많은 전문가들과 경찰행정학 관련 학계로부터도 제주자치경찰이 과연 경찰이라는 용어 자체를 사용하는 것이 맞는 것이냐에 관한 의문과 함께 본격 비판의 대상으로 떠오르기도 했다.

〈표 4-2〉 제주자치경찰의 추진 단계별 로드맵

1단계		2단계		3단계
2006. 7 - 12		2007		2008
도입 · 준비기	⇨	확산기	⇨	정착기
자치경찰 출범, 업무협약, 본격적인 시행 준비		주민 치안 서비스 본격 추진		자치경찰사무 수행 정착

출처: 제주특별자치도, 「제주자치경찰의 이해」, 2006, p. 7.

5. 우리나라 국가경찰제와 제주자치경찰제의 근본적 차이(다양성)

우리나라 국가경찰은 1945년 10월 21일 창설되어 오늘에 이르고 있으며 치안 총감인 경찰청장(차관급)을 정점으로 한 독임제로 2021년 기준 76년째 유지되고 있다.6) 1991년 8월 국회가 경찰법을 제정함에 따라 기존의 치안본부는 경찰청이라는 이름으로 행정안전부의 외청으로 전격 독립하였다. 물론 경찰청을 견제하기 위해서 행정안전부 장관 산하에는 국가경찰위원회를 두고 7명의 위원으로 하여금 경찰청장의 주요 치안정책을 심의 의결하는 제도를 정착시켰다. 경찰청장은 국가 경찰과 자치경찰 조직 및 운영에 관한 법률(2021년 1월 1일 시행) 제14조 제2항에 따라 경찰위원회의 정식 동의를 얻은 후 행정안전부장관의 제청으로 국무총리를 거쳐 최종적으로 대통령이 임명한다. 그리고 경찰청장의 경우는 국회의 인사청문회를 거쳐 임기 2년을 보장받는다.

한편 동법 제13조에 따라 경찰청의 사무를 지역으로 분담하기 위해 특별시장, 광역시장, 특별자치시장 및 도지사 소속으로 지방경찰청을 두고 그 소속으로 경찰서를 둔다.7) 그리고 경찰서장 소속으로 지구대와 파출소를 두는 제도가 바로 국가경찰제의 핵심 조직구조이다.8)

이에 반해 제주자치경찰제는 이른바 「제주특별자치도 설치 및 국제자유도시조

---

6) 경찰계급은 순경, 경장, 경사, 경위, 경감, 경정, 총경, 경무관, 치안감, 치안정감, 치안총감 등 11개 계급으로 이루어져 있다.

7) 세종특별자치시도 광역시이며 2018년 6월 25일을 기해 세종지방경찰청이 출범하였다. 한편 기존의 경찰법이 폐지되고, 새로이 국가경찰과 자치경찰 조직 및 운영에 관한 법률이 2020년 12월 제정되어 2021년 1월 1일부터 시행에 들어갔다.

8) 홍정선, 『신행정법특강』(서울: 박영사, 2017), p. 909.

성을 위한 특별법」(이하 '제특법') 제88조에 따라 자치경찰사무를 처리하기 위해 제주특별자치도에 자치경찰단을 두고 있다. 제주자치경찰은 제주특별자치도지사 소속하의 지방공무원이면서 자치경찰공무원이다. 제주자치경찰은 제특법 제90조에 따라 다음과 같은 5가지의 업무를 수행하고 있는 점이 국가경찰과 큰 차이를 보여준다.

첫째, 주민의 생활안전활동에 관한 사무이다. 이 사무에는 주민참여 방범활동의 지원 및 지도, 생활안전 향상을 위한 순찰과 바람직한 시설운영, 안전사고 및 재난재해 등으로부터 아동, 청소년, 노인, 주민보호, 여성 등 사회적 보호가 많이 필요한 자에 대한 보호 및 가정폭력, 학교폭력, 성폭력 등의 예방, 그리고 주민의 일상생활과 밀접하게 관련된 사회질서의 안전 유지 및 그 위반행위에 대한 지도와 단속 등이 바로 이에 속한다.

둘째, 지역교통활동과 관련된 사무이다. 본 사무에는 주민참여와 지역교통활동의 지원 및 지도, 교통안전과 교통소통에 관한 사무 그리고 교통법규위반·지도·단속 등이 바로 이에 속한다.

셋째, 지역행사장과 공공시설 따위의 지역경비에 대한 일련의 사무들이다. 제주자치경찰들은 수행사무의 범위에 따라 이 분야의 업무를 수행하고 있다.

넷째, 「사법경찰관리의 직무를 수행할 자와 그 직무범위에 관한 법률」(일명 '특사경법')에서 자치경찰공무원들이 수행해야 한다는 직무사항으로 규정하고 있는 일련의 사법경찰관리의 고유 직무이다. 이는 2006년 제주자치경찰 시행시에 법적으로 자치경찰공무원들에게 이미 주어진 사무이다.

다섯째, 즉결심판에 관한 절차법과 같은 절차에 따른 도로교통법 혹은 경범죄처벌법 위반에 따른 통고처분의 불이행자와 연계된 즉결심판 청구사무를 가급적이면 자치경찰사무로 처리하도록 정하고 있다.9)

제 2 절 제주자치경찰제의 법적 토대

제주자치경찰제는 「제주특별자치도 설치 및 국제자유도시조성을 위한 특별법」 제109조 제주특별자치도에 자치경찰기구를 설치할 수 있는 기본 토대가 구축됨으

---

9) 홍정선, 『신행정법특강』(서울: 박영사, 2017), p. 910.

로써 당시 제주도는 본격적인 자치경찰제 도입이 속도를 낼 수 있었다. 주요 과제로서 법제정비, 조직설계, 모집 임용, 예산, 사무수행, 사무실, 장비확보, 복제, CI, 통신장비, 경찰장비, 교통안전시설 권한이양 등이 제주지방경찰청의 국가경찰과 긴밀하게 준비되었다.

한편 이 당시 제주자치경찰의 도입 및 운영에 필요한 각종 법률 등을 마련하였다. 제주자치경찰제를 도입하면서 법령 4개, 조례 5개, 규칙 2개를 제정 및 개정하였다.

〈표 4-3〉 제주자치경찰 법제 정비 현황

구분		명칭	제정일(개정일)
법령	제정	지방분권특별법	2004.1.16
		제주특별자치도 설치 및 국제자유도시 조성을 위한 특별법	2006.1.21
		제주특별자치도 설치 및 국제자유도시 조성을 위한 특별법 시행령	2006.6.30
	개정	경찰법, 경찰공무원법, 도로교통법, 경범죄처벌법, 자전거 이용 활성화에 관한 법	2006.6.30
		사법경찰관리의 직무를 행할 자와 그 직무범위에 관한 법률	2006.7.19
조례 (도의회)	제정	1. 제주특별자치도 자치경찰공무원 임용 등에 관한 조례 2. 제주특별자치도 자치경찰공무원 인사교류 조례 3. 제주특별자치도 자치경찰 운영 등에 관한 조례 4. 제주특별자치도 지방공무원 정원 조례 5. 제주특별자치도 행정기구 설치 조례	2006.5.10 2006.5.10 2006.5.10 2006.11.29 (2007.1.8) 2006.7.19 (2007.1.8)
규칙/고시	규칙제정	1. 제주특별자치도 자치경찰공무원 인사규칙 2. 제주특별자치도 자치경찰 복제에 관한 규칙	2006.7.26 (2006.10.18) 2006.6.28 (2007.3.7)

출처: 금창호·권오철·하동현. (2012). 제주자치경찰제도의 정책평가와 개선과제, 「연구보고서」, 한국지방행정연구원, p. 16.

이 밖에 노무현 참여정부에서 제주도에 자치경찰제를 도입하게 된 목적은 국가경찰과 자치경찰제의 이른바 이원적 구조를 통해 제주특별자치도의 치안수요에 효과적으로 대응하기 위한 것이었다. 또한 지방행정과 치안행정의 연계성을 확보하고 나아가서 지역특성에 적합한 치안서비스를 제공하기 위한 것이었다. 그리고 치안역량의 저변확대, 지역특성에 부응하는 치안행정 실현, 지역치안에 대한 자치행정의 책임성 확보, 주민 친화적 치안서비스 제공 등을 실현하고자 하는 데 초점을 두고 시행되었다.10)

〈표 4-4〉 제주특별자치도 자치경찰의 도입 목적

구분	내용
일반 목적	• 치안역량의 저변 확대 • 지역특성에 부응하는 치안행정의 실현 • 주민 친화적 치안서비스 제공 • 지역치안에 대한 자치행정의 책임성 확보
특수 목적	• 전면 도입을 위한 시범 운영

　제주특별자치도에서 도입단위가 도청이라고 하는 광역단위로 한 것은 물론 제주특별자치도가 출범하면서 기초단위의 4개 시군(제주시, 서귀포시, 북제주군, 남제주군)이 폐지된 데에 기인한 것이다. 이 결과 제주특별자치도는 기초자치단체 4개가 폐지되고 다만 도지사 직속으로 2개의 행정시가 탄생했는데 제주시와 서귀포시가 바로 그것이다. 도지사 밑에 행정시가 탄생함으로써 2명의 행정시장을 도지사가 직접 임명하는 방식으로 변경되었다는 점이 큰 변화이다.

　한편 외국의 경우도 자치경찰제의 도입 단위는 일정하지가 않다. 즉 일반적으로 기초자치단체 차원에서 다수를 차지하면서 이탈리아처럼 주자치경찰, 도자치경찰, 시자치경찰과 같이 다양한 자치경찰제를 시행하는 경우도 보여주고 있다. 이러한 다양성을 기초단위, 광역단위, 병렬단위로 나누어 살펴보면 다음과 같다.

〈표 4-5〉 외국의 자치경찰제 도입 단위 현황

구분	내용
기초단위	• 도입구조: 기초자치단체 단위로 자치경찰 운영 • 사례국가: 미국, 영국
광역단위	• 도입구조: 광역자치단체 단위로 자치경찰 운영

---

10) 금창호·권오철·하동현. (2012). 제주자치경찰제도의 정책평가와 개선과제, 「연구보고서」, 한국지방행정연구원, p. 17.

	• 사례국가: 일본
병렬단위	• 도입구조: 광역과 기초 간 병렬적 자치경찰 운영(자치경찰 도입이 선택적 임) • 사례국가: 스페인, 이탈리아 등

출처: 금창호·권오철·하동현. (2012). 제주자치경찰제도의 정책평가와 개선과제, 「연구보고서」, 한국지방행정연구원, p. 18.

1. 제주특별자치도 설치 및 국제자유도시 조성을 위한 특별법

그동안 「제주특별자치도 설치 및 국제자유도시 조성을 위한 특별법」은 줄여서 "제주특별법" 혹은 "제특법"이라고 불리어져 왔다. 본 법률은 총 480개 조문으로 이루어져 있는데, 노무현 정부 시절 제주도를 홍콩과 같이 일종의 특별지역으로 만들겠다는 각오로 추진했다고 볼 수 있다. 즉 제주도를 특별자치도로 재탄생시키며 동시에 국제자유도시로 조성하기 위해 본 법이 제정되었으며 본법의 법조문 속에 제주특별자치도에는 자치경찰제를 시행하여야 한다고 명시함으로써 자동으로 제주자치경찰제가 의무로 도입되었다. 본 법률에 따라서 제주도는 말 그대로 한국에서 특별지역으로 재탄생된 셈이다. 부언하면 본 법조문에 따라서 제주도와 도민은 원하든 원하지 아니하든 간에 제주도에 자치경찰제가 도입되지 않을 수 없었다는 특수상황이었음을 인식할 수 있다. 제주특별자치도나 제주도민들은 정부에 대해 제주자치경찰제를 도입할 수 있도록 해달라고 요청한 적이 없다.

한편 제특법에 따라 정부는 제주특별자치도에서 외국인들이 5억원 이상 투자하는 경우 영주권을 부여했으며 토지도 자유로이 구입함은 물론 외국인 관광객에게 무비자로 입국할 수 있는 기회도 함께 제공해 주었다. 이 때문에 많은 중국인들이 무비자 면제혜택을 향유하면서 제주도를 찾아왔으며 적지 않은 토지를 구매한 것으로 알려져 있다.11) 그 비율이 한동안 상당히 높아진바 있다. 이에 따라 많은 문제점들도 나타났다. 예를 들어 중국인들이 살인 사건 등 범죄를 발생시키기도 했다.

---

11) 제주도가 2010년부터 투자이민제도를 시행 이후 지난 8년간 제주도 내 중국인의 토지보유량이 480배가량 증가했다. 민주평화당 윤영일 의원(국회 국토교통위원회 소속)이 2020년 1월 10일 공개한 자료를 보면 제주도 내 중국인 토지보유량은 2009년 1만9천702㎡이던 것이 2017년 944만4천500㎡까지 지속적으로 증가했다. 이는 무려 479배가 증가한 규모인데 투자자본의 유입이라는 매력 때문에 정부가 막지 않는 것으로 풀이된다(아이뉴스24, 제주도 중국인 토지보유 10년 새 '480배 급증', 2018.10.10).

한편 2017년 경북 성주지역에 미군 미사일 방어망 체제를 구축하는 사드설치가 결정되었다. 이러한 한미 간의 군사협력 조치에 대해 중국은 강력하게 반발하였는데, 이 문제가 불거지게 된 이후 중국인의 제주도 진출에 찬바람이 불기도 했다.

한편 위에서 살펴본 법률은 2005년도에 통과되고 이에 따라 제주도는 기존에 존재하던 제주시, 서귀포시, 북제주군, 남제주군이라는 기초자치단체를 폐지하는 대신 행정시로서 제주시와 서귀포시로만 재편되었다. 이마저도 제주도지사가 도민들로부터 직선에 의해 선발되면 곧바로 선출 도지사가 도청의 국장급 중에서 제주시와 서귀포시에 임명직 행정시장을 발령 내는 방식을 취하게 되었다.

본 법이 통과된 후 국가사무가 제주특별자치도에 법에 따라 전격 이양된 것은 총 1,062건이다. 조례위임이 374건, 권한이양 688건 등이 그 대표적이다. 특히 이 중에서 자치경찰사무는 모두 23건이 이양되었는데, 그 중 조례위임이 13건이며 권한이양은 10건이나 되었다. 그리고 위와 같은 이양에 근거해서 제주도는 제주자치경찰 임용 등에 관한 조례 6건과 규칙 및 고시 등 4건을 제정하였다.[12]

또한 「제주특별자치도 설치 및 국제자유도시 조성을 위한 특별법」(일명 '제주특별법')의 부칙 제10조에 근거해서 처음으로 두게 되는 자치경찰단 및 자치경찰대의 조직과 정원 및 자치경찰공무원의 임용에 관한 도조례를 제정할 수 있게 되었다. 그러나 이럴 경우에 제주지방경찰청장과 협의를 하도록 법이 마련되어 있는 관계로 이것을 이행하여 제정하기도 했다. 이 밖에 국무총리실, 행정자치부, 법무부에서 경찰법 등 자치경찰과 관련된 부수법률 6건이 2006년 6월 30일 국회에서 개정되기도 했다. 제주자치경찰의 창설 추진을 위한 제주자치경찰 법제 정비현황을 정리해 보면 다음과 같다.

〈표 4-6〉 제주자치경찰 법제 현황

구분		명칭	제정일(개정일)	비고
법령	제정	지방분권 특별법	2004. 1. 16	
		제주특별자치도 설치 및 국제자유도시 조성을 위한 특별법	2006. 1. 21	
		제주특별자치도 설치 및 국제자유도시 조성을 위한 특별법시행령	2006. 6. 30	

---

12) 제주특별자치도, 「제주자치경찰의 이해」, 2006, p. 9.

조 례	개정	경찰법, 경찰공무원법, 도로교통법, 경범죄처벌법, 자전거이용활성화에 관한 법	2006. 6. 30	
		사법경찰관리의 직무를 행할자와 그 직무범위에 관 한 법률	2006. 7. 19	

	제정	1. 제주특별자치도 자치경찰공무원 임용 등에 관한
		  조례
		2. 제주특별자치도 자치경찰공무원 인사 교류 조례
		3. 제주특별자치도 자치경찰단장의 개방형직위의
		  운영 등에 관한 조례자치경찰공무원
		4. 제주특별자치도 자치경찰 운영 등에 관한 조례
			2006. 5. 10
			2006. 5. 10
			미제정
			
			2006. 5. 10	

		5. 제주특별자치도 지방공무원 정원 조례 6. 제주특별자치도 행정기구설치 조례	2006. 11. 29 2006. 7. 19	
규 칙 · 고 시	규칙 제정	1. 제주특별자치도 자치경찰공무원 인사규칙 2. 제주특별자치도 자치경찰 운영 등에 관한 규칙 3. 제주특별자치도 자치경찰 복제에 관한 규칙	2006. 7. 26 미제정 2006. 6. 28	
	고시 제정	교통 관련 주차의 장소, 시간 및 방법 등에 관한 사항		

출처: 제주특별자치도, 「제주자치경찰의 이해」, 2006, p. 9.

2. 제주자치경찰 조직의 정비

2006년 7월 제주자치경찰제가 시행되면서 제주자치경찰조직이 마련되었다. 우선 「제주특별자치도 설치 및 국제자유도시 조성을 위한 특별법」(제특법) 109조에 자치경찰의 사무를 처리하기 위해 제주특별자치도에 자치경찰기구를 설치하는 근거가 마련되었다. 이에 따라 제주도에는 자치경찰단을, 제주시와 서귀포시에는 각각 양대 자치경찰대를 설치할 수 있었던 것이다. 이 당시 제주자치경찰은 자치경찰조직을 설계하면서 기본방향을 정할 수 있었는데 바로 제주인구, 면적, 치안수요, 관광지, 국내외 행사 등을 참고하고 주민생활의 안전을 종합적으로 참고했다. 그리고 현장성에 중점을 두고 설계된 것으로 분석된다. 구체적인 설계결과를 보면 제주특별자치도 차원에서 총경을 자치경찰단장으로 두고, 자치경찰단 산하인 제주시와 서귀포 행정시에 자치경찰대를 각각 2개 설치하며 자치경정이나 자치경감을 대장으로 임명하는 방식으로 시작되었다.

한편 이 당시 제주특별자치도 지방공무원 정원조례에 자치경찰공무원은 법정

수 127명으로 최종 결정되었다.13) 초창기에 제주자치경찰단은 18명이 배정되어 제주주민의 치안서비스 강화와 현장 위주의 인력배치를 위한 기획업무에 집중하였다. 나머지 인원은 제주자치경찰단 하부에 제주시(69명)와 서귀포시(40명)에 총 109명이 배치되었다. 이 밖에 제주특별자치도 행정기구설치조례에 근거해서 자치경찰 관련 기구가 설치되었는데, 제주자치경찰단에 경무팀, 생활안전팀, 관광환경팀을 구축하고 연이어 시행에 들어갔다. 그리고 제주시 자치경찰대의 경우는 경무팀, 생활안전 1팀, 2팀 및 관광경찰 1팀, 2팀(특별사법경찰 포함)이 만들어져 총 5개팀이 활동하게 되었다. 이를 담당하게 된 전체 자치경찰 인원이 총 69명이다. 이에 반해 서귀포시 자치경찰대는 경무팀, 생활안전팀, 관광환경팀을 구성해 총 40여명이 근무하는 것으로 출발하였다.14)

3. 제주자치경찰공무원의 임용 준비

「제주특별자치도 설치 및 국제자유도시 조성을 위한 특별법」(제특법) 제129조에 제주자치경찰공무원의 신규임용을 명시했는데, 신규임용의 경우 공개경쟁시험과 특별임용시험을 병행해 시행하는 것을 원칙으로 했다. 또한 본 법률의 부칙 제10조에 자치경찰공무원의 특별임용도 명시되어 있다. 구체적인 내용은, 예를 들어 도지사는 시행 초창기 자치경찰단과 자치경찰대를 설치하는 경우 국가경찰에서 퇴직하고 지원해 이직하는 국가경찰공무원에 대해 해당 계급의 차상위 계급으로 적극 임용할 수 있도록 하였다. 이러한 절차는 본 법의 129조와 배치되는 것이기는 하지만 예외로 적용한 것이다. 이러한 조치를 취한 목적은 제주자치경찰이 초창기에 설치될 때, 경력자인 국가경찰이 이관되어 와야 조직의 안정 및 토대를 구축하는데 크게 도움이 될 수 있었기 때문이다. 더욱이 지원자가 적어 혹시나 미달사태가 발생할지도 모른다는 우려에서 나왔던 기준으로 보인다. 이와 같은 당시의 입법 취지를 반영해 국가경찰이 지원하여 이관되는 특별임용 비율을 30%에 해당하는 38명으로, 그리고 신규로 나머지 70%인 89명을 선발하기로 방침이 결정되었다.15)

---

13) 초창기에는 이처럼 127명이었지만 2017년 초에 3명이 증원됨으로써 총 130명이 근무하게 되었다. 이에 대한 자세한 내용은 후술하기로 한다.

14) 제주특별자치도, 「제주자치경찰의 이해」, 2006, p. 9.

15) 제주특별자치도, 「제주자치경찰의 이해」, 2006, p. 10.

이에 따라 2006년 5월 17일 특별임용시행계획을 지역제한 없이 전국의 경찰을 상대로 공고했다. 응시원서 접수가 2006년 5월 26일부터 6월 2일까지 진행되었고, 특이하게도 면접시험 없이 서류전형으로만 진행되는 방식이었다. 단지 2006년 6월 5일부터 6월 15일까지 서류전형만으로 제주도 인사위원회의 심의를 거쳐 2006년 6월 16일 37명을 최종 선발했다. 그리고 제주자치경찰단장은 국가경찰과 협의하여 특별임용 하는 절차에 따랐다. 이들 국가경찰에서 특별임용된 38명은 2006년 6월 27일부터 6월 29일까지 제주도지방공무원교육원에서 추가 직무교육이 이루어졌는데, 그 핵심 내용은 제주의 역사, 지방행정과 치안행정과의 관계, 문화 관광 등에 대한 교육을 받고 2006년 7월 1일 총 38명이 특별임용 되었다. 이는 우리나라에 처음으로 자치경찰제가 도입되는 것으로 이른바 자치경찰사를 새롭게 기록하게 되는 중요한 의미를 갖게 되었다.16) 아쉽게도 38명의 특별임용자 중에서 2명이 특별임용 결정을 자진철회하게 되었는데, 이로 인해 부족했던 인원은 추후 제주자치경찰이 출범하고 나서 추가로 특별임용이 이루어졌다. 이어서 제주자치경찰은 자치순경을 신규로 2006년에 1차 모집 45명과 2007년 44명 등 총 89명이 공개경쟁시험을 통해 공개 모집되었다. 제주자치경찰의 초창기 자치경정 이하 채용인원 상황을 살펴보면 다음과 같다.

〈표 4-7〉 제주자치경찰의 자치경정 이하 채용계획인원

(단위: 명)

구분		계	자치경정	자치경감	자치경위	자치경사	자치경장	자치순경
자치경찰 정원		127	5	9	14	15	16	67
국가경찰 전입	계	37	4	8	9	8	8	
	일반	35	4	8	9	8	6	
	전산	1					1	
	통신	1					1	

출처: 제주특별자치도, 「제주자치경찰의 이해」, 2006, p. 13.

한편 이 당시 국가경찰에서 제주자치경찰단으로 이관된 지원 및 합격자를 분석하면 다음과 같다.

2006년 6월 제주자치경찰단장을 포함한 총 38명 모집에 무려 265명의 국가경

---

16) 제주특별자치도, 「제주자치경찰의 이해」, 2006, p. 12.

찰공무원들이 지원했으며, 이 중에서 최종 합격자는 계급별로 볼 때 다음과 같다. 즉 자치경장 6명, 자치경위 9명, 자치경감 8명, 자치경정 4명이 바로 그것이다. 이를 분야별로 나누어보면 수사 6명, 교통 6명, 통신 1명, 전산 1명 그리고 일반 직도 23명이나 되었다. 소속기관별 분석을 보면 제주지방경찰청에서 25명으로 가장 많았다. 절대 다수가 제주지방경찰청에서 선발되는 기염을 토했다. 그리고 서울지방경찰청과 부산지방경찰청이 각각 3명, 인천지방경찰청에서 2명, 경기청, 전남청, 경북청에서 각 1명을 차지했다.17)

〈표 4-8〉 지방경찰청 소속별 지원자 현황

경찰청	서울청	부산청	인천청	경기청	전남청	경북청	제주청	총계
1	3	3	2	1	1	1	25	37

최종 합격자들은 다음과 같다. 제주지방경찰청에서 강용남 자치총경이 임명되어 초대 제주자치경찰단장에 임용되었다. 자치경정은 경무팀장에 정길우가 임명되었다. 그리고 생활안전팀장에는 김상대, 제주시 자치경찰대장에는 강명석, 그리고 서귀포시 자치경찰대장에는 김동규가 각각 임명되었다. 자치경감의 경우는 자치경찰단 소속으로 강명옥, 오복숙이 그리고 제주시 자치경찰대 소속에는 송일태, 이강복, 김정호, 서귀포시의 자치경찰대 소속으로는 강석찬, 이영호, 김순성 등이 각각 임명되었다. 자치경위의 경우를 보면 자치경찰단 소속으로 김경선, 이철우, 김호훈, 고의봉, 형청도 등이 배치되었다. 그리고 제주시 자치경찰대 내에는 박상현, 김군택, 이용국 등이 전격 임명되었다.

자치경사의 경우는 다음과 같다. 즉 제주자치경찰단 소속으로 강수천, 진정일, 송행철, 고정근, 강병수 등이 임명되었다. 그리고 제주시 자치경찰대에는 홍성립, 전용식이 각각 임명되었다. 또한 자치경장도 임명되었는데 자치경찰단 소속으로 오광조, 고수진 등이다. 그리고 제주시 자치경찰대 소속으로는 강형숙, 이영철이 임명되었고, 서귀포시 자치경찰대에도 송상근, 정재철, 이창영 등을 비롯해 총 37명(총경단장 제외)이 국가경찰에서 특별임용된 최종합격자들이다.18) 시간이 흐르는 동안 이들 중 대부분은 2020년 초 기준으로 거의 모두가 2~3개 계급씩 승진

---

17) 제주특별자치도, 「제주자치경찰의 이해」, 2006, p. 17 참조.
18) 신현기, "제주자치경찰제의 실태분석과 개선방안에 관한 연구", 한국경찰발전연구학회, 「한국경찰연구」, 제6권 제2호, 2007, pp. 342-344.

(부분적으로 과장 예외)한 것으로 확인된다.

4. 신분과 인사현황

「제주특별자치도 자치경찰공무원의 임용·인사교류조례 및 자치경찰공무원 인사규칙」에는 제주자치경찰공무원의 채용과 인사 및 인사교류를 비롯해 승진에 관한 사항들을 명확하게 규정하고 있다. 이뿐만 아니라 자치경찰공무원은 지방공무원법에 따라서 특정직지방공무원 신분을 유지하면서 국가경찰공무원처럼 정년을 보장받도록 하고 있다. 무엇보다 제주자치경찰공무원들은 국가경찰공무원에 비해서 매우 유리한데, 그 이유는 계급정년에 걸리지 않는다는 점이다.[19] 이는 굉장한 메리트가 아닐 수 없다. 모든 제주자치경찰공무원들은 누구나 만 60세까지 지방공무원으로서 신분이 보장되어 있다.

제주특별자치도는 2006년 7월 1일 출범하면서 우수인력을 확보하기 위한 전략으로 국가경찰공무원 중에서 38명을 면접 없이 특별임용 방식인 서류 하나만으로 전국지방경찰청을 대상으로 모집을 확대함으로써 우수인력을 모집하는데 큰 효과를 거둔 것으로 평가된다. 이 당시 제주특별자치도는 국가경찰관들을 대상으로 특별임용하면서 그 선발기준의 핵심을 어디에 두었을까? 사실상 이들이 곧바로 자치경찰 조직에 투입과 적응 및 운용되게 하기 위해 기능별 전문성에 초점을 두고 시행되었다고 분석된다. 말하자면 수사, 교통, 전산, 통신 등 말 그대로 전문분야를 최우선적으로 최대한 고려했던 것으로 평가된다. 2006년 경찰경력자 모집시에 전국적으로 경찰관들의 큰 관심의 대상이었던 것은 물론 한 계급 올려서 임용하겠다는 조건이었다. 물론 지원자가 없을 시라는 조건은 있었다. 실제 국가경찰공무원 38명 중 12명은 기존 국가경찰조직에 근무할 때보다 차상위 계급으로 승진·임용시켰다.[20]

이러한 결과가 도출될 수 있었던 근거는 제주특별자치법 부칙 제10조에서 찾

---

19) 국가경찰공무원의 경우 경감까지는 57세 그리고 경정이상은 60세까지 연령정년의 적용을 받아왔다. 하지만 국가경찰공무원의 경우 2008~2009년까지 1세 연장, 2010~2011년까지 2세 그리고 2012~2013년까지 3세가 연장되어 2013년 말에 가서는 자치경찰공무원처럼 모든 국가경찰의 경우 60세로 정년이 연장되게 법이 보장하고 있다. 계급정년을 보면 경정이 14년 총경이 11년 경무관 6년 등으로 정하고 있다. 치안감으로 승진한 경우 최대 4번의 치안감 보직을 수행하는 경우가 있는데 즉 4년간 치안감으로 유지하는 경우가 실제 있기도 하다. 이는 관운이 매우 잘 따라 준 경우에 해당한다고 볼 수 있다.

20) http://blog.daum.net/kang4620/14261499(검색일: 2009. 11. 30).

았다. 그 당시 공개 경쟁률은 다음과 같다. 그리고 자치총경은 제주특별자치도에서 별도로 국가경찰인 제주지방경찰청 내의 간부인 경정급에서 선발되어 자치총경으로 1계급 승진 임용되었다.

<표 4-9> 제주자치경찰의 채용 현황(( )표시는 여경을 의미)

정원		총계 37	자치경정 4	자치경감 8	자치경위 9	자치경사 8	자치경장 8
경쟁률		6.6:1	5.7:1	5.1:1	8.3:1	8.7:1	4.7:1
지원 현황	계	247(5)	23	41(1)	75	70	38(4)
	1순위	81(2)	7	0	9	39	26(2)
	2순위	166(3)	16	41(1)	66	31	12(2)

출처: http://blog.daum.net/kang4620/14261499(검색일: 2017. 11. 30).

한편 국가경찰공무원의 모집이 성공적으로 이루어진 이후인 2006년 10월에는 연이어 신임자치순경 45명을 모집했다. 모집인원 45명 중 남경이 30명, 여경이 15명을 차지했다. 이 당시 주목할 점은 단지 제주지역 연고자에게만 한정하여 응시자격을 부여했으며 전체 경쟁률은 16.3:1을 보여주었다. 선발한 주최는 제주특별자치도였지만 선발 이후에는 경찰청이 교육을 위임받아 충북 수안보 소재 중앙경찰학교에서 16주간 신임자치순경 교육을 받은 후 제주도청으로 돌아가서 추가로 1개월간 제주지역문화와 행정습득 관련 추가 교육을 받았으며, 마침내 2007년 3월 정식으로 제주자치순경으로 치안현장에 배치되었다. 이로써 국가경찰 이관 인력 38명과 신임순경 45명 등 총 83명의 제주자치경찰인력이 확보되었다.

5. 제주자치경찰의 심벌, 계급장 및 복제

1) 제주자치경찰의 CI

2006년 7월 1일 제주자치경찰이 출범할 당시 CI는 비둘기를 사용했다. 하지만 2008년도에 이 비둘기 심벌을 제주도에서 예로부터 신화로 전해져 내려오는 불사조로 전격 교체하였다.[21]

---

21) 변경한 불사조는 제주도에서 오래전부터 전설로 전해져 내려오는 상징적인 새인데 언제든지 제주주민의 곁에서 치안안전을 추구한다는 의미로 귀결되었다.

[그림 4-2] 변경된 제주자치경찰의 CI 불사조

출처: 안영훈, "자치경찰 표준운영모델 개발에 관한 연구", 한국지방행정연구원, 연구보고서, 2007, p. 37.

이와 같이 변경된 제주자치경찰의 CI는 "불사조" 형상이며, 이는 불사조가 힘차게 하늘로 비상하는 모습으로 제주자치경찰의 새로운 도약 및 제주지역주민을 위해 온몸을 불사르겠다는 굳은 의지를 표현하고 있음을 보여준다.[22]

[그림 4-3] 변경된 제주자치경찰의 CI

출처: 제주자치경찰단, 2008; 신현기·안영훈, "제주자치경찰의 인력확보 대책에 관한 고찰", 한국경찰발전연구학회, 「한국경찰연구」, 제7권 제1호(2008년 봄).

---

22) http://jmp.jeju.go.kr/contents/index.php?mid=0102(검색일: 2009. 11. 30).

2) 제주자치경찰의 계급장

2008년부터 제주특별자치도 제주자치경찰단은 자치경찰의 계급장도 초창기의 참꽃에서 현재의 모습으로 변경했다. 제주자치경찰의 계급장은 기존에 비해 확연히 다른 모습으로 변경되었다. 이렇게 교체된 현재 자치경찰의 계급장은 마치 국가경찰의 계급장과 상당히 비슷한 모습이다.23)

[그림 4-4] 제주자치경찰의 변경된 계급장(2009년 이후)

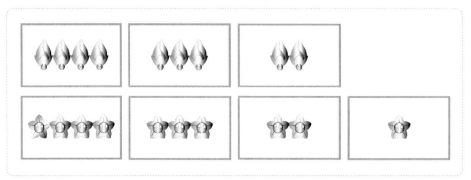

출처: 신현기, "제주자치경찰의 입직 승진제도 현황과 활성화 방안에 관한 고찰", 한국치안행정학회, 「한국치안행정논집」, 제6권 제2호, 2009, p. 11.

6. 제주자치경찰의 사무와 수행방법

「제주특별자치도 설치 및 국제자유도시 조성을 위한 특별법」 제108조에 따르면 제주자치경찰에게 크게 2가지의 사무가 주어졌다. 하나는 제주도지사와 제주지방경찰청장이 업무협약을 맺고 그 결과에 따라 고유사무가 주어지는 것이며, 또 하나는 제주자치경찰에게 애초부터 법적으로 주어지는 고유사무가 바로 그것이다. 후자인 경우는 「특별사법경찰관리의 직무를 행할 자와 그 직무범위에 관한 법률」(일명 '특사경법') 사무가 대표적이라고 할 수 있다. 이러한 사무를 우리는 흔히 줄여서 특사경 사무라고 부른다. 일반사법경찰과 특별사법경찰이 존재하는 데 양자를 모두 형사소송법에 따라 검사에 의해 수사가 진행된 후 모든 사건이 검찰에 송치된다.

제주자치경찰제 시행 초창기 위에서 소개한 두 가지를 구체적으로 살펴보면

---

23) http://jmp.jeju.go.kr/contents/index.php?mid=0102(검색일: 2009. 11. 30).

다음과 같다.

첫째, 국가경찰과 업무협약에 의해 추진하는 사무이다(법 제108조). 당시 제주도지사와 제주지방경찰청장은 다음과 같이 자치사무에 관한 협약을 맺었는데, 크게 공공시설 및 지역행사장에 관한 사무, 지역교통활동에 관한 사무, 주민의 생활안전활동에 관한 사무 등의 지역경비에 관한 사무 등이 바로 그것이다.24)

둘째, 국가경찰과 업무협약을 체결하지 않고 추진하는 사무이다. 바로 하나는 특별사법경찰 사무이며, 다른 또 하나는 「제주특별자치도 설치 및 국제자유도시 조성을 위한 특별법」 제139조에 명시된 교통안전시설심의위원회 운영 사무이다. 그 구체적인 내용은 중앙선의 절선 좌회전 및 유턴의 허용, 횡단보도의 신설 및 이전에 관한 사항, 신호기의 신설과 이전에 관한 사항, 폐지에 관한 사항, 그 밖의 도지사나 제주지방경찰청장이 교통안전과 함께 원활한 소통을 위해 심의가 반드시 필요하다고 인정하는 사항 등이다.

이 당시 자치경찰의 사무와 수행방법에 있어서 그 기본방향이 정해졌는데, 바로 제주특별자치도의 지역특성을 참고해서 수행하는 업무와 관련해 제주국가경찰 간의 중복업무를 최소화 하자는 것이었다. 또 하나는 제주주민치안서비스를 제고하는 데 초점을 두고 힘차게 추진하자는 것이 핵심사항이었다. 최종적으로 제주자치경찰의 자체회의, 국가경찰과 협의, 제주자치경찰자문위원회 등이 수차례의 회의를 통해 발굴해낸 결과는 제주국제공항의 이미지 개선, 한라산 곶자왈과 오름의 보전대책 추진, 관광지에 자치경찰관 배치, 제주를 찾는 단체관광객의 에스코트, 비산먼지발생 사업장의 집중관리 등이었다.25)

7. 제주자치경찰의 초창기 예산 확보

2006년 7월 1일 제주자치경찰을 창설하기 위해 그 전날까지 집행된 예산은 제주도비로 38,373,000원에 달했다. 구체적으로 제주자치경찰의 CI개발용역에 4,730,000원, 자치경찰 계급장 및 모자장 등 구입비 20,373,000원 그리고 자치경찰 행정장비 구입비 13,270,000원이 투입되었다.

한편 국고지원에 관해서는 「제주특별자치도 설치 및 국제자유도시 조성을 위

---

24) 본 사무에 대한 3가지의 구체적인 내용들은 이미 전장에 기술하였으니 이를 참조하기 바람.
25) 이러한 제주자치경찰의 업무는 수사권을 행사하는 경찰의 업무라기보다는 생활안전을 위한 질서유지 차원에 머물렀다고 훗날 학자들로부터 비판되었다. 2018년 기준 12년의 시행 역사를 가졌지만 사무 확대에 대한 큰 변화는 없었다고 평가된다.

한 특별법」(제특법) 제127조에 이미 명시되어 있었기 때문에 2006년 국가경찰에
서 자치경찰로 이관되는 38명에 대한 인건비 8억 8,700만원과 장비구입비 등 13
억 6,500만원 등 총 22억 5,200만원이 지원되었다. 여기에다가 제주도에서 5억
3,600만원을 더해 총 27억 8,800만원이 확보되어 투입되었다.

〈표 4-10〉 2006년 7월 출범시 제주자치경찰 예산 확보 현황

(단위: 백만원)

구분	계	국비	도비	비고
계	2,788	2,252	536	
인건비	1,004	887	117	38명
운영비	327		327	
사업비	1,457	1,365	92	

출처: 제주특별자치도, 「제주자치경찰의 이해」, 2006, p. 17.

8. 교통안전시설 특례권한 이양 추진준비

「제주특별자치도 설치 및 국제자유도시 조성을 위한 특별법」(제특법) 제138조
에 명시되어 있는 교통안전시설 특례 권한 10건이 기존의 국가경찰로부터 제주자
치경찰로 전격 이양되었다. 이를 제주도청 교통행정과가 이양 받게 된 것이다. 이
에 따라 2006년 7월 1일 제주자치경찰제의 출범과 동시에 제주특별도지사와 제
주지방경찰청장 간에 교통안전시설 사무의 인수인계가 이루어졌다. 구체적인 내
용은 교통신호기 338기(경보등 321, 보행등 2,077면), 교통안전표지 18,117기, 횡단
보도 3,943개소, 어린이 보호구역 113개소가 인수 대상이었다.

9. 소   결

지금까지 2006년 7월 1일 출범한 제주자치경찰제의 전반적인 준비현황들에
대해 심층 분석해 보았다. 특히 우리나라에서 처음으로 제주도에 자치경찰제가
출범하기까지 어떤 법적인 토대, 조직, 인력, 예산을 갖추고 출발했으며 또한 어
떤 권한이 주어졌는가에 대한 일련의 내용들을 살펴보았다. 이어서 다음 장에서
는 제주특별자치도에서 자치경찰이 출범한 이후의 법적토대, 조직, 인력, 예산, 권
한, 성과 등 일련의 발전 상황들을 집중적으로 살펴보았다.

제주자치경찰제의 토대구축을 위한 조직·인사· 예산·장비·권한

제5장 ● 제주자치경찰제의 토대구축을 위한 조직 · 인사 · 예산 · 장비 · 권한

앞의 제4장에서는 제주자치경찰제가 2006년 7월을 기해 처음 도입될 때 제주자치경찰단의 조직, 인사, 예산, 기구 및 장비 등에 대한 기초토대를 어떻게 구축했는지에 대해 시기별로 살펴보았다. 본장에서는 제주자치경찰단이 조직된 후 자치조직의 변천, 인력과 예산의 확대, 장비구축, 권한의 행사 및 성과 등에 관해 체계적으로 살펴보고자 한다.

제 1 절   제주자치경찰의 조직

1. 제주자치경찰의 조직 현황

해방 후 1945년 10월 21일 미군정하에서 우리나라에 국가경찰이 창설되었다. 그로부터 꼭 60년 만인 2006년 7월 1일 제주특별자치도에 국내 처음으로 자치경찰제가 실시되었다는 것은 비록 그 법적권한이 미미함에도 불구하고 큰 의미를 우리 경찰사에 남기는 계기가 되었다. 우선 법률에 "우리나라에 국가경찰을 둔다"에서 "국가경찰과 자치경찰을 둔다"라는 용어가 새로 생겨났으며, 기존의 국가경찰과 이외에 추가로 자치경찰기관도 새로 생겨나게 되었다. 다만 국가경찰은 경찰법이라는 단일법을 가지고 1991년 기존의 내무부 치안본부 조직으로부터 경찰청이라고 하는 외청으로 전격 독립하여 오늘에 이르고 있다.

이에 반해 2006년 7월 제주자치경찰은 제주자치경찰법이라고 하는 단일법을 독자적으로 가지지 못한 채 창설되었다. 즉 제주특별자치도 설치 및 국제자유도시조성을 위한 특별법 제88조에 근거하여 자치경찰사무를 처리하기 위해 제주특별자치도에 자치경찰단을 둔다는 조문이 그 뿌리이다. 본 조문에 근거하여 제주특별자치도의회는 조례를 만들어 제주자치경찰이 출범하는 제반 토대를 구축하게 되었고, 마침내 그 창설이 가능했다. 하지만 제주특별자치도는 자체적으로 제주자치경찰제를 결정 및 도입한 것이 아니라 제주특별자치도 설치 및 국제자유도시조성을 위한 특별법에서 제주특별자치도의 경우는 의무적으로 자치경찰제를 도입하여야 한다는 강제규정에 기인한 산물이었다.

한편 초창기 제주자치경찰의 조직도는 전체 출발 인원이 적었던 관계로 비교적 작은 편이었다. 그 후 직원이 법정수를 채우기 위해 점차 증가하면서 조직도가 커지고 수차례 개편된 후 오늘에 이르고 있다. 이를 다음 단락에서 자세히 분석해 본다.

2. 조직체계구축을 위한 기구

제주자치경찰은 초창기에 제주세무서 건물을 임시관사로 사용하기로 하고 출범하였으나 그 후 보호관찰 사무소로 사용하던 건물을 넘겨받아 사진에서 보는 바와 같이 제주특별자치도자치경찰단이 자리 잡게 되었다.

[그림 5-1] 제주자치경찰단 정문

출처: 신현기ⓒ, 2017. 5. 20 촬영.

한편 아래의 사진은 현재의 제주자치경찰단 건물을 정면에서 촬영한 본관의 전경이다. 제주자치경찰단은 산하에 지구대나 파출소를 두는 시스템이 아니라 이곳 본부에서 모두가 근무하면서 순찰을 하는 체제이다. 물론 거리가 먼 서귀포시에는 별도로 그곳에서 머물며 고정 근무하도록 하는 방식으로 운영되고 있다.

[그림 5-2] 제주자치경찰단 본관 전경

출처: 신현기©, 2017. 5. 20 촬영.

2006년 7월 제주자치경찰의 창설시 구축되었던 기구는 1차로 2006년부터 2018년까지 분석해 볼 때, 서너 차례에 걸쳐 개편이 이루어졌다. 물론 2019년과 2020년에 걸쳐 또다시 조직도 변경이 이루어졌는데, 아래에서 후술하고자 한다. 우선 첫 번째로 조직도가 구축될 당시 제주자치경찰단의 기구표는 다음과 같다.

[그림 5-3] 제주자치경찰의 초창기 기구(2006년 창설시)

2006년 7월 1일 제주자치경찰제 창설 초창기에는 자치경찰단(1단 3팀 18명)과 자치경찰대(2개대 8팀 109명)에 경무팀, 생활안전팀, 관광환경팀으로 구성되어 운영되다가 2008년에 가서 전격 개편되었다. 자치경찰단 내의 조직은 주로 행정을 수행하는 역할이고 자치경찰대는 현장에 나가 자치경찰사무를 집행해야 하는 기구로 구축되었다.

그리고 [그림 5-4]에서 보는 바와 같이 제주자치경찰대는 대장(경정) 밑에 경무팀, 생활안전팀, 관광환경팀으로 조직 및 운영되었다.

[그림 5-4] 제주자치경찰(대)의 조직도(2006년 창설시)

출처: 제주특별자치도, 「제주자치경찰의 이해」, 2006, p. 25.

이 당시 기존에 제주도청의 교통행정부서에서 관리하고 있던 교통관리단 ITS센터를 제주자치경찰단으로 전격 이관시켰다. 이어서 2008년 3월 5일을 기해 제주행정시(行政市)가 수행해 오던 주·정차 단속사무도 역시 제주자치경찰단 산하 자치경찰대로 이관되었다.

이 당시 제주자치경찰단은 4개 기구로 재편성되었는데 경찰정책팀, 교통·생활안전팀, ITS센터, 수사기획팀이 바로 그것이다. 그리고 제주자치경찰대에는 경찰행정팀, 교통/생활안전팀, 공항팀 및 수사팀으로 구성했다. 그리고 서귀포시 경찰대의 경우는 경찰행정팀, 교통·생활안전팀, 수사팀 등 4개팀으로 조직되었다. 제주자치경찰대에는 공항팀이 별도로 설치되었는데, 이 공항팀은 애초 제주특별자치도 설치 및 국제자유도시 조성을 위한 특별법에서 127명의 제주자치경찰 법정수 중 20명을 무조건 공항에서 근무해야 하는 것으로 애초에 명시되어 있었던 것이다. 이러한 계획에 따르면 법정수 127명 중 107명만 제주자치경찰단에 남게 되는 결과가 되어 제주 전역에서 107명으로 자치경찰 사무를 수행하는 데는 역부족이라는 아쉬움을 남겼다.

한편 이 20여명의 공항팀원들은 법률에 따라 2가지 기능을 수행하는데 하나는 무비자로 제주도에 입국한 외국인들이 항공기를 이용해 본토(육지)로 밀입국하는 범법자를 체포하는 사무이고, 또 다른 하나는 본토(육지)에서 제주도로 입국하는 여행객들이 운전면허증을 잊고 온 경우 이들에게 운전면허 소지자라는 확인증을 발부해 주는 역할을 한다. 해당자는 제주자치경찰로부터 확인증을 받아 제주에서 렌터카도 빌려 제주지역을 관광하고 되돌아 갈수 있도록 도와주는 역할도 수행한다. 이처럼 제주자치경찰은 제주국제공항에서 질서유지 등 중요한 역할들을 동시에 수행하고 있다.

제주특별자치도는 산하 제주자치경찰단의 기구를 2008년에 개편한 이후 2011년에 [그림 5-5]와 같이 다시 개편하게 되었다.

[그림 5-5] 제주특별자치도 자치경찰기구(2008-2011 현재)

출처: 대통령 소속 지방자치발전위원회, 자치경찰제 도입 TFT 제16차 회의 자료, 2015, p. 2; 신현기, "제주자치경찰제의 실태분석과 박근혜정부의 자치경찰제 도입 방안", 한국경찰연구학회, 「한국경찰연구」, 제14권 제2호, 2015, p. 261; 신현기, 『특별사법경찰론』(파주: 법문사, 2017), p. 254.

특히 2011년 제주자치경찰단의 기구개편에서 제주자치경찰단장이 도지사의 직속 부속기구로 소속되도록 개편한 것은 매우 중요한 의미를 가진다. 2011년에 기구개편에서는 경찰정책과, 주민생활안전과, 특별사법경찰, 주차지도과, 서귀포지역경찰대, 교통정보센터 등으로 개편되었다.

2006년 출범시에는 제주행정시와 서귀포행정시의 경우 행정시장 소속으로 각각 자치경찰대(대장)가 존재했었으나 이것이 개편되어 제주시에 존재하던 자치경

찰대와 서귀포자치경찰대가 폐지되고 도지사 부속기구로 개편되었다. 그러나 서
귀포경찰대는 제주시에서 거리가 멀고 지리적 특수성으로 인해 기존의 이름을 그
대로 유지하는 것으로 정리되었다.1)

　이처럼 제주자치경찰단에서 직접 자치경찰을 운영하는 체제로 개편됨으로써,
그 후속조치로 기존에 2개가 존재하던 자치경찰대를 1개로 통합하게 되었고, 제
주시 영역은 직접 제주자치경찰단에서 담당하게 되었다. 그리고 서귀포자치경찰
대는 제주자치경찰단 소속으로 변경된 후 그대로 서귀포시에 상주하면서 서귀포
지역에서 가장 중요한 교통생활안전담당 및 주차지도담당이라는 조직으로 유지되
었다. 이 당시 제주자치경찰단은 교통시설담당까지 책임지게 되었다. 특히 교통정
보센터는 제주 전역의 교통시설담당을 맡고 있는데, 본 업무가 제주특별자치도로
부터 제주자치경찰단으로 전격 이관되었다. 제주자치경찰단이 제주전역에서 교통
형사사건을 제외하고 대부분의 교통업무를 넘겨받아 수행하게 되었다는 점에서
그 의미가 매우 컸다고 평가된다.2)

　이러한 일련의 제도개선 및 개편을 통해 제주자치경찰단이 대부분의 교통업무
를 담당하게 되었고 국가경찰인 제주지방경찰은 교통 관련 형사사건만 담당하는
2원화 체제가 구축되었다.

　한편 제주자치경찰단에는 2017년 1월 큰 변화가 있었는데, 자치경찰단장이 기
존의 자치총경에서 자치경무관으로 1계급 승격되었다는 점이다. 이에 따라 경정
급 과장 중에서 1명이 자치총경으로 승진하였고, 그에게 경찰정책관이라는 직위
가 새로 부여되었다. 이러한 대대적인 기구의 개편에 따라 많은 변화도 나타났는
데, 경찰정책관이 기획인사, 민생수사(특별사법경찰)를 맡고, 교통생활안전과는 생
활안전 및 교통관리 업무를 담당하게 되었다. 그리고 관광경찰과가 비교적 강화

---

1) 그런데 제주자치경찰단의 경우 문제점이 제기되고 있다. 즉 제주의 경우 서귀포시(행정시) 소
　속 자치경찰대를 도 소속인 자치경찰단으로 통합하면서 일괄 통합하면서 현장서비스를 제공하
　지 못하고 있다는 비판이 제기되고 있기도 했다. 한편 제주특별자치도청 직속의 제주자치경찰
　단에 모든 자치경찰공무원들이 출근하여 직무를 수행하고 있다. 아쉽게도 제주자치경찰단은 창
　설시부터 법적·제도적으로 국가경찰처럼 지구대나 파출소가 없다. 따라서 제주자치경찰은 자
　치경찰단에 출근했다가 제주전지역으로 순찰활동을 나가야 하는 시스템이다. 제주시와 서귀포
　시 가운데는 지리산이 막혀있고 지역이 넓은 관계로 서귀포 지역에서 근무중인 서귀포자치경찰
　대 직원들은 제주시에 위치한 제주자치경찰단까지 오전에 출근을 했다가 다시 서귀포지역 근무
　장소로 순찰을 나간다는 것은 의미가 없다. 이 때문에 제주자치경찰단은 시간적·직무적·능률
　성면에서 서귀포지역의 자치경찰대는 대장의 지휘통솔하에 서귀포자치경찰대에서 직무하도록
　했다.
2) 신현기, 『특별사법경찰론』(파주: 법문사, 2017), p. 254.

된 것으로 평가되는데, 이곳에서는 관광경찰, 제주공항사무소, 기마경찰대를 책임
지고 있다. 서귀포지역경찰대는 교통관광사무 및 민생수사사무를 담당하고 있으
며, 교통정보센터는 교통시설 사무를 담당하고 있다.3)

　　2017년 1월부터 제주자치경찰의 법정 정원수도 기존의 127명에서 3명이 증원
되어 자치경찰공무원의 법정 인원수가 총 130명으로 확대되었다. 이에 대한 자세
한 내용은 다음 절에서 자세히 분석하기로 한다.

[그림 5-6] 제주자치경찰단의 조직도(2017년 1월 기준)

출처: http://www.jeju.go.kr/jmp/intro/measure.htm?act=view&seq=1087368

　　한편 제주자치경찰단에 2018년부터 2020년 2월 사이에 무려 4차례에 걸쳐서
제주지방경찰청 산하 268명의 국가경찰공무원들이 전격 파견되면서 제주자치경찰
단의 조직도가 또 한번 개편되기도 했다. 2019년 1월 기준으로 제주자치경찰단의
조직은 전체 근무 인원수의 대폭적인 증원에 의해 많은 변화가 있었다. [그림
5-7]에서 주목할 것은 임시조직인데, 이는 제주지방경찰청에서 파견 나온 국가경
찰들의 임시조직을 의미한다. 이는 자치총경이 지휘하는 경찰정책관실 소속으로
국가경찰이 파견된 것이며 지역경찰 TF와 학교폭력 TF를 운영 중이다. 그리고 자
치경정이 지휘하는 수사과가 새로 신설되었는데, 이는 제주자치경찰단의 민생사
법경찰(원명: 특별사법경찰)을 의미한다.4) 이것은 2018년에 경찰정책관 소속으로

---

3) 제주자치경찰단 홈페이지: http://www.jeju.go.kr/jmp/intro/measure.htm?(2018. 1. 20 검색).
4) 「사법경찰관리의 직무를 수행할 자와 그 직무범위에 관한 법률」(약칭: 사법경찰직무법)이 공식

운영되다가 2019년에 가서는 독자적인 수사과로 독립 운영되는 체계를 갖추었다. 자치경정이 지휘하는 교통생활안전과 소속으로 국가경찰에서 파견 나온 경찰들이 범죄예방 TF팀, 동부교통 TF팀, 서부교통 TF팀을 운영하였다. 역시 자치경찰이 지휘하는 관광경찰과 소속으로 국가경찰에서 가지고 파견 나온 치안센터에서 이른바 치안센터 TF팀을 운영하였다. 한라산을 기점으로 서귀포지역은 거리 관계상 별도로 서귀포지역경찰대를 자치경정이 지휘하고 있다. 그곳의 공식명칭은 서귀포교통 TF팀이라고 부른다. 우리의 주목을 끌고 있는 점은 이렇게 3차례에 걸쳐서 파견 나온 국가경찰 260명이 2019년 언제까지 근무하게 될지 모르며 본 파견 운영에서 국가경찰이 얻고자 하는 목적은 무엇인지 잘 모르지만 추측하건데, 전국 자치경찰제 도입 확대를 대비해서 제주국가경찰을 파견해 시범실시에 들어간 것으로 풀이된다. 특히 이 시범실시를 통해서 제주자치경찰제가 국가경찰이 파견되어 기본토대만 조금 더 구축된다면 자체적으로 충분히 운영될 수 있다는 점을 부각시킴은 물론 이를 전국으로 확대시키기 위한 가능성을 검증해보고자 하는 목적이 가장 컸던 것이다.

한편 [그림 5-7]에서 보는 바와 같이 제주지방경찰청 소속 국가경찰들이 제주자치경찰로 파견되면서 제주자치경찰단의 조직은 상당히 개편된 모습을 보여주었다. 수사과의 경우 지금까지 볼 수 없었던 독자적인 과체제를 유지하게 된 것이 눈에 띤다. 제주국가경찰의 수사직원들이 파견 나와 있으며 동시에 이곳에서 기존의 특별사법경찰 업무를 담당하고 있다.

명칭이다. 그러나 흔히 경찰청 소속 수사관들을 의미하는 일반사법경찰의 대칭으로 특별사법경찰이라는 용어를 사용한다. 특별사법경찰은 위의 법에 따라서 직무를 수행하는데, 주로 국가 및 지방행정기관의 공무원들에게 관할 지방검찰청 검사장이 행정기관장의 추천에 의해 지명해 주는 방식에 따르고 있는바, 이것이 바로 특별사법경찰관이다. 대부분의 국가 및 지방행정기관에서는 특별사법경찰이라는 용어를 사용하는 게 일반적인데 반해 예외로 제주도자치경찰단과 서울시의 경우는 "민생사법경찰"이라는 명칭을 사용하고 있다.

[그림 5-7] 제주자치경찰단의 조직도

출처: 내부자료, http://www.jeju.go.kr/jmp/index.htm(검색일: 2019. 2. 5).

2019년 1월 기준으로 제주자치경찰단의 전체 총정원은 이전과 비교해 볼 때, 상당히 증원되었는데 〈표 5-1〉을 통해 자세히 알 수 있다. 제주자치경찰제가 시행되었던 2006년 7월 1일 기준 정원은 총 127명이었다. 그러나 13년이 지난 2019년 1월 기준 총정원은 무려 169명으로 대폭 증원되는 변화를 보여주고 있다. 그러나 현원은 163명에 그치고 있어 아직 6명 정도가 부족한 것으로 나타났다.

〈표 5-1〉 2019년 제주자치경찰단의 정현원 현황

구분	총계	자치경찰공무원									일반직공무원		
		계	경무관	총경	경정	경감	경위	경사	경장	순경	계	일반직	공무직
정원	169	151	1	1	5	17	28	28	38	33	18	10	8
현원	163	144	1	1	5	15	16	46	32	20	19	11	8

출처: 내부자료, http://www.jeju.go.kr/jmp/index.htm(검색일: 2019. 2. 5).

3. 제주자치경찰단 관광경찰과 산하 공항사무소팀

제주국제공항에는 매년 항공수요가 증가하여 제주 입출도객이 1일 8~9만명 (연간 약 3,000만명 정도)에 달하는 동시에 하루 420여 편의 항공기가 1분 40초 간

격으로 이륙과 착륙을 반복하고 있을 만큼 그 규모가 대폭 확대되었다. 즉 관광도시 제주의 메카로 제주국제공항의 규모가 폭증하는 등 관광객을 위한 항공교통의 중심지가 되었다.

1) 제주자치경찰의 배치

제주국제공항에 자치경찰이 배치된 법적근거는 제주특별법 제88조, 90조, 91조이다. 국가경찰과 업무협약을 통해 2007년 2월부터 배치되었다. 제주국제공항에 근무 중인 자치경찰의 인력과 장비는 다음의 표에서 보는 바와 같다. 2019년 기준 제주자치경찰단 소속 자치경찰직원은 자치경찰공무원 11명과 일반직 직원 7명 등 총 18명이다. 원래는 20명의 자치경찰단 소속 직원이 근무하도록 규정하고 있으나 아직 부족한 실정이다. 일반직 중 1명은 서무담당이고, 나머지 6명은 2명씩 3교대로 공항에서 외국인 출입국관리 단속업무를 담당하고 있다. 그리고 11명의 제복을 착용한 자치경찰관들은 공항 주변에 나가서 교통질서유지 및 단속업무를 연중 내내 수행하고 있다.

〈표 5-2〉 제주공항 자치경찰인력 및 장비 현황

인원			장비						
계	경찰관	일반직 (공무직)	순찰차	무전기	가스분사기	캠코더	카메라	녹음기	PDA 조회기
18	11	7	2	13	15	1	4	4	4

출처: 제주국제공항 자치경찰 내부자료(2019. 2. 7).

2) 공항자치경찰의 주요사무

제주국제공항에서 제복을 입고 근무 중인 자치경찰은 공항 구내도로(1층, 3층, 국빈도로)의 교통관리 등 교통질서 유지업무를 맡고 있다. 특히 주정차업무 등 교통법규 위반사범에 대한 지도, 단속 및 혼잡 교통관리를 맡고 있다. 그리고 공항이용객 보호 및 관광저해사범의 지도 등 관광질서를 유지하고 있다. 그 핵심 내용으로는 호객행위 및 기초질서 위반사범의 지도, 단속 및 수학여행단의 보호를 책임진다. 또한 무사증 제주입국자의 무단이탈 및 불법체류 방지를 위한 외국인 검색 업무도 담당한다.

3) 공항 자치경찰의 업무구분

하루 근무시간은 05:30~22:30분 항공기 운항 종료시까지다. 공항에서 자치경찰의 외근근무는 3개조 9명이다. 3교대 순환근무로 야간, 조간 및 비번 체제이다. 특히 아침 07:00부터 22:30 운항 종료시까지 공항청사 내 교통 및 관광질서 유지를 전담 중이다. 그리고 무사증 외국인들의 제주 이도 시에 검문검색(일반직/ 공무직 7명)을 실시한다. 즉 공무직(서무 1명, 검색근무 6명)은 05:30분부터 외국인 검색대에서 무단이탈 등 검색 업무를 수행하고 있다. 그리고 유실물 처리 및 택시 승차장의 질서유지 및 CCTV 모니터링(공무직 1명)을 실시하고 있다. 이 업무는 제주자치경찰단이 만들어질 때부터 애초에 외국인 출입국 관리업무를 담당하기로 했던 업무영역이었으며 오늘날까지 계속 이어지고 있다. 제주공항에 무사증으로 입국한 외국인은 허가 없이 제주공항을 떠나 육지로 이탈하는 것이 금지되어 있기 때문에 이를 제주자치경찰 공항팀에서 맡고 있다.

〈표 5-3〉 제주공항 자치경찰의 업무실적

구분	호객행위	교통	경범	형사범인계	무사증등	행정범	면허조회	유실물처리	수학여행단음주감지등(건/대)
2018	31	245	29	54	183	148	30,880	182	663/4,729
2017	30	457	23	61	116	253	40,959	147	935/5,733

출처: 제주국제공항 자치경찰 내부자료(2019. 2. 7).

제 2 절   제주자치경찰의 인사

1. 인사권자로서 도지사

제주특별자치도에서 제주자치경찰단을 관리하는 최고인사권자는 물론 제주특별자치도지사이다. 그는 지방자치법에 따라 1995년부터 제주도민의 직선에 의해 선출되며 제주시 행정시장과 서귀포시 행정시장을 직접 임명하는 법적 인사권을 가지고 있다. 제주자치경찰 직원들의 신분이 지방공무원이기 때문이다. 1995년부터 제주특별자치도는 제주특별법에 따라 기존의 4개 기초자치단체를 폐지(제주시,

서귀포시, 북제주군, 남제주군 등 4개)했다. 이에 따라 2005년부터 제주시와 서귀포 시라는 2개의 행정시로 재정비가 되었다. 제주도의 행정시로 변경된 제주시와 서 귀포시의 공식명칭은 행정시로 명칭변경됨에 따라 제주행정시와 서귀포행정시로 재탄생하는 결과를 보여주었다. 따라서 2개의 행정시는 시장을 시민이 직선으로 선출하는 방식이 아니라 도지사로부터 임명제 행정시장으로 채워지는 방식을 따 르게 되었다는 점이 특이하다.[5]

제주자치경찰공무원은 제주도지사에 의해 임명되는 지방공무원에 해당된다. 이들에 대한 승진은 제주자치경찰단의 경찰정책관(총경) 차원에서 모든 승진 점수 가 정리되고 제주자치경찰단장을 거쳐 최종적으로 도지사가 승진임명권을 행사하 고 있다.

2. 제주자치경찰 단장

제주자치경찰단장은 개방직위인 관계로 외부에 개방 공고하여 이루어지고 있 다. 제주자치경찰단이 발족할 당시인 2006년 7월 1일 제1대 단장으로 강용남 자 치총경이 임명되어 2008년 3월까지 근무 후 명예퇴직했다. 초대 단장은 제주자치 경찰단장 선발위원회가 외부에 공모하고 엄격한 심사가 진행되었다. 그는 제주지 방경찰청 소속의 국가경찰에서 경정출신이 최종 선발되어 김태환 제주특별자치도 지사로부터 1계급 높아진 자치총경에 임명되었다.

이어서 2008년 4월경 제2대 제주자치경찰단장에는 강명석 자치총경이 임명되 었다. 그는 국가경찰인 제주경찰서 수사과장 및 경무과장, 제주지방경찰청 작전전 경계장, 외사계장, 경무계장, 제주해안경비단 901전경대대장 등을 역임하였다.[6]

그는 2010년 11월 초까지 근무 후 퇴직했다. 즉 2010년 11월 초에 제2대 자치 경찰단장(자치총경)이 사직함으로써 공석이 되었다.[7] 제1대 제주자치경찰단장처럼 제2대 단장의 경우도 국가경찰인 제주지방경찰청 출신 중에서 선발 임용되었다.

물론 제2대 제주자치경찰단장의 경우도 前제주도지사가 임명한 자치경찰단장

---

5) 경기도 성남시 분당구의 경우도 분당구청장을 시민이 직선하는 것이 아니고 성남시장이 임명하 는 이른바 임명 구청장이다. 수원시의 권선구청장과 팔달구청장도 수원시장이 직접 임명하는 방식에 따르고 있다. 서울특별시의 경우는 25개 구청이 존재하는데 시민들이 직접 25명의 구 청장을 선출하는 방식을 따르고 있다.
6) 미디어제주(http://www.mediajeju.com).
7) http://www.mediajeju.com/news/articleView.html?idxno=41550(2017. 7. 20 검색).

이었다. 이 당시 6월에는 지방자치단체장 선거가 있은 후 새 도지사가 선출되어 취임한 때였다. 제2대 자치경찰단장은 아직도 정년이 1년 6월가량을 남겨놓은 상태에서 결국 스스로 자진사퇴라는 결정 방식을 통해 물러났다. 이 당시 그 후임자에 대한 공모가 있었으나 제주자치경찰단 내의 경정들 중에는 응시자가 거의 없었던 상태였다. 왜냐하면 단장의 임기가 2년이었다. 이처럼 단장의 임기가 2년여 정도에 그치다보면 아직 정년퇴직까지 시간이 많이 남아 있는 내부의 젊은 경정급 자치경찰공무원 중에서 큰 메리트가 적었던 것으로 보여진다. 물론 단장에 임명된 경우 2년 단장임기를 마무리하고 또 한번의 연임도 이론적으로는 가능하다. 하지만 반드시 연임이 보장된 것도 아니기 때문에 과장으로 차라리 오래 근무하는 것이 더 장점일 수 있다는 판단들이 우세했던 것으로 이해된다.[8]

이러한 문제점 때문에 제3대 제주자치경찰단장 공모 때부터는 내부뿐 아니라 외부에 개방직으로 공모하여 선발하는 절차를 새로 마련했다. 마침내 제3대 단장의 지원자격은 내부직원을 포함하여 경찰 관련 학자, 검사, 판사, 변호사, 정치가 등에게도 지원자격이 전격 개방되었다. 역시 이 당시에도 국가경찰인 제주지방경찰청에서 경정급이 지원하여 최종적으로 양순주 후보자가 자치경찰총경에 임명되어 제3대 단장에 취임했다.

한편 새로 마련된 공모 선발절차에 따라 취임했던 제3대 양순주 제주자치경찰단장은 2010년 12월 31일부터 2014년 6월 20일까지 약 3년 6개월간 제주자치경찰단을 이끌었다. 그는 전임자들에 비해 비교적 장수했던 단장이라는 기록을 남겼다.

양순주 단장이 물러남으로써 공석이 된 단장자리를 강석찬 직무대행이 임시로 맡았다. 즉 제주특별자치도는 2014년 8월 29일 공석인 제주자치경찰단장에 강석찬 민생사법경찰과장을 직무대리로 발령을 냈는데, 그 자리는 6월부터 거의 2개월간을 공석으로 남아 있었다.[9]

이처럼 강석찬 단장 직무대행은 새로운 단장이 임용되기 전까지 책임을 다했

---

8) 제주자치경찰의 임기도 국가경찰과 동일하게 정년을 보장받고 있다. 향후 누구나 60세까지는 보장을 받는다(2009~2010까지 58세, 2011~2012까지 59세, 2013~2014까지 60세). 따라서 경정들이라도 비교적 임용기간이 한정되는 단장에 섣불리 관심이 가기는 어려울 것이다. 한편 내부과장들의 자치경찰단장 지원에 별 이유를 종합해 보면 당시 내부승진 대상자였던 경정들은 나이가 비교적 젊은 층이 대다수였기 때문에 내부자 지원이 많지 않았던 것으로 평가된다.

9) 제주도민일보, http://www.jejudomin.co.kr/news/articleView.html?idxno=54454(2017. 6. 25 검색).

고, 마침내 제4대 제주자치경찰단장에 정식으로 임명되었다. 제주특별자치도는 개방형직위인 자치경찰단장에 내부인사인 강석찬 후보를 2014년 10월 23일자로 공식 임용하게 되었다고 발표했다.[10)

　　그동안 공석으로 단장직무대행체제였던 제4대 제주자치경찰단장 모집은 그 선발경쟁이 매우 치열했다. 즉 개방형직위 제4대 자치경찰단장 공개모집에 무려 7명이 지원했는데, 후보자를 대상으로 적격성 심사와 제주자치경찰 인사위원회의 심의를 거쳐 도지사에게 추천했으며, 최종적으로 내부승진자가 또다시 발탁되는 역사가 쓰여졌다.

　　이러한 이유에 대해 제주도는 "내부사정을 잘 알고 있는 자가 조직관리 및 현장지휘에 용이함은 물론, 내부직원의 승진기회 등 동기부여로 직원사기를 진작시켜 일체감을 조성하고, 제주자치경찰의 효율적인 활동방안을 모색함과 동시에 새로운 각오와 다짐은 물론 그동안 침체됐던 조직분위기를 쇄신하고 재충전의 기회를 마련해 자치경찰 업무에 활력을 불어넣고자 내부에서 발탁한 것이다"라고 밝히기도 했다.[11)

　　제주자치경찰을 역사적 차원에서 볼 때, 제4대 제주자치경찰단장은 나름대로 큰 의미를 지니고 있다. 그는 2006년 7월 제주자치경찰제가 출범할 때, 국가경찰에서 제주자치경찰단으로 특별임용되어 온 과장급(경정) 출신이었다. 이 경우는 제주자치경찰단 내부에서 순수 자치경찰 직원(자치경정 과장)이 지원하여 자치경찰단장에 임명된 첫 사례였다. 제4대 강석찬 단장은 2014년 10월 23일 임명되어 2016년 12월 30일까지 제주자치경찰단을 이끌었다.

　　이처럼 새 자치경찰단장이 공석이던 제주자치경찰은 약 2개월간의 과도기를 거쳐 마침내 2017년 1월 1일 제주자치경찰단에 적지 않은 변화가 있었다. 기존 제주자치경찰 단장의 계급은 자치총경(4급)이었으나 2017년 1월부터 공식 자치경무관(3급)으로 그 직위가 승격되는 역사가 전개되었다. 제주자치경찰단이 2006년 7월 1일 출범한 후, 11년 만에 단장의 직급이 자치총경에서 자치경무관급으로 승격되었다는 것은 우리나라 자치경찰사에 큰 획을 긋는 또 하나의 큰 변화였다.

---

10) 제주환경일보 http://www.newsje.com/news/articleView.html?idxno=56018(2017. 8. 27 검색).
11) 제주환경일보, 2014. 10. 22: 제4대 강석찬 단장은 서귀포시 표선면 출신으로 79년 3월 순경으로 경찰생활을 시작해 부산지방경찰청을 거쳐 2006년 7월 자치경찰 출범과 함께 국가경찰에서 자치경찰로 전환한 후 민생사법경찰과장, 주민생활안전과장, 서귀포지역경찰대장 등을 역임했다(제주환경일보 http://www.newsje.com/news/articleView.html?idxno=56018).

이처럼 제5대 나승권 자치경찰단장이 첫 자치경무관 단장으로 취임하게 되었는데, 그는 제5대 제주자치경찰의 단장 공개모집에서 치열한 경쟁을 거쳤다. 단장 공모에서 지원자는 변호사 1명, 국가경찰 2명 등 3명이었다. 선발시험위원회와 인사위원회는 이들을 대상으로 선발 절차에 따라 선발한 후 인사권자인 제주특별자치도지사가 최종 임명하였다.12) 이는 제주자치경찰단 출범 이후 외부에서 일반 변호사 출신이 제주자치경찰단장에 처음으로 임명된 첫 사례에 해당된다. 특히 기존에는 현직경찰 출신들이 1대부터 4대 단장까지 선발되었는데 제5대에는 외부에서 변호사 출신이 선발되었다는 점도 제주자치경찰사에 획기적인 기록으로 남게 되었다.13)

이처럼 나승권 단장은 제주자치경찰 최초로 민간인 변호사 출신으로 제5대 단장을 맡아 많은 성공사례들을 남기고 조직을 상당히 체계화 했다고 주변인들로부터 높은 평가도 있었다. 특히 2018년의 경우 처음으로 3차에 걸쳐 제주지방경찰청으로부터 260명의 국가경찰이 자치경찰단에 파견되어 자치경찰과 국가경찰이 공동으로 치안업무 수행이 가능한지에 대해 시험해보는 중요한 시험대가 마련되었으며 이를 수행해야 하는 주인공 역할을 나승권 단장이 수행했었다.14) 임기는 2년씩 2번까지 총 5년간으로 법이 정하고 있지만 2018년 12월 31일 임기만료되었고 본인이 더 이상 임기연장을 원하지 않은 것으로 알려졌다. 하지만 나승권 단장은 후임단장을 찾지 못해 2개월을 더 연장하여 2019년 2월 말까지 임무를 수행했다.15)

이어서 그가 스스로 물러남으로서 또다시 제주자치경찰단장 자리는 공석이 되었으며 자치총경인 김동규 정책관(자치총경)이 2019년 3월 말일까지 자치경찰단장의 직무를 대행하였다.

아래와 같은 절차에 의해 제6대 제주자치경찰단장의 공개모집이 진행되었다. 신문기사를 통해 알려진 일련의 과정을 살펴보면 다음과 같다.

---

12) http://www.mimint.co.kr/article/board_view.asp?strBoardID=news&bbstype=S1N17&sdate=0&skind=&sword=&bidx=1083825&page=1&pageblock=1(2017. 11. 20 검색).

13) 이전의 단장들은 주로 제주지방경찰청에서 국가경찰로 근무하던 경정급 과장들이 제주자치경찰단장에 지원해 자치총경으로 동시 승진 및 단장(자치총경)을 맡는 게 대부분이었다.

14) 그후 2020년 2월 제6대 고창경 단장 때 추가로 8명의 제주지방경찰청 산하 국가경찰이 추가 자치경찰단에 파견되었고 이에 따라 전체 파견 국가경찰은 총 268명에 달했다.

15) 제주레저신문, http://www.leisuretimes.co.kr/news/articleView.html?idxno=25530(2019. 8. 25 검색).

개방형직위 공모 2019년 2월 7~15일 원서접수

총경 최저근무연수 안돼 내부승진 불가

제주 자치경찰의 수장인 단장직이 이번에도 '외부 수혈'로 채워질 전망이다. 28일 제주도자치경찰단에 따르면 제주특별자치도 자치경찰공무원인사위원회는 다음달 7일부터 15일까지 7일간 자치경찰단장 원서 접수를 받는다. 현 나승권 자치경찰단장의 임기가 다음달 28일로 끝나면서 개방형 공모를 통한 차기 단장 선임 절차에 들어갔다.

제주특별자치도 설치 및 국제자유도시 조성을 위한 특별법 제89조(자치경찰단장의 임명)에는 자치경찰단장은 자치경무관으로 임명하되 도지사가 필요하다고 인정하면 개방형직위로 지정해 운영할 수 있도록 명시돼 있다. 지난 2017년 창설 11년 만에 자치경찰 조직 내 첫 총경을 배출하면서 내부승진 통로가 열렸지만 이번 역시 개방형 공모를 통한 '외부 수혈'만 가능한 상황이다. 현재 자치경찰단 총경에 경찰정책관 1명이 있지만 총경으로 승진한 지 2년이 채 안돼 응시자격이 없기 때문이다. 제주특별법상 자치경찰단장직은 자치경찰이나 국가경찰의 경우 경무관이나 총경으로 계급별 최저근무연수가 지나야 자격이 주어진다.

자치경찰 조직내 유일한 총경인 경찰정책관이 경무관으로 승진하기 위해서는 최저 근무연수 4년을 채워야 한다. 자치경찰 창설 이래 개방형 공모로 임명한 사례는 초대 강용남 단장(국가경찰 출신)과 3대 양순주 단장(국가경찰 출신), 현 5대 나승권 단장(변호사 출신)이다. 2대 강명석 단장과 4대 강석찬 단장은 내부 승진으로 단장에 올랐다. 한편 개방형 단장의 임기는 2년이나 근무실적 평가 등에 따라 추가로 3년까지 연장돼 최장 5년이 보장된다.

한권 기자(hk0828@jemin.com) / 저작권자 ©제민일보

제주자치경찰인사위원회에서 공개모집을 통해 제6대 단장을 선발하는 절차가 이루어졌다. 마침내 2019년 4월 1일자로 제6대 제주자치경찰단장에 고창경(55세) 단장후보자(자치경무관)가 선발되어 원희룡 제주특별자치도지사로부터 임명장을 수여받고 공식 취임했다. 이 당시의 선발 과정을 구체적으로 살펴보면 다음과 같다. 즉 제주특별자치도는 개방형 자치경찰단장(자치경무관)의 직위에 관해 공개 모집절차를 진행하여 경기남부지방경찰청 소속의 현직 국가경찰 공무원이었던 고창경 총경을 최종 합격자로 결정하고 4월 1일자로 임용하게 된 것이다. 고창경 신임 자치경찰단장의 경우 제주대학교 행정학과를 졸업한 후, 경찰간부후보생 38기

로 국가경찰에 임용되었다. 그는 제
주경찰청 경비교통과장, 경기도남부
지방경찰청 소속 광명 · 김포 · 이천
경찰서장을 지냈다. 그리고 이 당시
지원하던 시기는 경기남부지방경찰
청   과학수사과장으로   재직하면서
제주자치경찰단장에 지원한 것이다.
이 당시 공모에서 지원자는 전 · 현

제6대 고창경 제주자치경찰단장

직 국가경찰공무원 2명, 해양경찰 1명이 응시했던 것으로 알려져 있다. 최종 합격
자는 외부 전문가로 구성된 제주자치경찰 선발시험위원회의 적격심사와 제주자치
경찰인사위원회의 추천을 거쳐 이루어졌다.16)

3. 정책관(자치총경)

2017년 제주자치경찰단에 정책관이 신설됨으로써 경무관 단장 산하에 정책관
이라는 총경 직위가 신설되었다. 초대 자치경무관으로 제주특별자치도 자치경찰
단 단장에 임명된 나승권 자치경무관은 2017년 5월 11일 자치경찰단 인사위원회
를 개최해 자치경찰단의 김동규 자치경정을 자치총경으로 그리고 자치경감 김경
선을 자치경정으로 승진심사에서 의결했다. 이미 과장급 총경 심사 승진은 2017
년 3월 15일 관련 법규의 개정을 통해 진행되었다. 이는 자치경찰단장 경무관 직
급 조정 이후 최초의 인사승진이었다. 김동규 자치총경 승진 예정자는 제주자치
경찰에서 처음으로 만들어진 경찰정책관이라는 직책을 받아서 기획 인사와 특사
경 수사 업무를 총괄하게 되었다. 이에 따라 제주자치경찰단은 자치경무관 단장
산하에 자치총경인 경찰정책관(자치총경)과 자치경정 과장으로 자체 조직이 전격
재편되었다.17)

이제 제주자치경찰단에 최초로 총경직위가 신설되었다는 점에서 큰 의미를 가
지게 되었고 내부 직원들에게도 승진의 기회가 부여될 수 있다는 법적 토대도 구
축되는 계기로 작용함으로써 사기충전 차원에서도 바람직한 결과를 낳게 되었다.
이뿐만 아니라 2006년 7월 1일 국가경찰에서 사직하고 제주자치경찰에서 특별임

---

16) 저작권자 ⓒ 제주레저신문(2019. 4. 1).
17) http://www.mimint.co.kr/article/board_view.asp?bbstype=S1N17&bidx(2018. 1. 20 검색).

용되었던 전직 국가경찰공무원 출신 38명 중 1명인 이동규 경정(과장)이 자치총경(경찰정책관)으로 전격 승진하게 되었다는 점은 제주자치경찰 후임들에게 있어서 매우 큰 의미를 가지게 되었다.

4. 자치경찰공무원

2006년 7월 1일 총정원 127명으로 출범한 제주자치경찰단에는 2006년 7월 국가경찰로부터 38명의 경찰공무원들이 특별임용되었으며, 같은 해 10월 10일 공개경쟁 선발시험을 통해 남자 30명과 여자 15명의 신임 자치순경 45명을 1차로 선발하였다.18) 이들 신임 자치순경 45명은 2006년 10월 16일을 시작으로 2007년 2월 2일까지 총 16주 동안 국가경찰기관인 중앙경찰학교에서 위탁교육을 받았다.19) 이들 임용예정자들은 제주특별자치도에 돌아가 공무원교육원에서 약 1개월간 제주도의 역사, 문화, 전통, 지리 등에 관한 추가 교육을 받고 자치순경에 임용되어 제주자치경찰단에 투입되었다. 이처럼 제주자치경찰은 2006년에 총 38명과 2007년 3월 45명 등 총 83명으로 불어났다. 법정수인 총정원 127명을 채우기 위해 여러 차례에 걸쳐서 자치순경 모집이 진행되었다. 그러나 서너 명씩 지속적으로 결원이 발생하는 상황이 계속 반복되었다. 왜냐하면 이직, 휴직, 출산휴가, 병가 등으로 인해 어느 조직이든지 결원이 지속적으로 발생하게 마련인데 제주자치경찰도 예외는 아니었다.

2011년에도 제주자치경찰단에서 신임자치순경 모집이 이루어졌다. 2012년 초에 총 14명을 선발하는 절차가 이루어졌는데, 일반자치순경 7명 중 남자가 6명, 여자가 1명이었다. 동시에 외국어특기자 6명을 특별임용했는데 영어 3명과 중국어 3명이었다. 제주특별자치도에 외국인 관광객이 점차적으로 증가하고 있고, 특히 중국인 관광객이 두드러지게 증가하면서 중국 언어 특기자를 자치순경으로 선발하는 비율을 늘려가고 있는 추세다.

---

18) 제주자치경찰 중 이 당시 제1기로 순경에 임용되었던 기수가 소수가 벌써 자치경감에 올라 있다.
19) 제주특별자치도, 『제주자치경찰의 이해』, 2006, p. 25.

〈표 5-4〉 제주자치경찰단 자치순경 모집(2012년 초)

구분	직급	선발예정 인원		특별임용시험구분
계		14명		
공개경쟁임용시험	자치순경	男	6명	
		女	1명	
특별임용시험(외국어)	자치순경	男	4명	영어 2명, 중국어 2명
		女	2명	영어 1명, 중국어 1명

출처: 제주자치경찰단 내부자료(2011); 신현기, "제주자치경찰공무원의 승진현황과 개선방안에 관한 연구", 한국치안행정학회, 「한국치안행정논집」, 제8권 제4호, 2011, p. 9.

그 후 법정수 127명 중 나머지 45명을 충원하기 위해 제주자치경찰단은 2016년까지 단계적으로 100% 충원하겠다는 야심찬 계획을 발표하기도 했다. 즉 2010년 15명, 2012년 10명, 2014년 10명 그리고 2016년 10명을 각각 모집함으로써 그동안 결원이 계속 발생해 미달성되었던 총 127명의 제주자치경찰 법정수를 100% 충원하겠다는 목표의 달성 노력이 계속되었다. 그럼에도 불구하고 이러한 야심찬 충원계획은 2017년까지 번번이 목표에 도달하지 못했다.

〈표 5-5〉 제주자치경찰의 단계별 충원 계획: 2010년부터 2년마다 충원 예정

계	2010년	2012년	2014년	2016년
45명	15명	10명	10명	10명

출처: 신현기, "제주자치경찰의 입직 승진제도 현황과 활성화 방안에 관한 고찰, 한국치안행정학회", 「한국치안행정논집」, 6(2), 2009, p. 13.

이와 같은 제주자치경찰의 미충원에 대한 근본적인 원인은 충원을 하더라도 연이어 매년 몇 명씩 병가나 의원면직 등으로 자치경찰조직을 떠나는 반복현상에 따른 것으로 분석되었다. 마침내 2017년 1월 제주자치경찰에 추가 인력 3명이 법적으로 증원되는 좋은 일이 있었다. 즉 3명의 세복 자치경찰공무원이 증원됨으로써 법정인력이 130명으로 증원된 것이다. 이렇게 순수 3명의 증원 결정이 내려졌고 여기에다가 그동안 부족했던 인원 6명을 합쳐 총 9명을 새로 모집하는 공고를 2017년 하반기에 발표했다. 2018년 1월 말 최종 9명의 합격자를 발표했다. 이처럼 2018년 1월 말에 최종 합격된 총 9명의 자치순경(제주자치경찰 소속의 일반공무원)은 2018년 1월 29일 제주자치경찰단에서 최종 입교등록을 확인하고 마무리했다.[20]

한편 〈표 5-6〉은 2017년 12월 말까지의 제주자치경찰 인력을 보여주는 수치이다. 참고로 제주자치경찰단에는 순수 자치경찰인력뿐 아니라 이전에 제주도청에서 이관되어 왔던 교통사무 관련 일반직공무원도 함께 근무하고 있다.

〈표 5-6〉 제주자치경찰단의 자치경찰인력(2017년 12월말 기준)

구분	총계	자치경찰공무원									일반직공무원		
		계	경무관	총경	경정	경감	경위	경사	경장	순경	계	일반직	공무직 (무기 계약)
정원	155	137	1	1	4	12	20	27	39	33	18	10	8
현원	149	129	1	1	4	12	16	40	38	17	20	12	8
과부족	-6	-8					-4	+13	-1	-16	+2	+2	

출처: 제주자치경찰단, 내부자료(2017. 12).[21]

종합적으로 볼 때 제주자치경찰단의 경우 총 인원은 2017년 말 기준으로 6명이 부족함을 보여주었지만 그 부족인원과 이직한 추가 인원을 충원하기 위해 2018년 1월에 9명을 선발했기 때문에 전체 정원이 모두 다 채워질 것으로 보여졌다. 물론 이들은 16주 동안 국가경찰기관인 중앙경찰학교에 위탁교육을 받게 되고 제주도 자체적으로 추가 1개월의 교육을 마친 후 비로소 자치경찰의 치안현장에 투입되는 방식에 따른다. 이러한 노력에도 불구하고 정원을 100% 채우는 것은 쉽지 않아 보인다. 즉 극소수는 언제나 질병이나 출산 등으로 인해 결원이 꾸준히 발생하기 때문이다.

한편 2020년 2월 초 기준으로 제주자치경찰단의 정원과 현원의 현황을 보면 다음과 같다. 2017년도의 경우 정원이 155명이었으나 2019년부터는 169명으로 늘어났다. 별도 정원도 10명이 생겨났다. 제주도청에서 이관된 일반직 공무원도 일반직 10명과 공무직 8명 등 총 18명이나 된다. 이렇게 해서 제주자치경찰단에 총정원 169명 중 현원은 5명이 부족한 164명을 보여주고 있다. 〈표 5-7〉에서 보는 바와 같이 제주자치경찰단의 경우 워낙에 조직의 규모가 크지 않다보니 제주

---

20) 제주자치경찰단, http://www.jeju.go.kr/files/convert/201801/c494b08d-12a1-49f8-a53d-f06 bf91aed23.hwp.htm(2018. 2. 12 검색).

21) 제주자치경찰단, 홈페이지 주요시책, 〈자치경찰 활동의 목표 설정 및 평가〉 자료를 참조. 이에 대한 자세한 내용은 다음의 홈페이지에서 내부 자료를 참조할 것. http://www.jeju.go.kr/files/ convert/201801/c494b08d-12a1-49f8-a53d-f06bf91aed23.hwp.htm(2018. 2. 12 검색).

자치경찰공무원들에게 있어서 승진 적체 현상이 어느 정도 나타나고 있다. 이 당시 경감과 경위의 경우는 아직 1명씩 승진할 자리가 남아 있기는 했었다. 그러나 경사, 경장, 순경의 경우는 정원보다 현원이 더 많은 수를 차지하고 있는 관계로 향후에는 누군가 퇴직하기 전에는 승진할 자리가 거의 없는 상황이 전개될 가능성이 커지고 있다.

〈표 5-7〉 제주자치경찰단의 정원과 현원 현황

구분	총계	자치경찰공무원										일반직공무원		
		계	경무관	총경	경정	경감	경위	경사	경장	순경	계	일반직	공무직
정원	169	151	1	1	5	17	28	28	38	33	18	10	8
현원	164	146	1	1	5	16	27	30	31	35	18	10	8
별도정원	10	10				1	3	2	1	2	1		
과부족	-5	-5	-	-		-1	-1	+2	-7	+2	-		-

출처: 내부자료, http://www.jeju.go.kr/jmp/index.htm(검색일: 2020. 2. 5).

한편 〈표 5-8〉에서 보는 바와 같이 제주자치경찰단의 부서별 현원을 보면 국가경찰공무원이 파견 나와 있는데, 총계 260명이며 그 중에 경찰정책관 1명, 생활안전과 133명, 교통과 32명, 아동청소년과 9명, 수사과 1명, 서귀포 지역대 84명 등이다. 그리고 자치경찰공무원 중 휴직자와 경찰청이나 대한민국광역시도지사협의회 등에 파견된 인력을 채워주기 위해 마련된 10명의 별도정원이 배당되어 있는 등 많은 노력이 이루어지고 있다.

〈표 5-8〉 제주자치경찰단의 부서별 현원 현황(※ ( ) 국가경찰 파견인원)

구 분	계	경찰성책관	생활안진과	교통과	아동청소년과	관광경찰과	수사과	서귀지역대	교통정보센터	타부서파견	별도정원(휴직, 파견)
계	164(260)	18(1)	8(133)	30(32)	3(9)	42	18(1)	24(84)	9	12	10
경찰관	146(260)	17(1)	8(133)	28(32)	3(9)	35	16(1)	24(84)	3	12	10
일반직	10	1	-	1	-		2	-	6		-
공무직	8	-	-	1	-	7	-	-			-

출처: 내부자료, http://www.jeju.go.kr/jmp/index.htm(검색일: 2020. 2. 5).

2021년 2월 현재 제주자치경찰단의 총인력은 다음과 같이 정원 169명 중 현원은 167명이다.

〈표 5-9〉 제주자치경찰의 부서별 현원 현황(2021년 자치경찰단 외 인력포함)

구분		계	특정직 (정원 151, 현원 148)									일반직 (정원 18, 현원 19)					
			소계	자치경무관	자치총경	자치경정	자치경감	자치경위	자치경사	자치경장	자치순경	소계	6급	7급	8급	9급	공무직
계	정원	169	151	1	1	5	17	28	28	38	33	18	1	7	−	2	8
	현원	167	148	1	1	6	18	27	33	37	25	19	1	8	−	1	9
자치경찰단	정원	156	138	1	1	5	14	22	25	37	33	18	1	7	−	2	8
	현원	151	132	1	1	6	14	23	30	34	23	19	1	8	−	1	9
경찰정책관 (위원회 준비단 포함)	정원	16	15	1	1	−	3	3	3	3	1	1	−	1	−	−	−
	현원	23	22	1	1	1	5	6	2	3	3	1	−	1	−	−	−
수사과	정원	19	16	−	−	1	3	5	3	4	−	3	−	3	−	−	−
	현원	16	15	−	−	1	2	3	5	3	1	1	−	1	−	−	−
교통생활안전과	정원	36	34	−	−	1	2	4	6	11	10	2	−	−	−	−	2
	현원	37	33	−	−	1	2	3	8	11	8	4	−	−	−	−	3
관광경찰과	정원	48	42	−	−	1	4	7	7	10	13	6	−	−	−	−	6
	현원	37	31	−	−	1	1	6	5	11	7	6	−	−	−	−	6
서귀포 경찰대	정원	29	29	−	−	1	2	3	6	8	9	−	−	−	−	−	−
	현원	25	25	−	−	1	3	4	8	6	3	−	−	−	−	−	−
교통정보 센터	정원	8	2	−	−	1	−	−	−	1	−	6	1	3	−	2	−
	현원	13	6	−	−	1	1	1	2	−	1	7	1	5	−	1	−
도 본청 및 행정시 등	정원	13	13	−	−	−	3	6	3	1	−	−	−	−	−	−	−
	현원	16	16*	−	−	−	4	4	3	3	2	−	−	−	−	−	−

* 코로나19 대응 현장기동감찰팀 인력 추가 지원(청렴혁신담당관 2명 2020. 12. 31.~ 별명시까지). 자치경찰제 원활한 추진을 위한 한시적 파견(행정안전부 1명, 2021. 1. 28.~ 4. 30.) 등이다(출처: 제주자치경찰단 내부자료, 2021년 2월 기준).

제 3 절   제주자치경찰의 예산

1. 제주특별자치도의 도비 및 국가경찰의 국비 지원

제주자치경찰의 운영은 경찰청 주관하의 국비(보조금) 일부와 제주도의 자체 도비를 확보하여 사용하도록 규정하고 있다. 특히 첫해인 2006년 7월 1일 시행 당시에는 총예산 27억원 중 국비가 무려 83%를 차지하였으나 다음해인 2007년도 에는 국비비율이 45%로 감소하였다. 2008년도에는 다시 국비가 50%로 전년에 비해 16% 정도 증가하였고, 2009년도에 가서는 국비비율이 다시 48%로 변동되 었다. 2010년의 국비는 42%, 2011년도 국비는 42%, 2012년 국비는 43%였으나 2013년에 34%로 대폭 감소하기도 했다.[22] 2014년에는 39%였다가 2015년에 가 서는 국비지원이 41%를 보여주었다.

〈표 5-10〉 제주자치경찰예산 확보

(단위: 백만원)

구분	합계	국비	지방비	비고
2006년	2,714	2,252(83%)	462(17%)	
2007년	4,455	2,017(45%)	2,438(55%)	신규채용(45명)에 따른 지방비 증가
2008년	5,968	2,963(50%)	3,005(50%)	서귀포시 자치경찰대 신축사업비 등 국비 증가
2009년	4,779	2,283(48%)	2,496(52%)	
2010년	5,817	2,443(42%)	3,374(58%)	
2011년	6,198	2,621(42%)	3,578(58%)	
2012년	7,057	3,014(43%)	4,043(57%)	
2013년	8,771	3,014(34%)	5,757(66%)	신규채용으로 예산증가
2014년	8,112	3,225(39%)	4,887(61%)	
2015년	8,551	3,547(41%)	5,004(59%)	

출처: 제주자치경찰단, 내부자료(2015); 신현기. (2017). 『자치경찰론(제5판)』, 부평: 진영사.

---

22) 2011년 제주자치경찰의 예산 중 국비는 약 2억 6천만원 이상으로 증액 지원되었다. 특히 제주 자치경찰은 2010년 11월 8일 추가로 12명의 자치순경이 추가 임용되어 더 많은 예산이 필요하 게 됐다.

　　제주자치경찰의 경우 총예산은 매년 증가추세를 보여주었다. 그 근본적인 이유는 수차례에 걸쳐서 자치순경이 선발 및 임용되었고 기존 자치경찰직원들의 호봉 증가에 따른 봉급인상이 증가되는데 따른 것으로 풀이된다. 또한 제주도청에서 근무하던 일부 행정직원들이 제주자치경찰단으로 일정수가 이관되면서 직원의 수가 크게 증가한데 기인하기도 했다. 2014년 제주자치경찰단의 총 예산은 115억 2,500만원을 넘어섰는데, 이 중에서 도비가 차지하는 비율이 훨씬 높았으며 대략 86억 4,100만원가량을 차지했다. 이에 반해 국가경찰에서 2006년 7월에 특별임용된 38명의 국가경찰공무원을 위한 인건비와 운영비 및 연금 지원을 위한 일체 비용으로 경찰청이 보내준 국비지원이 28억 8,400만원 정도였다. 국비 지원의 경우는 중장기적으로 국가경찰에서 이관된 38명이 지속적으로 퇴직하고 있는데, 모두가 퇴직할 때까지 경찰청을 통해 법적으로 보내주어야 한다. 2020년은 1960년생이 퇴직하는 연령이다. 퇴직하는 숫자가 늘어날수록 지원금도 점차적으로 줄어들 가능성이 높다고 본다.23)

2. 2017년 제주자치경찰단의 예산 현황

　　제주자치경찰의 예산은 매년 증액되는 추세를 보여주었다. 자치경찰인력의 증원에 따른 비용과 기존직원들의 인건비가 지속적으로 증액되고 있는 것으로 분석된다. 2017년 제주자치경찰단의 예산은 국비 38억, 도비 68억원 등 총 106억원으로 편성되었다.

〈표 5-11〉 제주자치경찰예산 확보

(단위: 억원)

구분	국비	도비	계
예산액	38	68	106

출처: 이동규, "제주자치경찰 운영 현황 및 제도상 한계", 서울시, 시민과 함께하는 바람직한 자치경찰제 방향모색 포럼, 2017, p. 63.

---

23) 2006년 7월 경찰청은 38명의 국가경찰이 퇴직하고 동시에 제주특별자치도에서 특별임용하는 과정에서 이들이 제주자치경찰단에서 근무한 후 만 60세에 완전히 자치경찰을 퇴직하는 날까지 월급과 연금 및 운영비 일체를 지원해 주기로 했다. 따라서 향후 38명 모두가 마지막 퇴직할 때까지 이 국고는 계속해서 제주도로 내려갈 예정이다.

3. 제주자치경찰예산의 변동(2018. 1. 기준)

제주자치경찰단의 2018년도 운영예산은 2018년 1월 기준으로 무려 200억원을 넘겼다. 국비지원이 80억원가량이며, 도비가 차지하는 액수는 122억 5,900여만원을 약간 넘긴 수치를 보여준다. 국비지원의 경우 국가경찰에서 이관된 38명에 대한 연봉과 연금 및 운영비만을 위한 지원금(보조금)이다. 이 밖에 국가기관인 경찰청으로부터 기타 지원비는 거의 없다고 보면 된다.[24]

〈표 5-12〉 제주자치경찰단의 2018년도 운영예산

(단위: 천원)

구분	계	국비	도비	비고
총 계	20,334,507	8,074,528	12,259,979	
경상적 경비	2,783,969	514,822	2,269,147	
사업비	16,333,644	7,150,744	9,182,900	
행정운영경비	1,216,894	408,962	807,932	

출처: 자치경찰 활동의 목표 설정 및 평가 관련 내부 자료(2018. 1).

제주자치경찰단의 2019년 예산은 전년도인 2018년에 비해 약 27억원가량이 감소하였다. 우선 국비의 경우 2018년 80억원에서 2019년에는 69억원대로 감소하였는데, 역시 이는 2006년 국가경찰에서 이관되어 특별채용된 38명에 대한 운영비 및 연금까지 부담하기 위한 전체 비용을 의미한다. 추측컨대 위 국가경찰에서 오는 국비가 감소한 이유는 이관된 국가경찰인력이 벌써 2020년 7월 기준 14년의 역사를 가지고 있고, 그동안 지속적으로 퇴직자가 나왔기 때문에 국비지원이 감소하고 있을 것으로 유추해 볼 수 있다.

한편 제주도에서 나오는 자치경찰 운영을 위한 도비의 경우도 역시 2018년 122억 5천만원에서 2019년에는 107억원대로 대폭 감소하였다. 이에 반해 〈표 5-13〉에서 보는 바와 같이 제주자치경찰단의 2019년도 총예산은 무려 176억 2,950만원으로 증액되었다. 모두 합쳐서 국비는 69억 500여만원에 달했고, 도비는 107억 1,400여만원이었다. 전체 예산은 그때그때마다 사업에 따라 변화 폭을

---

24) 2006년 제주자치경찰로 이관되는 국가경찰관에게는 퇴직시까지 경찰청에서 예산을 확보해 제주특별자치도로 전달해 주기로 한 후 그 의무사항을 이행하기 위한 후속조치가 지속되고 있다.

크게 나타내 주고 있다.

〈표 5-13〉 2019년도 제주자치경찰의 운영예산 현황

(단위: 천원)

구분	계	국비	도비	비고
총　계	17,629,581	6,915,382	10,714,199	
경상적 경비	3,303,640	546,072	2,757,568	
사업비	13,100,790	5,925,400	7,175,390	
행정운영경비	1,225,151	443,910	781,241	

출처: 내부자료, http://www.jeju.go.kr/jmp/index.htm(검색일: 2019. 2. 5).

　2020년 2월 초 기준으로 제주자치경찰단의 예산은 놀라우리만큼 증가하였다. 2020년도 예산은 전년도에 비해 무려 41억 8,850만원이 증가하였다. 이는 2018년 4월부터 약 260여명의 제주지방경찰청 산하 국가경찰관들이 자치경찰로 파견을 나가 근무한 것에 기인하고 있는 것으로 분석된다.25) 특히 국비가 15억 1,890만원 정도이며 제주도비도 약 26억 6,950만원 정도가 증액되었다. 드디어 제주자치경찰단은 2020년도의 경우 무려 218억원대의 예산 시대를 열게 되었다. 이는 2020년 12월 기준 국가경찰에서 추가로 4차까지 파견된 268명의 국가경찰관들을 운영하는 추가 비용증가에 따른 것으로 풀이된다. 세부적으로 보면 도비는 13,383,713,000원이며 국비는 8,434,380,000원이었다. 또한 전체 예산 중에서 사업비가 16,617,177,000원이었으며 행정운영경비는 1,357,574,000원이었다.

〈표 5-14〉 2020년도 제주자치경찰의 운영예산 현황

(단위: 천원)

구분	계	국비	도비
총　계	21,818,093	8,434,380	13,383,713
경상적 경비	3,843,342	603,782	3,239,560
사업비	16,617,177	7,419,960	9,197,217
행정운영경비	1,357,574	410,638	946,936

출처: 제주자치경찰단, 내부자료(2020).

25) 참고로 2020년 2월 추가로 제주자치경찰단에 8명의 제주지방경찰청 소속 국가경찰이 파견됨으로써 총 268명으로 증원되어 시범실시 중이다. 이들은 파견 인력이므로 향후 경찰정책 결정에 따라 아예 자치경찰로 소속이 변경되어 근무하게 될 것인지 아니면 국가경찰로 모두 되돌아가게 될 것이지에 대해 변화가 있을 것이다.

4. 제주자치경찰단의 2021년 재정과 재원

제주자치경찰단은 다음과 같이 2021년 재정과 재원을 확보하게 되었다. 특히 전국 17개 광역시도가 광역시도자치경찰위원회를 창설하여 생활안전, 교통, 여성청소년 업무들을 「국가경찰과 자치경찰의 조직 및 운영에 관한 법률」과 같은 자치경찰사무를 국가경찰공무원이 수행해 나가게 되었는데 반해 기존의 제주자치경찰은 2006년 7월 1일부터 향후에도 계속해서 「제주특별법」에서 부여된 자치경찰업무를 기존처럼 독자적으로 수행해 나간다는 특징을 지니고 있다. 2021년도 제주자치경찰단의 예산은 〈표 5-15〉와 같다. 즉 분야별 예산현황을 보면 17,307,994,000원이다.

〈표 5-15〉 제주자치경찰단의 2021년 재정과 재원별 현황

(단위: 천원)

분야별	2021년	기정액	증감
계	17,307,994	21,818,093	△4,510,099
도민과 관광객이 함께하는 자치경찰 확립 (공공질서및안전 분야)	3,154,381	3,465,819	△311,438
쾌적한 첨단교통체계 운영 (교통및물류 분야)	12,627,380	16,994,700	△4,367,320
행정운영경비	1,523,143	1,357,574	▼165,569
재 무 활 동	3,090	0	▼3,090

출처: 제주자치경찰단, 내부자료, 제392회 제주특별자치도의회 임시회 보고자료, 2021. 2.

제 4 절   제주자치경찰의 무기류와 장비

1. 무기류와 일반장비

제주자치경찰이 2014년 초를 기준으로 보유하고 있는 무기·장비·통신은 다음과 같다. 즉 제주자치경찰의 장비종류들은 732종류인데 그 중에서 가장 많이 차지하고 있는 것은 경찰장구(가스분사기, 경봉, 수갑, 포승 등)이다. 그 다음은 통

신장비(무전기 117 〈고정식 3, 이동식 19, 휴대용 95〉, 조회기 30)로 무려 147종에 이른다. 또한 제주자치경찰의 경우도 무기류를 보유하고 있는데, 주로 3·8 권총 75자루(실탄 9,543발, 공포탄 150발), 가스발사총 10자루(약제탄 74) 등 총 9,767발의 실탄도 보유 중이다.

〈표 5-16〉 제주자치경찰의 무기·장비·통신(2014.1.1 기준)

(단위: 대·정)

구 분		수 량	비고
총 계		732	
장비종류	기동장비	48	순찰차 15, 싸이카 6, 승합 3, 승용 5, 지프 4, 화물 4, 전기이륜 2, 전기자전거 9
	무 기 류	85	3·8 권총 75(실탄 9,543발, 공포탄 150), 가스발사총 10(약제탄 74) 총 9,767발
	경찰 장구류	267	가스분사기, 경봉, 수갑, 포승 등
	방범장비	30	구명장비 30 등
	교통장비	76	외근혁대, 굴림자, 내비게이션
	채증장비	79	카메라 70, 캠코더 5, GPS 4 등
	통신장비	147	무전기 117(고정식 3, 이동식 19, 휴대용 95), 조회기 30(스마트폰)

출처: 제주자치경찰단, 내부자료(2014년).

2. 제주자치경찰의 무기류 및 장비의 변화 현황

제주자치경찰의 무기, 장비 및 통신류는 매년 약간씩 변하고 있다. 총계는 711종이다. 이 중에서 가장 많이 차지하는 것은 경찰장구류 292종이며 두 번째 큰 비중은 통신장비 129종이 차지하고 있다. 세 번째는 무기류 85종이 차지하고 있다. 2014년의 경우 경찰장구류는 267종이었는데 2018년에 와서 292종으로 약 25종이 증가하였다. 기동장비의 경우도 2018년 1월에는 2014년에 비해 4종류가 증가하였다. 한편 통신장비의 경우는 2014년 147종에서 2018년 1월 129종류로 18종류가 줄어들었다. 최근 경찰의 채증장비로서 인기가 높아지고 있는 드론장비도 2대를 보유하고 있다.

최근 제주자치경찰은 무기류도 확보하고 있는데, 법적으로 경찰관직무집행법을 수행하기 위해 3·8 권총 75정과 실탄 27,593발 및 공포탄 150발을 보유하고 있다. 가스발사총도 10정을 보유하고 약제탄 74발 등 총 27,817발을 확보했다.

하지만 제주자치경찰은 2020년 7월 1일 기준으로 창설 14년째 접어드는 동안 독자적인 수사권을 보유하지 못했을 뿐더러 주어져 있는 경찰관직무집행법을 한 번도 집행해 본 적이 없을 정도였다. 그 이유는 제주자치경찰이 집행할 수 있는 사무의 범위가 극히 한정되어 있었던 점에 기인한다. 이러한 문제 때문에 많은 사람들로부터 제주자치경찰이 무늬만 경찰이 아니냐는 비판을 받아 왔던 것이다.

〈표 5-17〉 제주자치경찰의 무기 · 장비 · 통신(2018. 1. 1 기준)

(단위: 대 · 정)

구분		수량	비 고
총 계		711	
장비종류	기동장비	52	순찰차 17, 싸이카 6, 승합 4, 승용 6, 지프 4, 화물 4, 전기이륜 2, 전기자전거 9
	무 기 류	85	3 · 8권총 75(실탄 27,593발, 공포탄 150발), 가스발사총 10(약제탄 74발) 총 27,817발
	경찰 장구류	292	가스분사기 60, 삼단경봉 100, 수갑 127, 포승 5
	방범장비	30	구명장비 등 30
	교통장비	81	외근혁대, 굴림자, 내비게이션
	채증장비	42	카메라 36, GPS 4, 드론 2 등
	통신장비	129	무전기 99(고정식 3, 휴대용 96) 조회기 30(스마트폰)

출처: 제주자치경찰단, 내부자료(2018. 1. 1).

제주자치경찰단은 2019년 1월 1일 기준으로 보유하고 있는 장비들은 다음과 같다. 특히 권총실탄의 경우 전년도 27,593발에서 1년 후인 2019년 1월 1일 기준으로 약 25,060발로 줄어들었다. 경찰 싸이카의 경우도 2018년 6대에서 2019년 1월 14대로 증가했는데, 이는 제주 국가경찰에서 이관시켜 준 것이다. 2019년 1월에는 자치경찰단에서 실종자 수색에 활용하기 위해 드론 2대를 구입하여 운영 중이다. 순찰차량의 경우도 대폭 증가하였는데 2018년 17대에서 2019년 1월 기준 29대로 무려 12대나 대폭 증가하였다. 이것은 국가경찰 260명이 제주자치경찰단으로 파견되면서 증가한데 기인하고 있다.

<표 5-18> 제주자치경찰단의 보유 장비류

(단위: 대·정)

구분		수량	비 고
총 계		836	
장비종류	기동장비	72	순찰차 29, 싸이카 14, 승합 5, 승용 9, 지프 7, 화물 4, 전기이륜 2, 이륜 2
	무 기 류	85	3·8권총 75(실탄 25,060발, 공포탄 150발), 가스발사총 10(약제탄 74) 총 25,284발
	경찰 장구류	292	파바분사기 60, 삼단경봉 100, 수갑 127, 포승 5
	방범장비	30	구명장비 등 30
	교통장비	81	외근혁대, 굴림자, 내비게이션
	채증장비	42	카메라 36, GPS 4, 드론 2 등
	통신장비	234	무전기 154, 운면면허 조회기 30(스마트폰), 스마트 범칙금 단속 단말기 50

출처: 내부자료, http://www.jeju.go.kr/jmp/index.htm(검색일: 2019. 2. 5).

2019년 초에 제주자치경찰단은 17대의 순찰차를 보유하고 있으며 지속적으로 순찰을 실시함으로써 시민들의 치안안전 유지에 크게 기여하고 있다.

[그림 5-8] 제주자치경찰의 순찰 차량

출처: 신현기ⓒ, 촬영(2018. 12. 16).

한편 2020년 2월 초 제주자치경찰단이 보유한 경찰 무기와 장비 및 통신 관련물품들을 살펴보면 <표 5-19>와 같다.

〈표 5-19〉 제주자치경찰의 무기·장비 및 통신 현황

(단위: 대·정)

자치경찰			국가경찰(파견)		
구 분	수량	비 고	구 분	수량	비 고
총 계	371		총 계	440	
장비종류 기동장비	59	순찰차 18대, 싸이카 12대, 승용 12대, 승합 3대, 버스 2대, 화물 5대, 전기이륜차 7대	장비종류 기동장비	28	순찰차 23대, 싸이카 4대, 이륜 1대
무기류	85	3·8 권총 75정(실탄 22,180발, 공포탄 150발), 가스발사총 10정(약제탄 74발) − 85정, 실탄 22,404발	무기류	54	3·8 권총 17정(실탄 51발, 공포탄 17발), 전자충격기 26정(카트리지 52개) − 권총 17정, 실탄 68발
통신장비	183	무전기 103대, 운전면허조회기 30대, 스마트범칙금단속 단말기 50대	통신장비	260	자치망 무전기 105대, 국가망 무전기 120대, 교통단속용단말기 35대
음주단속장비	44	음주측정기 6대, 음주감지기 38대	음주단속장비	98	음주측정기 34대, 음주감지기 68대

출처: 제주자치경찰단, http://www.jeju.go.kr/jmp/index.htm(검색일: 2020. 2. 5).

무기류에서 권총의 경우 제주자치경찰이 85정(가스발사총 10정 포함)이며 국가경찰이 파견 오면서 가지고 온 권총이 17정이었다.

3. 제주자치경찰의 무기와 장비 및 통신

제주자치경찰단에 파견되었던 제주지방경찰청 소속의 국가경찰 268명이 2020년 12월 31일 전면 철수한 이후 제주자치경찰은 다시 독자석으로 자치경찰업무를 수행해 나가게 되있으며 2021년 3월 현재 무기와 장비 및 통신 현황을 보면 다음과 같다.

〈표 5-20〉 제주자치경찰의 무기와 장비 및 통신 현황(2021. 3. 현재)

(단위: 대·정)

구 분	수량	비 고
총 계	384	

장비종류	기동장비	63	순찰차 20대, 싸이카 12대, 승용 12대, 승합 5대, 버스 2대, 화물 5대 전기이륜차 7대
	무기류	85	3·8 권총 75정(실탄 19,579발, 공포탄 150발), 가스발사총 10정(약제탄 74발)
	통신장비	167	무전기 103대, 스마트범칙금단속 단말기 64대
	음주단속장비	69	음주측정기 19대, 음주감지기 50대

출처: 제주자치경찰단, 2021년 주요 업무 보고서[제392 제주특별자치도의회 임시회 자료], 2021.

4. 제주자치경찰의 교통시설 관련 장비 현황

제주자치경찰의 경우 초창기부터 교통 관련 형사사건을 제외한 나머지 교통 관련 사무 중 대부분은 이미 도맡아서 수행해 오고 있다. 아래의 교통시설들은 2006년 시행 당시부터 제주지방경찰청에서 제주도청으로 이관되어졌고, 이것을 제주자치경찰단에서 집중적으로 관리해 나왔다. 특히 제주 전역에 설치되어 있는 시설들 중 신호등이 803개로 가장 많은 수치를 차지하고 있고, 두 번째는 경보등 373개가 차지하고 있다. 도로전광판 57개, 동영상수집기 56대 그리고 차량검지기 50대에 달한다.

〈표 5-21〉 주요 교통시설·장비

(단위: 개소)

계	신호등	경보등	번호판 인식기	도로 전광판	동영상 수집기	차량 검지기
1,364	803	373	25	57	56	50

출처: 제주자치경찰단, 내부자료(2018. 1. 1 기준).

제주자치경찰단의 주요장비는 신호등의 경우 1년 사이에 무려 63개나 증가하였는데 반해, 차량감지기는 오히려 41개나 줄어들었다.

〈표 5-22〉 주요 교통시설·장비

(단위: 개소)

계	신호등	경보등	번호판 인식기	도로 전광판	동영상 수집기	차량 검지기
1,384	866	383	25	45	56	9

출처: 제주자치경찰단, 내부자료(2019. 1. 1).

한편 2020년 2월 초 기준으로 제주자치경찰단의 주요 교통시설 및 장비에 관한 현황을 보면 다음과 같다. 2019년에 비해 2020년 초에는 전체적으로 다소 증가하였는데 신호등, 경보등, 번호판 인식기, 동영상 수집기 등에서 증가하였음을 알 수 있다.

〈표 5-23〉 주요 교통시설 · 장비

(단위: 개소)

계	신호등	경보등	번호판 인식기	도로 전광판	동영상 수집기	차량 검지기
1,429	889	393	32	45	61	9

출처: 제주자치경찰단, 내부자료(2020. 1. 1).

제 5 절   국가와 제주자치경찰의 권한

본 절에서는 국가와 제주자치경찰의 권한에 대해서 살펴보고자 한다. 즉 국가기관이 자치경찰기관에게 부여한 권한들과 관련해 살펴보면 다음과 같다.

1. 국가의 시민안전을 위한 강제력 독점

국가는 물리적 강제력이라는 수단을 통해 우리 사회의 질서를 유지해 나가고 있다. 하지만 여기서 말하는 물리적 강제력이란 국민들의 신체에 직접적인 위협을 가하는 행위를 의미하는 것이 아니라 바로 국민들의 행위를 구속하게 되는 것을 의미한다. 국가기관 내지는 지방자치단체 및 경찰기관은 도로상에 신호등을 설치하고 교통질서유지를 모든 사회구성원에게 요구하고 있는 게 전세계 국가들의 일반적인 현상이다. 시민 누구나 도로상에서 길을 건널 때, 당연히 신호대기 지점에 도착하게 되고 경우에 따라서는 빨강 신호등을 접하게 된다. 이 상황에 직면해 교통법상 누구나 멈추어 서야만 한다. 이 빨강 신호등이 바로 우리 모든 시민들의 행위를 구속하게 되는데, 이 구속력이야 말로 바로 국가의 강제력에 해당하는 좋은 예이다. 국가나 지방자치단체는 이처럼 법이라고 하는 강제수단을 통해서 모든 시민에 대해 직접적으로 신체에 위협을 가하지 않고 강제력을 행사해 나가고 있다.[26]

어느 민족이든지 국가를 형성하고 그것으로부터 형성된 국가는 자신의 영토 내에서 국민으로부터 정당성을 부여받은 것 중의 대표적인 상징성이 바로 강제력의 독점을 관철시킨 것이다. 이 같은 정당한 물리적 강제력의 독점을 관철시킨 국가는 국민, 시민, 주민과의 관계에서 애국심이라는 단어와 충돌할 수도 있다. 독일이 낳은 막스 베버(Max Weber)27)도 국가의 개념을 정의하면서 정서적이고 도덕적인 요소를 포함시키지 않았을 정도였음이 이러한 의미를 잘 대변한다고 볼 수 있다.28) 결국 국가와 사회가 유지되어 나가기 위해서 시민은 국가에게 정당한 물리적 강제력을 부여하지 않을 수 없는 것이다. 우리나라 제주특별자치도에서 시행중인 제주자치경찰제도 역시 이러한 법적 토대 위에서 운영되고 있는 것이다.

2. 시민안전을 위한 국가권력의 적법성과 정당성

1) 국가권력의 독점

우리나라 조선시대의 양반들은 자기가 소유하고 있던 노비들에게 마음대로 폭력을 행사하는 것이 얼마든지 가능하였다. 이러한 현상은 국가라는 주체가 우리 사회의 모든 강제력으로 상징되는 권력을 독점하지 못했던 것을 의미하는 것이다. 시대가 변한 오늘날의 현대사회에서는 국가가 권력을 완벽하게 독점하는 현상을 연출해 내었다는 것이 일반적인 시각이며 사실로 받아들여진다. 예를 들어 우리나라에서도 사회 구성원들 간에 폭력행위는 물론이고 심지어는 가정폭력이 발생한 경우도 곧바로 국가기관인 경찰이 개입하고 있다. 이전에는 가정폭력이란 개인들의 사생활이라고 하여 경찰이 개입하지 않았다. 이는 우리 사회에서 개인이나 집단은 절대로 폭력을 행사해서는 안 된다는 것을 잘 보여주는 것이다. 다시 말해 오직 국가만이 사회속의 폭력에 개입할 수 있다는 국가의 강제력 독점이 확립된 것으로 이해된다.

이러한 의미에서 볼 때, 제주자치경찰단 소속의 자치경찰공무원들도 국가로부터 법적 권한이라는 강제력을 위임 받아 치안사무를 집행해 나가면서 그 정당성

---

26) Max Weber, 『직업으로서의 정치』, 전성우 옮김, 서울: 나남, 2007; 신현기, 『특별사법경찰론』 (파주: 법문사, 2017), p. 105.
27) 신현기, 『경찰조직관리론』(파주: 법문사, 2018), p. 76.
28) 강유원, 『인문고전강의』, 막스 베버, 직업인으로서의 정치(폭력으로 다스려지는 세계), 제31강 참조; 신현기, 『특별사법경찰론』(파주: 법문사, 2017), p. 106.

을 인정받고 있는 것으로 해석된다.

2) 국가권력의 적법성

국가가 국민으로부터 위임받은 국가권력은 반드시 적법성을 유지해야만 한다는 중요성에 대해 재언을 요하지 않는다. 우리는 흔히 적법성을 합법성이라고도 혼용하여 사용하고 있다. 오늘날 어느 국가를 막론하고 정상적인 국가라면 민주주의를 추구하고 있으며 국가권력이 너무 강하거나 남용될 경우에는 시민으로부터 일정한 저항이 나오고 민주주의는 위기에 봉착할 가능성이 더욱 커졌다. 따라서 절대적 권력을 지니고 있는 국가는 오직 적법성을 가장 중요시하면서 그 토대 위에서 시민을 선도해 나가야 한다. 이러한 큰 그림에서 볼 때, 국가로부터 적법성을 위임받은 지방자치단체는 치안질서 유지를 위해 자치경찰이라는 공권력을 운영하는 것이 당연하다고 본다. 물론 지방자치단체는 모든 사무 수행에서 적법성 및 합법성의 토대위에서 최선을 다해야 한다는 의무를 부여받음은 물론 동시에 책임까지도 지게 된다.

3) 국가권력의 정당성

국가만이 오직 국민의 생명과 자유를 보호하고 유지해 나가기 위해서 권력과 위력을 행사할 수 있다고 국가와 국민 간에 사회적 합의가 이루어져 있다. 그럼에도 불구하고 국가는 국민을 상대로 행사하는 공권력을 위해 이른바 정당성을 확보하지 않으면 안된다. 국가가 국민으로부터 공권력의 정당성을 확보하기 위해서는 반드시 정당한 목적이 있어야 하고 절차와 법을 지켜야 하며 대화와 설득을 거쳐서도 안되는 경우 최후적으로 수단을 활용해야만 한다는 점에 재언을 요하지 않는다.29) 특히 국가권력이 시민을 구속하는 것은 필요 최소한도에 그쳐야 하며 이것이 과잉으로 치달을 경우 그 공권력은 이미 정당성을 상실한 것으로 보아야 한다. 이처럼 국가권력이 정당성을 상실하는 경우에는 정의라고 하는 생명을 상실한 것이며 경우에 따라서는 국가폭력으로 평가될 수밖에 없다. 따라서 국가권력의 정당성 및 정의에 바탕을 두고 지방자치단체를 통해 이루어지고 있는 제주자치경찰의 활동들도 역시 헌법과 법률이 보장한 직무의 테두리 내에서 추진해 나가야 한다.

---

29) 표창원, "권력의 정당성이 답니다", 「경향신문」, 2015. 11. 18.

3. 제주자치경찰의 권한행사를 위한 제한과 한계

제주자치경찰들이 부여받은 권한 행사의 제한 및 한계와 연계지어서 볼 때, 우선 두 가지를 생각해 볼 수 있다. 하나는 권한 행사의 제한이다. 제주자치경찰은 주어진 권한의 범위 내에서 순찰을 돌면서 발견하고 적발하게 되는 각종 범죄들을 처리하게 된다. 전장에서 이미 언급한 바와 같이 제주자치경찰들은 법이 정한 범위 내에서 주어진 직무들을 수행하고 있다. 특히 국가경찰과 맺은 직무협약의 범위와 법률이나 규칙 및 道조례를 지역적으로 극히 제한되고 한정된 범위 내에 머물러야 하는 특색을 지니고 있다. 이처럼 제주자치경찰은 자신들의 권한을 행사함에 있어 지역적이며 사항적으로 일정한 제한과 한계를 가진다는 것이다.

다른 또 하나는 제주자치경찰의 지위와 권한문제이다. 제주자치경찰의 경우는 법적으로 매우 제한된 범위에서 직무를 수행하는데, 국가경찰과는 그 법적인 권한 면에서 많은 차이가 있다. 현재 제주자치경찰은 국가경찰에 비해 법적 권한이 사실상 크지 않다. 국가경찰은 전국단위를 무대로 직무를 수행하고 더 많은 법적 권한이 주어져 있으며 그에 따라 책임도 더 많이 부여됨으로써 부담이 더 클 수밖에 없다. 그러나 제주자치경찰은 이러한 면에서는 부담이 훨씬 적다는 한계를 지닌다. 더욱이 제주자치경찰에게는 일반수사권이 주어지지 않은 관계로 전체적인 직무의 범위도 국가경찰에 비해 상당히 적은 편이다. 하지만 제주자치경찰에게도 2006년 7월 시행 때부터 행정범을 수사할 수 있는 특별사법경찰 권한이 주어짐으로써 형법범이 아닌 행정법 위반자(행정범)들을 단속할 권한이 부여되었다. 하지만 이 권한도 제주도라는 한정된 범위에서만 그 권한행사가 가능하다.

4. 정치와 제주자치경찰의 중립

제주자치경찰도 일반사법경찰이나 특별사법경찰처럼 정치로부터 항상 독립성을 요구받고 있다. 자치경찰의 경우 전국적인 영역을 직무수행의 범위로 삼는 것이 아니라 일정한 영역인 자기 지역에서만 직무의 권한이 미치기 때문에 이론적으로 볼 때, 학연이나 지인 및 지방토호세력들로부터 정치적인 영향에 노출될 가능성과 확률이 높다는 특성을 지니고 있다. 무엇보다 지방자치단체장이 선거에 의해 선출된 지방 정치가 출신일 가능성이 매우 높다는 특징을 지닌다. 선거직

단체장은 자치경찰공무원들이 시민을 대상으로 직무를 수행하면서 단속을 강화하거나 법적인 권한을 강하게 행사할 경우 유권자들로부터 원성을 사게 될 수도 있다. 동시에 여당의 표를 잃게 될지도 모른다고 걱정할 수 있다. 이럴 경우 선거직 단체장은 자치경찰에 대해 내심 느슨한 단속을 기대함은 물론 경우에 따라서는 정치적 중립성을 잃게 하는 지시를 할 가능성을 전혀 배제하기 어렵다. 또한 적지 않은 사람들이 우려하듯이 지방토호세력들로부터 정치적 중립성을 훼손당하는 압력이 들어올 수도 있다. 하지만 자치경찰은 어떠한 경우에도 정치적인 중립성을 유지한 채, 주어진 법적 권한을 유지해 나가는 일이 매우 중요하다고 본다.

5. 지방공무원으로서 수사권 행사

제주자치경찰은 시민의 생명과 재산을 지키고 질서유지가 원활하도록 해주어 시민들이 자유로운 경제활동을 영위할 수 있도록 해주어야 한다. 다른 또 하나의 주요 사무는 특별사법경찰권의 행사이다. 제주자치경찰단 소속 경찰관 중 특별사법경찰팀에 근무하는 직원은 행정법 위반자들을 철저하게 단속하고 처벌함으로써 시민들의 자유와 권리를 보호해 주는데 앞장서야 한다. 지방공무원이면서 주어진 권한 내에서 경찰권을 행사해야 하는 자치경찰에게는 심적인 부담이 일반사법경찰 만큼 못지않게 클 것이다. 이러한 과정 속에서 자치경찰은 항상 시민의 권리를 침해 하는 일이 없도록 최선을 다해 나가야 한다. 제주자치경찰공무원들도 자기에게 주어진 소관 업무들의 전문성을 향상시키기 위해 관련 지식을 함양하며 해당 법률들을 연구해 나가는 등 끊임없는 노력을 경주해 나가야만 한다.

6. 인권과 제주자치경찰

오늘날 국내뿐만 아니라 세계적으로 인권문제는 가장 중요한 사회적 이슈와 테마로 떠올라 있다. 누구나 인간이라면 자유롭게 누릴 수 있는 당연한 권리가 바로 인권이라고 이해된다. 동물이 아니고 바로 사람이기 때문에 당연히 가지며 동시에 향유하는 것이 또한 인권인 것이다. 20세기를 넘어 21세기에도 혹은 어느 나라나 어느 장소에서건 변할 수 없는 원칙 중 하나가 인권문제인데, 누구나 성별, 인종, 신체 등에서 차별받지 않으며 동등한 자유와 권리를 부여해 주어야 하며 인간의 존엄한 가치를 인정해 주어야 한다는 것이다. 제주자치경찰의 경우도 직무를 수행하면서 언제나 엄정하고 엄격함은 물론 공명정대하게 직무를 처리해 나가야 하며 인권을 존중하는 데 전념해야 한다.

무엇보다 자치경찰도 특별사법경찰 업무를 동시에 수행하는 만큼 수사를 진행하면서 시민의 인권을 훼손하지 않도록 항상 주의해야 한다. 자치경찰도 법을 집행하는 위치에 있기 때문에 시민과의 접촉에서 인권문제에 휘말릴 수 있는 사각지대에 서 있다. 이 때문에 항상 유의해야 한다. 경우에 따라서는 자치경찰의 상당부분의 직무가 법집행과 인권 사이에서 상당히 위태로운 외줄타기일 수 있다는 점도 역시 주의해야 할 대목이다. 또한 자치경찰은 행정범들을 조사하면서 피의자들의 방어권도 인정해 주는 노력도 동시에 한치도 게을리해서는 안된다. 이것은 곧 자치경찰에게 있어서 인권보호를 실천하는 작은 시작이 될 수 있다. 인권보호를 위한 또 다른 실천은 자치경찰들이 법률지식을 상당히 높여 나가야 한다. 시민의 인권을 침해하지 않는 범위 내에서 직무를 수행해 나가는 노력이 필요한데, 자기 직무와 연계된 전문성과 기술을 향상시키는 노력을 끊임없이 시도해 나가야 할 것으로 본다.

7. 행정범과 제주자치경찰의 개입

제주자치경찰은 크게 세 가지의 주요 직무를 수행하고 있다. 즉, 다음과 같은 영역에서 위반자에 대해 즉시 개입한다. 첫째, 교통질서 유지와 단속이다. 교통질서 유지를 위해 선도적 역할을 수행하면서 동시에 위반자에 대해서는 스티커를 발부해 과태료를 부과한다. 둘째, 순찰을 통한 범죄의 예방직무이다. 제주자치경찰은 비록 지구대와 파출소를 운영하고 있지 않은 작은 조직이지만 전체 제주지역을 하나의 영역으로 순찰직무를 수행하고 있다. 마지막으로 제주자치경찰은 제주 전지역에서 행정법 위반자들(행정범)에 대한 단속 및 수사 등 특별사법경찰 직무를 수행이다.

위와 같은 사항에 대해 제주자치경찰은 즉시 개입하게 되며 법률이 정해준 범위 내에서 직무를 완수해야 함을 의무받고 있다.

8. 제주지방정부와 제주자치경찰

기존의 제주도가 제주특별자치도로 재탄생하게 된 법적 근거는 전장에서 살펴

본 바와 같이 「제주특별자치도 설치 및 국제자유도시 조성을 위한 특별법」(일명 제특법)에 기인하고 있다. 전장에서도 이미 언급했듯이 본 법률에 근거해 기존에 제주도에 존재하던 4개 기초자치단체(제주시, 서귀포시, 북제주군, 남제주군)를 전격 폐지했다. 그리고 제주시와 서귀포시 2개만 존속시켰는데, 이마저도 기초자치단체 장이 없는 단순 행정시로 전환되었으며 2명의 시장은 시민들이 직선으로 선출하는 것이 아니라 제주특별자치도지사로부터 임명하는 방식으로 시행하게 되었다.

위의 제주특별법에 따라 제주도민은 2005년 지방자치단체장 선거에서 제주도 지사만 직선으로 선출하게 되었으며, 선출된 도지사는 제주시장과 서귀포시장을 행정시장으로 임명하는 절차를 마무리하여 오늘에 이르고 있다. 이렇게 해서 제주지방정부가 탄생하게 되었으며 또한 제주도에는 우리나라 경찰역사상 중요한 변화가 크게 일어났다. 즉 위의 특별법에 따라서 제주도지사는 2006년 7월 1일 의무사항으로 제주자치경찰단을 설치하고 국가경찰을 상대로 공모해 38명의 자치 경찰을 선발한 후 본격적으로 제주자치경찰제를 시행하게 되었다. 이 때 기존의 국가경찰인 제주지방경찰청은 그대로 존속한 상태에서 완전히 별개로 제주도지사가 제주자치경찰제를 신설하게 되었다. 제주자치경찰의 신분은 제주도 지방정부의 소속인 만큼 지방공무원의 신분으로 만 60세까지 정년도 보장받고 있다. 경우에 따라서는 제주자치경찰제도가 행정개혁 등을 통해 개편됨에 따라 더 이상 존속하지 않는 상황이 온다고 하더라도 이들 자치경찰공무원들은 제주도 지방정부의 공무원이기 때문에 제주도청이나 시청에 계속해서 근무하게 되는 등 정년퇴직을 보장받는 신분관계가 구축되어 있다.

국가경찰의 경우 경정 계급부터는 계급정년이 정해져 있어서 정해진 기간 내에 승진하지 못하면 신분이 보장되지 않는 관계로 국가경찰조직에서 계급정년퇴 직하게 되는 경우도 왕왕 발생한다. 예를 들어 국가경찰의 경정은 14년이라는 계급정년을 강제하고 있다. 즉 14년 내에 경정이 총경으로 승진하지 못하는 경우는 자동으로 퇴직해야만 한다. 참고로 경찰서장인 총경은 11년이라는 계급정년을 강제하고 있다. 역시 총경도 11년 내에 경무관으로 승진하지 못하면 퇴직해야만 한다. 이에 반해 제주자치경찰공무원의 경우는 큰 매력을 지니고 있다. 즉 이들은 국가경찰과 같은 계급정년을 적용받지 않으며 만 60세까지 정년을 보장받고 있다는 점이 바로 그것이다. 제주자치경찰이 이러한 조기퇴직제도로부터 구속되지 않는 자유를 보장받고 있다는 것은 엄청난 매력인 것이다. 따라서 제주자치경찰은 법적인 권한 내에서 도민의 생명과 재산을 지키고 질서유지에 전념해야 함은 물론 그 밖의 주어진 각종 사무수행에서 최선을 다해야 하는 의무를 부과받고 있다.

9. 제주자치경찰 임명의 의미

제주자치경찰은 우리 사회가 급변하면서 1차산업과 2차산업 및 3차산업 부문까지 범죄행위가 점차적으로 확대되고 있음을 직시하고 대비해 나가야 한다.[30]

현재 제주자치경찰이 수행하고 있는 사무 중 일반사법경찰권은 주어져 있지 않지만 이미 법적으로 행정범을 수사 및 처벌할 수 있는 특별사법경찰권이 주어져 있기 때문에 2006년 7월 1일 창설시부터 적용 및 시행해 오고 있다. 산업사회가 급속하게 확대 및 발전해 가면서 행정법 위반자들도 비례하여 확대되는 추세를 보여주고 있다. 특히 다음과 같은 이유에서 제주자치경찰제 도입과 함께 제주자치경찰공무원 임용의 당위성이 돋보일 수 있는 것이다.

한편 제주자치경찰제 도입과 함께 자치경찰공무원의 임명에 대한 의미는 다음과 같은 논거에서 찾을 수 있다고 본다. 첫째, 1991년 지방자치제의 도입이다. 우리나라 지방자치제는 1961년에 중단된 후 30년 만인 1991년 부활시키게 되었고 2020년 1월 기준 29년여의 역사를 가지고 있다. 오늘날 지구상에는 지방자치제를 시행하는 영미법계 국가들도 적지 않은데, 이들 국가들에서는 대부분 자치경찰제를 시행하고 있는 게 일반적이다. 비록 영미법계가 아니다하더라도 지방자치제를 시행하는 대륙법계 국가들도 자치경찰제 요소를 많이 가미하여 경찰제를 운용하고 있다. 지방자치제는 분권이념에 맞추어 시민이 자기지역의 단체장을 직접 선출하고 그 단체장으로 하여금 시민의 생명과 재산을 지키고 질서유지를 위임하는 것이라고 정의된다. 지방자치의 이념 중 주요한 것 중에 하나는 교육자치, 소방자치, 경찰자치이다. 지방자치제 실시에서 위 3가지를 달성하는 것은 매우 중요한 핵심사항이며 동시에 매우 중요한 기본이념으로 이해된다. 우리나라의 경우도 경찰업무를 분석해 보면 약 80% 이상이 지방치안업무에 해당되고 국가경찰업무는 약 20% 정도를 차지하고 있는 것으로 분석된다.[31]

---

30) 오늘날 우리 사회는 국제적으로나 국내적으로 제4차 산업혁명이라는 용어로 뒤덮여 있다. 모든 기기에 인공지능을 투입시켜 자동화를 완성하는 것으로 귀결된다. 바로 자동 로봇 시대가 도래하고 있음을 의미한다.

31) 서울특별시(신현기 외 3인), 서울시 특별사법경찰 10년, 자치경찰제로의 전환을 위한 발전 방안 연구, 최종보고서, 2017, p. 85.

국가 고유의 치안업무는 정보, 보안, 외사, 무기밀매, 총기밀매, 위조화폐, 대규모 시위방지, 광역적 범죄 등이다. 나머지 치안업무들은 대부분 지방치안업무에 해당한다고 선진국들은 구분하여 실천에 옮기고 있는 역사가 상당히 오래되었다. 우리나라는 이미 1991년에 지방자치제를 시행한 만큼 이제는 제주지역에 한정된 제주자치경찰제뿐만 아니라 더 나아가서 전국적으로 자치경찰제를 확대 시행할 때가 되었다고 본다.

위와 같은 지방자치제의 이념에 부합하기 위해 제주특별자치도의 경우는 일명 제주특별법 속에 자치경찰제를 의무사항으로 포함시켜 시행하게 된 것이다. 이러한 지방자치제의 배경 속에서 제주자치경찰제 시행의 당위성이 명확해지는 것이다. 동시에 제주자치경찰공무원들의 임명에 대한 의미도 더한층 커지게 된다.

10. 국가사무인 특별사법경찰 업무 수행 권한

1) 제주자치경찰과 지방자치단체의 특별사법경찰업무 지정

2006년 7월 1일 제주특별자치도가 자치경찰제를 도입 시행했고 2007년부터는 기존에 지방자치단체들이 보유하고 있던 식품, 환경, 위생, 건축 등 17종의 특별사법경찰사무를 본격적으로 담당하게 되었다. 제주특별자치도가 자치경찰제를 도입할 때, 「사법경찰관리의 직무를 행할 자와 그 직무범위에 관한 법률」을 수행할 수 있도록 법적으로 보장받았으며, 이에 따라 제주특별자치도의 관할구역 내에서 일어나는 범죄들 중 식품·보건·환경 관련 범죄에 대해 자치경위 이상은 사법경찰관의 직무를 그리고 자치경사 이하는 사법경찰관리의 직무를 수행하게 했다. 제주자치경찰은 특별사법경찰 사무로서 환경·위생·보건·건축 등 총 17종을 부여받았다.[32]

2) 제주자치경찰단의 민생사법경찰(특별사법경찰)의 운영 근거

제주특별자치도법 제106조부터 제110조까지의 내용은 자치경찰기구의 설치, 사무, 자치경찰기구, 자치경찰단장의 임명, 국가경찰과의 협약체계에 관한 내용이

---

32) 한국자치경찰연구원, 자치경찰의 특별사법경찰 사무수행 범위에 관한 연구, 「연구보고서」, 2015, p. 39; 원래 지방자치법에는 총 26개 분야가 주어져 있는데 이 중에서 현실적으로 수행하기 어려운 법률 6개를 제외하고 17개만 부여되었던 것이다.

규정되어 있다. 이에 따라 동법 제108조, 즉 자치경찰의 모든 사무 중에서 4호 「사법경찰관리의 직무를 행할 자와 그 직무범위에 관한 법률」에서 제주자치경찰 공무원의 직무 중 하나로 규정하고 있는 사법경찰관리의 직무를 제주특별자치경 찰의 매우 주요한 사무 중 하나로 수행하고 있다.

3) 제주자치경찰의 특별사법경찰 조직

제주자치경찰단은 자치경무관인 단장 1인33)과 경찰정책관, 그리고 각 과들을 설치하여 운영해 나가고 있다. 이 중에서 경찰정책관(자치총경) 소속으로 민생수 사 1, 2팀이 운영 중이다. 또한 서귀포 지역경찰대에서도 교통관광 및 민생수사를 담당하고 있다.34)

4) 제주자치경찰단 민생사법경찰의 조직 체계

2015년 6월 19일 기준으로 경찰정책관 소속의 민생 수사 1과 2팀은 제주자치 경찰단 소속 특별사법경찰과에서 실제 특별사법경찰의 업무수행 인력은 단지 17 명(특별사법경찰과 본부의 11명, 서귀포 6명을 비롯해 총 17명이며, 이 중에 2명은 제주 도청에서 파견 나온 일반공무원 신분임)으로 구성되어 있었다. 이들은 제주전지역에 서 특사경 업무를 담당해야 하는데도 불구하고 상당히 담당인력이 부족한 실정이 었다.35)

한편 우리나라 지방자치법에 보면 23개 분야의 특별사법경찰사무를 수행할 수 있도록 규정되어 있다. 그러나 제주자치경찰제가 시행되던 2006년에 국가는 17개 사법경찰사무만 허용해 주었고 6개 분야는 보류하였다. 향후 전국적으로 자치경 찰제가 도입될 경우에는 지방자치법이 규정한 23개 분야의 특별사법경찰 사무를 모두 부여하는 것이 바람직하다고 본다. 왜냐하면 오늘날 행정범죄는 1차, 2차, 3

---

33) 제주자치경찰단장은 2015년 국회에서 제주특별법을 개정하여 기존의 단장계급 자치총경을 한 단계 올린 자치경무관으로 승격시켰으며, 이를 바탕으로 제주도의회는 향후 제주특별자치도의 조례를 개정하여 시행에 들어갈 예정에 있다. 이뿐만 아니라 자치경감의 근속승진, 즉결심판 청구권한 부여, 음주측정권한 부여까지 확대되는 법적 근거를 마련했는데, 이는 제주자치경찰 에게 큰 제도상의 발전이라는 평가가 나오고 있다.

34) 하지만 2020년 제주자치경찰의 조직도를 보면 기존과는 달리 특별사법과(자치경정 과장)에 특 별사법경찰 1팀, 2팀, 3팀을 각각 설치 운영하고 있다. 독자적인 과체제로 운영될 만큼 조직이 확대되기도 했으며 역시 업무도 또한 증가하였다고 이해된다.

35) 본 연구자는 2015년 6월 19일 제주자치경찰단 민생사법경찰과를 방문해 관련 사항들에 대해 인터뷰를 진행하고 본 내용을 확인할 수 있었다.

차산업 분야까지 지속적으로 확대되고 있는 추세를 보이고 있어 민생을 위협하고 있기 때문이다. 한편 17개의 특사경 법률 부여 영역은 다음과 같다.

〈표 5-24〉 제주자치경찰단의 민생사법경찰사무의 직무범위

연번	17개 분야	직무범위(50개 법률)
1	산림(5)	산지관리법위반(무허가산지전용, 무허가 토석 · 자영석 채취 등) 산림자원조성및관리에관한법률위반(무허가 임목 벌채, 무허가 임산물 굴취) 산림문화휴양에관한법률위반(지정산림문화자산에 소훼, 절취 등 단속) 사방사업법 위반(무허가 입목 벌채, 토석채취, 사방시설 훼손 · 변경 등) 소나무재선충방제특별법 위반(감염목 등 반출금지 위반 등 단속)
2	식품 위생 (3)	식품위생법위반(무허가 식품제조 가공 행위, 유해업소 출입, 무허가 식품접객업 행위 등 단속) 보건범죄 단속에관한특별조치법(식품위생에 관한 범죄 단속) 건강기능식품에관한별률(허위과대광고, 식자재 원재료 허위표시 등)
3	의약품 (2)	약사법(무자격자 조제행위, 무자격자 판매행위 등 단속) 보건범죄 단속에관한특별조치법(약사에 관한 범죄단속)
4	문화재 (2)	문화재보호법(무허가 수출 등, 허위지정 등 유도, 손상 또는 은닉 등 단속) 매장문화재보호및조사에관한법률(무허가 발굴 등 단속)
5	공원 관리(1)	자연공원법(공원시설훼손, 공원내 금지행위 위반 등 단속)
6	수산업 (3)	수산업법 위반(무허가 미등록 수산업 행위 등 단속) 어업자원관리법 위반(무허가관할수업 어업행위 등 단속) 수산업관리법 위반(불법어획물의 판매 등의 금지 등 단속)
7	공중 위생(1)	공중위생관리법(공중위생업소, 숙박업소, 먹는물 등 단속)
8	환경 (27)	대기환경보전법(무허가 판금도색 등 단속) 수질및수생태계보전에관한법률(사업장 폐수무단배출 등 단속) 소음진동규제법(생활소음 · 진동의 규제기준을 초과한 자에 대한 조치명령위반 등 단속) 유해화학물질관리법(심사없이 신규화학물질 제조 · 수입 등 단속) 폐기물관리법위반(무허가 폐기물 처리, 사업장 폐기물 무단투기 · 매립, 처리기준 위반 단속) 가축분뇨의관리및이용에관한법률위반(가축분뇨 무단배출 · 투기 등 단속) 환경분쟁조정법(조사방해 행위 등) / 환경범죄의단속에관한특별조치법 자연환경보전법(자연생태 · 자연경관 훼손행위 등 단속)

		환경영향평가법(환경영향평가서 거짓작성 등 단속) / 폐기물의국가간이동및그처리에관한법률 하수도법(공공하수도의 운영·관리 및 손괴·방해행위 금지위반 등) 환경기술개발및지원에관한법률 / 먹는물관리법(인증표시 위반 등 단속) 토양환경보전법(오염토양 정화조치명령 불이행 등 단속) 폐기물처리시설설치촉진및주변지역지원등에관한법률 자원의절약과재활용촉진에관한법률 / 다중이용시설등의실내공기질관리법 수도법(상수원보호구역오염행위) / 하수법(지하수오염방지명령 위반) 보건범죄단속에관한특별조치법 / 야생동식물보호법(밀렵행위 등 단속) 악취방지법(사용중지명령 불이행 등) / 건설폐기물의재활용촉진에관한법률, 습지보전법 / 독도등도서지역의생태계보전에관한법률 / 제주도특별법 제358조(환경훼손행위 단속)
9	도로(1)	도로법[제38조(무단도로점용), 제45조(도로상 금지행위), 제52조(도로보전입체구역 행위제한), 제58조(통행금지·제한), 제59조(차량운행제한), 제62조(전용도로통행제한), 제64조(교차방법·연결)]
10	관광(2)	관광진흥법(무등록 여행업, 무허가 관광호텔업), 제주도특별법 제356조(관광분야)
11	청소년(1)	청소년보호법(미성년자 주류판매, 고용행위 등)
12	농축수산물(6)	농수산물의 원산지 표시에 관한 법률(원산지 허위표시, 미표시 판매행위 등), 농수산물품질관리법 위반(유전자변형농수산물 거짓표시 등) 인삼산업법(미신고 인삼판매), 양곡관리법(미신고 양곡판매), 축산물위생관리법(축산물유통, 위생, 부정축산물 등), 침환경농어업육성 및 유기식품 등의 관리지원에 관한 법률
13	대외무역(1)	대외무역법(원산지표시 위반 등)
14	농약·비료(2)	농약관리법(불법 농약판매 등 단속), 비료관리법(미등록 생산, 판매, 무상유통 등 단속)
15	하천(1)	하천법(불법하천부속물점용 유사사용, 토지점용 등)
16	가축방역(1)	가축전염병예방법(오염가축 운반행위 등)
17	자동차(2)	자동차관리법(무등록자동차정비업·자동차무단방치) 자동차손해배상보장법(강제보험미가입자동차운행)에 관한 범죄

〈표 5-24〉는 2006년 제주자치경찰에게 법적으로 부여해 주었던 제주자치경찰단 민생사법경찰사무의 직무범위를 보여주고 있다. 하지만 안타깝게도 제주자치경찰단에는 특별사법경찰 사무를 담당할 인력이 충분하지 않은 실정이다. 인력부

족으로 인해 5~6개 정도의 법률만 취급하는 정도에 그치고 있는데, 그 근본 이유는 인력뿐만 아니라 부족한 재정문제도 원인이 된다. 또 하나는 제주자치경찰의 실정에 맞지 않는 법률도 부여되었는데, 예를 들어 독도지역에서 불법어획활동을 단속하는 권한까지 부여받고 있다. 하지만 이는 인력과 중량급 단속선을 확보하지 못한 관계로 독도까지 단속을 나갈 수 없음은 물론 사실상 전혀 실천에 옮길 수 없는 게 현실이다. 따라서 제주자치경찰단의 특별사법경찰관들은 본 법률을 집행해 보는 것이 불가능에 가까웠을 정도다.

5) 제주자치경찰단 특별사법경찰(특사경)의 수사활동

제주자치경찰단의 특사경 사무와 관련하여 법적 권한이 추가로 부여되었다. 즉 2016년 말 기준 22개 분야 69개 법률을 담당할 수 있도록 권한이 확대된 것이다. 하지만 자치경찰인력의 부족으로 인해 39개 법률은 손을 대지 못하고 있는 실정이다. 그럼에도 불구하고 2016년에 환경과 산림사범들을 139건이나 적발하였는데, 이 중에서 10명을 구속하기도 했다. 식품위생 분야에서도 265건을 적발하는 실적을 올렸다. 제주도에서 1차 산업인 감귤 생산 분야에서 비상품 유통 관련 불법행위 80건을 적발하는 성과를 올리기도 했다.

〈표 5-25〉 제주특사경의 수사활동 현황

연도	환경사범	산림사범	농수산물위 반사범	식품위생위 반사범	공중위생위 반사범	자동차위반 사범	기타
2016	66	73	25	165	42	1,223	24

출처: 이동규, "제주자치경찰 운영 현황 및 제도상 한계", 서울시, 시민과 함께하는 바람직한 자치경찰제 방향모색 포럼, 2017, p. 65.

사회와 제주자치경찰

사회와 제주자치경찰

제1절 시민사회와 제주자치경찰

1. 시민사회의 개념과 자치경찰관과의 관계

사전적 의미로 볼 때 시민사회(Civil Society, 市民社會)는 다음과 같은 의미를 지니고 있다. 오늘날 시민사회란 일반적으로 국가가 아닌 인간의 사회적 활동 영역을 지칭하는 용어로 많이 사용되고 있다. 말하자면 국가의 통제와 간섭에서 어느 정도는 벗어나서 인간이 자율적으로 사회적 활동을 영위 할 수 있는 일정한 영역이 바로 시민사회라고 이해하면 된다. 이러한 차원에서 시민사회가 본격적·학문적으로 논의된 것은 20세기 말(1900년대 말) 동구권의 지식인들이 민주주의 물결에 힘입어 현실 사회주의 체제에 본격 저항하면서부터다. 무엇보다 폴란드의 민주화를 지향했던 일부 지식인들은 자신들의 시민사회론을 '자기 경영'과 '영역 분리'라는 두 개념을 핵심 축으로 구성했다.

그 후 이러한 영향을 받아 시민사회에 대한 논의가 서구의 지식인들 사이에서도 본격적으로 나타났다. 이와 같은 일련의 과정 속에서 폴란드 지식인들의 시민사회론은 모든 사회에 적용할 수 있는 이른바 공적 영역에 대한 일반적 정치 이론이 가능할 수도 있다는 주장까지 내놓았다. 다시 말해 사회주의 일당 국가의 통제에서 벗어나 그야말로 자율적인 시민사회를 스스로 선설해야 한나는 그들의 주장이 서구 민주주의 사회의 지식인들에게는 사실상 시민적 참여를 요구하는 하나의 정치 이론으로 받아들여지게 되었다.1)

시민사회이론의 대표적 연구자인 존 킨(John Keane)은 시민사회에 대한 논의

---

1) 조승래, http://100.daum.net/encyclopedia/view/177XX61300699(검색일: 2018. 5. 10).

는 잃어버렸던 보물을 다시 찾아내는 것이며 동시에 민주주의적 상상력을 자극하는 것이라고 주장한 바 있다. 이처럼 시민사회는 전제적 국가권력도 제어할 수 있을 뿐 아니라 개인주의의 만연으로 끊임없이 원자화되어 가는 현대사회의 문제점도 치유할 수 있는 개념으로 등장하였다고 한다. 사실 시민사회의 개념은 서구 지성사에서 이미 오래전부터 등장했는데, 키케로가 국가를 'societas civilis'로 규정한 것에서 바로 시민사회가 유래되었다.2) 이는 아리스토텔레스가 국가를 이른바 국가 또는 국가 공동체('koinonia politike')로 정의한 것을 그대로 옮긴 것이라고 알려져 있다. 이때 시민사회의 반대 개념은 폭정이라고 할 수 있다. 왜냐하면 아리스토텔레스나 키케로 모두 국가를 공동의 일 내지는 공동의 것으로 보았기 때문이라고 한다.3)

시민사회가 사실상 국가를 의미하는 전통은 근대에 와서도 홉스, 로크, 루소, 칸트로 이어졌다고 한다. 그런데 이 경우 시민사회와 반대되는 개념은 국가 이전의 상태라고 할 수 있는 자연상태를 의미하는 것이다. 처음으로 시민사회를 국가와는 별개의 영역으로 간주한 사상가는 헤겔이었다. 그는 시민사회를 가족과 국가 사이에 있는 영역으로 규정했으며, 그 이후에는 마르크스가 시민사회를 받아들였고 연구영역이 꾸준히 발전해 나오게 되었다. 이런 의미에서 자치경찰도 운영되고 발전해 나가야 한다.

2. 이익집단

역시 사전적 의미로 볼 때, 이익집단(interest group, 利益集團)이란 하나가 아닌 복수의 공통된 관심에 토대를 두고 전체 그룹이나 사회에 대해 자신의 어떤 특수한 목적을 활발하게 증진시키기 위해서 모인 개개인들의 모임을 의미한다. 사람들은 이익집단을 특수이익집단이라고도 부르고 있다. 흔히 개발도상국에서 이익집단의 대표적인 형태를 보면 가계, 친족, 종교 혹은 이웃 등에 기반을 둔 그야말로 원초적인 집단이다. 이와는 반대로 산업사회 속에서 매우 중요한 이익집단의 유형은 어느 특정한 목적을 집중적으로 추구하기 위해 결합된 다양한 형태

---

2) 시민사회(civil society)라고 하는 용어는 그 뿌리가 라틴어의 societas civilis 혹은 그리스어의 politike koinona에서 온 말이라고 한다. 이 때의 시민사회는 사실상 시민들이 정치문제에 대해 적극적인 관심을 갖는 사회라고 하는 개념으로 사용되었다고 한다(http://cafe.daum.net/deagujjang/WL6R/130?q=societas%20civilis: 검색일 2020. 5. 10).

3) 조승래, http://100.daum.net/encyclopedia/view/177XX61300699(검색일: 2018. 5. 10).

의 결사체로 이해된다. 예를 들어 어떠한 이익집단이 정부를 상대로 어떤 영향력을 행사하고자 할 경우 이것은 '압력집단'이라고 불린다. 즉 이익집단이 정부조직을 구성하지도 않은 채 자신의 이름으로 자기 국가를 직접 통치하고자 시도하지도 않으면서 오직 자신의 목적만을 위해서 정부를 상대로 어떤 영향력을 행사하고자 할 경우, 이것이 바로 압력집단이 된다는 것이다.4)

정당과 이익집단은 정당이 조직구조를 보유하고 있으며 동시에 공직에 자기네 후보자를 내세운다. 이에 반해 압력집단은 정부를 비롯해 정당, 즉 양자 모두에 영향력을 행사하고 싶어 한다는 차원에서 크게 구별되기도 한다. 하지만 압력집단으로 출발한 집단이 물론 정당으로 전환될 가능성도 있다. 하나의 예를 들어보면 영국 노동당은 노동자계급 출신을 어떻게 해서라도 의회로 진출시키기 위한 수단으로 만든 1900년대 설립한 노동조합 지도자들 간의 모임이었다. 마침내 이 모임은 합리적인 강령을 만들고 회원을 확대함으로써 노동당이라는 정당으로 발전했고 오늘에 이르고 있다.5)

예를 들어 비록 압력단체들이 상당한 영향력을 가지고 있는 정부의 지도자와 접촉하기를 희망한다고 할지라도 그들 노동조합이 어떤 압력을 크게 행사할 수 있는 방법은 사실상 영향력을 지닌 어떤 기관을 통해야만 한다는 것이 일반적이다. 그런데 실제로 어떤 국가나 사회 체제 내에서 정부기관들이 발휘할 수 있는 영향력은 제각기 다를 수밖에 없으며, 더 나아가서 이익집단의 전략은 접근이 가능한 영향력을 행사할 수 있는 거물 기관을 선정하는 데에 달려 있다고 정리된다. 또한 이익집단은 국민들이 이데올로기적뿐만 아니라 나아가서 문화적으로 분열되어 있지도 않은 국가에서 '2차 집단'의 성격을 가진다.6) 다시 말해 이익집단은 사실상 정부로부터 독립적인 동시에 정치적으로도 중립을 견지함은 물론 더 나아가서 특정한 목적을 가지며 정당과도 크게 구별된다.

3. 시민사회와 제주자치경찰의 관계

제주시민, 제주도민, 정당, 이익집단, 압력단체, 국가경찰인 제주지방경찰청, 제주자치경찰단, 제주도청, 제주지방검찰청은 제주특별자치도와 시민과의 관계에

---

4) http://100.daum.net/encyclopedia/view/b18a0232a(검색일: 2018. 5. 20).
5) http://100.daum.net/encyclopedia/view/b18a0232a(검색일: 2018. 5. 20).
6) http://100.daum.net/encyclopedia/view/b18a0232a(검색일: 2018. 5. 20).

서 그 핵심 축을 이루는 구성체들로 대변된다. 위의 구성체들은 제주자치경찰제와도 핵심 축으로서 중요한 이해관계로 얽혀있기도 한 것이 사실이다. 제주자치경찰제는 바로 이들 구성체들과 직접 연계되어 이루어지고 있기 때문이다.

제주특별자치도는 2005년 도민투표를 통해 일명 제주특별법이 통과되었고 본법에 의해 제주도지사를 선출했으며 기존의 4개 기초자치단체를 폐지했다.[7] 제주도 역시 도지사가 어느 정당 소속이냐에 따라 강한 정치적 영향도 받는 게 사실이다. 물론 무소속 도지사가 당선되었다고 하더라도 중앙정부의 간섭으로부터 100% 독립적인 영향력을 행사하는 것은 사실상 어려운 실정이다. 일정한 정치적 한계가 있을 수밖에 없을 것이라는 추론이 가능하다. 1991년부터 지방자치제가 본격화되었다고 할지라도 중앙정부가 여전히 수많은 권한을 행사하고 있으며 아직도 분권이 크게 이루어지지 않았기 때문에 상당한 제약은 남아있다. 노태우, 김영삼, 김대중, 노무현, 이명박, 박근혜, 문재인 정부로 이어지는 동안 지방자치제 이념에 따라 지방으로 이관시켜 주어야 하는 소위 지방분권은 참으로 더디기만 하다. 아직도 논의만 무성할 뿐 대부분의 권력이 중앙에 머물러 있다고 해도 과언이 아니다.

제주특별자치도에도 다른 16개 광역시도의 경우처럼 이익집단과 압력단체들도 분명히 존재하고 있다. 제주자치경찰제 시행에서 이들과도 이런 저런 갈등 관계나 협력 관계들이 밀접하게 맞물려 돌아가고 있는 것이다. 제주자치경찰단은 특별히 국가경찰 기관인 제주지방경찰청과 밀접한 관계를 유지하고 있다. 2006년 7월 1일 제주자치경찰단이 창설될 때, 제주도지사와 제주지방경찰청장은 상호 간 업무협정을 맺고 각자 합의하에 업무영역을 설정하여 오늘에 이르고 있다. 물론 정부측 국가경찰이 갑의 입장이었기 때문에 정부와 국가경찰에서 주는 업무만 받을 수밖에 없었던 것이 사실이다. 다시 말해 이 당시는 초창기라서 자치경찰은 아무 권한을 부여받지 못해 수사권도 전혀 없었으며, 단순히 순찰업무와 교통단속 업무 정도만 수행하고 동시에 특별사법경찰 업무를 담당하는 정도가 전부였다. 예를 들어 2006년 7월 제주자치경찰단(38명)이 창설된 이후 3년이 지난 2009년 4월 경찰청 혁신기획단은 설문조사를 실시했다. 그 결과를 보면 제주도민 4명 중 1명이 제주특별자치도 내에서 활동 중인 자치경찰의 존재를 알지 못한다고 답

---

7) 이에 따라 남제주군과 북제주군이 사라지고 크게 한라산을 기점으로 제주시와 서귀포시만 남게 되었으며 궁극적으로 제주특별자치도라는 광역도가 새롭게 탄생하게 되었다.

할 정도였다.

경찰청 조사결과 도민 절반 이상이 업무 몰라

　제주자치경찰이 출범 3년째를 맞고 있지만 도민 4명 중 1명은 자치경찰이 있는 줄도 모르고 절반 이상은 어떤 일을 하는지 모르는 것으로 나타났다. 경찰청 혁신 기획단은 지난 달 23일부터 지난 3일까지 일반 제주도민 700명과 공무원, 관광협회 직원, 관광지 상인, 모범운전자 등 제주도 관련 종사자 300명 등 모두 1,000명을 대상으로 '제주 자치경찰 운영 만족도'에 대한 전화 설문조사를 벌였다. 제주자치경찰에 대한 인지도 조사 결과 '전혀 모른다'는 응답이 24.8%를 차지했으며, '자치경찰이 있다는 사실은 알고 있다'는 응답은 31.7%로 나타났으며 '수행업무까지 알고 있다'는 응답은 절반에도 미치지 못한 43.5%에 그쳤다. 결국 도민 절반 이상이 자치경찰이 무엇을 하는 곳인지 모른다는 결과다. 이 같은 결과는 ▲제주관광 치안 확립 및 자연환경 보존 ▲도민 편익을 위한 치안서비스 강화 ▲수요자 중심, 치안서비스 극대화 역량 강화라는 자치경찰의 설립 취지를 무색케 하고 있다. 이처럼 도민들은 자치경찰의 역할은 물론 존재 자체도 알지 못하고 있지만 정작 자치경찰대는 도민 홍보나 역할 강화는 뒷전으로 한 채 매년 '예산·인력 부족 탓'만 되풀이 하고 있다. 실제 불법 주·정차 단속 등 자치경찰의 문제점이 지적될 때마다 "신규 인력이 채용되지 않고, 예산이 부족해 업무를 할 수가 없다"는 입장만 내놓고 있다. 한편 이번 조사에서 도민들의 자치경찰 주요 접촉 분야는 ▲지역축제·문화행사장 질서유지(53.5%) ▲공항질서 유지(19.1%), ▲환경사범 단속(15.0%), ▲관광지 질서유지(10.6%), ▲기타(1.8%) 등의 순으로 나타났다. 또 향후 자치경찰이 중점적으로 활동해야 할 분야로는 ▲환경사범 단속 ▲지역축제·문화행사장 질서 유지 ▲관광지 질서 유지 ▲공항 질서 유지 등의 순으로 응답됐다.

출처: 제주新보(http://www.jejunews.com)[8]

　하지만 특이한 상황은 2018년 4월부터 2019년 1월까지 국가경찰기관인 제주지방경찰청, 제주동부경찰서, 제주서부경찰서에서 260명이 제주자치경찰단으로 파견되어 112신고처리 업무, 교통불편, 분실물 습득, 소음신고 등의 치안업무를 맡게 되는 등 상당한 변화와 발전이 있었다. 전장에서도 소개했듯이 2020년 2월에도 국가경찰관 8명이 추가로 파견되어 총 268명이 파견근무를 한 바 있다.

---

8) 김대영 기자, http://www.jejunews.com/news/articleView.＝286968(검색일: 2018. 5. 3).

본 변화의 발전 내용은 다음 장에서 자세하게 후술하기로 한다.

한편 제주도청, 제주지방경찰청, 제주지방검찰청의 경우도 제주자치경찰단과의 관계에서 매우 밀접하게 연계되어 있다. 제주자치경찰단은 제주도청의 도지사가 인사권자이며 제주지방경찰청은 경찰인력을 파견하여 부분적으로 공동업무를 수행하고 있으며, 특히 자치경찰단에서 주요 업무로 수행하고 있는 특별사법경찰 업무는 검찰청 소속의 검사가 지휘하여 행정법 위반자에 대한 범법행위를 형사소송법을 통해 처벌하고 있다. 위와 같이 제주자치경찰단은 위에서 소개한 기관들과 뗄래야 뗄 수 없는 밀접한 관계 속에서 직무를 수행해 나가고 있다.

제 2 절 사회적 약자와 제주자치경찰

1. 사회적 약자의 개념

1) 사회적 약자의 사전적 의미

사전적 의미에서 사회적 약자(社會的 弱者)란 일반적으로 우리의 사회에서 신체적 혹은 인지적 기능이 우리 사회의 다른 구성원들보다 비교적 미약한 사람을 지칭하는 것이다.

2) 사회적 약자와 자치경찰

우리가 사회적 약자를 지칭할 때, 흔히 사회적 약자는 아동, 미약한 여성, 정신 및 신체적 장애인, 탈북자, 노인, 불법외국인노동자, 외국에서 귀화해 내국지인이 없는 사람, 국내에 제대로 적응하지 못하는 외국인, 어려움에 처한 동성애자 등등 굉장히 많다고 볼 수 있다. 최근 급속한 산업화에 따라 우리사회가 날로 각박해지면서 사회적 약자를 대상으로 한 가정폭력·아동학대·노인학대·학교폭력·성폭력 등 강력범죄가 끊임없이 발생하면서 우리 국민들의 안전을 위협하고 있다. 최근에는 데이트 폭력, 불법촬영, 스토킹, 성범죄를 비롯해 광범위한 여성 대상 범죄에 대한 각종 사회적 불안감이 커지고 있다. 이런 종류의 범죄들과 관련하여 특히 사회적 약자 보호에 대한 근본적인 대책 마련이 점차 커지고 있음은 물론 그 해결방안이 어느 때보다 시급하다는 주장이 점차 확대되고 있다.[9]

결국 제주특별자치도에 2006년 7월 1일 제주자치경찰단이 창설된 근본 이유
도 국가경찰기관의 존재 이외에 사회적 약자를 보호하자는 데에 있다고 이해된
다. 제주특별자치도에 이미 1945년 10월부터 국가경찰기관이 존재하지만 추가로
사회적 약자들을 위해 자치경찰이 순찰을 돌면서 질서를 유지하는데 초점이 맞추
어졌다. 예를 들어 자치경찰의 생활안전, 교통, 관광, 학교폭력예방 활동 등이 그
대표적인 경우다.

3) 국가경찰의 사회적 약자 보호를 위한 3대 치안정책

국가경찰에서는 국정과제로 선정된 민생치안확립 그리고 사회적 약자들을 보
호하기 위한 이른바 '사회적 약자보호 3대 치안정책'을 시행해 나오고 있다. 첫째
젠더폭력 근절(스토킹·데이트폭력 근절, 여성안심 강화, 성·가정폭력 근절), 둘째,
학대·실종대응 강화(실종자 신속 발견), 아동·노인 학대 사각지대 해소, 학대예
방경찰관(APO)제의 운영, 그리고 셋째, 청소년 보호(학교·가정 밖 청소년 선도 및
학교폭력 근절) 등이 바로 그것이다.10)

특히 사회적 약자 전반을 포괄하는 정책을 추진하고 있다. 그리고 상대적으로
소외 및 고통 받고 있는 이른바 경제적 빈곤층, 노인, 장애인, 여성, 청소년 등 사
회적인 약자 보호를 위해 전 경찰력의 에너지를 한데 모으고 있다.

2. 사회적 약자로서 제주도민과 자치경찰

2006년 7월 제주특별자치도에 자치경찰단이 창설되어졌을 때, 제주도민들은
국가경찰에만 익숙해 있었던 관계로 거리나 국제공항 및 관광지 등에서 간혹 자
치경찰을 마주친 경우에 역시 국가경찰로 인식하는 경향이 강했다는 것이다. 더
구나 127명의 정원을 가지고 제주의 모든 영역에서 순찰활동을 펼치다보니 사실
상 자치경찰이 주변에서 시민들의 눈에 자주 띠지도 않았던 관계로 그 존재에 대
한 인식도가 매우 낮았다. 더구나 제주자치경찰에게는 정부나 국가경찰기관에서
수사권 등 권한을 거의 주지 않았던 관계로 더욱 시민들로부터 경찰이라는 인식
도가 미미했다고 해도 과언이 아니다. 뒤에서 자세히 후술하겠지만 2018년에는

---

9) 김철우, http://www.seoulilbo.com/news/articleView.html(검색일: 2018. 12. 27).
10) 김철우, http://www.seoulilbo.com/news/articleView.html(검색일: 2018. 12. 27).

국가경찰이 자치경찰단에 3차례에 걸쳐 파견되었으며 112사건 처리 등도 공동으로 수행하는 등 많은 진척이 있었다. 놀라우리만치 제주자치경찰의 역할이 부각됨은 물론 사회적 약자를 위한 활동에도 큰 동력을 받게 되었다. 자세한 내용은 역시 뒤에서 후술하기로 한다.

3. 국가경찰의 자치경찰 파견 이전의 사회적 약자인 제주도민

3차례에 걸쳐서 제주자치경찰단에 국가경찰인 제주특별자치도지방경찰청, 제주동부경찰서, 제주서부경찰서에서 2020년 2월 기준 최고 268명까지 이관되어 공동으로 112신고 민원을 소화하면서 많은 변화가 일었다. 예를 들어 국가경찰의 파견으로 인해 제주자치경찰 인력이 증가하다보니 이전에 비해 넉넉해진 경찰관들이 순찰을 돌면서 가정집을 방문해 주민들을 직접 만나서 대화도 나누는 등 이른바 심방활동 내지는 방범활동을 수행하기도 했다. 이전에 자치경찰은 이와 같은 활동을 전혀 수행하지 못했다. 이러한 현상은 이전에 볼 수 없었던 경찰과 주민 간의 대화의 장이 열리는 놀라운 변화 중 하나의 사례에 해당한다.

4. 국가경찰 파견 후의 사회적 약자인 제주도민

이전에 국가경찰과 도민이 대화하는 기회가 거의 없었지만 제주자치경찰단에 경찰 파견인력의 증가로 인해, 특히 사회적 약자들이 112신고를 통해 신속하게 자치경찰의 치안서비스를 제공받을 수 있게 되었다. 동시에 중대사건은 국가경찰로부터 보호를 받는 서비스가 활성화 된 것이다. 이로 인해 기존의 도민들이 자치경찰을 잘 모르겠다던 입장에서 자치경찰들을 자주 만나다보니 자치경찰을 하나씩 알아 가고 경찰로부터 제공되는 각종 치안서비스를 몸소 체험하게 되었다.

제 3 절   관광객과 제주자치경찰

1. 관광경찰의 개념

관광사업은 세계적으로 어느 나라를 막론하고 관심의 중심점으로 떠올라 있다. 통상적으로 관광이라 함은 모든 국가들이 자국의 우수하고 뛰어난 고유문화를 해외 국가들에게 알리는 일이다. 이처럼 외국인 관광객을 국내에 다수 유치하는 이유는 동시에 엄청난 외화를 얻게 된다는 이익 때문이다. 이 때문에 소위 관광 소득을 연기 없는 공장에 비견하는 경우를 종종 볼 수 있다. 특히 관광사업은 자국의 문화홍보뿐만 아니라 국가경제 면에서도 막대한 이익을 가져다준다. 이러한 이유 때문에 각 지역별로 광역 및 기초지방자치단체들은 외국인 관광객들을 끊임없이 확보하는데 노력을 아끼지 않고 있다. 예를 들어 각종 관광프로그램과 관광지역을 지속적으로 개발하고 활성화하는데 에너지를 쏟아 붓고 있다. 그러나 각 광역 및 기초지방자치단체들이 아무리 관광 시설과 멋진 프로그램을 개발한다고 할지라도 그 어느 지역이든 해당 지역의 경제 상황, 테러위협의 발생여부, 범죄의 발생 정도, 정치 및 군사적 상황 그리고 사회문화적 상황의 발생 등은 큰 변수를 가져올 수 있다. 곧 치안이 안정되어 있어야만 국내외의 많은 관광객들이 마음 놓고 관광지역을 방문할 수 있다는 것이다. 이 때문에 많은 관광객을 유치하기 위한 선결조건은 지방자치단체들 스스로가 관광객 유치를 위해 많은 홍보를 해야 한다. 그리고 동시에 경찰기관이 제대로 작동할 수 있도록 지원을 아끼지 말아야 한다. 이러한 지방자치단체의 노력과 함께 각 시도경찰청들은 치안의 안정을 유지하기 위한 체계적인 치안 시스템과 프로그램을 개발 및 정착시켜 나가야 한다.

말하자면 위에서 언급한 치안안정의 확보는 바로 경찰이 얼마만큼 적극적으로 치안질서 유지를 위해 노력하느냐에 달려 있는 것이다. 중요한 것은 그동안 전국 17개 광역시도 산하에 설치되어 있는 18개 시도경찰청 및 257개 경찰서[11]별로 대부분의 경찰관들이 관광경찰이라는 단어를 공식적으로 내놓고 언급하지 않았을

---

11) 2020년 12월 1일 기준 전국에 256개의 경찰서가 존재했고 2020년 12월 23일 남양주북부경찰서가 개서하게 됨으로써 전국의 경찰서는 2021년 5월 1일 기준 257개이다.

뿐이지, 실제로는 해당 지역 및 경찰서별로 관광객 관련 치안정책을 잘 구축하고 치안경찰 및 관광경찰로서도 훌륭한 역할과 기능을 이른바 치안질서 유지와 관리라는 차원에서 적극적으로 수행해 왔다고 평가할 수 있다.

물론 우리나라의 아름다운 섬지역인 제주특별자치도에 위치한 제주경찰청의 국가경찰뿐만 아니라 2006년 7월 1일 전격적으로 출범했던 제주자치경찰단의 자치경찰도 역시 관광경찰로서 그리고 동시에 치안안정을 위한 조직체로서 훌륭한 역할과 책무를 다해 나왔다. 제주자치경찰단의 경우 2016년 초 조직개편을 통해 관광경찰과 산하에 공식 제주관광경찰대를 창설하고 본격적인 관광치안활동을 전개함으로써 국민들로부터 많은 지지를 얻은 바 있다. 제주자치경찰단 내의 홈페이지를 살펴보면 이미 오래전부터 여기저기서 관광객 친화적이며 주민친화적인 치안서비스를 비롯해 제주도민과 관광객의 안전지킴이로서 역할을 잘 수행하고 있다.

제주특별자치도 산하 국가경찰인 제주경찰청도 벌써 2004년도부터 이전의 기초자치단체였다가 없어진 남제주군의 관광지에 관광객 보호를 위해 의경들을 대상으로 관광경찰이라는 임무를 수행하도록 배치해 운용함으로써 좋은 반응을 얻었던 역사가 있다.[12] 무엇보다 2006년 7월 1일 제주자치경찰단이 전격 창설됨으로써 관광경찰의 역할뿐만 아니라 또한 그 기능까지도 훌륭하게 수행해 나오고 있는 것은 역시 같은 맥락으로 이해할 수 있다. 이러한 일련의 과정 속에서 한발 더 나아가서 2016년 2월 1일 제주자치경찰단은 완전히 독립적인 제주관광경찰대를 발족시키기도 했다. 완전히 자치경찰관들로 이루어진 게 특징이었고 별도로 관광경찰 제복을 착용하였으며 제주의 관광특성을 잘 살릴 수 있는 기획이었다는 차원에서 의미가 적지 않았다. 물론 여러 가지 사정으로 인해 이 제도를 길게 운영하지는 못했다. 아무튼 관광경찰의 개념은 관광지 내에서 정보, 보호안내, 교통, 방범, 범법행위 단속, 불만접수를 비롯하여 다양한 관광경찰 기능을 담당하는 것이라는 정의가 가능하다.

2. 관광경찰의 도입 준거

통상적으로 관광경찰의 경우 다음과 같은 몇 가지의 도입 준거들을 제시해 주

---

12) 이영남, "관광경찰의 역할과 기능: 강원도를 중심으로". 「경찰학논총」, 4(2), 2010, pp. 5-23; "경찰청, 관광경찰 출범 1주년, 행복한 한국관광 기초 다져", 2014년 10월 보도자료, p. 6.

고 있다.

첫째, 관광경찰은 어느 국가 어느 지역에서든지 각기 지방자치단체에게 있어서 생명과도 같은 일련의 지역경제에 많은 도움을 주도록 하는데 외부 관광객들의 유치에 기여한다는 점이 바로 하나의 좋은 예가 된다. 특히 관광객들이 방문한 지역에서 즐겁게 관광여행을 향유하면서 가진 돈을 마음껏 소비하고 되돌아가기 때문에 관광산업이 끝임 없이 발전하고 확대될수록 해당 국가의 균형발전이 활발하게 이루어지도록 해준다. 동일한 맥락에서 각 지방자치단체들은 지역경제의 활성화를 위한 대안으로 관광 관련 산업을 활발하게 발전시키고자 끊임없이 노력을 시도하고 있다. 특히 관광경찰은 자신들의 역할은 물론이고 적지 않은 기여를 통해 관광객들의 안전에 있어서 만전을 기하고 있으며 한번 찾아왔던 관광객들이 또다시 찾아오도록 좋은 인상을 전해주는 데도 큰 역할과 기여를 한다는 점에서 중요한 의미를 가진다.

둘째, 관광경찰은 그 나라가 특성화한 관광지의 지역적 특성에 맞추어 치안서비스를 적극적으로 제공해 주는 역할을 수행하는 일이 중요하다. 흔히 지방자치단체들마다 산악지역 및 해변지역, 도시, 농촌 등 그야말로 다양한 지리적 특성들을 가지고 있다. 이들 해당 지역의 특성에 알맞도록 경찰의 치안서비스가 적재적소에 제공되어야 한다. 그들 지역의 특성들을 최대한 살려서 그 지역의 주민과 관광객들을 위해 알맞은 각종 치안서비스들을 제공하는 과제도 매우 중요하다고 본다. 이처럼 해당 지역마다 관광지의 특성에 따른 그리고 가급적이면 치안서비스를 차별화하기 위해 어느 나라에서든지 관광경찰이 필요하다고 볼 수 있다.[13]

셋째, 관광경찰들은 사실상 내국인은 물론이고 외국인 관광객을 유치하는데도 직접적으로 기여를 하고 있다. 큰 그림에서 볼 때, 관광경찰은 중앙정부뿐만 아니라 지방자치단체의 관광산업이 활발하게 발전하는데 있어서도 크게 기여하는 요인을 적지 않게 제공한다. 그리고 관광경찰은 영어, 스페인어, 독어, 일어, 중국어, 프랑스어 등 외국어를 어느 정도 구사할 수 있는 경찰공무원들을 대상으로 공개 모집하여 조직하기 때문에 외국인 관광객들에게 직접적으로 언어적 서비스까지 제공하게 되므로 이에 따른 만족도를 향상시켜 주고 있을 뿐만 아니라 행여나 관광지에서 발생하는 여러 가지 사건과 사고들에 대해 현장에서 신속하게 원스톱 서비스를 제공해 주는 등, 한번 왔던 관광객들이 또다시 찾아오도록 하는 유인효

---

13) 이영남, "관광경찰의 역할과 기능: 강원도를 중심으로", 「경찰학논총」, 4(2), 2010, p. 5.

과에 있어 직·간접적으로 상당히 긍정적인 영향을 주고받게 된다.

넷째, 무엇보다 관광경찰은 국가경찰과 자치경찰들이 가장 기본적인 임무로 부여되어 있는 생활안전 유지를 위한 역할을 한꺼번에 수행한다. 관광경찰들이 관광지에서 수행하는 일련의 복합적인 경찰활동들이 그 좋은 하나의 예가 될 수 있다. 이뿐만 아니라 관광경찰들은 각 관광지에서 여러 가지 사건 사고의 예방 및 처리를 동시에 수행함으로써 궁극적으로는 생활안전 경찰의 역할에 많은 기여를 한다. 그 또 하나의 좋은 예를 들어보면 관광지에서 질서유지, 교통질서유지, 지역 축제나 문화행사의 원활한 안전유지 등의 업무를 함께 수행하는 것이다.

3. 제주관광경찰제의 출범 필요성

우리나라에서 가장 큰 섬지역인 제주도를 찾고 있는 국·내외 관광객들이 지속적으로 증가하고 있다. 특히 관광객들을 상대로 택시운전자들이 미터기 등을 조작하여 과다한 요금을 청구하는 불미스러운 문제들이 언론에 소개되기도 했다. 이밖에도 욕설이나 난폭운전, 그리고 숙박업소 직원들로부터 불친절과 횡포를 당했다는 불만이나 민원 등이 발생하기도 했다. 이처럼 여러 가지 불미스러운 소식들은 관광객들로부터 제주도를 재방문하는 의지를 꺾거나 포기하도록 하여 궁극적으로는 국가와 국민적 이미지를 흐리게 하는 위험 요인이 되기도 한다. 무엇보다 납치 혹은 여러 가지 범죄가 발생할 경우에 전문적인 관광경찰이 운영되는 상태에서 관광객들이 관광경찰관들을 관광지에서 어느 때고 만나서 치안서비스를 받을 수 있다면 국격이 그만큼 향상될 수 있을 것이다.

미래에 한국의 관광산업이 계속해서 양적인 성장을 불러오고 국제적으로 품격 높은 한국의 관광이미지를 향상시키는 가장 좋은 방법은 위에서 지적한 각종 불법적인 요인들을 깨끗하게 해소해야 한다고 본다.

무엇보다 외국인 관광객들은 관광경찰제도를 통해서 관광 중에 범죄에 처한 비상상황에서는 관광경찰에게 신속한 피해 상황 신고가 가능하도록 원스톱 관광경찰 서비스제도를 탄탄하게 구축해 나가는 일이 중요하다. 이와 같은 요구사항들에 적극 부응하고자 우리나라도 관광경찰제도를 도입하여 활성화시키는 당위성이 요구되었다. 특히 이와 같은 이유들로 인해 지금까지 관광지에서의 질서유지를 비롯해 범죄예방과 단속업무를 동시에 전담하는 관광경찰 전담제도를 마련해야 한다는 필요성이 절실했었다. 이러한 맥락에서 때마침 제주자치경찰단은 관광객을 상대로 발생하는 각종 범죄들을 적극적으로 대처하는 동시에 관광객들의 불안이나 불만 따위를 극히 최소화할 수 있는 관광 인프라를 꾸준히 구축해 나왔다.14)

4. 제주관광경찰제의 유형

우리나라는 관광경찰제를 시행하는데 있어서 다음과 같이 2가지 유형을 활용하고 있다. 하나는 국가경찰이 주체가 되어 운영하는 유형이고 다른 하나는 지방자치단체가 제1차적인 주체가 되어 운영 중인 유형이 있다.

1) 서울, 인천, 부산 국가경찰 외사과의 관광경찰제 운영

전국 18개 시도경찰청 중에서 관광경찰대를 운영하고 있는 곳은 서울경찰청, 인천경찰청, 부산경찰청이다. 그리고 제주자치경찰단에도 관광경찰과를 운영하고 있어 총 4개의 관관경찰이 존재하고 있다. 일찍이 한국관광공사는 정부에 건의하여 관광경찰이 발족되어야 한다고 정부에 수차례 건의한 바 있다. 외국인 관광객이 증가하고 있고 이들 관광객들에게 관광경찰이 발족되어 원스톱 서비스를 제공할 필요가 시급해졌다는 것이 그 근본 이유였다.

이러한 제안에 의해 국가경찰은 직원들을 대상으로 공모하여 관광경찰을 선발한 후 관광경찰단을 발족하여 오늘에 이르고 있다. 마침내 박근혜 정부시절인 2013년 10월을 기해 발족된 서울지방경찰청 외사과 산하의 관광경찰대 경우는 국가경찰공무원들과 의무경찰들로 구성된 총 101명으로 외국인을 주요 상대로 한 관광경찰 업무를 수행하기 시작했다.15) 이는 한국을 찾은 외국인 관광객들을 위해 치안서비스를 제공하고자 하는데 초점을 두었다. 관광경찰공무원들은 외국인 관광객이 한국에 관광을 왔다가 여권을 분실하거나 아니면 각종 절도, 강도, 폭행 관련 범죄에 노출되어 신고를 하는 경우 즉시 범죄현장에 출동해서 원스톱 서비

---

14) 한국관광공사, 「관광경찰 도입방안에 관한 연구」, 연구용역보고서, 2013, p. 4; 신현기, "우리나라 관광경찰제의 현황과 미래지향적 제언", 치안정책연구소, 「정책연구」, 2014, pp. 246-275.

15) 박근혜 대통령은 자신의 대통령 선거공약에서 당선되면 경찰관을 2만명 증원하겠다고 했다. 이처럼 경찰관이 증원되는 상황이 전개되다 보니 경찰청에서도 경찰인력이 증원되는 상황이다 보니 적극적인 동의도 있었을 것이라는 추론이 가능하다고 본다.

스를 받을 수 있도록 해주는 것이 바로 그 핵심 업무이다.

이어서 2014년 부산과 인천경찰청에도 역시 관광경찰대를 창설하여 시민과 관광객들로부터 많은 호응을 얻고 있다. 각 시도경찰청 소속의 관광경찰대는 영어, 독어, 프랑스어, 스페인어, 중국어, 일본어 등 외국어 능력이 비교적 우수한 국가경찰공무원들 중에서 공개선발하여 관광경찰대를 조직한 후 외국인 관광객들의 각종 불편사항을 해결해 주고 더 나아가서 외국인 관광객의 안내를 비롯해 치안서비스를 제공해주고 있다. 이뿐만 아니라 무자격 관광가이드와 게스트하우스 등의 관광 관련 무질서 등 각종 불법행위들을 철저하게 단속 및 수사하는 역할을 활발하게 수행해 나가고 있다.16)

2) 제주도 자치경찰단의 자치경찰제 운영

서울경찰청, 인천경찰청 및 부산경찰청은 일찍이 2016년에 관광경찰제도를 도입한 바 있다. 그 이전인 2006년 7월 제주특별자치도 자치경찰단은 더 먼저 자치경찰제의 시작과 함께 기존에 민생사법경찰팀에서 함께 운영되던 관광경찰의 활동을 강화했다. 제주자치경찰은 전장에서 언급했듯이 2016년 2월 1일을 기해 관광경찰과를 중심으로 관광경찰대를 출범시켰다. 특별히 제주를 찾는 외국인 관광객을 위한 관광치안서비스를 적극 제공하는데 크게 기여하고 있다는 평가가 나온바 있다. 이 제주자치경찰단 산하 관광경찰은 국가경찰 소속의 관광경찰제가 아니라 제주특별자치도라고 하는 지방자치단체 직속의 자치경찰단 내에서 운영하는 관광경찰이라는 점에서 의미가 크다. 이는 우리나라 최초의 관광경찰제라는 점에서 사람들로부터 크게 관심을 받았다. 제주자치경찰단 소속의 관광경찰은 서울경찰청, 인천경찰청, 부산경찰청에서 국가경찰 소속의 관광경찰처럼 그리고 업무면에서 볼 때, 단속, 수사, 서비스 제공 차원에서 볼 때, 상호 간 크게 다를 게 없다.17)

제주관광경찰은 특별사법경찰업무 분야를 다루는 업무영역이 많고 이와 반대로 국가 관광경찰 경우는 일반사법경찰 업무의 차원이 강하다고 볼 수 있다. 이러한 차이만 어느 정도 존재할 뿐 그 내용면에서는 사실상 대부분이 동일하다고

---

16) http://cafe.daum.net/jejujtps/FzcH/422?q(검색일: 2016. 9. 15).

17) 태국은 초창기에 국가경찰에서 관광경찰을 운영해 오다가 점차적으로 관광객이 증가하면서 이를 독립시켜 별도의 관광경찰청을 운영하고 있다. 이밖에 국가경찰 차원에서 관광경찰제를 운영하는 국가들은 그리스, 페루, 이집트, 인도, 네팔, 인도네시아, 베트남 등이 대표적이다. 이들은 국가경찰청에 소속되어 관광경찰의 기능을 수행하기도 하고 경우에 따라서는 관광지에서 치안을 담당하는 경찰을 관광경찰이라고 부르는 경우도 있다.

보여 진다.18)

5. 제주관광경찰의 역할과 기능

제주자치경찰단 담당자들의 고유 업무를 살펴보면 경찰정책과(수사담당, 어린이 교통공원, 기획, 인사), 교통생활안전과(기마대, 주민생활·교통관리), 관광경찰과(공항 담당, 관광경찰담당), 주차지도과(주차지도, 주차민원), 서귀포지역경찰대(주차지도, 관광교통)로 크게 나누어져서 운영되고 있다. 제주자치경찰단에서 운영하고 있는 관광경찰과 경우는 내·외국인 관광객에 대한 치안 안전의 확보는 물론이고 관광과 환경유지의 관리대책, 종합기획과 조정, 관광과 밀접하게 관련된 업계로부터 바가지 요금 관련 부당행위의 근절대책 추진, 관광객을 위한 관련 안내, 그리고 관광지 주변의 치안서비스와 홍보 등이 그 핵심 내용이다. 2006년 7월 1일 출범한 제주자치경찰단은 2008년부터 전체 업무의 수행과 관련된 관광경찰의 관련 성과도 꽤 많이 보여 지고 있다. 구체적으로 공항이나 항만 등에서 질서 문란행위의 지도나 단속, 한라산 혹은 여러 관광지 주변에서 질서유지의 확립, 관광지에서의 기초질서 확립(관광질서를 위반하는 문란사범 단속), 관광 특성화 지역인 제주이미지의 조성(관광지 현장접수 처리와 안내 및 한라산 자연환경 훼손, 무단출입의 단속, 편의제공 등), 그리고 관광지 주변에서 교통법규 관련 위반사범의 단속 등이다.19)

6. 관광경찰제의 조직구성

아래의 [그림 6-1]이 보여주는 바와 같이 제주자치경찰단 단장의 직급이 자치경무관급으로 승격되는 큰 변화가 있었다. 즉 2014년 제주자치경찰지원 관련 규정이 국회를 통해 전격 개정됨으로써 2016년부터 단장의 계급이 3급인 자치경무관급으로 승격되었다. 그렇지만 제주자치경찰단 소속 공무원들에 대한 인사권자인 도지사의 결정권한에 따라 연기되었다.20) 그 후 2017년 초에 전격 임명됨으로

---

18) 제주자치경찰은 단속보다는 오히려 관광객들을 위해 사진 촬영시에 말을 타고 모델이 되어 주는가 하면 또한 서비스를 제공하는데 초점을 두고 있다고 보여진다. 이에 반해 국가 관광경찰은 서비스도 있지만 주로 단속업무에 초점이 주어진 경향이 강하다.

19) 이영남, "관광경찰의 역할과 기능: 강원도를 중심으로",「경찰학논총」, 4(2), 2010, p. 10.

20) 제주자치경찰은 2016년 7월 1일 자로 자치경무관을 새로 공개선발 및 임명하기로 했었지만 사정상 전격 연기되었다. 즉 제주의 소리 방송기사에 따르면 다음과 같은 내용이 발표되었다. "강석찬 단장 공로연수 없이 직무대리 퇴임직전까지 유지...총경 없는 기형적 조직 '그대로' 유

서 마침내 경무관 단장 시대가 활짝 열리게 된 것이다. 이는 제주자치경찰사에 큰 의미 있는 내용으로 기록되게 되었다.21)

[그림 6-1] 제주자치경찰단의 조직구조

출처: 김동규, 2017: 62(2017년 7월 기준).

한편 중국 관광객의 살인사건과 제주관광경찰의 관계에서 다음의 내용을 살펴 보는 것도 의미가 크다고 본다. 중국인 관광객 천궈루이는 2016년 9월 17일 제주 특별자치도 연동에 위치하고 있는 모성당에서 아침기도를 하고 있던 제주도 주민 김○○씨를 아무 관련도 없는데도 불구하고 이른바 묻지마 살인 사건을 저질렀 다.22) 이 살인 사건을 계기로 위의 그림에서 살펴보는 바와 같이 제주자치경찰단 은 자체 조직을 전격 개편하여 관광경찰과(치안센터 4개 설치; 상주근무는 안하고 순

지된다는 것이다. 올해로 출범 10년을 맞은 제주도자치경찰단이 기형적인 조직구조를 정리하지 못한채 결국 단장의 임기를 6개월 연장하는 미봉책을 꺼내들었다. 제주도자치경찰단은 차기 단 장에 대한 공모절차 없이 현 강석찬(60. 자치총경) 단장의 임기를 6개월 더 연장하기로 하고 원희룡 도지사의 승인을 받았다고 10일 밝혔다〈저작권자 ⓒ 제주의소리〉." 그러나 2017년 1월 2일 제5대 나승권 경무관 단장(변호사)가 외부공개모집 인사로는 처음으로 취임하게 되었다.

21) 곧 이어서 경찰정책관이라는 명칭으로 경정 과장 중에서 1명을 총경으로 승진시켜 경무관 단 장, 총경 경찰정책관, 그리고 각 경정 과장 체제를 유지하게 되었다. 세부적으로 보면 경찰정책 관은 기획인사, 민생수사 1,2를 맡고 교통생활안전과는 교통과 생활안전 직무를, 관광경찰과는 관광경찰과 공항사무소 및 기마경찰대를 그리고 서귀포지역경찰은 교통관광과 민생수사 직무를 수행하는 조직체계를 완비했다.

22) 중국인 관광객 천궈루이는 제주도의 어느 성당에서 기도하고 있는 가톨릭 신자를 살해함으로 써 사회를 불안하게 하였다. 그는 남의 나라에 관광 와서 아무 면식도 없는 사람에게 묻지마 살인 범죄를 저지른 것이다.

찰 때만 잠시 휴식하기 위해 머무는 곳임)를 새로 만들게 되었다. 위와 같이 중국인 관광객으로부터 저질러진 묻지마 살인사건이 제주자치경찰단에 관광경찰과를 새로 발족시키는 조직개편에 있어서 하나의 결정적인 원인을 제공하게 되었다. 동시에 제주 전역은 사실상 관광지이기 때문에 많은 수의 관광객들이 찾아오고 있는데, 이는 제주만이 가지고 있는 관광지로서의 고유특성에 따라 독자적으로 관광경찰과를 특성화 시킬 수 있는 하나의 중요한 계기가 되었다.

7. 제주관광경찰의 인사관리

이미 전장에서 언급했듯이 2006년 7월 1일 제주자치경찰이 창설될 때 법적으로 정해진 전체 정원은 127명이었으며, 이것이 2016년에 추가로 3명이 증원됨으로서 총 130명으로 확대되었다. 전체 정원을 볼 때 순수 자치경찰공무원은 130명이고 추가로 도청에서 이관된 일반공무원(일반직 및 공무직) 19명이 더해진바 있다. 2017년 7월을 기준으로 경찰정책관 소속으로 32명, 교통생활안전과 소속으로 27명, 관광경찰과 소속으로 40명(공무직 8명 포함), 서귀포지역경찰대 소속으로 10명, 그리고 교통정보센터에 24명 등 총 현원이 145명에 이를 만큼 조직이 대폭 확대되었다.[23)]

사실 제주자치경찰공무원들 중에는 연간 평균 대여섯명씩 지속적으로 타 직장으로 이직하는 현상이 지적되고 있다. 이러한 현상은 가뜩이나 부족한 제주자치경찰의 정원을 100% 채우지 못하는 중요한 원인 중 하나로 평가된다. 그나마 다행인 것은 제주도가 국내 최대 관광지 겸 세계적으로 알려진 관광지역인 만큼 제주자치경찰단의 관광경찰과에 소속된 자치경찰인력이 무려 40여명을 차지하고 있다는 점이다. 자치경찰단의 다른 과의 경우는 이보다 훨씬 적은 정원을 유지하고 있다. 이에 따라 제주관광경찰은 4개의 치안센터를 구성하여 운영하는 등 많은 활동을 펼치고 있다.

---

23) 김동규, "제주자치경찰 운영 현황 및 제도상 한계", 서울특별시 주관 「시민과 함께 하는 바람직한 자치경찰제 방향 모색 포럼」 자료, 2017. 7. 21, p. 62.

〈표 6-1〉 제주관광경찰의 인력 현황

구분	총계	자치경찰공무원	일반공무원		
			계	일반직	공무직
정원	150	130	19	11	9
현원	145	125	20	12	8

출처: 김동규, 2017, p. 62.

2017년 8월 현재 제주자치경찰단 내에는 약 150명 정도의 직원들이 근무하고 있었다. 이 중 약 130명은 순수 자치경찰공무원이었다. 하지만 이직과 예산부족 때문에 이로 인해 지금까지 완벽할 정도로 법정인원을 모두 채우지는 못하고 있는 실정이었다. 매년 제주자치경찰이 직원을 공개모집하고 있는 것으로 미루어 짐작해 볼 때, 제주자치경찰 정원이 계속 부족한 원인은 아마도 자치경찰 직원들의 지속적인 이직이나 병가 및 휴직 등에 기인한다고 유추해 볼 수 있다.

한편 2016년 기준 제주자치경찰 직원의 계급별 현황을 보면 총 185명이었다. 즉 자치순경 32명, 자치경장 47명, 자치경사 13명, 자치경위 19명, 자치경감 8명, 자치경정 5명, 자치총경 1명 그리고 일반직 공무원 60명으로 구성되어 있었다.[24] 특히 자치순경과 자치경감급에서 비교적 많은 인원들이 몰려 있었다. 이는 전체 자치경찰의 인원이 많지 않은 관계로 이미 오래전부터 승진적체 현상까지 보여주는 하나의 원인으로 작용하고 있는 게 사실이다.

8. 제주관광경찰의 예산관리

2017년도의 경우 제주자치경찰의 총예산은 2006년 7월 국가경찰로부터 특별임용된 이전 국가경찰관 출신 38명에게 퇴직 때까지 지원되는 월급과 운영비를 포함하고 있다. 즉 국고에서 이체되는 인력운영비 중 일부인 10억원을 포함해 총 38억원이 제주도에 지원되었다. 여기에다가 제주도가 자치경찰을 위해서 확보한 예산 68억원을 포함한 것까지 합하면 총 106억원에 이른다.[25]

위의 총예산 중에서 관광경찰과를 위한 순수 운영비는 2017년도 경우에 약

---

24) 제주의 소리(2016년 8월 25일 자).
25) 김동규, "제주자치경찰 운영 현황 및 제도상 한계", 서울특별시 주관 「시민과 함께 하는 바람직한 자치경찰제 방향 모색 포럼」 자료, 2017. 7. 21, p. 63.

221,936,000원에 달한다. 다소 아쉬운 점은 관광경찰들이 활동하는데 있어서 별도의 복지 향상을 위한 예산 항목은 사실상 아예 없다. 이와 같이 총 운영비 이외에는 아무것도 없다는 것은 제주자치경찰단 소속 관광경찰 활동에 있어서 어려움을 가중시키는 원인이 될 수 있다고 본다. 다행히 제주관광경찰과에 소속되어 있는 기마대 경우는 전년도인 2016년과 엇비슷하게 2017년에도 역시 133,720,000원의 예산이 배정되었다. 하지만 이 경우도 역시 관광경찰과 기마대 소속 직원들의 복지 및 운영비로 사용할 수 있는 예산이 아니라 오직 기마경찰대에서 추가로 필요로 하는 유럽산 말을 수입해 오는 데 사용할 수 있는 지정지원금이었다.

9. 제주관광경찰의 직무범위

무엇보다 제주관광경찰의 주요임무를 살펴보면 다음과 같다. 제주를 찾는 관광객들과 관련해 모든 범죄에 대한 사전예방은 물론이고 단속 및 처벌 등을 통해 관광객 보호, 안전한 관광 이미지 제고, 교통편의 제공, 여행정보 등 제주도의 관광부가서비스 제공을 그 핵심 내용으로 하고 있다. 2017년 9월 기준으로 제주관광경찰과 관련해서 근무하고 있는 지원 수는 약 40여명에 달했다. 이들은 제주특별자치도의 공항과 항만에서 질서를 유지하고 무사증으로 입국하는 외국인의 이탈방지를 막기 위한 검문검색, 무등록여행알선행위, 특산품의 과대광고, 무자격가이드 고용, 원산지거짓표시와 관련된 범죄들에 대해 수사활동을 펼친다.[26] 특히 제주공항 등에서 무단횡단 등 시민이 지켜야 할 기초질서 위반에 대한 계도활동과 관광객이 많이 찾는 바오젠 거리 역시 하나의 주요 업무로 수행해 나가고 있다.

하지만 여기서 문제는 일정 영역에만 한정되는 수사권의 제한과 모호한 정체성이다. 현재 제주특별자치도에서 외국인 관련 범죄 업무는 제주자치경찰이 아니라 여전히 국가경찰이 맡고 있다. 정확하게 들여다보면 제주경찰청 외사계에서 맡고 있다고 볼 수 있다. 가령 서울경찰청과 부산경찰청, 인천경찰청도 관광경찰을 운용하고 있다. 그런데 이 관광경찰직원들은 지방단체장이 운용하는 자치경찰이 아니고 국가경찰관들이 직접 업무를 수행하는 것이다. 따라서 관광경찰로 활

---

26) 제주자치경찰은 일반수사권한은 없지만 애에 대한 특별사법경찰권(환경, 보건, 위생, 산림 등)은 부여되어 있다.

동하는 국가경찰들은 수사권을 가지고 있기 때문에 범법자들에 대한 업무처리가 신속하다는 장점도 가지고 있다. 하지만 제주관광경찰의 경우는 아쉽게도 국가경찰 신분이 아니므로 수사권이 특별사법경찰 분야에만 극히 제한되어 있기 때문에, 만일 외국인 범죄가 발생할 시에는 또다시 국가경찰에게 도움을 요청해야 하는 한계에 부딪혀 있다. 제주자치경찰은 제주특별법의 개정에 따라서 경범죄처벌법상 범칙행위에 대한 통고처분은 가능하다. 그러나 관련 개별법들이 개정되지 않았기 때문에 아직까지 즉결심판 처분권한이 주어져 있지 않다. 국가경찰의 경우 법에 따라 총경이나 경무관 서장들은 모두 즉결심판처분 권한을 행사하고 있다.27)

위와 같은 문제점들을 적극적으로 개선하고자 하는 노력은 이명박 정부와 박근혜 정부에서도 계속되었지만 국회에서 법 개정이 이루어지지 못했다. 이제 2017년 5월 10일 전격적으로 출범한 문재인 정부에서 기대해 보아야 한다. 그는 전국 17개 광역시도 차원에서 자치경찰제를 시행하겠다는 복안을 내놓았고, 그 실현을 위한 토대를 구축하기 위해 국가경찰 43,000여명을 광역시도로 이관하기로 했었다.28) 이전의 제주자치경찰제보다 사무와 권한을 대폭 확대한 미래의 자치경찰제도를 나머지 16개 전국광역시도에서 새로 도입하겠다는 로드맵을 발표하고 그 실현을 위한 후속 준비에 몰입한 바 있다.29) 하지만 최종적으로 국가경찰이 자치경찰직무를 수행하는 일원화 자치경찰제를 2021년 7월부터 시행하는 것으로 최종 결론이 났다.

1) 제주관광경찰 순찰팀의 배치 실태

2016년 제주자치경찰단은 직원 중에서 외국어에 능통한 전문경찰관 17명을 관광경찰 소속으로 배치하여 직무를 시작했다. 외국어 특채자로 선발되었던 자치경찰공무원 17명을 일반경찰과 조별로 혼합편성하고 제주도에서 주로 외국인들이 많이 방문하여 왕래하는 주요 관광지(공항, 천지연, 바오젠거리) 등에 전면배치하였으며, 기초질서를 위반하는 외국인 관광객들에 대해 매우 강도 높은 계도는 물론

---

27) http://www.jejusori.net/?mod=news&act=articleView&idxno=173117(2017. 8. 30).

28) 문재인 정부만 광역시도 단위에서 자치경찰제를 추진하기로 했고, 그 이전의 노무현, 이명박, 박근혜 대통령은 기초자치단체 차원에서 자치경찰제의 도입을 상정 및 추진했었으나 모두 실현하지 못했다.

29) 본 법률안이 바로 홍익표 의원이 대표 발의한 이원화 방안이었다. 이는 20대 국회의 임기 만료와 함께 자동 폐기되었다.

이고 심한 경우는 단속활동을 펼침으로써 큰 효과를 거두었다.

2) 제주자치경찰단 소속 관광경찰의 근무방식

제주자치경찰단에 소속되어 관광경찰 업무를 수행하고 있는 직원들은 매우 체계적인 시스템을 통해 운영해 나가고 있다. 이들 자치경찰들은 국가경찰과는 달리 야간 근무 없이 오직 주간근무만 수행하는 것을 원칙으로 삼고 있다. 매우 특별한 상황이 발생하는 경우 이외에는 특정직 지방공무원의 특성에 알맞게 주간에만 근무하는 것으로 운영되고 있다. 하지만 경우에 따라서는 추가적으로 연장근무를 하는 경우도 발생할 수 있다. 예를 들어, 제주의 전통행사인 쥐불놀이 같은 축제가 개최될 경우에는 질서유지와 안내를 위해 자치경찰직원들이 참여하는 경우가 대부분이다. 물론 이러한 경우에는 부가적으로 직무사항이 발생한 것이기 때문에 직무 시간의 연장에 따른 추가 수당을 수령하는 것이 당연하다.

3) 제주관광경찰의 시설, 복제, 장비 및 직무교육(재교육)

제주자치경찰단 소속 교통생활안전과에서 기존에 운영하던 기마경찰대를 보면 다음과 같다. 제주자치경찰 기마대의 조직개편에 따라 교통생활안전과를 관광경찰과로 소속 변경한 후 운영해 나오고 있다. 제주특별자치도의 전역에 설치되어 있는 올레길 등에서 관광경찰들이 말을 타고 활발하게 순찰활동을 펼치고 있다. 제주자치경찰 기마대는 2012년 3월 8일 창설되었으며 제주관광경찰 소속 기마경찰대가 활발하게 수행하는 주요 사무는 의전부문이 가장 크다. 제주에서 주요 행사시 기마퍼레이드를 펼치며 지역문화축제에 참가한다. 그리고 주요 관광지와 올레길 등지에서 활발하게 기마순찰 활동이 펼쳐지고 있고 제주를 찾은 관광객을 적극 보호하는 동시에 환경보호 활동을 진행하고 있다. 또한 교통생활안전과는 제주특별자치도를 찾아온 국내외 관광객들에게 말을 탄 모습의 볼거리를 제공하고 모델이 되어 함께 사진을 찍도록 재능기부를 해주는 센스도 발휘하고 있다. 이뿐만 아니라 관광객들을 위한 치안안전에 만전을 기하며 제주관광경찰이 수행해야 할 고유 역할들도 완벽하게 수행해 나가고 있다.[30]

제주관광경찰의 복장은 2016년 2월 1일 출범식을 진행하면서 기존에 입던 아이보리색 근무복을 배제하고 완전히 새롭게 붉은색 긴 외투에다가 검은색 바지를

---

30) http://jmp.jeju.go.kr/contents/index.php?mid=0501(검색일: 2016. 9. 10).

입고 베레모를 쓰는 디자인으로 특성화 했다. 하지만 새 관광경찰의 근무복은 곧 폐기되었다. 그 근본 이유는 제주시민과 관광객들에게 자치경찰이 아이보리색 한 가지 복장이면 되지 왜 그렇게 다양한 복장을 유지할 필요가 있느냐는 비판을 받은 데 기인하고 있다. 이와 같은 비판적 시민 여론을 의식하여 제주관광경찰은 새로 만든 붉은색 제복을 더 이상 착용하지 않고 전격 폐기했던 것이다.

한편 모든 제주자치경찰은 애초부터 법에 따라 경찰관직무집행법을 집행할 수 있는 권한이 주어져 있다. 이에 따라 형식적으로는 3·8구경 권총을 소지할 수 있으며 각종 경찰장비의 소지도 얼마든지 가능하다. 그러나 제주자치경찰은 주어진 법적 권한상 수행해야 할 직무가 극히 제한적이므로 굳이 경찰관 직무집행을 수행할 기회가 거의 없는 실정이다. 그래서 3·8 구경 권총도 소지할 필요성을 느끼지 않으며 더 나아가서 제주관광경찰은 제주를 찾은 관광객을 대상으로 관광지 전역에서 기초질서를 지키도록 선도적인 역할에 중점을 두고 있다. 이러한 이유 때문에 제주자치경찰은 특별한 무기를 소지할 필요가 거의 없는 실정이다.

한편 제주관광경찰이 수행하는 직무와 연계해서 평상시에 받아야 할 관광경찰의 직무 수행 관련 직무교육(재교육)은 상당히 미비한 것으로 파악되었다. 예를 들어 제주관광경찰은 2016년 2월 대규모로 출범하면서 해당 직원들을 위한 어떤 특별한 직무교육을 시행하는 기회는 사실상 거의 없었던 것으로 이해된다. 이러한 근본 이유는 관광경찰의 전체 소속 인원도 비교적 소수이고, 더 나아가서 관광경찰들이 일련의 수사직무를 사실상 직접적으로 수행하는 것도 아니다. 말하자면 제주관광경찰은 주로 유명한 관광지를 중심으로 근무하는 특징을 가지고 있다. 이와 같이 제주관광경찰은 대부분 서비스 직무를 제공하는 데 집중하다 보니 특별하게 다른 기관에서 제공하는 직무교육에 참가할 필요성이 그렇게 크지 않았기 때문으로 파악된다.

10. 제주관광경찰의 성과분석

제주자치경찰단 소속 제주관광경찰은 제주 전역의 관광지를 순찰하는 업무, 제주국제공항에서 20명의 직원은 항공기 탑승검색 보안업무, 그리고 관광지에서 관광객의 치안안전 유지를 담당하는 기마경찰대 직무분야 등 다양하게 업무를 수행하고 있다. 특히 관광경찰들은 다음과 같이 치안행정 서비스를 제공하면서 많

은 성과를 보여주고 있다. 이들이 이루어낸 여러 가지 추진 실적들 중 중요한 것
몇 가지만 살펴보면 다음과 같다.

1) 관광경찰의 관광지 순찰과 국제공항사무소 추진실적

2016년 2월 제주자치경찰단은 외국어 특채 경찰관 17명을 선발한 후 이들을
중심으로 관광경찰대를 창설했었다. 그 후 이들은 관광경찰과에 배속 되어 제주
도에서 관광객이 가장 많이 찾고 있는 바오젠거리, 탐라광장, 용두암 등 관광지 7
개소를 비롯하여 제주가 자랑하는 올레길 4개 코스를 중심으로 본격적인 방범순
찰 활동을 전개하였다. 처음에 관광경찰대가 출범할 때는 특별사법경찰과 소속이
었고 그 규모도 소수였다. 조직개편을 통해 관광경찰과로 소속이 변경된 20여명
은 제주국제공항에 상근하게 되었는데, 이는 제주가 무비자 허용지역이 되면서
외국인이 왔다가 육지로 이탈하는 것을 방지하는 업무를 맡기로 한데에 기인한
다. 원래 계획대로 이들 20명은 2016년부터 무사증 이탈자에 대한 검문검색을 실
시해 92명의 이탈자를 적발해 내는 큰 성과를 올렸다.

〈표 6-2〉 관광경찰과 소속 공항사무소의 추진실적

(단위: 건)

연 도	무사증 이탈자	형사범	호객 행위	불법 주정차	교통 단속	면허 조회	유실물 처 리	기 타 (행정범)
2016	92	88	117	17,557	653	65,295	202	847

출처: 김동규, 『제주자치경찰단』, 2017, p. 65.

제주관광경찰이 2016년에 1년간 처리한 사건 실적을 보면 수산물품질관리법
위반, 청소년보호법위반, 농수산물의원산지표시에관한법률위반, 관광진흥법위반,
문화재보호법위반, 건강기능식품에관한법률위반, 매장문화재보호및관리에관한법률
위반, 화장품법위반 분야에서 돋보였다. 제주관광경찰은 검찰송치, 내사종결, 재기
송치, 행정처분을 위반한 관광사범들을 상내로 무려 244건을 적발해 법적 조치를
취했는데, 244건 중 231건이 최종 처벌을 받은 것으로 나타났다. 제주관광경찰
업무 중 또 하나 눈에 띄는 것은 육지에서 제주를 방문한 관광객들이 급하게 움
직이다보니 운전면허증을 깜박 잊고 제주공항에 도착하는 사례가 나오는데, 이런
경우 제주자치경찰이 이들이 운전면허 소지자라는 증명서를 확인해 주면 렌터카
회사가 렌터카를 빌려주도록 하는 서비스가 이루어지고 있다. 이처럼 제주자치경

찰은 제주방문 관광객에게 이른바 면허조회 서비스를 진행하여 준 결과 총 65,295건의 편의제공 서비스라는 성과를 올린 바 있다.31)

한편 제주관광경찰은 2017년 1월부터 4월까지 제주지역 관광분야에서 180건, 제주국제공항사무소에서 76건, 서귀포 파출소에서 무려 95건의 업무추진 관련 실적을 올린 바 있다. 이러한 수치는 총 351건에 달했고 그 이후에도 종합 성과들은 계속해서 향상되었음이 2018년과 2019년 업무성과에서도 나타나고 있다.32)

〈표 6-3〉 제주관광경찰의 2017년 1월~4월까지 추진실적

(단위: 건)

구분		계	교통				경범		행정범	형사범	미담사례	불편처리(통역 등)
			운전자		보행자		내국인	외국인				
			내국인	외국인	내국인	외국인						
월계	계	351	168	2	38	51	9	7	63	13	2	142
	관광	180	63	1	38	51	8	7	10	2	0	134
	수사	0										
	공항	76	49					1	21	5		
	서귀	95	56	1					32	6	2	8
누계	계	1,582	473	8	132	407	93	74	291	104	20	364
	관광	469	102	4	74	207	11	15	36	20	5	325
	수사	47							3	44		
	공항	569	124	3	47	177	6	3	188	21	2	
	서귀	497	247	1	11	23	76	56	64	19	13	39

출처: 제주자치경찰단 내부자료(2017).

2) 관광경찰 소속 기마경찰대의 활동 실적

2012년 3월 제주자치경찰은 기마경찰대를 발족시키기도 했다. 초창기에는 소속 직원 중에서 말을 탈 수 있는 숙련된 8명의 직원을 선발해 자치경찰 기마대원이라는 이름으로 활동을 시작하였다. 이들이 활용하고 있는 말은 더러브렛 14두

---

31) 김동규, "제주자치경찰 운영 현황 및 제도상 한계", 서울특별시 주관 「시민과 함께 하는 바람직한 자치경찰제 방향 모색 포럼」 자료, 2017. 7. 21, p. 64.
32) 다음 장에서 2018년과 2019년의 제주관광 경찰이 올린 성과들이 후술되고 있다.

와 제주마 2두 등 총 16마리였다. 제주자치경찰단의 기마경찰대는 주로 많이 가
는 곳이 제주도내 차량순찰이 어려운 올레코스, 축제문화 행사장의 관광안내 및
기마퍼레이드, 사려니 숲길을 비롯한 유명한 관광지에서 활발하게 기마순찰 활동
을 펼치고 있다. 2016년도에 기마경찰대는 치안활동과 병행하여 장애인과 함께하
는 찾아가는 기마순찰 103회, 행사지원 15회, 관광안내 2,908건, 승마체험교실 75
회 1,596명, 홍보활동 37,360회 등 적지 않은 성과를 보여주었다. 결국 기마경찰
대의 일련의 활동들은 제주도민은 물론이고 제주를 찾아 온 많은 관광객들에게
좋은 인상을 심어주었다는 호평이 많았다.

<표 6-4> 기마경찰대 활동

(단위: 회)

연 도	행사지원	기마순찰	승마체험교실	관광안내	홍보활동 (사진촬영 등)
2016	15	103	75 / 1,596명	2,908	37,360
2015	26	82	44 / 1,506명	2,823	35,380

출처: 김동규, 『제주자치경찰단』, 2017, p. 65.

제주관광경찰은 제주도민과 외부지역으로부터 온 제주관광객을 직접 만나서
현장치안의 안전을 유지하기 위한 활동을 펼치는 것이었다는 점에서 높은 평가를
받는다. 제주도의 안전한 관광도시 조성에 크게 기여함은 물론이고 외국에서 온
관광객들이 제주에서 법질서를 경시하는 풍조를 사전에 차단하는 데 역점을 두었
다. 또한 관광지에서 방문객들이 기초질서를 지키도록 선도하는데도 앞장섰으며
이전보다 많이 개선되도록 하는데 크게 기여했다는 평가가 나왔다.[33]

11. 제주관광경찰의 문제점 분석

그동안 많은 제도석 보완에도 불구하고 제주관광경찰은 보완해야 할 과제들을
여전히 많이 남겨두고 있다. 이와 관련해 몇 가지 문제점들을 살펴보면 다음과
같다. 모든 제도가 완벽할 수는 없기 때문이다.

---

[33] 제주자치경찰단 홈페이지(http://jmp.jeju.go.kr/ 검색일: 2016. 9. 10).

1) 제주관광경찰 직원 수의 증원 과제

제주특별자치도의 전역은 사실상 관광지라고 해도 과언이 아니다. 매년 1,000 만명 이상의 관광객이 제주를 방문해 왔고 꾸준히 증가하고 있기 때문에 제주를 찾는 관광객들에게 치안서비스를 제공하는 제도적 장치를 지속적으로 마련해 나가야 할 것이다. 무엇보다 치안이 안정되기 위해서는 경찰인력의 증원이 필수적이다. 따라서 자치경찰의 인력증원 문제가 그동안 꾸준히 주장되었는데, 이러한 욕구를 충족시키기 위해 중·장기적으로 인력을 증원해야 하는 실정이다. 2017년 9월 기준 제주자치경찰단의 관광경찰과에 근무하고 있는 관광경찰공무원의 총정원은 모두 17명이었다. 제주특별자치도의 경우 2016에 육지에서 퇴직하고 이주하는 사람들이 급속히 증가하였으며, 특히 중국에서 무비자 입국하는 관광객이 기하급속도로 증가한 바 있다. 이처럼 관광객이 증가하면서 관광경찰들의 업무량이 자연적으로 확대되기도 했고 이와 결부하여 관광경찰의 인력증원도 필요하다는 주장들이 제기되기도 했다. 2017년 7월 기준으로 제주관광경찰과에 소속 인력은 40명이었다. 이 중에서 20명은 원래 약정대로 제주국제공항사무소에서 육지로 나가려는 무비자 외국이탈 방지를 위해 상근해야 하는 관계로 그렇지 않아도 부족한 인력 때문에 상당한 부담이 되기도 했다. 이러한 사정으로 인해 제주관광지만을 순찰해야 하는 순수 관광경찰의 인력 수는 고작해야 20여명에 그쳤다.

2) 관광경찰조직의 확대 과제

2016년과 2017년을 기준으로 해서 볼 때, 제주 전역은 오래전부터 그리고 향후에도 제주특별자치도는 전지역이 모두 관광지라는 특징을 지닌다. 이에 착안하여 제주특별자치도는 제주 전지역을 관광특성화 지역으로 최대한 살려낼 필요가 있다. 전국에서 유일하게 제주도지사가 운용하는 제주자치경찰단 소속의 제주자치경찰을 (가칭)제주관광경찰단으로 전면 조직 개편한 후 관광경찰을 집중적으로 확대하여 특성화 하는 방안이 바람직한 만큼 심도 있게 검토해 볼 가치가 있었다고 본다.34)

---

34) 이 때는 여전히 국내에서 유일하게 제주특별자치도만 자치경찰제를 운용하고 있었기 때문에 제주관광지역의 특성을 살려 고려해볼 만한 방안이었다고 본다. 왜냐하면 경찰이라는 용어를 사용하고는 있지만 국가경찰로부터 아무런 수사권한도 부여받은바 없으며 무늬만 경찰이라는 비판이 많았기 때문이었다. 그런 의미에서 경찰의 권한이 부여되지 않은 만큼 차라리 관광경찰의 업무만이라도 제대로 수행할 수 있는 관광경찰로 특색을 보여주는 것도 나쁘지 않다고 본

이러한 차원에서 볼 때, 제주자치경찰의 경우 제주도가 관광지역이라는 특수성에 맞게 국내·외 관광특성화를 최대한 살려내고 제주를 방문하는 관광객들을 위해 안전한 치안서비스를 극대화한다면 그 의미가 매우 클 것이다. 특히 제주자치경찰이 경찰로서 권한을 부여받은 것이 아니기 때문에 차라리 (가칭)제주관광경찰단으로 다시 출범하여 오직 관광경찰 업무만 전념하고 특성화 하는 것도 의미가 매우 크다고 볼 수 있다. 그동안 제주자치경찰이 무늬만 경찰이라는 비판을 받아 온 것은 경찰이면서 수사권한 등이 거의 없었기 때문이다. 따라서 제주자치경찰이 중장기적으로 볼 때, 차라리 관광경찰로 다시 태어나서 관광경찰로서 전념하는 조직으로의 변신하는 것도 한번쯤 고민해 볼 필요가 있었다.35)

3) 치안서비스에 따른 원스톱 서비스 시스템의 정착 과제

2016년 서울경찰청, 인천경찰청, 부산경찰청에서 발족한 관광경찰은 국가경찰 차원에서 직접 창설 및 운영하기 때문에 수사권까지 직접 행사하고 있다. 즉 관광객이 우리나라 관광지를 방문해 관광하던 중 각종 범죄로부터 침해를 받았을 때, 그 밖에 외국관광객이 여권을 분실할 수도 있다. 이런 경우 관광객은 대단히 곤란한 상황에 처하게 될 것이다. 따라서 관광경찰은 한국을 방문한 관광객들에게 원스톱 치안서비스를 제공함으로서 일시에 종합적인 도움을 줄 수 있다. 관광경찰 활동의 주목적은 바로 이것이다. 국가경찰 소속으로 서울경찰청, 인천경찰청 및 부산경찰청에서 직접 운영하고 있는 관광경찰은 제주관광경찰과는 전혀 다르게 곧바로 일반사법경찰로서 종합적인 권한을 행사할 수 있다.36) 관광지역에서 범죄를 저지른 범법자들을 상대로 직접적으로 수사를 진행하거나 지방자치단체에 고발 조치하여 시청이나 군청 등 관할 행정청으로부터 과태료 처분을 받도록 의뢰하는 경우가 매우 많았다.37)

큰 그림에서 볼 때, 제주관광경찰은 법적 권한이 한정되어 있는 관계로 수행

시각이다. 본 저서는 2017년부터 2020년 4월까지 연구기간으로 집필되었기 때문에 시대적인 시각이 연도별로 반영되었음을 밝혀둔다.

35) 외국에서도 관광경찰제를 특성화한 나라는 매우 많은 편이다. 태국, 베트남, 인도, 멕시코 등이 대표적이다. 태국의 경우는 독자적으로 관광경찰청까지도 설치 운영 중이다.

36) 제주자치경찰도 물론 특별사법경찰 분야에서는 동일한 수사권한을 행사할 수 있지만 사안이 한정되어 있는 점이 큰 차이이다.

37) 관광경찰은 관광지에서 관광용품에 대해 가격표시를 하지 않은 물건을 3번 적발한 경우 관할 행정청인 구청, 군청, 시청에 고발하여 과태료가 부과되도록 하고 있다.

하는 직무상에서 역시 일정한 한계가 있으며, 이로 인해 경범죄를 발생시키는 관광객을 상대로 처벌 위주보다는 오히려 선도와 예방 차원에 집중할 수밖에 없는 실정이다. 하지만 제주를 찾아온 관광객들을 상대로 해서 바가지 요금이나 미자격자 가이드의 적발38), 나아가서 갈취 및 물품사기 및 관광객 상대 폭행 등의 여러 가지 범법행위들을 대상으로 살펴보는데 초점을 두고 있다.

4) 관광경찰의 특성화 과제

아름다운 섬지역인 제주특별자치도를 찾아오는 관광객들이 지속적으로 증가하고 있다는 장점을 살리고 또한 제주 고유의 지리적·지역적 특성을 최대한 살려내어 관광경찰 활동을 활발하게 특성화 테마로 삼아 추진해 나갈 필요가 있다. 물론 이러한 목적을 달성하기 위해서는 예산의 확보 방안이 강구되어야 한다. 이를 실현하기 위해서 제주특별자치도와 제주자치경찰단은 우선 인력과 예산을 최대한 확보해서 지원해 주는데 앞장서야 한다고 본다. 물론 인력과 예산의 확보 이외에도 제주특별자치도는 도차원에서 관련 정책을 수립해야 하고 이를 실천에 옮겨질 수 있도록 보다 구체적인 활성화 방안도 적극적으로 강구해야 함은 물론 제주자치경찰단의 적극적인 협조도 뒷받침되어야 한다.

해외의 예를 들어보면 태국 관광경찰청이 좋은 사례가 될 수 있다. 태국은 국가경찰청에서 관광경찰 조직을 만들어 운영하다가 점차적으로 증가하는 관광객의 치안서비스를 통한 안정을 확보하기 위해 관광경찰 조직을 확대하여 관광경찰청을 설립하게 되었다. 이와 같이 특성화된 태국 관광경찰청에 제주특별자치도가 제주관광경찰공무원들을 상대로 우수 직원들을 선발하여 현장견학을 시도해 보는 프로그램개발도 강구해 보면 좋을 것이다. 이는 중장기적인 차원에서 볼 때 직원들이 전문성을 높이고 견학을 통해 아이디어를 얻어오게 됨은 물론이고 미래의 제주관광경찰 조직의 발전을 위해 크게 기여하는 하나의 계기가 될 수 있을 것이다.

5) 관광경찰 재교육의 부재 과제

제주자치경찰단 내의 관광경찰과 경찰공무원들은 매년 타과로 전보되는 직무

---

38) 가이드가 데리고 일정 관광지에 왔을 때, 현지 가이드에게 의뢰하여 관광지를 설명하도록 하는 규정을 어길 경우 처벌받는다. 현지 관광 가이드는 국가로부터 자격증을 취득하고 정확한 역사를 관광객에게 해설해 주는 제도를 모든 나라가 시행하고 있다.

방식을 취한다. 가령 홍길동이라는 자치경찰 직원이 교통과나 민생사법경찰(특별사법경찰)과 소속에 근무하다가도 매년 초 인사철에 관광경찰과로 전보되어 근무하는 이른바 순환제 근무방식이 이루어지고 있다. 제주관광경찰 직원들은 대부분이 각 부서로 전보되고 있다. 이러한 전보에 직면해서 직원들은 새 부서의 새로운 직무를 맡아서 새로이 적응해야 한다. 직원들이 새 분야의 새로운 직무에 신속하게 적응하기 위해서는 직무교육이 필요한 경우가 많은 게 사실이다. 새로운 지식을 얻고 이러한 노하우를 직무에 적용하여 공공조직이 추구하는 성과를 높여야 한다는 당위성 차원에서도 필요하다. 하지만 아쉽게도 직원들의 직무교육 기회는 시간과 비용 문제로 인해 최소한에 그치는 경우가 적지 않은 실정이다. 관광경찰인력이 부족하여 자리를 비우기가 쉽지 않은 어려움도 하나의 발목을 잡는 원인이 될 수 있다. 또한 직무교육을 받기 위해 타교육 기관으로 떠나는 것도 그렇게 쉬운 일은 아닐 것으로 본다. 특히 경찰직무는 아무나 대신해 주기가 쉽지 않다는 특성도 지니고 있다.

직무교육(재교육)을 받기 위해 며칠간 자리를 비우는 경찰직원의 직무상 공백 기간을 다른 동료가 대신해 근무를 해주어야 하는 각종 어려움 있게 마련이다. 또한 경찰조직의 예산 부족도 직무교육이 활성화 되는데 있어서 방해가 되는 하나의 작은 요인이 될 수 있다고 본다. 제주관광경찰공무원들의 직무교육은 향후에도 활성화 되어야 할 주요 과제인데 그 이유는 직원들이 훌륭한 교육을 받고 돌아와서 현장에 적용시킬 경우 결국에는 제주를 찾는 관광객들을 위한 치안서비스 향상에 기여하게 될 것이고 동시에 그 이익은 관광객들에게 고스란히 돌아가게 될 것이다. 따라서 이는 향후에도 지속적으로 관심을 기울여야 할 주요한 미래의 과제인 것이다.

제 4 절 제주자치경찰 내부 의사소통의 문화적 특성

1. 제주자치경찰 직원 간의 의사소통

제주자치경찰단에 근무 중인 구성원은 2006년 7월 창설 시에 전국의 국가경찰에서 총경, 경정, 경감, 경위, 경사, 경장들 38명이 특별임용되어 조직을 구축한 후 신임 자치순경들을 여러 차례에 걸쳐 모집하였다. 제주도의 본토 태생의 자치경찰과 전국의 국가경찰에서 특별임용된 자치경찰들 간에 내부적 의사소통에 있어서 초창기에 어느 정도의 어려움도 상존했을 것이다. 제주도라는 특정 지역의 섬과 육지라고 하는 지역 상호 간의 일정한 문화적 차이는 당연히 존재하는 것이며 그 조화를 맞추어 가는데 있어서 양자는 업무적으로 많은 협조 노력을 기울였을 것으로 본다. 제주특별자치도 소속의 특정직 지방공무원으로서 직원들은 10년 이상 시간이 흐르면서 또다른 혼합된 경찰의 협조문화를 창출시킨 것으로 이해된다.

2. 제주자치경찰과 제주국가경찰 간의 의사소통

제주자치경찰단에는 2018년 많은 변화의 시간을 가졌는데, 자치경찰 창설 12주년이었으며 국가경찰인 제주지방경찰청에서 일백 수십여명(2019년 1월까지 260여명 정도)의 경찰인력이 자치경찰단에 파견되어 합동으로 운용되는 많은 변화를 경험한 바 있다. 생활안전, 교통, 여성청소년, 112 분야에 이르기까지 다소 성격을 달리하는 조직 구성원들이 파견되어 공동으로 업무를 수행한 데서 오는 상호 간의 의사소통은 초창기의 경우 다소 낯선 의사소통도 경험하는 계기가 되었을 것으로 본다. 정부가 추진하고 있는 전국지역에서의 자치경찰제 도입 추진을 앞두고 제주자치경찰과 국가경찰 간에 하나의 의사소통의 문화를 창출하고자 하는 공통점도 찾았을 것으로 보여진다.

한편 제주자치경찰 내에서도 자치순경부터 자치경무관까지 8개의 계급을 형성하고 있는 관계로 상하간의 의사소통이 이루어지고 있고 상하계급 간 복종 문화도 분명히 존재하고 있다. 계급문화가 존재하는 만큼 구성원 간에 업무상 갈등은 존재하겠지만 그 갈등의 문화도 상호간 의사소통을 통해 이를 동시에 해소해 나가는 것은 당연하다.

제 5 절 제주자치경찰의 기강, 복종과 책임성

1. 제주자치경찰의 기강

제주자치경찰단 소속의 자치경찰은 "자치순경, 자치경장, 자치경사, 자치경위, 자치경감, 자치경정, 자치총경, 자치경무관" 등 총 8개의 계급을 유지하고 있다. 국가 및 지방공무원의 경우 어느 조직이든 간에 기강이 바로 서지 않으면 안된다. 제주자치경찰 조직 또한 마찬가지이다. 경찰조직은 준군대 조직으로 일컬어지고 있으며 일사분란하게 범죄로부터 시민을 보호해야 한다는 중요 임무를 띠고 있다. 따라서 제주자치경찰의 경우도 공직기간이 완벽하게 유지되어야 한다는 의무를 부여받고 있다.

2. 제주자치경찰의 복종

자치경찰도 제주특별자치도 소속의 지방직 공무원이며 직무상 철저하게 계급을 중시함은 물론 상관에 대해 부하는 인격을 존중 받는 기준을 유지하면서 명령에 복종하여야 한다. 이뿐만 아니라 그들은 공무원의 윤리규정과 의무를 철저히 지켜야만 한다. 국가경찰처럼 자치경찰의 경우도 자신들의 경찰조직에서 기강이 바로 서지 않을 경우 공직의 기강이 무너지게 될 가능성이 매우 높기 때문이다.

3. 제주자치경찰의 책임성

사전적 의미에서 책임성(責任性)이란 책임을 지고자 하는 성질이나 태도라고 기술되어 있다. 제주자치경찰도 주어진 의무를 다해야 하기 때문에 제주시민과 도민들을 각종 범죄로부터 안전하게 보호해야 하는 책임을 지고 있다. 이러한 차원에서 제주자치경찰은 제주도민을 위해 강한 책임성을 부여받고 있다. 하지만 공무원도 똑같은 인간인 만큼 경우에 따라서는 책임성을 망각하고 정신적으로 흐트러질 수도 있다. 이를 위해 끝임 없이 책임성을 다하도록 해주기 위해 직무교육의 기회를 지속적으로 제공해 주어야 한다.

4. 제주자치경찰의 서비스 헌장

제주자치경찰단 소속 자치경찰공무원들은 아직까지 자기들만의 독자적인 서비스헌장을 마련하지 못하고 있다. 현재 제주자치경찰들은 제주특별자치도청 차원에서 마련해 시행하고 있는 이른바 "제주특별자치도 행정서비스헌장전문"을 적용받고 있다. 현재 제주자치경찰이 적용받고 있는 행정서비스 헌장의 전문은 다음과 같다.

제주특별자치도 행정서비스헌장전문

- 우리 제주특별자치도 공직자 모두는 행복한 국제자유도시를 구현하고, 도민을 최우선으로 섬기기 위해 혼신의 노력을 다할 것을 다짐하며, 다음과 같이 실천하겠습니다.
- 우리는 도민이 주인임을 항상 마음속에 깊이 새기고, 도민에게 최선의 행정서비스를 제공하겠습니다.
- 우리는 도민을 편안하게 대하고, 도민의 목소리를 정중하게 들어 행정에 적극 반영하겠습니다.
- 우리는 불공정한 행정 처리로 도민에게 불편을 주었을 때에는 진솔하게 사과하고 바르게 고치겠습니다.
- 우리는 친절 · 신속 · 정확 · 공정한 업무 처리로 도민 모두가 공감하는 청렴행정을 실천하겠습니다.

이와 같은 우리의 목표를 달성하기 위한 구체적인 방안을 마련하고 이를 성실히 실천할 것을 약속드립니다.

이와 같이 제주자치경찰공무원들은 제주특별자치도 도민들에 대해 행정서비스헌장을 준수하며 실천에 옮겨 나가고 있다.[39]

---

39) http://www.jeju.go.kr/open/governmen/charter/service.htm(검색일: 2018. 8. 20).

제 6 절   매스미디어와 제주자치경찰

1. 제주자치경찰의 활동과 매스미디어의 역할

2006년 7월 우리나라에서는 처음이면서 현재까지 유일하게 제주특별자치도에 자치경찰제가 도입 시행 중에 있다. 제주자치경찰은 매년 민생범죄들을 법이 정한 업무와 권한의 범위 내에서 많은 실적을 올렸다. 제주자치경찰에 대해서는 주로 제주도에 소재한 매스미디어(신문, 방송)들이 가장 먼저 소식을 전하고 있으며 또한 제주와 관련된 내용을 다루는 측면에서도 가장 성의 있게 알찬 기사를 전달하려는 노력이 돋보인다. 특히 제주매스컴들은 대부분 제주자치경찰이 권한 범위 내에서 단속하는 대상들에 대해 전국민 모두가 알 수 있도록 신속히 보도해 주고 있다는 평가를 내릴 수 있다.

2. 제주자치경찰활동을 가장 많이 다루는 매스미디어

제주자치경찰의 소식을 많이 보도해 주는 언론들은 제주일보, 제주신보, 한라일보 등이며 이외에도 노컷뉴스, 뉴스 1, 뉴시스, 전국매일신문, 공무원저널, 일요신문, 헤럴드경제, 아시아경제, 파이낸셜 뉴스, 인트로 뉴스 등의 인터넷 신문들이다. 그리고 제주도에 소재하는 각종 TV방송의 뉴스 매체들도 빼놓을 수 없다.

제 7 절   행정범죄의 수사와 제주자치경찰의 특별사법경찰권

1. 제주자치경찰단 특별사법경찰과의 제도적 취지와 연혁

1) 제도적 취지

제주특별자치도는 전국 17개 광역시도 중 자치경찰단 내의 특별사법경찰팀 (2006. 7. 1)을 중심으로 활발하게 특별사법경찰의 직무를 수행해 나가도록 지원하고 있다. 이미 1956년도부터 우리나라 광역 및 기초자치단체에서는 관할 지방검찰청 검사장으로부터 특별사법경찰(약칭 '특사경')의 지명을 받아 특별사법경찰 업무를 수행해 왔다. 물론 대부분의 국가기관(외교부, 교육부, 통일부 제외)과 17개 광역시도 및 모든 하부 기초자치단체인 226개 시·군·자치구들은 환경, 위생, 건축, 산림 등의 많은 분야에서 1956년 특사경법의 제정 이후 수많은 특사경이 활동해 오고 있다.[40]

특별사법경찰제도가 시행 된지는 꽤 오래되었지만 그 단속을 통한 성과는 그 렇게 크지 않았던 것도 사실이다. 그 가장 큰 이유는 검사장으로부터 특사경으로 지명 받은 해당 특별사법경찰관들(행정직공무원)이 원래 주어져 있는 자기 고유의 행정업무를 처리하기도 바쁘다. 그러나 추가로 업무와 관련된 범법자도 적발하여 검찰에 송치해야 하는 특별사법경찰업무까지도 수행해야 하는 부담도 매우 컸던 게 사실이다. 이뿐만 아니라 행정공무원들이 특별사법경찰권을 부여받았지만 사 실상 지니고 있는 법률적 기초지식의 부족으로 인해 특별사법경찰 업무를 수행하 는 것이 버거울 수밖에 없었던 것이 또한 사실이다. 이러한 특별사법경찰제도를 활성화하기 위한 일환으로 2008년 1월 서울특별시(시장 오세훈)에서는 제주특별자 치도의 뒤를 이어 전국 17개 광역시도 중 두 번째로 시청 차원에서 특별사법경찰 단을 독자적으로 출범시키는데 성공했다.

이들은 행정 업무는 안하고 오직 수사업무만 전적으로 하는 이른바 전문수사 관제를 발족시킨 것으로 상당한 의미와 상징성을 지니게 되었다. 처음에는 서울 시청 행정국장 소속으로 소위 특별사법경찰과(4급 과장 체제)를 독자적으로 출범 시켰다. 서울시 산하 25개 자치구 소속 행정공무원들에게 특별사법경찰로 지명되 어 있던 수백명이 환경, 위생, 건축, 산림 등 행정법 위반 행위자들을 적발하여 검사의 지휘를 받으며 형사소송법에 따라 수사 후 검찰에 송치하는 역할을 수행 한다. 또한 이들은 각 구청에 근무하는 행정직공무원 중 특사경으로 지명받은 기 초자치단체 소속의 특사경들이 스스로 수사하기 어려운 사건들을 추가로 이관 받 아 처리하는 경우도 있다. 물론 광역자치단체인 서울시청 소속의 특사경이 자체 적으로도 적발하여 수사하는 건수가 90% 이상 차지하고 있다.[41]

---

40) 우리나라 특사경의 지명자 수는 이미 2018년 기준 거의 20,000여명에 달했다.
41) 그때나 지금이나 서울시의 경우 25개 구청에 수백명의 특별사법경찰들이 지명되어 있었지만 법지식의 부족과 함께 처리해야 하는 행정 업무도 과다한 나머지 행정법 위반자인 행정범들을 검사의 지휘를 받으며 수행하는 데는 일정한 한계에 부딪혀 있었다. 이를 개선하고 기대효과를 높이기 위해 서울시장은 서울시청에 직접 특사경과를 설치하게 된 것이며 오늘날에는 완전하게 정착되었다.

좀더 부언하면 원래 서울시의 경우는 산하 25개 구청에 관할 지방검찰청 검사장의 지명을 받아 수백명의 특사경이 단속업무를 진행하고 있었다. 하지만 사실 2008년 이전까지는 그렇게 주목받을 만큼 활성화되지 않았었다. 바로 2008년부터 늘어나는 서울시의 행정범들을 단속하여 서울시 민생을 보호하고자 서울시청 차원에서 직접 특사경 제도를 강화하게 된 것이다. 물론 본 제도의 강화를 위해 서울시는 검찰로부터 부장검사를 파견 받아 특사경 전문수사관제도를 상당히 강화시켰다.

그러나 서울시는 초창기에 전문수사 인력을 확보하기가 수월치 않았다. 이 때문에 서울시는 초창기에 특별사법경찰과 소속의 전담 수사관들을 대부분 산하 25개 자치구에서 파견 받아 운영했다. 점차적으로 예산을 확보한 서울시 특별사법경찰단은 시청 소속 공무원 50%와 25개 구청 소속 공무원 50%씩 부담하여 전문수사관 조직을 구축하는 과정을 거쳐 최근에는 시청 소속 공무원들로 구성된 수사관 비율이 훨씬 많아지고 있는 추세다.

2008년 이러한 서울시의 특사경제도는 전국 광역시도로 급속히 확대 되었다. 추가로 부산광역시 특별사법경찰과, 인천광역시 특별사법경찰과, 대구광역시 특별사법경찰과, 대전광역시 특별사법경찰팀, 충남도청 특별사법경찰팀, 인천광역시 특별사법경찰과(2009), 경기도 특별사법경찰단(2009), 경남도청 특별사법경찰담당(2012), 광주광역시 특사경과, 강원도 특사경과, 경남 특사경과 등 전국적으로 17개 광역시도가 2008~2013년까지 모든 광역시도가 광역 단체장 직속으로 전문수사관 중심의 특사경 조직을 갖추고 관할 검사의 지휘를 받으면서 행정범들을 집중 단속해 오고 있다.

한편 제주특별자치도의 자치경찰단에 설치되어 있는 특별사법경찰의 경우는 애초에 법으로 정해져 있는데, 즉 모든 자치경찰공무원들이 제주자치경찰단 산하 특별사법경찰과에 전보될 경우 누구나 특별사법경찰직무를 수행할 수 있다. 모든 제주자치경찰들이 특사경이 될 수 있다는 이야기이다. 다른 시도의 특사경과 다른 점은 제주자치경찰공무원이 특사경으로 전보될 때, 타 광역시도의 경우처럼 관할검찰청 검사장으로부터 지명을 받을 필요가 없다는 점이다.[42)]

제주자치경찰단에서 특별사법경찰 조직이 처음부터 빠른 시간 내에 체계를 잡

---

42) 특히 제주자치경찰단 소속의 특별사법경찰은 2006년 7월 출범시부터 17개 종류의 특별사법경찰 관련 법률들을 부여받아 취급해 왔다는 점이다.

을 수 있었던 이유는 국가경찰에서 특별임용된 38명의 직원들 중에는 이미 국가경찰조직에서 수사업무를 경험했던 인력들이 많았기 때문으로 분석된다.

2) 제주자치경찰단 특별사법경찰의 연혁

전장에서 일부 언급했던 바와 같이 2006년 7월 1일 제주자치경찰이 창설되었을 때 제주특별자치도는 국가경찰공무원을 대상으로 특별임용을 실시하여 단장(자치총경)을 포함해 총 38명을 선발하였고 다음해인 2007년 2월 21일 제1차 신임자치순경 45명을 추가로 공개모집하여 임용했다. 2008년 1월 18일을 기해 제주자치경찰단은 부서 명칭을 경무팀에서 경찰정책팀으로 변경하기도 했다. 제주도청은 2008년 3월 5일을 기해 도청의 교통관리센터 기능을 수행하는 ITS센터를 제주자치경찰단으로 전격 이관하였다. 이뿐만 아니라 2008년 7월 1일 제주행정시 산하의 주·정차 단속업무도 자치경찰단으로 모두 이관되었다. 제주자치경찰단은 2010년 11월 8일 제2차 신임자치순경 12명을 공개 모집했으며 2011년 1월 18일을 기해 제주도청의 행정시 교통시설사무도 제주자치경찰단으로 이관시켰다. 이러한 변화들과 함께 제주자치경찰단의 일부 부서명칭들이 조정되기도 했다. 즉 제주도청에 있던 ITS를 교통정보센터로 그리고 공항팀을 관광안전팀으로 전격 변경한 것이 그 좋은 예이다.

2. 법적배경 및 유형

우리나라 특별사법경찰제는 1956년에 제정됨으로써 그 법적 근거가 마련되었다. 즉 특별사법경찰제란 「형사소송법」 제245조의10에 따라 일반 행정직 공무원을 대상으로 관할 지방검찰청 검사장이 지명하는데, 그 지명자에게는 동시에 수사권이 주어지는 제도이다.[43] 물론 특사경으로 지명된 행정직 공무원들은 특정한 직무의 범위 내에서 단속계획을 수립하는 동시에 행정법 위반자들을 대상으로 검사의 지휘를 받으면서 단속, 조사, 송치 등의 업무를 수행하는 권한을 행사한다. 1956년부터 시행된 우리나라 특별사법경찰제는 2021년 기준으로 어느덧 65주년을 맞이하게 되었다. 무엇보다 이 제도는 전문성이 부족해서 일반사법경찰관리들

---

43) 부언하면 전문적 지식에 정통한 각 부처의 행정직 공무원에게 사법경찰권을 부여해 준 제도에 해당한다. 이에 따라 행정직 공무원은 신속하게 행정범법자들을 대상으로 수사활동을 신속하게 펼칠 수 있게 법적으로 제도화되었다.

은 그 특정 분야의 직무를 수행함이 불충분하기 때문에 탄생했다는 특징을 지닌
다.[44]

우리나라 특별사법경찰제도에 관해 좀 더 부언하면 다음과 같다. 즉 특별사법
경찰제는 일반사법경찰관리의 수사권이 미치기 어려운 철도, 해사, 전매, 세무, 교
도소, 환경, 위생, 건축, 산림 업무 분야가 대표적이다. 이 밖에도 특정지역과 시
설에 대한 수사나 조세범, 마약범, 관세사범 수사시 전문가에게 수사권을 위임해
수사업무를 수행하도록 법적 수사 권한을 부여하고 있다. 이 경우 그 종류와 영
역이 무려 46가지에 달한다는 특징도 가지고 있다.[45]

한 발짝 더 들어가서 보면 우리나라 특별사법경찰관리의 종류는 크게 3가지로
나누어진다. 첫째 법률이 직접 대상자에게 사법경찰권을 부여하는 특별사법경찰
리가 있다. 둘째 관할 검사장에게 단지 특사경의 명단만 보고하는 특별사법경찰
이 있다. 셋째 관할 검사장의 지명이 반드시 필요한 특별사법경찰리(사법경찰관
4~7급) 및 사법경찰리 8~9급이 있다.

이 중에서 제주자치경찰단 특별사법경찰은 바로 "법률이 직접 사법경찰권을
부여한 특별사법경찰리"로서 그 법적근거를 가지고 있다. 즉 이들은 법률에 따라
원천적이며 자동적으로 특사경 직무를 부여받은 케이스이다.

법률이 직접 사법경찰권을 부여한 특별사법경찰리는 다음과 같다.

6. 제7조의2(국립공원관리공단 임직원)
7. 제8조(국가정보원 직원) 국가정보원장이 지명하는 국가정보원직원
8. 제9조(군사법경찰관리) 군사법경찰관리로서 지방검찰청검사장의 지명을 받은 자
9. 제10조(자치경찰공무원) 「제주특별자치도 설치 및 국제자유도시 조성을 위한
   특별법」에 따른 자치경찰공무원 중 자치총경·자치경정·자치경감·자치경
   위·자치경사·자치경장·자치순경

한편 제주자치경찰단의 특별사법경찰이 자신들의 업무를 수행하기 위해 취할
수 있는 법적근거는 다음과 같은 법률들이다. 현행 지방자치단체들이 수행할 수
있는 영역은 지방자치법에 총 26개 사무가 부여되어 있다. 이 중에서 2006년 7월
1일 제주자치경찰단 특사경에게는 6개 사무는 제외하고 나머지 17개 사무만 부여

---

44) 신현기, 2012, pp. 48-49; 이상원·이승철, 2009, p. 237; 이재상, 2000, p. 171.
45) 신현기, 2012, p. 50.

되었다.46) 즉 산림분야에서는 소나무 재선충병, 산지관리법, 산림자원 조성법 등이다. 환경분야에서는 가축분뇨, 폐기물, 수질 및 수생태계환경범죄 관련 등이다. 관광분야에서는 관광진흥법 및 특별법 제358조(관광분야)이다. 식품·위생분야에서는 식품위생과 건강기능식품 관련 분야 등이다. 특히 「사법경찰관리의 직무를 수행할 자와 그 직무범위에 관한 법률」에 권한이 부여되어 있다. 2012년 4월에는 특별사법경찰 업무에 친환경농업육성법과 축산물위생관리법이 추가되었다. 이 밖에도 제주자치경찰단 특별사법경찰의 수사 관련 직무의 범위는 「제주특별자치도 설치 및 국제자유도시 조성을 위한 특별법」(제특법)에 규정된 「사법경찰관리의 직무를 행할 자와 그 직무범위에 관한 법률」에 활동 근거를 두고 있다.

3. 특별사법경찰의 사무

제주자치경찰의 특사경 관련 사무는 법률상 주어진 고유사무 및 업무협약체결 사무로 구분되어 수행 중이다. 위에서 언급했듯이 제주자치경찰은 17종의 특별사법경찰업무를 수행하고 있으며, 추가적으로 법률상 고유사무라고 할 수 있는 교통안전시설에 관한 사무가 주어져 있다. 그리고 제주도지사와 제주지방경찰청장 간 업무협약의 체결에 따라 맡게 된 사무로서 다음과 같은 종류들이 있다. 바로 주요 관광지에서 관광객 보호 및 위반사범의 예방, 제주국제공항 내 교통관리, 관광객 보호, 단속, 단체관광객, 한라산 등산객 보호 및 자연보호 등 수송안전활동, 민속 5일장 질서유지 및 교통관리, 지역사회에서 문화 활동 등의 경비를 비롯해 교통관리 등을 수행해야 하는 것 등이 바로 그것이다.

제주자치경찰단 특별사법경찰도 물론 위와 같은 법률의 범위 내에서 직무를 수행한다. 2006년 7월 출범시부터 제주자치경찰이 수행해 오고 있는 직무들은 바로 식품단속, 의약품단속, 산림보호·국유림경영, 문화재의 보호, 어업감독, 공중위생단속, 공원관리, 환경단속, 관광지도, 청소년보호업무, 차량운행제한 단속 및 도로시설관리, 농약 및 비료단속, 대외무역법상 원산지표시 단속, 자동차 무단방치 및 강제보험 미가입 자동차운행 단속, 농·수산물 원산지·유전자변형 농수산물표시, 무등록자동차정비업, 하천감시, 가축방역·검역 등이 그 핵심이다.

---

46) 나머지 6개 특사경 사무는 저작권 침해, 개발제한 구역, 해양환경, 부정경쟁행위(상표법 등), 여객 화물운수사업자, 품종보호권 침해 등을 말한다(신현기·안영훈, "자치경찰의 특별사법경찰 사무수행 범위에 관한 연구", 대통령 소속 지방자치발전연구소 보고서, 2015).

이 밖에 추가로 2012년 4월 18일자로 제주특별사법경찰 업무에 추가되어 수행 중인 법률은 친환경농업육성법과 축산물위생관리법 등이 있다. 결국 이를 종합해 보면 제주자치경찰단 소속의 특별사법경찰이 수행할 수 있는 수사권한은 다음과 같다. 즉 애초부터 주어져 있던 법률상 고유사무라고 할 수 있는 관광, 환경, 산림을 비롯해 총 17종 59개 법률 분야가 바로 그것이다. 특히 제주특별사법경찰이 수행하고 있는 특별사법경찰업무는 역시 그 무게가 가볍지 않다. 일반사법경찰업무 못지 않게 그 난이도가 상당히 고도화된 분야임이 틀림 없다. 따라서 주무관청뿐 아니라 검찰은 물론이고 기타 자치단체들과도 긴밀하게 유기적인 협조 관계를 가질 필요가 있다.

〈표 6-5〉 제주자치경찰단 특별사법경찰의 사무(2018년)

특사경 직무수행자	직무 범위
산림보호·국유림경영	산림, 그 임산물과 수렵에 관한 범죄
식품단속	식품위생법·보건범죄단속에 관한 특별조치법 중 식품위생에 관한 범죄
의약품단속	약사법·보건범죄단속에 관한 특별조치법 중 약사에 관한 범죄
문화재의 보호	문화재보호법에 규정된 범죄, 동법상 지정구역 내 경범죄처벌법에 규정한 범죄의 현행범
공원관리	자연공원법에 규정된 범죄, 경범죄처벌법에 규정된 범죄의 현행범
어업감독	수산업에 관한 범죄 및 어업자원보호법 위반 범죄
공중위생단속	공중위생관리법에 규정된 범죄
환경단속	대기환경보전법, 수질환경보전법, 소음·진동규제법, 유해화학물질관리법, 폐기물관리법, 오수·분뇨및축산폐수의처리에관한법률, 환경분쟁조정법, 환경범죄의단속에관한특별조치법, 자연환경보전법, 환경·교통·재해등에관한영향평가법(환경영향평가에 관한 범죄에 한정), 폐기물의국가간이동및그처리에관한법률, 하수도법, 환경기술개발및지원에관한법률, 먹는물관리법, 토양환경보전법, 폐기물처리시설설치촉진및주변지역지원등에관한법률, 자원의절약과재활용촉진에관한법률, 다중이용시설등의실내공기질관리법, 수도법(제61조제1호), 지하수법(제37조제7호), 보건범죄단속에관한특별조치법(제4조), 야생동·식물보호법, 악취방지법에 규정된 범죄
차량운행제한단속 및 도로시설관리	도로법(40, 47, 50, 50의4, 53, 54, 54의4, 54의6) 위반범죄
관광지도	관광진흥법에 규정된 범죄

청소년보호업무	청소년보호법에 규정된 범죄
농·수산물 원산지·유전자변형 농수산물표시	농산물품질관리법·수산물품질관리법에 규정된 원산지표시·유전 자변형농수산물표시에 관한 범죄
대외무역법상 원산지표시 단속	대외무역법에 규정된 원산지표시에 관한 범죄
농약 및 비료단속	농약관리법, 비료관리법에 규정된 범죄
하천감시	하천법에 규정된 범죄
가축방역·검역	가축전염병예방법에 규성된 범죄
무등록자동차정비업, 자동차 무단방치 및 강제보험 미가입 자동차운행 단속	자동차관리법에 규정된 무등록자동차정비업, 자동차무단방치에 관 한 범죄, 자동차손해배상보장법에 규정된 강제보험미가입자동차운 행에 관한 범죄
농약 및 비료단속	농약관리법, 비료관리법에 규정된 범죄
축산물위생관리단속, 친환경농업육성단속	축산물위생관리범죄, 친환경농업육성범죄

출처: 신현기, 『경찰조직관리론』, 파주: 법문사, 2018, p. 54.

4. 제주자치경찰단 특별사법경찰의 조직

2006년 7월 창설 이후 제주자치경찰단은 단장(자치총경) 1인과 경찰정책과, 주민생활안전과, 특별사법경찰과, 서귀포 지역경찰대, 교통정보센터 등으로 조직되어 운용되고 있다. 이와 같은 조직 개편은 창설 6년이 지난 2012년 1월 9일에 와서야 이루어졌는데, 그 이전까지 특별사법경찰의 사무는 관광환경팀에서 맡았다. 17종의 특별사법경찰 관련 사무 중 제주행정시와 서귀포행정시에서 수행하는 계량분야와 소방분야를 제외한 나머지 15개 분야에 대해 기획, 단속, 합동수사를 진행해 왔다. 그리고 제주시와 서귀포시 자치경찰대 소속의 관광환경팀도 역시 특별사법경찰업무를 수행해 나왔다. 사실상 직원별 업무구분 없이 그때마다 주어진 사안에 따라 위반사범에 대한 조사는 물론이고 수사업무까지도 전담해 왔다.47)

하지만 이렇게 이루어져 왔던 모든 업무들은 2012년 1월 9일을 기해 기구가 전면 개편되었고 이에 따라 새로이 조직된 특별사법경찰과(수사담당, 공항안전담당)

---

47) 신승균·이종수, 2008, pp. 22-23.

에서 과장(자치경정)의 책임하에 업무가 진행되었다.

[그림 6-2] 제주자치경찰단 자치경찰과의 조직도

출처: 제주자치경찰단 홈페이지 참조(2012. 7).

특히 제주자치경찰단의 조직은 여러 차례에 걸쳐서 개편이 있었는데 특별사법
경찰과의 경우는 독자적인 과체제로 운영되다가 혹은 경찰정책과로 이관되었다가
2020년 12월 현재는 또다시 독자적인 특별사법경찰과로 운영되고 있다.

5. 제주자치경찰단 특별사법경찰과의 소속별 인원배치 현황

1) 현 황

2012년 7월을 기준으로 제주자치경찰단 산하 특별사법경찰과에서 직무를 수
행하는 직원은 자치순경부터 자치경정(과장)까지 약 31명이었다. 특별사법경찰과
장 1명을 비롯해 수사담낭에 소속되어 근무하는 직원이 15명(서귀포 지역사무소 4
명 포함)이었고 특별사법경찰과 소속이면서 제주공항에 파견되어 근무 중인 소위
공항안전담당 자치경찰 직원이 12명이었다. 이 밖에 출입국관리업무를 담당하는
무기계약직 4명을 모두 포함해 총 31명이 업무를 수행했다.

〈표 6-6〉 제주자치경찰단 특별사법경찰 인원

계급	경정(과장)	경감	경위	경사	경장	순경	무기계약직(7명) (출입국담당 – 외국인 통과영역)
인원	1	2	3	2	8	11	4
총원	27						4

2) 문제점

애초 제주자치경찰 출범시 제주자치경찰단 직원의 법정 수는 총 127명이었다. 그러나 예산상의 이유로 한 때는 20명이 부족한 107명의 자치경찰공무원이 직무를 수행하기도 했다. 그러나 제주자치경찰의 예산부족으로 인해 신속하게 직원들이 충원되는 것은 쉽지 않아 보이기도 했다. 2006년 7월 제주자치경찰 창설시에 국가경찰 38명이 특별임용 된 이후 경찰청은 이들을 위한 인건비와 운영비(연금포함)지원 예산으로 매년 약 30억원 정도를 국고지원해 주고 있다. 애초에 약속된 대로 제주특별자치도는 이때까지 69명의 자치순경을 자비로 신규채용해 왔다. 여기에 그치지 않고 추가로 20명의 자치순경을 충원하는 계획이 진행되고 있다. 계속해서 충원되는 신규 자치순경들의 모든 비용은 물론 100% 제주특별자치도가 스스로 부담해 오고 있다.

한편 2012년을 기준으로 볼 때 제주특별자치도를 찾는 관광객의 숫자는 지속적으로 늘어나는 추세를 보여주었는데, 이 당시 제주자치경찰공무원의 인력 부족으로 인해 어려움이 많았다. 이 때문에 제주자치경찰 인력이 시급하게 증원되어야 한다는 주장들이 설득력을 얻기도 했다. 특히 항공기뿐만 아니라 심지어는 여객선을 이용해 제주항의 여객터미널로 입도하거나 출도 하는 관광객의 숫자 역시 빠르게 증가하고 있음에도 불구하고 이를 담당해야 할 자치경찰공무원이 부족해 제대로 직무수행이 이루어지지 못하고 있다는 지적이 많았다.48)

---

48) 이 당시에는 제주자치경찰 인력의 부족으로 항만에는 나갈 경찰인력이 사실상 없는 실정이었다. 다행히 인력이 증원되어 2020년 12월 현재는 4명의 자치경찰관이 제주항에 나가서 여객선 및 화물선을 단속 관리하고 있을 만큼 발전하였다.

6. 제주자치경찰단 특별사법경찰의 업무분담 분석

위에서 언급했듯이 2012년 1월 9일 제주자치경찰단의 기구가 전격 개편된 후이에 따라 새로 조직된 특별사법경찰과는 크게 2가지로 구분되어 업무가 진행되었다. 그 중에 하나는 수사담당 영역이고 다른 하나는 바로 공항·항만안전담당이었다.

1) 수사담당

이 당시 특별사법경찰과 소속의 수사담당 직원들은 특별사법경찰과장을 비롯해서 그 산하에 수사담당 경감 1명과 총 15명이 행정법 위반 범죄를 수사하는 업무를 담당했다. 특별사법경찰과장은 법상 주어지게 되는 특별사법경찰과의 고유업무를 총괄 지휘하게 된다. 그리고 직원들에게 주어진 고유의 분야별 담당업무들을 보면 다음의 사항 등이다. 우선 과장은 특별사법경찰업무를 총괄한다. 경감1명은 특사경 수사 총괄과 수사외근활동을 맡는다. 경위 1명은 특별사법경찰관리직무와 자기 소속과장이 지정하는 제반 업무를 수행한다. 그리고 나머지 특별사법경찰 12명의 직원들은 무보험 운행자, 무단방치행위자 수사, 무보험, 무단방치차량 전담수사, 합동 단속 및 민원 처리, 환경과 관광 관련 직무의 범위 내에서위반사범의 수사, 수사 관련 업무, 서무 등을 처리한다. 서귀포지역은 자치경찰단이 제주시에 소재하고 있기 때문에 직원들의 출근이 어렵다. 따라서 서귀포 지역에 있는 서귀포자치경찰대 건물 사무실을 활용해 근무하는데 서귀포지역에서 적발되는 특사경 업무를 검사의 지휘를 받으며 처리하고 있다.

한편 최근 제주자치경찰과 소속 직원 4명이 제주항에 나가서 근무하고 있는데이들은 육지에서 제주항에 배가 들어올 때는 나가서 단속을 하고 한가할 때는 제주항 주변의 주요 관광지인 사지천에 가서 순찰근무를 수행하기도 한다.

2) 공항안전담당

전장에서도 간략히 소개한 바와 같이 공항안전담당의 경우도 인력이 넉넉하지는 않다. 애초부터 제주공항과 제주항만안전담당으로 조직이 만들어져 있는데 오래전부터 자치경찰단의 인력부족 때문에 제주국제공항에서만 20명이 근무하고 있다. 위에서 살펴보았듯이 최근에 제주자치경찰단의 교통과 소속으로 4명의 인력을 추가로 확보해 제주항에도 나가서 직무를 수행하게 된 것은 매우 바람직한 발전으로 평가된다.

한편 제주자치경찰단의 특사경과 직원 20여명이 제주국제공항에 나가서 상주하면서 무비자로 제주에 입국했던 외국인 관광객들이 불법으로 육지로 이탈하는 것을 사전에 방지하기 위한 업무를 수행하고 있는데, 이에 관한 운영조직의 구조를 살펴보면 다음과 같다.

최고 책임자는 경감이며, 그는 공항사무소 업무와 외국인 검색 업무를 총괄한다. 경위 1명은 공항의 근무지도와 단속계획 수립 및 언론홍보를 담당하고 있다. 그리고 1명의 경사와 1명의 경장은 제주국제공항에서 호객행위와 교통위반 사범 지도·단속을 맡고 있다. 또한 1명의 경장은 제주공항 국내선에서 외국인 검색 업무와 무사증 이탈자를 적발해 인계·인수하는 업무를 담당한다. 그리고 나머지 6명이 제주국제공항에서 호객행위 및 교통위반 사범을 지도·단속 한다. 이 밖에도 직원들은 제주공항에서 각종 기초질서 위반 사범을 지도·단속하고 있다. 끝으로 이들은 지정된 순찰차의 운영뿐만 아니라 추가로 지정된 공항 주변의 권역 순찰 근무까지도 훌륭하게 소화해 내고 있다.

3) 출입국 담당(무기계약직)

익히 알려진 바와 같이 오늘날 제주특별자치도 라는 명칭은 제주특별법의 토대 위에서 도민들의 투표에 의해 1995년에 생겨난 것이다. 이를 바탕으로 2006년 7월 1일 제주자치경찰단도 전격 창설되었다. 특히 노무현 참여정부(2003. 2~2008. 2)는 제주도를 홍콩처럼 관광특구로 개발하여 발전시키겠다는 구상을 내놓았다. 이러한 구상의 기본 토대가 된 것이 바로 제주특별법을 제정한 것으로 이해된다. 같은 맥락에서 노무현 참여정부는 이러한 목표를 달성시키기 위해 정부 차원에서 여러 가지 정책을 펼치기도 했다. 무엇보다 많은 관광객들을 제주도에 유치하기 위한 노력에 심혈을 기울였다. 구체적인 예로 제주특별자치도에 국제학교도 유치하고 외국인들의 무비자 관광입국을 비롯해 5억원 이상 투자자들에 대해 영주권도 부여하는 제도적 기본 틀도 마련했다. 이와 같은 정책에 부응하여 중국인과 일본인 등을 위시하여 많은 관광객들이 제주를 찾음으로써 관광 활성화에도 적지 않은 기여를 한 것으로 평가된다.

이처럼 제주의 관광객 수를 늘리는데 일정 기여를 한 무사증 입국제도는 비자

(사증) 없이 외국인 관광객들이 제주도에 입도하여 최고 30일 동안 합법적으로 자유롭게 체류하는 것이 허용되는 것이다.49)

구체적으로 중국인에 대한 무사증제도가 전면적으로 시행된 것은 2008년 2월 26일이었다. 하지만 초창기에 우려했던 대로 외국인 관광객들이 제주도에 입도 후 법이 허용한 기간 내에 떠나지 않고 제주도에서 이탈하는 방문객이 1,000명 이상 나타나는 등 많은 부작용도 속출하였다. 즉 두 가지 차원에서 문제가 불거졌다. 하나는 제주특별자치도에서 항만이나 항공기를 통해 육지로 불법 입국하는 예이다. 다른 하나는 그대로 제주특별자치도에 불법체류자로 남게 되는 케이스이다.50) 이미 2016년 제주도에 불법체류자 수는 8,500여명을 기록할 정도였다.

그렇지 않아도 이 법을 시행하기 전에 일각에서는 제주에 온 무비자 이탈자들이 항공기나 항만의 선박 등을 이용해 육지로 불법 입국할 가능성을 우려하기도 했다. 이러한 우려 때문에 제주도의 출입국관리사무소의 업무가 매우 중요시됨은 물론 큰 관심의 대상으로 떠올랐다. 이 때문에 제주특별자치도는 본 업무를 수행하게 될 무기계약직 4명을 추가로 모집하여 제주국제공항에 나가 있는 자치경찰 팀에 배치시켰으며 오늘에 이르고 있다.

본래 본 업무는 오래전부터 제주도청 관광정책과에서 무기계약직 3명과 공익근무요원 3명을 포함해 6명의 직원들이 수행해 오던 고유 업무였다. 2011년 9월부터 본 업무는 제주자치경찰단 소속 특별사법경찰과의 담당 업무로 이관된 것이다. 그 후에는 무기계약직 4명(공익근무요원의 참여는 폐지)만으로 운영해 왔다. 그러나 2019년 2월에 위 인원은 7명으로 증가하게 되었으며 이 중에서 1명은 서무를 담당하고 있다. 그리고 나머지 6명은 2명씩 3교대 체제로 근무하고 있다. 전장에서 언급했듯이 이들 직원은 제주국제공항에서 제주를 방문하거나 떠나는 외국인들을 위한 출입국 관리 서비스를 제공하고 있다.

한편 중국 우한에서 2019년 12월 일명 신종 코로나바이러스 감염증-19의 세계적 내유행이 발생했고 우리나라에도 2020년 1월 중순 이 바이러스가 전국을 덮치기 시작했다. 이 때문에 제주에 있던 중국인 불법체류자들이 중국으로 귀국하

---

49) 제주 무사증 실시 이후 제주를 방문하는 외국인 관광객 중 대다수는 중국인이 차지했다. 2019년 무사증 입국자 중 중국인은 약 79만 7,300명이었다. 이는 전체 외국인 관광객 중 98%에 해당한다. 2020년 중국 춘절 연휴 기간(1월 24~27일)에만 중국인 8,900여명이 무비자로 제주를 찾았다(문화일보, 2020. 3. 2. 월요일).

50) 임병도, 인터넷신문, 진실의 길, '외국인 범죄와의 전쟁' 제주도, 불법체류자만 8천5백명, '외국인 범죄 54.4% 증가, 범죄자의 70%는 중국인'(2016. 10. 15) 참조.

기 위해 제주출입국·외국인청에 몰려들기도 했다.[51]

즉 2020년 3월 3일 제주특별자치도에서 그동안 숨어살던 불법체류자들이 자진 출국 신고를 한 후 떠나도록 했는데, 이러한 방침에 따라 자진 신고자들이 점점 늘어났다. 중국인 불법체류자들은 2020년 3월 2일 100여명이 제주출입국·외국인청에 신고했고, 3월 3일은 250여명 그리고 3월 25일까지 176명이 추가로 신고 대기 중이었다. 법무부는 2020년 1월부터 자진해서 출국하기를 원하는 불법체류자들에게 범칙금을 면제해 주었다. 특히 제주출입국·외국인청은 자진해서 신고한 불법체류자들에게는 추후 재입국 기회를 부여하기도 하는 등 추가로 자진 출국을 유도했다.

위의 사례에서 보여주었듯이 불법체류자들이 지속적으로 발생하는 문제에 대해서는 국가-제주특별자치도 차원에서 제주특별법 등을 개정하거나 혹은 관련 법률을 새로 제정한 후 이를 바탕으로 근본적인 대책을 마련해 나가야 할 것으로 본다.

7. 제주자치경찰단 특별사법경찰의 예산에 대한 분석

1) 예산현황

2012년 제주자치경찰단의 예산은 추경 1회를 시행한 액수까지 모두 합쳐 총 149억 9,600여만원 정도였다. 본예산 중에는 경찰청에서 내려 보낸 금액이 포함되어 있다. 경찰청은 제주특별자치도 산하 제주자치경찰단으로 특별임용 되어 근무 중인 38명에 대한 인건비와 운영비에 대해 그들 38명이 모두 퇴직할 때까지 지급하기로 애초에 약정되어 있다. 2012년 경찰청은 이들 38명의 인건비와 운영비 등을 모두 합쳐 총 38억 8,300만원의 국비를 내려 보내 주었다. 엄밀한 의미에서 보면 2012년에 경찰청은 38명에 대한 인건비와 운영비로 약 30여억원만 지원하는데 그쳤던 것으로 분석된다. 그 이외의 나머지 8억 8,300여만원은 예외의 예산이었다. 즉 국비와 지방비로 보조되는 어린이보호구역사업 등에 사용하라는 예산으로 국비가 내려간 1회성이었기 때문에 38명의 운영비 등과는 거리가 먼 것이었다.

물론 2013년도에도 경찰청은 국가경찰에서 이관된 38명의 인건비로 전년도

---

51) 뉴스엔뷰, 제주도, 불법체류자 자진 출국 '북새통', 2020. 3. 3 참고.

규모와 비슷하게 30여억원을 배정하였다. 애초에 경찰청은 제주특별자치도와 38
명에 대한 인건비와 운영비만 이들이 퇴직할 때까지 지급하기로 약속했던 것에
기인한다. 따라서 이와 관련된 예산의 증액은 사실상 기대하기 어려운 실정이다.
이렇게 볼 때, 제주자치경찰단의 거의 모든 예산은 제주특별자치도가 스스로 부
담하는 지방비라고 볼 수 있다. 구체적으로 2012년도의 경우 제주자치경찰의 총
예산 중 지방비가 차지한 액수는 무려 111억 1,300여만원이며, 이는 전체 예산액
중 무려 74%를 차지하는 수치다.

〈표 6-7〉 2012년 제주자치경찰단의 예산(1회 추경포함)

구분	계	국비	지방비	비고
계	14,996,063	3,883,000(26%) - 어린이보 호구역설치등 국비와 지방비 포함	11,113,063(74%)	
자치경찰단	9,688,588	1,680,858	8,007,730	부서예산
자치경찰인력 지원	5,307,475	2,202,142(43%)	3,105,333(57%)	경찰인건비

출처: 제주특별자치도 자치경찰단(http://jmp.jeju.go.kr), 내부자료 참조.

제주자치경찰단의 총 예산을 세부적으로 살펴보면 다음과 같다. 우선 자치경
찰운영분야에서 경상적 경비의 경우는 16억 8,500여만원과 사업비 26억 5,700여
만원이었다. 이를 모두 합하면 총 19억 5,100여만원에 달했다. 특히 교통시설 운
영분야에서는 크게 경상적 경비와 사업비로 나누어진다. 즉 교통시설 운영분야에
는 총 27억 4,300여만원이 책정된 바 있다. 대부분이 경상적 경비로 사용되고 있
다. 그리고 교통시설 분야에 국비가 보조금으로 지원되는 총액은 약 8억 5천 400
여만원이었다. 교통정보센터와 주차관리 운영분야에도 인건비와 경상적 경비 및
사업비로 49억 9,300여만원이 보조되었다.

한편 제주자치경찰단 산하 특별사법경찰 직원 31명을 위한 예산은 별노도 배
정되어 있지 않았으며 전체 자치경찰단의 총예산에서 지출이 이루어지고 있다.

2) 예산상의 문제점

제주자치경찰단의 총예산 중에서 가장 많은 비율을 차지하는 영역은 매년마다

직원들의 인건비 영역이다. 이렇게 인건비가 차지하는 비율이 높다보니 자치경찰의 제도발전에 사용할 예산이 열악할 수밖에 없다. 따라서 향후에는 이를 개선하기 위한 예산확보가 매우 중요한 실정이다.

8. 제주자치경찰단 특별사법경찰의 수사장비 분석

2010년도 기준 제주자치경찰단이 구입하여 보유하고 있는 장비들을 보면 다음과 같다. 여러 대의 순찰차를 비롯해 주정차 무전기, 과태료발부용 PDA, 디지털 카메라, 수갑 등 각종 장비를 보유하고 있는데, 이는 국가경찰의 장비보유에 미치지는 못하지만 자체 기준으로 볼 때 크게 부족하지 않을 것으로 인식된다. 2012년 7월 기준 제주자치경찰단 소속 특별사법경찰과에서 보유하여 활용하고 있는 종합장비들을 구체적으로 나열해보면 관용차량 4대, GPS 3대, 캠코더 1대, 무전기 8대, 녹음기 2대, PDA 2대, 카메라 3대 등이다. 이러한 장비는 2012년 자치경찰공무원 중 특별사법경찰 31명이 사용하기에는 그렇게 넉넉한 것은 아니었다고 평가된다. 특히 첨단범죄에 적극 대응하기 위해 점차 요구되는 최신 첨단장비는 보유하지 못하는 열악함을 보여주었다.

〈표 6-8〉 제주자치경찰단 특별사법경찰의 장비(2012. 7)

장비							
계	관용차량	무전기	GPS	채 증 장 비			PDA (조회기)
				캠코더	카메라	녹음기	
23	4	8	3	1	3	2	2

출처: 제주특별자치도 자치경찰단(http://jmp.jeju.go.kr), 내부자료 참조(2012).

오늘날 신종범죄가 날로 확대되고 있는 만큼 이러한 지능범죄들에 철저히 대처하기 위해서는 예산을 확보하여 최신 장비들을 갖출 필요가 있다.

9. 제주자치경찰단 특별사법경찰의 범죄수사 분석

1) 특별사법경찰의 분야별 수사전문 전담반 운영

(1) 제주시 지역

제주자치경찰단 소속 특별사법경찰과는 제주시 지역에 3개 반을 운영해 왔다. 제1반의 경우는 1개조 2명이며 주로 한라산을 위시한 산림·환경을 단속하는 전담반이다. 이들이 직무를 수행하는데 있어서 그 법적근거가 되는 것은 산지관리법, 가축분뇨의 관리 및 이용에 관한 법률, 폐기물관리법 등이다. 제2반의 경우는 1개조 2명인데 주로 식품·위생 분야를 주로 담당하는 전담반이다. 제2반이 수행하는 직무영역은 청소년보호법, 식품위생법 및 공중위생관리법 분야에서 환경·산림 영역을 제외한 나머지 모든 부분이다. 제3반은 역시 1개조 2명인데 시내권 전담반이라고도 불린다. 이들 제3반은 청소년보호활동을 주로 맡고 있다. 무엇보다 이들은 시내권이라는 특수성을 감안해 청소년보호활동과 원산지 거짓표시와 같은 범법행위들을 중점적으로 단속하는 게 주요 임무이다. 이 밖에 특별사법경찰관 2명이 자동차관리법 및 자동차손해배상보장법 분야를 집중적으로 전담해 왔다. 제주특별자치도에서 한해에 무려 1,500여건을 상회하여 접수되는 자관·자손법위반 사건에 대한 신속 업무처리를 위해 특별사법경찰 전담반을 별도로 운영해 왔다.52) 2011년도 제주자치경찰단 특사경에서 처리한 사건수를 보면 1,488건에 달한다.

(2) 서귀포시 지역

서귀포지역의 경우 제주자치경찰단에서는 3명으로 이루어진 특별사법경찰 1개 조를 운용했다. 위 3명의 특별사법경찰은 서귀포시를 동서지역으로 나누었으며, 이것을 지역별 격일제 방식에 따라 단속활동을 펼쳐왔다. 이들은 수사관별로 관광, 위생, 산림, 환경 영역으로 구분해 맡는 전담제로 운영했다. 하지만 이러한 운영방식은 2012년 1월 제주자치경찰단 산하 특별사법경찰과의 조직개편에 따라 자치경위 1명과 자치경장 3명 등 총 4명의 직원이 서귀포지역경찰대에서 특별사법경찰 직무를 수행하는 것으로 변경되었다.

---

52) 자관·자손법은 자동차관리법과 자동차손해보험법을 의미한다.

2) 제주자치경찰단 특별사법경찰의 범죄적발에 관한 실적

제주자치경찰단이 2006년 7월 1일 공식 출범한 후 그 이듬해인 2007년 3월부터 제주자치경찰은 본격적으로 업무를 개시하였다. 이 당시 제주자치경찰단 소속 특별사법경찰은 다음과 같이 많은 행정법 위반 관련 범죄자들을 적발하여 수사후 검찰에 송치함으로써 민생을 안정시키는데 많은 기여를 했다는 평가를 받았다. 제주자치경찰에게는 환경, 산림, 관광을 비롯해 17종 분야의 수사사무를 부여 받아 수행하고 있다.

제주자치경찰단 소속 특사경에 따르면 환경, 산림, 관광분야의 경우 지역별, 계절별로 그때마다 상황에 따라서 기획수사를 펼치고 있다. 2006년 7월 제주자치경찰이 출범한 후 2012년 6월 말까지 자료에 나타난 자치경찰의 수사성과는 다음과 같다. 즉 산림분야 303건, 관광분야 170건, 환경분야 260건, 비상품감귤 단속분야 2,005건, 식품위생분야 309건, 교통을 비롯해 자동차 관련 사건(손배법/자관법) 분야 7,696건 등의 성과를 보여주었다. 이 범죄사건들을 통털어서 보면 특사경 직원들은 총 10,743건의 사건을 처리한 것으로 나타났다. 참고로 제주자치경찰이 창설되기 이전에 제주도청 산하 특별사법경찰이 단속했던 2004년과 2005년의 연평균 사건 송치 실적은 323건 정도였다. 〈표 6-9〉 비교자료는 제주자치경찰

〈표 6-9〉 자치경찰단 특별사법경찰과의 테마별 사건 단속

(단위: 건)

구 분	계	환경분야	산림분야	관광분야	식품·위생분야	비상품감귤단속	자동차관련사건(손배법/자관법)
계	10,743	260	303	170	309	2,005	7,696
'12.6월말	631	26	11	22	23	–	549
'11	1,828	68	44	54	63	111	1,488
'10	1,927	34	61	28	83	58	1,663
'09	3,287	31	51	11	35	1,123	2,036
'08	2,558	46	49	14	62	443	1,944
'07	463	44	67	34	36	270	12
'06	49	11	20	7	7	–	4

출처: 제주자치경찰단 내부자료(2012. 7).

단 소속 특별사법경찰공무원들이 이전 도청 소속 특별사법경찰들에 비해 얼마나 많은 실적을 올려주었는지를 한눈에 잘 보여주고 있다.

제 8 절   제주자치경찰과 일반사법경찰

1. 제주자치경찰의 입지

제주자치경찰은 애초에 독자적인 단일법을 가지고 창설된 것이 아니다. 단지 제주특별법 한 개의 조문속에 "제주특별자치도에는 자치경찰제를 도입하여야 한다"라는 문구가 나오는데, 이것을 근거로 해서 제주도의회가 조례를 만들었고, 이것을 토대로 2006년 7월부터 제주자치경찰제가 본격 시행된 것이다. 자치경찰관들의 소속도 특정직 지방공무원으로서 제주도지사가 인사권자이므로 제주도지사는 이들을 위한 월급, 승진, 교육, 연금 등 전적으로 신분을 책임지고 있다. 설사 자치경찰조직이 해체된다하더라도 이들의 신분은 그대로 지방공무원으로서 만 60세까지 보장 및 유지된다. 물론 제주도지사가 우선 제주자치경찰의 인사권자라고 하더라도 직접 인사권을 행사하기보다는 제주자치경찰 인사위원회의 심의 의결을 거쳐 도지사에게 넘어가게 되고 최종적으로 도지사가 인사권을 행사하는 절차에 따르고 있다.[53]

2. 제주도의 일반사법경찰

제주특별자치도에는 두 가지 경찰조직이 존재하는 곳이다. 1945년 10월 21일 창설된 국가경찰조직이 제주특별지방경찰청 산하 국가경찰공무원들이 존재하고 있고, 또 하나는 2006년 7월 1일 제주특별도지사가 창설한 제주자치경찰단 소속 경찰관들이 바로 그것이다. 2018년은 제주자치경찰제 창설 이후 큰 변화가 일어난 한해였다. 당정청의 합의에 따라 경찰청은 제주지방경찰청에 근무하는 국가경찰관들을 대상으로 서너 차례에 걸쳐서 제주자치경찰단으로 파견시켰다. 이는 정

---

53) 제주자치경찰공무원 중에서 2006년 시행 때 38명의 국가경찰이 제주자치경찰로 지원하여 특별 채용 되었는바, 이들의 인건비와 운영비는 모두가 퇴직할 때까지 지급해 주고 있다. 따라서 매년 경찰청에서는 이들 38명에 대한 예산을 제주자치경찰단으로 내려 보내고 있다.

부가 17개 광역시도에서 자치경찰제를 실시하겠다고 발표하고 국가경찰 인력 43,000명도 자치경찰로 이관시킨다는 계획에 따른 것이었다. 특히 현재 국가경찰이 맡고 있는 업무들 중 다음의 고유 자치경찰 업무 분야부터 시범을 통해 미래 자치경찰에게 이관하는 작업을 시범적으로 실시해보고자 한 프로그램의 일환이다. 제주국가경찰이 제주자치경찰단에 파견되어 지역생활안전, 지역교통, 지역경비 등 고유 자치경찰업무를 비교적 성공적으로 시범 운영해보고 있는 것이다. 역시 가장 중요한 것은 전국 광역단위로 확대시키게 될 경우 어떤 문제점이 발생하는가를 찾아보는 것이었다.

이번 제주자치경찰단에서 국가경찰이 파견된 것은 모두 4차례나 된다. 즉 2018년 4월 30일 27명, 7월 18일 96명 그리고 2019년 1월 기준 총 누적인원이 260명이었는데 2020년 2월 추가로 8명이 파견되어 총 268명을 기록했다. 2020년 12월 말까지도 계속해서 파견 근무가 유지되다가 12월 31일자로 모두 철수했다.

자치경찰단은 제주동부경찰서 산지치안센터에 사무실을 두고 성폭력, 가정폭력, 아동학대, 기타 분야 등 4종의 신고를 임시로 파견된 국가경찰과 공동으로 수행하였다. 특히 제주자치경찰은 교통 불편, 분식습득, 소음신고 등 주민생활과 아주 밀접한 11개 종의 112신고처리 사무를 전담하게 되었다.54) 제4차 8명의 추가 파견은 2020년 2월에 이루어진 것으로 본 연구의 문맥상에 맞도록 다음 장에서 자세히 설명하기로 한다.

〈표 6-10〉 제주지방경찰청이 제주자치경찰단에 파견한 경찰인력

구분	파견일	국가경찰의 파견인력
1차	2018. 4. 30.	27명
2차	2018. 7. 18.	96명
3차	2019. 1. 9.	137명

출처: 제주신보: httpp://www.jejunews.com/news/article(검색일: 2019. 1. 10).

---

54) 제주매일: http://www.jejumaeil.net/news/articleView.html?idxno=183968(검색일: 2018. 9. 1). 위에서 소개한 268명의 파견 절차를 정리해보면 다음과 같다. 즉 제주지방경찰청은 제3단계 시범운영 파견 인력 137명을 2019년 1월 9일자로 제주자치경찰단에 보냈다. 이렇게 해서 2020년 2월까지 총 4차례에 걸쳐 제주자치경찰단에 268명을 파견하게 된 것이다. 이러한 파견 이유는 향후 전국적으로 자치경찰제를 확대 실시하기 위한 시범사업의 일환에서 진행된 것으로 볼 수 있다. 제3차 137명 파견에서 특이점은 경정급 1명, 지역경찰 내근 1명, 주취자 응급센터 9명 등의 사무가 새로 추가 되었다는 점이다.

한편 제주자치경찰과 국가경찰 간의 파견 협업은 장차 육지에서 예정된 자치경찰제가 확대 도입될 경우 좋은 선도모델이 될 것으로 확신한다. 따라서 이는 우리나라 자치경찰사에서 굉장히 중요한 의미를 가질 것으로 본다.

제 9 절   제주자치경찰의 교육 및 재교육

1. 제주자치경찰단 특별사법경찰의 직무교육 분석

1) 특별사법경찰의 직무교육 현황

제주자치경찰관들을 위한 교육은 중앙기관에서 받게 되는 직무교육의 경우 경찰대학, 경찰수사연수원, 경찰교육원(현 경찰인재개발원), 중앙경찰학교 등에서 이루어지고 있다. 그리고 기타 교육으로는 제주지방경찰청 교육센터, 제주인재개발원 및 자체 직장교육훈련 등이 주류를 이루고 있다. 교육대상을 보면 기본교육과정으로 자치경사 이상의 자치경찰공무원에게 제공하는 과정이 설치되어 있다. 그밖에 기타 실무교육과정도 마련되어 있는데, 예를 들어 자치경정이하 자치경찰공무원이 바로 그 핵심 대상이 된다. 2012년의 경우 특별사법경찰을 위한 직무교육과정은 경기 용인 소재 법무부 산하 법무연수원이 있었고 국가경찰기관 산하의 경찰수사연수원 등에서 시행하는 수사기법 프로그램에 위탁 참여하는 방법을 많이 활용하였다.

교육과정별 수요를 보면 다음과 같다. 즉 기본교육과정을 위해 경찰청 교육계획에 따라 경사 1명, 경위 1명, 경감 2명으로 이루어진 바 있다. 경위 이하 기본교육을 미이수한 직원은 그 현황을 정확히 파악한 후 경찰청과 교육인원을 재협조 요청해 이루어지도록 했다. 기타 과정은 각 과별 및 교육과정별로 수요현황을 파악한 후 관계기관과 협조해 교육을 실시하기도 했다. 그리고 제주자치경찰단의 소속 특별사법경찰 중 경기 용인 소재 법무연수원 특사경 교육센터와 경찰수사연수원 수사교육 과정(특별사법경찰(민생사법경찰))에 참여하였다. 이 당시 모두 14명이 신청해서 직무교육을 받은바 있다.55)

---

55) 제주자치경찰의 경우 예산과 직원들의 시간 부족으로 인해 많은 수를 직무교육에 보내지 못하고 있는 실정이다. 아래 자료는 지난 2012년 자료의 사례이다.

무엇보다 제주자치경찰 기관에 소속된 자치경찰의 경우 예산을 확보하여 가급적이면 많은 직원들이 직무를 수행하는데 있어서 많은 노하우를 축적할 수 있도록 이전보다 더많은 기회를 줄 필요가 있다. 이러한 직무교육의 확대는 결국 수사관들이 신속하고 정확하게 행정범을 단속하여 민생안전에 기여할 수 있는 법적 토대 마련에 도움이 되는 것이다. 그리고 치안 안전에서 얻어지는 이익은 큰 그림에서 볼 때 고스란히 도민과 시민에게 되돌아가는 등 선순환이 이루어질 것으로 본다.

2) 제주자치경찰단 특별사법경찰의 재교육 훈련상 문제

범죄가 나날이 고도로 지능화되어 가는 오늘날 제주자치경찰단 산하 특별사법경찰의 경우 그 규모가 작은 관계로 자체적으로 직무교육을 실시하는 것은 사실상 불가능하다. 강사진과 시설을 준비하고 프로그램을 만들기 위해서는 많은 예산이 필요하기 때문이다. 따라서 이를 위한 대안 중 하나로 경찰청 산하 부속기관인 경찰인재개발원(구 경찰교육원), 법무연수원, 경찰수사연수원, 경찰대학 등 국가경찰 교육기관의 수사교육 프로그램 등에 자치경찰 직원들을 위탁 교육시키는 방법이 활용되면 시너지 효과가 나타날 것으로 본다.

국가 및 지방자치단체 소속의 특별사법경찰관들은 지금까지 거의 모두가 법무연수원에서 직무교육을 받고 있으며, 부분적으로 경찰수사연수원의 수사교육 프로그램에도 참여하고 있는 게 보통이다. 직무교육과 관련하여 제주자치경찰단 산하 특별사법경찰들은 시간과 비용의 문제들로 인해 직무와 관련해 다양한 영역의 프로그램에 참여하지 못하고 있다는 점이 하나의 아쉬움으로 남는다. 제주특별사법경찰 직무자들이 민생의 안정을 위해서는 충분한 직무교육훈련을 충분히 받고 법지식을 충분히 갖추어야 하는데 이는 아무리 강조하여도 부족하지 않다. 어느 조직을 막론하고 직무교육이란 그 자체조직의 발전을 위해서 매우 중요한 요소 중 하나이며 제주자치경찰조직에 있어서도 예외일 수 없다고 본다.

한편 제주자치경찰의 주요 업무는 순찰이지만 이와 더불어 특별사법경찰업무가 또한 중요한 핵심 업무로 부여되어 있다. 이와 같이 특별사법경찰 업무가 주요 영역임에도 불구하고 현재 제주자치경찰은 인력, 시간, 예산의 불충분으로 인해 충분한 재교육의 기회를 부여받지 못하는 아쉬움이 많았다. 이 문제는 다음과 같이 3가지 차원에서 진단이 가능할 것으로 본다. 첫째, 다양한 프로그램을 발굴하여 직원들에게 제공해 주어야 한다. 집행부에서는 기획을 잘 세워서 바람직한 프로그램을 개발하고 특사경 직무교육을 위한 예산을 지속적으로 확보해 나가야 한다. 이를 실현하기 위한 집행부의 강한 의지가 필요하다. 둘째, 물론 직원들이 직무교육 프로그램에 참여할 의지를 잘 보이지 않을 수도 있다. 하지만 제주자치경찰단에서 이 문제를 해당 직원들에게 의무화하면 어느 정도는 해결될 것으로 본다. 셋째, 직원들의 직무교육을 위한 충분한 예산을 확보하는 일이 무엇보다 중요하다. 직무교육을 통해 직원들이 충분한 실력을 갖추어 놓는 일은 매우 중요한데, 이것은 주민들의 생명과 재산을 지키기 위해 매우 중요한 중앙정부와 지방정부의 핵심과제라는 차원에서 심층 접근해야할 문제라고 본다.56) 또한 현재 제주자치경찰단의 예산이 100억원이 넘는다는 차원에서 볼 때, 예산의 부족보다는 오히려 제도상의 문제 혹은 집행부의 시행의지에 달려 있는 문제라고 본다.

다행히 2019년 전반기에 취임한 고창경 제주자치경찰단장 이후에는 많은 개선 노력을 보여주고 있다. 그는 취임 후 국가경찰의 수사기관들과 많은 교류협정을 맺었으며 직무와 관련해서 여러 가지 새로운 직무교육 관련 프로그램도 계획하는가 하면 실제로 직무교육에 참여 수도 늘리면서 눈에 띄는 변화도 보여주고 있는 점이 바로 그 좋은 예이다. 또한 제주자치경찰단 자치경찰 직원들이 타 기관의 온라인 교육 프로그램 등에 참가하여 이수할 수 있는 기회도 확대해 나가고 있는데, 이는 직원들의 직무 개발 능력을 위해 매우 바람직한 결과로 평가된다. 이에 대한 최신 발전적 변화와 발전 결과들에 대해서는 다른 장에서 추가로 소개하였다.

---

56) 이 경우는 서울특별시 특별사법경찰의 경우도 매우 흡사한데 주로 법무연수원 혹은 자체교육원에서 특사경(특별사법경찰) 강사를 불러 기초교육 하는 정도에 그치는 정동이다. 이에 반해 철도특별사법경찰대의 경우는 국토해양인재개발원, 경찰, 법무연수원, 코레일인재개발원, 조달청, 행정안전부 정보화, 감사교육원, 국가정보대학원, 기획재정부, 행정안전부 보훈교육연구원, 국가권익위원회, 국가기록원, 한국인터넷진흥원, 국립국어원, 공무원연금관리공단, 중앙공무원교육원 등 매우 다양한 교육원들을 통해 직원들에게 재교육기회를 제공해주는 것에 비해 대조적이다.

행정공무원으로서의
제주자치경찰

제7장 행정공무원으로서의 제주자치경찰

제1절 일반행정공무원의 전문직으로서 제주자치경찰

1. 자치경찰의 입직 현황

국가공무원의 경우는 인사혁신처에서 모집, 교육, 승진, 재교육, 퇴직관리까지 국가공무원의 전 과정을 케어해 주는 역할을 수행하고 있다. 물론 국가공무원의 모집 역시 법이 정한 직렬에 따라 이루어지고 있다. 이에 반해 제주자치경찰공무원의 경우는 지방정부의 수장인 제주특별자치도지사가 인사권자이다. 따라서 도지사가 자치경찰공무원들을 직접 선발하여 임명하는 방식을 취했다. 이를 정리해 보면 첫째, 초창기 국가경찰로부터 제주자치경찰공무원으로 특별임용된 38명은 국가경찰공무원을 대상으로 특별채용방식으로 임용했다. 이어서 계급별 균형을 어느 정도 맞추기 위해서 6~7차례에 걸쳐 오직 신임 자치순경만을 모집해 왔다. 이에 따라 2018년 12주년을 기준으로 볼 때, 순수자치경찰관의 법정수는 130명 (제주도청 파견공무원과 국가경찰의 파견인력 제외)이었다.[1]

2. 제주자치경찰의 지위

제주자치경찰의 경우 일반행정직 공무원이면서 동시에 특정직 지방공무원에 해당한다고 볼 수 있다. 이들은 일반행정직 공무를 수행한다기보다는 제주도민의 민생안전을 보호하기 위해 범죄예방을 위한 생활안전 경찰로서 특정직 업무를 수행하고 있다. 제주자치경찰은 일반적인 경찰권한 측면에서 국가경찰에 전혀 비교

---

[1] 제주자치경찰의 창설은 2020년 7월 1일 기준 14주년이었다.

될 수 없을 정도로 미약한 권한을 부여받고 있다. 2006년 7월 창설될 때부터 그렇게 만들어진 것이다. 이 때문에 국민들로부터 무늬만 경찰이 아니냐는 비판을 끊임 없이 받아왔다.

하지만 전장에서도 살펴보았듯이 2018년은 제주자치경찰사에 있어서 하나의 큰 획을 긋는 해였다는 평가가 가능한데, 그 이유는 바로 국가경찰과 제주자치경찰 공조의 틀을 구축했다는 점이다. 부언하면 260명의 제주국가경찰이 제주자치경찰단에 파견되어 향후 전국적으로 도입할 예정인 자치경찰제 정착의 토대를 구축하기 위한 대비책 차원에서 국가경찰-자치경찰 간 공동업무를 함께 수행해 보는 등 공조를 펼쳤다는 점에서 높이 평가된다.

제 2 절   제주자치경찰관(리)의 부패 및 일탈

2006년 「제주특별법」(제특법)에 따라서 제주자치경찰단이 전격적으로 창설되고 국내에서 유일하게 제주지역에서만 자치경찰제가 시행되어 온지도 2018년을 기준으로 만 12주년이었다. 이 기간 동안 언론에 나온 제주자치경찰공무원들의 일탈행위로 인해 징계를 받은 경우는 인터넷 기사에 단 1건도 소개된 적이 없을 정도다. 순수 제복을 착용한 제주자치경찰공무원이 이처럼 언론에 소개될 정도로 일탈행위를 발생시키지 않았다는 것은 그만큼 청렴한 조직이라는 것을 잘 대변해 주는 것으로 이해된다. 국가경찰에서 제주자치경찰로 특별임용된 38명의 자치경찰공무원들은 이미 국가경찰 시절부터 청렴의무를 잘 지켜왔으며, 동시에 신임순경들을 선발한 이후에도 제주특별자치도 공무원교육원에서 약 1개월간 제주특별자치도의 조례, 역사, 문화 등 자치경찰 관련 직무교육을 추가로 실시해 오면서 또 한번의 청렴직무 교육이 잘 이루어졌을 것이라는 추론이 가능하다.

지휘관들뿐만 아니라 제주자치경찰공무원들이 높은 청렴의식을 확고하게 가지고 있다는 것은 제주자치경찰제 발전에 있어서 보다 많은 플러스 요인을 가져다 줄 것으로 분석된다.

제 3 절   제주자치경찰직무에서 스트레스와 갈등해결

1. 스트레스 해소 문제

제주자치경찰공무원들은 국가경찰에 비해서 다행히 야간근무는 없다. 국가경찰공무원은 지구대 근무자의 경우 4교대로 근무하고 있기 때문에 주야비비/주야휴비 방식에 따르는 경우 3일에 한번 꼴로 밤을 새야 한다. 이렇게 되면 피로를 회복해야 하는 에너지가 필요하고 체력 소모가 많으며 이를 극복해야 하는 많은 노력이 필요하다고 본다.

이에 반해 제주자치경찰은 특정직 지방공무원이기 때문에 아침에 출근해 저녁에 퇴근하는, 즉 일반 행정직공무원처럼 주간 근무만 수행하고 있다. 이 때문에 치안안전을 위한 경찰직무와 관련해 국가경찰보다는 훨씬 스트레스가 덜할 것으로 인식된다.

그럼에도 불구하고 제주자치경찰공무원들이 경찰직무와 관련해서 전혀 직무 스트레스가 없다고 단정하기는 어렵다. 제주도지사와 제주지방경찰청장 간에 맺어진 업무협약에서 제주자치경찰은 권한이 매우 제한적이며 수사권의 경우는 특별사법경찰 분야에 극히 한정적일 뿐만 아니라 국가경찰과는 달리 독자적인 지구대나 파출소 등이 없기 때문에 계속해서 순찰을 돌다가 본부로 되돌아 와야만 하는 등 다소 고단한 시스템으로 운영되고 있다. 또한 제주자치경찰은 수행하는 업무가 극히 한정되어 있다. 이 때문에 제주도민으로부터 초창기에는 국가경찰인지 자치경찰인지 구분이 불분명하다는 반응도 나온바 있으며 심지어 자치경찰은 경찰이 아니라는 식의 다소 잘못된 인식을 갖고 있는 사람들도 있었던 게 사실이다. 이러한 결과는 제주자치경찰이 소수이며 지구대/파출소도 없으며 애초에 권한도 크게 주어져 있지 않았다는 점에 기인한 것으로 인식된다.

아마도 제주자치경찰 직원들도 역시 초창기에는 위에서 지적한 미약한 권한들에 대해, 즉 수사권이 적은 관계로 다소 허탈감도 느꼈을 것으로 본다. 사실 제주자치경찰제가 직무상 권한이 인력 또한 130여명으로 그다지 크지 않다보니 직원들의 승진기회도 적을 수밖에 없었다. 이처럼 승진 기회가 적을 경우 직원들은 승진 스트레스를 받게 되고 심한 경우 이직을 할 가능성도 커지는 요인이 되기도

한다.[2)]

한편 2018년 4월부터 2020년 2월까지 국가경찰에서 268명이 자치경찰단으로 파견되었으며[3)] 가정폭력 등을 비롯해 일부 분야에서 수사권의 부여 및 국가경찰의 파출소 등을 공동으로 사용하는 방안도 자치경찰제 도입안에 제시되었다. 특히 경찰과 시민과의 관계에서 가장 접점을 이루는 112 업무의 경우도 분야별로 나누어 형사사건 업무는 국가경찰이 그리고 비형사 업무는 자치경찰이 출동하는 것을 원칙으로 하되 경우에 따라서는 양자가 동시에 출동하는 보완장치도 마련하여 시범운영하였다. 이러한 제주자치경찰과 국가경찰이 합동으로 근무하면서 호흡도 잘 맞추었으며 향후 전국의 광역자치단체에 자치경찰을 시행해도 별로 문제가 없을 것이라는 가능성도 보여주었다. 이와 같은 내용은 다음 장의 제주특별자치도민, 시민, 관광객, 전문가 등을 상대로 실시했던 설문조사의 결과에서도 잘 보여주고 있다.

2. 조직 내의 갈등 문제

한편 제주자치경찰의 갈등은 여느 조직들에서처럼 비슷하게 나타났을 것으로 추측해 볼 수 있다.[4)] 예를 들어 제주자치경찰이 2006년 7월 창설될 때, 특별임용되었던 38명의 직원들은 각기 문화가 다른 전국의 시도경찰청에서 선발되어 제주자치경찰단 조직에 소속되었기 때문에 상호 간 적응하는 과정에서 어느 정도의 문화적 갈등들도 존재했었을 것이다. 또한 연이어서 자치신임순경 1기 45명이 선발되어 직원들이 늘어나면서 조직 내 갈등들도 비례해서 증가했을 것으로 가정해 본다. 하지만 조직 내 갈등은 어느 조직을 막론하고 존재하는 필요 불가결한 것이라고 볼 수 있다. 물론 조직 내 갈증은 경찰관리자의 리더십에 의해 얼마든지

---

2) 이 때문에 국민들이나 학자들로부터 지난 12년 동안(2018년 기준) 무늬만 경찰이 아니냐는 비판이 적지 않았던 것이다. 2020년 제주자치경찰제 창설 14주년이 되도록 이러한 시각은 여전히 비슷했다고 평가된다.

3) 2020년 2월에 추가로 8명이 또 파견되어 제주자치경찰로 파견되어 시범실시에 참여한 국가경찰의 총인력은 268명이다(2020년 12월 기준).

4) 그리고 제주자치경찰에서 초창기에는 국가경찰들이 특별 임용되어 자리를 잡는 과정 속에서 전국에 설치된 18개 지방경찰청이나 257개 경찰서들에서 이직한 국가경찰공무원들과 섬지역이라고 하는 제주특별자치도의 국가경찰 출신 직원들이 하나의 새로운 제주자치경찰 조직을 새롭게 구축해 내는 과정 속에서 상호간에 다소 다른 문화적 차이 등으로 인해 다소나마 어느 정도의 갈등도 존재했을 것으로 평가된다. 나아가서 나중에 제1차부터 여러 차례에 걸쳐 선발된 신임 자치순경들 간에도 어느 정도의 문화적 갈등들 역시 존재했었을 것으로 추측된다.

극복될 수 있는 것으로 알려져 있다. 무엇보다 갈등이란 극복만 잘하면 그 해당 조직이 더한층 발전할 수 있는 계기가 된다고도 알려져 있다.

제 4 절 제주자치경찰공무원의 사생활

1. 제주도청의 행정직공무원

제주특별자치도에 소속되어 근무 중인 일반행정직공무원의 경우 주무관(6급) 이하는 자유롭게 누구나 공무원노동조합에 가입할 자격이 주어지도록 법이 보장하고 있다. 이는 공무원으로서 평생을 공직에 복무하는 동안 자신의 의무와 권리를 유지하면서 동시에 각자의 신분을 보장 받고자 하는 목적이 함께 담겨져 있음을 의미한다. 그리고 이것은 어디까지나 법이 정한 범위 내에서 공무원 누구나 불이익을 받지 않으며 사생활이 보장되는 삶이 영위되도록 해야 한다는 인권정신에 기인하는 것이기도 하다.

2. 제주자치경찰공무원의 사생활

전장에서 언급했듯이 제주자치경찰공무원들도 제주도청 소속의 특정직 지방공무원인 만큼 공무원으로서 기본적으로 누려야 할 기본권리를 향유하면서 사생활이 보호됨과 동시에 보장되어야 한다. 이들 제주자치경찰공무원들은 2006년 7월 제주자치경찰제가 창설 된 이후부터 2020년 현재까지 계속해서 일반행정직 공무원들처럼 주간 근무 위주로 운영되고 있다. 그 이유는 국가경찰처럼 형사사건을 취급하지 않고, 다만 주간 시간대의 민생치안 유지활동 위주로 업무가 부여되어 있다보니 야간근무가 굳이 필요 없기 때문이다. 주·야간에는 물론 국가경찰이 치안업무를 책임지고 있기 때문이다.

한편 위에서 언급한 제주도청이나 시청의 행정직공무원이나 도지사 부속의 제주자치경찰공무원들은 모두 그들에게 주어진 모든 법적 범위 내에서 사생활이 보장되어야 함은 물론이다. 동시에 제주자치경찰은 도민과 시민들을 대상으로 치안서비스를 제공해야 하는 주체인 만큼 도민과 시민의 사생활 및 인권보호에도 최선을 다해야 하는 의무를 지고 있다. 무엇보다 일반행정직 공무원이든 특정직 지방공무원인 자치경찰이든 간에 행정직무상 취득하게 된 모든 비밀 사안들에 대해서 철저하게 사생활 정보를 보호해 주어야 한다. 만일 이를 누설할 경우에는 엄격히 처벌받게 된다. 이는 국가공무원법 제60조 공무원 비밀엄수의 의무에도 잘 나타나 있다.

제 5 절   제주자치경찰공무원의 영리행위와 겸업금지

1. 제주자치경찰공무원의 영리행위 금지

국가공무원법 제58조에 따라서 공무원은 자기의 업무 이외에 영리를 위한 활동은 금지하고 있기 때문에 제주특별자치도 산하의 모든 공무원들은 자기의 직무 이외에 영리를 목적으로 하는 어떤 종류의 영리 및 이익 활동을 절대로 겸해서는 안 된다. 이는 투잡금지를 의미하는데 공무원은 국민을 위한 행정서비스에만 전념하도록 하는 의무를 부여받았으며 이러한 영리행위 금지조치에 대한 보상제도로서 사망 시까지 연금도 지급해주는 이른바 공무원연금제도를 운용 중에 있다.

2. 제주자치경찰공무원의 겸업 금지

역시 위에서 언급한 국가공무원법 제58조에 따라 제주자치경찰공무원도 자기의 직장 업무를 수행하는 것 이외에 영리행위는 일체 금지됨을 원칙으로 한다. 물론 본인의 이름으로 영리행위는 안되지만, 예를 들어 부인이 사업자 등록을 낸 후 어떤 종류의 영리행위를 행하는 것은 얼마든지 가능하다. 다만 주류업 등을 비롯해 남편의 이해관계가 연계되어 문제의 소지가 남을 수 있는 경우는 물론 금지가 원칙이다. 2006년 7월 제주자치경찰단이 창설되어 직무를 시작한 이래로 지금까지 자치경찰공무원들 중 겸업금지행위를 위반하여 언론에 소개된 불미스런 사례는 아직 없다. 이는 제주자치경찰 직원들이 법을 잘 지키고 있음을 보여주는 사례다.

제 6 절   제주자치경찰공무원의 인권보호

1. 제주특별자치도의 자치경찰행정서비스 이행표준 제정

제주특별자치도는 2007년 자치경찰행정서비스 이행표준 제정(안)을 만들어 공포한 다음 시행에 옮겼다. 그 구체적인 내용을 살펴보면 다음과 같다.[5)]

【안전하고 원활한 교통관리 서비스】

가. 도민에게 불편을 주는 교통시설물은 개선하도록 하겠습니다.
  - 교통시설심의위원회를 통하여 불합리한 교통시설물을 개선하도록 하겠습니다.
  - 교통안전시설물의 설치는 항상 도민 편의와 원활한 교통소통에 중점을 두고 시행에 나가도록 하겠습니다.
나. 도내 주요 문화행사시 원활한 교통관리로 주민불편을 최소화 하겠습니다.
  - 도내 주요 문화행사장에는 교통경찰을 배치하여 원활한 교통소통이 되도록 노력하겠습니다.
  - 도로상의 교통정보를 신속히 알려 운전자들의 궁금증을 해소하고, 목적지까지 가장 빠른 길을 선택할 수 있도록 하겠습니다.
다. 주요 교통사고 요인행위에 대해서는 엄정하게 단속하겠습니다.
  - 신호위반, 중앙선침범, 보행자 보호위반 등 교통사고를 일으킬 위험이 있는 법규 위반행위에 대해 단속활동을 하겠습니다.
  - 명확한 위반행위만 단속하되, 5분 이내에 처리하겠습니다.

【생활안전을 위한 예방활동 서비스】

가. 공항 및 한라산 등에서의 관광객 보호활동에 힘쓰도록 하겠습니다.
  - 관광 제주의 특성을 감안, 규제보다는 주민 봉사에 역점을 둔 맞춤형 치안서비스를 제공하겠습니다.
  - 도민, 관광객의 편리를 도모하기 위하여 상시 근무체제를 구축하고 친절하고 정확한 민원안내를 실시하도록 하겠습니다.
나. 생활주변의 경범죄 위반행위 근절에 노력하겠습니다.

---

5) http://www.jeju.go.kr/tool/search/?category=jejudo&collection=&query.

- 음주소란·오물투기 등 기초질서 위반행위를 줄여 나가 깨끗하고 쾌적한 생활환경을 만드는데 힘쓰겠습니다.

【관광질서와 환경보호를 위한 특사경 서비스】

가. 관광질서와 환경보호에 자치경찰이 적극 앞장서겠습니다.
- 주요관광지 9개소에 대해 자치경찰을 배치, 관광 질서 확립에 앞장서겠습니다.
- 곶자왈 파괴사범 등 환경침해사범에 대하여 적극적인 단속과 예방활동으로 청정제주 환경보존에 기여하겠습니다.

나. 법과 양심에 따라 신속하고 공정하게 법을 집행하겠습니다.
- 수사를 함에 있어서 피해자는 물론 피의자에게도 공정하게 법을 적용, 집행해 나가겠습니다.
- 사건접수시 신속하게 처리하여 도민편익 중심의 수사행정을 구현해 나가겠습니다.

다. 사건과 관련된 모든 사람의 인권을 최대한 보호하겠습니다.
- 피의자와 참고인 등 사건관계자에 대한 비밀을 적극 보장하여 개인정보가 유출되지 않도록 하겠습니다.
- 피의자 또는 변호인이 원하는 경우 신문과정에 변호인을 참여시키겠습니다.

제주자치경찰은 위와 같이 3가지 영역(안전하고 원활한 교통관리 서비스, 생활안전을 위한 예방활동 서비스, 관광질서와 환경보호를 위한 특사경 서비스)에서 자치경찰 행정서비스 이행표준을 제정하여 실천하고 있다. 특히 이는 제주행정공무원들과 제주자치경찰공무원들이 제주도민들의 인권침해를 예방하는 차원에서 매우 중요한 기준이 되고 있다. 예를 들어 교통안전시설개선 관련 분야와 특별사법경찰업무 개선 관련 분야는 제주자치경찰과 도민 및 시민 간에 가장 가깝고 중요한 접점인 관계로 양자 간에 심한 갈등이나 인권침해가 발생할 수 있다. 따라서 이 분야에서 제주자치경찰은 많은 주의를 기울일 필요가 있다.

〈표 7-1〉 제주자치경찰의 서비스별 상담창구

구 분	접수부서	전화번호	FAX번호
교통안전시설개선 관련	생활안전팀	750-7120~4	750-7139
특별사법경찰업무개선 관련	관광환경팀	750-7130~4	

2. 제주자치경찰의 인권보호

1) 제주자치경찰의 인권보호 노력

제주자치경찰공무원의 경우 수사권 없이(특사경은 예외) 범죄예방과 민생침해를 방지하는 임무를 가지고 직무를 수행해 나가고 있다. 다만 이들 중 특별사법경찰팀에 소속된 20여명은 특별사법경찰 업무를 수행하고 있다.

전장에서도 이미 언급한 바와 같이 제주자치경찰 전체 직원은 애초부터 특사경법이 정하는 바에 따라 누구나 전보에 따라서 언제든지 특별사법경찰 업무를 수행할 자격이 부여되어 있다. 예를 들어 A라는 경사가 2018년에 생활안전과에 근무하다가 자체 조직의 전보에 의해 2019년에 특별사법경찰과로 전보되었다면 제주지방검찰청 검사장의 지명 없이 법에 따라 단장의 신고만으로 특사경 업무를 맡게 된다. 부언하면 제주자치경찰이 150명이라고 가정할 때, 이들 모두는 특사경법에 따라 특사경업무를 자체 전보만으로도 수행하는 것이 얼마든지 가능하다는 이야기다. 즉 위의 사례에서 살펴본 바와 같이 자치경찰공무원 중 특사경과로 전보된 직원은 용인 소재 법무연수원 특사경센터에 가서 단기직무교육을 이수하고 특사경 업무를 시작한다. 물론 이 직무교육은 강제사항은 아니다. 하지만 특사경 지명자들은 대부분이 이 직무교육을 받는 게 일반적이다.

이러한 과정을 거쳐 특사경업무를 맡게 되는 직원들은 제주도 내에서 행정법 위반자를 적발한 경우 형사소송법에 따라 제주지청 담당검사의 지휘를 받으면서 수사를 진행한 후 수사가 마무리 되면 그 결과를 검찰에 송치하게 된다. 물론 제주자치경찰제에서 특별사법경찰의 업무대상은 환경, 위생, 건축, 산림 등 상당히 다양하다. 하지만 그 직무영역은 제주지역 안에서, 즉 법에 따라 지역적·사항적으로 극히 한정된다. 예를 들어 한라산에서 불법개발로 인한 환경파괴 행위, 감귤 약품처리 등 위반행위, 오폐수 불법 방류 등 위반자들을 적발 및 수사하여 검찰에 송치한다.

문제는 수사라고 하는 것은 국가고유의 사무인 동시에 인권을 침해할 수 있는 양날의 칼이기도 하다. 즉 특사경 업무를 수행하는 자치경찰공무원은 그들에게 주어진 업무를 처리하는 과정에서 위반자(범법자)들의 수사상 인권을 침해하는 행위가 발생할 수도 있는 만큼 항상 각별히 주의하고 조심하는 노력이 필요하다. 제주자치경찰의 도민과 시민을 위한 인권보호 노력은 아무리 강조해도 부족함이 없다고 본다.

2) 인권침해 예방을 위한 법적 장치

이러한 특별사법경찰들의 시민에 대한 인권침해를 사전에 예방하기 위해 법무부는 2000년 4월 특별사법경찰관리 지명절차 등에 관한 지침을 마련했으며, 이는 사법경찰관리직무집행법 제5조에 기인하고 있다. 그 후 2003년 6월부터는 특별사법경찰관리집무규칙을 제정해 시행 중에 있다. 그리고 이 특별사법경찰관리집무규칙은 제주자치경찰에서 특사경 업무 수행자가 수사과정에서 반드시 지켜야 할 집무상 준칙을 명시한 것이다. 위 규칙의 핵심은 특사경의 직무범위 및 한계를 정하고 인권침해의 소지를 아예 처음부터 차단하기 위한 일환으로 제정했다는 점에서 큰 의의가 있다고 본다. 위에서 소개한 특별사법경찰관리집무규칙은 일반적으로 총칙, 직무수행 시 직무의 자세, 사무소 소재와 직무운영, 직무수행 수사일반 수칙에서 내사, 수사, 체포와 구속, 압수 수색, 금융자료와 통신자료, 영상녹화, 지명수배 통보, 사건의 송치, 압수물의 관리, 보고와 비치서류 등에 관한 내용을 담고 있다.

그리고 법무부 산하 지방검찰청 검사장은 법에 따라 국가 혹은 지방자치단체 소속 행정공무원들에게 특별사법경찰을 지명하고 있으며, 특사경의 지명, 제청방법, 지명기간, 지명 심의 기준, 지명철회, 직무교육의 실시 관련 내용들을 제시하고 관리해 나가고 있다.6)

이런 방침은 인권보호의 일환으로 볼 수 있다. 특히 인권침해를 예방하기 위한 차원에서 지검장은 특별사법경찰들에게 1년에 1회씩 직무교육도 실시하도록 권장하는 동시에 실천에 옮기고 있다.

위의 법적 토대에서 제주자치경찰단 소속의 특별사법경찰공무원들은 수사상 인권침해를 사전에 철저히 방지해야 한다는 기본규칙을 확고하게 유지하는 동시에 시민의 인권을 잘 보호해 나가고 있는데, 이는 매우 바람직한 현상이다.

---

6) 신현기, 『특별사법경찰론』(파주: 법문사, 2017), p. 137.

제주자치경찰의
활동 성과 분석

제주자치경찰의 활동 성과 분석

제1절 생활안전 분야

제주자치경찰은 2016년 생활안전 분야에서 체감형 안전도시를 조성하기 위한 밀착 중심의 치안활동 전개라는 대주제를 가지고 다음과 같이 세부적으로 5가지 테마를 지속적으로 실천해 나가고 있다. 즉 주민 친화적 현장중심 치안서비스 제공, 안전도시 위상 제고를 실현하기 위한 지역의 교통안전활동의 전개, 아동과 청소년의 보호를 위한 학교방범체제의 안전망 구축, 주민과의 공동 협력치안 주민봉사대 운영준법의식 제고를 향상시키기 위한 기초질서를 위반하는 범법자에 대한 단속 등이 바로 그것이다. 본 실천과제들은 2016년에 수립하여 2017년 1월부터 12월 말일까지 실천하고 달성하여 그 성과를 2018년 1월에 발표하는 방식에 따르고 있다. 따라서 2017년에 세웠던 2018년도 목표는 2019년 1월에 가서야 그 성과가 공식적으로 발표된다. 본 연구에서는 2017년, 2018년, 2019년 그리고 2020년까지의 연구기간을 감안해 3년치 분석을 살펴보았다(연구기간: 2017. 5~일부 자료는 2020년 하반기 자료까지).[1]

1. 주민 친화적 현장중심 치안서비스 제공

제주자치경찰은 주민불편 사항 개선을 위한 "생활안전진단" 시책을 적극 추진했는데 하나는 권역순찰과 병행한 생활안전진단 실시, 주민불편사항 적극개선이며 또다른 하나는 생활안전을 위한 진단시 관련 기관(부서)에 곧바로 통보 및 개선 조치를 취했다는 점이다.

---

[1] http://www.jeju.go.kr/jmp/intro/measure.htm?act=view&seq=1087368(검색일: 2018. 6. 20).

〈표 8-1〉 주민불편 사항 개선을 위한 "생활안전진단" 시책

구 분	계	치안방범	교통시설	기타(주차민원 등)	개 선
대 비(건)	31	− 3	52	18	31
2017. 12.	169	6	159	4	169
2016. 12.	138	9	107	22	138

출처: 제주자치경찰단, 내부자료, http://www.jeju.go.kr/jmp/index.htm(검색일: 2019. 2. 5).

제주자치경찰의 자체 분석평가를 보면, 전년대비 실적 증가, 주민불편사항 등 169건을 진단하여 100%개선 처리 그리고 "생활안전 진단" 사항 관련 부서의 즉시 통보로 주민요구에 부응하는 치안서비스를 제공했음을 알 수 있다.

2. 아동·청소년 보호를 위한 학교방범 안전망 구축

제주자치경찰은 본 영역에서 학교전담 방범망의 구축, 아동 청소년 등 안전환경의 조성을 목표로 다음과 같이 등·하교시간대 초등학교 전담방범제 실시, 범죄 및 교통사고 예방(11개교)을 비롯해 야간 취약시간대 자율학습 여고생을 보호하기 위한 순찰활동 전개(8개교) 및 노약자·어린이·청소년 등 이른바 사회적 약자 대상의 교통 및 범죄예방교육 실시 등과 관련된 성과를 이루어냈다.

〈표 8-2〉 학교전담 방범망의 구축 현황

구 분	학교방범		범죄예방 및 교통안전교육(회/명)			
	초등학교	여고	소계	초등학교 안전교육	노약자 안전교육	지역아동 센터 교육
대 비	−	−	31/−139	−9/−778	30/747	10/170
2017. 12.	11개교	8개교	108/3,617	62/2,587	30/747명	16/283
2016. 12.	11개교	8개교	77/3,478	71/3,365	−	6/113

출처: 내부자료, http://www.jeju.go.kr/jmp/index.htm(검색일: 2019. 2. 5).

제주자치경찰의 위 주제에 대한 성과분석은 노약자 안전교육을 추가했으며 더 나아가서 학교방범 활동 및 안전교육 등 전체적 증가, 그리고 안전귀가 도우미 역할로 부모와 학생 모두 안심할 수 있는 통학환경을 조성했다는 점에서 좋은 평가를 받고 있다.

한편 2018년 제주자치경찰단은 다음과 같이 학교방범활동의 극대화, 주민에게 공감 받는 지역 치안활동 등을 전개하였다. 이 결과 다음과 같은 성과를 일구어 냈다. 학교방범 및 지역 범죄예방을 위한 민·관 순찰활동을 지속적으로 추진했다. 학교방범과 범죄예방교육면에서 순찰활동이 크게 확대되었고 2018년도에는 특히 범죄예방진단 640건과 협력방범 순찰활동이 547회나 진행되는 큰 성과를 보여주기도 했다.

〈표 8-3〉 학교방범 및 지역 범죄예방을 위한 민·관 순찰활동 지속 추진

구 분	학교방범	범죄예방 교육	범죄예방진단	협력방범 순찰활동
2017	607회	108회	-	-
2018	714회	254회	640건	547회
증 감	△107 (17%)	△146 (135%)	-	-

출처: 제주자치경찰단, 내부자료, http://www.jeju.go.kr/jmp/index.htm(검색일: 2019. 2. 5).

2017년 대비 활동 실적이 대폭 상향되었다. 그리고 방범순찰 및 찾아가는 범죄예방 교육의 강화가 큰 성과로 눈에 띤다. 범죄예방진단, 지문등록, 협력방범 사무의 경우는 2018년부터 2019년까지 제주경찰청에서 국가경찰공무원들이 3차례에 걸쳐 파견(국가경찰관 260명)된 데에 따른 신규 사무였다.[2]

3. 안전도시 위상 제고를 위한 지역 교통안전활동 전개

제주자치경찰은 소통위주의 탄력적 교통관리를 통해 도민 및 관광객의 불편을 최소화하는 목표를 추진했다. 대표적인 내용은 다음과 같다. 즉 지역축제, 문화행사, 체육행사 교통관리 및 혼잡경비 및 질서유지 그리고 러시아워 시간대의 제주여고 4거리 등 교통 혼잡 해소와 캠페인 활동의 전개(24회) 및 교통사고 요인행위의 테마단속 강화를 통한 대형교통사고 예방(1,774건) 등 제반활동을 전개하였다. 마지막으로 제주도의 크루즈 단체 관광객 및 수학여행단 등 안전운전을 위한 교육을 실시하는 등의 성과를 도출해 냈다.

---

2) 2020년 2월에는 추가로 제4차 파견이 이루어졌는데, 이 때 8명이 증원됨으로써 2020년 12월 현재 총 268명이 파견 근무 중이다.

〈표 8-4〉 지역 교통안전활동 전개의 현황

구 분	계(회/명)	지역축제 문화행사	크루즈 관광객 보호활동	단체관광객 보호활동	오일장 교통관리
대 비	255/572	−5/−391	−421회	195/1,061	−24/−98
2017. 12	1,469/8,288	223/1,782	86회	1,059/6,296	101/210
2016. 12	1,724/7,716	228/2,173	507회	864/5,235	125/308

출처: 제주자치경찰단, 내부자료, http://www.jeju.go.kr/jmp/index.htm(검색일: 2019. 2. 5).

한편 제주자치경찰은 도로 이용자의 편의도모와 안전을 위한 교통안전 시설을 개선했는데, 이 중에 하나는 불합리한 교통시설의 개선을 통해 원활한 교통소통과 사고예방 및 주민편의 향상이고, 다른 하나는 지역주민 현장의 설명회 개최 및 유관기관 합동점검으로 적극 민원처리이다.

〈표 8-5〉 지역주민 현장 설명회 개최 및 유관기관의 합동점검 현황

구분	민원 접수	심의회 개최	심의 상정	가결 및 개선	유관기관 합동조사	주민 설명회
대 비(건)	−3	1회	76	−38	20	34
2017. 12	791	12회	679	363	109	141
2016. 12	794	11회	603	401	89	107

※ 교통시설심의위원회 구성현황: 총 10명(위촉직 7, 임명직 3)
출처: 내부자료, http://www.jeju.go.kr/jmp/index.htm(검색일: 2019. 2. 5).

제주자치경찰은 위 성과분석 차원에서 다음과 같이 입장을 보여주었다. 즉 지역축제 및 행사시 완벽한 교통관리를 통한 안전사고의 제로화라는 결과를 보여주었으며 성공적 행사가 이루어지도록 적극적으로 지원했다. 또 하나는 지속적인 교통시설의 개선과 관련된 민원접수가 전년과 비슷한 수준을 보여주었다는 점이다.

4. 준법의식 제고를 위한 기초질서 위반사범 단속

제주자치경찰은 기초질서 준수의식의 향상을 위한 교통캠페인을 적극적으로 실시(15회)하는 성과를 올렸다는 점도 크게 돋보인다. 2016년에 비해 2017년에는 다소 줄었는데 교통캠페인을 통해 개선되었기 때문에 줄어든 것인 만큼 이는 바

람직한 결과에 해당한다.

〈표 8-6〉 기초질서의 준수의식 향상을 위한 교통캠페인

구분	계	교통 통고처분	기초질서 통고처분	행정범 통보	형사범 통보	캠페인 개최
대 비(건)	−426	1,188	−867	−757	24	−14
2017. 12	5,191	3,002	1,458	620	96	15
2016. 12	5,617	1,814	2,325	1,377	72	29

출처: 내부자료, http://www.jeju.go.kr/jmp/index.htm(검색일: 2019. 2. 5).

5. 주민과의 공동 협력치안 주민봉사대 운영

제주자치경찰은 지역축제장 및 오일장 등 혼잡방지를 위한 교통안전 및 질서
유지활동을 펼쳐 다음과 같은 성과를 내었다.

〈표 8-7〉 지역축제장, 오일장 등 혼잡방지를 위한 교통안전 및 질서유지활동

구 분	계(회/명)	학교방범	지역축제 교통관리	오일장 교통관리
대 비	−42/−161	−1/−8	−17/−278	−24/125
2017. 12	118/2,148	−	39/831	79/1,317
2016. 12	160/2,309	1/8	56/1,109	103/1,192

출처: 내부자료, http://www.jeju.go.kr/jmp/index.htm(검색일: 2019. 2. 5).

자치경찰이 생산한 성과는 다음과 같다. 즉 교통법규 위반행위의 단속 실적은
전년대비 증가 1188건(60%), 기초질서단속 감소 867(37%) 등이다. 그리고 서울의
청개천과 흡사한 관광지 형태의 제주 산지천 지역이 있는데, 이곳은 제주시에서
관광객들이 많이 찾는 주요 관광지 중 하나이기 때문에 늘 사람들이 붐빈다. 특
히 이곳에서 노숙자들이 음주소란 등 위법행위를 하는 예가 많았다. 제주자치경
찰들은 이러한 문제들을 해결하기 위해 사전에 차단함으로써 쾌적한 시민의 쉼터
로 조성되는데 있어 큰 역할을 수행했다. 또한 지역 축제 및 행사시 합동 교통관
리를 수행함으로서 안전사고 제로 유지, 자치경찰 협력치안의 홍보 활동 등을 적
극적으로 전개하는 등의 성과를 달성하기도 했다.

6. 제주자치경찰 확대시범 운영 유지(4단계)

제주자치경찰은 다음의 변화들에 적극 대처하기 위해 2020년 초부터 사무의 고도화를 추진하고 있다. 전장에서도 간략하게 언급했듯이 더불어 민주당 간사였던 홍익표 의원은 2019년 초에 「경찰법전부개정법률안」을 의원입법 발의한 바 있다. 본 법률안의 국회 통과시까지 지속적인 확대 시범 운영을 통해 전국 자치경찰제 롤 모델을 마련하는 것이 제주자치경찰단의 중요한 과제 중 하나였다. 이당시 4단계 파견 시행에 관한 자세한 내용은 〈표 8-8〉에서 보는 바와 같다.

〈표 8-8〉 4단계 파견 시행에 관한 내용

인력	1단계 파견(27명)	2단계 파견(123명)	3단계 파견(260명)	4단계 파견(268명)
지역	제주동부서	제주전역	제주전역	제주전역
시행일	2018. 4. 30	2018. 7. 18.	2019. 1. 31.	2020. 2. 1.

전장에서도 간단하게 언급한 바와 같이 경찰청은 제주자치경찰단에 국가경찰을 4단계로 파견(2020.1.31~2021.1.30)했으며 총 268명(연장 229, 신규 39)[3], 3단계 파견 대비 2020년 2월 1일 추가 8명 증원(가정폭력/학교폭력 수사 관련 분야 파견인력 증원 임) 등이다. 당시 파견대상은 280명이 지원(모집정원 260명)하였다. 위의 자료에서 보는 바와 같이 1차 파견 국가경찰들이 2차 파견 때 연장지원을 해 주었으며 2차 파견지원자들은 또다시 3차 지원 때 역시 연장파견을 지원해 준 것이 결국에는 260명이 된 것이다. 이런 과정에서 일부는 제주국가경찰로 복귀했지만 대부분은 연장을 신청해 준 결과 전체 국가경찰의 파견 잔류자들은 무려 88%나 되었다.[4] 위에서 파견된 국가경찰관 260여명은 주로 제주시 소재 동부와 서부경찰서 및 서귀포경찰서의 지구대와 파출소에서 향후 전국광역자치단체 차원에서 자치경찰제를 시행할 때, 어떤 문제가 있는가에 대한 시범실시를 시행해 본 것이다. 추가로 4차 파견 국가경찰 8명은 제주자치경찰단 내의 사무실에서 수사팀을 구성하고 여성청소년 문제 및 가정폭력 관련 사건을 시범 실시해 보는 프로그램이었다.

---

3) 언론에는 주로 260명으로 발표되었으나 본 자료에서는 다소 증원되어 있음을 보여준다.
4) 내부자료, http://www.jeju.go.kr/jmp/index.htm(검색일: 2020. 2. 5).

그리고 자치-국가경찰 업무분담을 통한 효율성 및 치안서비스의 개선 효과는 다음과 같다.

✓ (생활안전) ▲112신고대응 전문성 ↑ ▲유실물 반환율 ↑ ▲주취자 보호체계 구축 ▲치안＋행정융합 행복치안센터 운영 추진('20. 3.)
✓ (지역교통) ▲교통사고사망자 수 대폭 감축 ▲'목적지정세외수입' 신설, 교통안전시설 개선 자체 재원 확보 및 신속한 개선 추진(사무 일원화)
✓ (아동청소년) ▲학교안전경찰관(SSPO) 개념 도입시행 ▲어린이통학로안전 전담팀 신설(민식이법 관련) 통학로 안전사무 자치경찰 일원화 추진이다.5)

7. 주민밀착형 사무 중심, 국가경찰 사무·인력 이관 추진

문재인 정부는 2017년 5월 10일 출범과 함께 17개 전국광역시도자치단체 차원에서 자치경찰제를 도입하겠다고 선언했다. 이전 정부가 기초자치단체 차원에서 줄기차게 자치경찰제를 도입하겠다는 정책을 고집했던 것과는 반대로 문재인 정부는 광역시도 차원에서 실시하겠다고 완전히 방향을 틀었다. 이에 따라 경찰청과 제주지방경찰청은 2018년 2월부터 2020년 2월까지 제주국가경찰을 미리 제주자치경찰단에 268명을 파견하여 시범활동을 성공적으로 펼친 바 있다.

한편 제주도와 제주자치경찰단은 기존의 제주자치경찰인력이 부족한 관계로 제주 전역을 대상으로 자치경찰 업무를 수행하는데 있어 어려움이 많다고 주장해 왔다. 이는 그 만큼 "제주형 자치경찰제"가 성공적으로 전국에 확대 시행되기 위해서는 어느 정도의 볼륨이 필요하다는 점을 지적하고 있는 것이다. 제주자치경찰단의 주장에 따르면 「제주특별법」의 범위 내에서 자치경찰이 수행 가능한 국가사무와 국가경찰인력이 자치경찰로 완전 이관되어야만 제주자치경찰의 전체 조직이 기능별로 운영이 가능하다는 것이다. 이러한 인력보강 없이 이전처럼 기존의 제주자치경찰 인력으로 향후에도 그대로 운영된다면 별 의미가 없다는 것이다. 물론 이 해결책이 주장대로 그렇게 간단히 해결될 문제는 아니지만 상당한 일리가 있는 주장임에는 틀림이 없다고 본다.6)

---

5) 내부자료, http://www.jeju.go.kr/jmp/index.htm(검색일: 2020. 2. 5).
6) 이미 2020년 11월 30일 제주지방경찰청 산하 경찰서에 발족되어 있는 경감 이하 경찰직장협의회는 제주자치경찰단에 파견되어 있는 268명의 국가경찰인력이 철수하기를 원한다면서 자신들

제주자치경찰은 제주경찰청 산하에서 268명이 시범실시를 위해 파견되었을 때 이 중에서 상당수를 그대로 자치경찰 소속인력으로 완전히 이관시켜 달라는 주장도 했었다. 즉 제주자치경찰단은 현재의 확대시범 12종의 사무 중 지역경찰·112상황실 관련 업무를 제외한 주민밀착형 사무 10종을 비롯해 최소 인력 77명의 이관이 반드시 필요하다고 주장했다.7) 여기서 말하는 77명의 인력은 생활안전(5종, 24명), 아동·청소년(2종, 15명), 교통(3종, 38명) 분야에서 인력들인데, 다시 제주경찰청으로 되돌아가지 않도록 정부와 경찰청이 법적 및 제도적으로 근거를 만들어서 현재 파견 운영처럼 그대로 제주자치경찰제의 유지를 위해 남게 해달라는 요청이었다. 하지만 2020년 12월 국가경찰은 모두가 원대복귀하였다. 이처럼 요청하는 분야별 현황은 〈표 8-9〉와 같다.

〈표 8-9〉 사무이관 10종

구분	이관 사무 10종 / 정원 77명
생활안전(5종, 24명)	CCTV관제(3), 범죄예방진단(3), 유실물(3), 치안센터(6), 주취자보호(9)
아동·청소년(2종, 15명)	학교폭력 예방(12), 실종·아동안전(3)
교통(3종, 38명)	교통외근(28), 싸이카(7), 교육·홍보(3)

출처: 내부자료, http://www.jeju.go.kr/jmp/index.htm(검색일: 2020. 2. 5).

한편 2020년 2월 초까지의 어떤 과정을 통해 이루어졌는지 그 추진사항을 살펴보면 다음과 같다.

✓ (경찰청) 경찰청장 정원이양 승인 및 경찰위원회 동의 완료(2018. 12.)
✓ (자치분권위) 자치경찰 선행모델로서 행안부에 정원 이양 권고(2019. 1.)
✓ (기획재정부) 이관 인력 인건비 상당액과 그 운영비 지원 가능 의견(2019. 6.)
  * 2006년 자치경찰 출범 시 최초 이관 인력 38명 선례에 의거 추진
✓ (제주지원위) 당초 도 제도개선(7단계) 사항과 병행 또는 별건 심의예정(2019. 11.)

의 소속 국가경찰인력이 제주자치경찰단에 남는, 즉 이관되는 것에 반대한다는 공식 입장을 내놓았다(제주도민일보, 제주경찰 직장협의회 "국가경찰 이관시 치안력 감소"(2020. 11. 30.자)를 참조할 것.
7) 내부자료, http://www.jeju.go.kr/jmp/index.htm(검색일: 2020. 2. 5).

* 제주지원위 - 행안부(조직과) - 경찰청 논의(2019. 11.)
→ 제주지원위에서는 단순 정원이양 사항으로 심의 부적절, 행안부-경찰청간
  협의(제주지원위 미심의)로 정원이양 의견 제시(2019. 11.)[8]

무엇보다 현재 제주자치경찰단에서 제주경찰청 소속의 국가경찰들이 파견되어 합동근무했던 프로그램은 한마디로 제주자치경찰제를 전국에 확대 시행하는데 있어서 시행착오나 미비점을 사전에 파악해보고 보완하기 위한 일환에서 시도해 보는 것이었다.

제2절 관광경찰 분야

제주자치경찰은 2017년에 관광경찰 분야에서 다음과 같은 성과들을 이루어냈다. 즉 기마활동을 통한 안전한 제주 구축 및 기마경찰의 관광상품화, 제주국제공항의 안전하고 쾌적한 치안환경 조성, 제주관광의 질적인 성장을 위한 이른바 관광경찰 활동의 전개, 외국인 관광객들의 법질서 유지를 위한 확립, 안전한 제주관광의 환경 조성 등이었다.[9]

1. 제주국제공항의 안전하고 쾌적한 치안환경 조성

제주자치경찰은 원래 제주특별법에 따라 20명의 자치경찰공무원이 제주국제공항에 상주하여 근무하도록 명시하고 있었으며, 오늘날까지 계속해서 공항에서 안전관리 업무를 담당하고 있다. 2017년에는 다음과 같은 성과를 이루어냈다. 즉 제주의 첫 관문 공항에서 관광객 보호뿐만 아니라 각종 불편사항 등 치안서비스의 적극적 제공, 그리고 대중교통체계의 개편 관련 공항 구내의 도로에서 교통질서 확립을 위한 활동의 전개 및 명절, 휴가철 등 치안수요에 맞춤 교통·방범 그리고 안전의 집중 관리 등이다.

---

8) 출처: 내부자료, http://www.jeju.go.kr/jmp/index.htm(검색일: 2020. 2. 5).
9) http://www.jeju.go.kr/jmp/intro/measure.htm?act=view&seq=1087368(검색일: 2018. 6. 20).

〈표 8-10〉 안전하고 쾌적한 치안환경 조성

대 비	일반 형사·행정 사건(건)							행정 서비스	검색대
	계	호객 행위	통고처분		여객운수 위반	형사범 인 계	장애인 주차구역	면허 조회	무사증
			교통	경범					
증감	−638	−87	80	19	−381	−27	−242	−24,236	−62
2017년	1,057	30	733	23	31	61	179	40,959	30
2016년	1,695	117	653	4	412	88	421	65,295	92

출처: 내부자료, http://www.jeju.go.kr/jmp/index.htm(검색일: 2019. 2. 5).

제주자치경찰의 분석평가는 공항 내 만성적인 호객행위의 원천 차단을 위한 항공법 적용, 공항질서 유지, 그리고 공항 일대 대중교통체계의 개편 관련 단속보다는 계도 위주의 활동 전개 및 경찰청 전화 면허조회 서비스의 활성화로 인해 사무소 방문 면허조회, 관광객의 감소 등을 큰 성과로 제시하였다.

한편 2018년과 2019년도 제주자치경찰단 소속 관광경찰의 활동 강화에 따른 안전한 치안환경 조성과 관련한 성과를 보면 다음과 같다. 특히 기초질서위반단속 영역에서 많이 증가하였고 면허조회에서는 2018년보다 2019년도에는 많이 감소하였다.

〈표 8-11〉 관광경찰의 안전한 치안환경 조성 관련 성과

(단위: 건/회)

구 분	관광사범 단속	기초질서 위반단속	공·항만 치안서비스제공		노숙인 관리 (귀가, 인계 등)
			음주감지	면허조회	
2019년	314	3,276	305	12,372	901
2018년	195	2,339	781	30,880	592
증감	△119 (61.03%)	△937 (40.06%)	▼476 (60.95%)	▼18,508 (59.94%)	△309 (52.19%)

출처: 내부자료, http://www.jeju.go.kr/jmp/index.htm(검색일: 2020. 2. 5).

특히 관광저해사범에 대해 적극 대처한 결과 불법숙박 192건, 불법유상운송 67건, 무등록여행 17건, 무자격가이드 11건을 적발하는 등 많은 실적을 올렸다.

2. 기마활동을 통한 안전제주 구축 및 기마경찰 관광상품화

제주자치경찰은 기마경찰과 관련해 다음과 같은 성과를 내었다. 주요 관광지 기마순찰 관련 근무시간 및 장소 정례화로 범죄예방에 기여, 탐라문화광장(월요일), 관광 질서 확립, 누구나 찾아 올 수 있는 서비스 제공, 제주민속자연사박물관(화요일), 용두암(금요일), 그리고 관광경찰과 연계한 위력순찰로 범죄심리 사전억제 및 치안사각지대 공백의 최소화 등이다.

〈표 8-12〉 안전제주 구축 및 기마경찰의 관광상품화

구 분	행사지원	기마순찰	승마체험	관광안내	사진촬영
대 비(회)	4	−25	−11/210명	962	−4,380
2017년	19	78	64회/1,806명	3,870	32,980
2016년	15	103	75회/1,596명	2,908	37,360

출처: 내부자료, http://www.jeju.go.kr/jmp/index.htm(검색일: 2019. 2. 5).

제주자치경찰은 위 주제와 관련해 다음과 같은 분석평가를 내놓았는데, 즉 요일별, 계절별 관광수요를 고려한 맞춤형 기마 순찰을 통해 관광객 공감 치안활동을 전개했다. 그리고 사회적 약자를 배려한 승마체험교실의 운영 등 각종 서비스 제공으로 도민에 대해 친근한 자치경찰상을 정립 및 기마경찰대원 일부를 대중교통체계의 개편 정착을 위한 근무에 투입, 기마순찰 횟수의 다소 감소 등이 그 대표적 성과였다.

3. 외국인 관광객 법질서 확립과 안전한 제주관광 조성

제주자치경찰은 주요 관광지 치안수요를 반영한 치안센터 3개소를 설치 운영하였다. 즉 용두암, 탐라문화광장, 성산일출봉 등 맞춤형 치안활동을 적극적으로 전개하였다. 그리고 외국 관광객의 법질서 경시 풍조에 대한 적극적인 차단을 위한 기초질서 위반행위에 대한 적극적 단속 및 외국어 특채 경찰관의 적극적 활용, 외국인 밀집지역을 중심으로 기초질서 확립을 위한 활동을 전개하는 커다란 성과를 보여주었다.

〈표 8-13〉 관광객 법질서 확립 현황

구분	치안센터 중점 수행 업무
용두암	권역별 맞춤형 생활치안활동
탐라문화광장	노숙 우려자 및 주택가 순찰
성산일출봉	오물투기근절 등 기초질서 확립

출처: 내부자료, http://www.jeju.go.kr/jmp/index.htm(검색일: 2019. 2. 5).

제주자치경찰의 평가분석을 보면 주요 관광지 치안센터의 운영에 따른 현장치
안 활동의 전개로 안전한 관광도시를 조성하는 동시에 중국 등 외국 관광객이 급
속히 증가하면서 제주에서 기초질서 위반행위가 많이 발생하는데 이것을 줄여나
가는 데 초점을 두기도 했다.

4. 제주관광의 질적 성장을 위한 관광경찰 활동 전개

제주자치경찰은 무자격 가이드, 무등록 여행업 등에 대해 적극적인 단속을 펼
침으로써 관광여행 질서의 확립을 전개하고 있다. 이어서 관광지 부정식품과 신
고하지 않고 행하는 숙박업소의 척결로 관광객 지향적 안전의 확보 및 제주공항
을 출발하는 외국인 MRP(여권자동판독기)를 활용한 무단이탈을 원천적으로 차단
하는 계획을 성공적으로 진행하기도 했다.

〈표 8-14〉 관광경찰 활동 전개 내용

구분(건)	무등록 여행업	무자격 가이드	위생사범 등	무사증이탈
대비	10	−127	−61	−62건/−62명
2017년	18	11	192	30건/30명
2016년	8	138	253	92건/92명

출처: 내부자료, http://www.jeju.go.kr/jmp/index.htm(검색일: 2019. 2. 5).

제주자치경찰은 위 주제에 대한 성과분석으로 본격적인 관광경찰의 활동에 따
른 제주형 맞춤형 관광치안 질서의 확립과 기여, 그리고 여행객의 안전 확보를
위한 관광 질서 위반사범에 대한 단속 활동으로 안심제주 이미지의 조성 및 외국
개별 관광객의 증가로 무등록 여행업 관련자의 적발 건수가 증가한 반면, 단체

관광객 감소로 인한 무사증 이탈자 및 무자격 가이드 적발 건수의 감소 등을 달성하였다고 강조했다.

5. 관광경찰 활동의 강화와 선진 관광질서 확립

2018년도 제주자치경찰단 산하 관광경찰과는 관광경찰 활동에서 2017년도 경우 전년도에 비해 많은 성과를 보여주었다. 관광사범 단속의 경우 2017년 77건에서 282건으로 크게 증가하였다. 안심수학여행(음주여부확인)과 노숙인 조치(귀가, 인계 등)의 경우도 크게 증가했다. 외국인 검문검색에서 검거의 경우도 117건에서 2018년에는 183건으로 무려 66%나 증가했다.

〈표 8-15〉 꾸준한 관광경찰 활동으로 건전한 관광 질서 환경 조성

구 분	관광사범 단속	기초질서 위반단속	외국인검문검색		안심수학여행 (음주여부확인)	노숙인 조치 (귀가, 인계 등)
			검색	검거		
2018년	282	1,083	634,449	183	6,720	567
2017년	77	1,115	622,151	117	6,296	105
증감	△205 (266.2%)	▼32 (2.9%)	△12,298 (2.0%)	△66 (56.4%)	△424 (6.7%)	△462 (440%)

출처: 내부자료, http://www.jeju.go.kr/jmp/index.htm(검색일: 2019. 2. 5).

제주자치경찰은 관광 질서 위반사범의 유형변화에 따른 맞춤형 활동을 펼쳤다. 이로 인해 관광사범 단속실적이 크게 증가하는 효과가 나타났다. 특히 안심수학여행을 위한 음주감지,10) 산지천 노숙인 안전귀가 조치,11) 외국인검문검색을 통한 범죄예방 활동 등 관광종합 치안서비스의 활동을 전개하는 큰 성과를 보여주었다.

---

10) 유지에서 제주도로 수학여행을 가는 중고등학생들이 증가하였고 관광버스로 이동 중에 교통사고 등이 발생할 수 있기 때문에 이에 대한 안전을 위한 조치 중 하나로서 광광경찰들이 에스코트를 해주는 활동을 전개하고 있다.

11) 제주도의 산지천이란 곳은 서울의 천개천(공원과 개천)과 같은 곳이라서 관광객이 많이 오는 곳인데 주취자들이 관광객을 상대로 시비를 걸거나 나쁜 인상을 주지 않도록 관광경찰이 각별히 단속을 하며 질서를 유지하고 있다.

제 3 절   민생사법경찰 분야

제주자치경찰은 자치경찰·행정·도민이 함께하는 특사경(민생사법경찰)의 추진실적, 제주특별자치도의 1차산업이 감귤산업이므로, 이에 대한 경쟁력을 최대한 끌어올리기 위한 활동지원 등 3가지를 제주특별자치도의 청정 가치를 수호하는 목표달성을 민생사법경찰활동의 핵심 업무로 정해서 수행하였다.

1. 자치경찰·행정·도민이 함께하는 특사경(민생사법경찰)의 추진실적

제주자치경찰은 법에 따라서 창설시부터 직원들이 특별사법경찰로 지명 받을 수 있도록 했다. 자치경찰 중 특별사법경찰의 직무를 수행하는 직원(민생사법경찰)들은 2017년에 다음과 같은 분야에서 집중적으로 직무를 수행했다. 즉 '청정과 공존' 가치를 수호하기 위한 산림·환경훼손 사범에 대한 강력단속, 가축분뇨 불법 배출(양돈농장 대표 4명 구속, 19명 불구속) 및 투기목적으로 대규모 산림을 훼손한 기획부동산 업자(2명 구속), 그리고 도민생활과 관광제주의 이미지 향상을 위한 민생·관광사범의 척결 등이었다.

〈표 8-16〉 제주 특별사법경찰 추진실적

구분	계(건/명)	환경사범	식품공중위생	관광사범	산림사범	자동차관련
대 비	−303건	+8건	+3건	−186건	−26건	−103건
2017년	1,500/1,634	74/119	213/243	45/60	47/60	1,120/1,152
2016년	1,803/1,974	66/128	210/238	231/244	73/121	1,223/1,243

출처: 내부자료, http://www.jeju.go.kr/jmp/index.htm(검색일: 2019. 2. 5).

제주자치경찰의 분석평가를 보면 산림 및 환경훼손사범의 구속수사 등 강력단속에 따른 '청정과 공존' 가치의 수호, 그리고 사회적 이슈사건 발생시 조기해결을 위한 전담반의 구성 및 운영으로 신속 대응은 물론 안전제주의 브랜드가치를 높이는 수사 활동으로 도민과 관광객의 공감대 형성 등을 달성했다.

2. 제1차산업 경쟁력 확보로 감귤산업 안정을 위한 활동지원

제주자치경찰은 2017년에 변화되는 감귤유통 정책에 발맞춘 선제적이고 광역적인 단속활동을 전개하였으며, 동시에 제주도 외 도매시장, 온라인 등 전방위 단속, 비상품 감귤 유통 차단 등을 실시하였다. 또한 유관기관과의 지속적인 협업체계의 구축, 비상품 감귤 유통행위의 원천 차단(2017. 12. 31. 기준) 등을 실시하고 이를 성과로 제시하기도 했다.[12]

〈표 8-17〉 감귤생산유통조례위반 단속(건) 현황

연 도 \ 구 분	감귤생산유통조례위반 단속(건)				
	계	강제착색	비상품감귤 (스티커 미부착)	품질검사 미이행	원산지 허위표시
2017년산	79	–	77	2	–

출처: 내부자료, http://www.jeju.go.kr/jmp/index.htm(검색일: 2019. 2. 5).

제주자치경찰은 2017년 소과·대과 10브릭스 이상 상품출하 가능, 감귤 출하 기준의 변경으로 비상품 유통 감소, 그리고 도내·외 도매시장 대상의 선제적 단속으로 비상품 감귤 관련 유통 의식의 전환을 성과로 내놓았다.[13]

3. 제주자치경찰의 선택과 집중을 통한 도민 접점 수사 활동 전개

2018년 제주자치경찰단 민생사법경찰팀은 도민생활과 밀접한 환경, 식품 전담 수사반을 운영했다. 이를 통해 민생안정을 위한 다음의 영역에서 집중적인 노력을 기울였다. 다음의 내용들이 바로 그것이다.

❍ 가축분뇨 불법배출 1년 성과, 임장수사로 의식변화 등 새로운 전환기 마련
　- 배출량 대비 처리량 30%이상 차이 140여개 농가 조사(구속 4, 불구속 26)
　- 59개 농가 악취관리지역 지정 고시 등 축산정책의 새로운 패러다임 제시

---

12) 내부자료, http://www.jeju.go.kr/jmp/index.htm(검색일: 2019. 2. 5).
13) 원래 제주도의회는 조례를 만들어 감귤의 경우도 일정 크기의 감귤만 육지로 출하할 수 있도록 했다. 즉 아주 커다란 감귤은 당도가 낮고 상품가치가 떨어지기 때문에 동물사료로 사용하거나 퇴비로 사용하도록 했다.

○ 투기·지가상승 목적 부동산 개발, 대규모 산림훼손 구속원칙 엄정수사
  - 100억대 시세차익 불법개발, 매장문화재 훼손사범 5명 영장신청, 불구속 87
    건
○ 식품위생전담수사반 편성, 기업형 불법숙박 및 야간파티 등 특별수사
  - 기업형태 불법·변종 숙박영업 6건, 게스트하우스 등 불법영업 36건
○ 강제착색 등 비상품감귤 유통 선제적 단속활동 감귤가격 안정화 기여
  - 강제착색, 기한경과 풋귤유통, 품질검사 미이행 등 4건(4.7톤)
○ 추석·설 명절 전후 원산지 위반행위 특별단속 식품안전문화 조성 기여
  - 수입산 돼지고기 제주산으로, 수입산 돔 국내산으로 거짓표시 등 30건 등이
    다(제주자치경찰단, 내부자료, 2018).

그 결과 환경·산림분야 전담반 편성운영, 부동산 투기 등 지능범죄의 선제적
수사 활동을 적극 전개하였고, 도민생활과 밀접한 식품위생분야 전담수사, 도민불
편해소 및 생활안정에 기여한 것으로 평가된다.
또 하나는 2018년 경우 전문 수사체제 구축에 따른 사회적 이슈사건에 대한
신속 엄정수사를 진행하였다. 핵심 업무는 다음과 같다.

○ 수사 전담체제 개편, 전문 수사 인력 보강을 통한 지능범죄수사 체계적 대응
  - '18. 8. 28. 수사과, 수사3팀 신설(2담당 → 1과, 3팀)
  - 보건의료·사회복지 분야 전담수사체제 운영, 기획수사 첩보수집중
○ 해안가, 중산간, 국립공원 등 절·상대보전지역 훼손행위 특별수사활동
  - 공간정보시스템상 보전지역 연도별 형상변경 추적, 위반사항 5개소 적발
  - 측량전문업체 의뢰 훼손면적 측정 등 증거자료 확보, 형사입건 수사중
○ 사건전산관리시스템 구축 완료, 범죄사건 분석을 통한 효율적 수사 가능
  - 연도별 발생사건 유형, 통계 등 데이터 분석후 지능범죄수사에 적극 활용 등
    이 바로 그것이다(제주자치경찰단, 내부자료, 2018).

이에 관련된 2018년 성과에 대한 평가는 다음과 같이 전문수사인력의 보강을
통한 기획수사전담반 운영, 사회이슈사건 등 신속 대응이었다. 이는 사건전산관리
시스템상 범죄사건 분석의 활용, 효율적·체계적 수사활동을 가능하게 하는 큰
성과를 얻기도 했다.14)

4. 검경 수사권 조정에 따른 자치경찰의 책임수사

2020년 1월 13일 수사권 조정법안(일명, 형사소송법 및 검찰청법)이 국회 본회의를 통과하여 2021년 1월부터 본격적으로 시행에 들어가게 되었다.

〈표 8-18〉 검경수사권 주요 개정 내용

| 형사소송법 | ✓ 검찰의 경찰에 대한 수사지휘권 폐지
✓ 경찰의 1차 수사종결권 부여
✓ 송치사건 보완수사 요구권 신설(검사) 등 |
| 검찰청법 | ✓ 자치경찰공무원 검사 지휘·감독 사항 삭제
* 지명특사경은 검사 지휘 현행유지 |

출처: 내부자료, http://www.jeju.go.kr/jmp/index.htm(검색일: 2020. 2. 5).

위와 같은 법적 토대를 기반으로 제주자치경찰도 국가경찰의 수사권 조정 관련 대응상황을 심층 연구 및 대비해야 하는 입장이다. 그리고 국가경찰의 수사권 조정 관련 대응상황은 다음과 같이 정리가 가능하다.

- 책임수사를 위한 4대 추진전략 및 80개 추진과제 수사개혁 로드맵 발표('19. 10. 21.)
  ◦ 영장 심사관 확대, 수사 심사관 신설, 사건 심사 시민위원회 설치, 수사민원 상담센터 확대
- 책임수사 추진본부 발족('20. 1. 16.)
  ◦ 형사소송법 개정에 따른 대통령령 제정, 국가수사본부 추진, 개혁 과제 발굴·추진 등이 바로 그것이다.15)

이에 따라 제주자치경찰도 수사 관련 자치법규의 제정 및 수사관의 역량 강화를 통한 공정한 수사 체계를 구축해야 하는 과제에도 직면하게 되었다.

---

14) http://www.jeju.go.kr/jmp/index.htm(검색일: 2020. 11. 20.).
15) http://www.jeju.go.kr/jmp/index.htm(검색일: 2020. 2. 5) 참조.

5. 첨단범죄 신속 대응을 위한 디지털포렌식 시스템 구축

2020년에 제주자치경찰에서도 첨단범죄의 신속 대응을 위한 디지털포렌식 시스템을 구축하기로 했다. 날로 지능화되고 은밀화되어 가는 각종 첨단 범죄에 적극 대처하기 위해 제주자치경찰도 디지털포렌식 시스템을 구축하게 되었는데, 이는 다소 늦은 감이 있지만 이제라도 신속하게 구축한 것은 큰 의미가 있다고 본다. 제주자치경찰단에 구축하는 디지털포렌식 시스템의 사업기간은 '20. 1. ~ '20. 5.(5개월)까지 이며 사업비는 약 322,960천원 규모였다. 제주자치경찰이 수사의 과학화를 위해 구축하게 된 이른바 디지털포렌식 시스템 구축의 주요내용은 다음과 같다.

- 압수수색 데이터 채증 및 분석을 위한 현장 지원용 디지털포렌식 장비
- 데이터수집 분석을 위한 디지털포렌식 전용 서버(워크스테이션) 및 저장장치
- 디지털 증거자료 분석실 및 피압수자 참여권 보장을 위한 참관실의 설치

이러한 주요 사업을 성공적으로 구축하기 위해 제주자치경찰은 분석관의 배치와 담당자의 교육을 다음과 같이 계획하고 시행했다. 즉 전문인력의 배치는 2명이며 다음과 같은 디지털 포렌식 직무교육을 받도록 했다.

〈표 8-19〉 제주자치경찰의 디지털포렌식 교육 과정(2020)

교육기관	교육내용	교육기간	횟수
대검찰청	디지털 포렌식 전문가 과정	3개월	8월
경찰수사연수원	디지털 포렌식 과정	2주	연 4회 예정(2, 5, 8, 10월)

출처: 제주자치경찰 내부자료, http://www.jeju.go.kr/jmp/index.htm(검색일: 2020. 2. 5).

제주자치경찰은 디지털포렌식 수사기법을 새롭게 구축함으로써 향후 수사경찰들(특별사법경찰 포함)은 압수수색 현장에서 신속하게 디지털증거자료를 확보해 수사성과를 극대화 할 수 있으며 수집된 증거자료가 법정 증거능력을 크게 인정받을 수 있을 것으로 기대된다.

제주자치경찰단은 다음과 같이 디지털포렌식 수사체계를 구축함으로써 그 기대효과를 더 한층 높이게 되었다. 즉 민생침해 범죄에 대한 신속대응과 과학수사

체계를 훌륭하게 갖추게 되었다. 그동안 제주자치경찰단 민생사법경찰팀에서 행정법 위반 관련 범죄를 적발해 수사를 진행하면서 그 디지털 증거분석을 위해 他기관(제주지방청)에 의뢰함으로써 많은 불편함을 겪었다. 그동안 제주자치경찰단이 제주경찰청 과학수사팀에 디지털 증거분석을 위한 의뢰 횟수는 9회(2017년 1회, 2018년 3회, 2019년 5회)에 달했다. 이제 스스로 제주자치경찰은 신뢰성 있는 디지털 증거 확보를 위한 과학수사 시스템의 구축을 완성하게 되었다.

[그림 8-1] 제주자치경찰 디지털포렌식의 워크스테이션과 업무용 PC

워크스테이션	업무용 PC
디지털 정보 추출, 분석 장비	압수 증거물의 봉인 개봉 등
(모바일 디바이스 등)	증거 채증을 위한 PC

출처: 제주자치경찰단, 내부자료(2021).

그동안 제주자치경찰은 디지털포렌식 센터 구축을 위해 조달청 계약(2020. 5.)을 진행하고 디지털포렌식 센터의 리모델링 공사를 완료(2020. 5.)한 다음, 디지털포렌식 시스템 구축의 완료 및 시범운영(2020. 6.)을 진행했다. 그리고 디지털 증거분석 전담을 위한 인력풀을 구성한 후 운영(8명, 수사과 6, 서귀대 1, 관광과 1)하게 되었다.

[그림 8-2] 제주자치경찰의 디지털포렌식 관련 현장지원 노트북과 소프트웨어

현장 지원 노트북 및 프린터 등
디지털 정보 추출 및 분석 장비
(현장용 모바일 및 하드디스크 등)

디지털 포렌식 소프트웨어 등
삭제 파일 복원 및 데이터 추출
및 분석 소프트웨어 등

출처: 제주자치경찰단, 내부자료(2021).

제주자치경찰은 최종 사업비로 총 32,269만원(지방비)을 투입했으며 스마트폰, 태블릿 PC 등의 모바일에 대한 데이터 채증 및 분석 장비 설치, 디지털 포렌식 전용 서버(워크스테이션) 및 저장장치(NAS)의 설치, 디지털 증거자료 분석실 및 피압수자 참여권 보장을 위한 참관실의 설치 등이 마련됨으로써 명실공히 과학수사체계를 완성했다.16)

최근 신종범죄가 고도화되면서 과학적인 수사가 매우 중요시되고 있는 만큼 제주자치경찰에서도 디지털 포렌식 기초과정을 도입해 본격적으로 인프라를 구축했다는 점에서 볼 때, 이는 매우 바람직한 대안으로 평가된다. 제주자치경찰 중 선발된 직원들이 대검찰청과 경찰청 인재개발원에 가서 디지털포렌식에 대한 장비 사용법 관련 제반 기술을 습득하였고 후임직원들이 지속적으로 양성되는 계획도 착실히 추진되고 있다. 특히 이에 대한 후속작업으로 제주자치경찰은 다음과 같이 디지털 포렌식 사용법 등에 관한 기초교육과정도 마련함으로서 향후 과학적 수사를 위한 토대를 구축해 나가고 있다.

---

16) 제주자치경찰단 내부자료(2020).

제 4 절 교통분야

제주자치경찰은 도로환경의 조성, 최적의 교통정보제공 및 교통약자의 안전을 위한 보호구역을 개선하고자 하는 정책을 시행하여 다음과 같은 성과를 도모하였다.[17)]

1. 최적의 교통정보제공 및 도로환경 조성

제주자치경찰단 교통과가 추진한 사항을 보면 크게 다음의 3가지이다.[18)]

1) 교통신호체계 개선 268개소

도내 교통량의 지속적 증가에 따른 출·퇴근 시간대 교통체증의 가중, 교통사고의 증가 및 대중교통우선차로제 도입 등 교통여건이 급속하게 변화됨에 따라 혼잡교차로의 신호체계를 개선하여 평균 통행속도의 향상, 지체시간의 감소, 차량 정지율 감소, 교통사고 감소 등의 개선이다.

2) 교통신호기 설치 및 정비 30개소

교통시설심의에서 가결된 교통신호기의 설치 및 추진에 따라 보행자의 안전 확보를 비롯해 교통사고 발생의 저감이 기대되었다. 다른 하나는 노후 교통신호기 선로 및 관로의 정비를 통하여 안정적인 교통신호기의 운영을 통한 교통사고의 예방 등이다.

3) 교통약자 보행환경 개선 10개소 및 교통사고 예방 경보등 설치 11개소

제주자치경찰은 시각장애인용 음향신호기의 설치 및 경보등의 설치를 통하여 교통약자인 장애인들의 보행권 확보 및 교통사고 예방에 기여하고 있다. 그리고 인구유입과 차량 증가에 따른 교통신호기 설치로 교통 혼잡 및 교통안전의 개선

---

17) http://www.jeju.go.kr/jmp/intro/measure.htm?act=view&seq=1087368(검색일: 2018. 6. 20).
18) http://www.jeju.go.kr/jmp/intro/measure.htm?act=view&seq=1087368(검색일: 2018. 6. 20).

을 단행했다. 또 하나는 교통사고 다발지역, 민원 발생지역의 교차로에 대한 교통 패턴 분석, 신호체계 조정으로 교통 환경의 개선작업을 진행하는 성과를 내었다.

2. 교통약자의 안전을 위한 보호구역 개선

이 밖에도 제주자치경찰은 다음과 같이 교통약자를 위한 안전정책을 추진하였다. 어린이보호구역 개선 7개소, 노인보호구역 개선 11개소, 장애인보호구역 개선 1개소, 등하교 시간대 어린이 교통사고의 예방지도 3개교 등이나.

1) 어린이보호구역 개선 7개소

제주자치경찰은 다음과 같이 어린이보호구역을 개선하는 정책을 추진했다. 그 결과 제주도의 신창성이시돌어린이집, 선유어린이집, 월산마을, 덕수초교, 인예어린이집, 선마을어린이집, 신제주초등학교 7개소의 어린이보호구역 개선사업을 통한 안전한 등하굣길 조성 등에서 많은 개선 성과가 있었다.

2) 노인보호구역 개선 11개소

제주자치경찰은 제광원, 영평상동경로당, 신흥리경로당, 상한동경로당, 광령2리경로당, 중문요양원, 제일요양원, 기로회요양원, 서귀포시동부노인복지회관, 토산1리경로당, 한마음노인복지센터 11개소의 노인보호구역 개선사업으로 어르신들의 교통사고 예방 등 안전한 보행환경 조성 등의 성과를 만들어 냈다.

3) 장애인보호구역 개선 1개소

정혜재활원 1개소의 장애인보호구역 개선사업으로 교통약자인 장애인들의 교통사고 예방 등 안전한 보행환경 조성을 산출해 냈다.

4) 등하교 시간대 어린이 교통사고 예방지도 3개교

등하교 시간대에 통학 교통안전지도를 통하여 교통사고를 예방하는 등 안전한 통학로 조성에 크게 기여하였다. 한편 제주자치경찰의 성과에 대한 분석에서 볼 때, 노인보호구역 등 개선사업은 소방안전교부세 지원으로 확대 추진 및 시설물 관리를 위한 유지관리 사업에 대한 예산 투자의 확대가 필요한 실정인데, 이에 대한 노력도 함께 추진했다.

3. 교통사고 예방활동 적극 전개로 교통안전 제일도시 구축

제주자치경찰단은 교통 분야에서 2018년 1월부터 12월 말까지 다음과 같은 큰 성과를 보여주었다. 2가지 영역인데 바로 다음과 같이 두 가지이다.

1) 교통순찰 활동과 병행하여 교통법규 위반 사범 및 홍보활동 전개

제주자치경찰단의 2018년 교통 분야 성과에서 교통법규 위반 단속 건수는 2017년에 비해 1,795건가량 증가하였다. 그리고 교통 홍보캠페인도 66%나 대폭 늘리는 노력을 기울였다. 특히 눈에 띠는 대목은 제주자치경찰의 음주단속이다. 단속을 강하게 실시하여 2017년에 비해 2018년에는 전년도 47건에서 675건으로 무려 1,430%나 증가시키는 성과를 보여주었다. 물론 이러한 결과는 자치경찰에게 단속권한이 대폭 확대되었다는 데 기인한다. 이는 직원들의 노력이 확대된 결과로 인식된다.

〈표 8-20〉 교통법규 위반 사범 및 홍보활동의 전개 현황

구 분	교통법규	음주단속	경범(기초질서)	홍보 캠페인	행사 교통관리
2017	3,380	47	1,574	15회	223
2018	5,175	675	1,763	25회	207
증 감	△1,795(53%)	△628(1,430%)	△189(12%)	△10(66%)	▼16(7%)

출처: 내부자료, http://www.jeju.go.kr/jmp/index.htm(검색일: 2019. 2. 5).

2) 교통시설심의위원회를 통한 불합리한 교통안전 시설물 개선

제주자치경찰단 교통과는 2018년 1년간 열심히 업무에 전념한 결과 다음과 같은 성과를 얻었다. 2018년도의 경우는 2017년에 비해 약 71건이나 감소하는 등의 개선효과를 가져왔다.

〈표 8-21〉 교통시설심의위원회와 개선 현황

구 분	총 계	횡단보도 신설·이전	신호기 신설·이전	좌회전 허용·폐지	기 타
2017	363	183	88	38	54
2018	291	165	34	69	23
증 감	▼71(19%)	▼18(10%)	▼54(61%)	△31(81%)	▼31(57%)

출처: 내부자료, http://www.jeju.go.kr/jmp/index.htm(검색일: 2019. 2. 5).

평가 차원에서 볼 때, 2017년 대비 단속실적(교통, 음주)은 대폭 증가했다. 이는 교통사고 유발요인을 집중적으로 단속한 결과에 따른 것으로 평가된다. 그리고 2018년의 경우는 총 심의건수가 감소했다. 이는 2017년도 경우 제주시내의 버스 중앙차로제 90여건 심의로 인해 그 건수가 증가하게 됨으로서 나타난 결과로 이해된다.19)

4. 도민과 관광객 중심의 변화하는 교통환경 조성

2006년 7월 제주자치경찰제가 전격 시행된 이후 큰 변화 중의 하나는 제주도의 교통 분야 업무가 교통사고로 인한 형사사건을 제외하면 대부분 자치경찰단으로 넘어와서 수행 중이다. 다시 말해 제주도에서는 이미 오래전부터 교통사고수사 분야만 국가경찰이 담당하고 사실상 나머지 교통업무 영역은 대부분 제주자치경찰의 업무 영역으로 이관되었으며 제도적으로 이미 상당히 정착된 상태다.

1) 일반교통시설 신속 정비를 통한 교통안전도시의 구축

제주자치경찰의 경우 다음과 같이 교통시설을 설치하여 관리해 나가고 있다.

○ 교통시설물 신규설치 및 유지관리(사업예산 24억원)
 － 신호기·경보등(19개소), 장애인 음향신호기(76대), 잔여시간 표시기(166대)
 － 교통신호기(1,179개소) 및 신호체계(340개소) 유지관리, 노후선로 교체(5개

---

19) 제주시내의 버스 중앙차로제는 순수 제주자치경찰이 주최가 되어 도청에 건의 후 검토되어 도입된 제도로서 제주자치경찰의 노력이 매우 컸던 성공적인 정책에 해당된다. 이 제도를 도입함으로써 제주 시내의 교통 흐름은 만성 정체현상으로부터 굉장히 개선된 것으로 평가되었다.

소)
○ 지능형교통시스템(ITS) 기반시설 노후화에 따른 노후시설 교체
　－ 2002년부터 설치된 ITS 시설 빠르게 노후된 도로전광판, CCTV 교체 18개
　　소
○ 어린이(4개소), 노인(12개소), 장애인보호구역(1개소) 신규지정 개선
　－ 교통약자 어린이, 노인, 장애인의 교통사고 예방을 위한 보호구역 개선(17개
　　소) 등이 바로 그것이다.

한편 성과는 다음과 같이 도로에서의 교통사고 예방 등 교통안전을 비롯해 원
활한 소통확보에 기여, 그리고 교통약자의 교통이용환경 개선 이외에 보행자가
안전한 교통 환경 조성에 기여하게끔 선도 정책을 추진해 나가고 있다.

2) 차세대 지능형교통체계 구축을 통한 스마트시티 구현

제주도의 경우 2018년부터 3년간 예산을 투입하여 차세대 지능형교통체계 구
축을 통한 스마트 시티를 구현하는 작업을 펼쳤는데, 이에 대한 집중 관리는 자
치경찰단에서 담당하고 있다. 이 사업에 대한 기간, 사업규모 및 사업비는 다음과
같다.

○ 사업기간: '18. 1월 ~ '20. 12월【3년간】
○ 사업규모: 동서광로·연삼로 등 주요도로 300km에 첨단교통관리시스템 구축
　－ 도로상 교통정보수집기(차량검지기, CCTV 등) 설치, C－ITS 인프라 구축
　－ 차량과 차량, 차량과 인프라 간 쌍방향 무선통신망 구축
　－ 교통정보센터에 관리운영단말시스템 설치 및 운영요원 배치(교통정보센터 6
　　층)
○ 사업비: 246억원(국비 148억원, 지방비 98억원)
　－ '17 제주·서울 C－ITS 시범도시 공모 선정

본 사업에 들어가는 예산은 총 246억원인데 2018년의 경우 100억원, 2019년에
80억원 그리고 2020년에 66억원이 전격 투입된다.

이뿐만 아니라 차세대 지능형교통체계를 집중적으로 구축해 나가고 있다. 가

장 중요한 요소는 역시 예산이다. 총 사업비는 246억원인데 1차로 2018년에 100억원, 2019년에 80억원 그리고 2020년에 66억원이 투입되어 완성되었다.

〈표 8-22〉 차세대 지능형교통체계 구축을 위한 예산 현황

총 계	2018	2019	2020
246억원	100억원	80억원	66억원

출처: 제주자치경찰단, http://www.jeju.go.kr/jmp/index.htm(검색일: 2019. 2. 5).

이처럼 차세대 지능형교통체계의 구축을 통해 안전성과 효율성 및 친환경성이 대폭 향상된 첨단교통시스템을 구현했다는 평가를 받고 있다.

제 5 절   제주자치경찰의 지역치안과 지방행정 융합

1. 제주자치경찰의 우리 동네 경찰관 정착

제주자치경찰단은 생활안전 및 아동청소년 등 여러분야에서 2018년 4월부터 2020년 2월 사이에 국가경찰에서 이관 받은 사무에다가 지방행정 영역을 적극적으로 융합하여 주민생활밀착형 치안사무를 발전시켜 나가고 있다.

1) 행정복합 치안센터

제주는 지리적 특성상 경찰관서와 행정관서가 해안선을 중심으로 위치하여 중산간지역은 상대적으로 치안·행정의 공백이 발생하고 있다. 이러한 중산간지역의 치안사각지대를 해소하고 치안·행정을 연계한 융합서비스를 제공하기 위해 2020년 3월 11일 제주도내 2개소에 이른바 행정복합치안센터(약칭: 행복치안센터)를 개설하였다. 본 행복치안센터의 주요 업무는 기존의 경찰 치안사무에다가 복지, 보건, 산림, 축산행정 등을 융합한 다음 제주지역 주민들이 적극적으로 필요로 하는 행정서비스를 원스톱 시스템을 통해 제공하고 있는 제도이다. 이러한 제도는 주민의 편의를 위한 행정서비스이므로 시민들로부터 좋은 호응을 받을 수밖에 없을 것이다. 이것이야말로 제주자치경찰이 제주도민들에게 있어서 곧바로

"우리 경찰"이라는 인식으로 다가갈 수 있는, 즉 친도민정책 중 하나의 대표적인 사례로 꼽을 수 있다고 본다.

본 제도는 2020년 상반기 주민만족도 조사에서 무려 93.9점의 높은 점수를 받기도 했다. 또한 본 제도는 행정안전부 2020년 적극행정우수사례와 제주도 브랜드과제로 선정되는 성과도 동시에 거두었다. 그리고 본 제도는 대통령 소속 자치분권위원회와 행정안전부 및 경찰청에서도 제주자치경찰 현장을 방문해 이것을 전국으로 확산시킬 수 있는지에 대한 가능성을 심층 연구하는 토대도 제공하는 등 높은 평가를 얻었다.

한편 행복치안센터 융합행정의 사례를 보면 다음과 같이 5가지가 대표적인 예가 된다.

첫째, 치안-복지행정융합이다. 우리나라에 2020년 1월부터 중국 우한지역에서 발생해 한국으로 들어 온 코로나19를 막기 위한 민·경 방역활동, 독거노인 대상 코로나19 긴급재난지원금 신청 안내, 독거노인 대상 마스크 전달 및 건강상태 문답형 체크 등이다.

둘째, 치안-재난행정융합이다. 고사리철 식물채취 시 길잃음사고 예방을 위해 특별비상근무 실시, 하산 안내 문자메시지 개별 발송·사이렌 취명 등 활동으로 전년 대비 길잃음사고 24% 등이 감소하는 효과가 나타났다.

셋째, 치안-보건행정융합이다. 치매안심센터와 업무협약, 치매환자 돌봄 및 조기 검진 지원 등이다.

넷째, 치안-축산행정융합이다. 반려견 안전활동 홍보 및 유기견 포획틀 자체 제작, 포획활동 강화 등이다.

다섯째, 치안-소방행정융합이다. 산림·오름 등지 흡연 및 농작물 소각금지 홍보, 기상악화에 따른 큰 불이나 방치된 소각 현장의 초기 진화활동 등이 바로 그것이다.

2) 학교전담경찰관(SPO)을 학교안전전담경찰관(SSPO)으로 확대

사실상 기존에 국가경찰의 학교전담경찰관(SPO) 제도는 예를 들어 학교폭력예방 활동에만 중점을 두고 활동을 펼치는데 그쳤다. 이에 비해, 제주자치경찰단의 학교전담경찰관은 제주지역의 학교폭력예방활동뿐만 아니라 더 나아가서 어린이 통학로의 안전·방범용 CCTV를 비롯해 시설개선 및 초등학교 주변 불량음식 그리고 유해업소의 단속과 등하교 시간대에 불법 주정차의 단속·학교 관련 민원 전담 등 이른바 '학교의 전반적인 안전'을 책임지는 '학교안전전담경찰관(SSPO)'으로 발전시키는데 심혈을 기울었다.

3) 주취자 응급의료센터 운영 및 상습주취자의 건전한 사회복귀 도모

제주자치경찰단은 2019년부터 주취자 응급의료센터 2개소를 신설(제주시 한라병원, 서귀포의료원)했으며, 알콜상담센터(보건복지부) 및 중독관리통합지원센터(행정시)와 업무협약을 통해 상습주취자에 대한 치료뿐만 아니라 재활까지도 적극 연계하여 제주지역사회의 음주문화를 개선하는데도 크게 기여하고 있다. 이것은 지방자치단체가 운영하는 자치경찰제가 아니고는 사실상 쉽지 않을 것으로 평가된다. 이와 관련해서 좋은 사례를 하나 찾아볼 수 있는 것이 더불어 민주당의 김영배 의원이 2020년 8월 4일 의원입법 발의한 자치경찰제 도입을 위한 정부의 일원화 모델이다.

김영배 의원은 경찰법과 경찰공무원법을 전부개정하여 국가경찰이 행정경찰업무, 수사경찰업무, 자치경찰업무를 모두 담당하는 개정 내용을 담아 발표했다. 여기서 대한민국광역시도지사협의회와 국가경찰 간에 쟁점이 하나 불거져 나왔다. 즉 다름 아닌 경찰의 생활안전사무 범위가 다음과 같은 자치단체사무까지 확대되어야 한다는 과제가 불거진 것이다. 즉 지금까지는 지방자치단체가 맡아왔던, 예를 들어 다음의 사례들, 즉 노숙자, 주취자, 행려병자에 대한 보호, 공공청사 경비, 축제시 질서유지, 재난시 주민보호, 사회질서유지(예, 쓰레기 투기 문제 단속까지) 등의 과제를 향후 자치사무 담당 국가경찰공무원이 넘겨받도록 하는 것에 대해 국가경찰은 절대적으로 받아들일 수 없다는 입장을 나타냈다.[20]

이런 의미에서 볼 때, 자치경찰제 도입 시 17개 광역자치단체가 주체가 되어 시행하는 경우는 기존의 지자체가 담당하던 위의 사례들을 자연스럽게 맡아서 처리할 수도 있을 것이다. 그러나 이번에 김영배 의원이 제시한 정부안에서는 국가경찰이 향후 자치경찰업무도 함께 수행하되 기존의 지자체가 맡고 있던 업무까지

---

20) 마침내 이러한 의견은 갈등의 소지가 있었으며 2020년 12월 1일 국회 행정안전위원회 법안심사 제2소위원회에서 자치경찰 사무 국가경찰이 맡지 않기로 재조정하였다. 이러한 업무는 그동안 자치단체에서 담당해 왔던 업무였으나 김영배 의원의 정부안에서 자치경찰이 맡기로 정리되어 있었으나 국가경찰들의 격렬한 반대로 부딪치는 논쟁이슈였다. 이에 대한 자세한 논의는 다음 장에서 후술하기로 한다.

국가경찰이 도맡으라고 경찰법과 경찰공무원법 전부개정안을 통해 전격 제시하는 등, 즉 일원화 모델을 제시함으로써 결국에는 국가경찰과 광역지자체 간에 첨예한 갈등이 불거져 나오게 된 것이다.

위와 같은 갈등을 보면서 제주자치경찰은 광역시도단위에서 도지사가 자치경찰제를 직접 부속기구로 관리하고 있기 때문에 이른바 주취자 응급의료센터 운영 및 상습주취자의 건전한 사회복귀 도모와 관련된 정책이 훌륭하게 해결되고 있는 것으로 평가된다.

4) 전국 최초 통합유실물센터 구축 및 유실물 반환율 대폭 향상

기존 제주특별자치도 내에 3개 경찰서(동부, 서부, 서귀포)에 신고된 분실 유실물 관련 업무를 제주자치경찰단 통합유실물센터에서 통합 관리(2019. 10. 21.) 하게 되었는데 그 결과, 센터의 개소 이전에 전국 평균(59%)에도 미치지 못했던 제주지역 유실물 반환율(56.9%)이 대폭 향상(2019년 66.7% → 2020년 상반기 71.2%) 되는 성과를 거두었다.[21] 이러한 결과는 제주자치경찰에서 그 만큼 적극적으로 유실물 주인을 찾는데 각종 노력을 기울였다는 것을 의미하기도 한다.

2. 코로나19 사태를 통해 '지방자치경찰'의 롤모델을 제시

제주자치경찰은 코로나19의 세계적인 대유행에 직면해 제주지역이라는 이른바 지역사회 감염확산을 차단하는데 있어서 결정적인 역할을 수행하였으며 이것은 지방자치경찰로서의 중요한 하나의 롤모델을 제시한 것으로 평가된다.

특히 코로나19 세계적 대유행에 직면한 후 사전 방역에 있어서 지자체의 방역 조치 및 행정명령과 경찰의 집행력 확보가 유기적으로 이루어져야 실효성을 거둘 수 있다는 점에 착안해서 성공을 거두게 되었다. 즉 육지의 다른 시·도의 경우는 지방자치단체와 해당지역 지방경찰청 간에 싱호 '기관 협조'를 거쳐야 하는 어려움들이 있다. 하지만 제주특별자치도에서는 곧바로 도지사가 총 인사권자인 제주자치경찰을 통해 '기관 협조'라고 하는 중간단계를 생략한 채 신속하고 유연한 행정조치를 실행에 옮길 수 있었다. 이와 같이 제주자치경찰이 방역과 예방작업에 적극 나선 결과 제주특별자치도에서는 사실상 지역감염이 발생하는 사례가 거

---

21) 제주자치경찰단, 내부자료(2020).

의 없었으며 궁극적으로 코로나19 방역에 성공했다는 평가가 나왔다.

특히 제주자치경찰이 제주지역에서 코로나바이러스를 막는 데 성공한 사례를 보면 다음과 같다. 즉 제주자치경찰은 특별사법경찰 수사권과「경찰관직무집행법」상 즉시강제 수단을 가지고 있기 때문에, 이를 적극 활용하여 지자체장의 일원화된 지휘 아래 행정명령 조치를 신속하게 지원할 수 있었다. 예를 들어 도지사와 코로나19 실장과 국장의 대책회의에 제주자치경찰단장이 직접 참여하여 각 실과 국별 간에 시급한 문제점을 동시에 공유하고 다양한 지원조치를 신속하게 결정할 수 있었다는 점에 주목할 필요가 있다. 이는 제주도지사가 직접 운영하는 제주특별자치도 자치경찰에서만 가능할 수 있었다는 선례를 제대로 보여준 예에 해당한다. 이러한 성공사례가 가능하기 위해 취해진 자치경찰단의 조치를 보면 다음과 같다. 즉 제주자치경찰단에서는 자체적으로 재난안전대책본부를 구성하기도 했다. 이는 획기적인 적극 대안정책으로 평가할 만하다. 또한 예비대(86명)를 편성한 다음, 제주공항과 항만에서 발열감시를 지원(10.19. 기준 延 3,383명)했으며 자가격리시설 경비를 즉각 지원(10.19. 기준 5개소 延 1,843명)한 것을 비롯해 다중이용시설의 점검 및 이를 지원하는 신속한 조치를 취한데 기인한다.[22]

한편 제주자치경찰단은 자체적으로 제주자치경찰단 재난안전대책본부도 창설하여 각종 재난에 적극 대처하고 있다.

우선 제주자치경찰단장(자치경무관)을 자치경찰재난안전대책본부장으로 하고 경찰정책관(자치총경)을 총괄조정관으로 정했다. 그 산하에 수사과장을 역학조사지원통제관, 생활안전과장을 자가격리지원통제관, 관광과장을 발열감시지원통제관으로, 교통과장을 교통지원반으로 그리고 서귀포대장을 서귀포지역 종합상황지원반으로 정해 코로나 바이러스로부터 청정지역 제주를 지키기 위한 재난안전대책을 훌륭하게 수행해 나가고 있다.

---

22) 제주자치경찰단, 내부자료(2020).

[그림 8-3] 제주자치경찰단 재난안전대책본부의 조직도

출처: 제주자치경찰단, 내부자료(2020).

제주자치경찰의
직무교육훈련과 재교육

제9장 • 제주자치경찰의 직무교육훈련과 재교육

제1절 제주자치경찰의 직무교육훈련 현황

1. 신임자치경찰공무원의 교육

1) 제주자치경찰의 채용과 선발과목

제주자치경찰은 2006년 7월 창설된 이후 여러 차례에 걸쳐서 신임 자치순경 인력을 공개 채용해 왔다. 초창기의 경우 반드시 제주도에 연고가 있는 자만 응시할 수 있는 자격 조건이 제시되어 있었다. 즉 제주자치경찰은 제주특별자치도의 지방공무원인 만큼 반드시 제주도에 주소를 두고 있는 사람이어야 한다. 선발시험은 국가경찰의 순경채용시험과목과 동일한 한국사, 영어, 경찰학개론, 형법, 형사소송법 등을 자치경찰순경채용 시험과목으로 정하여 공개경쟁 채용방식에 따라 실시해 왔다.

2) 국가경찰의 교육기관인 중앙경찰학교에 위탁교육 현황

합격자는 소정의 절차를 거쳐 경찰청 부속의 국가경찰기관인 충북 충주 수안보 소재 중앙경찰학교에 통상 약 16주 동안 위탁교육을 통해 기본교육을 받아왔다. 이곳 중앙경찰학교에서는 국가경찰에 선발된 신임순경들이 입교하여 34주 동안 기본교육과 일선지구대 실습을 겸비하고 순경에 임용되는 곳이다. 제주자치경찰단의 신임자치순경들은 중앙경찰학교에서 16주 동안 위탁교육을 받는데, 말 그대로 이는 지극히 기본교육에 해당된다. 이러한 위탁교육은 점차적으로 확대해 나갔다.

위에서 언급한 바와 같이 교육기관을 설치 운영한다는 것은 전문학적 예산이 소요되는 일이다. 2006년 7월 창설된 제주자치경찰은 자체 신임자치순경을 위한 교육기관을 설치하지 못했기 때문에 국가경찰 기관인 중앙경찰학교에 위탁교육을 통해 해결했다. 2015년에는 9명, 2016년은 미선발, 2017년 6명, 2018년 9명, 2019년 1명, 2020년 5명이 중앙경찰학교에 위탁기본교육을 받았다. 이 중에서 여경이 차지하는 비율은 4명으로 전체 16.0%를 차지했다. 이들은 중앙경찰학교에서 국가경찰 소속 신임순경들과 함께 교육하지 않고 별도로 프로그램을 만들어 자체적으로 신임자치순경교육을 받았다. 특히 2020년에는 5명이 중앙경찰학교에 위탁 입교하여 신임경찰교육기간을 2020년 8월 15일부터 12월 11일까지 34주 동안 국가경찰 신임순경과 동일한 커리큘럼으로 수업을 진행한다. 이는 이미 2019년 1명이 34주 동안 신임자치순경교육을 이수한 전례가 있다. 위 1명은 2018년 9명이 입교했던 신임순경 중 부상으로 퇴교했다가 치료 후 2019년에 홀로 입교해서 교육훈련을 받고 자치순경에 임용된 특별한 경우이다.[1]

〈표 9-1〉 제주자치경찰 신임교육 현황(위탁)

(단위: 명)

구분	소계	2015	2016	2017	2018	2019	2020
소계	25	9	–	6	9	1	5
남	21	7	–	4	9	1	5
여	4	2	–	2	–	–	–
교육기간		16주	–	22주	17주	34주	34주

출처: 제주자치경찰단, 내부자료(2020).

제주자치경찰은 신임순경을 선발해 경찰청 부속 중앙경찰학교에 위탁교육을 시키고 있는바, 물론 신임자치경찰들의 교육비는 제주자치경찰이 부담하고 있으며 해당 신임자치경찰들은 다음과 같은 교육훈련 프로그램을 통해 34주 동안의 전과정이 마무리된다. 이들 자치경찰의 교육훈련과정은 국가경찰의 교육훈련 과정과 동일하게 짜여졌으며 프로그램 중에서 가장 많은 비중을 차지하는 것은 역시 무도와 사격 및 술기 과정들인데 무려 21.0%나 된다. 아래의 표에서 보는 바와 같이 수사법률 분야도 그 비중이 큰 편인데 19.2%나 된다. 그리고 현장실무 분야가 차지하는 비율도 15.1%나 된다. 마지막으로 공직가치와 인권 영역도

---

1) 제주자치경찰단, 내부자료(2020).

12.4% 정도나 된다.

〈표 9-2〉 중앙경찰학교 신임교육과정 강의 시수

(단위: 시간, %)

현장대응 (술기)	수사법률	현장실무	인권 소양 (공직 가치)	기타 (공휴일 등)	소계(시간)
125	114	90	74	192	595
21.0%	19.2%	15.1%	12.4%	32.3%	비율(%)

출처: 중앙경찰학교, 내부자료(2020).

3) 제주공무원교육원에서 지리문화적 적응교육

중앙경찰학교에서 16주 동안 성공적인 경찰기본교육을 마무리한 제주특별자치
도의 신임자치순경후보자들은 제주도로 복귀한 후 제주공무원교육원에서 추가로
약 1개월간 제주도의 역사, 문화, 지리에 관한 자체교육을 받은 후 자치경찰단에
배치되어 직무가 시작된다.

2. 초창기 자치경찰 재직자의 직무교육훈련

1) 일반직원의 직무교육

제주자치경찰의 경우 업무영역이 넓거나 광범위 하지 않은 관계로 국가경찰처
럼 경과(警課)별로 다양하게 경찰교육 기관에 가서 직무교육을 받는 제도가 활성
화 되지는 않은 편이다. 다만 특사경(민생사법경찰)의 경우는 조금 다른 특성을 가
지고 있는데, 즉 부분적으로 법무부 산하 법무연수원이나 경찰교육기관에 직무교
육을 받으러 가는 경우가 있다. 하지만 이 경우도 시간적·재정적 한계로 인해
그렇게 많이 활발하지는 않은 것으로 분석된다. 이는 제주자치경찰단의 조직이
그렇게 대규모 인력을 가지고 있지 않기 때문이라는 데에 기인하고 있다.

2) 특별사법경찰(민생사법경찰)의 직무교육[2]

(1) 일반 현황

기본적으로 제주자치경찰의 경우 직무교육 프로그램들은 경찰청 산하 경찰인재개발원(구 경찰교육원), 중앙경찰학교, 경찰대학, 경찰수사연수원 등과 2019년 이후 MOU를 체결하여 참여교육이 다소 활성화되고 있다. 그 밖의 또다른 교육 프로그램들은 제주지방경찰청 교육센터(구 지방경찰학교), 제주인재개발원 및 자체 직장훈련교육 프로그램 등을 통해 이루어지고 있다. 교육대상을 보면 우선 기본 교육과정으로 자치경사 이상을 대상으로 하는 프로그램이 있으며, 기타 실무교육 과정도 제공되고 있다. 이는 주로 자치경정 이하를 대상으로 제공하는 프로그램 이다. 2012년의 사례를 보면 제주자치경찰은 자신들이 운영하고 있는 특별사법경찰 교육과정의 경우 법무부 산하 법무연수원[3]과 경찰청 산하 경찰수사연수원[4]에서 운영하는 프로그램에 참여하는 제도를 마련해 놓고 있다.

제주자치경찰의 교육과정별 수요를 보면 다음과 같다. 즉 2012년에 수행되었던 기본교육과정을 예로 들어 보고자 한다. 경찰청의 교육계획에 따라서 자치경감 2명, 자치경위 1명, 자치경사 1명이 국가경찰기관에 가서 위탁교육을 받은바 있다. 타 기관과 밀접한 협력하에서 관련 교육을 공유하는 교육을 시작했다는 점 그 자체만으로도 매우 바람직한 사례로 평가된다.

경위이하 기본교육 미이수자의 경우는 처한 현황을 파악하여 경찰청과 교육인원을 재협조하기도 했다. 그리고 제주자치경찰단 소속 특별사법경찰 직원들 중에 가장 많이 직무교육 프로그램에 참여하는 기관은 경기 용인 소재 법무연수원의 특사경센터이다. 또 하나의 다른 기관은 경찰수사연수원의 수사과정에 참여하고 있는데 2012년도 경우는 경위 이하 특사경 직원 중 기초과정에 14명이 참여한 바 있다.[5] 2018년과 2019년에도 제주자치경찰단 특사경 중 서너명이 위 기관의

---

2) 제주자치경찰단의 특별사법경찰은 특별사법경찰이라는 용어를 사용하지 않고 민생사법경찰이라는 용어를 사용하고 있다. 서울시의 특사경도 민생사법경찰이라는 용어를 사용하고 있다.
3) 법무부 산하 법무연수원은 이전에 경기도 용인에 있었으나 충북 진천군으로 이전하여 운영 중이다. 물론 기존의 용인 소재 연수원도 그대로 양쪽 모두 활용하고 있다.
4) 경찰청은 부속기구로 충남 아산시에 경찰수사연수원을 운영하고 있다. 우리나라 경찰기관에 근무하는 수사분야의 직원들은 수백 가지의 수사 관련 직무교육에 1주에서 1개월까지 다양하게 참여하고 있다.
5) 사단법인 한국자치경찰연구원. (2015). "자치경찰의 특별사법경찰 사무수행 범위에 관한 연구", 연구보고서, p. 48.

직무교육에 참여하여 성공적인 교육이 이루어졌다.

〈표 9-3〉 제주자치경찰단 특별사법경찰의 재교육 설계

구분	중앙교육					기타 교육	
학교별	경찰대학	경찰교육원	중앙경찰학교	법무연수원	경찰수사연수원	제주지방경찰학교	인재개발원
과정별	자치경정/경감 기본교육과정	자치경위/경사 기본교육과정	신임교육과정 (신임순경)	특사경 기초과정 (경위이하)	특사경 수사 기초과정 (특사경)	신임경찰과정 (경위이하)	인재개발원 교육계획에 의거 월중 교육신청 후 교육실시
	-	교통관리자과정 (경정~경위)	-	특사경 심화과정 (경위이하)	수사요원 양성과정 (경위이하)	현장대응과정 (경위이하)	
	-	과태료징수 전문과정 (경위이하, 일반·계약직)	-	-	-	지역경찰실무 (경위이하)	
	-	교통안전교육 전문과정 (경위이하)	-	-	-	교통실무과정 (경위이하)	
	-	청소년범죄 대책과정 (경정이하)	-	-	-	-	

출처: 제주특별자치도 자치경찰단(http://jmp.jeju.go.kr), 내부자료 참조(2012) 및 2020년의 자료를 중심으로 재작성.

　한편 제주자치경찰 직원의 직무교육과 관련해 인원별 상황 파악을 보면 초창기에는 직무교육이 활발했으나 점차적으로 감소해 왔다. 사실상 인원도 부족하여 자리를 비우기가 쉽지 않은 문제도 있고 교육에 참여하는 일련의 필요 예산들도 적지 않은 비용이 소요되므로 모든 자치경찰인력이 직무교육에 모두 참여하는 상황에 놓여있는 실정이다.

　한편 제주자치경찰단에서는 2020년 2월 현재 조직을 개편하여 별도의 수사과(수사 1팀, 2팀, 3팀)를 운영하고 있는데, 이 부서에서 역시 민생사법경찰(특사경)이

활동하고 있다. 본 수사관에서는 민생사법경찰(특사경) 업무의 경우 주로 산림, 식품, 보건위생 영역에서 활발하게 이루어지고 있다. 지금까지 민생사법경찰(특사경) 수사관들이 외부기관에 직무교육을 다녀오고 있는 참여인력의 규모는 그렇게 크지는 않지만 그래도 매년 이루어지고 있다는 점에서 그 가치를 높이 평가할 수 있다. 지금까지 국가기관에 직무교육을 다녀온 제주자치경찰의 민생사법경찰(특사경)의 수는 2017년, 2018년, 2019년의 경우 각각 3명가량이다. 이는 다시 두 가지로 나누어지는데, 하나는 순수 자치경찰공무원 중 수사관 2명이며, 다른 하나는 민생사법경찰 수사관 중 도청에서 파견 나와 있는 행정직공무원(특사경) 중에서 1명이다.6)

〈표 9-4〉 직원의 재교육인원별 소요파악

| 연번 | 소 관 | 과정명 | 소요인원 | | | 신청 사유 | 비 고 |
			소속	계급	성명		
1	경찰대학	• 경감기본교육과정 － 교육인원: 2명					세부교육일정 － 관계 기관과 협의 후 추후 확정, 제주자치경찰은 매년, 즉 2017, 2018, 2019년에도 3명의 민생사법경찰(특사경)을 용인 소재 법무부 법무연수원에 보내서 직무교육을 받도록 했다(산림, 식품, 보건위생 분야).
2	〃	• 경위기본교육과정 － 교육인원: 1명					
3	경찰교육원	• 경사기본교육과정 － 교육인원: 1명					
4	〃	• 교통관리자과정 － 교육대상: 경정~경위					
5	〃	• 과태료진수전문과정 － 경위이하, 일반·계약직					
6	〃	• 교통안전교육전문과정 － 경위이하					
7	〃	• 청소년범죄대책과정 － 경정이하					
8	중앙경찰학교	• 신임교육과정 － 신임순경 13명 교육 중					
9	법무연수원	• 특사경 기초과정 － 경위이하	특사경과 등 13명 기 신청완료				
	〃	• 특사경 기초과정 － 경위이하	특사경과 1명 기 신청완료				
	경찰수사연수원	• 특사경수사심화과정 － 경위이하					
10	〃	• 수사요원 양성과정 － 경위이하					

---

6) 이는 관련자들과의 인터뷰를 통해 크로스 체크된 인원이다; 제주특별자치도 자치경찰단(http://jmp.jeju.go.kr), 내부자료 참조(2020).

11	제주지방 경찰학교	• 신임경찰과정 － 경위이하				
12	〃	• 현장대응과정 － 경위이하				
13	〃	• 지역경찰실무 － 경위이하				
14	〃	• 교통실무과정 － 경위이하				

출처: 제주특별자치도 자치경찰단(http://jmp.jeju.go.kr), 내부자료 참조(2012-2020).

(2) 제주자치경찰단 특별사법경찰의 재교육훈련 문제

현대사회에서 범죄는 날이 갈수록 고도로 지능화되고 있다. 이러한 현실속에서 제주자치경찰단 산하 특별사법경찰의 경우는 아직 자체적으로 직무교육을 위한 교육훈련시설을 확보하지 못했다. 천문학적인 예산과 인력 및 시설이 필요하기 때문이다. 따라서 국가경찰의 교육기관인 법무부 소속 법무연수원, 경찰청 소속 경찰수사연수원, 경찰청 소속 경찰인재개발원(구 경찰교육원), 그리고 경찰대학의 직무교육 프로그램 등에 위탁하여 직원들의 재교육이 이루어지고 있다는 점은 위에서 설명한 바와 같다. 우리나라 국가 및 지방자치단체에서 관할 지방검찰청 검사장에 의해 지명 받은 특별사법경찰관들의 숫자는 2017년의 경우 무려 20,000여명을 넘어서고 있는 실정이다. 대부분의 국가 및 지방자치단체 소속 특별사법경찰들은 법무연수원이나 경찰수사연수원 등을 통해 특사경 직원들의 직무교육이 이루어져 왔다. 왜냐하면 특사경을 총괄 지휘하는 컨트롤타워가 대검찰청 형사2과이다. 대검 형사2과(2과장: 부장검사)는 법무연수원에 특사경 교육센터를 설치해 오래전부터 운용해 오고 있기 때문이다. 또한 비용이 많이 들어가는 관계로 대부분의 특사경 운용 기관들은 자체적으로 직무교육기관을 운용하지 못하고 있다. 우리나라의 모든 특사경들은 주로 법무연수원 특사경 교육센터의 직무교육 프로그램의 직무교육과정에 참여하는 정도에 그치고 있는 실정이다.

제주자치경찰의 경우 법상 주요임무는 범죄예방을 위한 순찰활동에 집중하고 있으며 또 하나의 핵심 업무는 특별사법경찰 업무로 귀결되는 만큼, 특히 특별사법경찰들의 역량을 향상 시켜 주기 위해 직무교육의 기회가 많이 주어질 수 있도록 노력할 필요가 있다.[7]

특히 위에서 지적된 문제들은 다음의 3가지 차원에서 어느 정도 진단이 가능

---

7) 사단법인 한국자치경찰연구원. (2015). "자치경찰의 특별사법경찰 사무수행 범위에 관한 연구", 연구보고서, p. 49.

하며 그 해결방안을 찾아 나갈 수 있다고 본다. 첫째, 다양한 프로그램을 발굴하여 직원들을 관련 프로그램에 참여시켜 업무의 극대화 및 효율화를 기하도록 해주는 정책기획상의 의지가 비교적 약한 것으로 보여 진다. 둘째, 직원들이 직무교육 프로그램에 참여하고 싶은 의지를 나타내지 않을 수도 있을 것이다. 물론 이것은 제도적으로 의무화 하면 어느 정도 해결될 문제로 평가된다. 따라서 이를 위한 지속적인 노력이 강구될 필요가 있다고 본다. 셋째 자치경찰 직원들의 직무교육을 위한 예산이 넉넉히 확보되어야 한다. 하지만 이 과제는 시민들의 생명과 재산을 지키는 매우 중대한 국가와 지방정부의 과제라는 차원에서 접근해야 한다. 넷째, 직무교육이 이루어지는 시기에 공적·사적으로 일이 겹치고 상호 간 참여기회가 엇박자가 나서 본의 아니게 참여하지 못할 수도 있다고 본다.

제 2 절 제주자치경찰의 직무교육훈련의 문제점

1. 소규모 인력으로 인한 외부기관 직무교육 참가의 한계

제주자치경찰의 경우 인력이 넉넉하지 않은 비교적 적은 조직인데다가 직무 또한 국가경찰의 조직처럼 경과별로 볼 때, 대규모인 것도 아니다. 이런 한계 때문에 부족한 직무 인원의 어려움을 무시하고 자유롭게 외부기관에 설치되어 있는 직무기관에 자유롭게 교육을 받으러 가는데 있어 어려움이 상존한다. 향후 17개 광역시도에서도 역시 자치경찰제를 확대 실시한다면 자치경찰인력이 증가하게 되고 인원의 증가로 인해 기관들 상호간에 인사교류도 가능하게 될 것이다. 동시에 다소라도 여력이 생긴 자치경찰의 인력으로 인해 국가경찰 기관에 파견도 가능해질 것으로 본다. 이처럼 파견인력을 통한 협업 관계가 늘어나게 될 가능성이 크며 이렇게 되면 그 필요성에 의해 직무교육의 기회도 활성화 될 것으로 본다.

2. 예산상의 문제

제주자치경찰의 직무교육훈련에 있어서 그 필요성도 많지는 않지만 더 중요한 것은 예산상의 문제가 가장 크다고 평가된다. 제주자치경찰의 경우도 자유롭게 직무교육을 확대하여 다양한 직무교육의 기회가 확대되는 것이 반드시 필요하지만 현재 처한 재정상태로 인해 이것이 수월하지 못한 게 사실이다. 누군가 직무교육에 참가하게 되면 적은 인원으로 이루어져 있다는 한계점 때문에 인력도 적으며 또한 여력이 크지 않은 근무조건에서 만일 이 시간대에 누군가 직무교육을 받으러 갈 경우 그 부족한 상황의 발생을 누군가는 대신 수행해 주어야 하는 한계점에도 직면한다. 그럼에도 불구하고 위에서 살펴본 대로 매년 수사관들 3명을 경기 용인 소재 법무부 법무연수원에 직무교육을 보내고 있다는 점은 매우 고무적인 성과로 평가된다.8)

이곳 법무연수원 특사경센터에서는 비록 월요일~금요일까지 5일 직무교육에 그치고 있기는 하지만 특사경 업무 수행을 어떻게 해나가야 하는지에 대한 핵심 노하우는 어느 정도 제공해 주는 것으로 알려져 있다. 중장기적으로는 예산을 확보해 현재 1주일 과정을 최소 2주일 과정으로 늘리는 노력이 강구될 필요가 있다. 현재 5일은 너무 적은 시간으로 보여진다.

3. 제주자치경찰과 국가경찰기관 간 인사교류(파견)

그동안 제주자치경찰단에서는 인력도 부족했지만 그 보다도 타 기관에서 인사교류를 할 수 있는 상황이 만들어지지 못했다고 보아야 한다. 그나마 문재인 정부가 2017년 5월 10일 출범하고 자치경찰제를 100대 국정과제로 발표한 이후 분위기도 반전되었다. 마침내 2018년 기회가 확대되어 제주자치경찰단의 이○○ 경정이 경찰청 자치경찰과로 인사교류가 이루어지는 큰 성과가 있었다.9)

이는 우리니라 최초의 국가경찰과 제주자치경찰이라는 경찰 기관 간의 인사교류 사례로 기록되었다. 이를 통해 2018년부터 2019년 6월 말까지 2년간 경찰청 자치경찰단에 파견근무하며 국가경찰-자치경찰 간에 정책교류를 활성화 하는 등의 큰 성과가 있었다. 이어서 2차로 제주자치경찰단(단장, 자치경무관)의 고○○ 자치경정이 두 번째로 2019년 7월부터 역시 경찰청 자치경찰단(단장, 경무관)에 파견되어 2020년 말까지 근무했다. 이뿐만 아니라 2019년도에 제주자치경찰 소속

---

8) 제주특별자치도 자치경찰단(http://jmp.jeju.go.kr), 내부자료 참조(2021).
9) 2018년 문재인 정부의 100대 과제 중 13번째 주요 정책과제로 제시된 자치경찰제의 도입을 위한 경찰개혁위원회 내에 자치경찰소위원회도 기능하는 등 제주자치경찰제 모델이 크게 참고 되어야 하는 관계로 경찰청과 제주자치경찰단 간에 인사교류가 매우 긴요한 과제 중 하나다.

자치경감 1명도 서울에 소재하고 있는 대한민국시도지사협의회 사무국에 파견근무 중이다. 이는 두 가지 차원에서 매우 고무적인 일이다. 이와 관련해 다음과 같이 두 가지를 논의해 볼 수 있다. 하나는 경찰청의 경우 노무현 정부, 박근혜 정부, 이명박 정부 시절에 제주자치경찰과 국가경찰 간에 전혀 인사교류가 불가능할 정도로 관심이 없었다. 이것은 2017년 5월 10일을 기해 출범한 문재인 정부에 와서 사뭇 달라졌는데, 바로 경찰청은 스스로 제주자치경찰 직원들이 비록 1명 정도지만 경찰청에 파견될 수 있도록 허용하게 되었다. 경찰청에서도 자치경찰제가 전국에서 시행되도록 한다는 문재인 정부의 강한 의지를 신속하게 인식한 데에 기인한 것으로 이해된다. 동시에 경찰청은 2019년 초에 문재인 정부가 발표한 자치경찰제 도입모델을 미리 시범 실시[10]해 보기 위한 일환으로 총 268명의 제주경찰청 소속 국가경찰관을 제주자치경찰단에 2018년 4월부터 파견해 시범 실시 및 적응을 해 보았다는 점이다. 다른 하나는 국가경찰-자치경찰 간 시범실시를 통한 급속한 접근 협력이다. 이전에 양자 간에는 미미한 교류협력 선에 그쳤다. 국가경찰 입장에서 거의 별 영양가 없는 업무만 자치경찰단에 부여하는 정도에 그침으로써 교류할 일도 거의 없었던 게 사실이다. 하지만 우리나라 자치경찰제의 선구자가 된 제주자치경찰제는 전국에 확대 실시되는데 있어 유일한 모델로 자리 잡게 되었다.

지금까지 위에서 살펴본 제주자치경찰의 직무교육훈련과 재교육은 2019년까지의 상황을 살펴 본 내용들이다. 하지만 위에서 살펴본 내용들은 2019년 4월 1일 자로 제6대 고창경 지원자(자치경무관)가 제주자치경찰단장에 취임한 이후 「2020년 자치경찰공무원 교육훈련 계획」을 새롭게 수립함으로써 다음과 같이 많은 변화를 가져왔다.

---

10) 문재인 정부는 홍익표 의원이 발의한 경찰법 전부개정안이 국회를 통과하고 6개월 후 발효하면 시범실시지역을 선정해 2년간 미리 시범기간을 거쳐 전국 광역시도에 확대실시 하겠다고 2019년 전반기에 전격 발표하였다. 그러나 2020년 1월 말까지 통과되지 않았다. 참고로 2020년 4월 15일 21대 국회 출범을 위한 총선이 실시되었다.

제 3 절   제주자치경찰의 2020년 직무교육훈련 계획

1. 자치경찰공무원 교육훈련의 법적토대와 구분 및 운영체계

제주자치경찰은 일명 「제주특별자치도 설치 및 국제자유도시 조성을 위한 특별법 제115조」와 「제주특별자치도 자치경찰공무원 임용 등에 관한 조례 제55조」의 법적 근거를 토대로 자치경찰 직원들의 직무교육훈련을 수립하여 시행할 의무를 지고 있다. 사실상 제주자치경찰은 위에서 살펴본 바와 같이 그동안 자치경찰 직무교육훈련 면에서 볼 때 소수의 직원 및 예산상의 불충분 등으로 인해 미비점이 적지 않았던 게 사실이다. 그러나 2019년에 경찰청과 사이버교육 사용협의(2019. 3), 제주지방경찰청 교육센터 위탁교육(2019. 6), 제주도인재개발원 자치경찰단 전문교육 신설협의(2019. 12), 제주도 인재개발원 전문교육 신설(2020. 1), 경찰청 사이버교육 사용 가능(2020. 1) 등 타 기관 간 교육프로그램들을 확대하여 2020년부터 활발하게 추진해 나가고 있다.

이는 크게 신임교육, 승진대상교육, 전문교육, 직장훈련 등으로 나누어 실시하게 되었다. 우선 신임교육은 중앙경찰학교(위탁교육)에 위탁하는 기존방안을 유지하기로 했다. 승진대상교육과 전문교육의 경우는 제주도인재개발원과 경찰청 등 국내 위탁교육기관에 위탁하고, 직장교육은 제주자치경찰단 자체에서 소화하는 것으로 구축하여 활발하게 추진 중이다.

〈표 9-5〉 제주자치경찰 교육훈련의 구분

구 분	교육내용	대상	교육기관
신임교육	올바른 공직자세 직무역량	순경 공채	중앙경찰학교(위탁교육)
승진대상 교육	직급별 리더십 직무역량	총경 ~ 경사 (승진후보자)	제주도인재개발원
			경찰청 등 국내 위탁교육기관
전문교육	직무수행 기술·지식	재직자	제주도인재개발원
			경찰청 등 국내 위탁교육기관
직장훈련	직무 및 일반소양 사격·체력·무도	재직자	자치경찰단

출처: 제주자치경찰단, 내부자료(2020).

제주자치경찰은 교육훈련을 위해 다음과 같은 운영체계를 마련하여 시행 중이다. 제주자치경찰의 직무교육은 〈표 9-6〉과 같이 경찰정책관(자치총경)이 주관자가 되어 활발하게 추진 중이다.

〈표 9-6〉 제주자치경찰 교육훈련을 위한 운영체계

경찰정책관(자치총경)	• 자치경찰공무원 교육훈련에 관한 계획의 수립·조정 • 교육훈련 운영·관리 및 성과평가 • 재직자 직장훈련(직장교육, 사격, 체력, 무도) • 교육기관 업무 지원
교육기관	• (제주도 인재개발원) 재직자 직무전문교육 • (중앙경찰학교 위탁교육) 신임경찰관 교육훈련 • (경찰청 등 위탁교육) 재직자 직무전문교육

출처: 제주자치경찰단, 내부자료(2020).

2. 제주자치경찰의 직무교육상 개선 현황

제주자치경찰 교육훈련의 변화 현황을 볼 때, 가장 눈에 띠게 개선된 부분은 바로 직무교육 기관의 확대와 사이버교육 프로그램 참여 등으로 대폭 확대했다는 점이다. 특히 자치경찰단 직원을 대상으로 하는 직무교육도 12개 과정이나 신설함은 물론 상시학습 제도를 새로 도입(조례 등 관련법 제정)하여 2020년부터는 50시간으로 하고 순차적으로 연 80시간까지 확대하게 되었을 뿐만 아니라 본 프로그램을 미이수할 경우 그 해당 자치경찰직원은 승진대상에서 제외하도록 함으로써 교육훈련을 상당히 강화시켰다. 교육훈련은 아무리 강조하고 실천해도 부족하지 않은 만큼, 이는 매우 바람직한 계획으로 평가된다.

〈표 9-7〉 제주자치경찰 교육훈련의 변화 현황

구 분	개선 前	개선 後
직무교육 기관 확대	• 道 인재개발원 • 경찰인재개발원 • 법무연수원	• 좌동 • 경찰수사연수원 • 경찰청 사이버교육 • 제주청 교육센터(2019.6~)
전담교육 신설	• 道 인재개발원 道 산하 소 공무원 대상 교육 중 선택 교육이수	• 자치경찰단 직원 대상 직무교육 12개 과정 신설 * 기존과 동일하게 다른 교육 과

		정도 이수 가능
기본교육 개선	• 道 인재개발원 • 중앙경찰학교(신임순경) • 경찰대학(경감이상)	• 좌 동 • 국가에서 인정하는 위탁(집합)교육 기관 포함 　* 신임순경은 중앙경찰학교 교육
상시학습 제도 도입 (조례 등 관련법 제정)	• 없 음	• 2020년 50시간부터 순차적으로 연 80시간까지 확대 　* 미이수시 승진대상 제외

출처: 제주자치경찰단, 내부자료(2020).

3. 제주자치경찰-경찰청 간 교육기관 위탁교육

무엇보다 제주자치경찰단은 경찰인재개발원, 수사연수원, 사이버교육, 지방교육센터와 자치경찰의 교육확대를 구축하였다. 자치경찰단은 경찰인재개발원, 경찰수사연수원 교육수요 범위 및 과정편성 등을 검토하여 2019년 12월말 경찰청 부속 경찰인재개발원과 경찰수사연수원의 교육계획에 적극 반영하였다. 그리고 2020년 직무전문교육을 전격 확대 실시하는 성과를 보여주었다.

그리고 〈표 9-8〉에서 보는 바와 같이 2019년도에는 9개 교육과정에 26명 정도에서 2020년에는 65개 분야에 무려 582명으로 놀라우리만치 확대되었는 데 이는 매우 바람직한 개선으로 평가된다. 교육의 기회 제공은 아무리 늘리고 강조해도 부족하지 않은 것이기 때문이다.

〈표 9-8〉 제주자치경찰의 직무교육 확대 현황

2019년도				2020년도			
분야	교육기관	교육 과정	인원	분야	교육기관	교육과정	인원
집합 교육	경찰인재개발원	1개	2명	집합 교육	경찰인재개발원	20개	70명
	제주청 교육센터	7개	20명		경찰수사연수원	7개	13명
	법무연수원	1개	4명		제주청 교육센터	11개	60명
	합 계	9개	26명		경찰사이버교육	26개	435명
					법무연수원	1개	4명
					합 계	65개	582명

출처: 제주자치경찰단, 내부자료(2020).

4. 제주자치경찰공무원 기본교육의 개선

제주자치경찰은 직원들의 기본교육 이수기관의 전격 확대를 추진하였다. 기존에는 제주도 인재개발원에서 이루어지던 직원의 직무교육이 국가공인교육기관으로까지 확대된 것이다.

자치경찰공무원의 기본교육은 그 대상자를 자치총경~자치경사(승진후보자 포함)에 한정하였으며 교육시간 이수제를 선택했다. 그리고 적용기간은 2019년 6월부터 계획변경 시까지로 했다.

〈표 9–9〉 자치경찰공무원의 인정교육 현황

계급별	개선 前	개선 後
순경~경장	• 중앙경찰학교(신임)	• 좌 동 • (총경~경사)국가에서 인정하는 위탁(집합)교육기관 포함
경위~경사	• 道 인재개발원	
총경~경감	• 道 인재개발원 • 경찰대학(경감이상)	

출처: 제주자치경찰단, 내부자료(2020).

특히 제주자치경찰공무원의 기본교육 개선에 따르면 향후에는 경감~경정의 경우 국립경찰대학 기본교육을 위한 인원 책정 시 신청하여 의무로 이수하는 것을 원칙으로 하였다는 점도 큰 변화이다. 이러한 개선은 그동안 제주자치경찰공무원 중 간부급 직원들이 자칫 직무교육 없이 매너리즘에 빠질 수 있다는 위기감에서 탈출할 수 있는 매우 바람직한 기회가 될 것으로 본다.

그리고 아래의 자치경찰공무원 위탁교육 인정기관명에서 보는 바와 같이 이전에 전혀 볼 수 없었던 직무교육기관을 광범위하게 확대함으로써 직원들에게 이전에 전혀 경험해보지 못했던 풍부한 교육의 기회를 제공해 주고 있다는 점에서 향후 좋은 호응을 얻을 것으로 크게 기대된다.

〈표 9–10〉 자치경찰공무원 위탁교육 인정기관

연번	교 육 기 관 명	연번	교 육 기 관 명
1	감사교육원	8	행정안전부
2	정부정보화교육센터	9	국민권익위원회

3	한국지역정보개발원	10	경찰대학
4	국토교통인재개발원	11	경찰인재개발원(지방경찰교육센터)
5	국토해양인재개발원	12	지방행정연수원
6	국립과학수사연구소	13	법무연수원
7	국립환경인력개발원	14	도로교통안전관리공단
기타	교육기관 명칭이 변경되었거나 위에 열거되지 않은 경우에 국가에서 공인하는 위탁교육 기관인 경우 인정		

출처: 제주자치경찰단, 내부자료(2020).

한편 제주자치경찰은 교육인정 과정 및 이수시간 자치경위 및 자치경사와 자치총경, 자치경정, 자치경감 등으로 2원화 하여 실시하고 있다. 그리고 정보화(전산)교육과 외국어교육은 제외이다.

〈표 9-11〉 교육인정 과정 및 이수시간(자치경위 및 자치경사)

이수시간 \ 이수교육	전문교육	청렴교육 (사이버교육 포함)
35시간	27시간 ※ 10시간 이내 사이버교육(전문교육) 이수가능	8시간

출처: 제주자치경찰단, 내부자료(2020).

한편 자치총경, 자치경정, 자치경감의 경우 교육인정 과정 및 이수시간은 전문교육이 60시간이며 청렴교육(사이버교육 포함)이 10시간으로 총 70시간이다. 그리고 정보화(전산)교육과 외국어교육은 제외이다.

〈표 9-12〉 교육인정 과정 및 이수시간(자치총경, 자치경정, 자치경감)

이수시간 \ 이수교육	전문교육	청렴교육 (사이버교육 포함)
70시간	60시간 ※ 20시간 이내 사이버교육(전문교육) 이수가능	10시간

출처: 제주자치경찰단, 내부자료(2020).

제주자치경찰의 직무교육훈련에서 인정 기준을 보면 첫째, 이수시기(2019. 6.1~계획 변경시)에 이수한 교육훈련을 인정한다. 특히 인정기준 변경전 경찰정책관-2848(2019. 2. 28)의 계획에 의한 교육은 인정한다. 둘째, 위 이수시기 이전에 당해 직급에서 경찰대학교 위탁교육에 참여해 수료한 것은 물론 인정해 주기로 했다. 그리고 교육훈련 이수시간은 종료시점 기준(교육수료증 등)으로 인정한다. 또한 동일 교육내용 및 교육과정은 1회에 한하여 이수를 인정하며 중복인정은 불가능하다.

여기서 위와 같이 직무교육훈련을 시행하면서 가장 중요한 관심의 대상은 바로 그 이수 결과에 대한 승진의 반영 여부라고 할 수 있다. 마침 제주자치경찰은 직원들의 이러한 교육훈련 이수시간의 충족여부를 근무성적 평정 및 승진에 반영하게 되었으며 궁극적으로 이러한 결과는 사기를 충족시킴은 물론 더 나아가서 이들이 이수한 교육의 효과는 제주도민들의 치안 안전을 통해서 나타날 것으로 기대된다.

제 4 절   제주자치경찰의 신임교육훈련 성과

1. 제주자치경찰의 2019년 직무교육 성과

제주자치경찰은 2019년의 경우 다음과 같이 직원들의 직무교육을 시행하여 많은 성과를 도출해 내었다. 2019년 12월에 중국 우한지역에서 발생해 2020년 1월 중순경 우리나라에서 대구지역에서도 본격적으로 코로나바이러스가 전파된 뒤 곧이어 전국적으로 대유행하면서 많은 어려움 속에 제주자치경찰은 제주경찰청이 운영하고 있는 교육센터에서 주로 실무 중심의 국가경찰교육프로그램에도 비록 소수정예 방식으로나마 적극 참여하는 적극성을 보여주었다.

〈표 9-13〉 2019년 자치경찰 교육 현황

교육기관	과정명	교육 수료자 (인원)
법무연수원 위탁	특별사법경찰 수사 실무과정	9
제주지방경찰청 교육센터	가족폭력 · 아동학대 대응 실무	2
	중간관리자 과정	1
	교통행정 기초	2

외사 실무 기초	1
풍속 실무	1
드론 조정 및 촬영(실습)	1
유실물 실무	3
재산범죄 수사 실무	1
교통안전 홍보 기초	1
경찰홍보 실무	1
	23

출처: 제주자치경찰단, 내부자료(2020).

2. 제주인재개발원의 자치경찰교육 프로그램 설치

제주자치경찰은 2020년의 경우 제주인재개발원에 직원들의 교육훈련을 위탁하여 참여하도록 했다. 물론 코로나바이러스의 세계적 대유행으로 인해 어려움이 매우 많았지만 그럼에도 불구하고 꾸준히 추진해 나갔다. 특히 수사 분야가 가장 많은데 3개 분야를, 그리고 교통 분야는 2개 분야 또한 경무, 여청, 외사, 드론 및 관광경찰 등이 각 1개씩 차지하고 있다. 〈표 9-14〉에서 그 세부적인 과정들을 살펴볼 수 있다.

〈표 9-14〉 2019년 자치경찰 교육 현황

과정명	교육 횟수	교육 일수	교육 인원	교육 시간	교육 시기
교통행정 기초	1	1	15	7	3월
과태료처분향상	1	2	15	14	4월
가정·학교폭력대응	2	2	30	14	5, 6월
형사법 실무	2	2	30	14	3, 6월
특사경 수사 실무	2	2	30	14	5, 11월
디지털 포렌식 이해	2	2	30	14	2, 9월
관광경찰실무	1	1	15	7	7월
드론 운용 기초	2	2	30	14	4, 9월
트라우마 해소	2	2	30	14	4, 6월

다문화의 이해	1	1	15	7	10월
		16	240	119	

출처: 제주인재개발원, http://www.jeju.go.kr/jejuedu/검색일: 2020. 10. 20).

3. 제주자치경찰 특사경의 직무교육 실태

한편 제주자치경찰제에서 유일하게 수사권을 행사할 수 있는 사무영역은 바로 특별사법경찰 분야이다. 제주자치경찰은 이른바 특사경법에 따라 모든 자치경찰 공무원에게 특사경으로 발령을 받을 수 있게 법이 정하고 있기 때문에 자치경찰이 특사경과로 전보되면 곧바로 특사경 업무를 담당하게 된다. 다시 말해 자치경찰 직원이 특사경팀의 업무담당자로 전보되면 곧바로 직무를 수행하는데 어려움이 많이 상존하는 만큼 형법, 형사소송법, 수사 관련 직무교육이 필수적이다. 전장에서도 간단히 언급했듯이 그동안 주로 용인 소재 법무연수원 특사경 센터에 가서 한 주일씩(월~금) 직무교육을 받아왔는데, 이는 너무 적으며 충분하지 않은 시간이라고 다방면에서 지적되어 왔다.[11]

따라서 제주자치경찰단은 자체적으로 특사경의 직무교육을 마련해 시행함으로써 그동안 부족했던 수사직무 방식을 보완해 나갈 수 있는 좋은 대안이 마련된 것은 매우 바람직한 제주자치경찰단의 적극적 기획 노력으로 평가된다. 특히 특사경 직무 분야는 행정법 위반자인 행정범들을 수사하여 검찰에 송치하는 인권문제를 다루는 것인 만큼 특사경 직원들의 수사직무 관련 교육은 많으면 많을수록 나쁘지 않다고 본다.

제주자치경찰단 특사경 실무과정에서 크게 소양분야와 직무분야로 나누어 시행하는데 우선 소양교육 분야에서는 기본 2시간 정도만 할애하는데 그치고 주로 직무분야에서 11시간을 할애하고 있다. 이는 매우 바람직한 프로그램이라고 평가된다. 특사경 제도에 관한 개관과 수사실무 1과 수사실무 2에는 가장 많은 3시간씩 분담했다. 하지만 한 가지 지적할 것은 용인 소재 법무연수원에 대검 형사2과에서 설치한 특사경센터의 프로그램도 이와 비슷하게 짜여져 월~금까지 5일 간 직무교육을 진행하고 있다. 이렇게 짧은 시간 내에는 그 복잡하고 수많은 특사경

---

11) 신현기, "특별사법경찰 교육훈련제도의 개선방안에 관한 연구", 한국경찰연구학회, 『한국경찰연구』, 2013, 12(1), pp. 14~17.

직무요령과 업무 매뉴얼을 충분히 취득할 수 없다는 아쉬움과 지적이 적지 않다. 이곳 제주자치경찰 중 특사경 지명자들도 대부분 용인 소재 법무연구원 특사경센터에 가서 한주간 직무교육을 받고 오지만 이는 충분하지 않은 교육시간이기 때문에 자체 특사경 프로그램에서 시간을 점차 증가시킬 필요가 있다고 본다.

〈표 9-15〉 제주자치경찰단 특사경 실무과정 현황

구분	과목명	시간			
		계	공개강의	참여	기 타
합 계		14	10	3	1
교양분야 영역	소계	2	2		
	기본교양교육	2	2		
전문직무분야 영역	소 계	11	8	3	
	특별사법경찰제도에 대한 개관	2	2		
	수사실무 I − 범죄인지 − 참고인조사 − 피의자 심문	3	3		
	수사실무 II − 결과보고서 − 의견서	3	3		
	전담별 수사실무 관련 사례의 연구	3		3	
등록과 수료	소 계	1			1
	등 록	0.5			0.5
	설문조사와 수료식	0.5			0.5

출처: 제주자치경찰단, 내부자료(2020).

문재인 정부의 광역시도단위에서 자치경찰제 도입

제10장 ● 문재인 정부의 광역시도단위에서 자치경찰제 도입

　문재인 대선 후보는 2017년 5월 9일 대선에서 당선되어 다음날인 10일날 전격 출범했다. 2016년 12월 9일 국회에서 박근혜 대통령에 대한 탄핵이 이루어졌고, 국무총리가 대통령 권한대행을 수행하다가 2017년 5월 9일 대선이 실시되었다. 문재인 대통령 당선자는 선거 다음날인 2017년 5월 10일 인수위원회 설치도 생략하고 대통령에 취임하여 새 정부를 출범시켰다. 비록 인수위원회 없이 출범했지만 이를 대신할 한시적인 기구가 필요했는데 그것이 바로 국정기획자문위원회였다. 다시 말해 문재인 정부에서 새 정부의 인수위원회와 같은 역할을 대신했던 국정기획자문위원회가 출범해 미래를 향해 정부가 나아가야 할 국정방향을 정한 다음 내놓은 이른바 100대 국정과제 중 13번째에 '국민의, 국민을 위한 권력기관 개혁'이 들어 있었다.

　그리고 그 주요 핵심 내용에는 '광역단위 자치경찰제 도입'이라고 하는 중요 과제가 전격 제시되었다. 무엇보다 '2017년부터 자치경찰 관련 법률을 제·개정하기로 했다. 그리고 2018년에는 5개 광역시도를 공개모집하여 시범 실시를 진행한 후 2019년부터는 전국적으로 전면 실시' 하겠다는 구체적인 플랜도 제시했다. 이는 지방분권 차원에서 신선한 제안이었으며 많은 전문가들로부터 큰 호응을 얻었다.[1]

　하지만 국회에서 여·야간의 미합의로 인해 2020년 7월까지 아무런 진전이 없는 상태였다. 그 후 2020년 8월 4일 디볼이 민주당의 김영배 의원이 자치경찰제 일원화 정부안을 전격적으로 발표했던 것이다. 이에 대한 자세한 내용은 다음의 3절과 4절에서 자세히 다루기로 한다.

---

1) 국민일보, http://news.kmib.co.kr/article/view.asp?arcid(검색일: 2018. 8. 8).

제1절   17개 광역단위에서 자치경찰제

1. 법적토대 구축

사실 어느 국가나 사회에서든지 하나의 제도가 새롭게 도입되고 시행에 들어 가기 위해서는 반드시 법적 근거를 필요로 한다. 즉 법률과 같은 어떤 법적 근거 가 되는 기본토대가 마련되어야만 그 해당 제도는 실행에 옮길 수 있다. 만일 이 것이 구축되지 않는다면 한 국가에서 시행하고자 하는 어떤 제도든 그 실현은 사 실상 불가능하다. 다시 말해 법적인 토대가 구축되지 않고는 우리나라 어디에서 든 자치경찰제는 한발자국도 앞으로 나아갈 수 없다는 이야기다. 이 말은 사전에 예를 들어 (가칭)자치경찰법 아니면 경찰법전부개정안 등이 국회를 거쳐 개정된 후 시행에 들어가지 않을 경우 전국적으로 자치경찰제를 도입하는 것은 불가능하 다는 이야기로 정리된다. 법제화의 시작은 문재인 정부에서 역시 국회가 열쇠를 쥐고 있다. 중요한 역할을 하는 기구는 바로 국회 특별사법개혁위원회이다. 국회 특별사법개혁위원회가 자치경찰제 도입 관련법을 다룬 후 최종적으로 합의를 이 룬 후 국회 법사위원회를 거쳐 본회의에서 통과되어야 하는 과정을 거친다. 통상 이는 6개월 후에나 시범실시가 가능하다.2) 그리고 2년이 경과한 후에야 비로써 전국 17개 광역시도로 확대 실시가 가능하게 된다. 아쉽게도 여야 간에 의견의 다름으로 인해 대치 상태가 계속되는 바람에 그 논의조차 지리멸렬한 상태로 2018년을 그냥 보냈으며 2019년으로 넘어와서도 거의 진전이 없는 상태를 보여 주었다.

다시 말해 2018년 대통령 소속 자치분권위원회와 경찰청은 빠른 시일 내에 법안을 만들어 국회 특별사법개혁위원회에 제출하는데 합의하였다. 여기에도 여 전히 고민은 많았다. 큰 도전에 직면한 것이다. 이를 구체적으로 들여다보면 국회 사법개혁특별위원회에서 검경수사권 조정에 대한 이견으로 인해 좀처럼 위원들 간에 합의를 이끌어 내지 못했다. 가장 큰 문제는 바로 사법개혁특별위원회에 소 속된 여야 의원들 간에 첨예하게 당리당략을 놓고 합의를 이루지 못한 채 대립양 상을 보여주고 있다는 점이다. 문재인 정부의 사법개혁과 관련해 기본 방향은 크

---

2) 하지만 다 그런 것은 아니고 경우에 따라서는 조금 다름도 얼마든지 있을 수도 있다.

게 두 가지 방향으로 귀결된다. 하나는 검찰에게 주어져 있는 막강한 권력을 국가경찰에게 나누어 상호 견제와 균형을 유지하겠다는 시각이다. 이를 위해서는 검찰의 수사종결권을 경찰에게 주고자 하는 것이다. 또 하나는 이렇게 해서 수사종결권을 가지게 되는 국가경찰은 새로이 권력을 가지게 되면 너무 막강해질 수 있어 잘못하면 국가경찰로부터 시민이 인권침해를 당할 수 있는 우려가 새로운 과제로 떠오르게 된 것이다.

이 문제를 고민하면서 그 해결방안으로 동시에 제시된 것이 바로 17개 광역시도에서 자치경찰제를 도입하고 국가경찰의 권한을 다소라도 나누고자 하는 것이다. 이와 같은 문재인 정부의 희망과는 달리 새로 3가지 변수가 등장하게 된 것으로 풀이된다. 하나는 전문가들의 시각에서 국가경찰이 자치경찰을 통크게 받아들이기를 거부하고 있다는 비판이 적지 않았다. 둘째는 검찰측에서도 수사종결권을 국가경찰에 이관하기를 완전히 꺼리는 등의 소극성을 보여주었다. 셋째 위에서 검토해 본 바와 같이 국회 특별사법개혁위원회에서 소속된 여야 의원들 간에 너무나 큰 이견이 존재하고 좀처럼 이것이 좁혀지지 않고 있다. 문재인 정부의 경우 검경수사권 조정에 대한 과제는 국회 특별사법개혁위원회에서 다루도록 하고 동시에 자치경찰제 도입에 관한 논의, 제도, 시범 관련 내용 등은 당정청을 중심으로 진행하였다. 하지만 가장 중요한 자치경찰법 전부개정안을 다루는 국회 사법개혁위원회가 제 역할을 하지 못함으로써 답보상태를 유지하고 있었다.3)

2. 시범실시

문재인 정부에서 대통령 소속 자치분권위원회는 이미 당정청이 합동으로 검경수사권 조정과 자치경찰제에 관한 구체적인 방안을 마련해 기본 입장을 발표하면서 서울시, 제주도, 세종시 및 기타 광역시도 중 추가 2개를 선발해 시범운영을 실시하겠다는 입장을 분명히 했었다. 2019년 초에 경기도와 인천광역시 그리고 지방의 기타 광역시도들이 시범실시 공모에 응힐 가능성이 높다는 예측들이 나오기도 했다. 하지만 공모를 통해 시범실시 대상이 광역시도가 선발되기까지는 아직 많은 과정들이 남아 있었다. 그럼에도 불구하고 위와 같은 기사 내용들이 언

---

3) 인천일보, http://www.incheonilbo.com/news/articleView.html(검색일: 2019. 1. 16). 한편 이
는 결국 2020년 4월 15일 21대 국회의원 선거를 거쳐 5월 말 새국회가 출범하면서 모두다 자
동폐기 되는 아쉬운 결과를 보여주었다.

론에 발표된 후 국가경찰들은 적지 않은 동요를 보여주기도 했다. 국가경찰관들은 자치경찰제가 시행될 경우 국가경찰에 남는 것이 좋을지 아니면 자치경찰로 옮겨 가는 것이 바람직한 것인지에 대해 고민하게 된 것은 당연한 일이라고 평가된다. 특히 지구대와 파출소에 근무하는 이른바 지역경찰, 그리고 교통과 지역경비 등 국가경찰의 36%에 해당하는 약 43,000명이 자치경찰제가 새로이 도입될 경우 자치경찰로 이관될 예정이라고 당정청이 밝혔기 때문이다.

국가경찰들의 동요는 어느 정도 예상되었다. 즉 국가경찰에서 자치경찰로 이관되는 국가경찰공무원들은 원래 국가경찰의 신분 보유에서 자치경찰로 이관될 때, 소속이 지방공무원 신분으로 변경되는데서 오는 우려내지는 낯설음이 있을 수밖에 없을 것이다. 최근 이런 저런 매스컴을 통해 동요가 일기도 했다. 이러한 우려를 덜어주기 위해 경찰청은 국가경찰에서 이관되는 자치경찰의 신분을 그대로 유지한 채 자치경찰의 직무를 수행해 나가는 방안을 동시에 강구하는 중이라고 입장을 표명하기도 했다. 그 이유는 교육공무원들이 현재 국가직이면서 광역시도 소속의 교육청에 근무하고 있는 모델을 예로 들었다. 또 하나는 광역시도에 소속되어 있던 지방공무원인 소방직공무원들이 2019년에 모두 국가직공무원으로 바뀌게 되었는데[4] 국가경찰의 신분을 가지고 광역시도에서 자치경찰직무를 수행하도록 하는 제도로 변경되었는데 이에 100% 비견된다. 이러한 사례를 국가경찰도 하나의 모델로 삼아 볼 수 있다는 희망하에 경찰청의 복안이 계속 연구되었다.[5] 훗날 이러한 복안은 결국 실현되었는데 다음의 3절과 4절에서 자세히 살펴보기로 한다.

---

4) 2019년 11월 19일 국회는 본회의를 통해 소방관 국가직 전환 법안이 전날 국회 본회의를 통과했다. 전체 소방공무원 5만4,000여명 중 99%에 육박하는 지방직 소방관이 2020년 4월부터 국가직으로 신분이 바뀐다. 소방관 국가직 전환은 문 대통령의 대선 공약이기도 했다.

5) MBN뉴스, http://www.mbn.co.kr/pages/news/newsView.php(검색일: 2018. 12. 11).

제 2 절   광역시도단위의 자치경찰제 모델 구축

1. 경찰청 경찰개혁위원회의 자치경찰제 제안 모델(안)

1) 경찰개혁위원회의 자치경찰제 모델

경찰청 경찰개혁위원회(경찰청장 이철성, 2016. 7. 28~2018. 6. 29)6)는 2017년 11월 7일을 기해 광역시도단위 자치경찰제 도입을 위한 권고안을 각 언론을 통해서 전격 발표한 바 있다. 이것은 물론 현재의 국가경찰제에 대해 변경하지 않고 그대로 존치시키는 것을 전제조건으로 하고 있다. 이와는 별도로 전국 17개 광역시도에서 자율적으로 자치경찰제를 설치·운용하는 방안도 담겨 있는 것으로 해석된다. 이를 정리해 보면 향후 한국의 경찰체제는 국가경찰과 향후 우리나라 17개 광역시도에 창설될 예정인 자치경찰제로 이원화되어 운용될 것을 상정한 것으로 평가된다.

한편 이 경찰청의 자치경찰제 모델은 경찰청 경찰개혁위원회가 호남지역, 충청지역, 영남지역, 수도권지역의 국가경찰공무원들을 만나서 간담회를 거치기도 했다. 경찰청은 본 간담회를 통해 경찰직원들의 다양한 의견을 폭넓게 수렴한 바 있다. 경찰청은 이와 동시에 서울시가 자치경찰제 도입을 위한 여론조사를 실시한 결과까지도 모두 반영했다고 밝혔다. 하지만 이 모델이 완성되는 과정에 대해서는 적지 않은 아쉬움을 남겼다. 그 이유는 자치경찰제의 주인공이라고 할 수 있으며 가장 중요한 주체 및 대상이라고 할 수 있는 국민, 시민, 주민의 의견을 완전히 배제한 채 마련된 하나의 권고안 정도에 그쳤기 때문이다. 이러한 각계각층의 지적에 대해 경찰개혁위원회는 향후 국가경찰과 자치경찰 간의 국가적 재정부담, 세부적인 사무범위 및 기타 관련 범위 등을 추가로 검토한 다음 지속적으로 보완해서 바람직한 대안을 강구해 나갈 것이라는 입장을 내놓은 바 있다. 그리고 경찰청 경찰개혁위원회는 대한민국시도지사협의회, 전국시군구청장협의회 및 학계 등과 밀접한 협의를 통해 관련된 권고 사항들을 계속 보완해 나가겠다는 입장도 밝혔다. 그 내용은 다음과 같이 정리된다.

---

6) "경찰이 곧 시민이고 시민이 곧 경찰이다." 민갑룡 제21대 경찰청장은 2018년 7월 24일 취임사를 발표했다(출처: 뉴스렙(http://www.newsrep.co.kr). 임기는 향후 2년이다.

▶ 지방분권이념 구현, 주민밀착형 치안서비스 제공을 위해 「광역단위 자치경찰제」 도입
- (조직) 전국 시·도에 '자치경찰본부'와 심의·의결기구인 '시·도 자치경찰 위원회' 설치, 시·군·구에 '시·군·구 자치경찰대' 운영
- (사무) 보안·외사 등의 국가사무를 제외한 전체 경찰사무 중 생활안전·교통·경비 등 생활치안 영역 사무 및 특별사법경찰 사무와 권한(자치경찰에 대한 공무집행방해사건·직무과정에서 단속한 음주운전사건 및 주민의 기초적인 사회관계 형성과정과 밀접하게 관련된 범죄인 학교폭력·가정폭력·성폭력 사건에 대한 수사권 포함)을 자치경찰에게 부여
- (인사) 일반적으로 시·도지사가 인사권을 보유, 다만 자치경찰본부장은 시·도 자치경찰위원회가 공모를 통해 3배수를 선발한 후 시·도지사에게 추천하면, 시·도지사가 후보자 중에서 1인을 임명
- (인력) 시·도에서 자치경찰을 일괄 선발하여, 시·도나 산하 시·군·구에서 운용
- (재정) 지방자치단체 재정부담 완화를 위해 출범 時 예산지원 및 국가경찰 건물 공동자원 활용 검토

▶ (업무협력) △신속한 112 처리를 위한 국가−자치경찰 무선통신망·전산망 공동 활용 △합동단속·합동수사 △시·도 의회에 지방경찰청장을 출석시켜 치안 현안 관련 질의·응답

▶ (정치적 중립성 확보) △자치경찰본부장 후보자를 시·도 자치경찰위원회가 공모하여 3배수를 시·도지사에게 추천 △시·도 자치경찰위원회를 시·도지사, 시·도 의회 등의 추천 인사로 구성

출처: 경찰청 경찰개혁위원회 권고(안), 2017. 11. 7.

(1) 자치경찰 조직

경찰청 경찰개혁위원회는 전국 17개 광역시·도에 자치경찰 조직을 설치함과 동시에 전국 시·군·구와의 연계성을 밀접하게 유지 및 강화하도록 하겠다는 권고안을 제시하기도 했다. 경찰청 경찰개혁위원회가 제시한 자치경찰제 조직도는 [그림 10-1]과 같다. 이 모델은 자치경찰제 이원화(안)으로 이해된다. 일제 식민지에서 1945년 해방된 후 76년(2021년 기준) 동안 활용해 온 국가경찰제를 거의 개혁하지 않은 채, 사실상 국가경찰제를 그대로 유지한 상태에서 완전히 별도로

17개 광역 시·도에 자치경찰제를 새로이 도입하고자 하는 모델이다. 이는 2006
년 7월 1일부터 시행된 제주자치경찰제 모델에다가 학교폭력, 가정폭력, 성폭력,
실종자수사 등 몇 가지 수사권만 추가로 미래 자치경찰제 모델에 부여한 정도이
다. 자치경찰을 연구하는 학자들은 본 경찰개혁위원회가 제시한 자치경찰제 모델
에 대해 여전히 비판의 시각을 보낸바 있다. 사실 본 모델은 학계로부터 모양 바
꾸기에 불과한 것이라는 비판을 피하지 못했다.

[그림 10–1] 경찰개혁위원회가 제시한 자치경찰제 조직도(안)

출처: 경찰청 경찰개혁위원회(2017. 11. 7).

(2) 자치경찰위원회

위 경찰청 경찰개혁위원회 모델은 자치경찰의 정치적 중립성을 확보하기 위해
자치경찰위원회가 설치될 필요가 있다고 제시했다. 본 자치경찰위원회는 시·도
지사 및 시·도의회 등에서 추천한 9~15인으로 구성할 것을 권고했다.7) 그리고
본 위원회는 자치경찰사무에 관한 심의·의결을 행할 것을 제시했다. 자치경찰위
원회에서 심의·의결할 사항은 다음과 같다.8)

---

7) 하지만 최종적으로는 7명으로 결정되었다. 그리고 위원장과 상임위원은 시도지사가 임명하는
   것으로 법제화되었다.
8) 경찰청 경찰개혁위원회의 모델(2017. 11. 7).

바람직한 자치경찰 활동에 관한 정확한 목표의 수립과 평가를 위한 사항, 자치경찰의 통신, 장비, 예산, 인사 등에 관한 중요한 정책 사항, 자치경찰 관련 바람직한 인사기준의 제시 등 자치경찰의 업무 발전을 위한 사항, 자치경찰의 부패방지를 비롯한 청렴도의 향상을 위한 중요한 정책사항, 자치경찰의 바람직한 운영과 지원에 관한 사항, 자치경찰에 의한 인권침해를 비롯해 경찰권의 남용 관련 소지가 있다고 보여지는 제도와 법령 및 관행, 시·도지사에게 자치경찰본부장 후보자 추천 등에 대한 개선을 비롯해 시정요구, 국민과 자치경찰공무원의 민원 및 자치경찰공무원의 주요 비위사건 등에 대한 감사와 감찰요구 및 징계요구, 상관으로부터 옳지 않은 수사 지휘에 관해 이의가 제기된 경우를 비롯해 이에 대한 조치요구, 자치경찰의 임무가 아님에도 불구하고 또 다른 타 기관으로부터 자치경찰에게 무리한 협조를 요청하는 일련의 사항 등이 바로 그 핵심 내용들이다.

(3) 수사권한에 관한 분석

경찰청 경찰개혁위원회의 권고안은 지방치안의 고유 업무를 핵심으로 다루고 있는 지구대·파출소 소속의 지역경찰을 그대로 놔둔 채, 이와는 별도로 완전히 다른 또 하나의 별개 조직인 자치경찰을 17개 광역시도에 새로 설치하게 됨을 상정하고 있다. 이뿐만 아니라 조직, 인력, 예산에 관한 구체적인 논의도 추가로 풀어야 할 주요 테마 중 하나로 남아있다.

한편 수사권과 관련해 들여다보면 다음과 같다. 경찰청안은 자치경찰에 대해 다음과 같은 업무와 수사권을 권고 및 제시했다. 예를 들어 주요 예방, 교통, 경비 사무, 공공질서 유지 관련 생활안전, 단속, 위험방지, 지방의 전문행정과 밀접하게 관련된 특별사법경찰 사무 등등이 바로 그것이다. 그 밖에 수사권과 연계해서는 다음과 같은 사항들을 전국 17개 광역시도단위에 설치될 자치경찰에게 이관해 주는 것이 바람직하다고 권고하였다. 그 구체적인 내용들은 다음과 같다.

- 학교폭력, 가정폭력, 성폭력 범죄를 비롯하여 주민의 바람직한 기초 사회관계의 형성과정과 밀접하게 관련된 일반범죄, 공무집행방해, 음주운전 관련 사건에 대한 수사권
- 강력범죄로 보여지지 않는 실종자와 미귀가자에 대한 수사권
- '반려견 사건' 등과 관련된 이른바 동물 안전 관리 및 이와 관련된 수사업무(동물보호법 등)
- '도로교통법'과 '경범죄처벌법'의 위반과 관련된 통고처분의 불이행자 등에 대한

즉결심판 청구의 사무 관련 권한 등

물론 정보·보안·외사·강력범죄 및 사이버보안과 같은 국가사무 그리고 전국적·통일적 처리를 필요로 하는 동시에 고도의 전문성에 따라 자치경찰이 도저히 수행하기가 어려운 사무는 사실상 제외함으로써 고유의 국가경찰사무는 그대로 기존처럼 유지하는 게 바람직하다는 입장을 보여주었다.

(4) 자치경찰의 인력과 조직 및 예산

경찰청 경찰개혁위원회가 제시한 자치경찰제 모델을 큰 그림에서 볼 때, 국가경찰은 향후 새로 창설될 자치경찰에게도 역시 미미한 수사권을 부여해 주는 범위 내에서 설계되고 만들어진 권고안으로 평가된다. 이뿐만 아니라 이마져도 본 모델은 만일 검찰이 기존처럼 향후에도 수사권을 그대로 보유한다면 경찰청 경찰개혁위원회가 제시한 자치경찰제 도입을 위한 권고안은 사실상 세부 계획에 있어 수정이 불가피할 수밖에 없다는 전제조건까지도 제시하고 있다.

본 권고안은 경찰청 → 18개 지방경찰청[9] → 257개 경찰서[10] → 516개 지구대 → 1,437개의 파출소가 경찰청장 1인의 전적인 감독 하에 놓여있는 이른바 중앙집권화 및 일원적 국가경찰시스템이 고스란히 존재하는 것을 원칙으로 하고 있다.[11]

이와는 별도로 본 권고안에 따르면 완전 새로이 17개 광역시도에 자치경찰제가 창설되는 것이다. 그리고 자치경찰의 조직, 인력, 재정(예산)은 우리의 중요한 관심사항이면서 동시에 핵심사항으로 떠올라 있다.

(5) 자치경찰의 인사와 인력

경찰청 경찰개혁위원회가 제시한 자치경찰의 인사는 시·도지사가 인사권을 보유하는 것을 원칙으로 한다고 설계 및 권고되었다. 이 밖에 특히 우려되는 단체장의 인사권 전횡 혹은 일탈행위를 완벽하게 예방할 수 있는 안전장치가 마련

---

[9] 2019년 6년 18일 세종특별자치시 소재 세종지방경찰청이 18번째로 개청하여 총 18개 지방경찰청으로 증가되었다.

[10] 2017년 9월 24일 인천시의 10번째 경찰서인 인천 논현경찰서가 개서함으로써 우리나라 경찰서는 총 253개가 되었다가 2019년 1월 화성동탄경찰서와 오산경찰서 등이 개서하여 총 255개 그리고 2020년 10월 울산북부경찰서가 개서해 256개의 경찰서로 늘어났다. 또한 2020년 12월 23일에는 남양주북부경찰서가 개서함으로써 전국의 경찰서는 2020년 12월 23일 기준으로도 역시 257개를 유지 중이다.

[11] 황문규, 2017, p. 137.

된다면, 이는 특정직 지방공무원인 자치경찰의 최종 인사권자가 단체장인 만큼 매우 바람직하다고 보여진다. 다만 자치경찰본부장의 경우는 시·도 자치경찰위원회가 만들어진 후, 본 위원회가 공개적으로 공모방식을 통해 3배수의 후보자를 선발한다. 여기서 선발된 후보자들이 시·도지사에게 추천되면, 최종적으로 시·도지사가 후보자 중에서 1인을 임명하는 것이 바람직하다고 권고했다. 이것은 시·도지사로부터 행해질지도 모르는 인사권 전횡을 막을 수 있는 최소한의 안전장치를 고안해 낸 것으로 평가된다. 동시에 인력은 전국 17개 광역시·도에서 자치경찰을 일괄적으로 선발하는 것으로 설계하였다. 하지만 입법과정에서 적지 않은 변화들도 있었다.

(6) 자치경찰의 재정(예산)

경찰청 경찰개혁위원회는 전국 17개 광역시도 지방자치단체들의 자치경찰제 도입시 막대한 재정부담의 완화를 위해 출범시의 예산지원 및 국가경찰의 건물을 공동자원으로 활용할 것을 적극 검토하겠다는 입장도 내놓았다. 문제는 지방자치단체들이 자치경찰제 도입을 위해 새로이 사무실을 만들어야 하며 그 엄청난 비용이 새로운 과제로 떠올라야 하기 때문이다. 또한 경찰청 경찰개혁위원회는 전국 광역시도 단위의 자치경찰제 운영에 필요한 재정 중 일부를 국가가 직접 지원하는 방안이 바람직하다는 입장을 제시했다. 특히 인력과 재정 및 112신고센터 등 기본적인 치안 인프라시스템도 국가경찰과 자치경찰 및 광역시도 지자체가 상호 간 밀접하게 연계할 수 있는 보다 구체적이고 바람직한 방안을 추가로 논의할 방침이라고 밝히고 있다.

이와 같이 자치경찰제를 새로이 도입하는데 있어서 재정(예산)문제는 향후 17개 광역시도에 창설될 예정인 자치경찰제 도입에 있어서 가장 주요한 관심의 대상이 될 수밖에 없을 것으로 예상된다. 우리나라는 1961년 지방자치제가 박정희 소장의 쿠데타에 의해 중단된 지 꼭 30년이 된 해인 1991년에 지방자치제를 다시 전격적으로 실시하게 되었다는 점은 그 의미가 매우 깊다고 본다. 역시 경찰법도 1991년 8월에 제정되어 내무부 산하 치안본부가 경찰청으로 독립하였다. 즉 경찰청이 그 당시 행정자치부의 외청으로 독립하였으며 2017년 5월 문재인 정부에서는 행정안전부(약칭 행안부)로 명칭변경이 이루어졌다. 지방자치이념과 경찰이념에 따르면 자치경찰제에서는 지방치안업무 또한 지방자치단체가 책임지는 것이 원칙이다.

국가경찰은 2020년 1월 기준으로 약 130,000여명(의경 제외)가량의 경찰인력을 유지하고 있는데, 문재인 정부의 자치경찰 실시계획에 따르면 전국 17개 광역시도에 1, 2, 3차에 걸쳐 43,000여명의 국가경찰관을 이관시키겠다는 계획을 발표했었으며 추가로 각 지방자치단체들은 자기들이 필요한 자치경찰인력을 직접 선발해 나가야 할 것으로 예측된다. 이와 같이 이중으로 경찰 조직이 운영될 경우 국민, 시민, 주민들이 이러한 제도에 대해 어떻게 생각할까? 왜냐하면 공무원 운용은 곧 예산과 비례한다. 사실 자치경찰 1명당 운영비로 들어가야 할 예산이 매년 수천만원에 달한다고 가정할 때, 이 많은 재정을 17개 광역시·도자치단체가 과연 얼마나 감당할 수 있을지에 대해 미래에 십중팔구는 논란이 적지 않을 것으로 분석된다.12) 따라서 광역시·도별로 설치되어 운영 중인 현행 18개 지방경찰청을 전국 17개 광역시도단위의 자치경찰제로 전환하는 방안이 가장 바람직하다고 보는 주장이 앞으로 있게 될 시민 대상 공청회에서 지속적으로 제기될 가능성도 예측되었다. 사실상 이러한 적지 않은 우려들이 서울시 자치경찰제 모델 연구에서도 잘 나타나 있다.13)

(7) 소 결

지난 2006년 7월 1일 제주특별자치도에 제주자치경찰단이 창설되었으며, 그동안 제주자치경찰제는 시민과 전문가 및 학계로부터 경찰이라기보다는 무늬만 경찰이라는 비판에 직면해 있었다. 이는 제주자치경찰의 권한은 수사권도 없이 순찰활동만 수행하는 정도에 그치는 등 아주 극히 제한된 범위에서만 업무를 맡고 있다. 일반적인 시각에서 볼 때, 경찰이란 경찰권을 수행해야 한다는 것이 경찰에 대한 일반 시민들의 시각이다. 이처럼 경찰은 일반적으로 수사권을 유지 및 행사해야 하는 존재라는 점에서 볼 때, 제주자치경찰은 사실상 경찰이라고 시민이 바로 이해하기에는 다소 어려움도 있었던 게 사실이다. 제주자치경찰관들에게는 범죄예방을 위한 순찰 분야에 주요 업무가 국한되어 있기 때문이다. 따라서 문재인 정부에서는 국가경찰 43,000명을 자치경찰로 직접 이관하기로 결정했다. 그리고 광역지방자치단체도 필요한 인력들을 추가로 보완해 나가야 하는 과제를 부여받게 되었다.

---

12) 세종지방경찰청은 2019년 6월 25일 전국에서 18번째로 개청했다.
13) 서울특별시(신현기, 이상열, 남재성, 양재열), 서울시 특별사법경찰 10년, 자치경찰제로의 전환을 위한 발전방안 연구, 최종보고서, 2017, pp. 1-342.

위에서 지적한 바와 같이 제주자치경찰제가 가지고 있는 권한은 너무나 미약했던 관계로 지금까지 학계에서는 자치경찰제도를 도입하되 2006년 7월부터 실시해 온 제주자치경찰제처럼 무늬만 자치경찰제 같이 해서는 안된다는 자조 섞인 비판들이 오고갈 정도였다.

그러나 경찰청 경찰개혁위원회가 제시한 자치경찰제 모델은 역시 크게 달라진 게 없다는 비판에 직면했다. 이 당시 제시된 방안을 살펴보면 크게 달라진 것이 없다. 경찰청 경찰개혁위원회는 이번 자치경찰제 모델안의 제시에서도 역시 지방치안 업무를 지방자치단체에 제대로 이관해 주지 못하고 서너개의 업무에만 한정해 미약한 권한을 얹어 주는데 그침으로써 여전히 허약하다는 비판을 받았다. 이는 이전의 제주자치경찰제 모델에서 별로 크게 벗어나지 못하고 있다는 비판을 받았다.

큰 그림에서 볼 때, 모름지기 한 국가의 치안분야에서 무엇보다 국가경찰이 직접 맡아야할 고유 경찰권한이 있는 것이고, 그 반면에 자치경찰이 맡아야 할 고유경찰권이 존재하는 것이다. 이와 같은 지방분권 정신 및 경찰의 이념적 차원에서 볼 때, 경찰청 경찰개혁위원회가 제시한 방안은 국가경찰이 기존처럼 국가경찰제를 온전하게 유지한 채, 고유지방치안업무로서 지구대/파출소를 시민에게 돌려주는데 있어서 매우 인색하지 않았느냐 하는 비판에서 자유롭지 못했다는 비판과 평가들이 적지 않았던 게 또한 사실이다.

2) 경찰개혁위원회의 자치경찰제 모델에 대한 비판

경찰청 산하 경찰개혁위원회가 제시한 자치경찰제 도입 모델은 큰 그림에서 볼 때, 제주도자치경찰제 모델을 중심으로 여기에다가 추가적으로 일부 수사권을 가미하여 전국의 자치경찰제로 확대하고자 하는 자치경찰제 도입 방안으로 그 이상도 그 이하도 아닌 것으로 이해된다. 특히 본 모델은 현행 국가경찰제 모델을 토대로 삼고 여기에다가 새로이 추가적으로 전국 17개 광역단위에 자치경찰제를 도입하는 방안을 내놓은 것으로 이해된다. 이는 한마디로 기존의 제주자치경찰제 모델을 약간 변형해서 전국 광역시도에서 시행하게 될 전국 자치경찰 모델로 확대되기를 원하는 경찰청의 독자적인 도입방안으로 인식된다.[14]

2006년 7월 도입된 제주자치경찰제는 지난 14년 동안 적지 않은 문제점들이

---

14) 황문규, 2017, p. 15.

노정되었다. 그럼에도 불구하고 제주자치경찰제는 향후 전국에서 도입하게 될 자치경찰제 시행에 큰 영향을 끼치는 역할을 할 것으로 예견된다. 따라서 이러한 모델로 제주 이외의 전국 16개 시도에도 자치경찰제가 전격 도입된다면, 그동안 제주자치경찰제가 비판받아 왔던 무권한 문제들이 전국 16개 시도단위에서 또다시 재연될 수밖에 없다는 점을 부인하기 어렵다. 그나마 다행인 것은 5~6개의 미약한 수사권이 추가로 주어지는 것은 다행이라면 다행이다. 즉 그동안 아무런 경찰권을 행하기 어려웠던 현재까지의 제주자치경찰에게 위의 경찰청 경찰개혁위원회의 제안은 전국 단위 자치경찰제 시행에 있어 어느 정도 위상이 살아날 수 있을 것으로 본다.

그동안 제주자치경찰은 사실상 조직과 인력이 매우 미미했던 관계로 아무리 권한이나 사무가 늘어난다고 해도 국가경찰조직 밑에서 중복적·한정적 사무를 처리하는 데 그치고 있다. 결국 제주자치경찰은 현재와 같은 조직으로 머문다면 그들의 정체성은 여전히 부각될 수 없는 구조적 틀에서 머물 수밖에 없을 것으로 평가된다. 2006년 7월 1일 제주자치경찰단은 총인원 127명으로 출발해 2017년 130명으로 증원 그리고 추가로 2018년에 169명으로 증원되었지만 항상 대여섯명씩 결원이 발생하여 2019년 3월 현재 163명 정도로 운영되었다. 여기에 그치지 않고 더 증원되었는데, 이는 다음 장에서 후술하기로 한다. 제주자치경찰의 현 조직은 지구대/파출소 시스템도 가지고 있지 않고 더욱이 경찰인력이 적은 관계로 경찰권이 치안현장에 거의 미치지 못한다는 비판에도 여전히 직면해 있는 실정이다.[15]

경찰청 경찰개혁위원회 모델에 따를 경우 꽤 많은 문제점들이 적지 않게 우려된다. 이와 관련해 발생하게 될 어려움들에 대해 황문규(2017)는 다음과 같이 분석하고 있다. 즉 제주자치경찰의 실상을 비교대상으로 하여 분석할 경우, 제주도는 약 65만여명의 인구에 비례해 약 120명의 자치경찰이 있는데, 이것을 서울시에 적용해보면 많은 문제가 나타난다. 현재 서울시의 인구가 약 1,000만명 정도이므로 최소한의 자치경찰 인력으로 약 1,846명 정도가 필요할 것이라는 계산이 나온다. 특히 서울시는 25개 자치구를 가지고 있는데, 이를 균등분할 경우 각 25개 자치구들은 각 73명의 자치경찰이 배당될 수 있다는 계산이 나온다. 이에 반

---

15) 2018년 임시로 제주지방경찰청 산하 국가경찰에서 260명의 경찰관이 파견되면서 7개의 지구대와 파출소도 이관되었다. 하지만 임시로 파견된 사례이므로 향후 경찰치안정책에 따라서 계속 머물게 될지 모두 철수하게 될지는 기다려보아야 알 수 있다.

해 2018년 기준 서울지방경찰청은 약 26,702명의 국가경찰공무원을 보유하고 있다. 이를 경찰관 1인당 담당인구 수로 나누어 보면 약 375명 정도임을 알 수 있다.16)

그런데 이를 기준으로 계산해보면 서울시 자치경찰 1,846명은 한 명당 약 5,424명의 서울시민을 감당해야 한다. 이는 결국 국가경찰의 14배 수준으로 매우 미미한 존재에 해당되기는 한다. 지금까지 제주도자치경찰 조직이 잘 보여주고 있듯이 경찰인력이 적은 자치경찰조직의 경우는 시민들을 대상으로 그 존재감을 드러내기가 쉽지 않다. 제주자치경찰도 역시 인력이 미미했기 때문에 제주도민들에게 있어서 존재감이 크게 나타나지 않았다는 의견들도 적지 않았던 게 사실이다.

자치경찰제의 바람직한 운영을 위한 재정문제도 매우 중요한 테마이다. 국가경찰의 운영에서처럼 자치경찰제를 운영하는 경우도 재정은 가장 중요한 요소가 된다. 즉 경찰조직을 유지 및 운영하는데 있어서 반드시 필요한 재정 자치경찰이든 그 규모면에서 큰 차이 없이 소요될 것으로 예측해 볼 수 있다. 사실 모두 다 서울시민이 추가로 조세 마련을 통해 새로 도입될 자치경찰제의 운영을 위한 비용을 마련해 나가야만 한다. 이처럼 여전히 큰 문제점을 지닌 자치경찰제모델을 서울시를 비롯해 전국의 광역시도에 추가로 도입할 필요가 있을까? 이렇게 될 때, 곧 서울시민들은 어쩌면 자치경찰제 도입은 의미가 적으며 궁극적으로는 무용론까지 제기될지도 모르며 적지 않은 비판에 직면하게 될지도 모른다. 이와 같은 경찰청 경찰개혁위원회의 자치경찰제 도입 모델은 사실 자치경찰제를 도입하지 말고 현행 국가경찰제를 향후에도 그대로 유지하는 것이 바람직하다고 보는 시각에서 별로 벗어난 것이 없다는 의구심까지도 들을 정도다.

한편 경찰청 개혁위원회의 경찰개혁 모델은 사실상 문재인 정부(2017. 5~2022. 5)에서 추구하는 전국 17개 광역시도에서 시행하고자 하는 모델이나 정체성과 꽤 거리가 먼 차이를 보여주고 있다. 이는 문재인 정부가 추구하는 지방분권 정신에도 전혀 부합하는 것도 아니다. 다시 말해 경찰개혁위원회가 제시한 자치경찰제 모델은 사실 지방분권화의 의도와도 비교적 거리가 먼 편이고 나아가서 현행 국가경찰제의 유지를 전제조건으로 하고 있음을 짐작하게 된다. 즉 국가경찰의 권한, 조직, 사무의 변화 차원에서 이른바 개혁이라는 발전되고 진전된 모습

---

16) 황문규, 새정부 자치경찰제 도입의 방향과 과제, 2017년 6개 학회 및 경찰교육원 공동학술대회 자료집, 2017, p. 16.

을 찾아보기 어렵다는 비판을 받을 가능성도 적지 않다. 향후 국가경찰은 국가정
보원에서 정보와 수사기능이 넘어올 예정에 있기 때문에 이렇게 되면 국가 경찰
조직이 점차적으로 비대화 될 가능성이 상당히 크다. 이와 같이 막강해지는 국가
경찰의 권한 확대로 인한 비대화 문제는 자치경찰제실시라는 방법을 통해 분권화
되어야 한다는 게 문재인 정부의 기본 시각이다. 역시 이는 일반적인 국민들의
시각인 것이다. 이는 사실 국민의 입장에서 볼 때, 국민의 예산만 낭비할 가능성
이 적지 않다고 본다. 큰 경찰개혁위원회의 자치경찰제 도입 권고안은 경찰개혁
이라고 보기 어려울 뿐만 아니라 국가경찰이 너무 이기적이라는 비판에 직면할
공산이 매우 컸던 게 사실이다. 특히 국가경찰이 검찰로부터 진정으로 수사종결
권과 영장청구권17)을 넘겨받고자 한다면 이러한 소극적 테두리에서 하루 빨리 벗
어날 필요가 있다고 본다.18)

경찰청 경찰개혁위원회가 제시한 권고안 내에서 전국 17개 광역시·도에 자
치경찰제의 설치 및 운영 면에서 볼 때, 국가경찰로부터 이관되는 경찰인력에 한
해서만 필요한 재정지원을 하고 나머지 일부 필요한 장비를 극히 한정하여 제시
했다. 이러한 상황에서 해석해 볼 때, 전국 17개 광역시·도 중 자치경찰제를 창
설할 수 있는 곳은 많지 않을 것으로 본다. 일부 광역단위 차원에서 자치경찰제
를 도입해 실시한다고 하여도 천문학적으로 필요한 재정적 부담이 또한 걸림돌이
되어 그 자치경찰의 인력규모는 궁극적으로 상당히 제한적일 수밖에 없을 것으로
분석된다.

황문규는 자신의 연구에서 다음과 같이 주장하였다. 그는 인구 1,000만명을
가진 서울시의 자치경찰 인건비에 대한 분석을 내놓았다. 즉 그는 자치경찰공무
원 1,846명의 인건비를 추정했는데, 2017년 정부가 언급한 공무원의 평균 연봉은
6,120만원이었다는 액수를 기준으로 분석하였다. 이는 월평균 510만원(정부 관보,
2017. 4. 25.)에 해당된다고 보았다. 그는 서울시가 채용할 자치경찰공무원의 인건
비는 대충 계산해도 약 1,100억원의 예산이 필요하다는 결론이 나온다고 주장했
다.19) 그가 내놓은 분석에 따르면 이렇게 많은 예산이 필요한데 이것을 감당할

---

17) 영장청구권은 우리나라 헌법 제12조 제3항에 못 박고 있기 때문에 이 문제를 풀기 위해서는
반드시 국민투표를 통한 헌법 개정을 진행해야 한다. 즉 헌법개정은 국회를 통해서 여야 간의
합의가 있은 후 국민투표를 진행해야 한다.
18) 2020년 1월 17일 국회는 검경수사권조정법을 패스트 트렉법안으로 처리하여 검찰만 가지고 있
던 수사종결권을 경찰도 가지게 되었다.
19) 황문규, 새정부 자치경찰제 도입의 방향과 과제, 2017년 6개 학회 및 경찰교육원 공동학술대회

광역시도는 거의 없을 것이라고 주장했다. 재정상의 어려움들로 인해 사실상 받아들이기가 쉽지 않을 것이다. 특히 이러한 천문학적 예산을 투입해 별도의 자치경찰제를 도입한다고 해도 자치경찰은 궁극적으로 국가경찰이 지원해 준 극히 한정된 경찰의 기능만을 유지하게 될 것이다. 더욱이 재정능력이 비록 가능한 광역지방자치단체라고 하더라도 어느 광역지방자치단체라 하더라도 자치경찰제 도입 및 운영을 계속해 나가기는 힘들 것으로 예측된다.

이 문제들 때문에 경찰청의 경찰개혁위원회가 제시한 전국단위에 도입하고자 하는 자치경찰제 적용 모델 제시안은 시민들로부터 국가경찰이 경찰권한만 확대하고자 열망했지, 결국 이것이 자치경찰제 도입에 협조하기보다는 반대로 국가경찰제로 계속 유지하고자 하는 의도가 있는 것 아니냐는 국민의 의심을 받을지도 모른다.20)

이와 같이 이전의 제주자치경찰제 모델의 범위를 크게 벗어나지 않는 차원의 자치경찰제 모델 제안은 사회적으로 받아들여지기 어려운 모델이라는 학계의 평가가 많았다. 시민의 의견이 제대로 반영되지 않은 경찰청 경찰개혁위원회의 자치경찰제 모델을 제안함으로써 그동안 국민들로부터 관심이 많았던 검경 수사권 조정 관련 개혁이 또한 실패로 돌아갈지도 모른다는 우려가 적지 않다.21) 국회의 법 개정을 위한 적극적인 여야 간 합의와 국가경찰 스스로의 개혁 노력이 나오기 전에는 자치경찰제 도입은 쉽지 않을 것으로 평가된다.22)

2. 서울특별시의 광역단위 자치경찰제 모델(안)

1) 시·도 경찰위원회의 구성23)

이미 2017년 5월 10일 전격 출범한 문재인 정부는 자치경찰제를 도입하되 17

자료집, 2017, p. 172.

20) 황문규, 앞의 논문, p. 172.

21) 문재인 정부에서는 검경수사권 조정에 관한 노력을 나름대로 기울이고 있고, 동시에 입법부인 국회에서도 검찰개혁위원회를 설치하여 심층 논의하고 있지만 검경 간의 수사권 논쟁 속에 2019년 2월까지 눈에 띄는 발전적 변화는 없는 실정이다.

22) 경찰청은 이미 18개 지방경찰청별로 인력, 조직, 예산을 나누어 가지고 있다. 따라서 지방경찰청별로 자치경찰제로 전환하는 이른바 통합형 자치경찰제 도입을 고려해 볼만 하다고 본다. 이에 대한 내용을 이해하기 위해서는 서울시 자치경찰제 모델을 한번 살펴볼 필요가 있다.

23) 시·도 경찰위원회는 광역지방자치단체에 설치되어 자치경찰을 관리하는 합의제 기관으로, 본 학술용역에서는 경우에 따라 자치경찰위원회, 광역단위 경찰위원회 등으로 표기함.

개 광역단위에서 시행하겠다고 발표했다. 자치경찰제 도입을 위한 구체적인 실현 의지가 매우 강하게 나타났다. 즉 문재인 정부는 자치경찰제 도입을 임기 5년 내에 달성할 100대 국정과제를 제시하였다. 이 중에서 자치경찰제 도입은 13번째 국민의, 국민을 위한 권력기관 개혁이라는 이름으로 제시하였다. 문대통령은 자신의 5년 임기 내에 우리나라 17개 광역시도 단위에서 자치경찰제를 반드시 도입 및 실시하겠다는 의지를 분명하게 밝힌 것으로 해석되었다. 우리나라는 해방 이후인 1945년부터 국가경찰제로 운영되어 나왔다. 아주 오래전에 자치경찰제를 도입하여 체계적으로 정착시켜 나온 영미법계 국가들의 사례에서 찾아볼 수 있듯이 자치경찰제를 도입한 후 그것이 성공하느냐 실패하느냐의 여부는 사실상 지방의회, 광역자치단체장, 시민과 주민의 적극적 관심 등에 달려 있다고 해도 과언이 아니다. 이 밖에도 지역별로 특정한 지방토호세력으로부터 자치경찰제를 얼마나 잘 보호 하느냐도 큰 관건이 된다. 결론적으로 시민들이 자치경찰제를 상호견제 하고 균형을 제대로 맞출 수 있는 시스템을 탄탄하게 구축하는 일이 매우 중요하다고 볼 수 있다.[24)]

이것은 바람직한 시스템 구축의 일환이며 광역시도지사 소속하에 〈자치경찰위원회〉를 설치한 다음에 합의제를 원칙으로 해서 자치경찰을 체계적으로 관리하고 감독하는 일이 무엇보다 중요하다는 것을 의미한다. 여기서 시·도 경찰위원회 위원은 반드시 정치적 중립성이 보장되어야 하는데, 이를 위해 각 17개 각 지방자치단체들은 광역의회의 동의를 얻어 해당 시도지사들이 임면하는 것이 바람직하다고 본다. 그리고 위원의 정수는 현행 「경찰법」 제5조에 따라 행정안전부에 설치되어 운용되고 있는 '경찰위원회' 위원 기준인 7인으로 운용하는 방법이 있다. 그러나 경우에 따라서는 9명이나 최대 11명으로 운용할 수도 있을 것이다. 한편 위원의 임기와 상임 위원의 수는 향후 추가적인 논의가 필요하고 결정하면 될 것이다.

한편 우리나라 17개 광역시도에서 향후 도입하게 될 자치경찰위원회는 일본 노노무현 공안위원회[25)]의 경우처럼 지방자치경찰에 대한 독선화를 사전에 예방하

---

24) 서울특별시(신현기, 이상열, 남재성, 양재열), 서울시 특별사법경찰 10년, 자치경찰제로의 전환을 위한 발전방안 연구, 최종보고서, 2017, p. 246.

25) 일본의 도도부현공안위원회 지방자치법상 집행기관으로 설치하여야 하는 위원회 중의 하나이며(지방자치법 제180조의5 제2항 1호), 도도부현지사의 소할하에 있기 때문에 지사의 지휘·감독을 받지 않고 독립하여 직권을 행사한다. 이것은 경찰의 정치적 중립성을 유지하고 독선적 운영을 방지함에 그 목적이 있다. 또한 북해도에는 도공안위원회 관리하에 방면본부의 민주적

고 역시 정치적 중립까지도 보장할 수 있도록 하는데, 초점을 맞추는 것도 매우 중요한 과제 중 하나라고 본다.[26]

향후 도입될 예정인 광역단위 자치경찰제에 설치될 예정인 (가칭)자치경찰위원회는 (가칭)시·도지방경찰청장에 대한 임명과 해임제청권을 가지는 것이 당연하다고 본다. 또한 (가칭)자치경찰위원회는 향후 도입될 자치경찰의 예산권, 인사권, 미래 자치경찰의 치안정책에 대한 일련의 주요 사항들을 심의하고 의결할 수 있도록 하는 고유 권한을 부여해 줄 필요가 있다. 특히 자치경찰위원회가 제대로 정착되고 순조롭게 운영될 수 있을지에 대한 가능성 여부는 향후 설치될 위원회의 구성이 얼마나 잘 짜여지느냐와 함께 동시에 중립성 또한 잘 유지하느냐에 달려있는 것이다. 동시에 시민의 의사를 얼마만큼 신속하며 적극적으로 반영하느냐의 여부에 달려 있다고 본다.[27]

한편 자치경찰위원회를 구성하는데 있어서 영국의 사례를 살펴보면 부분적으로나마 좋은 시사점들을 얻을 수 있다. 영국의 자치경찰위원회(지역치안평의회)는 관할구역 내의 각각 지자체들에서 파견된다. 여기 파견된 1인의 선출직 대표와 2명의 독립위원을 모두 포함하여 최대 20명까지 구성되어 운영 중에 있다. 이들 위원회는 각 지역경찰의 전체 예산의 지출에 대한 감사, 예산안, 지역경찰청장 임명에 대한 거부권, 지역치안위원장에 대한 정보 및 출석요구권, 지방세, 그리고 조사의뢰 및 주민소환투표실시와 같은 일련의 권한을 갖는다(제2장 2절 영국편 참조). 이것은 문재인 정부에서 도입 예정인 우리나라 17개 광역시도 단위에 도입예

관리를 위하여 방면공안위원회를 두고 있다. 그리고 도도부현공안위원회의 조직과 운영을 보면 동경도(東京都), 홋카이도(北海道), 오사카부(大阪府), 교토부(京都府) 및 지정현(指定縣)은 5명, 지정현 이외의 현은 3명으로 구성된다(경찰법 제38조 제2항). 위원장은 위원의 호선으로 선출되고 그 임기는 1년이며, 위원회의 업무를 총괄하고 위원회를 대표한다(동법 제43조). 그러나 국가공안위원회와 달리 위원장도 표결권을 가지고 있으며, 위원회의 운영에 관하여 필요한 사항은 도도부현공안위원회가 정한다(동법 제45조). 의원(북해도 방면공안위원도 포함)은 지사가 도도부현의회의 동의를 얻어 임명하며 임기는 3년이며 2회에 한하여 재임될 수 있다(동법 제40조). 단, 위원은 원칙적으로 지방의회 의원 또는 상근직원의 겸직이 금지되고, 정당 및 정치단체의 임원이 되거나 적극적 정치활동을 금지한다. 또한 의원은 임명 전 5년간 경찰 또는 검찰의 직무를 행하는 직업적 공무원의 전력이 있으면 임명될 수 없다고 정함으로서 정치적 중립을 강하게 유지하고 있다는 점에서 큰 시사점을 얻을 수 있다(신현기 외, 비교경찰제도론, 법문사, 2015, pp. 140-141 참조).

26) 황문규, 새정부 자치경찰제 도입의 방향과 과제, 2017년 6개 학회 및 경찰교육원 공동학술대회 자료집, 2017, p. 172.

27) 서울특별시(신현기, 이상열, 남재성, 양재열), 서울시 특별사법경찰 10년, 자치경찰제로의 전환을 위한 발전방안 연구, 최종보고서, 2017, p. 247.

정인 (가칭)자치경찰위원회의 구성과 주요 관련 사무를 확정하는데 있어 매우 중요한 하나의 참고 사례가 될 수 있다고 본다.

또한 2017년 12월 기준으로 우리나라 국가경찰위원회는 아래와 같이 경찰법에 따라 총 7인의 경찰위원(위원장 포함)으로 구성되어 있으며, 이들은 국가경찰의 장비, 통신, 인사, 예산 등에 관한 주요정책과 국가경찰의 업무 관련 발전에 대한 사항 등을 핵심 내용으로 다루고 있다.

■ 국가경찰위원회의 의의

한편 국가경찰위원회는 다음과 같이 구성된다. 경찰의 중립성 보장과 민주성, 공정성 확보를 핵심 업무로 하고 있기도 하다. 경찰행정에 관하여 경찰법에 정한 사항을 심의·의결하기 위하여 안전행정부 산하에 경찰위원회를 설치·운영한다 (경찰위원회규정/제정 1991.7.23 대통령령 제13432호 내무부). 말하자면 부분적이기는 하지만 경찰정책에 대한 심의·의결을 통하여 경찰행정의 합리성과 공정성을 확보하고 경찰행정의 대국민신뢰를 강화시키고자 하는 것이 경찰위원회의 가장 큰 설치목적이다.

■ 경찰위원회의 조직구성

경찰법 제5조에 근거해 경찰위원회가 구성된다. 경찰위원회는 위원장 1인을 포함한 7인의 위원으로 구성하되, 위원장 및 5인의 위원은 비상임, 1인의 위원은 상임으로 한다. 경찰위원은 학식과 사회적으로 덕망을 갖춘 민간인사로 한다. 그리고 경찰위원은 안전행정부장관의 제청으로 국무총리를 거쳐 대통령이 임명한다. 행자부장관은 위원을 제청함에 있어서 경찰의 정치적 중립이 보장되도록 하여야 한다. 위원 중 2인은 법관의 자격이 있는 자이어야 한다. 경찰위원회는 경찰청장에 대한 임명제청 전에 동의권과 주요 경찰정책 및 계획에 대한 심의와 의결권을 행사한다. 그래서 경찰행정에 국민의 의사를 반영하고 업무수행의 책임성과 독자성을 확보하는 기능을 수행해 나가고 있다(경찰청, 2015: 311).

그러나 다음 각 호의 1에 해당하는 자는 위원이 될 수 없다(경찰법 제6조).
1. 당적(黨籍)을 이탈한 날부터 3년이 지나지 아니한 사람
2. 선거에 의하여 취임하는 공직에서 퇴직한 날부터 3년이 지나지 아니한 사람
3. 경찰, 검찰, 국가정보원 직원 또는 군인의 직(職)에서 퇴직한 날부터 3년이 지나지 아니한 사람

4. 국가공무원법 제33조 각 호의 어느 하나에 해당하는 사람

경찰법 제7조에서 규정하는 위원의 임기 및 신분보장을 보면 위원의 임기는 3년으로 하며, 연임할 수 없다. 이 경우 보궐위원(補闕委員)의 임기는 전임자의 잔임기간(殘任期間)으로 한다. 위원은 정당에 가입하거나 경찰법 제6조 제4항 제2호 및 제3호에 따라 선거에 의해 취임하거나 경찰, 검찰, 국가정보원, 군인으로 임용되는 경우, 같은 법 제6조 제4호에 따라 국가공무원 임용 결격사유에 해당하게 된 때에는 당연히 퇴직된다. 또한 위원은 중대한 심신상의 장애로 직무를 수행할 수 없게 된 경우를 제외하고는 그 의사에 반하여 면직(免職)되지 아니한다. 그리고 경찰법 제8조에 따라 국가공무원법 제60조(비밀엄수의 의무) 및 제65조(정치운동의 금지)의 규정을 준용해야 하는 의무를 지고 있다. 한편 경찰위원회에는 간사[28] 1인을 두되, 간사는 경찰청 기획조정담당관이 된다. 간사는 위원장의 명을 받아 다음 사항을 처리한다. ① 의안의 작성 ② 회의진행에 필요한 준비 ③ 회의록 작성과 보관 ④ 기타 위원회의 사무 등이다.

■ 위원회의 심의 · 의결사항
경찰위원회의 경찰업무에 관한 심의 · 의결사항은 다음과 같다.

경찰법 제9조 제1항
1. 경찰인사 · 예산 · 장비 · 통신 등에 관한 주요정책 및 국가경찰 업무 발전에 관한 사항
2. 인권보호와 관련되는 경찰의 운영 · 개선에 관한 사항
3. 국가경찰의 부패 방지와 청렴도 향상에 관한 주요 정책사항
4. 국가경찰 임무 외의 다른 국가기관으로부터의 업무협조 요청에 관한 사항
5. 제주자치경찰에 대한 국가경찰의 지원 · 협조 및 협약체결의 조정 등에 관한 주요 정책사항
6. 그 밖에 행정안전부장관 및 경찰청장이 중요하다고 인정하여 위원회의 회의에 부친 사항

경찰위원회규정 제5조
1. 경찰인사에 관계되는 법규 · 훈령 · 예규 및 운영기준에 관한 사항
2. 경찰교육 기본계획
3. 경찰장비와 통신의 개발 · 보강 및 운영에 관한 기본계획

4. 경찰예산편성 기본계획
5. 경찰의 중·장기발전계획에 관한 사항
6. 국민의 권리·의무와 직접 관계되는 경찰행정 및 수사절차
7. 경찰행정과 관련되는 과태료·범칙금 기타 벌칙에 관한 사항
8. 경찰행정과 관련되는 국민의 부담에 관한 사항

■ 재의요구

행정안전부장관은 경찰법 제9조 제2항의 규정에 따라 경찰위원회의 심의·의결
사항이 적정하지 아니하다고 판단할 때에는 경찰위원회에 재의를 요구할 수 있으
며 경찰위원회 위원장은 재의요구가 있는 경우에는 그 요구를 받은 날부터 7일 이
내에 회의를 소집하여 다시 의결하여야 한다.

출처: 신현기, 2016: 20 재구성.

2) 사무(권한 및 기능)

서울시 자치경찰제 도입안은 현행 국가경찰을 광역시도의 단체장에게 이관하
는 방안을 제시한 것이다. 현행 국가경찰을 향후 자치경찰로 전환하는데 있어서
그 추진논거와 추진모형은 다음과 같이 정리가 가능하다.29)

① 추진논거는 주민과 밀접한 자치경찰의 신속하고 실질적인 대응이 중요

연방제 수준의 지방분권 취지에 맞도록 보충성의 원칙30)에 따라 주민과 가장
가까이에서 밀착되어 있는 자치경찰이 모든 치안안정을 위한 경찰사무를 직접 수
행하는 것이 이상적이라는 점이다. 무엇보다 치안현장에서 마주하게 되는 범죄에
대해 신속하고 효율적으로 대응하기 위해서는 수사권이 절대적으로 필요하기 때
문에 수사권의 부여는 큰 의미를 지닌다. 예를 들어 2006년 7월 1일 시행된 제주

---

28) 간사는 일반적으로 경찰청 기획조정담당관이다. 하지만 실질적으로는 계장(경정급)이 파견되어
    업무를 수행했었다. 그러나 최근에는 총경급 과장도 파견되어 근무하는 등 경찰위원회의 위상
    이 강화되었다. 더욱이 국가경찰위원회가 경찰청 내에서 업무를 수행했었으나 약 2년 전부터는
    경찰청 밖으로 세를 얻어 나갔는데, 이는 경찰위원회의 독립성과 위상을 강화하기 위한 일환에
    서라고 한다.
29) 서울시, 서울시 특별사법경찰 10년, 자치경찰제로의 전환을 위한 발전 방안 연구, 2017, p. 249.
30) 보충성의 원칙은 지방자치제의 경우에서 볼 때, 가장 하부단위에서 할 수 있는 것은 최대한 시
    행해보다가 정 안되면 그 위 단계 조직에서 수행하자는 의미를 지니고 있다. 예를 들어 시군구
    기초단위에서 시행할 수 있는 것은 해보고 정녕 안 되면 시도단위로 이동해서 시행하자는 의
    미가 담겨있다.

자치경찰제에서 수사 권한이 부여되지 않았던 관계로 오늘날까지 무늬만 자치경찰이라는 국민들의 비판에 머물러 온 것이 사실이다. 이 때문에 문재인 정부에서 정부가 발표한 전국에 도입될 예정인 자치경찰제 모델은 2006년에 비해 한걸음 더 앞으로 나아간 발전을 보여주었다.

② 국제범죄, 국가안보, 광역시·도 간 연계된 전국적 사건을 제외한 경찰사무의 이관과 수사권 부여

무엇보다 자치경찰은 관할구역 내에서 이미 발생한 범죄를 모두 포함하여 교통, 생활안전, 경비 등 지역주민의 일상생활과 매우 밀접하게 관련되어 있는 치안서비스를 제공해 주는 것을 핵심으로 해야만 한다. 이 때문에 국가경찰은 기본적으로 외사, 대공, 정보, 마약, 테러, 위조화폐, 대규모 시위사건 등 국가안보와 국제범죄, 그리고 전국을 넘나드는 광범위 한 영역의 강력 범죄를 전적으로 담당하도록 하며, 자치경찰과의 관계에서는 상호 지원하며 협력하는 관계를 유지하는 것이 매우 중요하다. 따라서 새로 도입되는 향후 문재인 정부의 자치경찰제는 자치경찰에 모든 범죄에 대한 수사권을 부여해 줌으로써 범죄 현장에서 신속한 대응이 가능함은 물론 필요시 바로 조치하는 인프라를 구축해 줄 필요가 있다.31)

일제 식민지에서 해방된 후 1945년 10월 21일 창설된 우리나라 국가경찰은 2019년 10월로 74주년을 맞았고 2020년 10월에는 75주년이다. 지금까지 경찰 사무는 국가경찰이 국가경찰사무는 물론이고 지방치안사무까지도 통틀어서 수행해 나오고 있다. 목하 국가경찰이 수행해 나가고 있는 약 250여개의 경찰사무32) 중 약 36개의 기초자치단체 관련 업무들이 2006년 7월 1일을 기해 국내 최초로 시행된 제주자치경찰단에 전격 이관되는 역사가 있었다. 2013년 2월부터 2017년 5월 9일까지 통치한 박근혜 정부에서는 약 60~70여개의 경찰사무를 미래 자치경찰제 도입시 이관하겠다고 밝힌바 있다. 하지만 아쉽게도 이러한 일련의 계획들은 2016년 10월 박근혜 대통령의 탄핵 사건으로 인해 정부가 임기 만료됨으로서

---

31) 서울특별시(신현기, 이상열, 남재성, 양재열), 서울시 특별사법경찰 10년, 자치경찰제로의 전환을 위한 발전방안 연구, 최종보고서, 2017, p. 249.

32) 이철성 경찰청장은 2017년 8월 17일 제주지방경찰청을 방문하여 출입기자들과 연 간담회에서 "경찰사무가 250개 분야정도 되는데 논의 범위에 따라 사무 100개 분야까지도 이양이 가능하다고 느낀다"고 말했다(연합뉴스, 2017. 8. 17). 이어서 이철성 경찰청장은 2017년 12월 18일 (경찰청 기자실) 가자단과의 정례브리핑에서 향후 자치경찰제 도입과 관련해 250여개 사무 중 40% 이상 넘어가도 될 것으로 본다(1백 수십여개가 이관될 수도 있음을 언급)고 언급하기도 했다.

결국은 자동 폐기되는 결과를 낳고 말았다.

국가경찰인 경찰청의 모든 사무는 경찰청 사무분장 규칙(제정1991. 7. 31 경찰청훈령 제68호)에 근거해 업무가 이루어지고 있다. 특히 경찰청 사무분장 규칙은 1991년 제정되었는데, 그 이후 2017년 11월까지 총 64차례에 걸쳐 개정을 반복했다. 본 규칙의 제1장 총칙에는 "제1조(목적) 이 규칙은 경찰청의 각 담당관·과의 세부적인 사무분장에 관한 사항을 규정함을 목적으로 한다"라고 명시되어 있다. 이는 총 11장 33조와 부칙으로 이루어져 시행 중이다.

(1) 국가사무와 지방사무 배분 기준

사실상 서울시 자치경찰제 모델은 비교적 강한 자치경찰제 모델을 제시한 것으로 풀이된다. 바로 통합형 자치경찰 모델이다.33) 서울시 자치경찰제 모델은 문재인 정부가 전국 17개 광역단위에 도입하는 자치경찰제 모델을 발표하기 훨씬 이전에 내놓았다. 즉 서울시 자치경찰제 모델은 2019년 6월 18일 기준으로 18개 지방경찰청 단위의 전체 경찰조직이 있는 그대로 광역자치단체장에게 자치경찰이라는 이름으로 온전하게 전환되는 것을 상정했었다. 하지만 정부에 의해 받아들여지지는 않았다. 그럼에도 불구하고 본 서울시 자치경찰모델은 우리나라가 언제인가 연방제 국가가 될 경우에는 그대로 적용될 가능성도 있을 것으로 평가된다. 위와 같은 서울시 자치경찰제 모델은 한국정책학회에 의뢰한 연구용역 보고서를 통해 나온 최종 연구용역 결과이며 서울시가 채택한 이른바 서울시 자치경찰제 공식 모델이었다. 본 연구보고서에서 제시된 서울시 자치경찰제 모델은 전국 광역시도들 중 대다수가 지지한 것으로 알려졌다.

서울시 자치경찰제 모델에 따르면 현행 국가경찰은 국가경찰이 수행해야 하는 고유의 치안업무만 담당하기 위해 대폭 축소되어야 한다. 향후 창설될 자치경찰제를 지원함과 동시에 자치경찰 간의 사무 등을 긴밀히 조정하고 협력하는 역할을 담당하는 것이 필요하다는 주장도 제시했다. 위에서 언급한 것처럼 어느 국가를 막론하고 국가경찰 사무와 자지경찰 사무는 이미 분명하게 구분되어 있다.34)

첫째, 일반적으로 국가경찰의 고유사무는 정보, 보안(공안범죄), 광역연계 강력범죄, 외사 및 국제범죄(총기밀매, 마약밀매, 위조화폐 등), 부패범죄, 선거범죄, 사

---

33) 통합형은 현재 지방경찰청을 광역시도지사에게 넘겨 전환하는 방식이다. 그렇지 않으면 국가경찰조직은 하부단위가 갈기갈기 찢기게 될 가능성이 크기 때문이다.

34) 서울특별시(신현기, 이상열, 남재성, 양재열), 서울시 특별사법경찰 10년, 자치경찰제로의 전환을 위한 발전방안 연구, 최종보고서, 2017, p. 250.

이버범죄 등이다. 즉 전국적이며 국제적 차원의 경찰업무들이 곧바로 여기에 해당한다고 정의된다.

둘째, 국가경찰사무를 제외한 자치경찰의 고유사무35)는 예를 들어 생활안전, 방범, 사기나 횡령 등 고소 고발 사건, 지역경비, 절도나 폭력사건, 교통사건, 성풍속 및 도박 같은 풍속범죄는 대부분 지역치안사무들에 해당한다.36) 무엇보다 자치경찰이란 주민생활 중심의 경찰서비스를 확보하고 제공하는데 그 중요한 의의가 담겨 있는 것이다.

〈표 10-1〉 국가경찰과 자치경찰 간 수사의 빔위

국가경찰	자치경찰
광역적이며 국제적 차원에서 신속한 대응이 필요한 정보, 보안(공안범죄), 외사 및 국제범죄(총기밀매, 마약밀매, 위조화폐 등), 광역연계 강력범죄, 사이버범죄, 부패범죄, 선거범죄, 대규모집회 관련 범죄 등	지역주민 생활과 밀접하게 관련되는 업무, 즉 생활안전, 방범, 지역경비, 교통사건, 사기나 횡령 등 고소고발 사건, 절도나 폭력사건, 성풍속이나 도박 같은 풍속범죄 등 대부분의 지역치안사무 등

무엇보다 국가경찰과 자치경찰은 서로 대등한 기관으로서 토대가 구축됨은 물론 동시에 지속적으로 발전해 나가야 할 것으로 본다. 특히 황문규의 연구에 따르면 2015년 기준으로 우리나라 총 범죄 1,861,657건 중 약 78.8%가 지방치안업무 분야에서 나타났다. 자세히 살펴보면 절도 245,853건(13.2%), 폭력 305,947건(16.4%), 사기 및 횡령 294,027건(15.8%), 풍속범죄 24,491건(1.3%), 교통범죄 596,665건(32.1%) 등이 그 좋은 예에 해당된다.37) 이처럼 자치경찰 수사분야가 약 80%나 차지하고 나머지 국가경찰의 수사업무는 20% 정도에 해당하고 있다는 점에 주목해 볼 필요가 있다.38)

---

35) 한국지방자치학회(최천근, 황문규 외 3인)가 2014년 6월 대통령 소속 지방자치발전위원회로부터 의뢰를 받아 수행한 「자치경찰 사무범위 조사 및 재원확보 방안 연구」라는 연구보고서에서 자치경찰사무를 총 266개로 분류하였다. 즉 교통분야 50개, 생활안전분야 72개, 여성청소년분야 9개, 112상황실분야 8개, 수사분야 12개, 정보분야 21개, 형사지원분야 51개, 경비작전분야 20개, 지구대분야 22개 등이다. 이는 경찰서를 대상으로 단위사무를 중심으로 분류한 것인데, 단위사무란 한사람 또는 한팀이 수행할 수 있는 가장 기본적인 경찰사무로써 2개 이상으로 분류될 수 없는 사무를 말한다. 자세한 내용은 서울특별시(신현기, 이상열, 남재성, 양재열), 서울시 특별사법경찰 10년, 자치경찰제로의 전환을 위한 발전방안 연구, 최종보고서, 2017, pp. 99-108를 참조 바람.

36) 황문규, 2017, p. 25.

37) 황문규, 2017, p. 26; 경찰청, 2015, p. 107.

이러한 현실을 기준으로 볼 때, 현행 국가경찰제를 기존대로 시행해 나가면서 예외적으로 향후 시행하게 될 미래의 자치경찰에게 제주자치경찰제의 사례처럼 틈새치안 만을 담당하도록 하는 자치경찰제를 전국으로 확대하여 실시하는 상황이 반복되어서는 안 된다고 본다. 무엇보다 우리나라 치안업무는 애초에 지방자치단체의 고유사무(약 80%)라는 차원에서 분석해 볼 때, 우리나라 지방자치를 구현한다는 점에서 전혀 맞지 않는 것이다.39)

이런 차원에서 볼 때, 이제는 제주자치경찰 모델을 변형시켜 더 이상의 전국 17개 광역단위 자치경찰로 확산시키려고 하는 자치경찰 모델들이 나오는 것은 바람직하지 않다고 본다.

(2) 국가경찰과 자치경찰 간 (가칭)수사관할조정위원회

문재인 정부에서 언제인가 자치경찰제를 도입 시행할 경우 또한 (가칭)수사관할조정위원회를 설치하는 게 바람직하다고 본다. 그 근본 이유는 자치경찰과 국가경찰이 이원화되어 근무하며 직무를 수행하게 되기 때문에 이들 간에 갈등이 나타날 수도 있기 때문이다. 다시 말해 이미 발생한 범죄를 수사하는 경우 어느 쪽 경찰에서 담당해야 하는지 불명확한 상황이 발생할 수 있기 때문이다. 이렇게 불명확한 범죄가 발생할 시에 피의자와 피해자가 여러 지역에 걸쳐서 복잡하게 연계될 경우가 적지 않게 다수 발생할 수 있는 것이다. 이 때문에 (가칭)수사관할조정위원회에서는 국가경찰이든 자치경찰이든 간에 누가 먼저 수사에 착수했는지를 파악한 후 수사를 먼저 시작한 기관에 수사에 관한 우선권을 인정해 주는 역할이 매우 중요하다.40)

(3) 광역단위의 자치경찰제 도입 후 대규모집회·시위 대비 기동대 창설 및 유지

서울시가 상정한 자치경찰제는 17개 지방경찰청을 18개 광역시도 소속으로 이관하는 것을 전격 주장하였다. 특히 기존의 지방경찰청별로 기동대를 유지하면서 집회·시위에도 내비하면 된디는 입장을 표명한 것이다. 사실 원칙적으로는 각 광역단위 자치경찰에서 각각 바로 바로 즉시 대응하는 원칙을 따르면 될 것이

---

38) 서울특별시(신현기, 이상열, 남재성, 양재열), 서울시 특별사법경찰 10년, 자치경찰제로의 전환을 위한 발전방안 연구, 최종보고서, 2017, p. 251.
39) 일요서울, 2017. 7. 28.
40) 황문규, 2017, p. 26; 서울특별시(신현기, 이상열, 남재성, 양재열), 서울시 특별사법경찰 10년, 자치경찰제로의 전환을 위한 발전방안 연구, 최종보고서, 2017, p. 251.

다. 하지만 만의 하나 다수의 군중이 참여하는 그야말로 대규모 집회·시위가 발생할 시에는 타 광역시도 소속의 자치경찰로부터 신속한 응원을 받아 곧바로 대응하면 문제가 없을 것이다. 이러한 경우를 대비하여 물론 이전처럼 국가경찰 역시 일정한 기동대 인력을 계속해서 유지하는 것도 매우 중요하다고 평가된다. 이른바 분데스폴리짜이(Bundespolizei)라고 불리어지는 독일의 연방경찰은 전국 주요지역에 기동경찰대를 유지하고 있다. 그러다가 독일 16개 주(州)에서 각기 대규모집회 및 시위가 발생할 때 즉각적으로 지원할 수 있는 체제를 유지하고 있다. 이러한 시스템을 연구 도입하는 방안을 강구할 필요성도 있으며 우리의 자치경찰제 도입에서 하나의 좋은 참고가 될 수 있다고 본다.

(4) 자치경찰의 정보기능

문재인 정부가 전국 17개 광역시도 단위에서 도입하고자 하는 자치경찰은 역시 범죄수사를 수행하기 위해 정보를 수집하는 것이 필수적일 수 있다고 본다. 그럼에도 불구하고 미래 자치경찰이 정보기능을 수행하기 위해 독자적인 정보 부서를 설치하는 것은 오늘날 민주사회에서 사실상 시대정신에 부합하지 않는다는 평가가 지배적이다. 이 때문에 별도로 독자적인 치안정보 부서를 두는 것은 어려울 것으로 보여 진다. 그 대신 수사부서에서 필요한 치안정보들을 수집하는 방안을 강구하는 것이 오히려 바람직한 것으로 평가된다. 또한 경비부서도 동시에 치안정보를 수집하는 제도적 장치를 강구해보는 것[41]도 고려해 볼만 하다고 본다. 그동안 우리 국가경찰은 1945년 창설 이후 지속적으로 치안정보를 수집해 나왔다. 하지만 이 개념이 사실상 매우 광범위하고 넓은 관계로 여러 가지 인권침해는 물론이고 심지어는 정치사찰까지도 이루어진다는 비판이 끊임없이 제기되어 왔기 때문에 특히 인권을 중시하는 정부가 나서서 제도적인 안전장치를 철저하게 만들 필요가 있다고 본다.

(5) 종합행정과 연계된 시너지 효과

전국 17개 광역시도에 향후 자치경찰제가 도입될 경우 무엇보다 중요한 것은 약자보호이다. 이를 위해 서울특별시에서 이미 시행해 온 다양한 행정과 연계하면 훨씬 많은 시너지 효과를 심층 기대할 수 있을 것으로 본다. 왜냐하면 서울특

---

41) 황문규, 2017, p. 26; 서울특별시(신현기, 이상열, 남재성, 양재열), 서울시 특별사법경찰 10년, 자치경찰제로의 전환을 위한 발전방안 연구, 최종보고서, 2017, p. 251.

별시는 아주 오래전부터 약자보호 등과 같은 다양한 방식의 치안사업을 적극적으로 추진해 왔을 뿐만 아니고 적지 않은 성과들도 도출해 내었다. 이에 대한 몇 가지 대표적인 예를 들어본다면 ① 여성안심귀가 스카우트, ② 여성안심지킴이 집, ③ 여성안심보안관 제도, ④ 인터넷 시민감시단, ⑤ 학교보안관 제도, ⑥ 지하철보안관 제도, ⑦ 환경설계를 통한 범죄예방디자인(CPTED) 사업 등이다. 서울시는 위와 같은 수많은 프로그램들을 오래전부터 시행해 나왔기 때문에 이미 상당한 노하우를 축적하고 있다. 이와 같은 서울특별시의 치안안전 관련 사업과 각종 방범활동에 따른 종합행정은 전국 17개 광역시도 단위에서 자치경찰제가 전격 도입될 경우 상당한 시너지 효과를 발휘할 것으로 예측해 볼 수 있다.

3) 인 사

서울시 자치경찰제의 기본 방향은 문재인 정부에서 추진하고 있는 17개 광역시도 단위의 자치경찰제가 국가경찰과 자치경찰로 이원화 하는 것이 아니라 서울시 지방경찰청 산하 모든 국가경찰을 서울시 자치경찰본부로 일괄 전환하는 방안이어야 한다고 주장했다. 왜 그래야 하는지에 대한 그 추진논거와 모형은 다음과 같이 당위성을 제시하고 있다.[42]

첫째, 이에 대한 추진논거는 이른바 정치권력에 종속된 국가경찰의 폐해를 최대한 극복하는 것이다. 다시 말해 정치적 중립성을 최대한 확보한 합의제 자치경찰위원회를 설치하여 도입된 자치경찰을 투명하게 관리함으로써 오늘날 국가경찰이 부분적으로라도 겪거나 경험하고 있는 정치권력에의 종속성을 극복할 필요가 있는 것이다.

둘째, 서울시가 상정한 자치경찰제의 추진모형은 정치적 중립성을 최대한 확보한 이른바 자치경찰위원회를 통해 자치경찰 조직인 지방경찰청을 통제하는 것이 중요하다고 보았다. 서울시는 구체적으로 자치경찰제 시행에 따른 자치경찰위원회가 어떠해야 하는시도 제시하였디. 즉 자치경찰위원힉는 각 시의회와 시장이 추천한 사람으로 구성함으로서 정치적 중립성을 확보해야 한다는 주장을 내놓았다. 동시에 독립성을 확보하고 자치경찰을 전격 통제할 수 있도록 이른바 합의제 기관으로 운영하는 것이 바람직하다고 보았다.

---

42) 서울특별시(신현기, 이상열, 남재성, 양재열), 서울시 특별사법경찰 10년, 자치경찰제로의 전환을 위한 발전방안 연구, 최종보고서, 2017, p. 252.

　　서울시는 자치경찰의 바람직한 조직도 제시하였다. 즉 광역시도경찰청장은 자치경찰위원회가 시도지사에게 3배수를 추천하면 시도지사가 그 중에서 1인을 임명하는 것이 바람직하다고 제시했다. 역시 경찰서장 경우도 자치경찰위원회가 3배수를 시도지사에게 추천하면 시도지사는 이들 중에서 1명을 임명(필요시에는 시·군·구청정과 협의)함이 바람직할 것이라는 제언을 내놓았다.43)

　　한편 자치경찰의 정치적 중립성이 보장되기 위해 시도지사와 시의회에 대해 자치경찰의 인사, 사무, 예산 등 일반적인 사무 관리에 대한 권한은 인정해 주되, 그 구체적인 수사·집행에 대한 간섭을 일체 배제하는 근거규정을 마련할 필요가 있다.

(1) 자치경찰의 인력확보

　　문재인 정부는 임기 내에 전국단위 광역시도에서 자치경찰제가 도입되도록 많은 분권 노력을 기울이고 있다. 서울시는 정부가 주체가 되어 미래 전국 17개 광역시도 차원에서 자치경찰제를 도입하는 기회가 올 것이라는 점을 상정해 볼 때, 자치경찰관들을 신규 채용하는 것보다는 이미 충분한 노하우를 가진 기존의 국가경찰인력을 적극 활용하는 것이 중요하다고 주장해 왔다. 서울시는 이러한 이유를 경찰의 업무숙련도뿐 아니라 치안공백의 최소화까지도 감안해야 할 필요성이 있기 때문이라고 주장한다. 물론 문재인 정부의 자치경찰제 도입안도 국가경찰관 43,000여명을 광역시도 자치경찰로 이관하겠다는 입장이었다.

　　특히 서울시의 입장은 현재 서울경찰청에 소속되어 근무 중인 약 27,000여명의 국가경찰인력이 서울시에 향후 자치경찰제가 도입될 경우 모두 미래에 설치될 서울특별시장 산하로 전격 이관되어야 한다는 입장을 견지하기도 했다. 그 이유는 만일 서울지방경찰청을 기능별로 나누어서 서울특별시 25개 자치구별로 국가경찰 조직인 서울경찰청 조직과 자치경찰 조직을 각각 별도로 둘 경우 서울시민들은 큰 혼란에 빠질 수밖에 없다는 것이다. 이 때문에 서울시장 입장에서는 난색을 표한 바 있다.44) 이에 대한 구체적인 예를 보면 다음과 같다. 즉 서울시민의 입장에서 볼 때, 사건이 발생한 경우 해당 시민은 혼란에 빠질 가능성이 크다는 것이다. 구체적으로 말해 어느 사건을 국가경찰에게 신고하고 이와는 반대로 어

---

43) 앞의 보고서, 2017, p. 252.
44) 물론 추후 서울시장은 대통령 산하 자치분회에서 내놓은 향후 자치경찰제 모델에 관해서 받아들인바 있다.

느 사건을 자치경찰에게 신고해야 하는지 각각 혼란스러워질 것이라는 우려 문제다. 예를 들어 어느 가정에서 5세 아이가 실종되었다고 가정하자. 부모는 같은 지역에 있는 국가경찰에 신고해야 하는지 아니면 자치경찰에 신고해야 하는지 헷갈릴 것이라는 우려이다. 이는 사실 시민의 입장에서 볼 때 상당히 비효율적인 운영형태가 아니냐는 혼란과 비판이 동시에 예상된다.45)

서울시 연구용역 보고서에 따르면 바람직한 자치경찰 형태는 현행 18개 지방경찰청이 17개 광역시도지사 소속으로 들어가는 자치경찰로 전환되는 것인 만큼 현재의 서울경찰청(청장, 치안정감)이 소속 경찰공무원들과 함께 모두 서울특별시로 그대로 이관되어 근무하는 방안을 제시하고 있다. 이렇게 하면 국가경찰들이 자치경찰로 전환되어 미래 자치경찰이 수행해야 할 업무 숙련도 역시 극대화 할 수 있다는 것이다. 더 나아가서 치안공백 역시 최소화될 수 있다는 주장을 내놓았다.

한편 경찰청이 발행한 경찰백서를 보면 2015년 12월 말 기준으로 전체 경찰공무원은 약 113,077명에 이른다. 이 중에서 과장급인 경정 계급 이하의 경찰공무원들은 약 99.5%이며 경위 이하 경찰관은 약 90.8%를 차지하고 있는 실정이다.46) 하위계급의 비율이 매우 높은 편이다. 물론 우리나라 경찰공무원의 수는 2019년까지 지속적으로 증원되어 약 122,913명에 육박한 것으로 나타났다. 2020년에도 신임경찰관을 5,000여명 신규 채용하는 등 2021년에도 꾸준히 증가할 것으로 보여 진다. 물론 퇴직으로 인한 감소분도 있지만 매년 다소 증가추세를 보여주고 있고, 2021년 12월 30일 자로 1961년 출생 경찰공무원들이 정년퇴직하게 된다.

〈표 10-2〉 국가경찰관 계급별 인력구성

연도	총계	치안총감	치안정감	치안감	경무관	총경	경정	경감	경위	경사	경장	순경
2018	117,617명	1	6	27	63	538	2,600	8,148	16,477	24,960	30,573	34,224
2019	122,913명	1	6	27	64	545	2,706	9,040	15,853	25,268	31,545	37,858
비율	100%	0.01	0.01	0.02	0.05	0.45	2.2	7.4	12.9	20.5	25.7	30.8

출처: 경찰청, 「2020 경찰백서」, 2018, p. 386; 100% 비율은 2019년도 기준임.

---

45) 앞의 보고서, 2017, p. 253.
46) 경찰청, 「2016 경찰백서」 참고; 경찰청, 「2020 경찰백서」 참고.

서울경찰청의 경우 경찰인력은 약 27,000여명에 달한 상태다. 서울경찰청은 전국 18개 시도경찰청 중에서 가장 많은 경찰인력을 확보하고 있다.47) 앞으로 국가경찰을 자치경찰로 전격 전환할 경우 자치경찰인 시도경찰청장과 경찰서장은 다음의 절차에 따라 임명되는 것이 바람직하다고 평가된다.

(2) 시·도경찰청장

서울시가 한국정책학회에 의뢰해 나온 연구용역의 결과를 통해 시도경찰청장에 대한 임명을 어떻게 할 것인지도 하나의 과제이다. 이와 관련해 제시된 내용을 보면 다음과 같다. 서울시 보고서는 만일 향후 17개 광역시도에서 자치경찰제가 도입된다면 18명의 시·도경찰청장(이하 '자치경찰청장')은 자치경찰 내부 혹은 그 직위를 외부에 개방하여 공개모집하는 것이 바람직하다고 제시했다. 그리고 서울특별시의 (가칭)자치경찰청장후보를 각 광역시도의 자치경찰위원회가 공개방식으로 모집하여 최종적으로 3배수를 광역시도지사에게 추천하는 방식이 가장 바람직하다고 제시했다.48)

무엇보다 여기서 가장 중요하게 강조되어야 할 것은 일련의 과정들이 투명하고 공정하게 이루어져야 한다는 점이다. 즉 본 보고서는 자치경찰의 인사권자인 전국 17개 광역시도지사가 자치위원회로부터 선발 추천된 3배수 중에서 최종적으로 우수한 1명을 임명하도록 하는 것이 바람직하다고 제시했다. 이러한 방식을 적극 활용한다면 각 광역자치단체장들은 자치경찰청장을 독단적으로 임명하지 못하도록 하는 동시에 민주성도 기할 수 있을 것이다. 결국 이와 같은 안전장치는 향후 자치경찰제가 실시된 이후 행여나 자치경찰공무원들이 지방토호세력들에 게 휘둘림으로써 제대로 된 자치경찰활동 및 기능을 수행하기 어려울 것이라는 비판을 불식시키는 데도 크게 기여할 수 있을 것으로 본다.

(3) 시·군·구경찰서장

서울시가 한국정책학회에 의뢰해 나온 연구보고서에 따르면 시군구경찰서장에 대한 입장은 어때야 할 것인가 하는 대안은 다음과 같다. 즉 전국 17개 광역시도에서 자치경찰제가 실시될 경우 시·군·구경찰서장(이하 '자치경찰서장')에 대한 임명도 역시 (가칭)자치경찰위원회에서 3배수를 선발해 이를 시도지사에게 추천하

---

47) 세종특별자치시에 세종지방경찰청이 2019년 6월 25일 창설되었다.
48) 앞의 보고서, 2017, p. 254.

면 인사권자인 시도지사는 직접 1명을 낙점해서 임명하는 방법이 바람직하다고 제시되었다. 그러나 시도지사의 경우는 업무협조를 위해 자치경찰서장을 임명할 때 시장, 군수 구청장과 상호 협의할 수 있다는 다소간의 여지도 남겨 놓았다.

〈표 10–3〉 자치경찰청장과 자치경찰서장의 선발을 위한 자치경찰위원회 구성

구분	추천권자	선발 방안
자치경찰 청장	자치경찰 위원회	• 자치경찰위원회(7인 *)에서 자치경찰청장을 공개모집함. ※ 현행 국가경찰위원회와 같이 7인의 위원으로 구성시 • 자치경찰위원회가 3배수를 시도지사에게 추천함. • 3배수 중에서 시도지사가 1명을 자치경찰청장으로 임명함.
자치경찰 서장	자치경찰 위원회	• 자치경찰위원회(7인 *)에서 자치경찰청장을 공개모집함. ※ 현행 국가경찰위원회와 같이 7인의 위원으로 구성시 • 자치경찰위원회가 3배수를 시도지사에게 추천함. • 3배수 중에서 시도지사가 1명을 자치경찰서장으로 임명함.

출처: 황문규, 경찰개혁: '경찰을 경찰답게' 만들기 위한 경찰조직 재설계, 법학논총 제39집(숭실대학교 법학연구소), 2017, p. 317; 황문규, 문재인 정부의 광역단위 자치경찰제, 2017 서울연구원 분권포럼 세미나 발표 자료, p. 27 재구성; 서울특별시(신현기, 이상열, 남재성, 양재열), 서울시 특별사법경찰 10년, 자치경찰제로의 전환을 위한 발전방안 연구, 최종보고서, 2017, p. 246.

(4) 자치경찰의 소속과 신분

서울시는 자치경찰제를 도입하는데 있어서 해당 자치경찰의 소속과 신분을 다음과 같이 제시하고 있다. 다시 말해 향후 광역단위에서 자치경찰이 도입될 때, 경찰공무원들은 물론 각각 전국 17개 광역시도 단위 지방자치단체의 지방직 공무원 신분을 지니게 된다. 따라서 자치경찰공무원들 역시 경찰직무를 수행하는 것이므로 이들을 특정직 지방공무원이라고 부를 수 있다고 본다. 이는 국가경찰의 경우 특정직국가공무원이라고 불리듯이 같은 맥락에서 이해될 수 있다고 본다.

예를 들어 일본 경찰의 경우 지방자치경찰 중 누군가가 경시정(한국의 총경급)으로 승진할 경우 지방공무원 신분에서 국가공무원 신분으로 바뀌게 된다. 그럼에도 불구하고 그들의 근무지는 그대로 47개 도도부현 광역자치단체 산하의 지방자치경찰본부에 근무하는 시스템을 운영하고 있다. 이에 반해 우리나라 자치경찰의 경우는 이렇게 할 필요는 물론 없다고 보여 진다. 한편 국가경찰공무원들을 변경 없이 고스란히 자치경찰로 전환하는 것을 전제조건으로 한다. 이 때문에 총경 이상의 경찰공무원들도 자치경찰로 신분을 전환하는 것이 타당하다고 본다.

간단히 이야기해서 시도경찰청장들은 기존처럼 경찰청장의 지휘를 받는 게 아니라 시도지사 산하로 소속되는 모델을 주장하였다. 따라서 경찰청장은 별도로 대규모 집회 등을 방어하기 위해 수십 개의 경찰기동대를 유지하면서 그야말로 국가경찰업무 만을 관할하도록 해야 한다는 입장을 보여주었다. 무엇보다 문재인 정부가 계획한 대로 본 제도가 전격 도입되어 미래에 국가경찰공무원들이 자치경찰로 전환될 경우 이들 자치경찰공무원들의 신분은 물론 지방공무원으로 바뀌게 될 것이다. 원칙적으로 자치경찰들은 지방공무원이며, 이들 지방공무원들은 보수, 근속, 수당 등의 대우 면에 있어서 국가는 물론이고 타 광역단위 자치경찰과 비교해서도 반드시 차별받지 않도록 조치해야 할 것이다. 단지 일괄적인 지방공무원으로의 전환을 전개하는데 있어서 법적·제도적으로 어떤 절차적인 어려움이 상존한다면 그 혼란을 방지하기 위해 바람직한 방안을 강구해 나가야 한다고 본다. 예를 들어 국가경찰에서 이관되는 43,000여명의 국가경찰관들의 신분은 혼란을 방지하기 위해 초기에는 그대로 시·도지사가 지휘·감독권은 보유하는 국가직을 유지하도록 하면서 차차 시간이 흐른 뒤 중·장기적으로는 지방공무원으로 바꾸어 나가는 방안도 고려해 볼 수 있을 것이다.[49]

(5) 국가경찰과 자치경찰 간 인사교류

무엇보다 자치경찰과 국가경찰 간에 인사교류를 실시하는 것뿐만 아니라 각각의 자치경찰들 간에 상호 인사교류의 문호를 대폭 개방할 필요가 있다. 특히 일반국가기관, 국가경찰 기관 및 지방자치단체에서 공무원들 간의 통상적인 인사교류는 현재 18개 지방경찰청에서 행하고 있는데, 항상 1:1로 이루어지고 있다. 경찰의 경우 18개 지방경찰청별로 경찰공무원 인력을 모집하고 관리 중인데 1명이라도 그냥 타 시도경찰청으로 넘겨주지 않는다. 다시 말해 각 시도경찰청들은 각각 자기 고유의 경찰인력을 유지하고 있다. 이 때문에 물론 각 시도경찰청별로 인사교류를 할 수 있도록 문호는 개방되어 있다. 즉 상호간에 인사교류가 가능하다는 이야기이다. 인사교류란 A라는 시도경찰청에서 경찰관 한명이 B라는 시도경찰청으로 개인사정에 의해 옮겨 가면 역시 반대로 B 시도경찰청 소속 경찰공무원 1명도 A라는 시도경찰청으로 1명의 인력을 완전하게 이관시켜 주어야 한다.

인사교류는 이처럼 옮겨 가야 하는 사정이 있는 경찰관들을 위해 위에서 살펴

---

49) 서울특별시(신현기, 이상열, 남재성, 양재열), 서울시 특별사법경찰 10년, 자치경찰제로의 전환을 위한 발전방안 연구, 최종보고서, 2017, p. 255.

본 바와 같이 좋은 장점을 가지고 있다. 이 밖에 인사교류는 또 다른 훌륭한 장점을 가지고 있는데 바로 인사적체를 해소하는데 도움이 되기도 한다. 예를 들어 승진대상자가 승진할 수 있는 자리가 없을 때 혹은 아직은 승진시키기에는 고민이 있는 경우 등, 다른 곳에 파견이나 인사교류를 갔다가 되돌아 와서 승진할 수 있는 시간을 벌 필요가 발생하는 경우도 활용될 수 있는 인사 방법이다. 다시 말해 경찰기관에서 관리하고 있는 인력들이 흘러넘치고 있고, 승진을 모두 해주기 어려운 관계로 인사교류를 행함으로써 다소 숨통을 트이는데 큰 도움이 되는 경우도 있다.50) 따라서 인사교류는 어느 한 공공조직에서 인사 적체를 해소함은 물론 경찰업무의 원활한 수행을 위해 매우 바람직하며 활용되면 좋은 제도로 평가된다.

예를 들어서 만일 제주자치경찰이 경찰공무원을 상위직위로 한번에 모두 승진시킬 수는 없기 때문에 어느 정도 수면기가 필요하다. 무조건 승진을 시킬 수 없는데 만일 상위직으로 올라갔을 때, 부여할 보직이 있어야 하는데 그렇지 못할 경우 고민에 빠지게 된다. 따라서 이 경우에 자치경찰기관이 자치경찰공무원을 국가경찰에서 운영하는 교육기관에 중장기 직무교육을 보낸다든가 아니면 국가경찰공무원과 상호 인사교류를 시켜서 시간을 벌 수 있을 것이다. 이렇게 시간을 벌고 난 후 승진 관련 자리에 있어 여력이 생기면 자치경찰조직에서 승진후보자를 곧바로 승진시키면 된다. 현재의 제주자치경찰은 국가경찰기관과 인사교류를 추진해 왔으나 제대로 이루어지지 못한 채 많은 시간이 흘렀다. 마침내 2017~2018년에 경정급이 경찰청 자치경찰단에 파견하는 것을 시작으로 또다른 자치경감 1명이 전국광역시도지사협의회에 파견되는 두 번째 인사교류 관련 변화가 다소 있었던 것은 좋은 사례이다. 이는 매우 바람직한 공공조직 간의 인사교류로 평가해 볼 수 있는 좋은 사례이다.51)

---

50) 예를 들이 서울경찰청 경우 경위에서 경감으로 승진하 경우 경감이 너무 많고 보직을 다주기가 어려워 고민에 빠지기도 했다. 이 경우에 타 지방경찰청에 의무적으로 2－3년씩 인사교류 혹은 파견 제도를 활용해 서울지역을 떠나게 했고 2020년 초 현재도 이런 제도가 약간씩 활용되고 있다.

51) 독일의 경우는 16개주에서 경감과 경정급으로 승진하기 위해 반드시 노르트라인-베스트팔렌州 산하 뮌스터시에 위치한 독일경찰대학원(Deutsche Hochschule der Polizei)에 가서 2년(4학기) 동안 재교육을 받아야만 하는 제도를 행하고 있다. 2년간 재교육 후 행정학 석사학위도 수여받게 되며 자기 소속 경찰기관으로 되돌아가서 고참 경위는 경감으로, 고참 경감은 경정급으로 승진하고 있다. 중장기적으로 우리 경찰의 경우도 경찰교육원을 활용해 이러한 교육제도를 고려해 볼 필요가 있다.

4) 서울시 자치경찰조직

(1) 서울시특별시 (가칭)자치경찰위원회 설치

만일 문재인 정부의 계획에 따라 전국 17개 광역시도 단위에 더불어 민주당이 발의한 경찰법 전부개정안이 순조롭게 통과되고 이에 따라 희망했던 대로 자치경찰제의 도입이 실현된다면 전장에서 검토해 본 것처럼 서울특별시의 경우 미래에 임명될 예정인 자치경찰청장은 자치경찰위원회의 추천에 따라서 전국광역시도지사인 단체장이 임명하게 될 예정이다. 이러한 이유 때문에 미래에 자치경찰제가 도입되었을 때, 정치적 중립성을 최대한 확보해야 하는데, 이것을 위한 (가칭)자치경찰위원회의 자체 위상은 상당히 중요해질 가능성이 매우 높다.52)

문재인 정부에서 향후 도입하게 될 전국광역시도 자치경찰제에서 많은 전문가들은 전국에 도입될 자치경찰제에서 정치적 중립성을 어떻게 잘 지켜 내느냐가 관건이 될 것이라고 우려한다. 이 문제는 물론 우리에게 핫이슈일 수밖에 없다. 국가경찰은 이미 1945년 10월 이후 청문감사관제도가 탄탄하게 체계화 되어 있고 스스로 징계권이 강하게 자리 잡혀 있어서 별반 문제가 없으나 자치경찰의 경우는 이제 도입되는 제도이므로 많은 문제가 나타날 수 있다고 본다. 특히 지방의 경우 한동네 초등학교, 중학교, 고등학교를 함께 다닌 동문들로 이루어진 경우가 비일비재하다. 이러한 상태에서 과연 자치경찰이 자기의 선후배, 동료, 친척 등을 비롯해 학연, 지연, 혈연관계가 강한 경우 그 중립성을 잘 지켜낼 수 있는지에 대한 문제가 핫이슈로 떠오를 수 있다는 점이다. 다시 말해 지역 정치가 등이 학연과 지연 등으로 똘똘 뭉쳐 있는데 여기서 나타날지도 모르는 수많은 병폐들을 어떻게 사전에 자치경찰 스스로가 예방하는 장치를 강구해 낼 수 있느냐이다. 이러한 테마는 향후 자치경찰제 도입에서 매우 중요한 과제 중 하나일 수밖에 없을 것으로 본다. 이러한 문제가 심히 우려되기 때문에 정부는 전국 자치경찰제 도입 시에 (가칭)자치경찰위원회를 설립시키려는 것이고 궁극적으로는 이러한 문제들을 해결해야 하는 목적 달성은 반드시 이루어져야 한다고 본다. 그리고 자치경찰위원회를 운영하는데 있어서 반드시 확실한 대안이 마련되어야 할 것으로

---

52) 문성호는 자신의 연구에서 서울시가 자치경찰제를 도입할 경우 서울지방경찰청이 서울시장 산하로 이관되는 방식이되 경찰서가 31개인 점을 고려하여 서울시 자치경찰위원회 위원 수는 최소 31명 정도가 임명되는 게 바람직하다고 주장하지만 위원회의 성격 등을 감안할 때 위원수가 너무 많아 현실적이라고 보기는 어렵다.

본다.

(2) 서울경찰청의 서울시로의 조직 이관

서울시가 2017~2018년 한국정책학회에 의뢰해 얻은 서울시 자치경찰제 모델은 다음과 같다. 즉 본 연구용역의 결론은 서울시의 경우 서울지방경찰청 산하 31개 경찰서 27,000여명의 경찰직원을 이관받아 직접 자치경찰제 이념에 따라 운영하는 방안이었다. 서울경찰청 산하 31개 경찰서와 그 소속하의 모든 지구대와 파출소들이 그대로 유지되는 상태에서 소속만 국가에서 광역자치단체로 바뀌게 되는 이른바 통합형 자치경찰제를 제시해 준 것이 바로 한국정책학회 연구용역의 핵심 포인트였다.

무엇보다 서울은 한국의 수도라는 큰 상징성을 갖고 있으며 동시에 모든 외국의 외교관들이 자리 잡고 있다. 서울경찰청은 인구도 가장 많고 경찰서도 무려 31개나 되며 전국 18개 시도경찰청 중에서 가장 많은 경찰직원을 보유하고 있는 대표적인 곳이다.

무엇보다 서울특별시의 경우 향후 문재인 정부에서 자치경찰제가 도입될 경우 물론 자치경찰제를 도입하고자 하는 정부안에 따라 자치경찰위원회가 만들어질 것이고 그 산하에는 서울경찰청 → 31개 경찰서 → 지구대(파출소)로 조직체계를 이루게 될 공산이 매우 크다고 본다. 이와 같이 서울특별시 입장에서는 서울경찰청이 그대로 서울시 산하의 자치경찰로 조직이 전환되는 것을 상정하고 있다.

(3) 국가경찰-자치경찰 중복 설치로 인한 혼란과 예산문제

만일 국가경찰과 자치경찰이 상존하게 되어 그야말로 이원화된 경찰제도가 향후 도입, 시행 및 정착된다면 이는 큰 문제가 아닐 수 없다. 즉 시민의 혼란이 상당히 크게 발생할 가능성이 있기 때문이다.[53] 한마디로 시민들이 비상 상황에 직면한 경우 국가경찰기관에 신고해야할지 아니면 자치경찰기관에 신고해야 할지를 고민하게 되는 불편을 크게 겪을 가능성이 매우 농후하기 때문이다.

특히 이철성 경찰청장(2016. 8. 24~2018. 6. 30) 시절 경찰청 경찰개혁위원회의 권고안에 따르면 강력범죄로 의심되지 않는 실종자에 대한 수사권 정도는 자

---

53) 예를 들어 박원순 서울시장도 2018년 2월 6일 한국정책학회 수행 연구용역 최종보고회에서 입장을 밝혔듯이 서울특별시의 종로구에 국가경찰 소속의 파출소와 새로 생겨나게 될 자치경찰 소속의 파출소가 신설될 경우 서울시민들은 위의 양기관이 담당하는 치안사무를 정확하게 분류하여 신고하는 것이 쉬운 일이 아니다.

치경찰이 보유하도록 하고, 실종 수사 같은 경우는 물론 국가경찰이 계속 담당하겠다는 입장을 밝힌바 있다. 하지만 이것이 그리 간단한 문제는 아닌 것으로 이해된다. 무엇보다 이는 시민에게 큰 혼란을 줄 가능성이 매우 크기 때문이다. 이것이 의미하는 것은 예를 들어 시민이 강력범죄에 연루되었는지 아닌지에 대한 여부를 충분하게 확인한 다음에 어느 곳에 신고해야 하는지를 구분한 후 신고하기는 사실상 당황한 입장이기 때문에 그리 간단하지 않을 수 있다. 당사자에게는 매우 어려운 일이 될 수 있다.

또 하나는 국가경찰과 자치경찰이 이중으로 중복해서 설치 내지는 운영될 경우, 이른바 사무관할권이 명확하지 않은 관계로 함께 그리고 동시에 시행되고 있는 국가경찰과 자치경찰조직들이 경우에 따라서는 사사건건 충돌할지도 모르는 복잡한 양상이 벌어질 수 있다. 이 밖에 국가경찰과 자치경찰 간 중복 설치되는 경찰조직과 인력의 운영 그리고 이와 연계해서 많은 예산이 지출되기 때문에 그야말로 비효율적이며 시민들이 새로이 부담하게 될 과제들이 가중될 가능성이 매우 크다.

(4) 국가경찰의 새로운 조직 변화

서울시 자치경찰 모델에 따르면 국가경찰에는 현재의 경찰청 조직이 남게 된다. 나아가서 광역단위의 지역에 이른바 범죄수사본부를 전격 설치한 후 국가경찰의 광역수사체제를 구축하는 것도 하나의 방안이 될 수 있을 것이다. 경우에 따라서는 이것도 하나의 방안으로 강구해 볼 가치가 있다고 본다.

(5) 미래의 바람직한 서울시 자치경찰제 모델(안)

서울특별시가 만일 자치경찰제를 도입할 경우 바람직한 자치경찰의 모델은 도입 단위가 분명 광역지방자치단체이다. 그러므로 현행 국가경찰 조직인 18개 시도경찰청이 광역시도의 자치경찰제 방식으로 전격 이관되는 것이 바람직하다고 보고 다음과 같은 서울시 자치경찰제 모델(안)을 전격 제시하였다.[54]

---

54) 서울시는 2018년 2월 6일 외부연구용역보고서의 정책제언에서 제시된 방안을 공식적으로 서울시 자치경찰제 공식 모델로 수용하였다. 바로 서울지방경찰청장이 31개 경찰서를 이끌고 서울시장 산하로 소속되어 자치경찰제가 시행되는 방안이 바로 그것이다. 하지만 대통령 소속 자치분권위원회 산하 자치경찰특별위원회에서 문재인 정부의 자치경찰모델로 받아들여지지는 않았다.

[그림 10-2] 바람직한 서울시 자치경찰제 모델(안)

출처: 서울특별시(신현기, 이상열, 남재성, 양재열), 서울시 특별사법경찰 10년, 자치경찰제로의 전환을 위한 발전방안 연구, 최종보고서, 2017, p. 258.

서울시 자치경찰제 도입모델은 위에서 보는 바와 같이 국가경찰은 정보, 보안, 외사, 대규모집회 억제, 총기밀매, 위조화폐 단속 등 고유의 국가경찰사무만 수행하고 나머지 시도경찰청 산하 모든 경찰기관은 광역시도지사에게 그대로 이관되어야 한다는 주장을 펼쳤다. 예를 들어 서울시지방경찰청 산하 31개 경찰서 모두는 서울시 산하로 이관되는 방안을 수용하고 견지하겠다는 것이었다. 이에 대한 서울시 자치경찰제 모델의 내용을 자세히 분석해보면 다음과 같다.

① 서울시 자치경찰제의 추진논거

서울시의 자치경찰제 도입에 있어서 그 도입을 위한 추진논거는 도입과정에서 시민들에게 혼란을 준다거나 또는 새롭게 비용을 부담시키는 등의 새로운 부담을 주어서는 안 된다는 입장을 취했다. 동시에 전국 단위를 커버해 주어야 하는 임무를 띤 경찰청을 제외하고 18개 지방경찰청은 일괄적으로 전국17개 광역자치단체로 일괄 전환되는 방식으로 자치경찰제가 도입 및 시행되어야 한다는 입장을 견지한 것이다. 그 이유는 이렇게 일원화 하는 방식이어야만 시민과 주민들이 향후 경찰서비스를 이용하는데 있어서 예상되는 주민의 혼란과 치안 공백을 최소화

할 수 있다는 것이다.

2018년 우리나라 경찰법 제2조의 취지를 새롭게 도입하게 될 자치경찰제를 최대한 참고하여 적극 반영하는 일은 매우 의미가 있었다.55) 정리해보면 서울특별시와 함께 16개 광역시도에 시도경찰청을 두고 기존의 경찰청으로부터 각각 경찰사무를 이관 받아 자치경찰제를 수행해 나가야 한다는 입장이며 그 시도경찰청 산하에 경찰서와 지구대를 그대로 자치경찰에 존치시켜야 한다는 입장이었다.56) 하지만 위에서 서울시 자치경찰제 모델이 제시한 주장 이외에 특히 광역단위로만 자치경찰의 권한과 역할이 집중화 될 경우 자칫 광역단위와 기초단위가 분리될 가능성이 큰데, 이로 인해 예상하지 못했던 비효율 문제가 발생하거나 각 지역의 치안 불균등성을 완화하는 과제도 생겨날 것으로 예상된다. 이러한 문제들 역시 동시에 풀어나가야 할 것으로 본다.

② 서울시 자치경찰제의 추진모형 제시

위에서 살펴본 바와 같이 서울시가 제시한 미래 자치경찰제 추진모형은 앞에서 지적한 바와 같이 18개 시도경찰청57) 및 255개의 경찰서와 2,000여개의 지구대와 파출소를 자치경찰로 일괄 전환할 것을 주장했다. 다시 말해 서울시는 현재의 국가경찰제도를 그대로 자치경찰로 전환 혹은 이관하여 광역단위에서 이른바 광역형 자치경찰제를 전격 도입해야 한다는 점을 강조했다. 이것이 왜 바람직한지에 대한 당위성을 서울특별시는 다음의 이유에서 찾고 있다. 즉 현재 경찰사무를 보면 전체 경찰사무들 중 약 80%가량이 지방치안 사무라는 점에 주목해 볼 필요가 있다. 그리고 또한 경찰청은 고유 국가사무를 수행하기 위해 기존처럼 그대로 존속하되, 나머지 18개 시도경찰청과 전국 255개 경찰서 이하 모든 경찰조직(2,000여개 지구대와 파출소 포함)은 자치경찰로 전환하는 것이 당연한 것이므로 향후 자치경찰제가 도입되더라도 추가적으로 자치경찰조직을 신설할 필요도 없다는 주장을 내놓고 있다.

---

55) 경찰은 2020년 12월 폐지되고 새롭게 국가경찰과 자치경찰의 조직 및 운영에 관한 법률이 제정되어 2021년 1월 시행에 들어갔다.

56) 서울특별시(신현기, 이상열, 남재성, 양재열), 서울시 특별사법경찰 10년, 자치경찰제로의 전환을 위한 발전방안 연구, 최종보고서, 2017, p. 258.

57) 2019년 6월 18일 세종특별자치시에 세종지방경찰청이 개청함으로써 총 18개의 지방경찰청 시대를 열었다. 그러나 전국광역시도는 아직도 17개에 머물고 있다. 경기도에 남부지방경찰청과 북부지방경찰청으로 나누어짐으로써 광역시도 간에 동일하지 않게 되어 결국 1개의 차이가 발생했다.

또한 서울시 자치경찰제 모델을 보면 자치경찰제 도입시 광역단위의 시·도경찰청의 기능을 더한층 강화하고 경찰서, 지구대 및 파출소 등은 시·도경찰청의 직속 집행기관으로서의 충실한 역할을 강화해야 한다고 제시하였다. 그러나 서울시 모델에서 한 가지 주목받는 것은 광역단위 자치경찰제의 주체인 서울시장이 자치경찰서장의 임명 시에 기초지방자치단체장과 협의하여 자치경찰서장을 임명할 수 있다는 입장을 내놓았다. 이는 전국시장군수구청장이라고 하는 기초자치단체장들이 흔쾌히 동의할 수 있을지에 대해서는 다소 의문이다. 경우에 따라서는 동의하겠지만 또 다른 면에서 보면 다소 논쟁의 대상이 될 여지도 있다.58)

5) 서울시 자치경찰제 도입 시 재정

전국 17개 광역시도단위에서 자치경찰제를 전격 도입할 경우 가장 중요한 것은 바로 재정(예산)을 어떻게 확보하느냐이다. 경찰청에서 광역시도단위 자치경찰에게 단순히 업무만 넘겨준다면 17개 광역시도 지방자치단체는 자치경찰을 운용하기 위해 필요한 재정(예산)을 자체적으로 충당해야 하는데, 이것이 가능한 광역지방자치단체는 대부분 쉽지 않은 실정이다. 재정자립도가 높은 지방자치단체는 가능할지 모르나 사실상 이와는 반대로 재정이 열악한 광역지방자치단체 경우는 감당하는데 있어 그 부담이 매우 클 수밖에 없을 것이다. 이러한 제반 문제들을 해결하기 위한 바람직한 방안 중 하나로 우선적으로 고려해 볼 수 있는 방안으로 다음과 같은 것을 고려해 볼 수 있다. 즉 현재 국가경찰제를 자치경찰제로 전환한다는 것을 가정해 보면 현행 국가경찰의 예산을 (가칭)치안특별교부금으로 변경하여 활용하는 것을 생각해 볼 수 있다. 서울특별시는 자치경찰제가 시행될 경우 이로 인해 추가로 적지 않은 비용이 발생할 수 있는 만큼 이러한 부담을 가급적이면 최소화할 수 있는 여러 방안을 강구해 나갈 필요가 있다. 예를 들어 교부금과 지방세를 인상하는 것 이외에 범칙금이나 벌금 등 이른바 세외수입을 지속적으로 발굴해 나가야만 할 것이다. 그 밖에 지방소비세를 인상하는 방법 등으로도 자주재원을 마련하여 보완해 나가는 노력을 펼칠 필요가 있다.

(1) 바람직한 자치경찰제 시행을 위한 서울특별시의 예산(안)

우리나라 경찰의 예산은 매년 증가하고 있는데, 그 원인은 여러 가지가 있을

---

58) 서울특별시(신현기, 이상열, 남재성, 양재열), 서울시 특별사법경찰 10년, 자치경찰제로의 전환을 위한 발전방안 연구, 최종보고서, 2017, p. 260.

수 있다. 예를 들어 신임경찰관의 지속적 증원, 매년 기존 경찰관의 호봉상승 요인 및 물가상승률에 따른 운영비의 추가 발생 등 여러 가지 요인들로 집약된다. 2015년도 국가경찰예산은 총 9조 2,367억원과 특별회계 1,665억원 등을 합쳐 총 9조 4,032억원에 달했다. 시간이 흘러 3년 후인 2018년도 경찰청의 예산은 총 10조 9,757억원에 달했다. 이처럼 경찰예산은 기하급수적으로 증가하여 2019년도에 와서는 무려 11조 2,964억원으로 대폭 늘어난 상태다. 이는 2018년도 예산에 비해 약 3,207억원 정도가 증가한 수치다. 참고로 2020년 경찰청의 예산은 전년도보다 6,408억원 증가한 11조 6,165억원으로 확정되었다. 2021년 경찰청의 예산은 12조 3,099억원에 달했다. 이미 18개 시도경찰청은 각기 예산과 인력이 나누어져 있어서 그 조직과 인력을 고스란히 유지하면서 자치경찰제로 전환하는 방법이 바람직하다고 본다. 이것이 각 지방경찰청장들이 광역시도지사 밑으로 들어가는 방식, 즉 "통합형 자치경찰제"를 도입하는 것도 바람직하다고 본다.

〈표 10-4〉 국가경찰 예산 변화 추이(2013~2019)

(단위: 억원)

구분	2013	2014	2015	2016	2017	2018	2019	2020
계	82,784	88,377	94,032	98,092	101,138	105,362	109,757	116,165
일반회계	81,761	86,717	92,367	96,874	100,406			
특별회계	1,023	1,660	1,665	1,218	732			
책임운영기관 특별회계	643	610	674	668	694			
지역발전 특별회계	270	271	192	54	38			
혁신도시건설 특별회계	110	779	799	496	–			

출처: 경찰청, 『2018 경찰백서』, 2018, p. 411 참조 재구성; 서울특별시(신현기, 이상열, 남재성, 양재열), 서울시 특별사법경찰 10년, 자치경찰제로의 전환을 위한 발전방안 연구, 최종보고서, 2017, p. 260.

(2) 우리나라 17개 시도경찰청별 예산의 활용

익히 알려진 바와 같이 경찰청에서는 1차적으로 예산을 짜서 행정안전부로 보낸다. 즉 경찰청 예산은 행정안전부가 기획재정부를 통해 대신 신청하고 받아서 전달해 주는 방식에 따른다. 매년 우리나라 국가경찰의 예산은 위에서 소개한 방식에 따라 편성된 후 행정안전부가 경찰청에 한 번에 예산을 다 넘겨주지는 않고 분기별로 나누어 전달해 주고 있다. 이에 따라 경찰예산은 이미 18개 시도경찰청에 분배되어 있으며 시도경찰청장이 주축이 되어 관리하고 필요한 만큼 산하 경찰서에도 배분되며 집행되는 방식에 따르고 있다. 이러한 예산 사용과정이 이루어져 있는 만큼 서울시 자치경찰제 모델에서는 이렇게 체계화되어 있는 시도경찰청이 그대로 광역시도로 전환되어 광역단위 자치경찰제가 시행되면 된다는 입장을 견지했다. 이처럼 국가예산으로 짜여져 활용되고 있는 국가경찰예산을 광역시도별로 전환될 미래의 자치경찰이 그대로 받아서 활용하는 방안을 활용하면 거의 재정상에 문제가 크지 않을 것이라는 입장이다.

앞장에서 누차 지적되었듯이 서울시는 현재 전국 18개 시도경찰청에서 수행되는 경찰업무들이 국가에서 위임한 일부 국가경찰업무만 제외하면 사실상 거의 대부분이 고유 지방치안업무에 해당된다는 점을 지적하고 있다. 이 때문에 간단하게 18개 시도경찰청 단계에서부터 자치경찰제를 도입 시행하면 국가경찰의 효율성과 안전성을 극대화함은 물론 현재 치안시스템의 장점을 최대한 살려 내는 동시에 경찰재정이나 인력의 부담을 최대한 줄일 수 있을 것이라는 주장을 내놓았다.[59]

또한 서울시는 2017년도에 국가경찰이 국가로부터 배정받은 예산이 대략 10조 1,138억원이었던 만큼,[60] 만일 국가경찰 소속의 시도경찰청들이 광역 단위 자치경찰제로 전환될 경우 바로 넘겨주기는 어렵기 때문에 다른 방법을 활용하면 되는데 바로 (가칭)치안특별교부금이다. 다시 말해 서울시의 자치경찰제 모델을 보면 위 예산 중 기존 18개 시도경찰청에 재배정되는 경찰예산을 이른바 (가칭)치안특별교부금으로 새로 신설한 다음 곧바로 광역시도에 새롭게 신설될 자치경찰청에 배정해 주면 가능하지 않겠느냐는 입장도 제시하였다. 즉 이러한 방식에 따르면 향후 광역시도에 도입될 예정인 자치경찰제 운영을 위한 예산을 확보하는데 있어 주요 예산상의 과제는 해결될 수 있다고 주장한다.

특히 서울시는 이러한 방식에 따를 경우 17개 광역시도별로 재정자립도에 있어 영향을 거의 받지 않아도 될 것이라는 입장을 견지한다. 물론 이는 미래에 시

---

59) 이영남, 2017, p. 49.

60) '17년 국가경찰의 예산은 2016년보다 3,046억원(3.1%)이 증액된 10조 1,138억원을 확보하게 되어 1945년 10월 창경 이래 최초로 국유기금을 제외한 일반예산 10조원 시대가 개막 되었다. 한편 2019년 경찰청 예산은 10조 9,757억원(국유기금 3,207억원 포함)이다. 이는 전년도인 2018년에 비해 4,784억원 증액된 수치다(신현기, 2017, p. 94).

행 할 자치경찰제 도입의 성공 여부에도 큰 영향을 미칠 수 있는 대목이다. 사실 어떤 새로운 제도를 새로 도입 시행 한다는 것은 그렇게 생각만큼 간단한 문제가 아니다. 이러한 주장은 이미 노무현, 이명박, 박근혜(2003. 2~2017. 5) 정부에서 자치경찰제를 도입하자는 끝없는 논란의 선상에 서있던 숙제다. 이러한 논점들을 분석해 볼 때, 위의 주장은 물론 미래에 설치될 자치경찰의 재정자립도 문제와 함께 인력충원 문제를 한번에 해결할 수도 있는 좋은 대안이 될 수도 있다고 평가된다.

(3) (가칭)치안특별교부금과 지방세 발굴 등을 통한 자치경찰제 예산 확보

향후 문재인 정부가 전국 17개 광역시도 지방자치단체 차원에서 자치경찰제를 실시하게 될 경우 재정(예산) 확보를 어떻게 해결해 나가느냐가 가장 큰 최대의 관심 대상일 수밖에 없다. 전국 17개 광역시도가 현재의 재정자립도를 제대로 충당하지 못하고 열악한 처지에 놓여 있기 때문에 향후 도입될 예정인 자치경찰제의 소요 재정을 자치단체들이 스스로 감당하는 데는 일정한 한계가 있다. 특히 자치경찰의 인력과 조직이 아무리 훌륭해도 재정이 뒷받침 되어 주지 못하면 시행하고자 하는 자치경찰제는 어려움에 봉착할 수밖에 없는 문제다. 이런 의미에서 볼 때, 인력과 조직 및 재정 중에서 재정문제가 가장 중요한 과제라고 보여진다.[61]

서울시는 경찰청의 총예산 중 각각 시도경찰청별로 이미 나누어져 있는 경찰의 재정을 각 17개 광역시도지사가 그대로 이관 받는 방법을 활용하면 가능할 것이라는 입장도 보여주었다.[62] 하지만 법적으로 볼 때, 그냥 간단하게 넘겨받을 수는 없고 이 예산을 기획재정부에서 (가칭)치안특별교부금이라는 과목 변경을 통해 재처리해서 지급해 주는 방법을 강구한다면 가능할 수도 있다는 입장이다. 여기서 특별교부금(特別交付金)이란 미처 예측하지 못했던 어떤 사유가 발생할지도 모르는 상황에 대비해 사전에 준비해 두었던 일종의 정부 비상금을 말하는 것이다. 예를 들어 어떠한 특정 지역에서 추가적으로 재정 수요가 새롭게 발생한다든지 혹은 반대로 재정 수입이 감소하게 된 경우에 교부되는 것을 의미한다. 이 치

---

61) 문재인 정부에서 상정한 광역시도 자치단체에서 도입하게 될 예정인 전국단위 자치경찰제 시행을 위해 필요한 재정의 확보는 2019년 기준 10조 9,757억원을 재조정하여 사용하면 된다는 서울시의 입장도 나와 있다. 참고로 2020년 기준 경찰예산은 11조 6,165억원으로 책정되었다.
62) 서울특별시(신현기, 이상열, 남재성, 양재열), 서울시 특별사법경찰 10년, 자치경찰제로의 전환을 위한 발전방안 연구, 최종보고서, 2017, p. 261.

안특별교부금은 국가 업무를 수행하는 중앙정부가 지방재정의 지역 간 균형을 바로 잡기 위하여 지방자치단체에 나누어 주는 일종의 지방재정교부금으로 이해된다. 그리고 위와 같은 방식을 활용한다면 전국의 광역시도 자치단체가 지니고 있는 열악한 재정자립도로 인해 발생할 수 있는 치안서비스의 차등문제는 물론이고 더 나아가서 우려될 수 있는 경찰관의 처우문제까지도 한 번에 극복할 수 있을 것이다.63)

한편 문재인 대통령은 선거공약으로 대통령에 당선될 경우 지방정부에 대해 재정을 더 부여해 주겠다고 공약한 바 있다. 즉 문재인 정부는 국세와 지방세의 비율에 있어서 현행 8:2에서 6:4로 개선하기로 했다. 물론 이것이 실현되기 위해서는 관련 법률을 개정함은 물론 여러 단계의 절차들이 이루어져야 할 것이다. 이 밖에도 지방자치단체에서 자치경찰제를 수행하기 위해서는 국고에서 지원되는 재원 이외에도 추가로 지방소비세의 인상 등을 비롯해 이른바 지방세원을 지속적으로 발굴해 나갈 필요가 있다.64)

한편 전국 17개 광역시도 대표가 모인 이른바 대한민국시도지사협의회는 다다익선인 만큼 국세와 지방세에서 6:4로 지방세의 징수 비율이 점차 증가하게 되면 훨씬 재정문제에서 자유로워질 수 있을 것으로 기대된다. 물론 모든 광역시도지사 입장에서는 중앙 정부의 세수조정을 통해서 더 많은 지방재원이 증대되기를 기대하고 있을 것이다. 장기적 차원에서 볼 때, 중앙정부는 스스로 지방세 징수영역을 넓혀주고 추가적으로 교통질서 위반과 관련해 발생하는 과태료와 범칙금 등의 부과징수권까지도 지방자치단체로 이관하는 과감한 정책결정도 필요하다고 본다.65)

이와 함께 현재 18개 지방경찰청이 보유하고 있는 국가재산인 각종 건물과 시설 및 순찰차 등을 포함한 수많은 장비 등을 모두 17개 광역시도로 이관해 주면 자치경찰제를 도입하게 되는 광역시도는 상당한 재정적 부담면에서 도움이 될 수 있을 것으로 평가된다. 한편 서울시 입장에서는 국가경찰에서 수행하던 경찰 사무(정보, 보안, 외사, 총기밀매와 위조화폐, 대규모 수사사건 등은 제외)와 경찰조직(지구대와 파출소 등) 등이 이관됨은 물론, 자치경찰 재정이 (가칭)치안특별교부금 지

---

63) 일요서울, 2017. 7. 28.

64) 서울특별시(신현기, 이상열, 남재성, 양재열), 서울시 특별사법경찰 10년, 자치경찰제로의 전환을 위한 발전방안 연구, 최종보고서, 2017, p. 262.

65) 황문규, 2017, p. 28.

원방식을 활용해서든 아니면 또다른 국가보조금 방식을 통해서든, 세외수입 및 지방세원 발굴을 통해서든 충당이 가능해진다면 상당한 도움이 될 것으로 본다. 그리고 자치경찰 재정의 투명한 관리를 위해 반드시 지방의회의 통제영역 내에 (가칭)경찰예산위원회를 설치한 후 총체적으로 투명하게 관리하는 시스템 설치가 미래에 반드시 필요하다고 본다.66)

〈표 10-5〉 서울시 자치경찰 도입 시 예산문제 해결 방안

구분	자치경찰 실시를 위한 예산해결 방안	비고
시범실시의 해	국가경찰인력 이관	서울시, 세종시, 제주도, 광역시 1개, 도 1개 〈총 5곳 선정 예정〉
자치경찰 전국 확대 시 첫해	(가칭) 치안특별교부금으로 실행	첫해에는 국가경찰예산의 이관을 통해 치안특별교부금으로 해결
자치경찰 전국 확대 시 두 번째 해	〈국세와 지방세의 세원 재조정〉 - 국세-지방세 조정을 통해 자치경찰 예산을 확보 하는 방안 - 중앙정부가 국세와 지방세 8:2 → 6:4 로 재조정 방안	지방세 증액에서 자치경찰세 마련

출처: 서울특별시(신현기, 이상열, 남재성, 양재열), 서울시 특별사법경찰 10년, 자치경찰제로의 전환을 위한 발전방안 연구, 최종보고서, 2017, p. 262.

3. 서울특별시 자치경찰제 모델(안)의 분석

이미 전장에서도 서울시 자치경찰제 도입을 위한 모델을 제시하면서 다음과 같이 조직, 인사, 신분, 사무기능, 광역수요, 재정부담 등을 밝힌 바 있다. 서울시의 자치경찰제 도입을 위한 모델은 물론 주장 내지는 제언이고 최종적으로는 중앙정부가 자기 고유의 자치경찰제 모델을 최종적으로 만들어 내게 되었다. 다만 서울시 모델은 참고 모델로 삼게 되었다. 전장에서도 소개했듯이 서울특별시의 자치경찰제 모델(안)은 현재 지방경찰청들이 온전하게 광역자치단체로 넘어가서 국가경찰이 자치경찰제로 전환되어야 한다는 주장을 내놓았음을 앞에서 살펴본바 와 같다.67)

---

66) 서울특별시(신현기, 이상열, 남재성, 양재열), 서울시 특별사법경찰 10년, 자치경찰제로의 전환을 위한 발전방안 연구, 최종보고서, 2017, p. 262.

67) 추후 정부가 발표한 전국 시행 자치경찰제 모델을 보면 서울시가 제시한 자치경찰제 모델을

한편 서울시가 제시했던 자치경찰제 모델을 경찰청 경찰개혁위원회가 제시한 모델 및 제주자치경찰제와 비교해 보면 〈표 10-6〉과 같다.

〈표 10-6〉 바람직한 서울특별시 자치경찰제 모델(안)

제주특별자치도 자치경찰 (현재 시행)	경찰청(안) ('17년 11월 경찰개혁위원회 권고안)	구분	바람직한 서울특별시 자치경찰제 모델(안) ('05년 전국시도지사협의회안과 유사)
이원화(병존형: 국가 경찰서·파출소 존치)	이원화(병존형: 국가 경찰서·파출소 존치)	국가경찰과의 관계	일원화(시·도 단위 국가 경찰조직 지방이관)
• 도지사 소속하에 자치경찰단을 두는 형태 • 자치경찰은(직속기관형) − 집행기관으로 자치경찰단을 둠 ※ 자치경찰단 아래 1관 2과 1대 1센터 − 시·군·구 단위 하부조직 부재	• 시·도지사 소속하에 자치경찰본부를 두고, 산하에 시·도 자치경찰대와 시·군·구 자치경찰대를 두는 형태 • 자치경찰은(독립기관형) − 합의제 의결기관으로 '시·도경찰위원회' 설치 − 집행기관으로 시·도 자치경찰본부와 시·도자치경찰대 및 시·군·구 자치경찰대를 둠	조직 시·도지사로부터의 독립성 여부 ① 직속기관형 ② 독립기관형	• 시·도지사 소속하에 시·도 지방경찰청을 두고, 그 산하에 경찰서를 두는 형태 − 기존 지방경찰조직인 지방경찰청 이하 경찰서, 파출소의 자치경찰화(조직이관) • 자치경찰은(독립기관형) − 합의제 의결기관으로 '시·도 경찰위원회' 설치 − 집행기관으로 국가경찰에서 이관받은 지방경찰청과 경찰서, 파출소를 둠
• 자치경찰단장: 도지사가 임명	• 시·도경찰위원: 지역의회 동의를 얻어 시·도지사가 임명 ※ 임기: 3년 • 자치경찰본부장: 시·도 경찰위원회 추천(3배수)으로 시·도지사가 임명 ※ 임기 2년(1회 연임 가능) • 시·군·구 자치경찰대장: 시·군·구청장의 동의를 받아 자치	인사	• 시·도경찰위원: 시의회 동의를 거쳐 시·도지사가 임면 • 시·도지방경찰청장: 시·도 경찰위원회 추천(3배수)으로 시·도지사가 임명 • 경찰서장: 시·도 경찰위원회 추천(3배수)으로 시·도지사가 임명(필요시 시·군·구청장 협의)

거의 수용하지 않았다. 하지만 우리나라가 통일이 되고 연방제가 가능하게 될 경우에는 위에서 소개한 통합형 자치경찰 모델로 갈 수밖에 없을 것으로 예측된다.

	경찰본부장이 추천해 시·도지사가 임명		
• 지방공무원 • 정원 130명, 현원 125명(초기 국가 인계 38명 포함)	• 지방공무원 • 시·도에서 일괄선발. 초기소요 인력의 상당 부분을 국가경찰에서 이직	신분 (인력)	• 지방공무원(현행 지방경찰청을 자치경찰로 이관하는데 따른 조치: 자치경찰을 위한 신규 채용 최소화) • 다만 1단계 국가공무원 유지, 2단계 지방공무원화 검토 　－ 일괄적인 지방공무원으로의 전환이 법적·제도적으로 한계가 있는 경우 시·도지사가 지휘·감독권을 보유하는 것을 전제로 추진 검토
• 원칙적으로 국가경찰 사무이고 열거된 사무만 자치경찰사무로 함 • 국가경찰 대비 사무분담정도 　－ 축제·문화행사의 경비(단독)나 관광지 순찰(13.7%), 관광지 사범단속(51%), 교통순찰(4.5%), 지도(1.2%) 등에 있어 보조적 역할 　－ 특사경: 22개 분야 69개 법률 • 음주운전 조사권, 도로교통법 단속권한 외 수사권 불인정. 기초적인 비권력적 경찰작용	• 원칙적으로 국가경찰 사무이고 열거된 사무와 일부수사권을 자치경찰사무로 함 • 국가경찰: 수사, 정보, 외사, 대공 등 • 자치경찰: 생활관련 치안, 지역교통, 지역경비 ※ 특히 학교폭력·성폭력·가정폭력 범죄와 공무집행방해, 음주운전, 강력범죄가 의심되지 않는 실종, 동물안전관리 등 수사권 부여.	사무 (기능)	• 원칙적으로 현 경찰사무를 자치경찰 사무화(보충성 원칙 적용: 현행 국가경찰 조직에서 국가에 꼭 필요한 사무만 제한적으로 남기는 방안) 　－ 국가경찰: '정보·대공·외사·전국적 수사 사무' 담당 　－ 자치경찰: 국가경찰 사무 외 모든 사무 담당 　※ 생활안전, 여성·청소년, 교통, 경비, 방범, (모든) 수사 등 포함
• 예산: 국비 38억 / 도비 68억(2017년)	• 초기에 국가경찰에서 이관되는 인력과 필요 일부 장비 국가 부담 • 국가경찰 건물(지구대·파출소 등)에 대해 자치경찰과 공동활용 검토	재정부담	• 국세와 지방세 세원 조정과 연계 검토 필요 　－ 조정 전까지는 현행 지방경찰청 예산을 자치경찰에 재배정하는 방안 제도화 　※ '치안특별교부금' 활용 • 사무(조직) 이관시 국가경찰 건물·장비 등도 시·도가 이관받는 것을 원칙으로 정함

프랑스 · 스페인과 유사	프랑스 · 스페인과 유사	해외사례	일본(변형)

출처: 서울특별시(신현기, 이상열, 남재성, 양재열), 서울시 특별사법경찰 10년, 자치경찰제로의 전환을 위한 발전방안 연구, 최종보고서, 2017, p. 264 재인용.

한편 서울시 자치경찰제 모델은 거의 연방제 수준의 자치경찰제에 버금갈 정도였다. 즉 현행 국가경찰제를 향후 전국 단위 자치경찰제로 그대로 전환할 경우 이는 매우 진전된 자치경찰제 모델이라는 학계의 지적과 평가도 나온바 있다.

4. 대통령 소속 자치분권위원회 자치경찰특별위원회의 자치경찰제 모델(안)

2018년 대통령 소속 자치분권위원회(2017 전반기 위원장: 정순관; 2019 후반기 위원장 김순은) 산하 자치경찰제 특별위원회(9명)는 다음과 같이 문재인 정부의 자치경찰제 모델을 도출해 내었다.

1) 논의의 경과 과정

(1) 자치경찰제 특별위원회 구성과 의견수렴

2018년 3월 9일부터 자치경찰제 TF 및 특별위원회를 구성하고 본격적인 자치경찰제에 관한 논의를 시작했다. 우선 자치경찰제 도입의 원칙을 마련했는데 〈표 10-7〉과 같다.

〈표 10-7〉 자치경찰특별위원회의 도입 원칙

정책방향	경찰권의 민주적 설계 및 정치적 중립성 확보
	주민밀착 치안 활동력 증진
고려사항	치안력 약화 및 치안 불균형 방지
	재정투입 최소화
	제도 도입에 따른 치안혼란 최소화

출처: 대통령 소속 자치분권위원회, 자치경찰제 특별위원회안 발표 및 정책토론회 발표자료, 2018. 11. 13, p. 8.

본 특별위원회는 2018년 3월 16일~4월 14일까지 경찰청, 대검, 법무부, 지방 4대협의체 등으로부터 의견을 수렴했다. 특히 TF 및 특위 회의(18회), 대토론회

(5.3), 워크숍 등을 통해 논의하고 치안현장 방문, 일본경찰기관 방문(6월 5일~8일), 제주(4.17), 서울(4.19), 강원(4.25), 전남(7.13), 제주(8.29) 등 경찰기관을 현장방문했다. 일본의 도도부현자치경찰제를 통해 우리나라가 도입할 자치경찰제 모델을 완성하는데 참고할 것이 있는지를 견학한 것이다. 일본을 방문했던 자치경찰위원들은 일본의 경우 국가경찰의 경비부장, 경무부장, 수사부장, 형사부장 4명만 47개 광역도도부현경찰본부에 각각 나와서 관리하고 있다. 나머지 경찰인력은 모두 47개 도도부현에서 순경으로 임용하고 승진해서 올라온 자치경찰관들로 운영되고 있다.[68] 참고로 일본의 47개 지방자치경찰공무원의 수는 약 300,000여만 명 가까이 된다.

(2) 기존안의 비교검토와 특별위원회(안) 마련

자치경찰제의 주요 모델인 경찰개혁위원회 권고안(이원화 모형) 및 서울시 건의안(일원화 모형)은 물론 외국 모형 등을 종합적으로 검토했다고 한다. 본 위원회는 현장점검과 의견수렴 및 전문가의 검토를 거쳐 최종안을 마련했는데, 다음의 4가지가 그 핵심을 이룬다.

- 지역 밀착 부서인 지구대와 파출소 경우는 사무배분에 따라서 자치경찰에 이관
- 정치적 중립장치로 합의제 행정기관의 역할을 하게 될 광역단위 시·도경찰위원회 설치
- 긴급조치가 필요한 사건 및 사고의 현장에서 현장보존을 위한 범인검거 등 초동조치권의 부여
- 급격한 제도변화에 따라 발생할지도 모를 부작용의 방지를 위한 단계적 도입[69]

2) 자치경찰제 도입방안

(1) 자치경찰과 인력 운영

① 자치경찰의 조직체계

시·도에 자치경찰본부를 그리고 시군구에 자치경찰대를 신설한다는 것이다.

---

68) 참고로 일본은 국가경찰 7800여명과 지방자치경찰관 30여만명으로 이루어져 있다.
69) 대통령 소속 자치분권위원회, 자치경찰제 특별위원회안 발표 및 정책토론회 발표자료, 2018. 11. 13, p. 8.

그리고 국가경찰은 2021년 4월 현재 18개시도경찰청과 257개 경찰서 체계를 유지하면서 주민밀착 치안활동을 위해 지구대와 파출소는 사무배분에 따라 자치경찰로 이관한다. 그리고 국가경찰의 중대하고 긴급한 각종 사건 사고의 대응에 필요한 지역순찰대의 경찰인력 및 거점시설은 지속적으로 존치한다는 입장이다.70) 특히 국민과 경찰 간에 혼선이 없도록 일선 현장조직은 그 일련의 전환과정에서 합동근무의 형태를 계속 유지하겠다는 복안이다. 그리고 112상황실은 국가경찰 소속으로 운영하며 정보화 기능을 자치경찰과 밀접하게 공유함은 물론 협조체제를 구축하겠다는 것이다.

[그림 10–3] 자치경찰제 도입이후 경찰조직의 변화

출처: 대통령 소속 자치분권위원회(2018. 11. 13); 뉴시스, http://www.newsis.com/view/?id(검색일: 2018. 11. 14).

② **인력 전환의 규모**

무엇보다 자치단체 산하 신규 자치경찰 인력의 증원 없이 향후 자치경찰의 사

---

70) 현재 지역순찰대는 서울의 경우 31개 경찰서에 대부분 설치되어 있는데 의무경찰 인력으로 구성되어 있다. 정부는 이들 의경인력을 2023년까지 모두 정규경찰인 순경으로 대체선발하기로 했다. 따라서 의무경찰은 없어지게 된다. 아마도 국가경찰이 현재 25,000여명의 의경으로 구성된 지역순찰대 조직을 지속적으로 유지하겠다고 주장하는 의도는 이들 인력이 향후 순경으로 선발 대체될 경우 고스란히 국가경찰인력을 다시 확보할 수 있는 기대효과를 대비하는 것으로 읽혀진다.

무수행에 필요한 인력은 국가경찰로부터 이관하는 것을 원칙으로 한다는 점이다. 바꾸어 말하면 지방자치단체가 신규 인력을 선발하지 않고 국가경찰인력만 자치단체로 일정 수만 간단하게 이관하면 된다는 것이다.

오직 지구대와 파출소에 근무하는 지역경찰과 교통 등 국가경찰 인력 중 총 43,000여명 이상을 기꺼이 자치경찰로 이관하겠다는 입장이다. 여기서 43,000여명은 국가경찰에서 이관되는 인력으로서 국가경찰의 집행부는 적극적으로 찬성하고 있다. 다만 사무이관 범위에 상응한 분야별 국가경찰 인력을 단계적으로 이관한다는 계획인데, 그 내용을 보면 〈표 10-8〉과 같다.

〈표 10-8〉 자치경찰의 인력이관 규모

국가경찰 (118천명/99.9%)				국가경찰
자치경찰 (137명/ 0.1%)	7~8천명 (자치경찰사무 약 50%)	30~35천명 (자치경찰사무 약 70~80%)	43천명 (자치경찰사무 100%)	자치경찰 (평가 후 추가확대)
현행 (지역·사무)	1단계 (일부지역 + 일부 사무)	2단계 (전국 + 전체사무)	3단계 (전국 + 전체사무)	최종단계

출처: 대통령 소속 자치분권위원회, 자치경찰제 특별위원회안 발표 및 정책토론회 발표자료, 2018. 11. 13, p. 10.

(2) 인사와 신분

첫째, 인사운영의 문제이다. 자치경찰의 본부장은 (가칭)시·도경찰위원회로부터 2배수의 추천을 받아 해당 시·도지사가 임명한다는 것이다. 여기서 자치경찰대장은 시·도경찰위원회가 시군구청장의 의견을 수렴한 후 적임자를 추천하여 시·도 지사가 임명한다는 것이다. 그리고 국가경찰과 자치경찰 간 자치경찰의 인사교류는 가능하다. 사실상 국가경찰이 광역시도의 자치경찰로 그대로 이관된 것이니 당연히 인사교류가 가능한 게 맞다고 본다.[71]

둘째, 신분전환이다. 국가경찰에서 이관되는 미래의 자치경찰은 특정직 지방공무원으로 전환되는 개념이고 지방재정부담과 신분변동의 혼란을 최소화하기 위해 국가직을 유지하고 점차적으로 전환하겠다는 복안인데, 경찰청이 추가로 발표한

---

71) 인사교류란 1:1로 상호간 1명씩 맞교환하는 것을 의미한다.

바에 따르면 국가경찰 신분을 계속 유지하고 광역시도의 자치경찰로 근무하도록 하겠다는 법 개정을 예고했다. 현행 교사들이 국가공무원 신분이면서 광역시도 교육청에 소속되어 근무 중에 있는 원리에 맞추겠다는 계획이다. 이러한 대안 마련은 이관되는 경찰들의 불안정을 해소해 주기 위한 대안으로 이해된다.

한편 전국 광역시도지사가 임명하게 될 자치경찰본부장과 자치경찰대장은 자치경찰제 도입을 위한 시범운영 단계에서부터 지방 특정직공무원으로 임명하겠다는 계획이다. 또한 자치경찰제의 안정적 정착을 위해 이관되는 인력과 추후 신규 채용 인력은 국가경찰에서 교육과 훈련 및 직무교육을 담당하기로 했다. 부언하면 신분전환에 맞추어 자치경찰을 운용하는 본부 단위로 각각 교육과 훈련을 함께 맡겠다는 것이다.

(3) 자치경찰의 사무배분

첫째, 기본원칙이다. 즉 기본원칙의 내용을 보면 다음과 같이 국가경찰사무와 자치경찰사무로 나누어진다.

- 자치경찰사무: 여청, 교통, 생활안전, 지역경비 등 주민과 밀착한 민생치안활동 그리고 이와 밀접한 수사를 진행한다.
- 국가경찰사무: 국가의 존립 및 안위에 필요한 정보, 보안, 수사를 비롯한 사무, 수사, 민생치안사무 중 전국적 규모라든가 혹은 통일적인 처리를 필요로 하는 일련의 사무 등

주목할 것은 수사의 경우 원칙적으로 국가사무이기는 하지만 성폭력, 학교폭력, 음주운전, 공무수행방해 가정폭력, 교통사고 등의 경우 이것은 자치경찰도 담당하도록 하겠다는 것이다. 특히 긴급하게 조치해야 할 현장성 있는 사건의 현장 보존과 범인검거 등 초동조치는 자치경찰과 국가경찰의 공동 의무사항으로 했다.

무엇보다 검경수사권 조정안과 관련해서 볼 때, 자치경찰제 도입취지 그리고 지방분권법(§9)의 국가 및 자치단체 간 중복배제, 보충성, 포괄직 사무배분 원칙을 충실히 반영하고 동시에 현행 제주자치경찰제의 틀을 넘어서는 자치경찰제를 실현하겠다는 것이다. 다만 긴급사태 등 발생 시 경찰청장은 시도자치경찰에 대한 직접 지휘 감독이 가능하다(경찰법 §25).[72]

---

72) 대통령 소속 자치분권위원회, 자치경찰제 특별위원회안 발표 및 정책토론회 발표자료, 2018. 11. 13, p. 11.

전국적 균질성과 형평성을 가급적 유지하면서 지역특성과 여건에 알맞는 치안 서비스 제공을 위한 보다 구체적 사무의 범위는 업무협약을 통해 결정하겠다는 것이다.

〈표 10-9〉 자치경찰 및 국가경찰의 사무배분

구분	자치경찰	국가경찰
주요사무	- 생활안전, 여성청소년, 교통, 지역경비 등 주민밀착형 사무 및 지역경찰(지구대, 파출소) - 민생치안 밀접 수사(교통사고, 가정폭력 등)	- 정보, 보안, 외사, 112상황실 - 수사(광역범죄, 국익범죄, 일반형사 등) - 민생치안사무 중 전국적 규모나 통일적인 처리를 필요로 하는 사무(협약으로 규정) 및 지역순찰대

출처: 대통령 소속 자치분권위원회, 자치경찰제 특별위원회안 발표 및 정책토론회 발표자료, 2018. 11. 13, p. 12.

둘째, 초동조치 등 공동의무 사항이다.

명확한 사무배분이 곤란한 실종, 성폭력, 학교폭력, 가정폭력 등 생활주변에서 발생하는 각종 사건 처리의 혼선 방지를 해결하기 위한 각종 대책들이 긴요하다. 그리고 자치경찰공무원들에게도 모든 생활현장의 각종 사건에 대한 현장 출동, 조치 및 권한과 함께 의무를 부여하고 상호 간 밀접한 협력과 응원을 명시하는 방안에 대해 적극 검토하겠다는 것이다. 또한 지역치안활동 관련 계획들도 자치경찰과 국가경찰이 상호 협력해서 공동으로 수립함은 물론이고 수시로 협의하도록 한다는 것이다.

〈표 10-10〉 자치경찰 및 국가경찰 간 공동의무 사항

공동 의무사항	- 지역치안활동 관련 계획 공동 수립 및 수시 협의 - 긴급조치가 필요한 사건 및 사고현장에서의 초동조치(예: 순찰 중 우연히 범죄현장을 목격한 경우, 사건현장 부근에서 관계자나 목격자로부터 직접 신고를 접수한 경우 등) - 112상황실 합동근무 및 상호간 경찰 응원 등

그리고 자치경찰과 국가경찰의 사건처리 절차의 기준도 마련했는데 그 내용은 다음과 같다.

〈표 10-11〉 단계별 사건처리 절차

구분		자치경찰 사무	국가경찰 사무
사건초기	현장성 없음	자치경찰이 소관 사무 처리	자치경찰이 소관 사무 처리
	현장성 있음	국가경찰은 중대·긴급신고, 자치경찰은 일상·비긴급신고 처리를 원칙으로 하되, 사건현장 경찰관이 있는 경우 우선 초동조치 후 소관경찰에 인계 등.	
중간 이후		자치경찰이 소관 사무 처리	국가경찰이 소관 사무 처리

출처: 대통령 소속 자치분권위원회, 자치경찰제 특별위원회안 발표 및 정책토론회 발표자료, 2018. 11. 13, p. 12.

(4) 시·도경찰위원회를 통한 정치적 중립 확보 방안

시·도경찰위원회를 통한 정치적 중립 확보 방안과 관련해서 다음과 같이 제시되었다.

첫째, 설치방안이다.

- 소속: 시·도지사 소속으로 시·도경찰위원회를 설치
- 구성: 위원은 총 5명(상임위원 1명 포함)으로 하고 시·도지사가 임명한다. 시·도지사가 1명을 추천하고 시도의회가 2명(여야 각 1명)을 추천하며 대법원도 1명을 추천한다. 그리고 국가경찰과 관련해서 행정안전부 산하 국가경찰위원회도 1명을 추천하는 것으로 상정했다.
- 성격: 합의제 행정기관으로 설치해야 하고 시·도지사로부터도 역시 독립적으로 직무를 수행한다. 시·도경찰위원회 사무는 자치경찰본부에서 담당한다. 예를 들어 서울, 광주, 세종, 제주에서 감사위원회를 합의제 행정기관으로 설치 및 운영하고 있음을 참고할 수 있을 것으로 본다.

둘째, 주요기능이다.

- 자치경찰 관련: 주요 정책 심의 및 의결, 인사추천, 감찰 및 징계 요구 등이다.
- 국가경찰 관련: 시·도국가경찰과 국가경찰위원회 및 협력과 의견의 개진 등이다.

〈표 10-12〉 시·도경찰위원회의 주요 기능

구분		주요 내용	비고
자치경찰 관련	기본임무	자치경찰 활동 목표의 수립 및 평가, 자치경찰 인사, 예산, 장비, 통신 등에 관한 주요정책 심의·의결 및 집행 관리	
	인사추천	자치경찰본부장(2배수) 및 자치경찰대장 임명 추천	
	감찰징계요구	시·도자치경찰 사무, 국민·자치경찰공무원 민원, 자치경찰공무원 주요 비위사건 등	
	개선권고	자치경찰에 의한 인권침해, 경찰권 남용 소지 제도·법령·관행 등	
국가경찰 관련	시도경찰	자치경찰 직무수행과 관련된 업무협약 체결·변경, 국가·지자체 공동사무 수행 및 분쟁조정 관련 의견제시	의견제시
	국가경찰 위원회	− 시·도경찰청과 1차 협력·조정 곤란 시 2차 심의·조정 요구 − 시·도 지역 내에서 국가경찰관의 인권침해, 법령위반 등, 비위사건에 대한 관련 실태분석 및 감찰 등 개선요청	

출처: 대통령 소속 자치분권위원회, 자치경찰제 특별위원회안 발표 및 정책토론회 발표자료, 2018. 11. 13, p. 13.

(5) 재정지원 및 시설과 장비 운영

첫째, 재정지원이다. 자치경찰제 시행에 필요한 초창기의 예산은 국가에서 부담함을 원칙으로 한다는 것이다. 위에서 언급한 기본적인 사무이관은 물론이고 동시에 현행 국가경찰의 인력 43,000여명도 1차, 2차, 3차에 걸쳐 17개 광역시도 자치경찰로 이관되기 때문에 인건비를 위해 필요한 추가적 비용 부담은 거의 없을 것으로 예상된다. 특히 먼저 시행되는 시범운영 예산은 국비로 지원되고 이후 단계적이고 점차적으로 광역시도지자체가 부담하되, 물론 그것도 재정자립도를 감안해 자치경찰교부세 제도 등의 도입을 적극 검토해 보겠다는 것이다. 지방자치단체는 자치경찰사무를 위한 소속 직원의 인건비, 경비, 조직, 행정관리를 위한 운영비 등을 부담하고, 이에 반해 국가는 17개 광역시·도경찰이 수행하게 될 전국적인 장비·통신 유지의 비용이나 국가경찰사무의 경비 등을 스스로 부담하도록 한다는 계획이다.

둘째, 시설과 장비의 공동사용이다. 자치경찰은 신규채용 없이 국가경찰로부터 이관되기 때문에 이관 이후 국가경찰에서 발생한 잉여분의 시설이나 각종 장비는 향후 창설될 자치경찰과 공동으로 활용함을 원칙으로 한다는 것이다. 또한 일부 지구대와 파출소, 치안센터의 전부 등의 각종 경찰시설을 자치경찰과 공유하여 재정 부담을 최소화 하겠다는 계획이다. 나아가서 경찰장구 및 차량 등 일련의 경찰장비도 인력이관의 규모에 따라서 일정 부분 이관하되, 불가피하게 추가로 발생하는 것들은 국가에서 그 비용을 지원할 것을 검토하겠다는 계획도 있다.73)

(6) 단계적 도입과 추진

국가경찰을 자치경찰로 전환하는데 있어 급격한 제도 도입 시 발생하는 혼동과 혼란의 사전 예방 강구 및 국민의 불편사항의 사전 방지를 위한 자치경찰의 사무, 실시지역 등을 4단계로 구분해 시행하겠다는 것이다. 즉 2019년 서울, 세종, 제주, 추가 2곳 등 최소 5개 혹은 최대 7개 지역(자치경찰의 사무 50%) 및 2021년을 기해 전국 단위에서 일부 사무의 시행(자치경찰사무 중 70~80%) 이후 엄밀한 평가를 거친 후 전체사무(자치경찰사무 100%)로 전격 확대하겠다는 것이다. 최종단계에서 정착수준에 맞도록 사무와 인력을 추가로 확대해 나가겠다는 복안인 것으로 알려졌다.

〈표 10-13〉 자치경찰제 단계별 도입 방안

구분	1단계 (일부지역 + 일부사무)	2단계 (전국 + 일부사무)	3단계 (전국+전체사무)	최종단계
대상지역	5개지역 (서울, 세종, 제주 외 2개 시·도)	전국	전국	전국
사무	자치경찰 사무 약 50% (일부 수사권 포함)	자치경찰 사무 약 70~80% (일부 수사권 포함)	자치경찰 사무 100%	평가 후 추가 확대
인력	7,000~8,000명	30,000~35,000명	43,000명	
시점	2019년	2021년	2022년	정착수준에 맞춰 평가 후 판단

출처: 대통령 소속 자치분권위원회, 자치경찰제 특별위원회안 발표 및 정책토론회 발표자료, 2018. 11. 13, p. 16.

---

73) 대통령 소속 자치분권위원회, 자치경찰제 특별위원회안 발표 및 정책토론회 발표자료, 2018. 11. 13, p. 15.

3) 자치경찰제 도입을 위한 향후 추진계획

자치경찰제 도입을 위한 향후 추진계획을 보면 다음과 같다.

첫째, 시행방안의 확정이다. 자치분권위원회의 경우를 보면 자치경찰제 도입방안에 대한 심의·의결을 2018년에 완료하겠다는 것이다. 경찰청도 자치경찰제 도입을 위한 실천계획을 수립하고 관련 법안을 마련하여 2018년~2019년 상반기까지 자치분권위에 제출하겠다는 계획을 세웠다.

둘째, 입법지원 및 시범실시이다.

자치경찰제 도입을 위한 관련 법안을 마련하고 국회 심의를 2018년~2019년 상반기까지 마무리하겠다고 발표하였다. 그리고 2019년부터 5개~7개 지역에서 자치경찰제 시범실시를 위한 사전 준비 및 시행을 본격화 하겠다는 계획을 제시했다. 물론 단계별 시행에 맞추어 자치경찰제 시범운영에 대한 종합평가를 병행하겠다는 것이다. 그리고 2021년부터 5개 시도에서 전국으로 자치경찰제를 점차 확대하겠다는 것이다.

향후 자치경찰제를 도입하는데 있어서 가장 중요한 것은 (가칭)자치경찰법안을 만들어 내는 것이며, 이것을 국회에서 입법화하는 작업이 매우 긴요하다고 본다.

4) 홍익표 의원의 경찰법 전부 개정안

2018년 더불어 민주당의 간사였던 홍익표 의원은 그 당시 경찰법 전부개정법률안을 국회에 전격 발의했다.74) 위의 전장에서 살펴보았듯이 1, 2, 3차례에 걸쳐 국가경찰 43,000명이 자치경찰로 이관되도록 한다는 전제하에 그 당시 경찰법을 전부 개정하는 법적 토대를 재구현하고자 하는 방안이었다. 한편 2019년 하반기 홍익표 의원은 임기가 만료되어 물러났고 자치경찰법과 관련해서는 향후 국회 행안위원회가 다루게 될 예정이었지만 2020년 2월까지 전혀 후속논의가 없고 여야 간 대립만 격화되는 듯 보였다.75) 향후 우리나라에 자치경찰제가 도입되기 위한

---

74) 하지만 홍익표 의원의 본 법률안은 2020년 5월 말 20대 국회의 임기만료와 함께 자동 폐기되었다. 그리고 21대 국회가 출범했고 2020년 8월 4일 역시 민주당의 김영배 의원이 경찰법과 경찰공무원법 전부개정안을 국회 행안위원회에 발의하게 되었다.

75) 유기준 의원은 이명박 정부 시절(2008. 2. 25~2013. 2. 25)에 자치경찰제는 시군구 기초자치단체 차원에서가 아니라 17개 광역시도 차원에서 시행되어야 한다고 주장한 바 있어서 현재 문재인 정부가 추진하는 광역단위 자치경찰제안에 밀접한 협조가 이루어질 수 있을지 귀추가 주목된다.

법적 토대 구축이 가장 큰 과제 중 하나이다.[76) 결국 2020년 4월 15일 21대 국회의원 선거에서 당선된 새 의원들이 5월 말 출범하면서 위 자치경찰안은 자동 폐기되는 수순을 밟았다.

제 3 절 더불어민주당 김영배 의원의 일원화 자치경찰제(안)

1. 자치경찰 법안의 주요내용 및 시도지사 · 자치경찰위원회 권한

1) 주요 내용

문재인 정부에서 자치경찰제 도입안은 크게 2019년 홍익표 의원의 국가경찰제와 자치경찰제라는 이원화 자치경찰제 모델(경찰법 전부개정법률안)과 2020년 8월 김영배 의원의 일원화 자치경찰제 모델로 대변되었다. 홍익표 의원의 자치경찰제 모델은 제주자치경찰제 모델에서 약간 발전된 모델이었다. 즉 기존의 제주자치경찰제 모델에다가 국가경찰관 43,000여명을 17개 광역시도의 자치경찰위원회 산하로 이관하여 자치경찰제를 시행하는 방안이었지만 20대 국회에서 여야 간에 합의를 이루지 못했으며 결국 2020년 5월 말 20대 국회의 임기만료와 함께 자동 폐기되었다. 이어서 2020년 5월 말 새로 구성된 21대 국회 경우는 여당인 더불어 민주당이 2020년 4월 15일 실시된 선거에서 무려 180석이 넘는 의석을 차지하게 되는 기염을 토했다. 이 결과 향후 더불어민주당은 21대 국회의 각종 입법활동에서 어떤 법안이든 통과시킬 수 있는 유리한 입장에 설수 있게 되었다.

2020년 8월 4일 더불어민주당 소속 김영배 의원은 기존의 홍익표 의원 안이 폐지되었기 때문에 그의 뒤를 이어 새로운 자치경찰제모델을 제시하게 되었다.

---

76) 2020년 1월 중순 국회는 패스트 트렉 법안들을 전격 통과시켰는데 여기에는 검경수사권조정법안도 있었으며 이것이 통과되어 경찰도 수사종결권을 가지게 되는 발전이 있었다. 특히 검경수사권조정 문제가 해결되기 위해서는 이전보다 엄청나게 국가경찰의 권한이 강력해진 상태이다. 따라서 막강해진 국가경찰의 권한을 자치경찰제 도입을 통해 분권해야 하는 엄중한 과제에 직면하게 되었다. 2020년에는 이 문제가 정부의 핫 이슈 중 하나가 되었다. 향후 풀어야 할 과제는 경찰법 전부개정안이 국회에서 통과되어야 하며 정부는 전국 17개 광역시도를 대상으로 시범지역도 선발해야 한다. 특히 경찰법 전부개정안이 국회에서 통과되면 6개월 후에 시행에 들어갈 수 있는 만큼 정부와 경찰청 자치경찰단은 철저하게 준비작업을 펼쳐나가야 할 것이다.

이것이 바로 정부안인 일원화 모델이다. 하지만 이 법안 역시 새롭게 단독 자치경찰법안을 내놓은 것이 아니라 경찰법과 경찰공무원법을 전부개정안으로 제시한 것이다. 김영배 의원이 이와 같은 법안을 의원입법하게 된 것은 Covid-19, 즉 코로나바이러스의 세계적 대유행으로 인해 국내 및 전세계의 경기 위축 등으로 국가경제가 엄청난 어려움에 처했기 때문에 가급적이면 국가예산이 다소라도 적게 들어가는 차원에서 자치경찰제를 도입해야 한다는 국가적 입장을 심층 감안해 그 실현 가능성을 찾자는 취지로 이해된다. 김영배 의원의 경찰법 전부개정법률안과 경찰공무원법 전부개정법률안에서 제시한 일원화 자치경찰 모델은 결국 홍익표 의원의 기존 이원화 자치경찰 모델을 다시 일원화 모델로 변경하여 의원입법 발의하게 된 것이다. 아래의 그림에서 보는 바와 같이 가장 눈에 띄는 변화는 기존에 17개 시도지사 소속 시도경찰위원회 산하의 자치경찰본부 및 자치경찰대와 지구대/파출소에서 자치경찰제를 시행하는 모델이었지만, 김영배 의원의 일원화 모델에서 자치경찰사무는 시도경찰위원회만 조직된 후 기존에 자치경찰본부 산하 자치경찰대와 지구대 등이 수행하고자 했던 자치경찰 사무(예, 생활안전, 교통, 지역경비 사무 및 교통/학교·가정·성폭력 등의 수사 등)를 기존의 국가경찰이 그대로

[그림 10-4] 자치경찰 도입 모델(이원화 → 일원화)

출처: 장일식(2020. 10).

수행하게 되는 모델이라고 요약된다.

2021년 김영배 의원의 일원화 모델은 물론 당정청의 협의 하에 집약되어 발표된 사실상의 정부 모델이다. 이에 대한 세부내용을 정리해 보면 [그림 10-4]와 같다.

2) 조 직

(1) 기존 조직인 시·도경찰청, 경찰서, 지구대·파출소에서 국가·자치경찰사무 병행

우선 정치적 중립을 위해 이른바 합의제 행정기관으로서 '시·도자치경찰위원회'를 설치하게 된다. 그리고 지역경찰 기관인 현재의 '지구대·파출소'는 경찰서장 소속으로 존속함은 물론 국가-자치경찰의 사무를 그대로 병행하는 것으로 예상된다.

(2) 인 사

경찰서장급인 총경 이상은 경찰청장 추천(대통령 임용)에 따른 임용권의 일부를 17개 광역시·도지사에게 위임이 가능할 수 있다. 현재 시·도경찰청장은 경찰청장이 시·도자치경찰위원장과 협의하여 추천하면 대통령이 임용하는 것으로 예정했다. 그리고 17개 광역시·도지사는 승진명부의 작성권은 있으나 승진심사위원회는 시·도경찰청에 둔다는 것이며 역시 징계도 유사한 방식을 예정했다.

(3) 신 분

국가경찰공무원(국가직)을 그대로 유지하며, 현 계급 체계도 역시 동일하다.

(4) 사 무

경찰 임무를 크게 국가경찰·수사경찰·자치경찰 사무 등 3가지로 구분하게 된다. 즉 국가경찰사무는 자치경찰사무를 제외한 경찰의 임무를 수행하게 된다. 그리고 자치경찰사무는 생활안전, 교통, 지역경비 사무 및 교통/학교·가정·성폭력 등의 수사를 담당하게 된다고 예정했다.

(5) 지 휘

크게 3가지로 나뉘어져 국가사무는 경찰청장이, 수사사무는 새로 창설되는 국가수사본부장이 그리고 자치사무의 경우는 17개 광역시도의 자치경찰위원회가 담당하게 된다.

(6) 자치경찰위원회

광역시도에 창설되는 자치경찰위원회 위원은 7명(시도지사 1, 시도의회 2, 국가경찰위 2, 시도자치경찰위 추천위원회 2 추천)을 상정했다. 물론 시도지사가 위원장과 상임위원 및 위원들을 임명하게 된다. 그리고 그 산하에 사무기구가 설치된다. 그리고 경찰공무원 설치(파견 형태 예상)가 가능함을 예정했다.

(7) 재 정

이관 자치경찰사무를 위해 소요되는 인력·장비의 비용은 물론 국가지원으로 하며, 17개 광역시·도지사가 예산을 수립하게 된다.

(8) 시 행

그 시행일은 이미 2021년 1월 1을 기해 전국 동시 시행(법시행 전에 시행 준비행위 및 시범운영 가능)이라고 김영배 의원이 발의한 경찰법 전부개정안을 통해 이미 발표되었다. 하지만 2020년 11월 정기국회에서 법이 통과된다고 해도 시행에 들어가기까지는 최소 6개월 정도의 준비 시간이 필요하다고 본다. 이 기간 동안에는 서울, 세종 등에서 시범 실시도 해봐야 하는 등의 중요한 향후 과제들이 다수 남아 있다.

2. 광역시·도지사와 시·도자치경찰위원회의 권한

17개 광역시·도지사와 시·도자치경찰위원회가 가지게 되는 해당 권한을 살펴보면 다음과 같다. 시도지사의 경우 위원회 구성, 인사, 조직, 예산, 위원회 회의 등에서 직간접의 권한을 가지는 것으로 정리되었다. 한편 자치경찰위원장도 시·도경찰청장 임용에 대해 경찰청장과 협의권, 자치경찰위원회 상임위원 제청권, 의제 발안권 및 임시회의 개최 요구권, 경찰청장의 부당한 비상사태 지휘·명령에 대한 중단 요청권 등을 가지는 것으로 짜여졌다. 하지만 이것은 어디까지나 하나의 안이고 국회의 행안위와 법사위 등을 거치면서 어떻게 변경될지는 아직 모른다. 이에 대한 변화들은 다음의 관련 장에서 후술하기로 한다.

〈표 10-14〉 광역시도지사와 자치경찰위원회

구 분		주요권한
시 · 도지 사	위원회 구성	• 위원 7인 임명권, 7인 중 1인은 단독 지명권 • **위원장 및 상임위원 임명권** 　－ 상임위원은 시 · 도자치경찰위원회 의결 후 위원장 제청 필요 　※ 위원장 및 상임 위원 1명은 지방자치단체 공무원으로 함 • 자치경찰위원회 위원추천위원회 설치 · 구성권
	인사	• 대통령령에서 위임받는 **경찰공무원 임용권 일부** (미정) 　－ 시 · 도자치경찰위원회, 시 · 도경찰청장에게 재위임 가능
	조직	• **시 · 도자치경찰위원회 사무기구 조직권**
	예산	• 자치경찰사무 수행에 필요한 예산 수립권 　－ 자치경찰위원회가 경찰청장 의견을 들어 심의 · 의결 필요
	위원회 회의	• 의제 발안권 및 임시회의 개최 요구권 • 자치경찰위원회 의결에 대한 재의 요구권
자치경찰	위원장	• **시 · 도경찰청장 임용에 대해 경찰청장과 협의권** • 자치경찰위원회 상임위원 제청권 • 의제 발안권 및 임시회의 개최 요구권 • 경찰청장의 부당한 비상사태 지휘 · 명령에 대한 중단 요청권
	위원회	• **자치경찰사무(수사사무 제외)에 대한 시 · 도 경찰청장 지휘·감독권** 　－ 감사 · 감사의뢰, 주요 비위사건 감찰 · 감찰요구, 징계요구, 고충심사, 중요 사건 · 사고 및 현안 점검 • **자치경찰사무 담당 공무원 임용권(인사위원회 운용)** 　－ 대통령령에 따라 시 · 도지사로부터 재위임 받아 행사 가능 • 자치경찰사무 목표수립 및 평가권 　－ **경찰서장의 사무수행 평가결과를 경찰청장에게 정기 통보** • 자치경찰사무 예산 · 인력 · 장비 · 통신 주요정책 등 심의 · 의결권 • 자치경찰사무에 관한 규칙 제정 · 개정 · 폐지권 • 국가 · 자치경찰사무 및 지방 · 치안해정에 대한 협의 · 조정권 • 국가경찰위원회에 대한 심의 · 조정 요청권

3. 현행 제주자치경찰제와 김영배 의원의 일원화'안'의 비교

　김영배 의원안은 17개 광역시도에 자치경찰 조직을 새로 신설하지 않고 기존의 국가경찰공무원(국가직)이 그대로 국가경찰의 신분을 유지하면서 자치경찰기능까지 100% 맡아서 수행하게 되는 일원화 모델을 제시한 것이다.

〈표 10-15〉 김영배 의원안의 핵심 내용

구분	제주자치경찰	김영배 의원 '안'	영향 등 (제주 자치경찰)

조직	• **별도의 자치경찰 조직으로** 도지사 소속 **자치경찰단** 설치	• 자치경찰 조직 신설 없음
		  − 시·도지방경찰청과 경찰서 내에서 자치 경찰사무 구분 수행
		  − 지구대·파출소도 경찰서장 소속으로 현재와 동일
			• 국가경찰과 통합(조직 일원화)

인사	• 자치경찰 인사권자는 도지사 • 자치경찰 인사위원회 설치 (도지사 소속)	• 총경 이상, 경찰청장이 추천 • **경정 이하, 시·도지사 위임 가능**	• 위임 범위는 대통령령에 위임(인사권 축소예상)
신분	• **자치경찰공무원(지방직)**	• **국가경찰공무원(국가직) 유지**	

사무	• **생활밀착 사무, 일부수사 사무**
	  − 생활안전 및 지역교통 활동
	  − 공공시설 등 경비
	  − 사법경찰관리직무
	  − 즉결심판청구
		• 국가·자치경찰, 수사 사무 분리
		  − 국가경찰사무: 자치경찰사무를 제외한 경찰의 임무 수행
		  − **자치경찰사무**: 생활안전, 교통, 지역경비 사무 및 교통/학교·가정·성폭력 등의 수사
			• 국가경찰 조직 내에서 자치경찰사무 수행(국가경찰화)

지휘 감독	• **도지사의 지휘·감독권 일원화**	• 사무별 지휘·감독권한 분리
		  − 국가경찰 사무: 경찰청장
		  − **자치경찰 사무: 시·도경찰위 원회**
		  − 수사 사무: 국가수사본부장	

위원 회	• 치안행정위원회(12명*) 설치
	  − 역할: 국가경찰과 업무 협조 등
	  * 12인: 도의회 3, 지방경 찰청장 3, 도지사 4, 당 연직 2
		• **시·도경찰위원회 설치(7명*, 합의 제 행정기관) 및 자체 사무기구 운영**
		  − 역할: 자치경찰사무 관장
		  * 7명: **의회 2, 국가경찰위 2, 시 도경찰위 추천위 2, 시·도지사 1 명**	

재정	• 자치경찰 설치·운영비 국 가지원 • **이관인력(38명) 인건·운 영비 지원**	• 국가의 재정적 지원의무 부여 − **예산은 시·도지사가 수립**	
도입	• '06. 7월: 자치경찰대 출범 • '12. 1월: 자치경찰단 확대	• '21. 1. 1. 전국 전면시행 − 사전 준비 및 시범운영 가능	• 제주 자치경찰 폐지

4. '국가경찰과 자치경찰조직 및 운영에 관한 법률'과 입법예고 시행령

2020년 12월 9일 국회 본회의에서 여야합의로 '국가경찰과 자치경찰조직 및 운영에 관한 법률'이 전격 통과되었다. 이는 위에서 살펴본 김영배 의원의 경찰법과 경찰공무원법 전부개정법률안에 근거해서 만들어진 공식 법률이다. 이는 권력기관 개혁방안의 일환으로 만들어진 것이므로 일명 경찰개혁법이라고 부르기도 한다. 이번에 경찰개혁을 시도한 것은 검경수사권 조정이 이루어지기 때문에 경찰권력이 한꺼번에 너무 비대해지는 것을 분산시키자는 것이 핵심내용이었다. 12월 9일 통과된 '국가경찰과 자치경찰조직 및 운영에 관한 법률'에 이어 2020년 12월 12일 입법예고 된 시행령이 나왔다. 1948년 10월 국가경찰이 창설된 지 꼭 75년 만에 공식적으로 자치경찰제를 단일법으로 도입하게 된데서 큰 의미가 있다.77) 이제 자치경찰제는 시행령에 따라 시도지사 소속으로 두는 시도자치경찰위원회가 2021년 초부터 7월 1일 이전에 연이어서 설치된다. 서울특별시를 예로들어 보면 다음과 같다. 즉 서울시자치경찰위원회가 '합의제독립행정기관'78)으로 서울시경찰청과 산하 31개 경찰서에서 자치경찰사무로 분류된 방범순찰 관련 주민생활안전, 교통법규 위반단속 관련 교통활동, 각 지역의 다중운집행사 시에 교통 및 안전관리 경비, 여성청소년과 학교폭력 관련 범죄 및 실종아동 수색 등의 수사활동을 담당한다. 시행령에 따르면 서울시자치경찰위원은 총 7명으로 구성되는데 서울시장이 지명하는 1명, 서울시 교육감 1명, 국가경찰위원회 1명, 서울시의회 2명 그리고 5명으로 구성되는 위원추천위원회(시장군수협의회, 시군의장협의회, 경찰청장, 법원장이 추천하는 위원, 시청기획조정실장 등)에서 2명 추천 등이 바로 그것이다.

자치경찰의 인사와 관련해 시행령에 따르면 경찰공무원은 모두 국가직신분을 그대로 유지한다. 당하게 되는 국가경찰관 중에 경정의 진보 및 경감이하의 임용

---

77) 제주자치경찰제는 단일법이 아니고 제주특별법의 조문에 따라 제주도의회가 조례를 만들어 2006년 7월부터 시행해 오고 있는 것이 큰 차이 점이다.

78) 합의제독립행정기관은 자체적으로 사무국을 설치할 수 있다. 참고로 국가경찰위원회는 심의의결기관으로서 사무국 설치가 불가능하므로 경찰청이 사무를 파견 지원해 주고 있다. 이런 점에서 자치경찰위원회의 위상이 국가경찰위원회보다 높다고 볼 수 있다. 이는 향후 법률개정을 통해 동격으로 맞추어야 할 과제라고 본다.

권(신규채용과 면직은 제외 임) 경우는 서울시장에게 위임할 수 있다. 그리고 시행령은 서울시장이 경감과 경위의 승진을 제외한 기타의 임용권을 서울시자치경찰위원회에 재위임할 수 있도록 허용하였다. 이 밖에 서울시자치경찰위원회가 향후 자치경찰사무에 대한 장비, 예산, 인사 및 통신정책수립, 이를 담당하는 공무원의 임용과 평가, 감찰과 감사 등은 물론이고 서울시경찰청장에 대한 임용협의권 및 31개 경찰서장의 자치경찰사무를 위한 수행평가권까지 보유하게 되었다.

제주특별자치도에서도 역시 위 시행령에 따라 동일하게 제주자치경찰위원회가 설치되어 지난 15년간 유지되어 온 제주자치경찰단 소속 자치경찰공무원 156명은 즉시 제주자치경찰위원회의 지휘를 받게 된다. 지금까지 제주자치경찰은 제주도 특정직 지방공무원으로 제주도지사가 인사권자로 관리해 왔으나 이제는 '국가경찰과 자치경찰조직 및 운영에 관한 법률'에 이어 2020년 12월 12일 입법예고된 시행령에 따라 큰 변화를 맞게 되었다.

제 4 절   제주도의회와 제주특별자치도 및 제주자치경찰단의 입장

1. 일반현황

김영배 의원의 자치경찰 일원화 모델에 따르면 2006년 7월 1일부터 2021년 기준 15년째 시행해 온 제주자치경찰제는 없어지게 되었다. 왜냐하면 그의 자치경찰제 도입 모델은 경찰법과 경찰공무원법 전부개정법률안을 국회 행안위원회에 상정했으며 이 내용 중에는 향후 우리나라 자치경찰제가 국가경찰과 자치경찰이라는 2원화로 시행하는 것이 아니라 국가경찰이 국가경찰업무와 자치경찰업무를 동시에 수행하게 되는 것을 담고 있기 때문이다. 부언하면 결국 김영배 의원은 경찰법 전부개정법률안과 경찰공무원법 전부개정법률안을 대표발의 하면서 코로나바이러스 때문에 국가예산도 어려운 만큼 이전의 홍익표 의원이 대표발의했던 자치경찰제 2원화 모델을 다시 21대 국회에서 발의해 주는 것이 아니라 국가경찰-자치경찰 일원화 자치경찰제 모델을 새롭게 발의함으로써 결국에는 기존에 15년째 제주도지사가 운영하던 제주자치경찰제 모델은 사라지고 국가경찰이 모두 운영 주체가 됨으로써 기존의 제주자치경찰공무원들은 다시 국가경찰로 소속이 변경되어야 하는 엄청난 변화를 맡게 된 것이다. 물론 김영배 의원의 국가경찰법 전부개정안이 2020년 11월과 12월 가을 정기 국회에서 그대로 통과될 경우에는 기존의 제주자치경찰단에서 엄청난 파장이 나타나게 되는 문제에 직면했었다.

하지만 2006년 7월부터 제주자치경찰제는 전국 지역으로 미래 자치경찰제를 확대 실시하기 위한 시범실시의 의미를 크게 지니고 있었다. 이는 당정청의 직간접적 지원하에 경찰청이 핵심 주체가 되어 광역시도 중 하나인 제주특별자치도에서 제주자치경찰제를 나머지 16개 전국 광역시도로 확대해 나가기 위한 시범실시의 의미가 매우 컸던 것인데, 갑자기 자치경찰제 이원화 모델이 일원화 모델로 방향을 급격히 틀게 된 것이다.

갑자기 이러한 김영배 의원의 자치경찰제 모델과 함께 경찰법 전부개정법률안이 나오면서 제주도 의회는 강하게 반발했다.

2. 제주자치경찰제의 폐지 위기

제주자치경찰은 2006년 7월 1일 제주특별자치도 출범과 함께 제주특별법에 의해 이미 15년째 운영 중인데 이번 김영배 의원의 자치경찰법 발의에 의해 전격 폐지되어야 할 위기에 처했다.

그동안 꾸준히 인력과 업무가 증가해서 애초 국가경찰 38명으로 시작해 지금은 156명의 자치경찰관과 19명의 일반직공무원이 근무 중이다.[79] 그리고 제주경찰청에서 2018년 4월부터 파견된 경찰인력까지 모두 419명이 근무하고 있는 중이다.[80] 제주자치경찰의 업무도 ① 교통시설물 심의, ② 관광지 순찰 및 관광사범 단속, ③ 특별사법경찰 수사, ④ 교통정보센터 운영 등으로 제한되었다가 점차 늘어나서 2018년 국가경찰로부터 사무와 인력을 이관 받은 후에는 ① 중산간지역 행정복합치안센터, ② 유실물통합관리센터, ③ 주취자 응급의료센터, ④ 학교안전전담경찰관, ⑤ 어린이통학로 개선업무 일원화, ⑥ 관광신고센터 운영, ⑦ 연합청년회와 치안파트너 체계 구축 등 국가경찰에서 시행하지 못하는 영역까지

---

79) 고창경, 제주자치경찰단 내부자료(2020. 10 현재).

80) 2018년 4월부터 2020년 초까지 제주지방경찰청에서 국가경찰이 제주자치경찰단으로 파견된 인력인 2020년 10월 기준 총 228명에 달한다. 제주자치경찰단은 파견 국가경찰관 228명 중에서 파견 후 수사업무에 근무하고 있는 77명을 자치경찰공무원으로 완전히 이관해 달라고 요청하고 있다.

확대되어 활발하게 운영되고 있었다.

3. 제주도의회의 제주자치경찰제 존치를 위한 입장

2020년 8월 4일 여당인 더불어 민주당 소속의 김영배 의원이 향후 자치경찰제를 도입하는데 있어서 기존 정부에서 추진하던 국가경찰-자치경찰 이원화 모델을 일원화 모델로 가겠다는 경찰법 전부개정법률안을 발표함으로써 궁극적으로는 제주자치경찰제가 사라지게 된데 따른 제주도의회는 다음과 같이 강하게 반발하는 입장을 표명했다.

민주당이 다수당인 제주도의회도 제주자치경찰 존속 및 자치경찰에 대한 예산과 인력 지원을 위한 특례 조항 신설을 촉구하는 결의안을 채택했다. 제주도의회는 지난 10일 제386회 임시회 제1차 본회의에서 '제주도의 자치분권 핵심제도인 자치경찰 존치를 위한 경찰법개정(안) 특례조항 신설 촉구 결의안'을 재석의원 38명 만장일치로 채택했다. 도의회는 "제주특별법에는 '국가는 제주자치도의 지방자치를 보장하고 국제자유도시를 실현하기 위한 관련 법령을 지속적으로 정비하는 등 입법·행정 조치를 해야 한다'고 명시하고 있다"며 "제주특별법 제정 취지에 맞도록 경찰법 개정안에 자치분권의 핵심제도인 제주자치경찰을 존속시킬 수 있는 특례 조항을 마련해 고도의 자치권의 보장될 수 있기를 요구한다"고 밝혔다. 제주자치경찰 내부도 술렁이고 있다. 고창경 제주자치경찰단장은 "고도의 지방분권 실현을 위해 제정한 제주특별법의 핵심이 자치경찰"이라며 "자치경찰이 국가경찰에 흡수된다면 제주특별법 취지에 반해 제주자치경찰제도를 크게 후퇴시킬 것"이라고 말했다. 제주출신 오영훈 의원(더불어민주당, 제주시을)은 "제주자치경찰은 지난 14년간 많은 성과를 냈고, 이를 이어가는 것이 바람직하다"며 "(경찰법 개정안 등에 대한) 국회 논의과정에서 제주자치경찰 존치 등 특례 조항 신설을 협의해 나가겠다"고 말했다.

출처: ksn@news1.kr/ 뉴스1 © News1 박세연 기자

4. 제주특별자치도와 제주자치경찰단의 입장

제주도(도지사: 원희룡)와 시민들도 갑자기 발표된 김영배 의원의 자치경찰제

도입을 위한 국가경찰-자치경찰 일원화 모델의 전격 발표에 놀라기는 마찬가지였던 것으로 이해된다.

> "제주자치경찰 존치 특례 담아야"
> 제주자치경찰 폐지 법안이 발의되자 지역사회가 반발하고 있다. 제주도는 원희룡 지사 명의의 11일 김영배 의원이 발의한 경찰법·경찰공무원법 전부 개정안에 대한 입장문을 내고 "제주자치경찰을 국가경찰로 일원화하는 것은 지방자치의 퇴행이자 역사의 후퇴"라고 지적했다. 원 지사는 "이번 (경찰법 등) 개정안은 2006년 제주도민들이 주민투표를 통해 정부의 자치분권 강화 방안을 받아들인 자치분권을 위한 주민들의 결정권을 무시해버리는 처사다"며 "제주자치경찰은 제주특별법에 의한 '자치조직'이지 '국가경찰'의 권력 분산 대상이 아니다"라고 강하게 반발했다. 원 지사는 12일에는 국회를 방문, 김영배 의원을 만나 개정 경찰법과 경찰공무원법에 제주자치경찰의 존치와 국가경찰의 인력과 예산을 지원하는 특례 조항을 둘 것을 요청했다.
>
> 출처: 뉴스1 ⓒ News1 박세연 기자

제주경찰사를 가만히 들여다보면 애초 2006년 7월 1일 제주자치경찰제가 창설될 시에 제주도민들이 원해서 이루어진 것이 아니라는 사실에 주목해 볼 필요가 있다. 2003년 2월부터 2008년 2월까지 집권한 노무현 정부에서 제주특별법 시행시 사실상 덤으로 끼워넣어져 시행에 들어갔다고 해도 과언이 아니다. 제주자치경찰제는 참여정부 시절인 2006년 7월1일 제주특별자치도 출범과 동시에 이른바 「제주특별자치도 설치 및 국제자유도시조성을 위한 특별법」(제주특별법)에 따라 창설되었으며 만 15년째의 역사를 가지고 운영 중이다.81)

더욱이 이 당시에 제주자치경찰제 시행은 제주자치경찰법이라고 하는 단일법도 없이 제주특별법 중 하나의 조문에 제주특별자치도에는 자치경찰제를 도입하여야 한다라는 조문에 의해 제주도의회가 조례를 만들고 그에 근거해 제주지치경찰제가 시행되어 내려 온 것이다. 이처럼 제주특별자치도가 스스로 원해서 시행한 것도 아니면서 그동안 많은 도비가 투입되었는데 폐지되어야 한다는 난제에 갑자기 부딪친 것이다.

제주특별자치도는 그동안 운영되어 온 제주자치경찰단 운영에 있어서 100억

---

81) https://www.news1.kr/articles/?4026099(검색일:%202020.8.14(검색일: 2020. 10. 15).

원이 넘는 예산 중 국고에서는 이전에 국가경찰관 38명의 특별임용에 따른 월급 과 연금 및 운영비로 35억원 정도만 지원해 왔고 대부분의 예산은 제주도비로 충 당해 오면서 유일하게 자치경찰제를 정착시켜 나왔다. 그리고 제주자치경찰제는 정부 주도하에 우리나라 자치경찰제를 전국적으로 확대 실시해 나가기 위한 시범 사례의 모델로서도 훌륭한 역할도 수행해 나왔다.

이제 김영배 의원이 발의한 경찰법 전부개정법률안에 의해 제주자치경찰제가 하루아침에 사라져야 하는 문제에 직면한 것이다.

결국 새로운 대안을 찾아서 향후 국회에서 통과를 앞둔 김영배 의원 법안 중 본 조문이든 아니면 부칙에라도 기존의 제주자치경찰제는 그대로 존속한다는 근 거를 남겨서 그 법안을 통과시키는 방안도 존재한다. 또 하나의 방안은 제주자치 경찰제의 경우 갑자기 폐지하는데 따른 국가적 손실이 크게 예상된다. 따라서 제 주도는 그대로 존치하면서 전국 16개 시도들이 자치경찰제를 도입한 후 서서히 제주자치경찰제도 일원화 방안으로 나아가는 것도 하나의 좋은 대안이 될 수 있 다고 본다.

5. 대한민국시도지사협의회 입장

더불어 민주당의 김영배 의원이 2020년 8월 4일 발의한 '경찰공무원법' 개정 안이 시행되는 즉시 제주자치경찰들은 해체되어 제주경찰청에 소속되어 그 상응 하는 계급에 국가경찰공무원으로 신분이 바뀌게 된다. 또한 제주자치경찰의 법적 근거인 「제주특별법」 제106조부터 제119조까지 모두 삭제될 예정이다. 이 때문에 제주의 모든 도민과 도지사, 의회, 자치경찰단 직원 모두는 제주자치경찰제 폐지 에 대해 많은 우려감을 표하고 있다.[82]

한편 대한민국시도지사협의회는 정부의 「경찰법」·「경찰공무원법」 전부개정 안이 발의(김영배 의원안, 2020. 8. 4)되어 2020년 11월 경에 국회를 통과해 2021 년 1월 1일부터 시행될 예정이 발표된데 대해 다음과 같은 입장을 견지했다. 즉 주요 쟁점사항으로서

○ 정부안(김영배 의원안) 마련 과정에 대한 시·도의견 수렴절차 부재
○ 지역·주민 대표인 시·도지사의 권한 부족으로 정부안의 실효성 한계

---

82) 뉴스, https://www.news1.kr/articles/?4026099(검색일: 2020. 8. 14.).

○ 전국 동시시행일('21.1.1) 대비 준비기간 태부족으로 초기 경착륙 우려
○ 제주자치경찰 폐지로 국내 유일의 15년간 자치경찰 경험 상실 우려

등을 제시하였다.83)

그리고 대한민국시도지사협의회는 정부(안)에 대해 건의사항을 공개질의하기도 했는데 그 구체적인 내용인 8개항은

○ 국회 입법과정상 대한민국시도지사협의회(시·도 공동의견) 적극반영
○ 자치경찰사무 집행기관에 대한 시·도지사의 통제권 확보
○ 시·도지사 법률안 의견제출권 보장
○ 자치경찰사무 범위 확대
○ 국가 재정지원 보장 및 확대 명확화
○ 시·도자치경찰위원회 구성·운영 등 자율권 강화
○ 전국 동시시행 대비 6개월 이상 준비기간 확보
○ 제주자치경찰 현행존치 특례 부여

등이다.84)

특히 17개 광역시도지사들의 모임인 협의회는 자치경찰제 실시와 관련해 정부안에서 지난 15년간 시행해 나온 제주자치경찰제의 존치를 함께 정부에 건의하고 있다. 이미 지난 15년간 제주자치경찰제는 기능·인력·조직 확대 등으로 자치행정과 연계·협력 강화 그리고 제주도민들의 만족도 역시 향상되어 있을뿐 아니라 우리나라 최초의 자치경찰제 도입 및 실시에서 커다란 상징성이 있는 만큼 과거 2006.7.1 출범 이전이나 폐지로 회귀가 아닌 현재 수준의 존치가 필요함을 강하게 피력한 바 있다.

6. 김영배 자치경찰제법안의 문제점 분석

국가경찰 중 38명을 특별임용하여 시작한 제주자치경찰은 점차 규모가 확대돼 156명의 자치경찰과 일반직공무원으로 이루어져 있고 2018년부터 파견 근무 중인 국가경찰까지 더하면 419명이 근무 중이다.

소위 김영배 의원의 「일원적 자치경찰제 모델」은 다음과 같은 점이 지적되고

---

83) 대한민국시도지사협의회, 내부자료(2020).
84) 대한민국시도지사협의회, 내부자료(2020).

있다. 즉 국가경찰이 자치경찰 업무로 분류된 다음의 △생활안전, △교통, △경비 및 학교폭력, 가정폭력, 아동학대, 교통사고, 성폭력, 가출인·실종아동 등 범죄의 수사사무 등을 모두 맡아서 수행해 나가겠다는 모델인데, 본 모델에 따르면 하나의 경찰서 속에서 국가경찰, 수사경찰, 자치경찰이라는 3자가 합동근무를 해야 하는 상황이 전개될 것으로 보인다. 본 법안은 국회 법사위원회 산하에 소위원회가 세부적으로 다룬 후 법사위가 확인하고 본회의를 통과한다면 2021년 1월부터 시행에 들어간다는 점에서 자치경찰제 도입의 발걸음은 가까워지고 있다.

김영배 의원으로부터 경찰법과 경찰공무원법 전부개정안을 통해 내놓은 자치경찰법안은 몇 가지 점에서 문제점을 지니고 있다. 문재인 정부에서 2019년 초에 제시한 자치경찰제 모델은 광역시도지사가 시도자치경찰위원회를 통해 국가경찰 43,000여명을 이관 받아 자치경찰제를 시행하는 모델이었으나 이번 새롭게 제시한 모델은 형식상의 자치경찰제라는 비판이 제기되고 있다. 자치경찰 사무로 분류된 내용을 국가경찰기관이 그대로 수행하면 되기 때문에 자치경찰 조직이 창설되지 않는 방법을 택한 것이다. 사실상 광역시도지사 산하에 설치되는 시도자치경찰위원회를 심의 의결기관으로만 규정했을뿐 민주성과 효율성 면에서는 문제점을 보여줄 가능성도 있다는 것이다. 이렇게 되면 분권의 의미를 가진 자치경찰제 도입의 의미가 상당히 상실되는 것으로 해석할 수밖에 없다고 본다. 특히 본 자치경찰제도를 도입하고자 했던 애초의 의도는 살리기 어렵다고 본다.

지금까지 위에서 전반적으로 살펴 본 제주자치경찰제와 관련해 핵심진행 과정을 다음과 같이 정리할 수 있다. 무엇보다 제주자치경찰제는 우리나라에서 처음으로 제주도지역에서만 유일하게 이미 2006년부터 시행해 왔고 여기서 쌓여진 노하우들을 전국단위의 자치경찰제 도입 및 시행에 있어서 중요한 시행착오를 예방할 수 있는 좋은 모델이었다는 차원에서 절대적으로 그 존치가 필요하다고 본다.

7. 제주자치경찰단의 존재와 국회 행안위원회 법안 결정

1) 김영배 의원의 정부모델안과 제주자치경찰의 존재 여부

문재인 정부, 즉 당·정·청은 20대 국회에서 홍익표 의원을 통해 정부의 자치경찰제 이원화안을 제시했는데 핵심 내용은 2006년 7월 1일 출범한 지난 15년간 정착시켜 온 제주자치경찰제 모델을 기본토대로 해서 현재의 국가경찰을 국가경찰인 시도경찰청과 자치경찰인 자치경찰본부로 완전히 분리해 각각 독립체로서 분리된 업무를 수행한다는 방안을 추진했고 이미 제주자치경찰단에 2018년 4월부터 2020년 2월까지 총 268명을 파견해 시범실시까지도 진행해 왔다. 이것이 갑자기 변경되었다. 즉 당·정·청은 2020년 7월 30일 이른바 '국민을 위한 권력기관 개혁 당·정·청 협의' 라는 회의를 개최하고 스스로 2019년 초에 제시했던 정부모델안을 포기하고 그 대신 국가경찰-자치경찰 이원화 모델 대신 국가경찰-자치경찰 일원화 모델로 간다는 방안을 추진하겠다고 방향을 급선회 하는 김영배 의원의 정부안을 갑자기 내놓게 된 것이다. 전장에서 간략하게 언급했던 바와 같이 이번 김영배 의원의 일원화 정부계획안이 나온 배경은 코로나19의 세계적 대유행으로 인해 어려움이 많고 무엇보다 국가경찰-자치경찰 이원화로 진행할 경우 3조 6,000억원으로 예상되는 예산 마련이 쉽지 않다는 현실 문제에 기인하고 있다. 따라서 일원화 방안의 핵심은 추가로 별도의 자치경찰조직(자치경찰 인력 포함)을 설치하지 않고 기존 경찰 내부 업무를 크게 국가행정경찰과 국가자치경찰 및 국가수사경찰 등 3개의 업무 분야를 구분하여 그대로 국가경찰이 3개 영역을 모두 다 담당하는, 즉 지휘·감독만 분리하는 것이 바로 그 핵심 내용이다. 다만 이렇게 될 경우 당연히 국가행정경찰 사무는 기존대로 경찰청의 지휘·감독에 따르며, 역시 국가경찰공무원들이 맡게 되는 자치경찰 업무는 시·도지사 소속으로 설치되는 이른바 시·도자치경찰위원회의 지휘·감독 산하에 놓여졌다. 역시 국가 사무를 수행하는 수사경찰의 경우는 그 독립성이 필요해 경찰청 산하에 새로 국가수사본부가 설치된 후 임명되는 국가수사본부장이 지휘·감독을 맡게 되었다.

전장에서 논의한 바와 같이 2020년 8월 4일 김영배 의원이 경찰법-경찰공무원법 전부개정법률안을 통해 내놓은 정부안에 대해 제주도, 지역의회 등 정치권, 제주시민단체, 학계 등은 지난 15년간 정착되어 온 제주자치경찰제의 존치 필요성을 주장했다. 김영배 의원이 발의한 이른바 경찰청법 전부개정법률안에서는 부칙 제6조 제54항 속에 일명 「제주특별자치도 설치 및 국제자유도시 조성에 관한 특별법」(제특법) 제7장에 규정되어 시행해 오던 제주자치경찰과 관련한 법적 근거(자치공무원은 제외) 자체를 아예 삭제한다고 명시하고 있다.[85]

제주자치경찰제는 폐지되어 사라진다는 이야기다. 궁극적으로는 이렇게 될 경

---

[85] 김정호 기자, "제주의 소리, 제주자치경찰 존치하나? 여야 2020년 12월 1일 법률 개정안 합의"
(newss@hanmail.net), 2020. 11. 27.

우 제주자치경찰제는 독립조직으로서 기능과 권한이 없어지게 되는 것이다. 무엇보다 이렇게 결정될 경우 제주자치경찰은 제주특별법에 근거해 운영되던 법적 토대가 사라지고 이번에 개정될 이른바 경찰청법에 의해 전국과 동일한 경찰조직으로 격하되는 수순을 밟게 됨으로써 결국에는 국가경찰인 제주경찰청 소속의 국가경찰로 소속시키겠다는 것이었다. 이것은 최악의 시나리오이며 대안이 전혀 없는 것은 물론 아니었다. 그 대안으로 특례조항이 논의되어 왔다. 예를 들어 제주도의 주장은 경찰법 제36조에다가 추가로 특례조항을 하나 더 신설하여 현재의 제주특별법 제7장에서 명시하고 있는 제주자치경찰 관련 규정을 적용하도록 하면 된다는 주장이 바로 그것이다. 이러한 법적 토대가 구축되면 제주도의 자치경찰제는 김영배 의원의 정부안인 국가경찰-자치경찰의 일원화안에서 완전히 제외될 수 있는 것이다.[86]

　이와는 별도로 제주자치경찰단은 또 하나의 고민을 가지고 있는데, 기존의 순수 자치인력으로는 제주자치경찰제의 운영이 무늬만 자치경찰인 만큼 지구대와 파출소 시스템을 운영할 수 있도록 현재 제주국가경찰에서 파견 나와 있는 인력이 함께 이관되어야 한다는 입장을 내놓고 있다. 이것이야말로 실질적 자치경찰제가 되기 위한 기본 필수조건을 갖추는 길이기 때문이다. 제대로된 제주자치경찰제가 시행되기 위해서는 제주자치경찰의 경우 국가경찰의 인력이 함께 넘어오는 것이 맞다고 본다. 더욱이 현재 문재인 정부에서 김영배 의원을 통해 내놓은 정부의 일원화안은 영구적인 것이 아니라 코로나19로 인한 재정부족에 따른 임시안으로 이해해 볼 때, 머지않아 정치와 예산 문제가 안정될 경우 지방자치 이념에 맞게 광역시도에서 자치경찰제를 시행하는 이원화 자치경찰제로 변화되어 갈 것으로 보이며 또한 반드시 가는 것이 맞다고 본다. 최소한 1991년부터 지방자치제가 시행되고 있고, 국가경찰의 업무와 자치경찰의 업무가 분명히 따로 있다는 차원에서 볼 때 그렇다는 이야기다.

---

86) 제주도는 제주특별자치도 설치 및 국제자유도시 조성에 관한 특별법에 근거해 2006년 7월 1일부터 전국 최초로 자치경찰제도를 도입해 2020년 말 현재까지 전국 유일하게 운영 중이다. 2018년 대통령 직속 자치분권위원회가 자치경찰제도 도입안, 즉 국가경찰-자치경찰 이원화 방안을 마련해 추진하면서 같은 해 4월 30일 제주지방경찰청 소속 국가경찰이 1차로 27명이 제주자치경찰로 파견되어 전국 첫 지방자치 확대시범 운영이 시작되었으며 연이어서 같은해 7월 18일자로 제2차 지역경찰 등 96명이 파견되었으며 추가로 2019년 1월 31일자로 137명, 그리고 2020년 2월에도 추가 8명 등 총 4차례 268명이 현재 자치경찰에서 파견활동을 펼치고 있다(김정호 기자, "제주의 소리, 제주자치경찰 존치하나? 여야 2020년 12월 1일 법률 개정안 합의" 기사를 참조.

2) 김영배 의원이 제시한 정부의 일원화 자치경찰제 모델

위에서 살펴본 바와 같이 제주자치경찰제에 대한 존치의 당위성은 매우 많다고 본다. 15년간 운영된 제주자치경찰제를 한번에 폐지해 버리는 데서 오는 조직과 인력 및 예산 구조와 기능들 차원에서 후유증도 만만치 않기 때문이었다. 이런 의미에서 행안위원회도 고민이 많았던 것이 사실이다.

한편 국민의힘 정당 측에서 서범수의원도 경찰법개정안을 의원발의 했는데 핵심 내용은 김영배 의원 정부안에서 국가경찰이 맡도록 한 노숙자, 행려병자에 대한 보호, 공공청사 경비, 축제시 질서유지, 재난시 주민보호, 사회질서유지(예, 쓰레기 무단투기 단속), 주취자 문제 등의 업무를 제외시키기로 한 부분도 모두 포함하여 국회 행안위소위원회를 열어야 하는 과제에 직면해 있었다.[87] 다시 말해 국회 행안위소위원회는 향후 제주자치경찰제도를 존치시키느냐 여부에 대해 여야가 2020년 12월 1일 법률 개정안을 합의한다고 알려진 바 있다.[88] 그리고 더불어민주당이면서 국회 행안위원회 소속의 김영배 의원은 2020년 8월 4일 당정청이 합의하여 만들어 낸 자치경찰제 정부안 모델을 대표발의 했는데, 그동안 공청회 및 다방면의 의견 수렴 없이 졸속 진행되었다는 비판이 적지 않았다. 이러한 의미에서 김영배 의원실은 2020년 11월 3일 대한민국시도지사협의회 및 경찰청과 공동으로 국회에서 "자치경찰제 도입방안 논의를 위한 국회토론회"를 개최하고 다양한 의견을 수렴했다. 연이어 2020년 11월 13일 서영교 행안위원장과 행안위원 5명은 11월 16일 이른바 자치경찰과 국가경찰 일원화방안을 담은 "경찰법 및 경찰공무원법 전부개정법률안" 관련 공청회를 개최하기 전에 미리 제주도청을 방문해 김영배 의원의 정부안에서 폐지하기로 한 제주특별자치도의 자치경찰제를 존치시켜야 하는지에 대한 당위성 관련 의견을 듣기 위해 제주도청을 방문하기도 했다. 연이어 2020년 11월 16일 '경찰법·경찰공무원법 개정안(김영배 의원안) 공청회'를 통해 심층논의가 있었으며 행안위원회법안심사소위원회가 11월 23일과 27일 그리고 12월 1일 위 법안에 대해 집중적으로 다루면서 역시 제주자치경찰제

---

87) 마침내 국회 행정안전위원회는 2020년 12월 1일 법안심사소위원회를 개최하고 더불어민주당 김영배 의원과 국민의힘 서범수 의원이 대표발의 한 경찰법 개정안의 합의 처리 시도를 예고하기도 했다.
88) 애초 행안위원회는 2020년 11월 23일과 26일에 본격적으로 소위원회를 개최해 경찰법개정안을 다루기로 했으나 모두 무산된 것으로도 알려졌으며 12월 1일 다시 다룰 것이라는 등 여러 추측들이 나오기도 했다.

의 존재여부에 대해 다루었으며 여기서 핵심쟁점은 제주자치경찰제가 법조문에 특례나 부칙 등의 방법을 통해 전국의 유일한 독립조직으로 계속해서 운영해 나 갈 수 있는지에 대한 고민이 컸었다.89)

8. 제주자치경찰제도의 존치결정과 제주국가경찰협의회의 인력이관 반대

1) 제주경찰 직장협의회 "국가경찰 이관시 치안력 감소"로 이관 반대 표명

2020년 12월 30일자 제주도민일보90)를 보면 김영배 의원의 자치경찰제 관련 정부안에서 제주자치경찰제는 폐지되는 것으로 개정안이 발표되었다. 이것이 2020년 12월 1일 국회행안위원회 제2소위원회에서 최종결정되었다. 제주지방경찰 청 산하 경찰서에 조직되어 있는 직장협의회91)에서는 "제주 자치경찰 존치 및 인 력이관 반대"에 관한 성명을 전격적으로 발표했다. 제주국가경찰협의회가 내놓은 주장들은 다음과 같이

- "자치경찰 이원화 운영으로 치안력이 감소한다면 그에 대한 책임은 누가 지는 가?"
- "도민의 안전을 위해 신중한 결정을 해야 할 때"
- "2020년말 현재 국회에서는 단일한 국가경찰조직에서 국가경찰 사무와 자치경 찰 사무를 모두 처리하되, 시도자치경찰위원회를 통해 경찰사무를 통제 받도록 하는 내용의 '자치경찰일원화법(경찰법 등 개정안)'이 김영배 의원의 대표발의 에 의해 논의 중"
- "제주자치경찰은 국가경찰과 자치경찰을 둘로 나눠 운영하자는 이원화를 주장 하고 있다"
- "국가경찰이 파견되기 전까지의 자치경찰은 '무늬만 경찰'이라는 곱지 않은 시

---

89) 김정호 기자, "제주의 소리, 제주자치경찰 존치하나? 여야 2020년 12월 1일 법률 개정안 합의" (newss@hanmail.net), 2020.11.27.

90) 제주도민일보(홍석형 기자), 제주경찰직장협의회 "국가경찰 이관시 치안력 감소"로 이관 반대 2020. 11. 30.

91) 2020년 12월 현재 법적으로 경찰서 단위에서만 경감 이하 유니폼 경찰들에게 직장협의회 조직 이 허용되고 있다. 즉 경찰서 단위 이외에는 아직까지 직장협의회 구성이 여전히 금지되어 있 다.

선을 받기도 했으며, 더 나아가서 자치경찰의 수사 능력, 업무능력의 향상은 국가경찰 파견 이후라고 보는 시각이 많다"

- "그래서 자치경찰의 노하우는 14년간의 노하우라기보다는 국가경찰에서 인력을 파견하기 시작한 2018년 4월 이후부터라고 보는게 맞다는 의견도 타당하다고 본다"

- "2020년 7월 30일 당.정.청 협의를 거쳐 2020년 8월 4일 더불어민주당 김영배 의원이 경찰법. 경찰공무원법 전부개정안을 발의하면서 제주자치경찰은 폐지로 가닥을 잡았는데, 제주도와 제주도의회에서 제주특별자치도법의 입법취지에 배치된다며 반발했고 제주자치경찰단의 존치와 현 시범운영 수준의 인력이관을 요구하고 있다"

- "당초 이원화 방안으로 추진돼 왔던 정부의 자치경찰제 안이 일원화로 변경돼 추진되고 있기에, 이원화 방안의 효과성 검증 등을 위해 추진돼 온 제주자치경찰확대 시범운영은 더 이상 지속해야 할 이유와 필요성이 사라지게 됐다"

- "시범운영을 위해 자치경찰단으로 임시 파견됐던 국가경찰 인력은 시범운영 종료와 동시에 국가경찰로 전원 복귀돼야 함은 당연한 이치"

- "그럼에도 불구하고 제주자치경찰단은 자치경찰 존치에서 더 나아가 이원화 방안 시범운영을 위해 임시 파견된 국가경찰 인력 전원을 즉각 넘겨달라고 요구하고 있다"

- "제주자치경찰 확대가 필요하면 자치적으로 인력을 충원하면 된다. 왜 치안의 공백과 도민의 불편함을 감수하면서까지 국가경찰의 인력을 이관받아 자치경찰의 몸집을 키우려 하는가"

- "그건 '자치경찰단 자체 인력만으로는 자치경찰제를 시행할 능력이 없다는 것은 아닐까?'라는 의구심이 든다"

- "그러한 이원화라면 오히려 일원화를 해 집중적이고 체계적인 관리 및 운영이 더 필요하다"

- "제주도만 국가와 자치를 둘로 나눌 필요없이 전국적으로 시행하고 있는 국가경찰 일원화가 도민들의 혼선을 막을 수 있고 질 높은 치안 서비스를 제공할 수 있다"

- "이원화 경찰제도는 지방분권이라는 큰 명제와 함께 가야 하는 제도라는 데는 공감한다"

- "하지만 현시점 제주에서의 이원화가 최선의 선택인지는 고려해야 할 점이 많다"

- 중복 출동 문제를 우려한다. 즉 112신고 총 57종 중 45종은 국가경찰, 12종은 자치경찰이 분담해서 처리하고 있지만 현장의 상황에 따라 이중 출동을 해야 하거나 이첩을 해야 하는 문제가 발생해 사건처리 시간이 일원화보다 많이 걸린다.
- "지금은 자치경찰에 파견 간 직원이 국가경찰에 함께 있었던 직원이라 상대의 업무라도 먼저 조치를 해주면서 서로 이해하며 원활하다지만 명백히 이원화가 되면 서로의 업무가 맞는지 아닌지에 대한 다툼과 혼선은 보지 않아도 뻔하다"
- "국가경찰은 112출동 외에도 범죄예방, 수사, 치안정보 수집, 경비 등의 업무를 동시에 담당하고 있다. 자치경찰로 인원을 이관하면 업무부담 증가는 당연한 이야기"
- "그렇지 않아도 지역경찰 인원이 모자란 상황임에도 일부를 자치경찰로 이관을 하게 되면 인력난으로 인한 피해는 오롯이 도민의 몫인 것이다. 이런 문제로 자치경찰로 인력 이관을 반대한다"
- "2019년 제주 자치경찰 치안만족도 조사 결과 '자치경찰 교통안전활동 만족도'는 7.3%에 불과했다"
- "교통안전활동은 특히 지역경찰 등 타 부서.기능의 지원.협력이 필요하지만 자치경찰의 협업 수준은 의문점이 많다"
- "교통환경이 상대적으로 열악한 제주는 한정된 인력을 분산하기보다는 국가경찰로 일원화해 운영하는 것이 바람직하다"
- "잘 알려진 것처럼 제주의 치안여건은 그다지 좋지 않고 경찰인력은 늘 부족한 상태다. 안전지수가 매년 전국 꼴찌이고 인구 10만명당 사건사고 발생비율은 전국에서 최상위권"
- "자치경찰에 인력을 이관한다면 그에 대한 책임은 누가 질 것인가? 도민의 안전을 위해 신중한 결정을 해야 할 때"

라는 입장을 내놓았다.

2) 국회 행정안전위원회 법안심사 제2소위원회 「경찰법」·「경찰공무원법」 심의결과

예상했던 대로 2020. 12. 1(화) ~ 12. 2(수) 사이에 국회 행정안전위원회 회의실에서 행안위원회 소속의 박완수 소위원장, 이해식 위원, 김영배 위원, 양기대 위원, 오영환 위원, 임호선 위원, 김용판 위원, 서범수 위원, 이은주 위원이 모여 위에서 살펴본 김영배 의원안과 서범수 의원이 발의한 법안에 대해 심의했다.[92] 즉 이번 행안위원회 제2법안소위원회 심의 결과는 매우 진보적이었다. 그동안 적지 않은 쟁점이 되었던 안건들이 합의를 이끌어 냈고 다음과 같이 합의안이 발표되었는데, 이는 2020년 12월 9일 국회 본회의에서 통과를 예정했다. 그리고 2021년 1월부터 6월 말까지 시범실시에 들어간다는 복안도 함께 나왔다.

　그동안 국가경찰측에서 반대해 온 노숙인·주취자·행려병자 보호조치 관련 업무는 자치경찰 직무를 수행하는 국가경찰이 맡지 않고 기존대로 지방자치단체가 맡는 것으로 정리되었다.

〈표 10-16〉 행안위원회 제2법안소위원회 심의 결과

구 분	김영배 의원안(8.4)	제2법안소위 심의결과
자치경찰 사무	◦안전사고 및 재해·재난 등으로부터 주민보호	◦안전사고 및 재해·재난 시 긴급구조지원
	◦노숙인·주취자·행려병자 보호조치	◦〈 삭 제 〉
	◦주민일상생활과 관련된 위반행위 지도·단속	◦좌동. 다만, 지자체 등 다른 행정청 사무 제외
	◦공공시설과 지역행사장 등 지역경비 사무	◦지역 내 다중운집 행사 관련 혼잡 교통 및 안전관리
	◦지방자치단체 관리 공공청사 경비	◦〈 삭 제 〉
	◦지역축제 등 각종 다중운집 행사 관련 혼잡 교통 및 안전관리	◦〈 삭 제 〉
	◦학교폭력 범죄	◦학교폭력 등 소년범죄
	◦성폭력 범죄	◦공연음란, 성적복적 다중이용장소 침입죄
	◦가출인·실종아동 등 관련 범죄	◦가출인·실종아동 등 관련 수색·수사
국가경찰 위원회	◦〈 신 설 〉	◦위원의 특정 성(性)이 10분의 6 초과 불가
	◦〈 신 설 〉	◦제주특별자치도 자치경찰에 대한 국가경찰의 지원·협조 및 협약체결 조정 등 주요 정책 사항

---

92) 자료출처: 대한민국시도지사협의회(2020. 12. 2).

경찰 지역 분장	◦ 시·도지사 소속으로 시·도 경찰청을 두고	◦ 시·도에 시·도경찰청을 두고
시·도 자치 경찰 위원회	◦ (추천) 시·도의회 2명, 국가 경찰위원회 2명 시·도자치경찰위원회 위원추천위원회 2명 ◦ (지명) 시·도지사 1명	◦ (추천) 시·도의회 2명, 국가경찰위원회 1명 시·도 교육감 1명 시·도자치경찰위원회 위원추천위원회 2명 ◦ (지명) 시·도지사 1명
	◦ 위원자격 판사·검사 또는 변호사 직에 3년 이상	◦ 위원자격 판사·검사·변호사 또는 경찰의 직에 5년 이상
	◦ 위원제한 사유 중 국가 및 지방자치단체 공무원 퇴직 후 1년	◦ 위원제한 사유 중 국가 및 지방자치단체 공무원 퇴직 후 3년
	◦ 〈 신 설 〉	◦ 위원의 특정 성(性)이 10분의 6 초과 불가
	◦ 시·도자치경찰위원회 위원 1회 연임	◦ 시·도자치경찰위원회 위원 연임 불가, 전임자의 남은 임기 1년 미만인 경우 1회 한하여 연임 가능
	◦ 비위사건에 대한 감찰 및 감찰요구	◦ 비위사건에 대한 감찰요구〈감찰 삭제〉
	◦ 시·도자치경찰위원회 사무기구에 경찰공무원 둘 수 있도록 임의규정	◦ 시·도자치경찰위원회 사무기구에 경찰공무원 둘 수 있도록 의무규정
전국적 치안 유지	◦ 〈 신 설 〉	◦ 경찰청장은 자치경찰사무와 관련하여 시·도의 경찰력으로 공공의 안녕과 질서유지가 어렵다고 인정할 때에는 시·도경찰청장 지원·조정
국가 재정지원	◦ 〈 신 설 〉	◦ 자치경찰사무 담당 공무원 조례에서 정하는 예산범위 내 재정 지원
	◦ 〈 신 설 〉	◦ 시·도의회 예산의 효율적 관리를 위해 시·도자치경찰위원장 출석 요구
제주도 경찰 기관 특례	◦ 〈 신 설 〉	◦ 제주특별자치도의 경우 시·도자치경찰위원회 설치, 자치경찰사무 지휘·감독(제주자치경찰단 포함) ◦ 인력이관 부처 간 협의 진행(대통령령 위임)
시범운영 특례	◦ 〈 신 설 〉	◦ 시·도경찰청장과 시·도자치경찰위원회 협의, 시범운영 실시(2021. 6. 30까지)

출처: 대한민국 시도지사협의회, 내부자료(2020).

9. 제주자치경찰제의 존치와 제주자치경찰의 소속변경

국회 행정안전위원회 법안심사 제2소위원회는 2020년 12월 1일과 2일에 걸쳐 국가수사본부 신설과 자치경찰 도입, 정보경찰 개혁 등의 내용을 담은 경찰법 개정안 등에 합의했다.[93] 이제 본 법안이 2020년 12월 9일 본회의에서 의결되면 현행 경찰의 업무는 향후 3가지로 나누어진다. 즉 국가경찰과 자치경찰로 나누어진다. 그리고 향후 자치경찰 업무는 시·도자치경찰위원회에서 지휘·감독하게 될 예정이다. 또한 검경수사권 조정에 따라 국가경찰에 전격 이관되는 수사기능은 새로 창설되게 되는 이른바 국가수사본부에서 전담하게 될 것이다.

특히 그동안 비상한 국민의 관심 대상이었던 제주자치경찰제는 존치시키는 것으로 최종결론이 났다. 다만 제주자치경찰은 그동안 제주특별자치도지사 소속으로 운영되어 왔는데 이것을 현행 도지사 관할에서 향후 새로 생기게 될 일명 제주자치경찰위원회로 변경되도록 최종 결론이 났다. 이는 다른 16개 광역시도와 형평성을 맞추는 형태로 결론을 맺게 되었다.

10. 제주자치경찰단에 파견된 국가경찰의 원대복귀

2018년부터 제주자치경찰에 파견되어 시범실시를 수행하던 제주지방경찰청과 산하 경찰서 소속의 파견 국가경찰관 268명은 「국가경찰과 자치경찰의 조직 및 운영에 관한 법률」에 따라서 2020년 12월 31일을 기해 모두 원대복귀하였다. 이로써 제주자치경찰은 원래대로 자체 조직만으로 근무하는 체제로 되돌아갔다. 이제 위의 법률에 따라 제주도청에 제주자치경찰위원회(위원 7명)가 창설되면 이들 제주자치경찰은 그 산하에 소속되어 지휘를 받으며 운영된다. 이에 따라 제주자치경찰위원회는 기존의 자치경찰관과 위원회 산하에서 자치경찰업무를 수행하게 되는 국가경찰조직을 지휘·관리하게 되었다.

---

93) [KBS 제주] 보도(문준영 기자): https://news.v.daum.net/v/20201202221626970?f(검색일: 2020. 12. 2).

제11장

통일 이후 남북한의 통합자치경찰제도에 관한 미래 설계

제11장 ● 통일 이후 남북한의 통합자치 경찰제도에 관한 미래 설계*

제1절 독일 경찰 통합의 사례 분석

1. 동독 공안국의 현황

독일의 분단은 1945년 제2차 세계대전에서 패망후 미국, 영국, 프랑스, 소련이 분할 점령하면서 시작되었다. 이처럼 동독과 서독의 분단이 지속되다가 1989년 11월 공산주의 종주국이었던 소련이 해체되면서 동독에서는 방향을 잃게 되었다. 동시에 동독 공산당 정부차원에서 대변인이 잘못 이해 및 실수로 "즉시 동독은 국경을 개방한다"고 잘못 발표함으로써 일시에 동독시민들이 베를린 장벽으로 몰려들었고, 국경경비대가 이를 막지 못한 채 결국 통제불능 상태에 빠졌다. 이렇게 갑자기 국경이 개방됨으로써 동서독은 분단 45년 만에 재통일을 이루는 상황을 맞았다. 1989년 11월 순간적인 오류 발표에 따라 무너져 버린 동독은 전의를 잃고 통제 불능상태에 스스로 직면함으로써 서독은 점령하고 있던 4대 강대국(미, 영, 프, 소)을 설득하여 통일의 길을 열게 되었다. 당시 사회주의 국가였던 동독의 국가공안은 모두 사회주의통일당 당원들이었다. 또한 동독의 사회·통치제도에 대한 전략적 감시기관으로서 국가공안은 40년 이상 많은 하부조직을 가지고 있었다.[1]

이늘은 통제, 교육 기구, 그리고 강압적인 조직을 이끌었다. 농녹에서 지도기관으로서 국가공안국은 검찰과 경찰의 권한을 가지고 모든 행정조직, 즉 모든 영

---

* 통합자치경찰제는 현재 18개 지방경찰청 산하 국가경찰이 향후 각 광역시도의 시도지사 소속으로 들어가서 현재 조직 그대로 자치경찰로 신분이 전환되는 것을 의미한다. 물론 중앙정부에는 고유의 국가경찰사무를 수행하기 위해 국가경찰이 존재하게 됨을 상정한다.

1) 한겨레신문사, 1998, pp. 530-531.

역을 조사할 수 있는 권한을 누렸다. 동독의 국가공안은 비공식 협력자를 1989년 기준으로 무려 17만 3천여명이나 유지했다. 이들 국가공안은 지나치게 많은 비공식 조직망으로 인해 동독 주민들로부터 동의나 정당성을 얻지 못하는 상황에 있었다.

2. 동독 국가공안국 해체와 관련 자료 공개

분단국에 오랜 기간 노출되어 있던 동독 주민들은 상상하기 어려울 정도로 불만이 쌓였고 1989년 혼란기를 틈타 수십만명이 극적으로 탈출하였다. 이 당시 동독의 구 체제는 동독인들의 분노에 의해 완전히 붕괴되었다. 시민들은 사회주의통일당뿐만 아니라 시민 탄압의 앞잡이였던 국가공안국에 대해 분노했으며 1989년 10월 9일 동독 지역 라이프치히 시에서 대규모 집회도 일어났다. 동독의 혼란기에 사회주의통일당뿐만 아니라 국가공안국도 멘붕에 빠졌으며 이들에 의해 동독 사회는 어느 정도 견딜 수 있었다.

국가공안국은 시민들의 시위에 의해 자신들이 점령되는 등 일련의 변화들에 의해 해체되는 길로 나아갔다. 이와 동시에 자신들의 비밀 자료들은 파괴되다가 중단되었다. 시민들로부터 국가공안자료를 공개하라는 요구가 나왔고 1990년 초 동독의 비밀경찰은 시민운동의 압력으로 인해 결국 해체의 길로 나아갔다. 1990년 6월 요하임 가우크(J. Gauck, 동맹 90 소속)가 의장에 선출되었고 민주적으로 선출된 인민의회는 마침내 비밀경찰을 해산하기 위한 안건과 국가공안국 자료들을 처리하기 위한 법적 규정을 마련하는 위원회를 개최하였다. 1990년 8월 24일 동독 인민회의는 만장일치로 옛 국가공안국/국가보위부의 인적 자료에 대한 보안과 이용에 관한 법을 의결하게 되었다.[2]

이는 매우 광범위하게 규정되었다. 추후 이 법은 통일 독일 연방의회에서 압도적으로 가결되는 역사를 남겼다. 국가공안국은 개인의 인권을 침해해 왔으며 이 법을 통해 개인들은 동독 국가공안국이 아직까지 보유하고 있던 정보들을 확인할 수 있는 기회가 주어졌다. 특히 위의 법은 큰 의미를 지니고 있었는데 예를 들어 복권과 명예회복, 형사소추, 정치적인 검증 및 동독 공안의 과거와 현대사적 재평가를 위해 180km나 되는 국가공안국 자료에 대한 이용에 대해 모두 규정하

---

2) 한겨레신문사, 1998, pp. 530-531.

고 있었다.3) 이는 동독정권 비밀경찰의 음모를 밝은 곳으로 이끌고 나올 수 있도록 결정한 것이었다. 이는 그 당시 통일독일의 경찰과 관련된 엄청난 역사적 사건이었다.

3. 서독 경찰 중심의 동독 경찰을 흡수 통합 및 '혼합적 운용' 방식을 선택

서독은 동독과의 대결 관계에서 각 지방자치단체 간에는 밀접한 협력을 진행하였지만 유독 국가정보 기관과 경찰기관 간에는 국가안보적 특성으로 인해 가까이 할 수 없었던 것은 다연한 일이었다. 서독 중심의 동독이 정치적으로 흡수통일 되면서 역시 경찰기관도 서독경찰기관에서 흡수되어 통폐합되는 것으로 인식되었지만 꼭 그렇지만은 않았다. 서독은 연방경찰이 자기 고유의 업무를 수행하며 각 16개 주들은 각 주내무부 산하에 지방경찰청을 운용한다. 그리고 도시나 시읍면 단위에서 자치경찰을 운용하는 곳도 있다.4)

서독은 통일 당시에도 동독의 경찰조직을 급속하게 일방적으로 한번에 흡수하지도 않았다. 일단 이전의 동독 경찰조직이 자기 스스로 자생력을 가지도록 지원하는 이른바 '혼합적 운용' 방식을 선택했다.5) 특히 옛 동독의 경찰조직을 서서히 개편했으며 경찰인력에 대한 재임용 절차를 밟으면서 시간을 가지고 통합을 위한 전면적인 혁신 작업을 진행했다. 하지만 사실상 동독의 경찰관들의 경우 예를 들어 순경급을 제외하고는 대다수의 간부급 대부분은 해체수준을 밟게 된 것으로 알려졌다.6)

---

3) 한겨레신문사, 1998, pp. 530-531.
4) 대표적인 곳이 헤센주의 주도인 프랑크푸르트시를 예로 들 수 있다. 이곳은 시장이 도시경찰을 운용하고 있으며 매우 활발하다.
5) 김성훈, "자치경찰제에 근거한 남북한 경찰통합에 대한 연구", 서울대학교 통일평화연구원, 「통일과 평화」, 11(2), pp. 399-446.
6) 이윤호·남재성·차훈진. (2006), 독일의 경찰통합 사례에 따른 남북한 경찰조직의 통합방안, 「한독사회과학논총」, 16(2), pp. 304-343.

제2절   미래 남북한 통합자치경찰의 현황

1. 문재인 정부의 자치경찰제 도입 방향

위의 전장에서 살펴본 바와 같이 2017년 5월 10일 출범한 문재인 대통령은 우리나라 자치경찰제 도입과 관련해서 많은 노력을 기울이고 있다. 2003년 출범했던 노무현 정부와 이명박 정부(2008) 및 박근혜 정부(2013)는 기초자치단체 차원에서 자치경찰제를 도입하고자 했던 방향과 달리 문재인 정부(2017)는 17개 광역시도 차원에서 자치경찰제를 도입한다고 발표했다. 물론 여당인 더불어 민주당, 대통령 소속 자치분권위원회, 경찰청 및 청와대가 공동으로 합의를 이루어 향후 자치경찰제 도입을 위한 방향을 정했다. 이어서 2019년 여당 간사였던 홍익표 의원이 경찰법 전부개정안을 통한 자치경찰제 도입 방안을 발표하면서 그 구체적인 방안으로 국가경찰 및 자치경찰 이원화모델을 대표발의 했다. 하지만 20대 국회에서 제대로 다루어보지도 못한 채 2020년 5월말 20대 국회는 임기만료와 함께 본 법안 역시 자동 폐기되었다.

이어서 2020년 5월 말 출범한 21대 국회에서 역시 더불어 민주당 소속의 김영배 의원은 2020년 8월 경찰법과 경찰공무원법 전부개정법률안을 대표발의 했으며 이전에 발표되었던 홍익표 의원의 자치경찰제 모델은 국가경찰-자치경찰이 따로 운영되는 이원화 모델이었다. 그러나 김영배 의원은 이를 전격 변경하여 이른바 국가경찰-국가경찰 일원화모델을 제시했다. 국가경찰이 행정경찰-국가수사본부 수사경찰-자치경찰 등 3대 영역을 모두 맡게 되는 일원화 모델 방식을 새로 발표하게 된 것이다. 이처럼 국가경찰이 자치경찰의 기능까지 모두 맡게 되는 일원화 모델이 제시된 근본 이유에 대해 이를 대표발의한 김영배 의원은 코로나바이러스 위기 상황이기 때문에 17개 광역시도에 지원해주어야 할 막대한 국가예산(3조 6,000억원 예상)이 너무 부족하기 때문이라고 했다.

아무튼 2020년 가을 정기국회에서 본 법안이 통과되면서 시행모델에 관한 구체적인 윤곽이 나타나게 되었다. 이미 여당과 정부에서는 2021년 1월 1일을 기해 국가경찰 중심의 일원화 자치경찰모델을 시행하겠다는 입장을 내놓은 바 있다.

2. 통일 이후 우리나라의 국가경찰제와 자치경찰제

어느 나라를 막론하고 고유 국가경찰사무와 자치경찰사무가 존재하고 있는데, 이는 언제가 될지는 모르지만 남북한이 통일을 이루는 경우에도 변함이 없을 것으로 본다. 향후 통일 한국은 독일연방제나 미국연방제와 같은 연방제 국가로 갈 가능성도 매우 크다고 본다. 통일 한국이라는 국토의 크기도 있고 인구도 남북한을 합쳐 7천만명을 훌쩍 뛰어 넘어 갈 가능성도 큰 만큼 연방제 국가를 지향할 공산이 크다. 그리고 어떤 방식으로든 통일 한국도 자치경찰제를 지향할 것으로 예측된다. 연방제 국가인 독일의 경우 1990년 10월 3일 재통일되면서 16개 주(州/서독 11개주와 동독지역의 신연방주 5개)로 재편되었으며, 연방에는 연방경찰(Bundes-polizei)과 16개 주경찰(Landespolizei), 기초자치경찰(Stadtpolizei)[7]로 정착 및 발전하고 있다. 따라서 지금부터 미래 남북한 통합 자치경찰을 미리 어설프게라도 설계해 나가는 것도 의미가 있다고 본다.

한편 1990년 10월 3일 동서독이 통일되기 직전까지 서독과 동독의 경찰체제는 형식적 차원에서 볼 때, 예를 들어 서독은 11개 주 중심의 이른바 분권형 자치경찰이었고 동독은 국가경찰체제로 나뉘어 운영되고 있었다. 그 근본적인 차이점을 보면 〈표 11-1〉과 같다.

〈표 11-1〉 동서독 경찰의 주요 차이점

구분	서독경찰	동독인민경찰
조직체계	• 각 주(州)에 경찰권이 부여된 분권화된 조직체계 및 그에 따라 연방경찰과 주 경찰로 이원화	• 국가의 내무부를 중심으로 중앙집권화 된 일원적 조직체계
임무	• 위험의 방지 및 제거, 방어적 민주주의 차원에서 헌법에 반대하는 세력에 대한 철저한 감시를 하되, 그러나 경찰직무의 범위는 사실상 구체적으로 제한	• 위험에 대한 방지와 사전 제거, 복지에 대한 철저 보장, 사회주의체제 수호, 반체제인사 감시, 그러나 직무의 범위는 모호하며 광범위 함
권한	• 관할사무에서 근무 중에 얻었던 관	• 사소한 경찰업무 영역에까지도 경찰

7) 기초자치경찰은 헤센주의 주도인 프랑크프르트시의 도시경찰(Stadtpolizei)이 대표적이다. 이에 대한 자세한 내용은 신현기, "프랑크프르트시 도시경찰제와 서울시 자치경찰제 도입에 관한 실태 분석", 한국치안행정학회, 「한국치안행정논집」, 13(4), 2017, pp. 89-112를 참고할 것.

		감독관서의 지시 범위에 철저하게 구속됨은 물론이고 기계적으로 경찰업무가 수행됨. 그리고 경찰업무를 수행하는 방식을 결정할 때는 독자적인 재량권을 보유하지 못했음
	련 정보에 근거하여 독자적 책임 하에 수행	
신임교육 및 승진	• 경찰학교에서 2년 6개월 직무교육 후 배치 • 승진조건으로 40세 이상 10년 근무 경력과 6개월간의 연수가 요구됨	• 경찰학교에서 5개월의 직무교육 후 6개월간 인민경찰양성소에서 실습 후 배치 • 경찰나이의 제한 없이 동독 경찰학교에서 보통 2년간의 경찰간부 교육을 받은 다음 승진 가능
인력구성 (베를린)	• 동·서 베를린 간에 초급경찰간부가 차지하는 비중에는 별반 차이가 크지 않았음. 전체 경찰 중에서 최소한 경정 이상 급의 경찰간부들이 차지하고 있는 비율을 보면 특히 서베를린(West–Berlin)의 경우 약 1.35%임. 하지만 동베를린의 경우는 3.8% 정도를 차지 함.	
수감자 감시	• 교도경찰의 업무나 과도한 업무 부담이 있을 경우 치안경찰이 지원	• 인민경찰의 본래적 권한이며, 장비는 경찰 개개인이 독자적으로 구비

출처: 통일연구원, 『독일통일 총서5 경찰분야 통합 관련 정책문서』(통일부, 2014), p. 28; 김성훈, "자치경찰제에 근거한 남북한 경찰통합에 대한 연구", 서울대학교 통일평화연구원, 「통일과 평화」, 11(2), p. 409에서 재인용.

독일의 경우도 장장 45년간 분단되어 있었다. 동독이 갑자기 붕괴된 이후 분단독일의 점령국이었던 미, 영, 프, 소의 동의하에 동서독 간 통일조약이 맺어졌으며 그 조약을 근거로 동독의 신연방주 5개가 독일연방에 가입하는 조건으로 통일 16개 주가 통일 되었다. 이는 분명 누가 보아도 법적으로나 정치행정적으로 동독이 서독으로 흡수통일 되는 방식이었다. 동독 5개 주가 탄생한 후 스스로의 결정에 따라 기존에 존재하던 서독 11개 연방주로 선거를 통해 연방 가입이 완성되었다. 이제 모든 독일 16개주는 독일 연방법체계에 들어갔다(1990년 10월 3일 0시를 기준/베를린은 10월 1일 13시).8) 이때 동독 중앙정부에 귀속되어 있던 인민경찰의 경찰권도 역시 서독에 인수되었다. 다음절에서는 독일의 상황을 큰 그림에서 참고하면서 미래 통일 한국의 경찰통합을 위한 방향을 그려보고자 한다.

---

8) 자세한 내용은 김성훈, "자치경찰제에 근거한 남북한 경찰통합에 대한 연구", 서울대학교 통일평화연구원, 「통일과 평화」, 11(2), p. 411을 참조할 것.

제 3 절 미래 남북한 자치경찰의 통합 방향

우리나라도 남북통일을 대비한 자치경찰제 분야에서 통일 이후를 대비한 미래 설계가 점차적으로 요구되고 있다. 공산주의 종주국이었던 소련이 1989년 11월 급속히 붕괴된 이후 동구 공산권 국가들이 완전히 와해되었으며 그 와중에서 동독이 스스로 붕괴되었다. 서독정부는 이 기회를 잘 살려서 동서독이 분단된 지 약 45년 만인 1990년 10월 3일 우여곡절 끝에 점령국이었던 미, 소, 영, 프 연합국의 동의를 얻어 동독을 흡수하는 방식으로 재통일을 이루게 되었다.

독일의 재통일이 보여주었듯이 한반도에서 북한의 붕괴 또한 예측하지 못한 상황에서 어느날 예고 없이 찾아올 수도 있다. 우리나라도 이 점에 대해 지속적으로 대비할 필요가 있다. 특히 북한은 오랫동안 유엔의 경제제재를 받고 있는 관계로 수년간 이어지는 식량 부족, 스스로 국제무대에서 폐쇄국가를 고집함으로써 어려움이 가중되고 있다. 특히 핵무기 개발로 인해 UN 등 국제사회로부터 제재를 받고 있다. 고립은 물론이고 식량이나 의약품 원조의 현저한 감소가 지속되고 있다. 20년 이상 지속된 경제난으로부터 3대째 권력세습을 이어 통치하는 김정은 정권에 대한 반체제 단체의 탄생 그리고 화폐개혁의 실패에서 나온 북한 인민들의 민심 이반 및 탈북자들의 증가에 따른 사회적 불안이 증가하고 있다. 이러한 일련의 상황들은 점진적으로 남북한이 통일로 이어질 가능성이 미미하나마 기대감을 갖게 된다.

비록 급속하게 남북한의 통일이 이루어지지는 않을지라도 이러한 상황이 지속된다면 남북한의 통일 가능성도 증가함은 물론이다. 따라서 우리나라도 통일을 서서히 준비하는 관과 민의 지속적인 합동 노력이 지속적으로 요구되고 있다.

그동안 우리나라에서 통일독일의 사례를 중심으로 사법, 행정, 경찰, 정치, 사회, 문화, 군사, 교육, 경제 분야에서 수많은 학술 연구들이 진행되었지만 ~~유독~~ 우리나라의 통일 이후 남북한의 통합형자치경찰제도9)에 관한 미래 설계 관련 연구

---

9) 여기서 통합자치경찰제도는 현재의 국가경찰 중 18개의 지방경찰청이 광역시도지사 산하에 소속되어 기존의 인력, 예산, 기능을 그대로 유지한 채 자치경찰기능을 수행하는 것을 상정하는 것이다. 그리고 국가경찰은 고유업무인 수사, 외사, 보안, 대규모시위, 위조화폐, 마약 등의 국가경찰업무를 수행하는 것을 의미한다. 이것이 중요한 이유는 통일한국은 독일의 경우와 같은 연방국가를 상정해 볼 수 있으며 남한에서 만일 통합형자치경찰제가 시행 정착된다면 자연스럽

는 지금까지 중앙 및 지방정부 차원에서조차도 거의 공론화된 적이 없는 상태로 남아 있다. 부언하면 지금까지 남북한 자치경찰에 대한 연구는 사실상 여전히 본격적인 논의조차 해보지 못한 실정이다. 다행히 이 테마와 관련해 다룬 학술논문이 처음으로 발표되었는데, 김성훈의 "자치경찰제에 근거한 남북한 경찰통합에 대한 연구"가 바로 그것이다. 본 연구 저서는 국내 처음으로 시도되었다는 차원에서 그 의미가 적지 않으며 후속연구에도 일정한 기여가 기대된다.

익히 알려진 바와 같이 오늘날 북한은 지방정부 차원에서 지방자치제나 자치경찰제를 전혀 시행하지 않고 있는 실정이다.[10] 언제인가 한반도에서 통일이 이루어진다고 가정할 경우, 그 양자 간 통합의 시기와 양 체제의 사회행정이 안정을 되찾을 과도기간까지는 적지 않은 혼란이 예상된다. 또한 사회영역에서도 수많은 각종 범죄들이 발생할 수밖에 없을 것이다. 이러한 가능성을 상정하여 사전에 혼란을 철저하게 방지하기 위한 통일 이후 남북한 통합형자치경찰제도에 관한 미래 설계를 구축해야 할 필요성이 점차 커지고 있음에 주목해야 한다. 남한의 17개 광역시도 차원에서 자치경찰제가 시행 및 구축되고 중앙정부의 국가경찰은 통일한국의 연방경찰로 상정해 볼 수 있다. 위에서 살펴 본 통일독일의 경찰통합 방식을 심층 분석하고 참고해 보는 것도 미래 남북한 경찰통합에 있어서 좋은 길라잡이 역할도 가능하리라 본다.

통일독일이 사실상 흡수통일 방식으로 전개되었듯이 본 장에서 논의방향 역시 남북한의 통일시 남한이 북한을 흡수통일 하는 상황을 가정하고자 한다. 동시에 남한과 북한의 통합형자치경찰제도의 방식을 통한 경찰통합을 전제로 북한지역의 통합형자치경찰 관련 조직설계를 펼치는 것이 바람직하다고 본다. 특히 점진적이며 단계적인 운영시스템을 마련함은 물론 통합형자치경찰의 조직적 차원에서 보다 구체적인 토대를 제시해 나가야 할 것이다. 하지만 중요한 것이 있다. 즉 여기서 남한이 북한을 흡수 통일한다는 이야기는 결코 강압방식이 아니라 양자 간에 대화와 교류를 지속적으로 나누며 이에 따라 점진적인 합의 통일을 이루는 방식

게 연방경찰과 남한의 17개 주경찰 및 동독처럼 북한의 새롭게 만들어질 광역시도에도 통합자치경찰제를 적용시켜 연방국가에 가입하는 것을 상정해 보고자 한다. 이러한 기초는 문재인정부에서 2020년 8월 김영배 의원이 제시한 일원화 자치경찰제 모델제안이 연계 될 수도 있을 것이다.

10) 남한에서는 1991년 전국적으로 광역시도가 탄생하여 지방정부별로 지방자치제가 본격 실시되어 오고 있다. 또한 같은해 8월 경찰법의 통과로 이미 행정안전부의 외청으로 경찰청이 독립하였으며, 제주특별자치도에서는 일명 제주특별법에 따라 국내에서 유일하게 제주특별도지사가 2006년 7월 1일부터 자치경찰제를 시행하고 있다(2020년 7월에 만 14주년).

을 전제로 하고 남북경찰통합 문제를 풀어가는 것을 핵심 선상에 두어야 한다. 남북이 지속적인 소통을 통해 안정적으로 경찰통합을 이룰 수 있도록 방안을 찾는 것이 가장 중요한 핵심 사항이다.

특히 여기서 가정하는 남북한 통합형자치경찰제도란 남한의 통합자치경찰이 통일 후 통합형자치경찰의 업무를 준비하는 핵심 주체가 됨은 물론 북한지역에서는 국가경찰제도를 취하면서 지금까지 상당한 비밀에 휩싸여 있는 등 거의 비밀 사항에 붙여져 있는 상태다. 하지만 이를 가정하여 북한지역 행정부처에 새로이 통합형자치경찰제를 새롭게 설계하는 것을 전제로 하여 최종적으로는 남한의 통합형자치경찰제 조직 내에 가입시킨다는 방안을 가정한다.

남한에서 먼저 민주주의가 더욱 안정되고 공고화된 이후 현재 국가경찰 18개 지방경찰청 조직이 그대로 17개 광역시도지사의 산하에서 들어가서 운영되는 자치경찰제 방식을 상정해 볼 수 있다. 이렇게 국가경찰을 자치경찰로 전환해서 운영하는 방향으로 간다면 – 독일식 연방제 방식처럼 – 이것이 곧 통합형자치경찰제로 정착화 되는 방식이라고 가정한다. 미래 통일 한국에서도 북한 지역의 각 광역도 차원에서 운영 중이던 경찰조직을 한국의 통합형자치경찰제 방식으로 전환해 전국을 통일 한국의 연방경찰과 각 주별 통합형자치경찰 방식으로 전환시키는 방안을 설계해 볼 수 있다. 그리고 통일 한국도 독일연방처럼 통일 후에는 현재의 각 광역시도를 독일의 연방주처럼 州중심의 연방국가로 발전해 가는 것을 준비해 나갈 필요가 있다고 본다.

무엇보다 여기서는 남한의 경찰과 그 학술연구의 대상이 되는 북한의 국가경찰제 조직을 이른바 미래 통일한국의 통합형자치경찰제라고 정의하고자 한다. 그렇지만 통일 이후 남북한 통합형자치경찰에 대한 경찰조직의 설계기준 혹은 보다 구체적인 운영방안 등은 모두 전적으로 국가가 주체가 되어 설계되어야 할 주요 사안이다. 이러한 중요한 이유 때문에 본 저서에서는 연구자의 주관적인 시각에서 간단하게 몇 가지 종류의 아이디어 정도만을 제공하는 차원에 머물고자 한다.

이른바 통일 후 통합형자치경찰제를 설계하는데 있어 미미하나마 도움이 되는 것은 서독의 경우도 1990년 10월 3일 동독과의 통일 시에 사전에 통일을 수용할 준비를 충분히 갖추고 있지 않았던 관계로 많은 어려움을 겪었던 게 사실이다. 동독이 예측하지 못한 상황에서 갑자기 붕괴되었기 때문이다. 그럼에도 불구하고 1990년 10월 3일 45년 만에 양독이 재통일을 이루어 내었다. 이렇게 성공적으로 통일을 마무리 한 독일연방은 정치, 경제, 사회의 통합 이외에 양독 간 경찰통합 또한 성공적으로 마무리하였다.

통일독일의 경찰통합 사례 및 모델은 분명 분단되어 있는 한반도에도 많은 참고나 도움이 될 수밖에 없다고 본다. 특히 공산주의 체제인 북한의 경우 아직 자치경찰제가 논의된 바도 없을뿐더러 자치경찰제라는 논의 자체가 존재할 수도 없는 체제 속에 있다는 점에도 주목할 필요가 있다. 여기서는 남북한 통일 시에도 북한은 당연히 동독의 경우처럼 자치경찰제를 시행하지 않고 있다는 점을 전제로 한다.

물론 독일의 경우도 서독지역에서는 이미 11개주가 연방제 시행을 통해 연방경찰, 주경찰, 자치경찰제가 존재해왔다. 그러나 사회주의 국가였던 동독지역에는 자치경찰제 없이 직접 공산당인 사회주의통일당 및 중앙정부의 직접통치가 지배했기 때문에 이로 인해 자치경찰제는 존재하지 않았던 상황이 바로 우리나라 상황과 비슷한 공통점이 존재한다. 이는 한반도 통일 시에 우리식의 남북한 통합형 자치경찰제도를 설계하는데 좋은 모델로 활용될 수 있다고 본다. 이러한 독일의 상황을 토대로 해서 본 저서에서는 우리가 처한 남북상황을 심층 비교 분석하면서 미래 남북한 통합자치경찰제도의 설계에 관한 아이디어를 내놓아야 하는 입장이다.

선행연구를 검토해보면 다음과 같다.

예측하지 못한 상황에서 불시에 직면하게 될지도 모르는 남북통일을 미리미리 지속적으로 대비하여 통일 후 통합자치경찰제를 설계해보는 일은 궁극적으로 국민의 생명과 재산을 지켜주고 질서를 유지해 주어야 하는 법정신에 입각해서 볼 때 매우 중요한 일이다. 이러한 의미에서 볼 때, 통일 대비 남북한 통합자치경찰제도에 관한 그 법적, 제도적 토대를 구축하는 과제를 이제는 서서히 논의하며 구축해 나가야 할 때가 되었다고 본다. 지금까지 통일부나 학술단체 등에서 남북한의 경찰통합 관련 준비에 있어 그 토대가 될 만한 공개학술 토론회 등은 사실 전무한 실정이었다. 심지어 10여개가 훌쩍 넘어 가는 경찰 관련 학회들이 존재하는데도 불구하고 학회의 학술세미나에서조차 미래의 경찰통합에 대한 연구논문 발표나 주제 토론도 거의 없었던 게 사실이다. 다만 경찰 관련 학술지에 실린 남북한 경찰통합 관련 논문들도 미미한 실정이다. 물론 통일독일 이후 동서독의 경찰통합과정에 관한 논문은 몇 편이 연구되어 발표된 것이 있기는 하다.

2006년 7월부터 제주도에 국한해 제주도지사가 자치경찰을 별도로 운영해 왔고 본 제도를 전국지역에 확대 실시하려는 계획하(2018. 4~2020. 12 현재)에 경찰청은 제주국가경찰을 제주자치경찰단에 보내 시범실시도 진행 중에 있다. 이를 시범 실시해 본 이후 전국으로 확대(제주국가경찰관 260여명을 자치경찰단에 파견해 이원화 시범 실시) 하는 방안도 추구했으나 아쉽게도 문재인 정부에서 예산의 부족 문제 때문에 방향을 완전히 틀 수밖에 없었다. 즉 2020년 8월 발표된 문재인 정부의 자치경찰제 관련 정부안의 골자는 국가경찰이 국가경찰업무와 자치경찰 업무까지를 모두 합쳐서 수행하기로 하는 일원화 방안으로 도입계획을 전격 변경하게 된 것이 바로 그것이다.

아무튼 우리나라 자치경찰제에서 맡아야 하는 기능을 국가경찰이 국가공무원 신분을 유지한 채 자치경찰 사무까지 모두 맡는 것으로 가닥이 잡히게 된 것이다. 하지만 전국 경찰직장협의회 비상대책위원회(직협 비대위)는 일원화 자치경찰제 방안과 관련해 기존의 국가경찰업무에다가 추가로 자치경찰로서 지방자치단체의 업무까지 모두 맡게 될 가능성이 크다며 네거티브 반응을 보였으며, 더 나아가서 국가경찰이 국가경찰신분을 그대로 유지한 채 국가경찰 및 자치경찰기능을 동시에 수행하는 국가경찰관들에게 과중한 부담이 될 것이라고 강하게 반발하기도 했다.11)

기존의 국가경찰기능과 국가경찰이 함께 수행하게 될 자치경찰은 향후 매우 작은 일부 영역이기는 하지만 이것이 중요한 기둥으로 구축되면서 통일 이후 통합형자치경찰제도에 대비해 하나의 훌륭한 기본토대로 작용하게 될 것으로 기대된다.

한편 독일의 경우 동서독 통일 후 이른바 통일범죄중앙수사부를 설치하여 통일 이전에 동독에서 시민의 인권을 탄압한 경찰들을 처벌하는 절차도 거쳤다. 많은 해당 경찰들은 처벌을 받았으며 파면되기도 했다고 알려져 있다. 이러한 제도나 사례는 통일 이후 한국의 통합형자치경찰제 추진에서도 좋은 시사점을 던져줄 수 있을 것이다. 역시 우리나라도 통일 이후 북한의 경찰관들 중에서 시민의 인권을 탄압했거나 혹은 광범위하게 지탄받을 만한 인권침해를 자행한 북한경찰의 범죄가 발견되면 독일처럼 (가칭)통일범죄중앙수사부를 설치하여 시시비비를 가리는 방안도 필요하다고 본다.12)

---

11) 아시아경제, https://www.asiae.co.kr/article/2020101409514513516(검색: 2020. 10. 16.).

1. 통일 후 남북한 통합형자치경찰의 설계 방향

1) 경찰조직설계의 결정요인 분석

통상적으로 조직을 설계하는데 있어서 가장 중요한 과제들 중 하나는 상당히 다양한 여러 환경요인들의 요구에 맞추어야 하고, 동시에 즉각적으로 발생하는 변화들에 대응할 수 있도록 설계되어야 함이 매우 중요하다. 흔히 조직을 설계하는 데 있어서 영향을 미치는 중요한 요인은 조직환경, 규모, 전략, 기술 등인데, 이에 대해 몇 가지만 살펴보면 다음과 같다.

첫째, 조직환경 요인이다. 통일 후 남북한 통합형자치경찰 조직의 환경도 거의 단순하게 예측만 하는 정도일 뿐이고 동시에 과도기적 상황이므로 불확실성이 굉장히 높은게 또한 사실이다. 이 때문에 통일 후 통합형자치경찰제 조직의 설계도 역시 통일된 북한지역에서 범죄를 적발하고 처벌하며 그 범죄 발생 수치를 지속적으로 줄여나가고자 하는 노력도 함께 목적으로 삼을 필요가 있다. 따라서 통일 후 남북한 통합형자치경찰제도의 심층 설계는 남북한이 통일 시점뿐만 아니라 통합해 나가는 과도기적 과정들에서 나타날 수 있는 여러 제반 환경에 많은 영향을 받을 수밖에 없을 것으로 본다.

둘째, 규모의 요인이다. 이 규모야말로 조직의 공식화와 조직의 복잡성 및 집권화의 차원을 사전에 예측하는 매우 중요한 요인이 된다. 남북한이 통일된 이후 과도기를 거치는 동안 일련의 과정들 속에서 북한지역의 행정부처와 지방자치단체의 숫자 및 인구를 감안할 때, 남북한 통합형자치경찰제의 인력수준이 어느정도 적절한지를 판단하는 결정도 또한 매우 중요한 과제 중 하나이다. 첨언하면 북한지역의 행정부처나 지방자치단체들에 기준을 두고 진행하는 것이 합당한지 아니면 남한의 현재 국가경찰관들의 규모와 숫자를 기준으로 삼아야할지, 또는 전혀 새로운 결정기준을 마련해야 하는 것인지 여부는 통일 이후 남북한 통합형 자치경찰제도의 전체 규모를 결정해 주는데 있어서 상당히 중요한 하나의 변수로 작용할 수밖에 없을 것이다.

셋째, 전략의 요인이다. 통일 이후 남북한 통합형자치경찰조직을 새로이 설계해야만 하는 과정 속에서 조직의 규모, 조직의 지역적 분산, 조직의 의사결정구

---

12) 김성훈, p. 413.

조, 인력의 배치, 북한 지역에서 통합형자치경찰의 재배치와 교육훈련, 행정부처의 규모, 공무원의 수, 예산의 확보와 수립 및 지출, 통합자치경찰의 장비와 장구 확보의 규모, 남한과 북한 전지역 간 행정시스템의 일치화 정도 및 전산시스템의 현대화 등 일련의 전략적인 문제들은 중요한 요인 중 하나로 작용할 수밖에 없을 것으로 본다.

넷째, 기술적 요인이다. 흔히 기술이란 어떤 조직 내에서 이익을 남기기 위해서 예산을 투입(input)한 다음 그것으로부터 산출(output)을 많이 이끌어 내는 일련의 과정 내지는 방법이라고 볼 수 있다. 말하자면 우리가 기술(technology)을 말할 때, 이는 기법, 원자재, 기계, 지식, 능력, 컴퓨터, 장비 및 기술(skill)들의 결합체로 인식되기도 한다. 따라서 통일 이후 통합형자치경찰제도의 경우도 통상적인 기술보다는 오히려 비일상적 기술이 더많이 요구될 가능성이 큰편이며 경찰조직을 설계하는 경우에도 특히 기술요인에 따라서 큰 영향을 받을 가능성이 얼마든지 있을 것이다.

이와 같이 통일 이후 남북한 통합형자치경찰제도에 관한 조직설계는 위에서 제시한 전략, 기술, 환경, 규모 등과 함께 상당히 밀접한 연계성을 지니고 있다. 이뿐만 아니라 조직설계에도 역시 직접적인 영향을 미친다고 인식된다. 지금까지 살펴본 이론적 배경에 토대를 두고 통일 이후 남북한 통합형자치경찰제도의 조직설계를 남북한이 통일되기 전과 통일된 이후 과도기 및 통일 후 통합형자치경찰 단계로 구분해 통일 통합형자치경찰제도의 조직설계를 가정해보면 다음과 같다.

2) 통일전 준비단계로서 조직의 설계

우선 통일전의 준비단계는 남북한의 통일을 가정해 통일시 일련의 환경변화와 북한지역의 지리적 여건 및 전체 인구규모를 기준으로 남한지역의 행정부처와 지방자치단체의 신설 기준을 참조하여 남북한 통합자치경찰제도의 규모를 결정하고 기술과 전략수준도 역시 결정할 수 있을 것이다. 여기서 중요한 과제 중 하나는 남북한 통일시에 남북한 통합형자치경찰제도에 있어 중요한 근간이 되는 법적, 행정제도적 장치들을 심층 연구한 다음 관련 법안이나 통합형자치경찰제도의 구체적인 방향을 세워 놓는 일이다. 통일은 동서독에서 보여주었듯이 어느날 갑자기 올 수도 있기 때문이며 이것이 준비되어 있지 않으면 남북한 통합형자치경찰제도가 정착되기까지 과도기 상황에서 시행착오가 상당히 커질 가능성이 있다.

이 때문에 이제부터라도 우리나라 경찰을 관장하는 행정안전부와 경찰청 등은 통일 후 남북한 통합형자치경찰제도를 대비해 필요한 전문 인력과 공간, 장비와 장구 및 각종 관련 설비 등을 예측한 후 경찰조직 및 예산의 설계도 구축해 나가야 함은 당연하다고 본다. 미리 준비하는 것 만큼 좋은 일은 없으며 지금부터 준비해야 하는 중요한 시점에 와있다고 본다. 특별히 예산의 설계와 평상시의 준비노력은 특히 미래 한반도에 발족하게 될 남북한 통합형자치경찰제도의 탄생에 있어서 아주 중요한 과제중 하나에 해당한다고 본다.

2. 통일과도기 남북한 통합자치경찰제도의 조직설계

남북한이 통일된 다음 과도기는 북한지역이 혼란한 상황을 원활히 극복하고 안정된 상태에서 행정부처와 지방자치단체가 행정범을 적발하거나 처벌할 수 있기 전까지의 기간을 의미한다. 이러한 과도기적 기간에서 남북한 통합형자치경찰제도의 조직설계는 관련된 다수의 국가기관들과 긴밀하게 협력치안을 유지하는 단계이며 여러 가지 임시적인 조치들도 모두 포함된 설계가 이루어져야 하는 일련의 과정이기도 하다.

우선 1단계는 비상계엄 상황을 상정하고 있다. 특히 군대가 경찰업무를 대행해야 하는 상황을 가정하고 통일 이후 남북한 통합형자치경찰제도를 설계해야 할 것으로 본다. 이 때는 공공행정기관들이 아직 안정을 되찾기 이전이므로 언제든지 신속하게 설계가 수정 및 보완될 수 있는 단계에 해당된다.

2단계는 드디어 완전하게 통일된 상태를 위한 남북한 통합형자치경찰제도의 바탕 위에서 경찰을 운영하기 위한 제도적, 법적, 예산의 차원에서 수정 및 보완된 조직설계에 따라 수정하여 조직과 운영설계를 완성하는 단계이다.

3단계는 일정수의 남북한 통합자치경찰제도의 시행을 위한 경찰인력을 북한지역 행정부처와 자치단체 내의 경찰 설치부서에 긴급배치 하는 문제와 남한의 통합자치경찰인력의 수급계획이 가미된 통합자치경찰의 인력 설계가 요구될 것이다.

4단계는 남북한 통합형자치경찰제도의 총괄 관리기관인 행정안전부 산하 경찰청에 설치되어야 하고 인원을 대폭 증원하며 남한 행정부처들의 남북한 통합자치경찰제도와 연계된 컴퓨터망 구축, 통합자치경찰 관련 장비와 무기 및 기타 필요한 설비 등을 갖추는 준비가 이루어지는 단계이다.

1) 통일 후 남북한 통합자치경찰제도의 설계 완성에 따른 적용

통일 후 남북한 통합형자치경찰제도의 설계 완성단계에서는 무엇보다 북한지역도 상당히 안정된 상태에 놓여 있음을 의미한다. 따라서 이 때는 통일 후 남북한 통합형자치경찰제도에 따른 소속 경찰관들이 하나의 경찰청 산하에 연결되어 (가칭)남북한 통합형자치경찰법과 경찰조직시스템의 토대 위에서 운영할 수 있게 된 시기인 것이다. 물론 통일 한국은 독일의 경우처럼 연방국가를 상정한다. 즉 남한은 17개 주가 탄생하고 현재 북한에 있는 1직할시, 2특별시, 1특급시, 9도 등 총 13개 광역시도가 13개주로 탄생하는 것을 가상한다. 물론 통합이 이루어질 것이 예상되지만 30주가 탄생하는 것을 가상하고자 한다. 스위스의 경우는 한국의 경상도와 전라도 크기에 해당되는 작은 영토이지만 무려 26개의 주로 나뉘어져 총 26개의 주정부가 연방을 이루고 있다. 이미 북한에도 행정조직체계가 남한과 비슷하게 조직되어 기능하고 있다는 점은 통합에 있어서 긍정적 요인이다.

현재 남한의 경찰청급에 해당하는 북한의 정부부처는 2020년 5월 명칭이 변경된 사회안전성이다. 북한은 1948년 9월 사회안전성 및 사회안전부를 사용하다가 2000년 4월 인민보안성으로 개명했다. 그러나 또다시 2020년 5월 인민보안성을 현재의 사회안전성으로 전격 개명했다.[13] 이처럼 한국의 경찰청에 해당하는 사회안전성은 물론 평양에 본부를 두고 있다. 그리고 도(道) 단위급에는 보안국(局)이 있으며 시(市) 단위급에는 보안부(部)를 두고 있다. 마지막으로 동·리와 같은 단위급에는 보안소를 설치해 운영 중이다.[14] 이와 같은 북한의 현체계는 남한의 현재 경찰조직의 체계와 거의 일치하므로 남북한 통일정부가 미래의 통일 한국연방정부와 지방정부들이 경찰조직을 운용하는데 있어 크게 도움이 될 근거가 된다. 북한 지역에서는 이와 같이 기존에 잘 갖추어져 있는 북한의 사회안전성 조직을 체계적으로 잘 활용할 수 있기 때문에 여러 혼란기의 상황에서 혹시 모를 치안소요사태에 체계적으로 잘 관리할 수 있을 것이라는 점에서 매우 긍정적이라고 본다.

그리고 김성훈은 "자치경찰제에 근거한 남북한 경찰통합에 대한 연구"를 통해

---

13) 김창윤, "북한의 치안정책에 관한 연구", 한국경찰학회보, 제22권 제4호(통권 83호), p. 337.
14) 김성훈, "자치경찰제에 근거한 남북한 경찰통합에 대한 연구", 서울대학교 통일평화연구원, 「통일과 평화」, 11(2), p. 432를 참조할 것; 김창윤, "북한의 치안정책에 관한 연구", 한국경찰학회보, 제22권 제4호(통권 83호), p. 337; 신윤창 외, "남북한 치안체제 비교 및 통일대비 통합방안", 「한국비교정부학보」, 21(1), 2017, p. 77.

남북 경찰의 단계별 조직체제를 [그림 11-1]과 같이 설계하여 내놓았는데, 그 의미가 매우 크다.

[그림 11-1] 남북한 경찰의 단계별 조직체제

출처: 김성훈, "자치경찰제에 근거한 남북한 경찰통합에 대한 연구", 서울대학교 통일평화연구원, 「통일과 평화」, 11(2), p. 427을 참조할 것.

남북한 경찰조직의 경우, [그림 11-1]에서 보는 바와 같이 매우 긍정적인 공통점이 존재한다. 즉 양자 간에는 조직구조적 측면에서 비슷한 면이 있다. 남한과 북한의 경찰조직상 상부조직에서 하부조직으로 연계된 체계의 명칭들이 모두 차이가 있기는 할지라도 아무튼 양자가 상호 간에 매우 유사한 구조로 형성되어 있으며 각급 경찰조직의 기능이나 역할 차원에서도 역시 적지 않은 공통점을 지니고 있다. 그 좋은 예가 북한의 도 단위에 설치되어 기능하는 보안국의 경우다. 이는 남한의 18개 시도경찰청처럼 상위 기관인 경찰청 처럼 상부로부터 치안기획이나 치안정책 및 치안지침들을 하달 받아 수행하기도 하는 경찰의 하부조직이 바로 보안서와 보안소 등이며15) 특히 이는 남한의 경찰서와 지구대/파출소에 해당한다.

---

15) 김성훈, "자치경찰제에 근거한 남북한 경찰통합에 대한 연구", 서울대학교 통일평화연구원, 「통일과 평화」, 11(2), p. 428을 참조할 것.

〈표 11-2〉 남한과 북한의 경찰조직체제의 비교표

남한		북한	
중앙	경찰청	중앙	사회안전성
각 도(道)	지방경찰청	직할시, 도(道)	지방보안국
시, 군, 구	경찰서	시, 군	보안서
기초단위 조직	지구대/파출소	리, 동	보안소, 분주소

출처: 김창윤, "북한의 치안정책에 관한 연구", 한국경찰학회보, 제22권 제4호(통권83호), p. 337; 김성훈, "자치경찰제에 근거한 남북한 경찰통합에 대한 연구", 서울대학교 통일평화연구원, 「통일과 평화」, 11(2), p. 427을 참조할 것.

한편 위와 같은 시기는 특히 북한지역의 행정부처에 남북한 통합자치경찰제 소속 자치경찰들의 임용문제와 함께 교육과 재교육의 과제, 남한 자치경찰의 북한지역 통합자치경찰기관에서 그리고 역시 그 반대의 경우 등 일정기간 동안 상호 간에 교류근무체계, 통합자치경찰의 업무수행을 위한 자치경찰청사나 사무실의 구축과 개선, 통합자치경찰이 필요로 하는 물품의 준비완료, 그리고 기타 필요한 설비의 신설 등이 체계적으로 갖추어져야 한다. 그 밖에 이 시기는 통일 후 통합자치경찰이 상호 통일을 이루는 상황이기 때문에 통일 통합자치경찰에 적합한 법률이 수정되고 제대로 보완됨으로써 통일 통합자치경찰의 면모를 상당히 갖추는 단계가 될 것이다. 특히 이 경우는 남한의 통일 통합자치경찰에 근거해 통합된 것을 근거로 해야 하므로 이미 관련 법률적 근거들을 모두 수정하고 보완한 단계인 것이다.

2) 북한 사회안전성(경찰청)의 경찰

남한의 경찰계급은 순경~치안총감까지 11개 계급을 사용하고 있다. 그러나 북한은 별도의 경찰계급을 가지고 있지 않으며, 다만 조선인민군의 15단계 계급 체계를 차용해서 사용 중이다. 간부급의 경우 경찰로 근무하다가 군장교로도 근무하는 등 겸직을 하는 시스템을 혼용하는 것으로 알려져 있다.

2020년 하반기 남한의 경찰관은 약 128,000명 정도에 달한다. 남한이 북한에 비해 인구가 2배 정도 더 많은데도 불구하고 오히려 북한의 경찰수는 훨씬 더 많다. 신현기는 "북한 경찰(인민보안성)에 관한 연구"에서 북한의 경찰을 약 30만명으로 추정했다.[16] 김창윤은 자신의 연구에서 북한의 경찰인원을 경비요원과 공병

요원 및 보안원 등을 포함해서 약 20만여명에 달할 것으로 추정했다.17) 이에 반해 김성훈은 자신의 연구에서 2018년 기준 북한의 경찰수에 대해 비밀에 휩싸여 있고 정확한 자료를 접하기가 어려운 관계로 정확히 알 수는 없다. 다만 이전에 나와 있는 자료를 통해 얼추 추산해보면 대략 30만명 정도로 추정해 볼 수 있다.18) 북한의 경찰수가 많은 이유는 공공기관의 건설분야까지도 경찰이 직접 담당하며 공공건물의 건축도 보안문제 때문에 직접 챙기는 상황이기 때문에 상당히 많은 경찰력을 유지하는 것으로 분석된다.

제 4 절 통일 후 통합형자치경찰의 단계적 조직화를 위한 방안

1. 통일전 준비단계

한반도의 통일을 철저하게 대비하고 각 행정기관에 통일 후 남북한 통합형자치경찰을 차분하게 준비하는 핵심 주체가 될 통일부 산하 남한의 통합형자치경찰제와 밀접하게 관련된 여러 가지 환경들 그리고 새로운 통합형자치경찰조직의 설계 대상에 해당되는 미래 북한의 통합형자치경찰과 관련된 중요한 제반 환경적 상황들이 무수히 존재한다. 아직 북한은 국가 창설 이후 현재까지 자치경찰제에 대해서는 논의조차 상상하기 어려운 상황에 놓여 있다는 특수성을 지닌다. 이러한 양자의 특수한 상황들을 살펴보면서 미래 대한민국의 통일 후 통합형자치경찰에 관해 논의해 보기로 한다.

2. 남한 통합형자치경찰조직의 환경

1990년 10월 3일 갑작스럽게 재통일을 이룬 독일의 통일과정을 살펴보면 서

---

16) 신현기, "북한 경찰(인민보안성)에 관한 연구," 한독사회과학회, 『한독사회과학논총』, 제12권 제2호, 2002.

17) 김창윤, "북한의 치안정책에 관한 연구", 한국경찰학회보, 제22권 제4호(통권83호), 2020. p. 356.

18) 김성훈, "자치경찰제에 근거한 남북한 경찰통합에 대한 연구", 서울대학교 통일평화연구원, 『통일과 평화』, 11(2), p. 428을 참조할 것.

독의 경우 나름대로 오래전부터 재통일을 위한 준비작업을 막연하게 나마 준비해 온 것으로 보여진다. 특히 서독은 정치, 경제, 문화, 법, 행정적 측면에서 동독과 관계 개선을 위해 많은 노력을 기울였지만 동독측의 비협조로 수많은 시행착오를 겪은 것으로 알려져 있다. 더구나 동독의 경우는 재통일 준비는 상상도 안했을 뿐더러 특히 정치, 경제, 행정 및 사회 문화적으로도 서독에 비해 매우 낙후되었으며 비교조차 되지 않았다. 그러다 뜻하지 않게 갑자기 동독이 붕괴되면서 스스로 무너져버린 동독과 재통일을 이룬 서독의 통일과정을 볼 때 한국이 얻은 중요한 교훈은 사전에 철저하게 준비해 나가야 한다는 점이었다.

그나마 서독은 급작스런 통일을 감당할 만한 강한 경제력이 어느 정도 뒷받침되었기 때문에 그 엄청난 혼란을 수습할 능력을 발휘할 수 있었던 것이다. 서독의 경우 재정능력이 상당했으며 추가로 통일세와 같은 새 예산확보 방안을 통해 재정문제를 해결했다. 각 행정부처 간의 통합을 이루는데 혼란을 극복함은 물론 자연스럽게 기존에 양독 내의 두개였던 기구들을 성공적으로 통합하기 위한 사전 준비작업이 철저했다. 즉 상호 체제가 각기 서로 다른 두 개가 하나로 통합되는데 있어서 법적, 제도적, 인적, 조직적, 예산적 차원에서 준비가 제대로 갖추어지지 않는 재통일은 오랜 기간동안 시행착오와 다수의 혼란 및 비효율을 감수해야 한다는 사례를 우리에게 예멘의 통일뿐만 아니라 독일통일의 사례에서도 잘 보여주었다.

따라서 중앙정부가 핵심 주체가 되어 총론적 입장에서 착실하게 준비해 나가야 하며, 동시에 각 행정부처들은 각론적 차원에서 경찰조직을 어떻게 통합해 나갈 것인지를 법적, 제도적으로 심층 연구해야 한다. 지금부터라도 경찰조직을 통합하는 기초연구에 착수함은 물론 보다 구체적으로 접근할 수 있는 방안들을 하나씩 강구해 나가야 할 것이다. 이와 같은 상황 분석적 차원에서 볼 때 통일 후 남북한 통합형자치경찰을 어떤 방식으로 통합할 것인가에 대해 경찰조직설계를 시급하게 준비해 나가야 할 것이다.

통일 후 독일의 재통일 교훈으로부터 우리가 크게 관심을 갖는 것은 다음의 두 가지이다. 즉 하나는 중앙정부의 협상과 합의 절차 등 이른바 정치적 노력들이 매우 중요하다는 점이다. 둘째, 이에 못지않게 또 중요한 것이 독일의 사례처럼 남북한 지방자치단체들 상호 간에 자매결연을 맺고 밀접한 파트너 협력을 통해 경제, 환경, 위생 및 방역 협력을 도모하는 일도 중요한 방안이 될 수 있다.

그러면서 동시에 각종 제도 통합을 위한 공통점들도 심층적으로 찾아 나가야 한다. 주목할 것은 독일의 사례에서 볼 때, 특히 자매결연을 맺은 지방자치단체들 간에 수많은 상호협력이 통일 전이나 후에도 여전히 밀접하게 진행되었다.

행정부처가 상호 잘 통합될 때, 통일 후 통합형자치경찰제도 또한 그 행정부처의 조직 속에서 자연스럽게 통합될 수 있는 것이다. 그리고 또다른 새로운 제도들도 역시 잘 구축될 수 있을 것이다. 이처럼 위의 상황들을 종합해 볼 때 매우 중요한 과제는 우리 남한의 정부가 남북 간의 첨예한 대결 속에서 지속적으로 화해 무드를 창출해 내고 남한과 북한의 광역시도 간에 자매결연을 맺고 예산을 확보해 끊임없이 지원을 펼쳐 나가고 신뢰를 구축하는 일부터 진행해 나가는 것이 중요하다고 본다.

특히 광역시도 지방자치단체 간 신뢰형성 구축은 너무나 중요하다는 사례를 독일의 통일 협력에서 여실히 보여주었다. 혹자는 이러한 접근 방식을 밑빠진 독에 물붓기, 의미 없는 짝사랑, 또는 해서는 안 될 국민 세금 낭비라고 비판할지도 모른다. 하지만 독일의 사례를 볼 때, 오히려 플러스 요인이 더 컸다고 인식된다. 서독이 동독에 대해 짝사랑을 퍼부으면서 많은 예산도 들어간 것으로 알려져 있다. 그러나 동독이 무너지면서 서독은 동독이라는 5개의 연방주를 다시 흡수하는 민족통일을 이루게 되는 행운을 얻기도 했다.

한편 이것이야 말로 공산주의가 할 수 없는 일이며 자유민주주의만이 행할 수 있는 선택이다.

3. 북한 통합형자치경찰조직의 환경

북한에서 식량난이 날로 심각해지며 이로 인한 탈북자가 증가하고 권력투쟁 등으로 인해 언제 붕괴될지도 모르는 환경이 지속되고 있다. 한국 정부에서는 국가경찰이 행정경찰, 수사경찰, 자치경찰의 모든 기능을 수행하는 일원화 자치경찰제를 시행하기로 문재인 정부와 여당에서 방침을 정하고 입법절차도 마무리 했다. 이를 위한 법적 토대와 제도를 공고화 하고 충분한 노하우를 구축함은 물론이고 더 나아가서 이와 같은 토대 위에서 통일 후 남북한 통합형자치경찰조직의 설계도 시작하는 작업을 서두를 필요가 있다.

특히 미래를 행해 중장기적 차원에서 (가칭)남북경찰교류담당관이 설치되는 것도 중요한 과제 중 하나일 수 있다고 본다. 이러한 환경 상황을 잘 활용하여 수사기법뿐만 아니라, 첨단치안장비를 갖추는 데 어려움이 많은 만큼 점차적으로 지원방안을 찾아나갈 필요가 있다. 물론 극한 대치 상황에서 쉽지는 않지만 차근차근 북한에 치안한류를 점진적으로 전달하는 방법을 지속적으로 연구해 나가는 노력도 지속해야 할 것이다.[19) 북한에 대해 치안장비 등을 적극 지원하는 방안도 연구해 나가야 한다. 또한 단순하게 북한에 대한 치안원조 선상에서 그치지 말고 큰 그림에서 본격적인 남북경찰교류의 중요한 물꼬를 터주는 마중물로서의 역할이 무엇인지도 고민해 나가야 한다.

독일의 동서독 경찰통합의 사례에서처럼 미래 남북한 간 통합자치경찰제도의 적용은 남한이 우선적으로 사전에 경찰조직체계와 관련 법령을 잘 체계화해서 시행해 본 노하우를 북한지역에 경찰인력을 파견한다든지 자매결연과 같은 수단과 방식을 통해 향후 북한지역에 창설될 통합형자치경찰조직의 체질을 강화시켜 나가면서 적용할 설계를 준비하는 것도 중요한 대목이다.

다시 정리해 보면 상술한 통합형자치경찰제 도입 방안이 원활히 전개되기 위해서는 무엇보다도 현재 실행을 위해 입법화 과정을 밟고 있는 남한의 자치경찰제가 17개 광역시도 차원에서 신속하고 안정적으로 확고하게 정착시켜 내구성도 강화하면 좋을 것이다. 특히 남한의 현실에 맞게 통합형자치경찰제도가 깊이 뿌리내리고, 향후 이러한 토대 위에서 통일 후 남북한 통합형자치경찰제도에 대한 후속연구가 활발히 진행되도록 중앙정부 산하의 통일부와 관련기관인 경찰청 차원에서도 지속적 노력이 이루어져야 한다.[20)

4. 통일 후 통합형자치경찰의 규모 설계

통일 후 통합자치경찰제도의 규모를 어느 정도로 할 것인가에 대해 집중적인 설계를 구축해 보기 위해서는 우선적으로 북한 전역의 행정구역, 부서의 수, 인구 규모, 남한의 전체 경찰조직 등이 빼놓을 수 없는 중요한 기준이 된다고 본다. 현재 남한의 경찰청, 18개 지방경찰청, 257개의 경찰서, 지구대 585개, 파출소 1,437개 등에서 행하게 될 자치경찰제도를 기준으로 남북 통일 후 북한지역에서

---

19) 김성훈, "자치경찰제에 근거한 남북한 경찰통합에 대한 연구", 서울대학교 통일평화연구원, 「통일과 평화」, 11(2), p. 427을 참조할 것.

20) 자세한 내용은 김성훈, "자치경찰제에 근거한 남북한 경찰통합에 대한 연구", 서울대학교 통일평화연구원, 「통일과 평화」, 11(2), p. 441을 참조할 것.

도 같은 방식으로 적용하는 것을 상정한다.

1) 북한의 인구와 면적

북한은 2008년 북한 중앙통계국이 유엔인구기금의 지원을 받아 국제기준에 맞춰 인구센서스를 실시했는데 총인구가 2,405만여명 정도였다.[21] 또한 미국 중앙정보부(CIA)는 2012년에 세계 238개국의 인구를 발표한 바 있다. 이 자료에 따르면 남한의 인구가 48,860,500명이었고 북한의 인구는 남한의 절반에 해당하는 24,589,100명 정도였다.[22] 북한의 경우 인구가 다소 증가하여 2019년도 경우는 약 2,545만명으로 추정된다는 자료가 나오기도 했다. 위 자료를 취합하면 남북한의 총인구는 대략 7,540만명에 달할 것으로 예측되고 있다.

[그림 11-2] 북한 지도

출처: https://image.fmkorea.com/files/attach/new(검색일: 2020. 10. 10).

---

21) https://100.daum.net/encyclopedia/view/24XXXXX59644(검색일: 2020. 10. 10).
22) 신현기, 『특별사법경찰론』(파주: 법문사, 2017), p. 317.

참고로 남한 인구는 주민등록상 인구 기준으로 이미 2012년 5월 31일에 50,819,380명을 넘어섰다고 알려졌다. 통계청은 우리나라 전체 인구가 오는 2040년 5,000만명대인 5,085만5,376명, 2044년 4,987만2,642명으로 떨어지고, 2066년에는 3,979만2,385명으로 각각 더 내려갈 전망이다.23)

하지만 본 저서에서는 북한 자료확보의 어려움에 따라 연합뉴스에서 발간했던 「2011년 북한연감」 자료를 기초로 살펴본다. 하지만 본 자료는 오래전인 2008년 기준이기 때문에 수치가 현재와 적지 않은 차이는 있을 것이다.

〈표 11-3〉 북한의 인구와 면적

식할시 · 노	면 적(km²)	인 구(명)
평양직할시*	1,100	2,500,000
남포특별시	361	790,000
나선특별시	945	191,000
개성특급시	436	300,000
강원도	11,092	1,681,000
양강도	13,888	727,000
자강도	16,765	1,313,000
평안남도	12,720	4,063,000
평안북도	12,680	2,777,000
함경남도	18,616	3,113,000
함경북도	16,745	2,226,000
황해남도	8,450	2,238,000
황해북도	9,464	2,133,000
1직할시 2특별시 1특급시 9도	123,262	24,052,000

* 평양직할시는 2009년까지 평양시 면적은 2,600km², 인구는 325만5,288명이었으나 2011년 현재는 축소됨./ 출저: 통일부, 정세분석국 자료(2009년 5월 기준); 연합뉴스, 2011 북한연감, pp. 16-154에서 재구성; 이영

---

23) 한국경제, https://www.hankyung.com/society/article/2020092870747(검색일: 2020. 9. 28). 우리나라 통계청은 2020년 9월 28일 인구동향을 발표했는데, 2020년 1월~7월 누적 사망자는 17만6,363명, 출생아는 16만5,730명으로 모두 1만633명이 자연감소했다고 밝혔다. 수치상으로 한 달 평균 1,519명이 자연 감소한 것이며, 인구 자연 감소는 2019년 11월 사상 처음으로 시작돼 2020년 7월까지 총 9개월째 이어졌다고 밝혔다. 특히 2019년 11월 1,685명, 12월 5,494명, 2020년 1월 1,653명, 2월 2,565명, 3월 1,501명, 4월 1,208명, 5월 1,352명, 6월 1,458명 각각 감소했다.

남, "통일경찰을 위한 단계적 조직설계와 추진체계에 관한 연구", 한국경찰연구학회, 「한국경찰연구」, 제
10권 제4호, 2011, p. 180; 신현기, 『특별사법경찰론』(파주: 법문사, 2017), p. 318을 참조.

북한과 한국의 17개 광역시·도를 살펴보면 북한의 경우 1개 평양직할시, 2개
의 남포/나선/특별시, 1개의 특급시, 9개의 도가 위치하고 있다. 다시 말해 북한
에는 총 1직할시, 2특별시, 1특급시, 9도가 존재하는 셈이다.

〈표 11-4〉 북한의 행정구역의 수

구 분	시	군	구역	구	지구	읍	리	동	로동 지구	도 소재지
평양직할시	–	4	19	–	–	4	118	284	10	
나선특별시	–	–	–	–	–	–	12	20	–	
남포특별시	–	5	–	–	–	–	15	36	–	
평안남도	5	14	–	1	1	19	381	157	31	평성시
평안북도	3	22	–	–	–	22	484	88	31	신의주시
함경남도	3	15	7	1	1	15	465	160	35	함흥시
함경북도	3	12	7	–	–	12	253	134	44	청진시
황해남도	1	19	–	–	–	19	419	26	11	해주시
황해북도	3	15	–	–	–	15	332	78	8	사리원시
강원도	2	15	–	–	–	15	379	61	7	원산시
자강도	3	15	–	–	–	15	229	68	23	강계시
양강도	1	11	–	–	–	11	143	25	67	혜산시
합 계	24	147	33	2	2	147	3,230	1,137	267	

출처: 연합뉴스, 북한연감 2011, p. 16; 이영남, "통일경찰을 위한 단계적 조직설계와 추진체계에 관한 연구",
한국경찰연구학회, 「한국경찰연구」, 제10권 제4호, 2011, p. 180.

2) 북한의 행정구역의 수

2011년 기준 북한의 행정구역 수는 다음과 같이 1직할시, 9도, 2특별시, 24시,
33구역,[24] 147군, 2구, 2지구, 147읍, 3,230리, 1,137동, 267노동자구[25] 등과 같

---

24) '구역'은 대도시(평양, 남포, 청진)에, '구·지구'는 도(평안남도, 함경남도)에 소속된 행정구역으
   로 시·군의 기능을 수행하는 행정단위임.
25) '노동자구'는 광산, 임·수산사업소, 공장, 기업소 등에 인구가 집중되어 일종의 취락형태를 갖
   추게 되면서 별도로 설치된 행정구역으로 1952년 12월 행정구역 개편 시 신설됨.

은 행정구역으로 이루어져 운영 중이다.

제5절 미래 남북한 경찰관 인력의 현황

1. 남한과 북한 행정부처의 비교

1) 남한의 중앙부처

남한의 문재인 정부는 2017년 5월 10일 출범시 17부 3처 17청 / 2원 5실 6위원회(50)로 구성되어 있다. 세월호 침몰 사건 및 최○○ 사건 등이 복합적으로 발단이 되어 국회에서 박근혜 대통령을 탄핵했고 급기야는 헌법재판소에서 탄핵 인용판결이 이루어짐으로써 대통령은 그 직위를 잃고 황○○ 국무총리가 대통령 권한 대행을 맡았다. 2017년 5월 9일 실시된 대선에서 문재인 후보가 당선되어 다음날인 5월 10일 대통령 인수위원회도 없이 취임하게 되었다.

한편 2016년 박근혜 정부는 세월호 침몰 사건에서 신속하게 대처하지 못한 책임을 물어 그 당시 해양수산부에 소속되어 있던 해양경찰을 해산한 다음, 국민 안전처를 신설해 해양안전본부와 소방안전본부를 하나로 통폐합하는 조직 개편을 단행했다. 하지만 문재인 정부가 2017년 5월 10일 출범해 해양수산부 산하에 해양경찰청을 다시 개청하였다. 또한 소방도 행정안전부 소속으로 소방청을 출범시켰으며 소방공무원도 기존의 광역시도 소속의 지방공무원(다만 예외로 광역 소방본부장은 국가직이었음)에서 국가공무원으로 신분을 바꾸게 되었다. 그러나 소방공무원은 신분이 국가공무원으로 변경되었지만 월급은 광역지방자치단체가 주는 것으로 했다.

[그림 11-3] 남한 문재인 정부의 중앙부처 기구

2) 북한의 중앙부처

북한 통치체계는 최고인민회의 상임위원장이 헌법상 국가를 대표하고 있고 내각총리는 행정의 집행과 관리를 담당하고 있다. 2009년 북한은 헌법을 개정하고 국방위원장의 지위를 '최고영도자'로 그리고 '최고 사령관으로 명문화하게 되었다.

북한은 정권을 유지하는데 있어 핵심층인 조선 노동자 조직으로 약 300여만명, 조선인민국 조직에 119만여명, 그리고 입법부, 사법부, 행정부를 전격적으로 포괄하는 정부조직이라고 하는 거대한 관료조직 3개를 보유했다. 북한은 위에서 소개한 사람들을 통해서 국가주의적 통치체제를 유지하고 있다.26)

북한의 노동당은 당대회 시 당대표자회의 산하에 도(직할시·특별시) 당위원회가 중심적 주체가 되어 개최하는 조직체계를 가지고 있다. 북한은 전국의 각 도 지역마다 당위원회가 설치되어 운영 중이다. 그리고 이 조직이 일사불란하게 당대회를 준비하면 동시에 참여도 함께하고 있다.

[그림 11-4] 북한 노동당 조직체계

출처: 통일부, "북한권력기구도" 2010.1; 신현기, 『특별사법경찰론』(파주: 법문사, 2017), p. 322을 참조.

---

26) 신현기, 『특별사법경찰론』(파주: 법문사, 2017), p. 318을 참조.

1994년 김일성 주석이 갑자기 사망했고 후계자로 지명되어 있던 아들 김정일 국방위원장(1974년 후계자 지명)이 정권을 이어받아 2011년 12월 17일 사망 때까지 약 17년간 통치했다. 2011년 12월 17일 김정일 국방위원장의 사망 후 북한의 정권은 그 당시 그의 아들인 28세 김정은(1984년생) 국무위원장에게 이어졌다. 김정은 위원장 통치하에서 북한의 당기구를 보면 역시 김정은 위원장이 조선노동당 제1비서이면서 당중앙군사위원회 위원장까지 겸직으로 수행하고 있다. 무엇보다 당중앙군사위원회는 막강한 권력통치기구로써 사실상 북한 노동당을 총괄 지배하고 있다.

[그림 11-5] 북한의 당 권력지휘 체계

출처: 2014년 북한권력 기구도(2014); 신현기, 『특별사법경찰론』(파주: 법문사, 2017), p. 318을 참조.

[그림 11-6] 북한의 정치권력 조직도

출처: http://cafe.daum.net/soulsta/MIpW/17?(검색일: 2015. 12. 20); 신현기, 『특별사법경찰론』(파주: 법문사, 2017), p. 324을 참조.

2. 지방자치단체

북한에는 1직할시, 2특별시, 1특급시, 9도 및 24시, 33구역27), 147군, 2구, 2

---

27) '구역'은 대도시(평양, 남포, 청진)에, '구·지구'는 도(평안남도, 함경남도)에 소속된 행정구역으

지구, 147읍, 3,230리, 1,137동, 267노동자구가 지방자치단체로서 존재하고 있는 것으로 알려져 있다.28) 반면에 남한에는 1특별시(서울), 6광역시(인천, 대전, 광주, 대구, 울산, 부산), 1특별자치시(세종), 8개도(경기, 강원, 충북, 충남, 전북, 전남, 경북, 경남), 1특별자치도(제주)가 설치되어 있어 총 17개의 광역시도가 존재하고 있다. 북한에는 약 13개 정도의 광역시도가 운영 중이므로 남한의 광역시도에 비해 3~4개 정도가 적은 행정구역체제를 유지하고 있다.29)

특히 남한에는 2012년 4월 11일을 기해 광역단위급인 세종특별자치시가 1개 더 생겨남으로써 광역자치단체(시, 도)는 2020년 12월 현재 17곳, 그리고 기초자치단체(시·군·구)는 226개를 보여준다.30)

1) 통일 후 통합형자치경찰조직의 규모

전장에서 살펴보았듯이 남한 문재인 정부의 중앙행정부처는 17개부로 구성되어 있다. 북한의 경우는 당중앙위원회 산하 비서국 밑에 14개부를 두고 있다. 남북한이 통일되었을 때를 가정하면 통합될 부처는 전체 인구와 행정단위의 확대로 인해 중앙정부의 부처수가 훨씬 증가될 필요가 있다는 계산이 나온다. 이러한 조직의 증가와 관계없이 기존의 남한에서 활용하게 될 통합형자치경찰제를 기본으로 해서 통일 후 남북한 통합형자치경찰제도 및 조직을 설계한다면 많은 혼란을 줄일 수 있을 것이다.31)

로 시·군의 기능을 수행하는 행정단위임.

28) 2011년 현재 기준 자료임.

29) 북한의 자료는 2011년 이전의 자료들이 주류를 이루고 있고 그 이후에는 최신자료들이 소개되지 않고 있다. 심지어는 매년 발행되던 북한연감 자료마저도 2011년 이후에는 발행 중단된 상태이므로 현재 북한 관련 최신 연구자료를 접하기 어려운 관계로 2011년 자료를 활용해야 하는 상황이다.

30) 전국시장순수구청장협의회, http://www.namk.or.kr/(검색일: 2020. 10. 5).

31) 전장에서도 표현했지만 여기서 말하는 통합형자치경찰제도는 남한의 18개 지방경찰청이 현재의 국가경찰 체제를 그대로 자치경찰로 전환하여 도지사 산하로 가는 것이다. 이것이 성공적으로 정착되고 공고해지면 통일 후 독일처럼 연방국가로 전환하면서 경찰은 주경찰로 전환하고 것으로 설계하는 것이다. 국가치안업무는 연방경찰이 맡고 주경찰은 주 중심의 자치경찰을 운영하는 것으로 설계될 필요가 있다. 문재인 정부(더불어민주당 김영배 의원 의원발의)는 2020년 8월 국가경찰이 광역단위에 만들어질 자치경찰의 기능까지 그대로 맡아 수행하기로 했는데, 이것이 국가경찰 및 자치경찰 일원화 방안이며 이는 통합형경찰제도로 가는 첫발이 될 수도 있다고 본다.

2) 행정부처 규모

우선 통일 후 남북한 통합형자치경찰제도에 관한 미래 조직설계에서 남북한의 정치행정 기구의 비교와 남북이라고 하는 지역적 인구분포 등의 통계에 근거하여 결정할 과제는 사실상 몇 개의 경찰기관을 정할 것이냐의 문제이다. 정부부처와 경찰 관련 기구는 행정부서들과 인구 및 지역의 치안수요 등을 종합적으로 고려해 남한의 기준을 중심으로 정할 것인가? 그렇지 않다면 북한지역의 특수성을 심층 고려하여 50 대 50으로 정할 것인지 그게 아니라면 어떤 차이를 둘 것인지에 대해 정해야 할 것이다. 궁극적으로 이것이 확정되면 그 다음은 광역시도 단위에서 통합형자치경찰제를 도입하는 것에 대해 정해야 할 것이다.

현재 남한에는 비록 미미하지만 제주특별자치도에서 도지사 부속으로 자치경찰제가 15년간 시행되어 오고 있다. 2021년 7월 1일부터는 문재인 정부에서 국가경찰이 자치경찰 업무까지도 수행하는 일원화 자치경찰제도의 도입도 본격 시행된다. 남한은 이렇게 일부 지역에서 자치경찰제를 시행하거나 전국적으로 시행하려고 하는 법적 토대도 구축하는 단계에 있기 때문에, 이를 바탕으로 참고하되 남북한이 통일되는 당시를 시점으로 파악된 과학적 자료에 따라서 직면한 다양한 변수들을 토대로 그 설계를 결정해야 할 것이다. 이처럼 일련의 규모설계가 잘 마무리되면 중앙정부의 행정안전부 및 경찰청에서 치안업무의 조정과 과업의 지시, 통합형자치경찰 조직의 지명하에 각 도 혹은 주의 통합자치경찰들이 업무를 본격적으로 개시할 수 있도록 해야 한다.

3. 통일 후 통합형자치경찰의 전략과 기술

1) 통일 통합형자치경찰의 인력배치 설계

통일 후 통합형자치경찰제도의 조직구조와 규모가 정해진 다음 이것이 제대로 기능하는 동시에 효율성이 극대화되도록 하기 위해서는 무엇보다 기술적인 측면을 감안해 전략적인 여러 요소들을 설계하는 과제가 매우 중요하다고 본다. 특히 이들 요소들 중 상당히 중요한 것은 곧 통합형자치경찰의 법적, 제도적 장치, 그리고 통합형자치경찰의 인력과 관련 장비 및 공간배치이다. 그리고 여러 관련 설비 등을 들 수 있다. 남한 중심적으로 통일이 이루어진 후 통합형자치경찰 조직이 설계되는 것이기 때문에 우선적으로 남한의 통합형자치경찰 인력에 대한 조직설계를 진행해야 할 것이다.

그리고 남한의 통합형자치경찰이 북한지역의 광역시도(혹은 州 예정) 지역에 파견해야 하는지에 대해서 필히 결정해야 할 것이다. 특히 남한에서 파견되는 통합형자치경찰이 북한에 가서 치안유지를 위한 근무를 할 경우 이들의 파견근무에 대한 각종 수당 등 그 대우조건을 얼마정도로 해야 하는지도 사전에 반드시 확정해야 함은 물론이고 역시 파견 경찰인원은 어느 정도의 규모로 해야 하는지 또한 그들의 치안유지를 위한 파견기간에 관해서도 정해야 한다. 북한으로 통합형자치경찰들을 파견한 다음에 당연히 부족하게 될 치안행정인력(예, 치안행정 인력인 일반공무원 혹은 신임 순경 등)[32]을 보충하는 신규채용을 위한 설계가 연이어서 이루어져야 하며 동시에 이들에 대한 교육과 북한지역으로 파견된 통합형자치경찰인력에 대한 교육과 직무교육 기관을 설치하고 치안행정업무가 원활하게 이루어지도록 하는 사전 설계가 이루어져야 한다.

이와 같이 통합형자치경찰의 파견 및 배치와 신규임용 등을 통해 어느 정도 안정된 상태가 되면 통합형자치경찰로서 그들의 직무와 관련된 통합형자치경찰 관련법, 통합형자치경찰제도, 업무상 필요한 무기와 장비 및 장구의 사용방법을 비롯해 집중적인 교육과 재교육이 필요하다고 본다. 바로 이와 같은 교육프로그램을 설계해야 한다. 이를 위한 구체적인 통일 후 통합형자치경찰에 대한 교육 및 재교육 방법은 기존에 이미 남한에서 설치운영 중인 경찰대학, 경찰인재개발원, 중앙경찰학교, 경찰수사연수원 등의 시설 공간도 적극 활용 가능한 한 이용할 수 있도록 설계가 필요하다.

더 좋은 방법은 현재 남한의 경우 130,000여명의 국가경찰관 및 제주자치경찰 인력에 대한 전문교육훈련 제도가 충분하지 않은 만큼, 이를 보충하는 차원에서 통일 후 통합형자치경찰을 위한 (가칭)통합형자치경찰교육원을 신설하는 방안도

---

32) 현재 남한의 경찰청, 지방경찰청, 경찰서 등에는 3,000여명의 일반행정직공무원들이 근무하고 있다. 유럽의 독일과 프랑스 등 다수의 경찰기관에 보면 상당히 많은 수의 행정직공무원들이 경찰행정사무를 보고 있고 유니폼경찰관들은 치안현장에 나가서 업무를 수행하는 것이 발달되어 있다. 통일 한국에서도 경찰기관에서 행정직공무원을 많이 활용할 필요가 있다. 현재 경찰기관에 보면 너무 많은 유니폼경찰관들이 행정사무를 수행하고 있는데 이들은 치안현장으로 나가서 근무하는 비율을 대폭 늘릴 필요가 있다. 중앙경찰학교와 경찰간부후보생, 경찰대학 등 경위 임용자들은 경찰 전문훈련을 받은 만큼 일반행정업무에 다수가 매달려서는 안되고 일반경찰행정사무는 행정직공무원들이 맡고 유니폼경찰은 치안현장으로 나가는 향후 경찰조직의 설계가 시급히 필요하다고 본다(신현기, "독일 바이에른주와 바덴-뷔르템베르크주 경찰개혁의 현황과 실태분석", 「한국경찰연구」 15(2), 2016, pp. 113-144 참조).

설계에 넣을 필요가 있다. 이것이 만일 어렵다면 잘 설계되어 있는 경찰수사연수원, 경찰대학의 교육기관, 경찰인재개발원(구 경찰교육원), 중앙경찰학교 등의 교육훈련기관을 공동으로 활용하는 방안도 설계에 포함시키면 효율적일 것이다. 만일 남북한이 급작스럽게 통일을 이루었을 때는 경찰인력도 대폭 증원해야 하기 때문에 이에 비례해서 통합형자치경찰의 교육훈련을 위한 별도의 기관들도 역시 확대될 것으로 예측된다.

2) 통일 후 연방, 행정안전부, 경찰청과 행정부처 및 지방자치단체 간 치안설비 설계

우리나라 (가칭)통합형자치경찰제는 기존의 국가경찰제가 경찰법 전부개정안과 경찰공무원법의 전부개정에 따라 정착된 후 미래 통일 한국에 적합한 (가칭)통합형자치경찰법이 추후 만들어짐을 상정하고 있는 것이므로 이에 더하여 법률적, 제도적 보완 작업도 많이 이루어져야 할 것이다. 통일 후에는 통합형자치경찰의 총인원이 현재보다 2배수 이상으로 증원될 가능성이 매우 크기 때문이다.

3) 통일 후 통합형자치경찰의 직무집행법 마련

언제가 될지는 모르지만 남북한이 통일된 후 북한지역은 상당히 혼란할 것으로 예측되는 만큼 전국의 통합형자치경찰들이 치안활동을 펼칠 수 있는 경찰관직무집행법이 필수적이기 때문에 이에 대한 개정작업을 위한 설계도 이루어져야 한다. 현재 남한의 일반사법경찰들은 경찰법과 경찰관직무집행법을 가지고 직무를 수행하고 있다. 통일 후 통합형자치경찰의 경우 이전대로 남한의 일반사법경찰이 수행하는 현재의 법적 토대를 원용해 직무를 수행해 나갈 것인지 아니면 어떤 특별법을 만들어 모든 경찰에 적용 할 것인지에 대해서도 설계할 필요가 있다. 하나의 시나리오이기는 하지만 통일과 함께 북한지역이 매우 혼란할 것을 예측하여 남한 지역에서 기존에 활용하던 일반사법경찰 관련 각종 제도나 법적 토대들을 원용하되 특수상황을 참작해 일정 기간 동안은 특별법을 제정하여 통합형자치경찰제도가 정착될 경우까지 적극 활용하는 방안도 미리 설계해 나가야 한다.

한편 북한에도 경찰법령이 존재하는데 바로 「사회안전단속법」이 그것이다.[33]

---

33) 이 경찰법령은 1992년 최고인민회의 상설회의 결정 제22호를 통해 채택되었다(김성훈, 2019: 420).

김성훈은 자신의 연구에서 본 법은 남한의 「형사소송법」과 「경찰관직무집행법」을 합쳐 놓은 것과 비슷하다고 분석했다.[34] 특히 북한의 「사회안전단속법」은 사회안 전성이 인민들의 위법행위를 위한 조사 및 처벌과정 중 기본적으로 지켜야 하는 방법이나 절차를 규정하고 있다. 동시에 본 법은 남한의 현행 「국가경찰과 자치 경찰의 조직 및 운영에 관한 법률」과 북한이 유지하고 있는 「사회안전단속법」이 각각 자국의 사회질서 유지를 위해 만들었다는 공통점을 보여주고 있기는 하지만 「국가경찰과 자치경찰의 조직 및 운영에 관한 법률」이 범죄방지인데 반해 북한의 「사회안전단속법」은 사실상 주체사상 수호 및 주민들 감시에 초점이 맞추어져 있 다.[35]

동서독 통일과정에서 합의서에 새로운 경찰법이 만들어질 때까지 동독지역에 서는 동독의 경찰법령들을 활용해 일정 기간 질서유지를 했듯이, 미래 남북통일 시 북한지역에서도 일정기간 질서유지를 위해서 기존의 「사회안전단속법」을 통일 한국의 과도기에도 역시 활용하는 설계가 필요하다고 본다.

4. 남북통일 과도기의 설계단계

통일과도기는 일반적으로 통일이 이루어진 시점부터 안정기에 접어든 시기를 의미하는데, 이 때는 남북한이 통일되기 이전부터 이미 준비해 놓았던 소위 통일 후 통합형자치경찰조직 관련 설계를 최초로 적용하게 되는 매우 중요한 시기이다.

1) 통합형자치경찰의 조직환경

미래 남북한 간 갑자기 통일이 이루어져 과도기에 접어든 기간에는 여전히 육 해공군의 군대, 국가정보기관, 해양경찰, 그리고 기타의 각종 국가기관들이 합동 으로 치안질서를 여전히 유지하고 있는 시기이다. 무엇보다 남북한 지역의 행정 부처와 지방자치단체들도 여전히 혼란기로 모든 영역이 조직의 안정을 추구하고 자 하는 시기에 해당된다. 이에 맞추어 통합형자치경찰도 역시 해당 영역에서 경 찰청을 중심으로 각각 토대를 구축하고 치안업무에 적응하는 시기이다.

---

34) 자세한 내용은 김성훈, "자치경찰제에 근거한 남북한 경찰통합에 대한 연구", 서울대학교 통일 평화연구원, 「통일과 평화」, 11(2), p. 434를 참조할 것.
35) 김성훈, "자치경찰제에 근거한 남북한 경찰통합에 대한 연구", 서울대학교 통일평화연구원, 「통 일과 평화」, 11(2), p. 435를 참조할 것.

치안행정이 제대로 구축되어야만 그 안정된 토대 위에서 통합형자치경찰제도 관련 직무가 본격화 될 수 있을 것이다. 무엇보다 혼란기 속에서 남북통일을 완성해야 한다. 그리고 과도기 중에 북한 지역에서 통합형자치경찰이 제대로 기능하기 위해서는 미리 사전에 이와 같은 상황을 시뮬레이션화 하여 연구해 놓는 설계도 준비해 놓을 필요가 있다.

2) 통일 후 통합형자치경찰 규모 설계의 수정과 보완

이 단계에서는 다음의 사항을 주의해야 한다. 즉 이 때는 남북한이 통일과정을 걷기 이전 단계에서 사전에 통합형자치경찰조직을 설계했던 것이기 때문에 이미 시기적으로 이전과 이후라는 시차로 인해 정확성 면에서 다소 차이가 나타날 가능성에 노출될 것이다. 사실상 통일이 이루어지기 한참 전에 만들어 놓은 경찰조직설계는 정확한 정보라 할지라도 일정한 한계로 인해 미비점이 많은 상태 및 시기에 만들어졌을 것이므로 동시에 보완 작업도 병행해야 할 것이다. 이러한 이유로 통일 과도기 단계에서 통합형자치경찰은 통일된 남북한 지역에서 치안업무를 수행하면서 미래에 통합형자치경찰조직 단독으로 완전한 치안업무를 수행해야만 한다는 온전한 책임감을 유지해야 할 것이다. 동시에 통합형자치경찰 조직규모의 설계를 보완하고 수정하는 노력도 도모해 나가야 한다.

3) 통합형자치경찰의 전략과 기술의 수정과 보안

미래 남북한이 통일된 후 과도기에는 통합형자치경찰의 규모를 수정한 설계에 따라서 경찰 인력, 제도정비, 장비정비, 조직정비, 예산 설계의 수정 등을 전체적으로 보완하여 치안업무의 효율화에 최선을 다해야 한다. 특히 남북통일 이전에 시급하게 설계해 놓았던 통합형자치경찰 관련법들을 오랫동안 사회주의 체제를 유지해 온 북한지역의 매우 혼잡한 특수상황에 알맞게 적용시키기 위한 개정작업도 역시 철저하게 점검함은 물론 적절하게 보완해야 하는 시기이다. 특히 이 기간은 통합형자치경찰 조직의 근본적인 목적을 수행하고 달성하기 위해 설계해 놓았던 방안을 집행해 나가면서 전체적으로 수정과 보완을 진행하는 일련의 과정이다.

독일의 경우처럼 어느날 갑자기 남북한이 통일되는 상황으로 급변했을 때, 통합형자치경찰들이 그동안 보유하고 활용하던 각종 장비나 장구 및 무기와 설비 등을 미리미리 북한의 지방자치단체와 남한의 지방자치단체들이 자매결연을 맺고 교류협력을 펼치던 네트워크를 통해 지원해 나갈 수 있는 제도적, 법적 장치들도 마련해 두는 것도 하나의 적용방안을 위한 설계가 될 수 있다고 본다.[36]

　이를 위해서는 다음의 사업들이 효과적일 수 있다. 즉 남북한 교류협력의 물고를 트는 일에 통일부와 같은 중앙정부가 적극적이어야 한다. 물론 야당이나 일부 국민들의 비판도 적지 않을 것이다. 서독은 동독 사회주의 국가로부터 수많은 억지 등으로 많은 피해를 받았다. 그럼에도 불구하고 서독은 이를 손해로 보지 않았으며 굳건히 감수한 결과 스스로 무너진 동독을 흡수할 수 있었던 훌륭한 교훈을 가지고 있다. 이러한 서독의 교훈을 우리는 적극적으로 활용하는 설계도 그려보아야 한다.

　미리부터 광역시도 단위의 지방자치단체 간에, 예를 들어 남한에도 강원도가 있고 북한에도 강원도가 있는데 양자 간에 자매결연을 맺고 소나무 혹파리 공동방재 협력사업 등을 펼쳐 나가는 동질성을 지속적으로 찾아 나선다면 이것도 매우 좋은 남북을 잇는 설계가 될 수 있을 것이다. 그리고 남북한의 통일이 이루어지기 이전부터 마련해 두었던 통합형자치경찰 관련 법안을 상황에 맞게 수정한 후 통합형자치경찰 조직에 알맞은 통합형자치경찰법을 완성해 남북한 간 본격적인 통일시대를 지속적으로 대비해 나가는 노력도 필요하다.

5. 통일 후 통합형자치경찰의 설계 완성과 적용단계

　이 시기에는 남북한 통일과도기의 상황에 알맞게 보완 및 수정된 통합형자치경찰조직의 설계를 통합형자치경찰이 알아서 자체적으로 적용해 나가면서 통합형자치경찰의 발전을 힘차게 추진해 나가는 단계에 해당한다. 무엇보다 이 때는 안정기로 접어들었을 때이므로 남한에서 북한지역으로 파견된 통합형자치경찰들과 그쪽 지역에서 새롭게 임명된 경찰들이 통합형자치경찰의 주체 및 대상으로서 자기들 스스로의 치안업무에 최선을 다하려고 하는 시기에 해당한다. 사실상 오랫동안 허약한 환경에서 통합형자치경찰 조직의 안정 및 경찰인력의 지속적 확대를 위해 추가적으로 경찰예산도 요구하는 등 남한의 통합형자치경찰 조직과 심층 비교하면서 분석하고 노력하는 중요한 시기라고 인식된다.

---

36) 동서독의 경우 각 주들 간에 자매결연을 맺고 서독에서 동독 파트너 지방자치단체에 수많은 지원을 퍼부었던 것이 통일과정을 수습하는 과도기에 많은 도움이 되었다. 통일 후에도 많은 사회적 협력(좋은 제도 등의 전달)을 이루어 나가고 있다.

이 통합형자치경찰의 설계 완성과 적용단계의 시기에 있어서 가장 중요시 되는 과제가 있는데, 즉 통합형자치경찰이 제대로 형법범과 행정범을 수사하고 검찰에 송치하기 위해서 통합형자치경찰의 직무교육을 위한 환경을 철저하게 구축한 후 관련 프로그램들을 개발해 직무교육(재교육)의 기회를 지속적으로 확대해 나가야 할 것이다.

제 6 절 통일 후 통합형자치경찰 조직설계의 추진체계

1. 행정통합과 통합형자치경찰

1990년 10월 3일 동서독의 재통일에서 볼 수 있듯이 1차적으로 중요한 과제는 바로 행정통합을 이루는 일이다. 남북한 통일 과정에서도 정치적인 합의 이후에 가장 중요한 것이 바로 행정통합이다. 그 중요한 이유는 행정기관은 물론이고 조직 내에서 통일 후 통합형자치경찰이 민주주의 토대 위에서 탄탄하게 뿌리를 내리고 형사범들과 행정범을 적발해서 국민의 안위를 지켜내야 하는 주체가 바로 경찰이기 때문이다.

익히 알려진 바와 같이 서독의 경우 분단 이후부터 동독과의 교류에 많은 공을 들였다. 특히 서독의 동방정책에 따라서 11개 서독의 주(州)들과 도시들은 동독의 주와 도시들과 자매결연이 확대되었으며 많은 경제적, 문화적, 사회 제도적 차원에서 동독 지원을 아끼지 않았다. 이러한 교류협력 토대 위에서 얻어진 노하우는 갑자기 동독이 무너진 직후 통일과정에서도 양자가 접근하여 통일을 이루는 데 많은 기여를 하게 되었다.

한편 서독의 경우는 동독과는 비교가 되지 않을 정도로 최강의 경제력을 품고 있었다. 물론 행정력도 강했으며 동독과의 관계에서 양 자치단체들 간 자매결연을 맺고 비정치적 분야에서 각종 교류와 협력 사업을 펼쳤음에도 불구하고 동서독 간 행정통합을 원활하게 이루는데 있어서 많은 시간이 소요되었다. 이러한 독일의 경험을 우리에게도 적지 않은 시사점을 던져준다.

구체적으로 예를 들어보면 통독 이전(1990. 10. 3)까지 동서독의 지방자치단체 간에 자매결연을 맺고 교류협력을 펼친 지자체나 기관들은 약 40여개에 달했다.

이러한 수치는 1992년에 약 2,000여개로 대폭 확대되었다. 특히 서독 11개주와 동독 5개 신연방주들은 주차원에서는 물론이고 지방자치단체들이 상호 교류 협력하도록 적극 지원에 나섰다. 주로 동독측에서 많은 혜택을 보는 시스템이었다. 서독의 11개 주 산하에 속한 지방자치단체들이 동독 5개 주가 속한 지방자치단체를 집중 지원하는 게 주류였다.

이렇게 서독이 집중 지원한 결과 동독의 50,000명 이상의 도시들 중 대다수가 행정지원 혜택을 받았다.37) 그 당시 서독측의 지원에서 핵심 내용은 물적자원, 재교육 실시, 인력파견지원, 상담 등 다방면에서 이루어졌다. 이를 통해 동독지역의 행정체제가 신속히 구축되는데 크게 도움이 되었다. 초창기에는 동독측의 사무실 설비와 행정서식용지 등 물적지원에 집중했으며 더 나아가서 1990년대 중반까지는 상담, 세미나, 직원파견 등을 집중 지원했다.

지금은 남북 간에 첨예하게 대립이 계속되고 있지만 민주주의 체제인 남한에서 먼저 지속적으로 접근할 수밖에 없다. 접근의 시작은 역시 지방자치단체 간 자매결연에서 시작하는 게 가장 좋은 방법이 될 수 있다고 본다.38) 동독이 그랬듯이 역시 북한도 교류가 쉽지 않은 대상이다. 그러나 그 시도를 멈추어서는 안된다는 점을 우리는 스스로 강조하며 협력방안을 지속적으로 찾아 나가야 한다.

점차적으로 비군사적 차원의 행정 교류와 지원을 확대하는 것도 설계해 나가야 한다. 언제일지 모르지만 한반도에 통일이 다가와서 북한지역에도 통합형자치경찰제를 정착시키는데 있어서 사전에 행정통합 노력을 시작하는 것은 아무리 강조해도 부족하지 않다.

2. 통일 후 통합형자치경찰 조직설계의 추진체계

현재 남한의 문재인 정부는 검경수사권 조정의 일환으로 검찰의 수사권 중 일부를 국가경찰로 이관하는 분권 노력에 큰 진전을 보았다. 이에 대한 일부 결실은 2021년 1월부터 개정 형사소송법을 통해서 나타나게 되었다. 특히 검찰과 국정원의 대공수사권을 경찰에 넘기는 대신 막강해지는 경찰의 권한은 인권침해의

---

37) 손기웅, 「사회통합 긍정적 측면-독일통일 20년」, 토일부 통일교육원, 2009, pp. 28-29; 이영남, "통일경찰을 위한 단계적 조직설계와 추진체계에 관한 연구", 한국경찰연구학회, 「한국경찰연구」, 10(4), 2011, p. 187.
38) 지방자치단체 간 방재활동 지원 등은 좋은 예가 될 수 있다. 독일의 사례가 잘 보여주듯이 성공적인 행정지원을 통한 노하우의 축적은 매우 중요한 통일의 첫걸음일 수 있다.

소지가 있기 때문에 이를 어느정도 해소하기 위한 방안으로 국가경찰제 이외에 추가로 자치경찰제를 도입하기 위해 문재인 정부가 집중적으로 노력해 왔다.

이처럼 자치경찰제를 통해 막강해지는 국가경찰의 권한을 분산시키고자 광역 시도차원에서 새로이 자치경찰제를 도입하는 방안을 추진해 왔다. 하지만 코로나 -19의 세계적 대유행으로 인해 국내 경제가 위축되었다. 이를 보완하는 방안으로 문재인 정부는 기존에 예정했던 국가-자치경찰제 이원화 방안을 접고 방향을 과감히 틀어서 국가-자치경찰 일원화 방안으로 변경했다.39) 2020년 5월 말 제21대 국회가 출범한 후 이는 일원화 방안으로 전격 변경되었는데 기존의 국가경찰이 국가행정경찰, 국가수사경찰, 자치경찰로 나누어진다.40) 하지만 이것은 국가경찰이 기존대로 시도자치경찰위원회의 지휘를 받으면서 자치경찰의 기능을 수행해 나가게 되는 새로운 일원화 모델이다.41)

통일 후 통합형자치경찰을 위한 조직설계의 추진체계는 각 시도경찰청마다 통합형자치경찰의 담당부서와 담당자를 지정하고 레벨이 엇비슷한 특성과 규모를 지닌 북한의 지방경찰청(현 지방보안국)과 연계된 북한지방보안국을 중심으로 조직설계를 진행함이 바람직하다고 본다. 무엇보다 통일 후를 대비해 통합형자치경찰 조직설계의 통일성을 굳게 유지하고 항상 예의 주시해야 할 사항들을 숙지해야 한다. 그리고 향후 지속적으로 보완해 나가야 할 사항들을 공유할 필요가 있기 때문에 경찰청과 각 18개 지방경찰청의 직원들로 구성된 (가칭)통합형자치경찰 협의회를 두고 정기적으로 워크샵도 개최하는 것을 추진해 보는 것도 나쁘지 않다고 본다.

이와 같은 준비는 핵심 주무부서인 경찰청에서 부서를 만들어 시작하되 우리

---

39) 당정청은 국가경찰의 권한이 너무 확대되면 인권침해가 우려되는 만큼 그 해소방안으로서 국가경찰은 경찰청장이 지휘하는 행정경찰과 수사를 따로 떼어내서 모든 부서에 흩어져 있는 수사부서를 모아서 새로이 국가수사본부를 창설해 수사본부장(치안정감)이 독자적으로 수사를 책임지며, 자치경찰은 17개 광역시도지사가 국가경찰관 43,000명을 이관 받아 실행하려고 했던 자치경찰 이원화 방안을 취소하게 된 것이다.

40) 일단 2021년 1월 1일부터 위에서 소개한 일원화 자치경찰제기 시행에 들어가서 성착된 후 궁극적으로는 지방자치제 이념과 분권정신에 따라 18개 지방경찰청과 경찰서 및 지구대/파출소가 각각 17개 광역시도지사 소속으로 전환되는 것을 상정해 볼 수 있다. 이는 곧 광역시도 혹은 남북통일 후 통일한국은 독일처럼 주(州) 중심의 자치경찰제를 펼치는 설계를 상정해 볼 수도 있을 것이다. 즉 미래 통일한국은 연방경찰과 주경찰, 기초자치경찰제로 확대되어 나가는 과정이 바람직하다고 보고 이를 위한 설계도를 그려보는 것도 의미가 있다고 본다.

41) 예상하건대 국회는 2020년 11월경 더불어 민주당 김영배 의원의 경찰법과 경찰공무원법 전부 개정법률안을 통과시키면 6개월 후 시행에 들어간다. 이 6개월 기간 동안 어느 광역시도를 선정해 시범실시도 이루어질 가능성이 매우 높다고 본다.

나라 경찰에 관한 연구를 집중하고 있는 경찰학연구 관련 학회들과 공동연구를 진행하면서 좋은 방안을 찾을 필요가 있다.[42] 남북한의 지방경찰청은 다음의 표를 통해 개략적으로 비교가 가능하다. 이는 남·북한 지방경찰청 간의 가상 연계가 가능하게 해주는 기본 토대가 될 수 있을 것이다.

〈표 11-5〉 남·북한 시도경찰청의 가상 연계

북한 지방청						남한 지방청
	도소재지	인구규모 (명)	면적 (km²)	시·군·구역·구	읍·리·동	
평양시	−	3,159,000	2,629	23	406	서울지방경찰청
라선시	−	191,000	945	−	32	울산지방경찰청
평안남도	평성시	4,063,000	12,720	27	605	부산지방경찰청 세종특별자치시지방경찰청
평안북도	신의주시	2,777,000	12,680	25	594	대구지방경찰청 경북지방경찰청
함경남도	함흥시	3,113,000	18,535	20	590	광주지방경찰청 전북지방경찰청
함경북도	청진시	2,156,000	15,980	15	399	대전지방경찰청 충남지방경찰청
황해남도	해주시	2,291,000	8,450	20	464	경기남부지방경찰청 경기북부지방경찰청
황해북도	사리원시	2,104,000	9,463	18	425	인천지방경찰청
강원도	원산시	1,681,000	11,092	17	555	강원지방경찰청 경남지방경찰청
자강도	강계시	727,000	13,880	18	312	전남지방경찰청 제주지방검찰청
량강도	해산시	1,313,000	16,765	12	179	충북지방경찰청
계	−	23,575,000	122,000	195	4561	

* 연계청은 북한의 지방청별 인구규모를 기준으로 정한 청별 연계 안임.
출처: 추영빈(2011), pp. 142-143; 이영남, 2011: 188; 신현기, 『특별사법경찰론』(파주: 법문사, 2017), p. 333을 참고하여 재작성.

---

42) 한편 우리의 국가경찰은 1945년 8월 15일 일본에서 해방 이후 같은 해 10월 21일 미군정하에서 창설되었다. 그리고 2021년 4월 말 기준 전국에 18개의 지방경찰청과 257개의 경찰서 및 지구대 516개, 파출소 1,479개를 설치 운영하고 있다.

　남북한 통일 후 통합형자치경찰이든, 일반사법경찰이 담당하는 업무이든 혹은 국가 및 지방자치단체의 행정부서들이 담당하는 특별사법경찰의 업무이든 간에 모든 영역별 치안분야들은 일반행정을 수행하고 있는 기관들하고는 어느 정도 다를 수밖에 없다. 왜냐하면 이들 경찰기능을 수행하는 조직들은 국민의 생명과 재산 및 질서를 지켜서 국민들이 자유로운 경제활동을 영위할 수 있게 해주는 동시에 국민의 안위를 책임지고 있기 때문이다. 이미 1990년 독일의 사례가 좋은 모델이 되어 주었듯이 남북한의 재통일에 대비해 통합형자치경찰 조직을 설계해야 하는 과제는 아무리 강조해도 부족함이 없다.[43]

　만약 이러한 준비가 철저하게 마련된다면 그 결실들은 훗날 고스란히 우리 국민들에게 돌아갈 것이다. 끝으로 우리 입장에서 통일 후 통합형자치경찰의 조직을 설계하는 것은 오늘날까지 이 지구상에서 최고로 폐쇄되어 있는 북한이라는 국가 실체를 대상으로 하는 것인 만큼 너무나 제한적인 한계점에 직면해 있다.

　이러한 제한적인 한계점 때문에 통일 후 통합형자치경찰제 조직이 폐쇄체제인 북한에 최대한 접근하여 설계하기 위해서는 경찰의 주무부서라고 할 수 있는 경찰청, 지방경찰청, 17개 광역지방자치단체, 226개 기초자치단체, 경찰 관련 학회의 전문가, 통일연구를 전문으로 하는 연구원의 전문 연구위원, 각 부처의 조직전문가 등이 합동으로 참여하여 큰 그림을 설계하는 계기가 마련되면 더 좋은 방안들이 나올 것으로 기대된다. 그래야만 시너지 효과를 창출해 낼 가능성이 커진다. 특히 이를 위해서는 통일을 위한 주무부서인 통일부와 통합경찰조직을 창출해야 하는 주무부서인 행정안전부 및 그 외청인 경찰청에서 예산도 지속적으로 확보해 나가야 할 것이다.

---

43) 따라서 남북한 통일 후를 대비해 법적, 제도적 차원에서 사전에 준비해 나가야만 할 중요한 영역 중 하나다.

제주자치경찰의 확대운영에 대한 실태 분석

제12장 • 제주자치경찰의 확대운영에 대한 실태 분석

제1절 제주경찰청 파견인력 현황

1. 현황 분석

문재인 정부는 2017년 5월 10일 출범하면서 향후 국가가 시행할 100대 국정과제 중 13번째 실천과제로 광역시도단위에서 자치경찰제를 시행한다고 전격 발표했다.[1] 그리고 경찰청은 경찰개혁위원회를 만들어 준비 중에 있었다. 마침내 2017년 11월 7일 경찰청 경찰개혁위원회가 자치경찰 이원화 모델안(국가경찰과 자치경찰 공존)을 발표하게 되었다.[2] 하지만 이는 학계로부터 기존 제주도 자치경찰제 모델과 별반 다르지 않다는 비판에 부딪혔다.

이와는 별도로 전국 17개 광역시도의 대표격인 서울시는 1997년 한국정책학회에 의뢰해 「서울시 특별사법경찰 10년 자치경찰제로의 전환을 위한 발전방안 연구」라는 서울시 고유모델을 담은 연구보고서를 발표했다. 자치경찰제 모델과 관련해 본 보고서의 핵심내용은 다음과 같다. 문재인 정부의 자치경찰제는 광역시도에서 실시하겠다는 계획이 발표된 만큼 예를 들어 서울시장이 서울경찰청 이하 경찰서 31개를 모두 자치경찰로 넘겨받아야 한다는 주장을 담은 모델이었다. 서울경찰청 산하 국가경찰을 그대로 자치경찰로 전환하는 이른바 일원화 모형(통합형 자치경찰제 모델)을 2018년 2월에 서울시청 회의실에서 최종보고 및 공개 발표되었다. 그 후 나머지 16개 광역시도로부터 적극적인 동의와 호응을 받은 바

---

[1] 문재인 정부의 광역단위자치경찰제란 우리나라 전국 17개 광역시도 단위에서 자치경찰제를 실시하겠다는 것을 의미한다. 그 이전에 노무현, 이명박, 박근혜 정부는 시군구 기초자치단체 차원에서 자치경찰제를 도입한다는 정책을 추진한 바 있다.

[2] 참고로 문재인 대통령 후보는 2017년 5월 9일 대통령으로 당선된 후 대통령 자리가 공석이었기 때문에 곧바로 다음날인 2017년 5월 10일 문재인 정부가 출범하게 되었다.

있다. 위 보고서에서 핵심 내용은 18명의 시도경찰청장이 17명의 광역시도지사 산하에 소속되어 자연히 자치경찰로 전환되어야 한다는 주장이었다. 그러나 이러한 주장에 대해 경찰청이나 청와대는 너무 진보적인 모델로 보았으며 선뜻 동의하지 않았다.

한편 이와는 별도로 대통령 소속 자치분권위원회(제1기 위원장 정순관 및 제2기 위원장 김순은)는 독자적인 자치경찰제 모델을 만들어 발표하게 되었다. 역시 위 위원회는 2018년 5월 3일 정부서울청사에서 문재인 정부의 자치경찰제 모델을 연구한 후 공개 발표하였다. 그 후 지방자치발전위원회와 행정안전부는 2017년 하반기까지 최소한 자치경찰제 도입을 위해 자치경찰법 제정안을 위한 초안을 준비해 2018년 상반기까지 국회에 제출하기로 했다. 약속대로 제출은 되었지만 국회 행안위가 2020년 3월까지도 다루지 못한채 2020년 4월 15일 21대 국회의원 선거와 맞물림으로써 결국에는 2020년 5월 말에 출범한 21대 새 국회의 과제로 넘어왔다. 그 후 8월 4일 김영배 의원이 경찰법과 경찰공무원법 전부개정법률안을 다시 발표했는데 기존의 이원화 방안에서 방향을 완전히 틀어서 일원화 정부 안을 발표하게 된 것이다.3)

2. 문재인 정부의 도입(안)

무엇보다 문재인 정부의 자치경찰제 도입안은 대통령 소속 자치분권위원회 소관이었으며, 위에서 소개했던 본 위원회는 경찰청 경찰개혁위원회의 권고안 이외에 서울시의 자치경찰제 일원화 모형 및 1999년 경찰청 모델안 등을 종합 검토해 정부의 새로운 자치경찰제 모델을 발표하게 되었다.

---

3) 이에 관한 자세한 내용은 전장에서 이미 자세히 소개한 바 있다.

[그림 12-1] 자치분권위원회의 초기 검토 모델(일원화 모형; 2018년 5월)

출처: 제주자치경찰 확대시행 추진 과정, 2019, p. 63.

3. 제주경찰청의 자치경찰제 시범 실시 준비

2018년 5월 본 모델의 핵심 내용은 17개 시도경찰청4) 산하의 경찰서, 지구대 및 파출소 조직을 자치경찰로 이관하는 소위 일원화 모형을 심층 검토하게 되었다. 이에 따라 제주경찰청은 경찰청(당시 청장 이철성) 산하 경찰개혁위원회에서 권고했던 이원화 모형을 제주자치경찰단에서 시범운영해 보자는 검토 및 결정이 이루어졌다. 본 결정에 따라서 2018년 4월부터 제주경찰청의 경찰사무와 인력을 3단계(2020년 2월 4단계 추가5))에 걸쳐 제주자치경찰단에 파견하는 등 제주자치경찰제 확대시행을 본격적으로 추진하였다. 그 당시 이 중책을 수행하기 위한 총괄 책임자는 제주경찰청 차장(경무관 고기철)이 맡아서 성공적으로 진행하였다.6)

---

4) 우리나라 지방경찰청은 17개였으나 2019년 7월 19일 세종지방경찰청이 개청함으로써 총 18개 지방경찰청으로 늘어났다(http://news1.kr/photos/details/?3741424).

5) 4단계 추가에서는 8명의 국가경찰이 파견되었다. 이로써 전체 국가경찰의 파견인력은 268명이 되었다.

6) 이 당시 제주지방경찰청 차장은 고기철 경무관이었으며 전체 기획업무를 맡아 총괄 지휘하였다.

[그림 12-2] 제주지방경찰청 자치경찰 확대 준비 TF팀(2018년 3월 21일)

출처: 제주지방경찰청, 제주자치경찰 확대시행 추진 과정, 2019, p. 79.

　　원래 최초 계획은 3단계에 걸쳐 101명을 파견하여 시행하기로 했지만, 추후 경찰청과의 협의를 통해 이관 사무와 인력이 계속 변동되었다. 이에 따라 최종적으로 제주 지역경찰 112신고처리 사무와 주취자응급센터 등을 신설하여 3단계로 나누어 총 260명의 국가경찰인력을 파견하기로 최종 정리되었다. 그후 2020년 2월 추가로 8명 등 모두 268명이 파견되어 시범실시가 2020년 12월까지 계속 진행되다가 복귀하였다.

4. 시범실시를 위한 예산

　　모든 시범실시를 성공적으로 이끌기 위해서는 예산이 마련되어야 하는 바, 이를 위해 경찰청 재정담당관을 중심으로 예산이관에 대한 대책이 나왔다. 즉 기능별 이관사무에 대한 사업비가 산정되었다. 이 예산은 기획재정부를 통해 경찰청 일반회계 재원을 전용한 후 제주특별자치도에 지원했는데, 이관 예산은 일반수용비 등 사업비 2억 4,484만여원이었다. 이 예산을 경찰청이 기획재정부에 일단 반납한 후 다시 자치단체경상보조(330-01) 세목으로 변경하여 최종적으로 제주도에 이관하였다. 이관 예산항목은 생활안전활동 1종(범죄예방협의체 운영), 여성청소년활동 6종(범죄예방교실 운영, 아동안전지킴이집 운영, 위기청소년 발굴 지원, 선도프로그램 운영, 선도심사위원회 운영, 청소년경찰학교 운영), 교통활동 11종(교통홍보활동, 교통 특근매식비, 교통외근 물품 구입 등), 차량 유류비, 차량 수리비, 폴리폰 통신요금, 특정업무경비 등이었다.

5. 파견직원 공모

이러한 절차를 마치고 1차 파견희망자 공모 및 선발을 4.20 ~ 4.23까지 4일간 진행했다. 공모 대상은 1단계 27명으로, 경감 2명과 경위 이하 25명이었다.7)

〈표 12-1〉 제주자치경찰의 확대 운영 현황

◦ 자치경찰을 운영중인 제주에서 단계적으로 확대 - 제1단계: 2018.4.30 (27명 파견) - 제2단계: 2018.7.18(123명 파견) - 제3단계: 2019.1.31(총 260명 파견) ◦ 이원화 모델의 효과 검증 및 전국 확대 시 시행착오 최소화	추진배경	국가경찰 파견 총 260명8)	1단계 (2018.4.30)	◦ 인원: 27명 ◦ 지역: 제주동부경찰서 - (생안): 범죄예방진단, 협력방범, 유실물, CCTV, 치안센터 - (여청): 학교폭력예방, 아동안전 - (교통): 외근, 싸이카, 홍보
◦ 인원: 96명 추가파견(총 123명) ◦ 지역: 제주 전역(동부경찰서/서부경찰서/서귀포경찰서) ◦ 수행사무 - 1단계 수행사무 제주 전역 확대 - 자치경찰 112신고 출동(동부서 지역 한정)	제2단계 (2018.7.18)		3단계 (2019.1.31)	◦ 인원: 137명 추가파견(총 260명) ◦ 지역: 제주 전역(동부, 서부, 서귀포) ◦ 수행사무 - 112신고 출동 제주 전역 확대(자치지구대/파출소 7개소 운영) - 주취자 응급의료센터(2개소) 신설

출처: 김충신, 한세대 특강자료, 2019.

---

7) 경감 2명은 교통외근 인력 15명에 대한 관리자와, 교통 외 업무(생활안전, 여성청소년) 12명에 대한 관리자 직위임.
8) 이 260명은 추후 또다시 8명이 추가로 파견되어 총 268명이 되었다. 이는 연구의 목차에 따른 체계상 다음 장에서 추가로 후술하기로 한다.

1) 파견인력의 조직구조

제주자치경찰의 확대 시범를 위한 운영 과정은 다음과 같이 진행되었다. 우선 경찰청 경찰개혁위원회에서 권고(2017. 11. 7)한 자치경찰제 도입안의 현장을 구현하는 것이 시작점이었다. 그리고 이어서 자치분권위원회 자치경찰 특별위원회 안의 확정(2018. 11. 29)에 따라 그 당시 경찰법의 범위 내에서 특위안의 시범 운영을 위해 제주경찰청 산하 경찰서에서 국가경찰인력을 파견한 후 성공적인 협업을 이루고 있다(2018년 4월~2020년 12월 현재까지).

[그림 12-3] 제주자치경찰제의 확대 실시 과정

출처: 제주자치경찰단 내부자료(2020. 11).

경찰청, 제주경찰청, 제주자치경찰단은 위의 시행계획에 따라서 시범실시를 체계적으로 시행해 나갔다.

(1) 1차 파견자 발령

2018년 4월 30일 1차 파견자 발령을 시작해 1단계 시범운영에 들어갔다. 즉 파견자 27명은 제주경찰청장에게 파견전출 신고 후 제주도 행정부지사에게 파견 전입 신고와 함께 제주자치경찰단에서 업무를 시작했다. 1차로 파견된 국가경찰관은 기존 자치경찰단 편제에 임시로 재편하여 배치되었다. 여성청소년(실종·아동안전, 학교폭력 예방) 인력은 경찰정책관 소속으로, 교통 및 생활안전(범죄예방진단·유실물·협력방범)은 교통생활안전과 소속으로, 치안센터는 관광경찰과 소속으로, CCTV관제센터는 서귀포지역경찰대 소속으로 배치되어 직무를 수행하였다.9)

---

9) 제주지방경찰청, 제주자치경찰 확대시행 추진 과정, 2019, p. 97.

[그림 12-4] 1단계 파견자 임시 직제(자치경찰단)

출처: 제주지방경찰청, 제주자치경찰 확대시행 추진 과정, 2019, p. 97.

경찰청에서는 제주경찰청과 연계하여 제주자치경찰단에 서부경찰서, 서귀포경찰서 및 동부경찰서에서 경찰인력을 파견하는 것으로 설계하였다. 이에 따라 설계되고 파견이 이루어진 제주자치경찰의 업무 흐름도는 [그림 12-5]와 같다.

[그림 12-5] 파견된 제주자치경찰의 업무처리 흐름도

국가경찰 → 자치경찰	자치경찰 → 국가경찰
경찰청 (대책 수립)	경찰청
제주지방경찰청 (대책 수립) →(통보) 자치경찰단	제주지방경찰청 (대책 수합) ←(통보) 자치경찰단
서부서 (수립, 시행) 서귀포서 (수립, 시행) 동부서 (참고)	서부서 (수립, 시행) 서귀포서 (수립, 시행) 동부서 (참고)

출처: 제주지방경찰청, 제주자치경찰 확대시행 추진 과정, 2019, p. 154.

2) 파견인력의 구성

(1) 제2단계 파견 조직과 인력

2단계 파견에서 자치경찰단 직제 조정은 다음과 같다. 2단계 시행으로 이관 사무가 추가됨에 따라 자치경찰단에서는 조직구성을 일부 조정하여 임시 직제를

편성하였다. 국가경찰에서 이관된 사무는 모두 7개의 T/F팀 임시조직으로 구성하였으며 [그림 12-6]과 같이 경찰정책관 산하에 지역경찰·학교폭력T/F를, 교통생활안전과 산하에 범죄예방·동부교통·서부교통T/F를, 관광경찰과 산하에 치안센터T/F를, 서귀포지역경찰대 산하에 서귀포교통T/F를 두었다. 이를 위한 조직구성은 1관 2과 1대 1센터, 11담당, 7팀(T/F)으로 구성되었다.

[그림 12-6] 2단계 시행 자치경찰단 조직구성 일부 조정

출처: 제주지방경찰청, 제주자치경찰 확대시행 추진 과정, 2019, p. 173.

2020년 2월 기준 제주자치경찰단의 조직도는 다음과 같이 많은 변화를 가져왔다. 제주자치경찰단은 경무관 단장 산하에 1관, 5과, 1대 1센터로 운영되고 있다. 이는 1년 전인 2019년 초보다 제주자치경찰단에 비해 놀라우리만치 조직이 확대되었다. 그 이유는 제주경찰청 산하에서 260명의 파견 증원에 기인한 것이다. 조직이 커진 만큼 제주자치경찰단은 2020년에 전년도의 교통생활안전과를 각각 생활안전과와 교통과로 분리해서 운영했다. 그리고 아동청소년과와 수사과를 전격 독립 설치하였다는 것도 큰 변화다. 또 하나 특징은 한라산 넘어에 위치한 서귀포지역경찰대를 확대하여 총무팀, 생활안전팀, 관광팀, 교통팀, 수사팀, 지구대/파출소 체제를 훌륭하게 구축했다는 점이다.

한편 제주자치경찰이 처리할 112신고 건수, 순찰차 이동 거리 등을 감안해 제주전역에 자치지구대와 파출소 7개소(동부 2, 서부 2, 서귀포 3)를 운영하게 되었다. 운영을 보면 치안센터의 경우 1인이 주간 근무를 하기로 했으며 4개소이다.

[그림 12-7] 제주자치경찰의 기구(2020년 2월 현재)

출처: 제주자치경찰단 내부자료, 2020년 2월 초 기준.

[그림 12-8] 동부서와 서부서 및 서귀포서 지역의 자치지구대와 파출소

출처: 김충신, 한세대학교 경찰학 석사 및 박사과정 특강자료, 2019.

또한, 국가경찰의 교통·112순찰차가 제주자치경찰로 이관됨에 따라 112종합 상황실에서 자치순찰차를 호출할 호출부호를 정하였다. 파견 교통순찰차 6대는 각 교1에서 교6까지, 파견 지역경찰순찰차 5대는 각 자1에서 자5까지 호출부호를 정하고, 각 순찰차가 담당하는 관할구역을 새로 정하였다. 자치경찰단이 보유하는 순찰차량은 자체 17대(교통 7대, 관광 6대, 서귀포 4대)와 파견 순찰차 11대(교통 6 대, 지역경찰 5대)를 합하여 모두 28대로 증가하였다.

[그림 12-9] 지역경찰의 인력과 장비 현황

◇ 제주지역경찰 변동 현황

지역경찰관 560명 ⇨ 661명	순찰차량 46대 ⇨ 60대	지구대·파출소 26개소 ⇨ 31개소
지역경찰관 101명↑	순찰차량 14대↑	지역관서 5개소↑

◇ 국가·자치지역경찰로 개편

구분	근무인원	순찰차 대수	지역관서 수	112출동 비율
합계	661	60	31	100%
국가지역경찰	490	43	24	65%
자치지역경찰	171	17	7	35%

출처: 제주지방경찰청, 제주자치경찰 확대시행 추진 과정, 2019, p. 97; http://www.jjpolice.go.kr/jjpolice/police25/life.htm?act=view&seq=68121.

자치경찰 현장지원단을 다음과 같이 운영하였다. 2018년 7월 18일 09시부터 제주자치경찰 확대운영 2단계가 시행됨에 따라, 제주경찰청에서는 시행 초기 총 경급을 단장으로 구성한 일일 현장지원단을 운영하였다.

〈표 12-2〉 자치경찰 현장지원단 구성

		7. 18. (수)	7. 19. (목)	7. 20. (금)	7. 21. (토)	7. 22. (일)
		생활안전 과장 기획예산 계장 아동청소 년계장 생안 1 112 1	경무과장 생활안전 계장 안전계장 통신 1 기획 1	112상황실 장 생활질서 계장 여성보호 계장 기획 1 생안 1	상황관리 관 〈홍보 담당관〉 기획예산 계장 생안 1	상황관리 관 〈정보 과장〉 생활안전 계장 기획 1
7. 23. (월)	7. 24. (화)	7. 25. (수)	7. 26. (목)	7. 27. (금)		
정보화장	경비교통	여성청소	기획예산	생활안전		

비담당관 기획예산 계장 교통조사 계장 생안 1 경교 1	과장 112관리팀장 홍보계장 기획 1 여청 1	년과장 생활안전 계장 여청수사 계장 기획 1 112 1	계장 정보통신 계장 생안 1 홍보 1	계장 112상황팀장 기획 1 생안 1		

출처: 제주지방경찰청, 제주자치경찰 확대시행 추진 과정, 2019, p. 174.

한편 2018년 11월 13일, 자치분권위원회 정순관 위원장이 17개 광역시도단위에서의 자치경찰제 도입방안을 발표하였다. 자치분권위원회에서 발표한 안은 국가경찰과 자치경찰의 이원화 모형으로 제주자치경찰제의 확대시범 모델안과 매우 흡사했다.

현행경찰체제와 대통령 소속 자치경찰제 특별위원회 검토모형안의 개편안을 보면 다음과 같다. 국가경찰에서 일정 수의 경찰사무인력을 시도지사 산하의 시도경찰위원회에 이관하는 방안이다.

[그림 12-10] 자치경찰제 도입 이후 경찰조직 변화

개 편

출처: 제주지방경찰청, 제주자치경찰 확대시행 추진 과정, 2019, p. 183.

(2) 2단계 파견의 인력 현황

2단계 파견을 보면 기존 1단계 파견인력 43명(생활안전 9명, 여성청소년 10명, 교통 24명) 및 제주동부경찰서 지역경찰 49명, 제주청 112종합상황실 4명 등 총 96명이 이관되었다. 그리고 관서별 인원은 지방청 11, 동부서 42, 서부서 26, 서귀포서 17 등이다.

〈표 12-3〉 관서별 인원 현황

구분	계	생활안전 (58)				112 (4)	여성청소년 (10)		교통 (24)		
		범죄진단	유실물	치안센터	지역경찰		학교폭력	실종, 아동	외근	싸이카	내근
계	96	2	2	5	49	4	8	2	19	3	2
지방청	11				7	4					
동부서	42				42						
서부서	26	1	1	4			4	1	11	3	1

서귀포	17	1	1	1			4	1	8		1

출처: 제주지방경찰청, 제주자치경찰 확대시행 추진 과정, 2019, p. 202.

기능별 인원을 보면 생활안전 58, 112상황실 4, 여청 10, 교통 24 등이다.

<표 12-4> 단계별 확대 사무 및 인력 현황

구분	사 무	계(명)	1단계(명)	2단계(명)		3단계(명)
				기 존	변 경	
생활 안전	CCTV 관제센터	3	3	−		−
	범죄예방진단	3	1	2 〈서부1·서귀포1〉		−
	협력방범	1	1	−		−
	풍속·유실물	10	1	2 〈서부1·서귀포1〉		7
	치안센터 운영	10	1	5 〈서부4·서귀포1〉		4
	지역경찰 순찰	49	−	−	49 〈동부〉	−
	상황실 지령	4	−	−	4 〈지방청〉	−
여성 청소년	학교폭력(SPO·117)	15	4	8 〈서부4·서귀포4〉		3
	실종·아동안전	3	1	2 〈서부1·서귀포1〉		−
교통	외근	28	9	19 〈서부11·서귀포8〉		
	싸이카	7	4	3〈서부3〉		
	내근	8	2	2 〈서부1·서귀포1〉		4
총계(명)		141	27	43	96	18

출처: 제주지방경찰청, 제주자치경찰 확대시행 추진 과정, 2019, p. 202.

한편 파견기간은 2018년 하반기 정기인사 시부터 2019년 상반기 정기인사 시까지로 정했다. 그러나 2020년 2월에도 추가로 8명을 파견하는 4차 파견이 이루어짐으로써 총 268명이 되었고, 이들은 근무하다가 2020년 12월 말을 기해 전원 자기가 이전에 근무하던 국가경찰조직으로 복귀한다.

제 2 절   파견 결과에 대한 분석

1. 파견의 당위성

문재인 정부의 청와대와 행정안전부 및 대통령 소속 지방자치위원회는 2018년 최종적으로 자치경찰제 도입(안)을 만들어 발표했는데, 1차 8,000여명의 국가경찰을 자치경찰로 이관하는 방식으로 하되 3차에 걸쳐 총 43,000여명의 국가경찰을 17개 광역자치단체 산하로 예산과 함께 이관한다는 방안이다. 이관방법은 제주자치경찰제에다가 약간의 수사권을 가미한 것으로 근본 틀은 제주자치경찰제를 전국에 확대하는 방식으로 정리된다. 이러한 기본틀 내에서 경찰청은 제주도 자치경찰에 국가경찰을 파견하여 미리 시범실시를 진행해 보는 실험을 단행하게 되었다. 정부에서는 이미 서울시, 세종시, 제주도와 추가로 2~3개 정도의 광역시도를 선발해 총 5~6개 정도의 광역시도에서 시범 실시도 예정했다.

무엇보다 위에서 소개된 제주자치경찰단에서의 국가경찰 인력을 파견해 시범실시하는 것은 상당한 의미를 지니고 있다. 만일 5개 시범실시 광역시도에서 경험 없이 시도했을 때 직면하게 될지도 모르는 각종 시행착오를 미리 사전에 제주자치경찰단에서 경험해 봄으로써 충분한 노하우와 성공여부를 인지하게 되었다. 이러한 시범 실시는 매우 의미가 크며 바람직한 조처로 보여진다.

한편 우리나라에서 제주도를 제외한 다른 지역에서는 자치경찰제를 시행해 본 경험이 전무하다는 차원에서 볼 때, 제주도에서의 자치경찰제 시범실시는 매우 중요한 의미를 지닌다.

2. 파견인력의 성과 관리

제주특별자치도와 제주경찰청은 2018년 7월 18일, 제주경찰청 소속 경찰관

96명을 제주자치경찰단에 파견하여 제주자치경찰 2단계 확대 시범운영을 실시하였다. 2단계에서는 생활안전, 여성청소년, 교통 사무 이관을 제주 전역으로 확대 시행하고, 제주동부경찰서의 112신고 중 교통불편 등 주민생활 밀착형 신고 15종을 자치경찰이 처리하는 성과를 내었다. 무엇보다 시행 이후 이틀간 제주동부경찰서에 접수된 112신고 출동건수를 분석했는데, 총 394건 중 자치경찰이 출동한 신고는 153건(38.8%)이고, 이 중 국가경찰과 공동 출동한 신고는 12건(3.0%)이었다. 특히 공동 출동은 112 신고를 받았는데, 내용이 국가경찰이 처리해야 하는지 아니면 자치경찰이 출동해야 하는지 불분명한 경우로 양자가 실제 현장에 출동해 판단하고 해당 경찰이 처리하게 된다.

〈표 12-5〉 국가경찰과 자치경찰이 출동한 현황

구분	청소년 비행	주취자	보호 조치	경범	교통 불편	교통 위반	분실 습득	상담 문의	소음	서비스 요청	가정 폭력 (공동)	성폭력 (공동)
건수	3	80	4	10	14	3	13	2	16	4	3	1
비율	1.9%	51.6%	2.6%	6.4%	9.0%	1.9%	8.4%	1.3%	10.3%	2.6%	1.9%	0.6%

출처: 제주지방경찰청, 제주자치경찰 확대시행 추진 과정, 2019, p. 255.

제주경찰청과 제주자치경찰단은 사전 실무협의를 통해 112신고 현장처리 매뉴얼을 마련하였으며 파견자에 대한 교육 및 시행 후 현장지원활동을 집중 전개하여 업무혼선 여부 차원에서 특별한 문제없이 이행되었다. 시범운영 기간은 2018. 7. 18 ~ 8. 17까지였다. 주요 치안지표 분석 현황을 보면 112신고출동 지표는 다음과 같다. 즉 제주 동부경찰서의 112신고 출동은 총 6,781건으로, 국가경찰은 4,429건(65.3%), 자치경찰은 2,352건(34.7%)을 처리했다. 특히 당초 예상했던 자치경찰 출동 예상건수('17년 기준, 31.4%)보다 다소 높으나 여름철 주취자 집중에 따른 계절적 요인으로 추정되었다.10)

---

10) 제주지방경찰청, 제주자치경찰 확대시행 추진과정, 2019, p. 256.

〈표 12-6〉 국가-자치경찰 코드별 처리건수 현황(7.18~8.17)

구분	계	코드0	코드1	코드2	코드3
계	6,781	20	1,567	5,075	119
국가경찰	4,429	17	1,287	3,027	98
자치경찰	2,352	3	280	2,048	21

출처: 제주지방경찰청, 제주자치경찰 확대시행 추진 과정, 2019, p. 259.

한편 5대범죄 발생 지표를 보면 다음과 같다. 즉 짧은 기간으로 유의미한 분석은 어렵지만, 주요 지표인 5대범죄 중 범죄발생은 지난해 동기대비 43건(13.9%↓) 감소, 시행 前·後 1개월 대비 47건(15.3%↓)이 감소하는 등 비교적 안정적인 치안이 유지된 것으로 평가되었다.

〈표 12-7〉 동부경찰서의 전년 동기간 대비 5대범죄 발생 현황

구분	계	살인	강도	성범죄	절도	폭력
'18. 7. 18~8. 17	265	–	2	18	80	165
'17. 7. 18~8. 17	308	1	–	16	113	178
대비(%)	13.9%↓	-1	+2	+2	-33	-13

출처: 제주지방경찰청, 제주자치경찰 확대시행 추진 과정, 2019, p. 260.

제주동부경찰서의 경우 시행 전후 1개월 대비 5대범죄 발생 현황을 보면 8월달이 7월달보다 다소 감소한 것으로 나타났다.

〈표 12-8〉 시행 前·後 1개월 대비 5대범죄 발생 현황(동부경찰서)

구분	계	살인	강도	성범죄	절도	폭력
'18. 7. 18~8. 17	265	–	2	18	80	165
'18. 6. 18~7. 17	313	2	–	18	107	186
대비(%)	15.3%↓	-2	+2	0	-27	-21

출처: 제주지방경찰청, 제주자치경찰 확대시행 추진 과정, 2019, p. 260.

한편 관공서에서 주취소란 행위 발생의 지표를 살펴보면 다음과 같다. 즉 주취자 신고를 자치경찰이 전담 처리한 결과, 관공서 주취소란 행위는 시행 前 1개월 대비 60%가 감소(5건 → 2건) 하였으며, 공무집행방해사범도 감소하는 등 주취

자 처리에서 효율적인 결과를 보여주었다. 전년 동기 대비, 취중 공무집행방해 사범은 27.3% 감소(11건→8건), 관공서 주취소란 사범은 33.3%가 감소(3건→2건)한 것으로 나타났다.

사실상 「광역단위 자치경찰 전국 확대」를 대비해서 시범적으로 제주에서 우선적으로 자치경찰에 사무와 인력을 지원하여 시범운영 한 후 문제점을 개선하고 보완하는 시범실시는 큰 의미를 지닌 것으로 평가된다. 정리해보면 우선 1단계(4.30. 27명 파견)에 이어서 시범운영의 실질화를 도모하기 위해 지역경찰의 순찰인력과 112상황실 요원을 추가 했다는 점에서 의미가 컸다. 그리고 2단계는 2018년 7월 18일 총 96명을 파견하여 시행에 들어갔는데, 특히 ① 시범실시 지역을 확대(제주 동부서 → 제주 전역 생안·여청·교통 사무 수행)했다. 그리고 ② 사무범위 확대(제주 동부서 지역에 한해 112신고처리 사무〈보호조치 등 법률 개정 없이도 자치경찰이 수행 가능한 주민생활 밀접 사무 15종〉 추가)를 추진했다.

이에 대한 이해를 돕기 위해 1단계부터 3단계를 정리해 보면 다음과 같다.

〈국가경찰 파견: 총 123명 파견완료 / 18명 파견 예정〉
▶ 1단계: 제주 동부서 생안·여청·교통 ⇨ 27명 파견(4.30.)
▶ 2단계: 제주 서부서·서귀포서 생안·여청·교통 43명
　제주동부서 지역경찰·지방청 상황실 53명 ⇨ 96명 파견(7.18.)
▶ 3단계: 지방청 잔류인력 등 ⇨ 18명 파견(2019년 상반기 정기인사 時) 등이
　바로 그것이다.

국가–자치경찰 간 유기적이고 긴밀한 협업에서 특히 국가경찰은 긴급신고에 집중했으며, 자치경찰은 주민생활 밀접 사무에 대한 신고처리에 집중하였다. 주요 성과를 보면 다음과 같다. 즉 제주 동부경찰서 관할에 지역경찰 49명, 지방청 상황실 요원 4명(순찰차 5대)을 배치하였다. 그리고 제주 동부경찰서 112출동의 35.0%를 자치경찰이 처리했다. 그리고 공동처리 4종은 성폭력, 가정폭력, 가정 내 아동학대, 기타 아동학대이며, 단독처리 11종은 분실습득, 상담문의, 청소년비행, 주취자, 보호조치, 경범, 교통불편, 교통위반, 소음, 노점상, 서비스 요청 등이다.

〈표 12-9〉 제주 동부서 국가-자치경찰 코드별 처리건수(7.18. ~ 8.17.)

구 분	계	코드0	코드1	코드2	코드3		코드4
계	6,674	32	1,545	4,968	129		6,369건
국가경찰	4,338(65.0%)	21	1,279	2,941	97		
자치경찰	2,336(35.0%)	11	266	2,027	32		

출처: 제주지방경찰청, 제주자치경찰 확대시행 추진 과정, 2019, p. 265.

무엇보다 이 당시 우려했던 것이 바로 업무 혼선이었다. 그러나 문제없이 국가경찰은 중대 및 긴급사건에 집중했으며, 이에 반해 자치경찰은 비긴급 및 일상 신고를 분담하여 처리하는데 성공적이었다. 비록 짧은 기간이었음에도 불구하고, 제주동부경찰서 관할 내 5대 범죄 및 제주 전체 교통사고가 감소하는 등 주요 치안지표 개선, 안정적인 치안 유지 등을 보여주었다는 평가가 가능하다.

한편 제주경찰청의 교통사고 발생 관련 현황을 보면 특히 7월에 현저하게 감소한 것으로 나타났다.

〈표 12-10〉 제주지방경찰청 교통사고 발생 현황

구 분	발생 건수			사망자 수		
	前 3년	'18년	대비	前 3년	'18년	대비
이관 前 (1.1.~7.17.)	2,325건	2,266건	−59건 (−2.5%)	39.7명	42명	+2.3건 (+5.8%)
이관 後 (7.18~8.17.)	421건	350건	−71건 (−16.9%)	8명	7명	−1건 (−12.5%)

출처: 제주지방경찰청, 제주자치경찰 확대시행 추진 과정, 2019, p. 265.

3. 3단계 시범 실시

원래 경찰청과 제주경찰청은 자치경찰제 전국화를 대비해 2019년 초부터 제주자치경찰의 확대 시범 운영을 위한 3단계를 시행하였다. 1차와 2차에 걸쳐 국가경찰이 자치경찰로 파견되었고 3단계 경찰인력까지 파견되면 총 260명이라고 하는 대규모 경찰인력이 제주국가경찰에서 제주자치경찰로 파견되는 것이다. 파견 대상자가 확정되어 2019년 1월 14일 제주경찰청은 상반기 시행 예정인 자치경찰제의 확대 시범 운영과 관련 3단계 실시를 위해 1월 중 파견하게 됐다. 파견자들로부터 관심이 높았는데, 즉 모집 정원 260명보다 많은 285명이 신청했다. 세부 내용을 보면 경정(협력관) 1명에 1명, 경감 10명에 14명, 그리고 경위 이하 249명 모집에 270명이 각각 지원하는 등 인기가 매우 높았다.

재미있는 사실은 3차 파견자 모집 시 이미 지난 자치경찰 확대 시범 운영 2단계 과정에서 자치경찰로 파견을 갔다가 원대 복귀한 경찰력 101명이 포함되었다는 사실이다. 말하자면 지난 2단계 당시 파견 인원은 총 123명으로 전체 인원의 82.1%가 이번에 다시 파견 신청을 했다는 점이 흥미롭다. 이번 3단계 파견이 완료되면 제주자치경찰 인원은 현재 151명인데, 총 411명으로 대폭 확대되는 양적 확대를 보여주게 되었다. 이에 제주자치경찰은 인원 171명을 투입해 현재 국가경찰에서 전담하고 있는 파출소/지구대 업무 등 지역경찰 업무도 일부 담당하게 되었다.

즉 부족한 문제점들을 해소해 나가기 위해 (가칭)자치지역경찰센터가 제주시 동부권 2개소, 서부권시 2개소, 서귀포시권 3개소 등을 비롯해 총 7개소가 신설되었다. 제주경찰은 자치경찰 시범운영 1, 2단계에 소속 인력을 투입시키는 바람에 이로 인해 어느정도의 인력 공백이 발생했었다. 따라서 이번 3단계에서는 1, 2단계 때 대규모 인력을 파견하면서 발생했던 문제를 해소하는 방안 중 하나로 다른 제주경찰청으로부터 순찰차 7대 추가 지원 받았다. 이뿐만 아니라 추가로 83명의 국가경찰 인원도 지원받게 되었다.

이번 3단계 지원 인력은 분야별로 지역경찰(68명), 주취자응급센터(9명), 협력관(1명), 지역경찰 내근(1명), 112종합상황실(4명) 등에 배치되었다. 흥미로운 것은 제주지방청 소속 기동순찰대(33명)도 해체해 지역경찰에 재배치하게 되었다.

이러한 결과 2018년 자치경찰 1단계 시행 이전과 2019년 3단계 시행 이후를 비교해 볼 때 지구대/ 파출소인 지역경찰은 기존 560명에서 661명으로 101명 증가했다. 그리고 순찰차량은 기존 46대에서 60대로 무려 14대 증차되는 효과가 나타났다. 이뿐만 아니라 지역경찰관서는 전보다 5개소나 증가한 효과를 보여주었다. 이 밖에도 자치경찰 2단계 시행 시 국가-자치 공동출동사무(성폭력. 가정폭력. 아동학대)에 대해 자치경찰의 역할이 미미했으며 출동횟수가 증가했다는 문제가 제기되었는데, 이 문제를 해소하기 위해 3단계에서는 공동출동 사무를 국가경찰의 전담사무로 전환하기로 조정했다. 동시에 일부 위험방지 사무는 자치경찰에 이관하기로 변경했다. 특이한 것은 3단계 시범 운영에 따른 사무 분담으로 인해 국가-자치경찰의 출동사무가 명확히 구분되게 된 점이다. 이에 따라서 공동출동에 따른 혼선이나 불편 등이 해결될 가능성이 커지게 되었다.[11]

기존 2단계에서 123명(1단계 27명, 2단계 96명) 그리고 제주서부와 서귀포경찰서 소속 지역경찰 등 137명(지역경찰 122, 112상황실 4, 주취자 9, 협력관 1, 생안기획 1) 추가 등 모두 260명이 이관되었다.

〈표 12-11〉 관서 · 기능별 인원(3단계 추가 인력)

| 구 분 | 계 | 협력관 (1) | 생활안전 (197) | | | | | | | | 112 (8) | 여성청소년 (15) | | 교통 (39) | | |
			CCTV 관제센터	범죄 예방 진단	협력 방범	유실물	치안 센터	지역 경찰	주취자 응급 센터			학교 폭력	실종, 아동	외근	싸이카	내근
계	260 (137)	1	3	3	1	3	6	172 (123)	9	8 (4)	12	3	28	7	4
제주청	13 (6)	1	3					1 ※기획		8 (4)					
동부서	83 (10)			1	1	1	1	59 (10)			4	1	9	4	2
서부서	83 (57)			1		1	4	51	6		4	1	11	3	1
서귀포서	81 (64)			1		1	1	61	3		4	1	8		1

출처: 제주지방경찰청, 제주자치경찰 확대시행 추진 과정, 2019, p. 368.

한편 자치경찰제 도입에서 가장 시민들이 걱정하는 것은 112 시스템이다. 기존에 국가경찰 112는 곧 바로 신고 시에 국가경찰이 출동하도록 설계되어 있는데, 만일 자치경찰제가 시행될 경우 112시스템상 연계가 잘 이루어질지에 대해 관심이 클 수밖에 없는 것이다. 그 개념 정의와 출동요소 및 대응코드에 대해 살펴보면 다음과 같다. 즉 '112신고'라 함은 범죄현장에서 범죄나 범죄피해자를 인지, 발견, 목격한 사람이 유선전화, 무선전화, 문자메시지를 비롯한 다양한 통신수단을 이용하여 「전기통신사업법」 제36조에 따른 112 특수전화번호로 신속하게 경찰력이 발동될 수 있도록 긴급 요청하는 행위를 의미한다. 그리고 '출동요소'란

---

11) 헤드라인제주, http://www.headlinejeju.co.kr/?mod=news&act=articleView&idxno=353075 (2019. 8. 25 검색).

지구대, 파출소, 기동순찰대 근무자, 형사, 교통경찰, 경비경찰, 여성청소년 피해자 보호팀 등 현장출동이 가능한 모든 경찰요소(자치경찰 포함)를 의미한다. 코드 0는 최단시간이며 코드 1은 역시 최단시간 그리고 코드 2는 긴급신고 지장 없는 범위를 의미하는 것이다.

〈표 12-12〉 112신고 대응 코드(Code)의 분류 현황

코드	분류기준	출동목표시간
코드 0	코드 1 중 이동범죄, 강력범죄 현행범 등 실시간 전파가 필요한 경우(先 지령 및 제반출동요소 공조출동)	최단시간
코드 1	생명·신체에 대한 위험이 임박, 진행중, 직후인 경우 또는 현행범인인 경우	최단시간
코드 2	생명·신체에 대한 잠재적 위험이 있는 경우 또는 범죄예방 등을 위해 필요한 경우	긴급신고 지장없는 범위
코드 3	즉각적인 현장조치는 불필요하나 수사, 전문상담 등이 필요한 경우 ※ 즉시 출동 불요, 먼저 신고자와 통화하여 약속 등을 통해 출동 또는 타 부서 통보 필요	당일 근무시간
코드 4	긴급성이 없는 민원·상담 신고	타 기관 인계

출처: 제주지방경찰청, 「제주자치경찰 확대시행 추진 과정」, 2019, p. 395.

이어서 제주자치경찰의 3단계 실시 이후 초반기의 성과도 일부 나왔다. 실제로 2019년 2월 28일을 기준으로, 3단계 시행 1개월간의 성과를 분석한 자료를 살펴보면 다음과 같다. 제주경찰청은 3단계 시행에 대한 분석의 의미를 다음의 기준에서 찾고 있다. 즉 3단계 시행이 안정적으로 정착되고 있는지, 범죄발생이나 112신고 출동시간 등 치안지표가 나빠지지 않는가를 확인하고, 도출되는 문제점을 시행 초기에 즉시 개선하고자 노력한 것이다.

분석 결과, 1·2단계에 비해 3단계 시범실시는 거의 시행착오 없이 빠르게 안착되고 있는 것으로 평가되었다. 이러한 중요한 증거는 1·2단계 파견자로서 경험했던 파견 국가경찰관들 대부분이 파견을 연장(123명 중 101명, 82.1%)했다는데서 찾아볼 수 있다. 이뿐만 아니라 제주경찰청에서 파견 온 경찰직원들의 이해도 역시 높았다고 알려져 있다. 또한 이와 같은 성공적 결과는 경찰청으로부터 적극적인 인력·장비 지원이 있었기 때문으로 분석되었다.

그리고 〈표 12-13〉에서 보여주는 바와 같이 3단계 시행 1개월간 112신고처리

의 비중은 국가 7, 자치 3의 비율이었는데(비출동신고인 Code4 제외), 당초 자치경찰의 신고 비중인 35.3%에 미치지 못한 것은 동절기 주취자 신고 비중의 감소로 분석되었다.

〈표 12-13〉 3단계 시행 1개월간 112신고처리 통계(1.31.~2.28.)

| 구분 | 총계 | 출동신고 | | | | | | 비출동 |
		소계	code0	code1	code2	code3		code4
국가	17,803	7,594	23	1,934	5,356	281		10,209
	84.0%	69.6%	79.3%	91.2%	64.4%	63.0%		99.3%
자치	3,389	3,320	6	186	2,963	165		69
	16.0%	30.4%	20.7%	8.8%	35.6%	37.0%		0.7%
산지	1,208	1,171	2	61	1,077	31		37
함덕	187	186	0	14	168	4		1
연동	850	838	1	42	753	42		12
한서	231	227	0	15	195	17		4
서귀포	461	454	1	32	390	31		7
서부	186	180	1	15	156	8		6
신산	266	264	1	7	224	32		2

출처: 제주지방경찰청, 제주자치경찰 확대시행 추진 과정, 2019, p. 328.

그리고 자치경찰이 처리한 112신고는 주취자(38.4%) > 교통불편(18.4%) > 분실습득(12.8%) 순으로 나타났다.

〈표 12-14〉 3단계 시행 1개월간 자치경찰 112신고처리 통계(1.31.~2.28.)

| 구 분 | 계 | 자치 단독사무(12종) | | | | | | | | | | | | 국가 사무 |
		청소년	주취자	보호조치	기타경범	교통불편	교통위반	상담문의	분실습득	소음	노점	서비스	위험동물	
계	3,389	46	1,300	141	75	622	209	87	433	182	4	104	80	106
		1.4%	38.4%	4.2%	2.2%	18.4%	6.2%	2.6%	12.8%	5.4%	0.1%	3.1%	2.4%	3.1%
산지	1,208	19	588	58	32	172	54	32	120	56	1	35	14	27

함덕	187	1	54	8	1	29	10	8	33	15	0	7	9	12
연동	850	15	312	23	13	169	57	17	140	49	1	21	9	24
한서	231	3	59	17	8	43	33	4	29	8	0	7	15	5
서귀포	461	7	199	23	10	49	25	8	66	37	1	8	11	17
서부	186	0	44	8	3	49	18	6	16	7	0	16	7	12
신산	266	1	44	4	8	111	12	12	29	10	1	10	15	9

출처: 제주지방경찰청, 제주자치경찰 확대시행 추진 과정, 2019, p. 328.

특히 국가·자치경찰 간 행정응원도 적극적으로 이루어지는 등(자치 → 국가 96건, 국가 → 자치 95건) 공조체계에도 역시 특별한 문제가 없었다. 국가·자치경찰 간 신속한 공조를 통해 범인을 검거한 사례도 다수 확인되어, 지역경찰 이원화에 따른 현장대응력 약화나 치안공백 등의 문제점 없이 하나의 기관처럼 유기적인 공조체계를 유지하고 있었다.

4. 조직과 인력의 화합 문제

제주자치경찰단으로 국가경찰이 파견되어 1단계와 2단계 및 3단계에 걸친 자치경찰 시범실시에서 이것이 과연 성공할 수 있을 것인가 그리고 국가경찰과 자치경찰 상호 간에 조화와 화합을 제대로 이룰 것인가 또한 시범실시인 만큼 성공적이지 않다면 어떻게 할 것인가. 이 시범실시는 향후 전국 17개 광역시도로 확대 적용해야 하는 막중한 의미를 지니고 있었던 관계로 국가적 및 학계의 관심이 적지 않았던 것이다. 실제로 국가경찰이 자치경찰로 이관되어 지구대/파출소에서 근무하게 될 것을 전제로 시범실시를 단행했다는 점에서 많은 사람들의 관심을 받았다.

이처럼 제주자치경찰단에서 미리 시범실시를 해본 매뉴얼은 매우 중요한 경험에서 나온 것이었다. 전국 광역시도에서 자치경찰제를 실시해 보기 전에 미리 시범실시를 제주자치경찰에서 선험적 노하우를 얻게 된 것이다. 우선 문제인 정부가 시범실시 대상 광역시도로 선정한 서울시, 세종시, 제주도 및 기타 추가 선발될 예정인 2-3개 광역시도를 대상으로 적용하는데 있어서 제주자치경찰이 시범적으로 경험해 본 이러한 노하우는 큰 가치를 지니게 되었다. 모든 제도들이 그러하듯이 모두 다 완벽할 수는 없는 것이다. 그러므로 제주자치경찰이 국가경찰과 협업해서 얻은 경험과 매뉴얼들 역시 전국에 확대할 때, 여러 곳에서 문제점과 시행착오들이 발견될 수밖에 없을 것으로 본다. 아무튼 전국 광역시도로 향후 확대시행 될 자치경찰제를 위해 미리 제주자치경찰에서 실전에 투입되어 국가경찰과 호흡을 맞추어 보았다는 경험은 이제 큰 가치를 지니게 되었다.

그리고 다행인 것은 제주경찰청과 제주자치경찰단 차원에서 공동 시범실시 결과 상호간에 큰 문제없이 여러 영역에 대해 다각도로 적용했으며 경찰청 스스로 자체 설문조사에서 성공적이었다는 평가도 내놓았다.

그럼에도 불구하고 향후 전국 광역시도에서 5-6곳을 선정해 시범실시를 해본 후 전체 광역시도로 확대 실시가 본격화 될 경우 국가경찰과 자치경찰 상호 간에 상당한 갈등이 나타날 가능성은 여전히 남아 있다고 본다. 이러한 예상 문제는 당정청, 경찰청, 시도경찰청의 모든 관계자들이 호흡을 맞추고 불거지는 문제들을 함께 풀어가는 지혜를 얼마나 발휘하느냐에 달려 있다고 본다.

5. 제주 「국가경찰-자치경찰 간 효율적인 112신고 처리를 위한 실무협약」

전장에서 언급한 바와 같이 제주경찰청은 2018년 4월부터 이른바 국가경찰-자치경찰 이원화 모델 효과의 검증을 위한 3단계 시범 운영이었다. 즉 제주경찰청은 2018년 4월부터 3단계에 걸쳐 국가경찰 인력 260명을 제주자치경찰에 파견해서 112신고 유형 55개 사무 중 범죄와 교통사고를 비롯해 국가경찰이 담당하는 43종을 제외한 나머지, 즉 주취자 문제와 보호조치 및 분실물 습득 등 12개 사무(주취자, 보호조치, 교통불편, 분실습득 등)는 자치경찰이 전담해 처리해 오고 있다.[12]

이 결과 자치경찰이 112 신고를 받고 범죄현장에 출동해서 보니 국가경찰 업무가 추가로 발견되어 또다시 국가경찰이 범죄현장에 출동해야 함은 물론 국가경찰 사무를 넘겨받아야 하는 업무의 중복사례가 초래되는 번거로움이 발생하기도 했다.

---

12) 제민일보, http://www.jemin.com/news/articleView.html?idxno=616222(2019. 9. 14 검색).

[그림 12-11] 제주자치경찰-국가경찰 간 112업무처리 개선을 위한 협약식

출처: 제민일보(2019. 9. 1).

위와 같은 번거로운 문제들을 해결하기 위해 제주특별자치도와 제주경찰청은 2019년 8월 27일 「국가경찰-자치경찰 간 효율적인 112신고 처리를 위한 실무협약」을 체결하고 9월 1일부터 시행에 들어갔다. 위 협약은 2018년 7월부터 제주자치경찰이 제주서귀포경찰서, 동부경찰서 및 서부경찰서 산하에 있는 지구대와 파출소 등 지역경찰관서를 넘겨받아 운영하고 112신고를 받고 출동하여 신고사항을 처리하는 과정에서 자치경찰이 출동한 후 국가경찰이 사안에 따라 또다시 출동해야 하는 사례를 최소화하기 위한 대안의 토대가 되는 것이다.13) 예를 들어 2018년 7월부터 제주자치경찰이 2019년 8월 31일까지 112에 주취자 신고가 접수되어 제주자치경찰이 출동했는데 현장에 가보니 폭력사건으로 확대됨으로써 추가로 국가경찰도 역시 후속 출동해야 하는 중복출동이 반복되기도 했는데 이는 보완해야 할 큰 과제였다. 이러한 문제점에 대한 개선조치의 일환으로 위 협약이 추가로 이루어지게 된 것이다. 이제 본 협약을 근거로 제주 자치경찰은 112 신고의 전담사무와 관계없이 현장에 출동하여 자치경찰 초동조치를 수행할 수 있는 근거가 마련된 것은 매우 바람직한 개선 점이라고 평가된다. 무엇보다 중요한 것은 자치경찰이 112 신고처리 과정에서의 중복 출동으로 인한 혼선을 막을 수 있게 되었다는 점이다.

정리해보면 위 규정의 핵심사항은 112신고 초동조치에 관한 사항을 구체화 하

---

13) 한라일보, http://www.ihalla.com/read.php3?aid=1567145527639801044(2019. 9. 13 검색).

여 112신고 전담 사무와 무관하게 출동 지령을 받은 기관에서 신속하게 출동해야 한다. 그리고 현장에서 곧바로 필요한 조치를 하도록 개선했다는 점이다. 본 협약에 따라 제주자치경찰은 지령을 받고 출동한 사안에 대해 직접적으로 신속히 초동조치를 취한 다음, 사건과 관련하여 수사와 후속조치를 필요로 하는 사건이 발견된 경우는 곧바로 국가경찰에게 인계해 주면 된다. 예를 들어 현장에서 체포한 현행범, 긴급체포 관련 사건, 교통사고 및 가정폭력 사건 등 이미 법률에 국가경찰의 권한이 명시된 특정사건, 감식을 비롯해 필요한 사건, 외국인 관련 범죄사건 등 애초에 국가사무는 현행대로 국가경찰에 그대로 인계해 전담하게 된다.

중요한 것은 2006년 7월 제주자치경찰단이 출범할 당시부터 일명 제주특별법 제96조에 경찰관직무집행법을 준용하여 제주자치경찰이 국가경찰과 동등한 수준으로 권한을 부여받은 바 있다. 이를 근거로 애초부터 제주자치경찰도 위 권한을 행사할 수 있었지만 지금까지 현장에 출동하는 권한이 주어진 바 없었기 때문에 사실상 유명무실했던 대표적인 권한 중 하나였다.[14]

이제 제주자치경찰도 경찰관직무집행법에 따라 출동한 현장에서 범죄의 적극적 제지, 위험 발생 방지, 범인 검거, 무기 사용 등 초동조치가 가능하게 되었다.

6. 제주자치경찰단에서 국가경찰–자치경찰 간 협업 활성화

중요한 것은 이번에 파견 시범실시를 통해 제주자치경찰단의 자치경찰과 국가

〈표 12–15〉 국가–자치경찰 간 공조/협업을 통한 유기적 업무 프로세스 구축

출처: 김충신, 한세대학교 특강자료(2019).

---

14) 미디어제주, http://www.mediajeju.com/news/articleView.html?idxno(2019. 9. 13 검색).

경찰에서 파견되어 나온 파견경찰들 간에 112신고 처리, 합동 음주단속, 재해 및 재난 대비, 위기 청소년 지원 등 국가-자치경찰 간 공조와 협업을 통한 유기적 업무 프로세스를 구축하는 중요한 하나의 계기가 된 것으로 평가된다.

한편 112 신고의 경우 총 54종이다. 국가경찰이 출동하는 경우가 42종이며 자치경찰이 출동하는 경우가 12종이다.

〈표 11-16〉 112 신고 출동사무 분류

구분	출동 내용
국가경찰(42종)	범죄, 교통사고, 성폭력/가정폭력/아동폭력, 위험물방지 등
자치경찰(12종)	주취자, 보호조치, 교통불편, 분실습득, 위험물 등

출처: http://www.jjpolice.go.kr/jjpolice/police25/life.htm?act(검색일: 2020. 1. 15).

[그림 12-12]의 내용은 국가경찰과 자치경찰 양자가 밀접하게 협력하여 제주도민의 안전을 책임진다는 것을 담고 있다.

[그림 12-12] 국가-자치경찰의 협업

자치경찰 시범 운영상의 문제점을 지속 발굴 · 개선하고
긴밀한 협업을 통해 도민 안정에 최선을 다하겠습니다.

국가경찰

자치경찰

출처: http://www.jjpolice.go.kr/jjpolice/police25/life.htm?act(검색일: 2020. 1. 15).

한편 제주지역경찰의 인력과 장비는 지역경찰이 101명 증가하였고 순창차량도 14대가 증가했다. 물론 지역관서도 5개소가 늘어났다. 이에 따라 지구대와 파출소도 26개소에서 31개소로 대폭 증가하였다. 이에 따라 주민들의 치안안정에 대한 만족도는 훨씬 높아질 것으로 기대되었다. 왜냐하면 주민들은 지구대나 파출소가 주변에서 많이 보이고 경찰관들이 많이 포진할수록 그만큼 안정을 느끼게

되기 때문이다.

7. 제주국가경찰의 제주자치경찰단 파견 인력의 현황

〈표 12-17〉에서 보는 바와 같이 제주자치경찰단에 파견된 국가경찰은 4차례에 걸쳐서 파견되었는데 2020년 2월에 추가 8명이 파견됨으로써 총 268명으로 확대되어 운영 되었다.

〈표 12-17〉 제주자치경찰 확대운영의 경과

구 분	내 용
1단계('18. 4. 30)	제주동부경찰서 생안·아동청소년·교통인력 27명 이관
2단계('18. 7. 18)	제주동부경찰서 지역경찰 등 96명 추가 이관 (123명)
3단계('19. 1. 31)	제주서부·서귀포경찰서 지역경찰 등 137명 추가 이관 (260명)
4단계('20. 2. 5)	자치지역경찰 8명 추가 이관 (268명)

출처: 제주자치경찰단, 내부자료(2020).

2020년 12월 기준으로 파견인력을 세부적으로 살펴보면, 특히 교통 분야에 40명, 생활안전 분야에 212명, 아동청소년 분야에 15명, 그리고 기타 인력관리에 1명 등 총 268명이 파견되어 근무했다. 역시 생활안전이 차지한 파견 국가경찰관 수가 212명으로 가장 많이 차지했다. 다음은 교통인데 총 40명이나 된다. 그리고 아동청소년 분야에도 15명의 국가경찰 파견인력이 근무했는데 사무실은 자치경찰단 본부에서 사무실을 마련해 운영하고 있다. 그리고 파견 국가경찰의 인력관리를 위해 제주경찰청에서 경정급 1명도 파견되어 근무하였다.

〈표 11-18〉 국가경찰직원의 자치경찰단 파견과 담당 직무

사 무		이관 인력 (268명)	비 고 (제주자치경찰 운영 성과)
교통 (40명)	교통 외근	29명	• **교통단속-교육홍보-시설개선(예산)**의 일원화로, 제주는 인구 10만명당 교통사망사고가 전국 1위였으나 확대운영을 통해 자치경찰단이 주도적으로 교통정책을 시행한 결과, **'19년 교통사망사고를 전년 대비 19.5% 감소**(82명 → 66명), **'20년 상반기 기준 전년 동기 대비 17.9%**(39명 → 32명)로 획기
	싸이카	7명	
	교육 홍보	4명	

			적으로 감소시키는 데 결정적인 역할
생활 안전 (212명)	범죄예방진단	3명	• **道 도시디자인본부 CPTED 사무 이관**, 범죄환경 개선 사무를 자치경찰단으로 일원화 • **道 여성가족과와 협업, 불법촬영물 합동점검** 등 행정과 연계한 즉시성 있는 진단활동 전개
	CCTV 관제센터	3명	• **道 도민안전실과 협업**, 도내 8,000여대의 CCTV를 24시간 관제하며 각종 사건·사고 예방
	치안센터	4명	• **중산간지역 행정복합치안센터**(2개소) 개설, '**우리 동네 경찰관**'으로 치안행정과 일반행정을 융합한 지역맞춤형 치안활동 전개 √ **적극행정 우수사례, 제주 브랜드과제 선정**
	주취자 응급센터	6명	• **알콜상담센터**(보건복지부)·**중독관리통합지원센터** (행정시)**와 협업**, 상습주취자에 대한 치료 연계를 통해 건전한 사회복귀를 지원
	유실물센터	3명	• '**제주통합유실물센터**' 개소, **유실물 반환율**을 개소 前 56.9%에서 71.2%까지 향상(전국 평균 59%)
	협력방범	1명	• **道 연합청년회와 치안파트너 구축** 업무협약 체결
	지역경찰	183명	• **주민생활불편 112신고 12종 전담처리** 중
	112지령실	9명	• **자치지역경찰 전담 112신고 지령**, 국가협업
아동 청소년 (15명)	학교폭력예방	12명	• 기존 학교전담경찰관(SPO) 업무영역을 학교폭력 에 국한하지 않고, 통학로안전·시설개선·불량식 품단속 등 **학교안전전담경찰관(SSPO)으로 확대**
	실종·아동안전	3명	• **道 여성가족과와 협업**, 실종아동 예방을 위한 통 합 지원체계 구축
기타 (1명)	인력 관리	1명	• 이관 인력 관리(경정급)

출처: 제주자치경찰단, 내부자료(2020).

세주사지경찰측에서는 이 파견인원 중에서 추후 77명이 국가경찰로 복귀하지 말고 남아주기를 제주경찰청과 경찰청에 적극적으로 요청해 왔지만 아직 대안은 나오지 않았다.

8. 소결: 제주자치경찰단에 파견된 인력 대상 관련 설문조사 결과

이처럼 경찰청은 제주특별자치도에서 시행하고 있는 기존의 모델에서 한걸음 더 나아가서 새로운 모델을 적용해 운용하고 있다. 제주자치경찰은 제주경찰청 소속의 국가경찰을 파견 받아 합동으로 근무하며 호흡을 맞추어 봄으로써 양자가 얼마나 협업할 수 있는지에 대한 그 가능성을 시험해보고 있다. 본 시범실시 모델이 성공적인 결과로 보여줄 경우, 이를 전국의 16개 광역시도(물론 제주 제외)에 확대 적용한다는 복안이었으며 어느 정도 성공적이었다고 평가된다.

마침내 제주경찰청 소속의 국가경찰이 제주자치경찰단에 파견되어 합동근무를 진행한 후 그 결과를 들여다보기 위해 다음과 같이 2차례에 걸쳐 설문조사가 진행되었다.

1) 제1차 설문조사 결과

민주평화당 정인화 의원실이 2019년 8월 19일 경찰청에서 받은 '제주 자치경찰 확대 운영에 대한 설문조사'에 따르면 현직 경찰관들은 제주자치경찰제 운영이 46%나 원활하지 않다고 응답한 것으로 나타났다. 그 가장 큰 이유로는 '사무분장의 불명확'을 비롯해 '중복 출동의 증가', 그리고 '초동조치권의 부족' 등을 예로 들었다. 이것은 전혀 성질이 다른 국가경찰조직과 자치경찰조직이 한곳에서 만나 치안활동에 대한 호흡을 맞추는데서 오는 낯설음의 결과로 보여진다. 이에 대해 경향신문에 소개된 관련 기사 내용을 그대로 소개하면 다음과 같다.

국가자치경찰 대상 설문 / 사무분장 등 협조도 부정적

현직 경찰관들이 제주 자치경찰제 운영이 원활하지 않다고 답했다. 이들은 '초동조치권 부족' 등을 주요 이유로 꼽았다. 민주평화당 정인화 의원실이 2019년 8월 19일 경찰청에서 받은 '제주 자치경찰 확대 운영에 대한 설문조사'에 따르면 '제주 자치경찰 확대 운영이 원활하게 진행되고 있다고 생각하느냐'는 질문에 현직 제주 국가경찰과 자치경찰의 46.1%가 '원활하지 않음·매우 원활하지 않음'이라고 답했다. 이들은 그 이유로 '사무분장 불명확' '중복 출동 증가' '초동조치권 부족'을 들었다. '원활·매우 원활'은 23.4%, '보통'은 30.5%였다.

'국가·제주 자치경찰 협조가 원활하게 이뤄지고 있다고 생각하느냐'는 질문에

도 부정 답변이 35.2%로 긍정 응답(26.7%)보다 높았다. '자치경찰 도입이 치안서
비스 향상에 기여할 수 있느냐'는 질문에는 긍정 응답이 40.9%로 부정 응답
(40.2%)보다 다소 높았다.

경찰청 자치경찰추진단 담당자는 "자치경찰은 수사권이 없을 뿐이지 초동조치
를 할 수 있다"며 "확대 운영한 지 얼마 되지 않아 현장에서 업무에 대한 인식이
제대로 잡혀 있지 않은 것 같다. 자치경찰 권한을 명확히 설정하고 인식 개선을
위해 노력하겠다"고 말했다.

자치경찰제는 2006년 제주에서 처음 실시했다. 초기 생활안전·교통·관광 등
치안 유지를 담당했다. 올해 1월 말부터 112신고 출동 업무도 맡았다. 국가·자치
경찰 이원화 모델을 사전 검증하는 차원에서 이뤄졌다. 자치경찰제는 지방자치단
체가 지역 경찰을 관리·감독하는 제도다. 검경 수사권 조정 국면에서 경찰개혁
과제의 하나로 꼽혔다. 올해 서울시와 세종시, 2021년 전국으로 확대 실시한다.[15)
등이다.

위의 사례를 볼 때 두 개의 경찰조직이 한곳에 모여 호흡을 맞추는 것이 얼마
나 어려운 것인가를 여실히 보여주는 사례로서 이러한 과도기를 거쳐 궁극적으로
는 하나의 조직으로 가야한다는 과도기로 이해하는 것도 나쁘지 않다고 본다. 중
장기적으로는 지구대/파출소 영역이 자치경찰로 넘어가고, 이것이 정착된 이후 전
체 경찰이 자치경찰제로 완전히 전환하는 방향으로 간다면 근본적인 문제도 해소
될 것으로 본다. 먼 훗날이기는 하겠지만 남북이 통일되고 연방제 국가로 가야하
는 시점이 오면 영국, 독일, 일본과 같이 광역단위에서 전면적인 자치경찰제로 완
전히 전환되는 방향으로 갈 수 있을 것으로 전망해 본다.

2) 제2차 설문조사 결과

경찰청은 2019년 9월 제2차 제주자치경찰의 파견근무에 대한 직원들의 만족
도 조사를 실시하였는데, 이처럼 경찰청은 2019년 9월 두 번째 제주자치경찰제에
대해 설문조사를 실시하였다. 이 두 번째 제주자치경찰에 대한 설문조사는 다음
과 같은 차원에서 적지 않은 의미를 지니고 있었다. 즉 제주경찰청 소속의 국가
경찰에서 260명(2020년 2월 8명 추가로 총 268명)이 제주자치경찰단에 파견되어 근

---

15) 경향신문, 원문보기: http://news.khan.co.kr/kh_news/khan_art_view.html?artid=2019081922
    18005&code=940100(2019. 8. 25 검색).

무하면서 나왔던 큰 지적이 양 기관 간에 업무의 중복 등이었다.

특히 위에서 살펴본 첫 번째 설문조사에서 나타난 문제점들에 대해 제주자치경찰은 적극적으로 개선하는 조치를 취한 바 있다. 그 후 다시 이어서 진행된 2차 설문조사라는 점에서 또 한번의 의미가 있었으며 기대도 컸다.

전장에서 살펴본 바와 같이 제주국가경찰은 2018년 4월부터 260명의 국가경찰이 제주자치경찰단에 파견되어 시범실시를 수행 중이었다. 아무래도 국가경찰-자치경찰 간에 '초동조치'를 놓고 혼선이 다소 있었다. 하지만 아쉽게도 오히려 전국 확대 자치경찰 모델로서 다소 부정적인 설문 반응을 보여준 제주경찰들이 더 늘어난 것으로 나타났다.16)

이처럼 제주국가경찰에서 파견된 제주국가경찰들은 왜 "제주 시범자치경찰이 전국으로 확대될 모델로써 치안에 별로 기여하지 못한다"고 부정평가를 했으며 왜 그 비율이 증가했을까. 이를 자세히 들여다보면 다음과 같다. 즉 경찰청이 제주자치경찰 등을 상대로 진행한 2차 설문조사에서 부정평가의 경우가 38% → 40%로, 그리고 반대로 긍정평가는 41% → 30%로 오히려 감소하였다. 아쉽게도 1차 때보다 2차 설문조사에서는 5개월 만에 더 부정적 시각으로 전격 역전된 결과를 보여주었다. 정확한 원인은 발표되지 않았지만 본 연구자가 볼 때, 아마도 기존의 국가경찰공무원에서 약 43,000여명은 자치경찰로 소속이 변경되어야 한다는 두려움도 영향을 미쳤을 것으로 본다. 또 하나의 이유는 추측컨대 기존에 국가경찰제로 70년 이상17) 유지되어 오던 국가경찰제에서 자치경찰제가 추가되는데서 오게 될 급격한 변화에 대한 거부감도 다소 원인 중 하나가 된 것으로 분석된다. 아무튼 제주자치경찰제의 전국 확대를 위한 사전 시범 중 설문조사에서 부정적인 시각이 더 늘어났다는 것은 당정청이나 경찰청에도 미약하나마 충격을 주었을 것으로 평가된다.

1차 설문조사 때는 자치경찰제의 전국 확대가 우리나라 치안서비스 향상에 훨씬 기여할 것이라는 평가가 그렇지 않다는 평가보다 더 많았다. 하지만 5개월이 지나서 수행한 설문조사에서는 역전되었다. 그리고 제2차 설문조사는 제주자치경찰의 불만으로 제기되어 온 국가경찰과의 업무분장을 보다더 명확히 하는 업무 관련 지침이 정확하게 내려진 후 진행되었던 것이다. 하지만 이번 제2차 설문조

---

16) http://news.heraldcorp.com/view.php?ud=20191108000217(검색일: 2020. 1. 2).
17) 국가경찰은 1945년 미군정하에서 창설되어 2020년 10월 21일 75주년을 맞이했다.

사의 경우 곧바로 설문조사에 응했던 사람들을 보면 우선 제주특별자치도에 근무하는 국가경찰공무원 108명, 제주자치경찰공무원 87명, 제주국가경찰에서 제주자치경찰단에 파견된 국가경찰공무원 58명 등 총 253명이었다. 이 설문조사는 경찰청의 모니터센터를 통해 2019년 9월 16일~20일까지 총 5일간 실시되었다.

한편 엎친 데 덮친 격으로 예를 들어 국가경찰에서 제주자치경찰단으로 파견나온 국가경찰 260명과 제주자치경찰공무원으로 응답한 직원들의 상당 수가 막상 국가경찰-자치경찰이 합동근무를 해본 결과, 상호 간에 협조가 원활하지 않다고 답한 비율도 역시 큰 폭으로 증가하였다. 이렇게 양자 간 협조가 원활하지 않다고 답한 경찰공무원들은 지난 1차 설문조사 때 35%를 차지했었지만 제2차 설문조사 때는 무려 44%로 증가함으로써 결국 부정적 시각 비율이 무려 9%나 증가하였다.18) 이에 반해 국가경찰-자치경찰 간에 상호협조가 잘 이루어진다는 응답은 27%에서 31%를 보여줌으로써 대략 4% 정도 늘어나는 데 그쳤다.

그나마 2019년 1월부터 제주특별자치도 내에서 확대 시행된 이후 설문조사에 응답한 사람들은 자치경찰제에 대한 긍정평가는 1차 때 23%였으나 45%로 집계되어 약간 긍정적인 결과를 보여주었다. 특히 제주자치경찰은 2019년 1월부터 112처리 업무를 국가경찰로부터 넘겨받는데 성공했다. 즉 국가-자치경찰로 확대시범 운영된 이후 제주특별자치도의 치안환경이 향상되었다는 응답비율은 35%에서 42%로 무려 7%나 늘어났다. 하지만 부정평가 역시 39%에서 40%로 약 1% 정도 증가하는 결과를 보여주었다.

이뿐만 아니라 최근 전국의 국가경찰공무원들을 대상으로 하여 진행한 설문조사 결과를 보면 약 80% 이상의 국가경찰들이 자치경찰제 도입을 전격 반대한다는 결과가 나오기도 했다. 사실상 국가경찰조직의 내부에선 자치경찰제 도입에 대해 사뭇 부정적이라는 시각이 각종 미디어 기사에서 자주 소개되기도 했었던 게 사실이다. 문재인 정부는 제주특별자치도뿐만 아니라 전국 17개 광역시도로 자치경찰제를 전격 도입하겠다고 선언했으며, 이를 실현하기 위해 국가경찰공무원들을 대상으로 공모하여 합격자 4만3,000명을 선발한 다음, 이를 자치경찰로 전환시키겠다는 계획안을 추진해 왔다.19) 하지만 전장에서 살펴본 바와 같이 이러한 계획은 2020년 12월을 기해 완전히 변경되어 국가경찰이 자치경찰 업무를

---

18) 제주자치경찰단 내부자료(2019. 12. 13) 참조.
19) [헤럴드경제＝박병국 기자], 기사입력 2019. 11. 8 10:31, cook@heraldcorp.com.

담당하는 것으로 결론이 났다.

3) 제주연구원의 자치경찰단 치안만족도 조사

2019년 제주연구원이 제주자치경찰단에 대한 국민들의 치안만족도를 조사했다. 그 조사대상은 20세 이상의 제주도민 713명과 관광객 303명 등 총 1,016명이었다. 조사기간은 2019.11.15~2019.11.20까지였다. 이 설문조사에서 응답자 중 무려 84.6%가 제주자치경찰의 운영과 사무영역에서 확대가 필요하다는 응답을 보여주었으며, 필요 없다는 반대는 15.4%에 그쳤다.

그리고 제주자치경찰제의 확대 실시 필요성에 대해서는 67.7%가 찬성하였으며 반대는 6.6%를 보여주었다.[20] 여론조사 결과를 볼 때 우선 위의 두 가지 필요성에 대해서는 비교적 긍정적인 결과를 보여준 것으로 평가된다.

한편 이에 대해 제주자치경찰단은 현행법상 제주경찰청에서 이관 가능한 사무와 자치경찰의 확대 존치 시 이관 필요 인력에 대해 다음과 같은 입장을 제시하였다. 제주자치경찰단에서는 12종의 사무가 국가경찰에서 제주자치경찰단으로 이관 가능한 사무라고 분석했다. 아래의 표에서 보는 바와 같이 12종의 사무는 생활안전 7종, 여성청소년 2종, 교통 3종 등이다. 이는 이미 시범실시 후 얻어진 결과들로 보여진다.

그리고 〈표 12-19〉에서 보여주는 바와 같이 현행법상 이관 가능한 사무는 12종 사무인데, 생활안전 7종, 여성청소년 2종, 교통 3종 등이 바로 그것이다.

〈표 12-19〉 현행법상 이관 가능한 사무

구분	생활안전(7종)	여성청소년(2종)	교통(3종)
12종 사무	① 지역경찰(7개 지파 및 112종합상황실 포함) ② 범죄예방진단 ③ 유실물 ④ CCTV관제센터 ⑤ 치안센터 ⑥ 협력방범 ⑦ 주취자응급센터	① 학교폭력예방 ② 실종아동안전	① 교통외근 ② 싸이카 ③ 교육홍보

출처: 제주자치경찰단, 내부자료(2020).

제주자치경찰단의 주장에 따르면 제주경찰청에서 국가경찰이 파견되어 시범 운영해 본 결과 지역경찰 이원화에 따른 업무혼선은 없었으며 원활한 정착이 가능하다는 것이다. 예를 들어 범죄신고는 국가경찰이 맡고, 주민생활불편신고는 제

---

20) 2019. 11월, 제주연구원 「2019년 제주 자치경찰 치안만족도 조사」 용역보고서 참조.

주자치경찰이 전담하면서 국가-자치지역경찰간 적극적인 행정응원을 통해 치안공백을 메우고 있기 때문에 거의 치안문제가 발생하지 않는다는 것이다. 현행 법률만으로도 지구대/파출소 소속의 지역경찰 이관 시 초동조치권한도 가지고 있기 때문에 112신고 출동 역시 얼마든지 가능하다는 점이다. 무엇보다 제주자치경찰은 「제주특별법」(제특법)에 따라 자치경찰의 사무수행 시 「경찰관직무집행법」의 권한을 준용[21]하고 있기 때문에 범죄 제지 등 초동조치를 취할 수 있다.[22]

〈표 12-20〉 자치경찰 확대 존치 시 이관 필요 인력

구분	교통사무(40)			생활안전(20)						지역경찰 (192)		아동 청소년(15)		기타 (1)
	교통 외근	싸이카	교육 홍보	범죄 예방	CCTV 관제	치안 센터	주취자 응급 센터	유실물	협력 방범	지역 경찰	112 지령실	학교 폭력 예방	실종 아동 안전	인력 관리
인원 (268)	29	7	4	3	3	4	6	3	1	183	9	12	3	1

출처: 제주자치경찰단, 내부자료(2020).

---

21) 「제주특별법」 §96(「경찰관 직무집행법」의 준용) ① 자치경찰공무원이 자치경찰사무를 수행할 때에는 「경찰관 직무집행법」 제3조부터 제7조까지, 제10조, 제10조의2부터 제10조의4까지, 제11조 및 제12조를 준용한다.

22) 제주자치경찰단은 2019년 6월, 경찰청에서 제주자치경찰이 현행법상 초동조치권한을 보유하고 있음을 공문으로 회신('19. 6. 13. 경찰청 법무담당관실) 받기도 했다.

제주자치경찰제도의 문제점과 미래 지향적 개선 방향

제13장 ● 제주자치경찰제도의 문제점과 미래 지향적 개선 방향

본 장에서 다룰 핵심 내용은 제주자치경찰제의 문제점과 미래 지향적 개선 방향이다. 특히 본 장에서는 법적측면, 조직적 측면, 인력적 측면, 예산적 측면, 수사권한적 측면, 교육 및 재교육적 측면, 그리고 시범지역으로서 위상 변화 측면 등을 중심으로 심층 분석해 보고자 한다.

제 1 절 법적 측면

1. 법적 토대

2003년 2월 25일 취임한 노무현 정부는 대통령후보 선거공약으로 제시했던 검경수사권 조정과 자치경찰제 도입을 천명하고 대통령 산하 지방분권위원회와 경찰청 경찰혁신위원회 소속 자치경찰제소위원회를 통해 활발한 노력을 펼쳤다. 이들 양자가 여러 차례의 논의 끝에 해당 위원회 위원들은 2004년 5월 10일부터 21일까지 합동방문단을 꾸려 기초자치단체 차원에서 자치경찰제를 시행하고 있는 프랑스, 스페인, 이탈리아를 방문했다.[1]

이들 국가들이 시행 중인 자치경찰제를 벤치마킹하고 귀국한 후 대통령 산하 지방분권위원회와 경찰청 경찰혁신위원회 소속 사치경찰세소위원회는 합의안[2]을

---

1) 이 당시 유럽 자치경찰방문단에는 본 연구자도 직접 일원으로 유럽방문에 참여하였다.
2) 경찰청 경찰혁신위원회 소속 자치경찰제소위원회의 동의하에 대통령 소속 지방분권위원회의 주도하에 제주자치경찰제 모델이 형상화 되고 대통령의 재가를 받았다. 그리고 제주특별법이 2005년에 국회를 통과했으며 본법에 따라 제주도민이 도지사를 선출했으며 제주도의회에서 조례를 만들어 2006년 7월 1일 본격 시행에 들어간 것이다. 이 당시 여야 간의 첨예한 갈등으로 인해 (가칭)제주자치경찰법을 만드는 데는 완전 실패하였으며 제주도의회가 만든 조례에 의해 시행되었으며 오늘에 이르고 있다.

만들고 마침내 2006년 7월 1일부터 제주특별자치도에 한해 비록 완벽하지는 않지만 자치경찰제를 전격 도입 시행하게 되는 기본 토대를 제공하는 역할을 훌륭하게 수행했다고 평가된다.

이처럼 우리나라에서 처음으로 제주특별자치도에 자치경찰제가 시행되었다는 것은 경찰사에 있어서 큰 의미를 가지고 있다. 이러한 과정을 거쳐서 국내 처음으로 제주도에 자치경찰제가 창설되었다는 것 이외에 또 하나는 자치경찰제 모델 측면에서도 아주 독특함을 보여주었다. 제주도의 자치경찰제 모델은 전 세계적으로도 그 유래를 찾아보기 어려운 한국에서만의 독특한 모델로 평가된다. 이 이야기는 위에서 소개한 프랑스, 스페인, 이탈리아 기초자치단체 차원의 자치경찰제를 벤치마킹했을지라도 제주도의 자치경찰제 만이 가지게 된 또 다른 독특성을 말하는 것이다. 위와 같은 과정을 거쳐서 창설된 제주도의 자치경찰제 모델은 위 유럽의 프랑스, 스페인, 이탈리아 국가들이 시행하고 있는 그 당시와 현재도 마찬가지지만, 그들의 자치경찰제보다는 다소 강화된 모델이라고 평가할만 하다.[3]

우리나라 경찰은 해방 후인 1945년 10월 21일을 기해 미군정의 지원 하에 국가경찰제로 전격 창설되어 75년 이상의 역사를 거치면서 오늘에 이르고 있다. 정확히 2021년 10월 21일이 국가경찰 창설 76주년이다. 우리나라 국민들의 대다수는 국가경찰제에 익숙하기 때문에 경찰이라고 하면 사실상 수사권이 있어야 하지 않느냐는 시각이 강한 편이다. 애석하게도 프랑스, 스페인, 이탈리아 자치경찰제처럼 애초부터 제주자치경찰에게는 수사권이 주어지지 않았다. 그러나 경찰(Police/ Polizei)이라는 용어는 분명하게 사용하였다. 다시말해 프랑스, 스페인, 이탈리아 자치경찰은 바로 수사권이 없으면서 순찰 위주로 운영되고 있는데 이런 자치경찰모델을 제주에 벤치마킹하게 되었던 것이다.

이 때문에 우리나라의 많은 국민들 대다수가 수사권도 없는 제주자치경찰이 무슨 경찰이냐, 즉 무늬만 경찰이다 라는 비판적 반응을 상당히 많이 보여주었다. 특히 제주자치경찰제를 연구하는 학계 전문가와 자치경찰 관련 실무계에서도 이

---

3) 제주자치경찰제는 프랑스, 스페인, 이탈리아의 시군구와 같은 기초자치단체에서 시행 중인 자치경찰제 모델과 비슷하게 시작했지만 2006년 7월 1일 시행 이후 시간이 흐르면서 단장의 승진방식이나 계급면 차원, 직원의 승진방식 차원, 근무상 업무 범위와 권한차원 등 다방면에서에서 엄청나게 강화되었음을 알 수 있다. 위에서 소개한 유럽 국가들의 자치경찰제에서 보다 제주자치경찰제는 훨씬 강화된 모델로 꾸준히 정착되어 나왔다는 점이 큰 차이점으로 볼 수 있다. 필자는 2004년 5월 10일부터 21일까지 위에서 소개한 유럽 국가들의 자치경찰제 모델을 벤치마킹하는데 참여한 바 있다.

러한 형태의 자치경찰제는 시행해서는 안 된다는 반응을 상당히 많이 보여주었던 게 사실이다. 이러한 제주자치경찰제가 제주특별자치도에 착근하게 된 것은 분명 노무현 정부의 대선 공약 중 하나를 실현하고자 했던 정책 결정의 산물로 귀결된다.4)

특히 제주자치경찰제 시행의 역사적 뿌리는 당시 「제주특별자치도 설치 및 국제자유도시 조성을 위한 특별법: 일명 제주특별법」에 기인한다. 2003년 2월에 출범한 노무현 참여정부는 한국 속의 홍콩과 같은 국제자유도시를 제주특별자치도에 구축해보고자 하는 취지로 법 제정을 통해 시행하게 되었다. 위의 제주특별법에는 제주특별자치도에 자치경찰제를 시행하여야 한다는 강제 조문이 들어 있으며 바로 그 조문에 근거하여 제주도의회가 조례를 만들어 시행에 들어갔던 것이다.

이처럼 제주도민이 원하든 원하지 않던 간에 2006년 7월 1일을 기해 시행에 들어가는 역사가 쓰여졌던 것이다. 한발짝 더 들어가서 보면 오늘날 「제주특별자치도 설치 및 국제자유도시 조성을 위한 특별법: 일명 제주특별법」에서 제주자치경찰제 시행과 관련된 기본 뿌리는 제7장 자치경찰 제87조~119조까지 명시되어 있다. 그 당시 전국 시도경찰청 및 경찰서에 근무하고 있던 국가경찰 38명이 공개모집에서 선발되어 제주자치경찰에 특별임용되었다.5) 이 당시 제주자치경찰제는 독자적인 제주자치경찰법을 마련하지 못하고 단지 제주도 조례에만 근거해 시행하게 되었다는 것 역시 제주자치경찰사에서 큰 의미를 가지게 되었다. 제주자치경찰제 시행이 제주도 조례만 가지고도 가능했던 것은 도지사가 제주자치경찰제 구성원(일명 특정직 지방공무원)의 인사권자였기 때문이다.

이처럼 법적 토대를 제주도의회의 조례에 두고 있는 제주자치경찰들은 제주특별도지사에 의해 특별임용 된 특정직지방공무원에 해당되므로 제주도의회가 제정한 도조례만으로도 가능했다는 것도 중요한 특징 중 하나다.6) 그리고 사실상 본 법 이외의 사항들은 아래의 법적 근거에 따라서 준용되고 있다.

---

4) 제주자치경찰제는 2006년 7월에 시작되어 2020년 7월이면 만 14주년이 된다.
5) 이들은 이미 국가경찰에서 근무한 경력이 풍부한 사람들이었기 때문에 시험이나 교육훈련이 면제되었으며, 다만 면접으로만 선발되었다.
6) 이처럼 제주특별자치도에서 시행되고 있는 자치경찰제는 별도로 제주자치경찰법을 만들지 않았으며 도조례를 통해 운영되는 특징을 보여주고 있다.

제7장 자치경찰

제1절 총칙

제87조(다른 법률과의 관계) ① 자치경찰(도지사 소속으로 두는 경찰을 말한다. 이하 같다)과 자치경찰공무원에 관하여 이 법에서 규정하지 아니한 사항은 「지방자치법」과 「지방공무원법」에 따른다.

② 제1항에 따라 「지방공무원법」을 자치경찰공무원에 적용할 때에는 다음 각 호에 따른다.

1. 「지방공무원법」 제14조제2항 각 호 외의 부분 단서, 제30조의4제1항, 제62조제4항, 제65조의3제3항, 제67조의2제2항·제3항 및 제73조의2제3항 중 "인사위원회"는 각각 "자치경찰공무원 인사위원회"로 본다.

2. 「지방공무원법」 제30조의5제1항 본문 및 제41조 중 "직급"은 각각 "계급"으로 본다.

3. 「지방공무원법」 제60조 본문, 제69조제1항제1호, 제71조제7항 본문 및 같은 조 제8항 본문 중 "이 법"은 각각 "이 법 및 「제주특별자치도 설치 및 국제자유도시 조성을 위한 특별법」"으로 본다.

　한편 위 제주자치경찰제와 관련 된 법조문들은 그동안 여러 차례에 걸쳐서 개정을 반복해 나왔다. 예를 들어 조직, 인사, 예산, 업무측면에서 그때그때마다 필요한 경우 관련 법조문이나 조례들이 지속적으로 개정 및 보완되어 나왔다.

2. 제주자치경찰의 수사권

　익히 위에서 언급한 바와 같이 제주자치경찰제는 애초에 수사권을 부여하지 않았음은 물론 단지 순찰만 돌면서 범죄예방을 목적으로 설계되었다고 볼 수 있다. 노무현 참여정부에서 2005년과 2006년 제주자치경찰제가 만들어질 때, 벤치마킹해 온 프랑스, 스페인, 이탈리아 자치경찰제가 애초 아무런 수사권이 없었음은 이미 위에서 언급한 바와 같다.[7]

---

7) 2005년 당시만 해도 국가경찰에서 자치경찰제 도입에 대해 사실 환영하지 않았다. 많은 반대가 있었으며 프랑스, 스페인, 이탈리아가 시행 중인, 즉 수사권 없는 그러한 형태의 제주자치경찰제를 제주도에 도입하는 정도는 동의하는 입장이었다. 사실상 그 당시 국가경찰의 정서와 분위기로 볼 때, 그 정도의 제주자치경찰제가 도입 시행된 것만도 기적이었다고 표현하면 과언일까.

그들 국가의 자치경찰들은 오직 순찰만 돌면서 범죄를 예방하는 게 목적이다. 즉 순찰 중에 만일 형사범죄 사건을 목격한다면 직접 개입할 권한은 없으며 단지 국가경찰에 무전기로 신고만 해주는데 그치는 정도다. 이와 같은 직무만 수행하는 것이 바로 프랑스, 스페인, 이탈리아의 자치경찰모델이었다. 아무튼 시급하게 도입된 수사권 없는 제주자치경찰제는 우리나라 최초라는 영광과 무늬만 경찰이라는 비판이 함께 공존하면서 2021년 7월 1일 15주년을 맞이한다. 이는 향후 전국적으로 도입될 자치경찰제를 위해 그동안 쌓아온 경험 등을 바탕으로 최소 그 운영의 내용 측면에서는 하나의 좋은 참고가 될 것으로 본다.

한편 전장에서도 언급했듯이 2006년 7월 제주자치경찰제가 시행되던 당시에 제주자치경찰은 특별사법경찰권을 부여받고 특사경 업무도 동시에 행사하면서 오늘에 이르고 있다. 제주자치경찰은 많은 행정법 위반 사건들을 검사의 지휘하에 수사하여 검찰에 송치해 왔다. 본 특별사법경찰제도는 1956년부터 국가기관과 광역시도 및 시군구에 위생, 건축, 산림 등 일반사법경찰이 잘 알지 못하는 분야를 행정공무원들에게 관할 지방검찰청 검사장이 부여하는 제도인데, 제주자치경찰의 특사경 권한은 처음부터 법으로 정해져 있는 케이스다. 하지만 광역시도나 기초지자체의 특사경은 물론 관할 검사장의 지명을 받도록 하고 있다.

특별사법경찰제는 지명 받은 공무원이 행정법 위반자들을 적발해 검사의 지휘를 받으면서 형사소송법에 따라 수사한 후 검찰에 송치하는 수사제도이므로 이는 엄밀한 의미에서 국가사무이다. 따라서 이 제도는 지방자치단체가 국가사무를 위임받아 수행하는 사실상의 국가위임사무인 것이다. 결국 이렇게 볼 때 제주자치경찰이 수행하고 있는 특사경 활동은 국가위임 사무를 수행하는 것이기는 할지라도 그나마 수사권을 행사할 수 있는 유일한 분야이기도 하다.

후술하겠지만 2018~2019년에 걸쳐 문재인 정부에서 경찰법 전부개정안(공식 명칭: 국가경찰과 조직 및 운영에 관한 법률, 약칭 경찰법)을 더불어 민주당 홍익표 의원을 통해 대표발의 했다. 물론 이것이 2020년 5월 말 20대 국회의 임기 종료와 함께 폐기되기는 했지만 본 법안에서는 국가경찰공무원을 자치경찰공무원으로 1차 8,000명 그리고 2차와 3차에 걸쳐 총 43,000여명을 광역시도지사 소속의 자치경찰본부로 전격 이관하기로 했었다. 여기서 수사권은 지역 내 주민의 안전 활동에 관한 사항, 지역경비에 관한 사무 수행, 지역 내 교통활동에 관한 사항, 가정폭력, 학교폭력, 성폭력, 지역현장에서 발생하는 공무집행 방해 등에 관한 일부

수사 사무를 처리하며, 나아가서 국가경찰과 자치경찰 간 각각의 역할 분담 및 사무수행 등에서 향후 전국적으로 자치경찰제가 도입되면 자치경찰에게 수사권도 주어지게 될 예정이었다.

3. 제주자치경찰단 발전을 위한 제주특별법 5단계 제도개선

2006년 7월 제주자치경찰단이 출범한 이후 제주자치경찰제 시행 중에 나타난 제도들에 대해 개선방안이 끝임 없이 제기되었다. 국무총리실에 제주특별지원위원회가 설치되어 있는데, 이 조직을 통해서 2015년 활발하게 개선안이 논의되었고 의원입법 및 정부입법 등의 절차에 따라 노력한 결과 일부는 개선되었고 일부는 여전히 오늘날까지 미제로 남아있다. 대표적인 것이 다음의 5가지인데 바로 자치경찰단장(자치총경)8)의 직급 상향에 대한 현실화 조정 문제(자치총경 → 자치경무관), 자치경감의 근속승진제 도입, 자치경찰단장에게 즉결심판 청구권한 부여, 음주측정 및 통행금지 권한 부여, 단기체류 외국인 관광객의 운전면허 허용특혜 부여 등이 바로 그것이다. 이와 관련된 개선사항들을 몇 가지만 살펴보면 다음과 같다.

1) 자치경찰단장(자치총경)의 직급 현실화 조정(자치경무관)

제주자치경찰단장은 자치총경으로 출발했지만 2019년 4월 1일 자치경무관으로 전격 승격되었다. 그 결과 그동안 희망했던 숙원사업이 전격적으로 이루어졌다.9) 이는 2006년 7월 1일 제주자치경찰제 시행 12년 9개월 만에 법적 토대를 구축함과 동시에 단장의 직급을 높이는데 성공한 것이다.10)

---

8) 제주특별자치도 설치 및 국제자유도시 조성을 위한 특별법 제89조(자치경찰단장의 임명)에는 자치경찰단장은 자치경무관으로 임명한다. 그리고 자치경찰 단장은 도지사가 필요하다고 인정하면 개방형직위로 지정해 운영할 수 있다고 명시되어 있다(http://m.jejupress.co.kr/news/articleView.html?idxno=94785(검색일: 2020. 1. 16)).

9) http://m.jejupress.co.kr/news/articleView.html?idxno=94785(검색일: 2020. 1. 16).

10) 흔히 공공기관에서 단장의 직급은 국장급에 해당하는 것으로 이해된다. 예외로 제주자치경찰단장(4급 서기관)이었기 때문에 직급을 높이는데 자치경찰의 노력이 많았던 것으로 알려져 있다. 제주자치경찰의 경우 단장의 직급이 3급 경무관으로 승급하면서 행사에서 국장급 차원의 좌석을 배당받게 된 것으로 풀이된다.

2) 자치경감 근속승진제 도입

국가경찰의 경우 2012년부터 경위 승진자 중 12년이 지난 대상자는 승진절차를 거쳐 경감으로 근속승진을 해주는 제도개선이 이루어졌고, 수년 후 다시 10년으로 단축되어 시행 중이다. 이에 따라 제주자치경찰단 경우도 국무총리실 산하 제주지원위원회의 추진노력으로 국회에서 관련법을 개정해 2015년부터 숙원사업이 이루어지게 되었다. 따라서 제주자치경찰은 현재 심사승진, 근속승진, 특별승진제도11)를 시행 중이며, 아직 시험승진제는 실시하지 않고 있다. 제주자치경찰제는 아직 조직이 크지 않기 때문에 시험승진제까지 시행하기에는 많은 어려움이 있어 보인다.

3) 자치경찰단장에게 즉결심판 청구권한 부여

국가경찰의 경우 아주 오래전부터 전국 257명의 경찰서장(총경)들에게 즉결심판청구권이 주어져 시행 중에 있다.12) 그동안 제주자치경찰단장도 동일한 총경이며 제주자치경찰단에서 특별사법경찰권을 검사의 지휘를 받으며 행정범들을 수사하고 있다. 역시 즉결심판청구권도 행사해야 하는바 권한이 주어지지 않은 관계로 국가경찰인 제주동부경찰서장이나 서부경찰서장 및 서귀포경찰서장을 통해 진행해야 하는 번거로움이 있었다. 따라서 본 테마 역시 국무총리실 제주지원위원회를 통해 이미 국회에 보내져 통과됨으로써 전격 실현되었다. 하지만 아직까지 즉결심판절차법(제주 강창일 의원 개정안 발의)이 19대 국회에서 통과되지 못하고 임기만료로 자동 폐기되었다. 2019년 20대 국회(2020년 4월 15일 제21대 국회의원 선거, 출범은 2020년 5월 말)에서도 역시 동일한 방법으로 반복해서 추진 중이었지만 해결되지 않았다. 본 법률개정 시에 하나의 방법은 제주도지사가 제주자치경찰단장을 직속기구로 두고 있는 만큼 직접 권한을 받아 자치경찰단장에게 사무위임을 하는 방안이 있을 수 있다. 이는 제주자치경찰이 해결해야 할 미래의 주요 숙원사업 중 하나이다.

---

11) 특별승진제는 제주의 특산물인 미성숙 감귤을 강제 약품처리 하여 노랑색으로 익힌 뒤 유지로 반출하는 위반자들을 적발하여 경장으로 특진하는 사례가 있었다.

12) 2020년 울산북부경찰서가 개서하여 전국 경찰서는 256개가 되었고, 2020년 12월 23일 남양주북부경찰서가 개서하면서 257개의 경찰서로 늘어났다.

4) 음주측정 및 통행금지 권한 부여

본 주제는 도로교통법 44조 등 관련 법률들이 개정되어 어느 정도 해결되었다. 제주자치경찰은 애초부터 음주측정권한이 주어지지 않았고 역시 통행의 금지권한도 미부여 되어 있었다. 이것이 법률개정으로 인해 음주측정이 가능하게 되었고 조사를 모두 마친 후 관련 서류를 국가경찰인 교통사고조사계에 이관하여 후속조치가 취해지도록 하는 권한이 주어짐으로써 시행에 들어갔다. 통행금지권한도 주어졌는데 이전에는 제주 관내에서 지역행사 시에 차량통제 권한이 국가경찰에게만 주어져 있어 자치경찰은 행사장에 접근 차량들을 통행금지 할 권한이 없었으나 역시 이에 대한 권한도 주어짐으로써 그 숙원사업이 이루어진 것이다.

5) 단기체류 외국인 관광객의 운전면허 허용특혜 부여

익히 알려진 바와 같이 그동안 제주특별자치도는 5억원 이상 투자이민을 자유화함으로써 많은 중국인들이 몰려오게 되었고 투자유치를 통한 시장경제를 활성화시키기 위한 제주특별자치도의 궁여지책이었다. 예를 들어 중국에서 운전면허증을 받아 제주도에 입도했을 때, 우리나라 국내 운전면허증과 동일하게 인정해 주는 방안이었다. 하지만 제주도민의 여론은 중국의 운전면허수준을 그대로 인정해 주었다가 교통사고라도 나면 제주도민만 희생자가 될 공산이 커지므로 다른 한편에서는 우려의 목소리가 매우 높았다. 이는 중국인들에 대한 투자유치 차원에서 본격 논의 했던 주제이나 국무총리실 산하 제주지원위원회에서 심층논의 중 결국 통과되지 않아 중단되었다.[13]

이처럼 위에서 살펴 본 내용들 중 아직 미완으로 남아 있는 과제들은 향후 제주자치경찰단에서 지속적으로 해결해 나가야 할 주요 과제이기도 하다.

---

13) 이는 예를 들어 중국인들이 국제면허를 가지고 온 경우 인정하는 것인데 사전에 이들의 운전실력이 검증된 것이 아니라 제주도민이 그들 운전으로부터 위험에 처할지도 모른다는 논쟁으로 인해 보류된 것이 아닌가 하는 추측이 가능하다.

제 2 절 조직적 측면

1. 제주자치경찰의 조직 개편

제주자치경찰은 2006년 7월 창설 초창기에 조직 기구를 여러 차례에 걸쳐 개편해 왔다. 이전에 자치경찰단장의 총경 계급이 자치경무관으로 승격되고 자치경찰 기구인 각 과들도 때에 따라서 여러 번 폐지되었다가 새로 생겨나기를 반복하였다. 자치경찰조직구조상의 문제들이 상존하고 있는바, 하나는 정치적 중립성과 독립성의 확보 문제가 제기되어 왔다. 제주자치경찰은 2006년 7월 1일 출범할 때는 애초에 제주행정시장과 서귀포 행정시장이 각각 자치경찰대를 만들어 시행한 바 있다.

2. 조직개편상의 문제

조직개편에 의해서 제주도지사 직속기구로 재편되어 오늘에 이르고 있다. 이렇게 자치경찰이 제주도지사의 직속기구로 운영되다보니 정치적 중립성과 독립성 확보 방안을 위한 자구노력이 별도로 요구되는 과제에 직면해 있다.14) 또 하나는 제주자치경찰의 경우 2원적 구조로 인해 업무의 효율성이 저하된다는 지적도 있었다. 제주자치경찰 구조는 자치경찰대라는 두 개의 구조로 이루어져 있었다. 이는 국가경찰과의 비교에서 제주자치경찰의 인력이 소규모임에도 불구하고 국가경찰의 조직과 매우 유사하게 짜여져 있다. 이 때문에 기능과 인력배분에 있어 중복이 발생하기도 한다는 지적을 받기도 했다. 이러한 이유로 인해 현장성도 약화될 수 있다는 우려도 있었다. 궁극적으로는 업무중복, 이원화된 의사결정구조, 기능분산 등으로 인해 효율성 등이 낮아진다는 지적도 적지 않았다.15)

또한 일반적으로 경찰조직은 독립적으로 구성된 후 그 구조 하에서 업무를 수행할 경우 지방분권과 자율성 및 책임성 이라는 제주특별자치도법의 입법취지와 자치라고 하는 원래의 취지에 부합할 수 있지만 오늘날 제주자치경찰 조직은 제

---

14) 서울특별시, 서울시 특별사법경찰 10년, 자치경찰제로의 전환을 위한 발전방안 연구, 2019, p. 33; 조창현, 2018, p. 37.
15) 최종술, 2010, p. 52; 서울특별시, 2019, p. 33.

주도지사의 소속하에 두고 동시에 도지사의 지휘 명령에 따라 치안업무를 수행하도록 하여 경찰조직의 민주성과 정치적 중립성에 역행하는 결과를 가져올 수 있다는 지적도 학계로부터 나왔었다.[16]

한편 2020년 3월 현재 제주자치경찰단장이 제주경찰청으로부터 파견된 268명을 직접 관리하는 조직도는 다음과 같다. 이들 268명의 국가경찰 소속 파견인력을 자치경찰단장이 직접 지휘한다는 것은 국내에서 처음이며 3개 지구대와 4개 파출소 및 1개 112지령대이다. 하지만 이것은 파견 기간까지만 유효했는데, 실제로 2020년 12월 말을 기해 모두 철수하였다.[17]

이제 우리나라 전국 광역시도 차원에서 자치경찰제가 시행되는 법적 토대가 마련되었다. 그동안 정부와 청와대 및 경찰청 차원에서 준비한 다음 더불어 민주당 김영배 의원이 정부안으로 발의한 경찰법 전부개정안이 2020년 12월 9일 국회 본회의를 통과했으며 이에 따라 2021년 1월부터 시범실시가 시작되었다.[18] 이번 경찰법 전부개정에서 다행히 제주자치경찰은 그대로 남게 되었고 제주국가경찰과 함께 2원화로 운영될 예정이다. 다만 제주자치경찰은 제주도자치경찰위원회가 만들어진 후 그 산하에서 지금처럼 계속 운영되게 되었다.

한편 2020년 1월에 국회에서 검경수사권조정법이 통과되었고 경찰은 경미법죄에 한해 수사종결권을 가지게 되었다. 이에 따라 국가경찰의 권한이 막강해짐으로써 인권침해의 우려가 커지게 되었다. 이를 줄이기 위해 자치경찰제 실시는 이제 필수 사항으로 떠올랐다. 경찰법 전부개정안이 2020년 4월 15일 제21대 국회의원 선거와 맞물리는 관계로 그 속도가 더디기만 했다.[19]

또한 이번에 국회를 통과한 경찰청법의 개정에 따라 아래의 제주자치경찰 조직도의 경우도 또다시 개편되어야 하는 과제를 떠안게 되었다.

---

16) 김원중, 2018, p. 70.
17) 이들 국가경찰 268명은 2020년 12월 31일을 기해 모두 국가경찰기관으로 복귀하고 다시 자치경찰만 남아 업무를 수행하고 있다. 그동안 제주특별도지사의 지휘에 따라 운영되어 오던 제주자치경찰제는 2021년 7월 1일부터 「국가경찰과 자치경찰조직 및 운영에 관한 법률」에 따라서 새로 만들어진 제주도자치경찰위원회의 지휘에 따라 운영되게 되었다.
18) 2020년 12월 9일 국회에서 경찰법이 통과되어 2021년 1월부터 6월까지 시범실시를 하고 7월부터 본격적으로 전국에 자치경찰제가 시행된다. 물론 국가경찰이 광역시도자치경찰위원회의 지휘를 받아 자치경찰업무를 맡게 되었다.
19) 경찰법 전부개정안이 국회를 통과한 후 6개월이 경과되어야만 시행에 들어갈 수 있다. 시범지역도 공모해야 한다. 국회의원들은 다시 공천을 받느냐 여부에 더 관심이 쏠려 있는 관계로 국회에 계류중인 경찰법개정안은 다루어지지 못하고 있는 관계로 대통령이 속히 처리해주길 바란다는 제언도 일부 있었던 것으로 날려져 있다.

[그림 13-1] 제주자치경찰단장이 지휘하는 지역경찰 총괄 TF팀 현황

출처: http://www.jeju.go.kr/jmp/index.htm(검색일: 2020. 11. 10).

마침내 2020년 12월 9일 국회 본회의에서 「국가경찰과 자치경찰 조직 및 운영에 관한 법률」이 통과 및 제정되어 2021년 1월 1일부터 본격 시행에 들어갔다. 이에 따라 2018년 4월부터 제주국가경찰에서 제주자치경찰단에 파견 나와 제주자치경찰단 경찰관들과 합동 근무를 하던 제주국가경찰 소속 268명은 2020년 12월 31일을 기해 제주국가경찰 기관으로 전원 원대 복귀하였다. 그 결과 제주자치경찰단은 아래의 조직도에서 보는 바와 같이 2018년 4월 이전으로 되돌아가서 이전처럼 다시 자체 151명의 인력으로만 자치경찰 업무를 시행하는 등 완전히 원점

으로 되돌아가게 되었다. 그 조직도는 [그림 13-2]에서 보는 바와 같다.

그리고 제주자치경찰단은 2021년 7월 1일부터 제주특별자치도 산하에 창설되는 제주자치경찰위원회에 소속되어 지휘를 받게 되었다. 물론 「국가경찰과 자치경찰 조직 및 운영에 관한 법률」에 따라 다른 16개 광역시도처럼 새로 꾸려져서 자치경찰업무를 수행하게 되는 제주국가경찰관 조직 역시 제주자치경찰위원회(위원 7명과 사무국 직원 20명)가 지휘하게 된다.20) 이로써 제주자치경찰위원회는 원래 제주자치경찰단과 새로 만들어지는 국가경찰조직을 직접 지휘하게 되는 큰 변화를 맡게 된 점이 특이하며 이는 우리의 큰 관심 대상으로 떠올랐다.

[그림 13-2] 원점으로 회귀한 제주자치경찰단의 새 조직도(2021년 4월 현재)

* 기구: 1관·3과 1센터 1대

자치경찰단장					
경찰 정책관	수사과	교통생활 안전과	관광 경찰과	서귀포 지역경찰대	교통 정보센터
총무청렴팀 기획홍보팀 인사교육팀 예산장비팀	수사관리팀 민원수사팀 기획수사팀	생활안전팀 교통관리팀 교통민원팀	관광경찰팀 공항사무소 항만사무소 기마경찰대	총 무 팀 관 광 팀 교 통 팀 수 사 팀	교통시설팀 통학로안전팀

출처: http://www.jeju.go.kr/jmp/intro/number.htm(2021. 3).

3. 제주자치경찰 조직의 주요기능

제주자치경찰의 조직에서 각 부서들이 수행하고 있는 주요기능을 살펴보면 다음과 같다. 본 기능들이 중요한 것은 2021년 7월 1일 본격 출범하는 제주특별자치도자치경찰위원회 산하에서 국가경찰이 수행하게 되는 자치경찰업무와 현저히 구별되어야 하는 업무들이기 때문이다. 즉 제주자치경찰은 기존대로 제주특별법에서 부여한 〈표 13-1〉과 같은 자치경찰업무를 각 해당 "과"들이 수행하게 되며, 이에 반해 자치경찰업무를 수행하게 되는 국가경찰관들은 핵심업무로 생활안전,

---

20) 대통령령에 따라 제주자치경찰위원회의 사무국 구성은 20명은 자치경찰위원장 1명, 국가경찰과 자치경찰을 관리하는 상임위원 각각 1명씩 2명, 파견되는 국가경찰관 3명, 기존 자치경찰 8명, 일반행정직원 7명 등 모두 20명으로 이루어진다.

지역교통, 청소년가정폭력(학교폭력, 가정폭력 등), 지역경비 업무 등을 수행한
다.21)

〈표 13-1〉 제주자치경찰 조직의 주요기능

경찰정책관	❍ 자치경찰행정 종합기획 조정 및 활동목표 수립 ❍ 자치경찰공무원 인사·교육·홍보·인력·장비 운용계획 수립 및 운영 ❍ 자치경찰 예산·편성·집행 및 계약에 관한 사무 ❍ 자치경찰 제도개선 및 법령·조례·규칙 개정에 관한 사무 ❍ 국가경찰과의 업무협약·협력체계 및 인사교류에 관한 사무
수사과	❍ 특사경 분야에 대한 기획수사 및 특별수사활동 전개 ❍ 산림·환경·관광분야 등 특사경 직무에 관한 수사 ❍ 식품·위생·의료 및 원산지 표시에 대한 지도단속 및 수사 ❍ 자동차 무보험운행 및 무단방치 관련 특사경 직무에 관한 수사 ❍ 가축분뇨 불법배출 예방 및 단속을 위한 서부출장소 운영 ❍ 위생·식품·의약품 등 원산지 분야 등 지도단속 및 수사
교통생활안전과	❍ 교통사고 예방대책 및 특별활동계획 수립 ❍ 교통법규위반 지도단속, 교통안전 및 교통소통에 관한 사무 ❍ 스마트범칙금 관리시스템 운영 및 과태료 체납관리에 관한 사무 ❍ 어린이·노인 등에 대한 안전교육 및 교통사고예방 캠페인 시행 ❍ 공공시설 및 지역행사장 경비에 관한 사무 ❍ 교통시설심의위원회 운영에 관한 사무 ❍ 어린이교통공원 조성 및 운영업무 전반에 관한 사무 ❍ 구좌읍 송당리 및 한경면 저지리 일반·치안행정 서비스 지원
관광경찰과	❍ 관광지 주변 치안서비스 관광객 보호 및 질서유지 ❍ 내·외국인 관광객에 대한 안전 확보 사무 ❍ 관광사범에 대한 유관기관 합동 지도단속 ❍ 공·항만에서의 외국인 관광객 보호 및 관광질서 지도 단속 ❍ 기마대, 명예기마대 설치 및 운영에 관한 사무
서귀포지역경찰대	❍ 주민의 생활안전에 관한 사무 ❍ 공공시설 및 지역행사장 경비에 관한 사무 ❍ 주민참여 방범활동지원 및 기초질서·교통법규위반 지도, 단속 ❍ 관광지 주변 치안서비스 활동, 관광객 보호 및 질서유지 ❍ 내·외국인 관광객에 대한 안전확보 사무 ❍ 관광 환경 산림분야 등 특별사법경찰관리 직무에 관한 사무 ❍ 자동차 무보험 운행 및 무단방치관련 지도단속 및 수사
교통정보센터	❍ 차세대 지능형 교통체계(C-ITS) 실증사업 시행

---

21) 제주자치경찰단 홈페이지 참조(2021. 3).

❍ 지능형 교통체계(ITS센터) 운영 및 관리
❍ 교통신호기 설치・관리 및 교통신호기 연동제 운영
❍ 어린이・노인・장애인 보호구역 지정관리 및 개선사업
❍ 주요정보통신 기반시설 정보보안업무에 관한 사무

〈표 13-1〉과 같이 제주자치경찰단은 각 부서별로 「제주특별법」에 따라 주어진 업무들을 수행해 나가고 있다. 이와는 별도로 제주자치경찰단 직원들은 「국가경찰과 자치경찰의 조직 및 운영에 관한 법률」에 따라서 제주특별자치도자치경찰위원회 산하에 자치경찰업무(생활안전, 지역교통, 지역경비, 학교폭력/가정폭력/아동학대/교통사고 수사 등)를 맡게 되는 국가경찰들과 잘 조화를 이루어 나가는 과제도 우리의 큰 관심의 대상이다.

제 3 절   인력적 측면

1. 정원 현황

제주자치경찰은 2006년 7월 1일 창설되면서 국가경찰로부터 38명이 특별임용되었다. 본 제도가 정착되기 위해서는 국가경찰공무원으로 근무한 경력이 있는 인력이 임용되어야 조직 체계를 신속히 구축하고 신임 자치경찰공무원들이 추가로 선발되어 잘 적응하도록 하는데 초점을 둔 것이다. 출범 당시 자치경찰의 총 정원은 127명으로 확정되었다. 제주자치경찰 인력은 점차 증원되어 2019년 2월 기준으로 순수 자치경찰이 151명, 도청에서 파견된 일반직공무원이 18명 등 169명의 정원을 유지해 오고 있다.22)

더욱이 경찰청에서는 제주자치경찰제를 전국에 확대 시행하기 위해 사전에 준비작업에 들어갔었다. 전장에서도 언급했듯이 제주지방경찰청 소속 국가경찰공무

---

22) 제주자치경찰공무원 정원은 155명이지만 현원은 149명으로 2019년 초 기준으로 6명이 부족하다. 그러나 이 인원은 모집이 이루어지고 있는 관계로 모두 채워질 예정이다. 그러나 제주자치경찰단은 2019년 5월 1일 자로 남자 7명과 여자 2명 등 총 9명을 합격 시켜 중앙경찰학교에 위탁교육을 의뢰했다(http://www.jeju.go.kr/jmp/notice/matter.htm?act=view&seq=1174480/ 2019. 9. 1 검색). 현원이 정원을 채우지 못하고 있는데, 이는 예를 들어 장기병가, 출산, 이직 등이 원인으로 평가된다.

원은 2018년 4월 1차 파견, 8월에 2차 파견 그리고 이어서 2019년 1월에 제3차 파견되는 등 많은 변화가 진행되었다. 이에 따라 총 260명(2020년 2월 추가 8명 파견)의 제주지방경찰청 소속 국가경찰이 제주자치경찰단으로 전격 파견되었다. 2019년 9월 기준으로 제주자치경찰단 단장(자치경무관)은 자체인력과 국가경찰 260명까지 총 429명 정도를 지휘하고 있다.[23]

물론 국가경찰 파견자 260명은 지휘만 하는 것이고 그들 260명의 근무평가나 징계 및 승진 관련 업무 등은 모두 제주지방경찰청 산하 경찰서에서 기존대로 수행한다. 이는 어디까지나 한시적인 파견이기 때문이다.[24]

2. 자치경찰의 근무시간과 승진

제주자치경찰공무원은 특별한 행사가 있지 않고는 주로 야간근무 없이 주간근무로만 이루어져 있다. 제주도청의 일반행정직 공무원과 동일한 방식의 일근으로 직무하고 있다. 제주자치경찰공무원은 특정직지방공무원이며 정년퇴직은 당연히 만 60세이다. 국가경찰공무원은 계급정년제를 적용받는데[25] 반해 제주자치경찰공무원은 계급정년이 없다. 이러한 이유 때문에 계급별 승진적체의 문제가 이미 오래전에 나타날 수밖에 없었다. 이는 조직이 작다는 데에 기인하고 있다. 이미 오래전부터 제주자치경찰도 심사승진, 자치경감까지 근속승진, 그리고 특별승진제를 국가경찰처럼 똑같이 시행하고 있다. 다만 앞에서 언급했듯이 시험승진방식은 제주자치경찰의 조직이 작은 관계로 미실시 중이다.

3. 인사교류와 파견

특히 제주자치경찰의 경우 승진의 적체를 다소나마 해소하기 위해서는 타 기

---

23) 원희룡 제주특별자치도지사는 2019년 4월 1일자로 경기남부지방경찰청 소속 고창경 총경(55) 을 자치경무관으로 고 자치경찰단장은 제주대학교 행정학과를 졸업, 경찰간부후보생 38기로 경찰에 입문했다. 제주경찰청 경비교통과장, 경기도 광명・김포・이천경찰서장 등을 역임했다. 최근에는 경기남부지방경찰청 과학수사과장으로 재직한 바 있다. 고 단장의 임기는 2021년 3월31일까지 2년이다. 근무실적 평가 등에 따라 총 임용기간 5년 범위 내에서 연장이 가능하다. 출처: 제주의소리(http://www.jejusori.net).

24) 물론 이들을 관리하기 위해 제주지방경찰청에서 경정급이 제주자치경찰단에 나와 있다.

25) 경찰의 계급정년은 경정이 14년, 총경이 11년, 경무관이 6년 등이다. 이에 반해 제주자치경찰은 계급정년 없이 만 60세가 정년퇴직이다.

관과 인사교류가 활성화 되면 좋을 것이다. 물론 「제주특별자치도 설치 및 국제 자유도시 조성을 위한 특별법: 일명 제주특별법」 제11조(국가경찰공무원과 자치경찰공무원 간의 인사교류)가 존재함에도 불구하고 제주자치경찰의 인사교류는 그다지 활성화되지 않았던 게 사실이다.[26]

이들 간의 인사교류는 애초부터 조문에 인사교류를 '시행하여야 한다'라는 문장으로 만들어진 것이 아니라 즉 '할 수 있다'라고 되어 있었다. 따라서 안해도 되는 강제조항이 아니었던 것이다. 이 미강제 조항이 바로 제주자치경찰의 인사교류가 활성화될 수 없는 하나의 원인이 되기도 했던 것이다. 중요한 것은 제주자치경찰은 경찰청으로 인사교류에 의해 파견을 나가고자 하는 직원들이 있었지만 반대로 경찰청에서 제주자치경찰로 파견을 가고자 하는 직원은 거의 없었던 것도 제주자치경찰과 경찰청 직원 간의 인사교류가 활성화 되지 않았던 원인이 되기도 했다.[27]

사실 인사교류란 모름지기 1:1로 상호간 인사를 주고받는 것을 의미하는 것이다. 그리고 여러 가지 여건상 경찰청과 제주자치경찰은 그동안의 인사교류를 할 만큼 좋은 상황이나 특별한 호재가 없었기 때문에 상호 간 인사교류가 더디기만 했다. 이처럼 인사교류는 여전히 불가능했지만 오랜 기간을 인내하며 협의한 결과 그 숙원사업이 이루어지게 되었다. 즉 2017~2018년 사이에 서대문구 소재 경찰청 산하 자치경찰단(단장 경무관) 부서에 제주자치경찰단 소속 김○○ 자치경정 1명이 약 1-2년간 파견되어 근무했고, 또 한번 이어서 고○○ 경정이 파견되어 교류 협력을 이루는 성과가 있었다. 더구나 문재인 정부에서 자치경찰제 도입에 적극적으로 나선 결과 경찰청 차원에서도 제주자치경찰 인력과 밀접한 교류의 필요성도 활성화 되었던 데에 기인한 것으로 이해된다.

이 밖에도 2019년 5월부터는 역시 제주자치경찰단 소속 김○○ 경감 1명이 서울 중구 소재 대한민국시도지사협의회에 파견되어 근무 하는 등 활발한 변화들도 보여주고 있다. 이는 우리나라 자치경찰제 발전에 있어서 매우 바람직한 결과들로 평가된다. 이처럼 제주자치경찰과 타 기관 간의 인사교류가 아니고 파견의 사례만 보여준 것이 다소 아쉽기는 하지만 그래도 이전에 비해서 놀라운 발전의 한 장면으로 분석되고 있다. 이제 2021년 1월부터 6월까지 시범실시가 예정되고

---

26) 성수영, 2018, p. 41.
27) 특별히 국가경찰이 제주자치경찰로 인사교류를 원하는 경우도 거의 없었던 게 사실이다.

7월부터는 전국적으로 모든 17개 광역시도에 전면적으로 자치경찰제가 시행될 수 있는 법적 토대가 2020년 12월 9일 만들어진 만큼 기대가 매우 크다. 그리고 이를 기회로 해서 향후에는 경찰청, 제주경찰 및 기타 광역시도의 자치경찰 간에도 인사교류나 파견 기회 등이 활발해 질 것으로 기대된다. 중장기적으로는 경찰청 및 자치단체들 간에 정상적인 1:1의 교류도 가능한 길이 열리게 되는 날도 기대해 본다.

4. 제주자치경찰의 인사관리

제주자치경찰은 인사관리적 측면에서도 국가경찰과 비교해볼 때, 형평성 차원에서 한두 개의 문제에도 직면해 있다고 본다. 예를 들어 제주자치경찰의 직무에서 물론 야간근무는 사실상 거의 없지만 주간근무의 경우는 사실상 국가경찰과 거의 대등할 정도로 업무량을 지닌 채 근무하고 있다고 본다. 그럼에도 불구하고 승진적체나 만족도 차원에서 불만이 존재하고 있는 것으로 평가된다.[28]

이 문제의 해결을 위해서는 여러 가지 방안이 있을 수 있는데 첫째, 국가경찰이 이미 제주자치경찰에 2020년 12월 말까지 최종 268명을 파견되어 근무하고 있었던 만큼 동시에 제주특별법에 근거해 인사교류를 활성화 하는 방안을 적극적으로 강구해 나가야 한다고 본다. 비록 제주특별법에 국가 및 자치경찰 간 인사교류 규정이 임의규정으로 명시되어 있고 지금과 같이 국가경찰에서 인사교류에 대해 소극적인 자세에 벗어나, 이러한 분위기가 개선되고 향후 제주자치경찰과 국가경찰 간 인사교류가 활성화 될 수 있도록 노력해 나가야 할 것으로 본다. 더 나아가서 제주특별법을 개정하여 현재의 임의규정을 강제규정으로 개정하는 노력도 지속적으로 펼쳐 나갈 필요가 있다고 본다. 이는 미래 우리나라 자치경찰제의 발전을 위해서도 바람직한 일이라고 본다. 둘째 이미 제주자치경찰단과 제주경찰 간에 268명의 인력이 파견되어 합동근무를 진행하면서 국가-자치경찰간 시범실시를 진행하고 있는 만큼 이를 계기로 제주자치경찰과 제주경찰청에서부터 선험적으로 1:1의 인사교류를 시도해 보는 노력도 지속해 나가야 한다고 본다. 비록 어려운 노정이지만 제주자치경찰 측에서 더 많은 적극적 노력을 시도해야 한다.

---

28) 서울특별시, 2019, p. 34.

5. 승진적체 해소 방안

제주자치경찰단 소속의 자치경찰인력은 2006년 7월 출범 시 127명으로 설계하여 2021년 3월 현재 기준으로 155명 이상으로 증원되었다. 이미 2012년도에 경정 1명, 경사 7명, 경장 4명 등 총 12명의 여석이 남아 있었으나 그 후 모두 승진으로 채워져 이미 여석이 없는 상태다.29) 더욱이 정년 60세로 신분이 보장된 특정직 지방공무원들이기 때문에 정년퇴직자도 자주 나오지 않고 있어 인사적체 관련 고민은 시간이 갈수록 커질 수밖에 없을 것이다.

물론 다른 한편에서 볼 때, 제주자치경찰에 지원한 당사자들은 이미 제주자치경찰조직이 소규모인 만큼 시간이 가면 인사적체가 발생할 것이라고 충분히 사전에 인식한 상태에서 지원하고 합격하여 임용된 것이다. 이러한 상황에서 직원들이 스스로 승진에 대한 스트레스를 덜 느낄지도 모른다. 하지만 시간이 흐르면서 인사적체가 나타나면 승진에 대한 스트레스도 증가할 가능성도 있다고 본다. 중장기적으로 볼 때 제주자치경찰의 승진적체 해소 방안에 대한 대안 찾기도 중요한 과제 중 하나로 보여진다.

제 4 절   예산적 측면

1. 제주자치경찰의 예산 과정

2006년 7월 국가경찰 38명이 퇴직과 동시에 제주자치경찰에 특별임용 된 이후 지금까지 경찰청은 이들 38명을 위한 인건비와 운영비를 매년 예산을 내려 보내고 있다. 이 당시 협약에는 국가경찰이 이관되는 만큼 이들 38명의 봉급과 연금 및 운영비를 전원 정년퇴직할 때까지 국가가 경찰청을 통해 전달해 주기로 했다. 이들 국가경찰 출신 38명 중 마지막 0명이 될 때까지 매년 국고가 지원되도록 법에 명시되어 있는 상태다.

---

29) 신현기, "자치경찰제의 전국 확대 실시 가능성에 대한 연구", 한국자치경찰학회, 「자치경찰연구」, 2011, p. 15.

〈표 13-2〉 자치경찰 운영 예산 중 연도별 지방비 대비 국비 지원현황

(단위: 백만원)

구분	합계	국비	지방비	비고
2006년	2,714	2,252 (83%)	462 (17%)	
2007년	4,455	2,017 (45%)	2,438 (55%)	신규채용(45명)에 따른 지방비 증가
2008년	5,968	2,963 (50%)	3,005 (50%)	서귀포시 자치경찰대 신축사업비 등 국비 증가
2009년	4,779	2,283 (48%)	2,496 (52%)	
2010년	5,817	2,443 (42%)	3,374 (58%)	
2011년	6,198	2,621 (42%)	3,578 (58%)	
2012년	7,057	3,014 (43%)	4,043 (57%)	
2013년	8,771	3,014 (34%)	5,757(66%)	신규채용으로 예산증가
2014년	8,112	3,225(39%)	4,887(61%)	
2015년	8,551	3,547(41%)	5,004(59%)	
2016년	13,324,979	3,271,333	10,053,646	
2017년	9,444,274	2,627,694	6,816,580	
2018년	20,334,507	8,074,528	12,259,979	
2019년	17,629,581	6,915,382	10,714,199	
2020년	21,818,093	8,434,380	13,383,713	

출처: 제주자치경찰단, 내부자료(2015)와 신현기. (2015). "제주자치경찰제의 실태분석과 박근혜정부의 자치경찰제 도입 방향", 「한국경찰연구」, 14(2): 263 및 2020년 1월 발표된 제주자치경찰단 발표자료를 기준으로 추가 보완함.

2006년 7월부터 2008년까지는 38명에 대한 국비지원 규모가 제주지방비를 능가하고 있었으나 2009년부터는 마침내 제주지방비가 국비를 능가하는 역전현상이 나타나게 되었다. 2015년 경우를 보면 지방비가 60%이고 국비는 40%를 차지함으로써 사실상 완벽하게 지방비 우위현상으로 바뀌게 되었다.

2. 예산의 변화와 증가

마침내 제주자치경찰단 예산에서 국비와 지방비 비율은 50:50으로 동등해졌다. 즉 2009년부터는 지방비가 차지하는 비율이 국비를 완전히 능가하였으며 그 차이는 비교가 안될 만큼 벌어지게 되었다. 이러한 현상은 자치경찰 인력을 지속

적으로 선발했고 이들을 위한 인건비와 운영비가 지속적으로 증가한데 반해 사실상 국비는 경찰청을 통해 국가경찰 출신 38명에 대한 인건비와 운영비를 내려보내는 일정액에 그쳤기 때문으로 보여진다. 이마져도 38명은 서서히 퇴직으로 가고 있어 향후 국비지원은 점차 줄어들 가능성도 있어 보인다.[30)]

한편 2020년도의 제주자치경찰 예산은 점차 확대되어 218억 1,800만원에 달했다. 이 중에서 국비가 치지하는 비율은 84억 3,430여만원으로 약 38.5%를 차지했고 제주도 자체의 도비는 134억원으로 61.5%를 차지했다. 그리고 균특예산도 44억원(인건비 33억 및 운영비 11억원)이나 되었다. 이처럼 2020년에 제주자치경찰단의 예산이 급속히 증가한 원인은 2018년 4월부터 2020년 2월까지 제주지방경찰청 산하 국가경찰관 268명이 제주자치경찰단에 파견되어 합동 근무함으로써 새롭게 발생하게 된 운영비 증가도 크게 한몫 한 것으로 풀이된다.

〈표 13-3〉 2020년 제주자치경찰단 예산 편성 내역

총 계	제주도 지방비	국비 지원	균특 예산
218억원	134억원 (61.5%)	84억원 (38.5%)	44억원 (인건비 33억원 / 운영비 11억원)

출처: 제주자치경찰단, 내부자료(2020).

그동안 제주자치경찰은 제주도의 지방재원을 통해 운영되어 나왔다고 해도 과언이 아니다.[31)] 제주자치경찰이 출범한 이후 제주특별자치도는 여러 차례에 걸쳐서 신임 자치순경을 소수이기는 하지만 꾸준히 모집했으며 이렇게 자체적으로 채용한 인력(118명) 및 사업비는 순전히 제주도비로 충당하고 있는 실정이다. 2006

---

30) 1단계(2018. 4. 30.): 제주동부경찰서 생안·아동청소년·교통인력 27명 이관. 2단계(2018. 7. 18.): 제주동부경찰서 지역경찰 등 96명 추가 이관 (123명), 3단계(2019. 1. 31.): 제주서부·서귀포경찰서 지역경찰 등 137명 추가 이관 (260명), 4단계(2020. 2. 5.): 자치지역경찰 8명 추가 이관(268명) 등이다. 한편 문재인 정부가 설계한 자치경찰제는 제주자치경찰제 모델을 전국으로 확대하는 방식을 상정하고 있었다. 2019년 하반기에 제주, 서울, 세종 이외 2곳을 추가해 시범실시에 관해 발표도 있었다. 문재인 정부가 발표한대로 시범실시를 위해 추가적인 국비를 지원한다고 해도 제주자치경찰은 제주국가경찰에서 268명의 경찰관들이 파견되었으며, 이들은 합동으로 근무하되 제주자치경찰단장이 전체 약 429명을 직접 진두지휘하고 있기 때문에 기존의 38명에 대한 국비지원금 이외에 268명에 대한 예산도 물론 국비에서 지원되는 셈이다. 따라서 최소한 시범실시 동안에는 다소 얼마의 예산은 증가하게 될 가능성이 매우 크다고 분석된다.

31) 2006년 7월 창설 시 38명이 국가경찰에서 이체되었기 때문에 경찰청에서 38명에 대한 인건비와 사업비만을 국비로 지원해 주는데 그쳤다.

년 제주자치경찰이 창설된 이후 제주자치경찰을 위해 제주도청에서 편성한 지방비의 총액은 모두 714억원이나 된다. 이러한 결과를 볼 때 제주자치경찰의 운영은 사실상 '제주도민의 세금으로 운영되어 나왔다'는 평가가 가능하다.

그리고 2021년 2월 기준 제주자치경찰단의 연간 총예산은 17,307,994,000원으로 책정되었다. 이는 2020년에 비해 대폭 줄어들었는데, 그 근본 이유는 제주자치경찰단에 파견되었던 국가경찰 268명이 전원 철수한데 기인하고 있다. 그리고 2021년도 제주자치경찰단에 내려 온 국비는 3,131,380,000원이다. 물론 이는 2006년 7월 국가경찰에서 특별임용된 38명에 대한 인건비와 운영비이다.

〈표 13-4〉 재원별 예산현황

(단위: 천원)

예산액				기 정 액	증 감
계	국 비	소방안전교부세	도 비		
17,307,994	3,131,380	820,000	13,356,614	21,818,093	△4,510,099

출처: 제주자치경찰단, 내부자료, 제392회 제주특별자치도의회 임시회 보고자료, 2021. 2.

제 5 절 수사권한적 측면

1. 국가경찰관 자치경찰의 조직 및 운영에 관한 법률과 수사권 부여

문재인 정부는 2017년 5월 10일 출범한 이후 100대 국정과제 중 13번째 과제로 자치경찰제 도입과 검경수사권 조정을 제시했다. 이에 따라 전장에서 살펴본 대로 자치경찰제 정부안을 당정청 공동으로 2018년 발표하고 국회사법개혁특별위원회 여당 간사인 홍익표 의원을 통해 경찰법을 전부개정하겠다는 법률안을 국회 사특위에 발의했었는데, 그 결과 제정된 것이 바로 「국가경찰과 자치경찰의 조직 및 운영에 관한 법률」이다.[32]

---

[32] 2019년 9~10월에 시범실시를 위해 광역시도를 상대로 공개 모집을 예정했었다. 이 공개 모집에서 선정된 광역지자체는 6개월이 경과된 후 시범실시에 들어간다는 복안이었지만, 아쉽게도 여야 간 합의를 이루지 못하고 2020년 5월말 기준 20대 국회의 임기만료와 함께 자동 폐기되었다. 이러한 결실은 21대 국회가 출범하고 2020년 8월 4일 김영배 의원이 당정청의 노력으로

이 당시 경찰법 전부개정법률안 등을 통해 일부 수사권을 향후 전국에 도입하게 될 자치경찰제에도 부여하겠다는 법적 논의도 함께 있었다.

2. 자치경찰에게 수사권 부여

더불어 민주당 소속 홍익표 의원이 의원입법 발의한 경찰법 개정안에서는 현재 제주자치경찰제에 수사권이 부여되지 않아 무늬만 경찰이라는 비판을 받았었는데, 수사권을 부여하는 보완작업이 새로이 이루어졌다. 이는 많은 전문가들에게 관심을 불러 일으켰다. 즉 수사권은 지역 내 주민의 안전 활동에 관련된 사항, 지역경비에 관한 사무 수행, 지역 내 교통활동에 관한 사항, 가정폭력, 학교폭력, 지역현장에서 발생하는 공무집행 방해, 성폭력 등에 관한 일부수사 사무 등이다.

이는 2006년 7월 창설된 제주자치경찰제에서 지난 15년 동안 비판받아 온 핵심사항이었는데, 마침내 김영배 의원의 「국가경찰과 자치경찰의 조직 및 운영에 관한 법률」이 국민으로 하여금 큰 관심을 불러 일으켰었다.

제 6 절   교육 및 재교육적 측면

제주자치경찰은 2006년 7월 창설 이후 지금까지 7~8차례에 걸쳐 자치순경을 모집해 왔다. 제주자치경찰단은 자신들이 선발한 신임순경을 16주 동안 국가경찰 기관인 중앙경찰학교[33])에 16주간 위탁교육을 통해 진행되어왔다. 그들은 중앙경찰학교에 위탁 교육 후 제주에 돌아와 제주공무원연수원에서 1개월간 추가 후속 교육을 받게 된다. 여기서 핵심 교육내용은 제주특별자치도의 역사와 지리, 조례, 자치경찰의 직무 등에 관해 심층적으로 익히게 된다. 이러한 교육이 마무리 되면 자치경찰관으로 발령을 받고 직무를 시작하게 된다. 중요한 것은 이들이 정식 자치경찰관으로 임용된 후 직무를 수행하는 동안 지속적으로 직무교육을 받아야 한

만들어진 정부안을 대표발의하고, 이것이 2020년 12월 9일 국회 본회의를 통과함으로써 나타났다. 이에 따라 이전의 경찰법은 전격 폐지되었다.

33) 경찰청은 부속기관 중 하나로 중앙경찰학교를 운영하고 있는데 충주 수안보면에 위치하고 있으며 신임순경(남녀), 101경비단 신임순경 교육을 담당한다. 제주자치경찰단은 중앙경찰학교에 자신들의 제주자치경찰공무원을 모집해 16주 동안 위탁교육을 의뢰하고 있다. 물론 제주자치경찰단은 중앙경찰학교에 이들의 16주 동안 들어가는 교육비를 지급해 주고 있다.

다는 사실이다. 제주자치경찰 조직의 발전과 각 자치경찰공무원의 자기개발과 직무의 활성화를 위해 직무교육은 아무리 강조해도 부족하지 않은 것이다. 하지만 직무교육의 활성화를 위한 현실은 사실상 2019년 전반기까지 그렇게 활발하지는 않았던 것으로 보여진다.34)

제주자치경찰의 경우 자체적인 직무교육이 있을 수 있고 또 하나는 경찰청 산하 교육기관에 가서 위탁교육을 받고 오는 방안이 있는데 이 두 가지 방법을 모두 활용 중에 있다.35)

1. 제주자치경찰단 자치경찰 및 특별사법경찰의 직무교육과 재교육 현황

우리나라는 이미 1956년부터 특별사법경찰 관련 법을 만들어 전국 국가기관 및 지방자치단체에 특별사법경찰제를 시행해 오고 있다. 따라서 전국 모든 공공기관에서처럼 제주도청, 제주시청, 서귀포시청에서도 이미 오래전부터 특별사법경찰제를 운영해 오고 있었다. 특별사법경찰은 관할 지방검찰청 검사장이 행정공무원에게 수사권을 부여하는 것이다.36) 2006년 7월 제주특별자치도에 자치경찰단이 창설되었을 때부터 제주자치경찰도 역시 특별사법경찰팀을 구성해 관련 직무를 수행해 오고 있다.37)

---

34) 제주자치경찰의 경우 예산의 부족 등으로 인해 2019년 전반기까지는 직무교육이 활발하지 않았던 것으로 분석된다. 하지만 2019년 하반기부터는 체계적인 직무교육 시스템을 마련해 굉장히 활발해지는 놀라운 발전적 변화가 있었다.

35) 제주자치경찰의 경우 특별사법경찰(민생사법경찰)도 운영하고 있는데 이들 수사담당 직무자들은 법무부 산하 법무연수원, 경찰수사연수원 등에 주기적으로 신종범죄 등에 대한 수사기법을 익히기 위한 교육에 참여할 필요가 있지만 기회가 거의 주어지지 않거나 혹은 매우 열악한 시스템에 머물러 있는 것으로 파악된다.

36) 극히 예외도 인정된 경우가 2건 정도 있었는데 국립공원관리공단과 금융감독원이다. 이들은 공무원이 아닌데도 불구하고 국회에서 관련법을 만들어 줌으로써 이에 따라 예외적으로 특별사법경찰 업무를 수행할 수 있게 되었다. 국립공원관리공단은 오래전이고 금융감독원의 경우는 2019년 7월부터 특별사법경찰 관련 권한을 부여받게 되었다. 이렇게 수사권을 부여받은 행정공무원은 특별사법경찰관으로서 행정법 위반자인 행정범들을 단속 및 수사하여 검찰에 송치하는 임무를 수행하고 있다.

37) 물론 제주자치경찰공무원 총정원에서 10여명 전후가 특사경팀을 구성해 검찰의 지휘를 받으면서 특별사법경찰 업무를 수행하게 되었다. 제주자치경찰공무원은 누구나 특별사법경찰업무를 담당할 수 있도록 모두에게 사전에 법적으로 권한이 부여되어 있다. 그래서 제주자치경찰공무원 누구나 전보에 의해 특별사법경찰 업무를 수행할 수 있다. 부언하면 매년 각 부서에서 자치경찰 직원들이 전보되어 특별사법경찰팀으로 발령을 받으면 곧바로 특별사법경찰업무를 수행할 수 있도록 법적으로 사전에 특별사법경찰 업무를 수행할 수 있는 특별사법경찰 직무 수행 자

한편 제주자치경찰에서 특사경 직무를 수행하는 직원들은 활발하게 직무교육을 받지는 못했던 것으로 나타났다. 그럼에도 불구하고 일부 특사경 직원들은 꾸준하게 법무연수원 특사경 센터, 경찰대학, 경찰수사연수원, 경찰인재개발원(구 경찰교육원) 등을 통해 직무교육의 기회를 갖는 성과들도 있었다. 이 밖에도 제주자치경찰단의 특사경들은 제주지방경찰청 산하 경찰교육센터, 제주인재개발원, 자체 직장훈련교육 등 미미하기는 하지만 그래도 복합적으로 이루어지고 있다.

구체적으로 교육대상을 살펴보면 다음과 같다. 우선 기본교육과정에 자치경사 이상의 자치경찰공무원, 기타 실무교육과정은 자치경정 이하 자치경찰공무원들이 바로 그 대상이다. 제주자치경찰의 특사경 직무교육에서 이전과 현재를 비교해보는 차원에서 먼저 이전자료를 살펴보고자 한다. 2012년의 경우 제주자치경찰단 산하 특별사법경찰의 교육과정에 참여한 사례를 보면 법무부 산하 법무연수원과 경찰청 경찰수사연수원 등에서 시행하는 수사 관련 각종 프로그램에 참여했다. 자치경찰의 교육과정별 수요를 보면 2012년 경우 기본교육과정은 경찰청의 교육계획에 따라 경감 2명과 경위 1명 및 경사 1명으로 확정해 진행된바 있다. 무엇보다 경위 이하 기본교육을 미이수한 직원은 현황을 잘 파악하여 경찰청에 대해 교육인원을 재협조 요청하도록 하는 방안도 강구해 온 것으로 파악된다.

기타 과정은 각 과들이 교육과정별로 각각 수요현황을 파악한 다음에 관계기관과 긴밀히 협조해 교육을 실시했다. 제주자치경찰단 소속 특별사법경찰관들 중 법무부 산하 법무연수원에 마련된 특사경 교육센터와 경찰청 부속 경찰수사연수원에서 운영하는 경위급 이하 특별사법경찰을 위한 기초수사 직무교육과정에 14명이 참여하기도 했다.

제주자치경찰 직원들은 생활안전과나 교통과 등에 근무하다가 전보에 의해 특별사법경찰 업무를 맡게 되면 기본 지식을 습득하기 위해 주로 법무부 산하 법무연수원의 특별사법경찰 프로그램에 참여한다.[38] 우리나라 특별사법경찰을 총괄 관리하는 곳이 대검찰청 형사2과장(책임자, 부장검사)이며,[39] 경기도 용인 소재 법

격이 보장되어 있다.

[38] 대부분의 국가기관이나 지방자치단체에서 특별사법경찰로 지명된 수사관들은 법무부 산하 법무연수원에서 개설한 특별사법경찰 교육프로그램에 참여하는 것이 일반화되었다. 사실상 모든 특별사법경찰관들에게 필수코스가 되어 정착되었다고 해도 과언이 아니다.

[39] 대검 형사2과 산하 특사경계는 인원이 3-4명 수준으로 매우 적은 공무원으로 이루어져 있어 인력부족으로 인한 어려움이 많을 것으로 평가된다. 우리나라 특별사법경찰 지명자가 20,000여 명이 넘는다는 예측도 나와 있는 만큼, 이를 담당하는 형사2과의 특사경 업무담당 인력도 증원하는 개선이 시급한 실정이다.

무연수원에서 대검찰청 형사2과가 "특사경센터"를 개설해서 운영 중이다. 이곳에서 제공하는 오프라인 교육은 1주일 과정으로 개설하고 있고 이와는 별도로 특별사법경찰의 직무교육이 온라인 프로그램으로 수십여개 과목들을 추가로 개설 및 제공하고 있다. 따라서 제주자치경찰 소속 특별사법경찰들도 이 프로그램에 많이 참여하고 있는 것으로 알려져 있다.[40]

최근 제주자치경찰이 자체 특별사법경찰과 직원들에게 직무교육을 다녀오도록 지원한 실적을 보면 이전에 비해 상당히 개선된 변화들이 감지된다. 2018년의 경우 8명, 2019년 9명 그리고 2020년 10월까지 추가로 3명이 용인 법무연수원에 설치되어 있는 특별사법경찰교육센터의 직무교육 프로그램에 참여했다.

그리고 제주자치경찰 소속 특별사법경찰 1명이 경찰청 부속기구인 충남 아산 소재 경찰수사연수원에 가서 디지털포렌식 전문과정을 성공적으로 이수하였다. 오늘날에는 모든 사람들이 스마트폰을 소지하고 있고 그 속에 대부분의 자료들이 모여 있는 관계로 범죄자의 핸드폰만 압수하면 포렌식 프로그램과 연결해 중요한 범죄단서와 법정증거자료들을 모두 확보할 수 있다. 따라서 우리나라 거의 모든 수사기관들은 포렌식 조사실을 대부분 설치하여 운영하고 있는데, 최근 제주자치경찰도 마침내 포렌식 시스템을 설치하는 발전상도 보여주었다.[41]

〈표 13-5〉 제주 자치경찰 특사경교육 이수현황(2018~2020.10.)

(단위: 명)

구분	계	2018년	2019년	2020년(10월)
계	21	8	9	4
특별사법경찰 수사실무과정 (법무연수원)	20	8	9	3
디지털포렌식과정 (경찰수사연수원)	1	–	–	1

출처: 제주자치경찰단, 내부자료(2020).

---

40) 법무부 법무연수원은 충북 진천에 새로 건축하여 자리 잡았다. 그러나 이전에 사용하던 경기도 용인 소재 법무연수원도 2021년 오늘날까지 계속 사용 중이다. 이곳에서는 신임검사들 실습교육 및 특별사법경찰 수사직무교육 등을 제공해 주고 있다.

41) 일반사법경찰기관과 특별사법경찰기관들은 이제 포렌식 조사실을 설치하지 않고는 수사활동을 제대로 펼치기 어려운 상황에 직면했을 정도다.

2. 제주자치경찰단 특별사법경찰의 재교육훈련상 문제

오늘날 범죄가 날로 심각해지고 시간이 지날수록 고도로 지능화되고 있다. 이런 차원에서 제주자치경찰단 소속 특별사법경찰의 경우 그 규모가 비교적 작다보니 아직까지 스스로 자체 재교육훈련시설을 마련하지 못하고 있는 실정이다. 이 때문에 국가경찰 교육기관인 법무연수원, 경찰인재개발원, 경찰대학, 경찰수사연수원 등에 위탁 방식을 통해서 자치경찰의 각종 수사 관련 재교육 문제를 해결하고 있다. 이는 매우 바람직한 방법 중 하나로 평가된다.

제 7 절 제주자치경찰단 민생사법경찰의 위상 측면

1. 민생사법경찰의 현황

전장에서 언급했듯이 제주자치경찰단에서 유일하게 수사권을 행사하는 부서는 특별사법경찰팀 뿐이다. 나머지 다른 부서 직원들은 수사권 없이 대부분 순찰직무에 집중하면서 범죄예방 업무에 초점을 맞추고 있다. 이처럼 수사권을 행사할 수 있는 특별사법경찰팀은 행정법위반자인 행정범들을 인지 및 수사하고 그 결과를 검찰에 송치해 준다.

원래 2006년 7월 제주자치경찰의 창설 시에 특별사법경찰은 지방자치법에 따라 23개 분야의 업무를 부여받을 수 있었다. 하지만 제주자치경찰은 출범 초기에 17개 분야의 업무만 취급할 수 있는 법적 권한을 가지게 되었다. 6개 영역은 그 당시 제주자치경찰이 담당하기에는 너무 큰 영역이거나 사실상 인력이나 예산상의 어려움으로 인해 부여되지 않았던 것으로 이해된다.

이처럼 17개 분야의 특사경 업무를 부여 받았지만 이마저도 제주자치경찰에게 주어진 예산(재정) 및 인력의 절대 부족으로 인해 모두 다루는 것은 불가능한 것이 현실이다. 이 때문에 초창기에 제주자치경찰의 특사경팀은 극히 제한된 5~6개 분야 정도에서만 업무를 수행해 오기로 했다.

한편 향후 전국적으로 자치경찰제가 시행될 경우를 대비해 23개 모든 법률 분야를 확대하여 적용하는 것이 가능한지에 대한 검토 보고서를 보면 많은 인력과

예산의 확대 없이는 여전히 쉽지 않다고 결론 내리고 있다.[42]

구체적인 예를 들면 제주자치경찰단에 부여된 17개 분야 특별사법경찰의 권한 중에는 심지어 독도지역에서 불법어로 행위에 대해서도 단속하는 법적 권한도 주어졌다. 그러나 제주자치경찰의 특사경팀은 예산상 독도에 가서 불법어로 행위를 단속할 수 있는 대형 감시선을 구매하는 것은 물론 인력을 확보하는 것도 쉽지 않다. 사실상 이는 법률적 권한만 부여 받았을 뿐 현실적으로는 단속에 나서기가 불가능한 영역이라고 볼 수 있다.

2. 민생사법경찰 업무 범위의 증가

위에서 살펴본 바와 같이 제주자치경찰단 민생사법경찰은 2006년 7월 1일 자치경찰 창설 시에 17개 분야의 업무를 부여 받아 수행해 오다가 2020년 11월 현재 기준으로 2개 분야를 추가로 부여받음으로써 총 19개 분야로 늘어났으며 그 직무 수행과 관련해 무려 86개 법률을 취급하게 되었다.[43] 이 업무 분야는 법률을 다루는 수사직무이기 때문에 국회 소위원회, 법사위원회 및 본회의를 통과 후 제주 특사경에 부여되는 절차에 따른 것이다.

〈표 13-6〉 제주자치경찰 특사경 수사 직무범위

조항 (§6)	분야 (19개)	직 무 범 위(86개 법률)
5호	산림	관할 구역 임야에서 발생하는 산림·임산물과 수렵에 관한 범죄 **산지관리법**, 산림자원조성및관리에관한법률, 산림문화휴양에관한법률, 사방사업법, 소나무재선충방제특별법, 산림보호법, 목재의지속가능한이용에관한법률
6호	식품, 위생	**식품위생법**, 수입식품안전관리특별법, **보건범죄단속에관한특별조치법**(식품위생 범죄), 건강기능식품에관한법률
7호	의약품	**약사법**, 화장품법, 의료기기법, 의료법, 식품의약품분야시험검사등에관한법률, 보건범죄단속에관한특별조치법(약사 범죄)
11호	문화재	**문화재보호법**, 매장문화재보호및조사에관한법률, 구역 내 경범죄처벌법상 현행범
13호	공원관리	**자연공원법**, 구역 내 경범죄처벌법상 현행범

---

42) 상계보고서, p. 60.
43) 이는 특사경법 §6에 근거해서 19개 분야 86개 법률을 다루고 있는 것이다.

15호	수산업	**수산업법**, 어업자원보호법, 수산자원관리법, 어선법, 내수면어업법
18호	공중위생	**공중위생관리법**, 정신건강증진및정신질환자복지서비스지원에관한법률(§84~§88), 사회복지사업법(§53,§54,§56)
19호	환경	**대기환경보전법**, 물환경보전법, 소음진동관리법, 화학물질관리법, **폐기물관리법**, 가축분뇨의관리및이용에관한법률, 환경분쟁조정법, 환경범죄등의단속및가중처벌에관한법률, **자연환경보전법**, 환경영향평가법, 폐기물의국가간이동및그처리에관한법률, 하수도법, 환경기술및환경산업지원법, 먹는물관리법, 토양환경보전법, 폐기물처리시설설치촉진및주변지역지원등에관한법률, 자원의절약과재활용촉진에관한법률, 실내공기질관리법, 수도법(상수도보호구역오염행위), 지하수법(지하수오염방지명령위반), 보건범죄단속에관한특별조치법(§4), 야생동물보호및관리에관한법률, 악취방지법, 건설폐기물의재활용촉진에관한법률, 습지보전법, 독도등도서지역의생태계보전에관한특별법, 제주특별법(§437), 환경보건법, 석면안전관리법, 화학물질의등록및평가등에관한법률, 생물다양성보전및이용에관한법률, 환경분야시험검사들에관한법률, 잔류성유기물질관리법, 환경오염피해배상및구제에관한법률, 환경오염시설의통합관리에관한법률
21호	도로	**도로법**(§40〈접도구역 건축물〉, §46〈도로보전입체구역 위험행위〉, §49〈자동차전용도로 통행 위반〉, §52〈도로와 다른 시설 연결〉, §61〈무허가 도로점용〉, §75〈도로 파손 등〉, §76〈통행금지, 제한 위반〉, §77〈차량운행제한위반〉, §78〈적재량 측정 방해〉)
22호	관광	**관광진흥법**, **제주특별법**(§356, 미등록휴양펜션업)
24호	청소년	**청소년보호법**
25호	농축수산물	농수산물의원산지표시에관한법률, 농수산물품질관리법, 인삼사업법, 양곡관리법, 축산물위생관리법, 친환경농어업육성및유기식품등의관리지원에관한법률
26호	대외무역	대외무역법(원산지표시에 관한 범죄)
28호	농약, 비료	농약관리법, 비료관리법
29호	하천	하천법
31호, 45호	질병	가축전염병예방법, 식물방역법, 수산생물질병관리법
32호	자동차	**자동차관리법**(무등록자동차정비업, 무단방치, 자동차소유권 이전등록 미신청), **자동차손해배상보장법**(의무보험미가입자동차운행)
41호	석유	석유및석유대체연료사업법
42호	경제	대부업등의등록및금융이용자보호에관한법률
43호		방문판매등에관한법률

44호	할부거래에관한법률
46호	자본시장과금융투자업에관한법률

출처: 제주자치경찰단, 내부자료(2020).

특히 제주자치경찰단은 관광 및 환경 특별수사반을 운영하면서 기획수사를 활용해 부동산사범 및 가축분뇨를 무단 배출한 양돈업자를 집중적으로 단속하면서 지금까지 구속 4명과 불구속 36명이라는 단속실적을 올렸다. 그리고 식품·공중위생 민생안전 전담반을 운영하면서 제주 1차산업의 핵심인 감귤의 허위 원산지 표시사범 등을 집중단속하고 있다. 제주자치경찰단의 특사경은 청정지역 제주의 특수한 여건에 알맞는 이른바 맞춤형 수사활동을 전개해 나가면서 많은 성과를 보여 주었다. 이러한 시너지 효과들을 통해 2019년 기준으로 제주지방검찰청의 관광, 환경, 민생분야 기소사건 중에서 무려 75%(438건/584건)를 제주자치경찰단에서 전담처리 하는 기염을 토했다.[44] 이러한 결과는 바로 제주자치경찰단 산하 특사경 수사팀이 열심히 직무에 임하고 있다는 증거가 된다.

제 8 절   제주자치경찰의 무기 관리 측면

1. 무기 보유 실태

제주자치경찰은 2006년 7월 창설시부터 지금까지 15년간 무기를 보유해 왔다. 여기에다가 지난 2018년 4월부터 2020년 2월까지 제주경찰청 산하 국가경찰 268명이 제주치경찰단으로 파견 나와 합동 시범근무를 하면서 보유하게 된 무기들도 있다. 물론 국가경찰은 복귀할 때 가지고 왔던 무기들을 회수해 가게 된다.

한편 그동안 제주자치경찰이 수사권을 보유하지는 못하고 운영되어 나왔지만 지역생활안전, 지역교통, 지역집회 관리, 음주단속 관리, 학교폭력예방 선도 지역 행사관리 등의 업무를 수행하고 있다. 이러한 업무들을 수행하기 위해 제주자치경찰은 기동장비, 무기류, 통신장비, 음주단속장비 등을 보유하고 있는데, 특히 무

---

44) 고창경, 제주자치경찰의 존치 필요성과 지속적인 발전 방안, 2020년 10월 세미나 발표자료 참조.

기는 살상과 바로 연계되기 때문에 철저한 관리가 요구되고 있다.[45]

2020년 12월 현재 제주자치경찰과 제주자치경찰단에 파견 온 국가경찰이 보유하고 있는 무기의 현황을 살펴보면 〈표 13-7〉과 같다.

〈표 13-7〉 자치경찰과 국가경찰 간의 무기 보유 현황

자치경찰				국가경찰(파견)			
구분	수량	비고		구분	수량	비고	
총계	371			총계	440		
장비종류	기동장비	59	순찰차 18대, 싸이카 12대, 승용 12대, 승합 3대, 버스 2대, 화물 5대 전기이륜차 7대	장비종류	기동장비	28	순찰차 23, 싸이카 4, 이륜 1
	무기류	85	3·8 권총 75정(실탄 22,180발, 공포탄 150발), 가스발사총 10정(약재탄 74발) – 85정, 실탄 22,404발		무기류	54	3·8권총 17정(실탄 51발, 공포탄 17발), 전자충격기 26정(카트리지 52개) – 권총 17정, 실탄 68발
	통신장비	183	무전기 103대, 운전면허조회기 30대, 스마트범칙금단속 단발기 50대		통신장비	260	자치망 무전기 105대, 국가망 무전기 120대, 교통단속용 단발기 35대
	음주단속 장비	44	음주측정기 6대, 음감지기 38대		음주단속 장비	98	음주측정기 34대, 음주감지기 68대

출처: 제주자치경찰단 홈페이지 / https://www.jeju.go.kr/jmp/index.htm(2020. 10. 20).

2. 무기관리의 문제

제주도감사위원회의 제주자치경찰 무기관리에 관한 감사 결과에 따르면 전국 유일의 제주 자치경찰은 다소 총기가 부족하며 장비교육도 미흡하다는 지적을 내놨다. 주로 무기·탄약 관리의 미흡 문제를 지적하고 9건의 신분상 조치와 7건의

---

45) 전국 유일 제주자치경찰단, 권총·수갑 등 무기·탄약 관리 '구멍'/ https://www.news1.kr/articles/?4067948: 검색일: 2020. 10. 20).

주의가 필요하다고 밝히기도 했다. 특히 자치경찰단의 경우 제주특별법 제91조에 근거해 국가경찰과 협의하며 사무분담과 수행방법도 정해 수행하고 있다.46) 특히 제주자치경찰은 위에서 살펴본 것처럼 자체 무기고 내에 70여종의 총기류를 확보하고 있는 중이다. 2018년부터 2020년 12월 31일까지 국가경찰 268명이 파견 나와 있었으므로 새로 무기를 구입할 수도 없어 파견자들의 경우 국가경찰에서 무상대여 방식을 통해 제주자치경찰로 가지고 와서 보유 중이었다.

한편 제주자치경찰은 「제주특별자치도 자치경찰 무기·탄약관리 규칙」 8조와 21조에 근거해 자치경찰이 무기와 탄약을 대여할 경우 사전에 단장의 허가를 받되 단장은 매월마다 이러한 상황을 제주도지사에게 보고해야 하는데, 이를 간과했다는 제주도감사위원회의 지적을 받기도 했다. 또 하나는 자치경찰이 무기 관리지침을 단장의 결재를 생략한 채 과장 전결로 진행했으며 정기적으로 단장에게 무기와 탄약 관리 실태를 보고한 자료를 남기지 않았다는 지적도 함께 받았다.

이뿐만 아니라 제주자치경찰은 2019년 신임자치경찰 15명을 임용한 후 외근 직원에게 지급할 3·8권총과 공포탄 역시 확보하지 못하고 있다는 감사지적도 있었으며, 지난 2년간 교육대상자인 자치경찰 직원 287명 중에 74명에게 사격훈련을 실시해야 했음에도 불구하고 이를 시행하지 못했다는 점도 지적대상이 되었다. 역시 총도 쏘지 않았으며 보유하고 있는 수갑과 포승 및 경찰봉 등을 이용한 직무교육을 실시하지 않은 점도 지적을 받았다.47)

경찰의 의무는 국민의 생명과 재산을 지키고 공공의 질서를 유지하는 것이다. 역시 무기관리도 철저하게 이루어져야 함은 물론이다. 이러한 경찰의 의무들은 제주자치경찰에게도 예외가 될 수 없다고 볼 때, 무기관리에 대한 교육도 많이 강조되고 보완되어야 한다.

---

46) 제주의 소리(http://www.jejusori.net: 검색: 2020. 10. 25) 참조.
47) 제주의 소리(http://www.jejusori.net: 검색: 2020. 10. 25).

제 9 절   이원화 자치경찰제를 향한 제주자치경찰의 정책목표와 전략 측면

1. 4개의 전략과제와 12개의 실행계획

2021년 제주자치경찰단의 정책목표와 전략에서 그 핵심적인 정책목표는 변화

[그림 13-3] 제주자치경찰의 정책목표와 전략 제시 현황

출처: 제주자치경찰단, 2021년 주요업무보고 자료, 제392회 제주특별자치도의회 임시회 보고자료(2021. 2).

의 시대 제주도민 맞춤 현장치안의 구현 및 도민행복 안전제주의 완성으로 정했다. 그리고 [그림 13-3]과 같이 4개의 전략과제와 12개의 실행계획을 제시하고 그 실현을 위해 전념하고 있다.

한편 제주자치경찰은 2021년 현재 〈표 13-8〉과 같이 자치경찰단 청사를 확보하여 운영하고 있다.

〈표 13-8〉 제주자치경찰의 청사확보 현황(2021년)

구 분	대지면적 (㎡)	건축연면적 (㎡)	층수	사용부서	취득일 (최초임차일)	비고 (임차방법)
자치경찰단 아라동 기자길 7	3,534	1,493	지하1층 지상3층	경찰정책관, 교통생활 안전과 수사과	'11. 12. 26.	—
어린이 교통공원 제주시 봉개동	21,992	1,001.56	지상2층	교통생활 안전과	'08. 4. 11.	—
기마대 제주대학교 말산업전문 인력양성센터	—	362	지상1층	관광경찰과	'20. 6. 1.	제주대학교와 유상임대계약 (5년) (연 5,345,610원)
항만사무소 제주국제항 내	—	60.07	지상2층	관광경찰과	('15. 9. 16.)	무상임대
서귀포지역 경찰대 서귀 부두로 1	2,148	997.66.	지상2층	서귀포지역 경찰대	'08. 12. 30.	—
공항사무소 제주공항 1층	—	117	지상1층	관광경찰과	('20. 1. 1. ~ '21. 12. 31.)	제주공항공사와 유상 임대계약 (2년) (연 57,606,600원)
나라키움 복합관시 중앙로 273	—	202.22	지상2층 (202호)	교통성보센터	('21. 1. 21. ~ '22. 1. 20.)	한국자산관리공사 와유상 임대계약(1년) (월 1,522,000원)

출처: 제주자치경찰단, 2021년 주요업무보고 자료, 제392회 제주특별자치도의회 임시회 보고자료(2021. 2).

2. 2021년 주요업무 계획 분석

제주자치경찰단은 2021년도의 경우 〈표 13-9〉와 같이 주요업무 계획을 세우고 적극적으로 추진해 나가고 있다.

〈표 13-9〉 제주자치경찰의 2021년 주요업무 계획 제시

연번	업무계획의 주요 실현 과제
1	코로나19 방역과 지역경제 회복 지원 활동 총력 대응
2	개정 「경찰법」 시행에 따른 철저한 후속조치 이행
3	전국 이원화 자치경찰제 도입의 마중물 선도적 역할
4	우리동네 경찰관, 행정복합 치안센터 정착화 및 확대 운영
5	제주형 핀셋 교통사망사고 예방 종합대책 적극 추진
6	이동식 과속 단속 강화, 재원(과태료) 활용 시설개선 추진
7	어린이교통안전 강화를 위한 지속적인 교통안전 환경 조성
8	관광이미지UP, 공정제주관광 실현을 위한 선도적 역할 수행
9	코로나19 방역형 공항만 치안활동 및 기마순찰 적극 전개
10	도민 안전과 밀접한 민생 분야 불법행위 기획수사 활동
11	맞춤형 특사경 수사 활동 전개로 민생 안정화 기여

출처: 제주자치경찰단, 2021년 주요업무보고 자료, 제392회 제주특별자치도의회 임시회 보고자료(2021. 2).

특히 제주자치경찰단이 2021년 주요업무계획으로 설정한 후 추진해 나가는 각 분야별 핵심내용은 다음과 같다.

첫째, 코로나19 방역과 지역경제의 회복 및 지원 활동의 총력 대응을 위해서는 코로나19 방역활동에 자치경찰 중 全 경력이 지원체계를 상시 유지하고 침체된 지역경제 활성화를 위한 諸 행사시 자치경찰력을 우선 지원하도록 집중하기로 했다.

둘째, 개정 「경찰법」 시행에 따른 철저한 후속조치 이행을 위해서는 「개정 경찰법」 시행('21.1.1.)에 따라 제주특별법상 道 소속 자치경찰위원회 설치와 후속조치로 진행되는 관련 조례의 제·개정 이후에 자치경찰위원회(사무기구) 구성·사무공간 확보, 제주형 자치경찰제 이원화 운영에 따른 사무의 중복 최소화 및 타 시·도와 차별화된 성과 창출에 초점을 두고 있다.

셋째, 전국 이원화 자치경찰제 도입의 마중물로서 선도적 역할이다. 타 시도와는 달리 제주자치경찰제는 이제 2021년 7월 1일부터 2개의 조직인 이원화로 운영되게 되었다. 이를 위해서는 다음에 초점을 둔다. 즉 일원화 형태의 자치경찰제는 지방자치단체의 자율적 권한과 책임 있는 치안서비스 제공의 한계가 있을 수 있다. 따라서 지역 주민의 요구를 신속히 반영하는 지방행정 연계, 진정한 의미의 분권 및 제주형 자치경찰제의 전국 도입을 위한 마중물 역할을 지속적으로 추진한다.

넷째, 우리동네 경찰관, 행정복합 치안센터 정착화 및 확대 운영이다. 이를 위해서는 행복치안센터 운영 성과의 분석을 통한 사무 재조정 및 고도화 및 송당·저지 행복치안센터 운영 성과를 기반으로 확대 운영하겠다는 것이다.

다섯째, 제주형 핀셋 교통사망사고의 예방을 위한 종합대책을 적극 추진하는 것이다. 이를 위해 교통사망사고 예방을 위한 교통안전시설 개선, 교통법규위반단속 강화, 교통사고 예방 교육·홍보 등 선택과 집중의 핀셋 활동 등을 전개하기로 했다.

여섯째, 이동식 과속 단속의 강화 및 재원(과태료) 활용 시설개선 추진이다. 이를 위해서는 교통사망사고 주요 요인 중 하나인 과속운전을 방지하기 위해 사고 다발구간에서 속도위반 단속의 강화, 운전자 안전의식의 개선 및 교통법규 위반 범칙금·과태료 재원의 활용, 보행환경 개선 등 도민 불편 지점 등의 신속한 교통 환경의 개선을 통한 교통안전 확보에 주력한다는 것이다.

일곱째, 어린이교통안전 강화를 위한 지속적인 교통안전을 위한 환경 조성이다. 이를 위해서는 어린이 통학로 교통안전 업무의 효율적 관리체계를 구축하기 위해 「제주형 어린이 통학로」 개념을 도입, 분산된 교통안전 업무를 자치경찰 주도의 집행체계로 구축, 전국 최고 수준의 안전한 교통 환경 조성을 추진한다는 것이다.

여덟째, 관광이미지UP, 공정제주관광 실현을 위한 선도적 역할의 수행이다. 이를 위해서는 관광불편신고에 대한 해결중심의 접근·처리, 관광부조리 근절을 위한 선도적 역할 수행과 불법숙박업 등 관광저해사범을 적극 단속, 관광산업 보호에 이바지하는데 집중한다.

아홉째, 코로나19 방역형 공·항만 치안활동 및 기마순찰의 적극적 전개이다. 이를 위해서는 제주 관광의 첫 관문인 공·항만 중심, 코로나 유입 차단을 최우선 지원 및 기마 순찰을 통한 주요 관광지의 방역지침 및 지도 등 코로나 사각지대를 해소하겠다는 것이다.

열번째, 도민 안전과 밀접한 민생 분야 불법행위의 기획수사 활동이다. 이를 위해서는 코로나19 상황 지속에 따른 지방행정과 협업, 도민안전 치안서비스를 제공하고 동시에 부동산 불법거래에 수사권 부여시 효율적 수사로 경제질서의 안정화에 기여하겠다는 것이다.

열한번째, 맞춤형 특사경 수사 활동의 전개로 민생 안정화에 기여하겠다는 것이다. 이를 위해서는 기획·민원 수사전담반의 운영을 통한 선제적·역동적 수사 활동의 기대 및 수사 활동 사항의 정기 브리핑 및 언론 홍보로 체감치안 만족도 제고에 전념한다는 것이다.

3. 제주특별자치도에서 이원화 자치경찰제 시행과 구조적 갈등

1) 제주자치경찰의 이원화 체계

제주특별자치도의 체계도는 타 시도 체계도에 비해 조금 다르다. 기존의 16개 광역시·도는 자치경찰제를 시행한 바 없으며 지금 처음으로 시도하는 만큼 새로운 자치경찰체계도를 대통령령에 따라 그 범위 내에서 만드는 것이 간단한 편이

[그림 13-4] 제주특별자치도 체계도와 자치경찰의 조직

출처: https://go.seoul.co.kr/news/newsView.php?(검색일: 2021. 3. 18).

다. 즉 대통령령의 범위 내에서 각 시도의회가 조례를 제정하면 된다. 이에 반해 제주자치경찰은 좀 다르다. 이미 15년째 자치경찰제를 시행해 왔고 그대로 유지되어야 하는 입장이다. 그리고 추가로 제주도의회는 대통령령에 따라 국가경찰이 자치경찰업무를 수행하기 위해 제주자치경찰위원회를 구성하고 사무국도 발족시켜야 한다. 여기에는 제주국가경찰도 참여하게 된다. 본 위원회가 자치경찰업무를 수행하게 되는 국가경찰관들을 제주경찰청장을 통해 지휘해야 하기 때문이다.

[그림 13-5] 국가경찰위원회와 제주도지사의 자치경찰 관련 조직도

출처: http://www.segye.com/newsView/20210318515544?(검색일: 2021. 3. 19).

제주도자치경찰위원회는 [그림 13-5]에서 보는 바와 같이 자치경찰사무에 관해서 제주경찰청장을 지휘감독한다. 그리고 제주도자치경찰위원회는 역시 기존의 제주자치경찰단을 지휘감독하는 2원화 자치경찰 조직을 관리하게 된다. 이는 매우 특이하며 우리나라 최초의 자치경찰 관련 모델에 해당한다.

2) 제주자치경찰의 이원화 모델의 적용과 갈등

제주특별자치도의 경우는 예외적으로 2021년 7월 1일부터 자치경찰제가 국내

에서 유일하게 이른바 "이원화" 제도로 시행되게 되었다. 즉 제주도에는 이처럼 기존의 자치경찰단과 국가경찰이 자치경찰업무를 수행하는 "이원화" 자치경찰제 도가 시행되는 유일한 광역시도가 된 것이다.

[그림 13-6]에서 보는 바와 같이 시도지사 소속으로 시도자치경찰위원회를 설 치하여 그 아래의 시도경찰청과 경찰서의 자치경찰 담당 경찰관들을 생활안전, 지 역교통, 여성청소년, 지역경비 분야에서 지휘감독하게 되었다. 그리고 지구대/파출 소는 국가경찰사무인 112상황실로 이관되었으며 국가경찰과 자치경찰업무를 수행 하는 국가경찰은 시민이 신고할 때, 이미 1차로 사무를 국가경찰업무인지 아니면 자치경찰업무인지를 신속하게 분류하여 국가경찰이 출동해야하는지 아니면 자치 경찰이 출동해야 하는지를 신속하게 분류하는 시스템으로 운영되게 되었다. 서울 경찰청은 자치경찰을 관리하는 3차장(치안감)을 두었으며 그는 서울시자치경찰위 원회의 지휘 하에 산하 31개 경찰서의 자치경찰담당 경찰관들을 감독한다. 기타 광역시도경찰청에는 자치경찰을 담당하는 3부장(경무관급)을 두었고 그는 시도자 치경찰위원회의 지휘감독하에 자치경찰업무를 담당하는 직원들을 관리한다.

[그림 13-6] 전국 광역시도의 자치경찰제 담당부서의 현황

출처: 김충신, 한세대학교 경찰행정학과 특강자료(2021. 3).

한편 제주도의회의 자치경찰 관련 조례제정과 제주국가경찰 간의 제주특별자
치도자치경찰위원회 관련 갈등 상황이 다음과 같이 불거졌다. 제주도의회는 2월
17일 이미 조례를 제정했으나 제주국가경찰에서는 대통령령의 범위를 벗어난 조
례라고 지적하면서 특히 새로 구성되는 사무국에 국가경찰은 20명 중 3명만 참여
하게 된 점을 문제 삼았다.

『지난달 17일 제주도가 입법 예고한 제주도 행정기구 설치 및 정원조례 일부개
정 조례안에 따르면 자치경찰위원회 사무기구의 전체 정원 20명 가운데 지방직은
위원장 등 정무직 2명과 행정직 7명, 제주자치경찰 8명 등 17명이고 국가경찰은 3
명뿐이다. 국가경찰은 제주도자치경찰위원회를 장악한 제주자치경찰단 등이 특정
기관에 유리한 방향으로 정책을 수립하면 갈등 우려와 함께 치안 공백으로 이어져
결국 도민에게 피해가 돌아간다며 맞서고 있다. 제주경찰청 관계자는 "자치경찰사
무를 수행하는 국가경찰은 생활안전 및 교통 경비 등 1000여명이며 제주자치경찰
단은 150명이다. 특히 야간에는 제주경찰청이 자치경찰사무를 전담하게 된다"면서
"자치경찰위원회의 제주자치경찰 등 지방직을 축소해야 한다"고 지적했다.

또 조례안에 자치경찰위원회 실무협의회 구성 등 중요 사항을 위원회의 의결을
거쳐 정하도록 하고 '제주경찰청장의 의견을 들을 수 있다'고 규정한 것도 문제 삼
고 있다. 제주경찰청은 자치경찰사무는 법률과 대통령령에서 정한 기준을 벗어날
수 없어 제주도자치경찰위원회에서 자치경찰사무를 새롭게 추가하는 등 정책 결정
시 법률과 대통령령에서 정한 기준을 벗어나는지 여부를 사전에 국가경찰인 제주
경찰청의 의견을 반드시 들어야 한다는 주장이다. 한 관계자는 "도의회가 '자치경
찰위원회 등에서 자치경찰사무를 새롭게 추가할 경우 반드시 국가경찰인 제주경찰
청장의 의견을 들어야 한다'로 조례를 수정해야 한다"고 주장했다. 경찰의 권력과
기능을 분산하기 위해 제정된 경찰법 개정안은 국가경찰사무(정보·보안·외사·
경비 등) 국가수사본부(수사), 자치경찰사무(생활안전·교통·여성청소년 등)를
지정했다. 오는 7월 1일 전국에서 본격 시행된다.

출처: 서울신문기사, https://go.seoul.co.kr/news/newsView.php?(검색일: 2021. 3. 18)

이처럼 제주특별자치도의 경우는 도의회의 조례제정에서 갈등을 겪는 등 불협
화음도 있으나 향후 재조정을 통해서 원활하게 해결될 것으로 보이며 국내에서
유일하게 기존의 제주자치경찰단은 제주특별법에 따라 운영되고 새로 만들어지는
제주자치경찰위원회 산하에서 자치경찰업무를 수행하게 되는 국가경찰 간에 수행

되어질 이른바 "2원화 자치경찰제"가 어떻게 정착되어 나갈지 그 귀추가 주목된다. 이렇게 볼 때, 제주자치경찰제는 두 번의 새로운 역사를 쓰게되었는데 그 하나는 2006년 전국 최초의 자치경찰제를 도입한 지역이고 또 다른 하나는 향후 2021년 7월부터 2원화 자치경찰제(자치경찰 + 국가경찰)가 시행되는 지역으로 기록되게 되었다는 점이다.

결론: 정책제언

결론: 정책제언

본 연구에서는 우리나라에서 유일하게 제주특별자치도에서만 시행되어 온 자치경찰제도에 관해 심층 분석하였다. 본 연구에서 다룬 저서의 제목은 「제주자치경찰제도의 체계적 접근」이다. 그리고 본 저서에서 다루게 된 연구의 범위는 2006년 7월부터 2021년 4월까지 제주자치경찰에 대한 전반적인 내용이다. 본 저서는 제주자치경찰제가 시행된 이후 약 15년간의 제주자치경찰제도의 전반적인 내용들을 문헌자료조사방식을 통해 집필되었다.

우리나라의 역대 정부들은 자치경찰제를 도입해야 한다고 목소리를 높여왔는데, 특히 이승만 정부, 박정희 정부, 전두환 정부, 노태우 정부, 김영삼 정부 및 김대중 정부로 이어지는 동안 주로 정치권 차원에서 자치경찰제 도입의 필요성에 대한 목소리를 지속적으로 내보낸 것이 바로 그 좋은 예가 된다. 비록 그 강도의 차이는 다소 있었을 뿐 서로 경쟁하듯 역대 정부들은 물론이고 정치권 역시 지방분권을 실현하는 차원에서 자치경찰제를 도입해야 한다고 강조하곤 했다.

1998년 2월 취임한 김대중 정부에서도 자치경찰제 도입에 관해 한동안 논의가 활발하기는 했었지만 이렇다 할 큰 진전은 없었다. 그 후 2003년 2월부터 2008년 2월까지 집권한 노무현 참여정부는 자치경찰제 도입을 위해 가장 활발하게 심혈을 기울였다고 학계로부터 평가가 높았다.[1]

노무현 대통령은 대선후보시절부터 전국적 차원에서 자치경찰제를 도입하겠다는 목표를 세우고 준비 작업에 속도를 내었다. 하지만 여야 간의 갈등, 검경 간 수사권 조정 갈등을 비롯한 여러 가지 제약들 때문에 제주특별자치도에 한정해 2006년 7월 1일부터 소규모의 자치경찰제를 도입 및 시행하는데 성공했다. 그러나 노무현 참여정부에서 도입한 자치경찰제가 제주특별자치도에서만 2006년 7월

---

1) 이전의 김대중 정부처럼 노무현 대통령도 대선후보 시절 경찰의 수사권 조정과 자치경찰제 도입을 선거공약에 제시하였다.

1일 출범하는 데 국한됨으로써 지방자치 분권차원에서 볼 때, 적지 않은 아쉬움을 남겼지만 우리나라 경찰사 측면에서 볼 때 그래도 최초라는 상징적 가치만큼은 매우 크게 부각되었다.[2]

제주특별자치도에도 역시 1945년 10월 우리나라 국가경찰이 창설될 때부터 제주경찰청이 설치 운영되어 왔으며 현재 제주경찰청 산하 국가경찰공무원은 약 1,800여명(2019년)에 달한다. 2006년 7월 이 당시 제주자치경찰은 제주국가경찰과는 완전히 별도로 제주도지사를 인사권자로 제주특별자치도의 특정직 지방공무원의 신분을 가지고 출범하게 되었다. 이처럼 제주자치경찰제는 국내에서 유일하게 지난 15년 동안 기존의 제주국가경찰과 함께 공존하며 국민, 시민, 주민에게 치안 서비스를 제공함으로써 큰 의미를 지니고 있는 곳이다. 제주자치경찰은 프랑스, 스페인, 이탈리아에서 시행 중인 자치경찰제 모델을 벤치마킹하여 제주도 특유의 자치경찰제 모델로 재탄생된 역사를 가지고 있다.[3]

비록 제주자치경찰제가 서유럽 국가들(프랑스, 스페인, 이탈리아)의 자치경찰제 모델을 벤치마킹하기는 했지만 독특한 제주도형 자치경찰제 모델을 탄생시켰다는 점에서 그 나름대로 큰 가치를 찾아볼 수 있다.[4]

한편 제주자치경찰제를 놓고 볼 때, 국가는 제주자치경찰관들에게 특별사법경찰권이라는 범위 내에서 행정법 위반자를 형소법에 따라 수사할 수 있는 수사권만 위임하는데 그쳤다. 즉 제주자치경찰은 일반 수사권을 부여하지 못했고 오직 제주지역의 예방순찰과 지역교통 분야 관련 업무만을 수행하는 모델로서 그 업무영역이 지극히 한정되었다. 이처럼 업무영역이 극히 한정되어 시행된 제주자치경찰제에 대해 많은 시민과 경찰전문가들은 제주자치경찰제가 경찰이라기보다는 사

---

2) 무엇보다 2003년 2월 취임한 노무현 참여정부는 제주도를 한국의 홍콩과 같이 국제화된 특수지역으로 발전시키겠다는 비전을 제시하였다. 그 결과 「제주특별자치도 설치 및 국제자유도시 조성을 위한 특별법: 일명 제주특별법」이 국회에서 통과됨과 동시에 준비작업에 박차를 가했다. 본법 제87조에는 "제주특별자치도에 자치경찰제를 도입하여야 한다"라는 내용이 명시되어 있었기 때문에, 이에 따라 제주주민들이 원하던 원하지 않던 자치경찰제가 시행되어야만 했다. 주목할 것은 당시에 별도로 제주자치경찰법이 제정된 것도 아니며 특히 시행령 등은 제주도의 회에서 조례를 제정해 시행이 가능하게 되었다.

3) 프랑스, 스페인, 이탈리아 자치경찰이 근무 중 무전기와 삼단봉 정도만 착용한 채 관할 지역 내에서 예방순찰만 수행하고 있다. 제주자치경찰제가 바로 이점을 벤치마킹한 것이다.

4) 저자도 2004년 5월 10일부터 21일까지 정부 관계자들 및 자치경찰 관련 정부위원회 위원들과 함께 제주자치경찰제 도입을 위한 벤치마킹을 위해 프랑스, 스페인, 이탈리아의 자치경찰 기관들을 방문하였다. 한편 프랑스, 스페인, 이탈리아 자치경찰제 모델은 제주자치경찰제 모델보다 훨씬 허약한 형태이다. 제주자치경찰제는 프랑스, 스페인, 이탈리아 자치경찰제가 가지지 못한 특별사법경찰 권한을 가지고 있다.

실상 무늬만 경찰이 아니냐는 비판적 시각을 강하게 드러내기도 했다.

본 저서의 본문에서 이미 자세히 살펴보았듯이 문재인 정부가 2017년 5월 출범한 이후 검경수사권 문제와 함께 자치경찰제 도입 역시 강하게 추진해 왔다. 정부의 자치경찰제 도입 시각에 발맞추어 경찰청은 제주형 자치경찰단에 2018년 4월 30일부터 2020년 2월까지 국가경찰 268명을 파견해 제주자치경찰-제주국가경찰 간 합동시범실시도 진행해 왔다.5)

이러한 시범실시는 문재인 정부가 내놓은 2018년 자치경찰제 이원화 모델에 기인한 것이었다. 본 모델의 핵심은 현재 국가경찰공무원 13만여명 중 약 43,000여명의 국가경찰공무원들을 17개 광역시도의 시도지사 책임하에 실시될 자치경찰본부(위원장: 자치경찰위원회에서 선발 후 시도지사가 1명을 선택 임용)에 이관되어 근무하게 될 경우 그 시범실시에서 어떠한 문제점이 발생하는지 혹은 조화를 잘 이룰 것인지에 관해 사전 점검이라는 큰 의미를 가지고 있었다.6)

하지만 위의 자치경찰 모델은 2020년 5월 말 20대 국회의 임기만료와 함께 자동 폐기되었다. 그 후 2020년 5월 말 새로 개원한 임기 4년의 제21대 국회에서 여당 소속의 김영배 의원은 「경찰법과 경찰공무원법 전부개정법률안」을 발의하면서 동시에 정부안을 발표했다. 정부안은 일원화안인데, 이는 경찰을 국가경찰과 자치경찰 및 수사경찰로 나누는 것이며 자치경찰의 업무도 국가경찰이 맡는 방식이다. 그리고 독립적으로 국가수사본부가 설치되었다. 물론 자치경찰 업무를 담당하게 되는 국가경찰공무원들은 새로 만들어지는 전국 17개 광역시도자치경찰위원회의 지휘를 받게 된다는 점이 큰 특징이다.

이처럼 정부가 얼마 전까지만 해도 국가경찰과 자치경찰을 별도로 운영하는 이원화 방안을 추진하다가 갑자기 일원화 방안으로 방향을 급히 튼 이유는 코로나19 상황에서 3조 5,000억원가량이 당장 들어가야 하는 재정상의 문제에 직면했기 때문이다. 결국 지금과 같은 상황에서 이원화 자치경찰제 도입은 사실상 무리라는 정부와 여당의 고뇌에서 나온 결론으로 보인다.

마침내 지치경찰제를 도입하기 위해 더불어 민주당의 김영배 의원이 발의한 경

---

5) 2020년 4월 15일 제21대 국회의원을 선출하는 총선이 예정되어 있어 국회의원들이 본 법안을 개정하는 데 신경을 쓸 겨를이 없는 상황과 맞물렸기 때문에 본 개정안이 20대 국회에서 다루어지기는 쉽지 않은 상황이다.
6) 2019년 초에 문재인 정부의 당정청이 발표한 전국 17개 광역시도 단위 자치경찰제 도입 계획의 핵심내용을 살펴보면 기존 국가경찰공무원 약 13만명 중 1차와 2차 및 3차에 걸쳐 약 43,000명을 17개 광역시도에 창설하게 될 자치경찰에 이관하겠다는 입장을 보여주었다.

찰법 및 경찰공무원법 전부개정안은 2020년 12월 9일 최종적으로 국회 본회의를 통과했으며 이에 따라 2021년 1월부터 6월까지 시도자치경찰위원회를 구성하는 동시에 시범 실시가 이루어지고 7월 1일부터는 전국에서 본격적으로 시행되게 되었다. 그리고 현행 제주자치경찰제는 특례를 적용해 그대로 존속하여 계속 운영되는 것으로 결론이 났다. 물론 창설되는 제주자치경찰위원회의 지휘를 받게 된다.

한편 본 연구는 2006년 7월 제주자치경찰제가 창설되게 된 초창기 정부의 정책적 배경과 법적 근거, 준비작업, 출범과 발전과정은 물론 제도적, 인적, 조직적, 재정적, 교육과 재교육적 차원 및 성과 그리고 국가경찰인 이른바 제주경찰청 소속 경찰관 268명을 제주자치경찰단에 파견한 후 전국에 자치경찰제가 추가로 확대 도입될 것에 대비하여 사전 시범실시 했던 일련의 과정들까지를 모두 망라하여 체계적으로 분석 정리했다. 그리고 위에서도 언급했듯이 2020년 12월 9일 국회에서 전국 광역시도에서 자치경찰제가 시행되는 법안이 통과되어 법률로 만들어 지기까지의 내용들을 함께 담아내었다.

한편 2017년 5월 출범한 문재인 정부에서는 전국 17개 광역시도에서 제주형 자치경찰제 모델을 확대 실시하기 위해 제주자치경찰단에 제주국가경찰관 268명을 파견해 국가경찰-자치경찰 이원화 도입 모델을 시범 실시하는 기본토대도 구축했다. 하지만 2020년 8월 4일 김영배 의원은 당정청 간 합의를 이룬 정부안을 기존의 이원화에서 급격히 방향을 틀어 일원화 자치경찰제 도입안7)을 새롭게 제시했다. 이 때문에 제주자치경찰, 도청, 의회, 시민 등은 한동안 많은 혼란에 휩싸이기도 했다.

김영배 의원의 법안에는 지난 15년간 운영, 유지, 발전, 정착되어 나온 제주자치경찰을 자동 폐지하고 국가경찰에 귀속하도록 함으로써 제주도청, 제주의회, 시민들로부터 많은 항의를 받았다. 이는 다행히 법률안에서 수정되어 제주자치경찰제는 존속하는 것으로 결론이 났다.8)

---

7) 이제 정부의 새 자치경찰제 일원화 방안에 따라 향후 국가경찰제는 국가행정경찰-국가수사본부-자치경찰 등 3각 기둥을 이루게 되었으며, 자치경찰제의 경우 별도의 직원을 선발해 운영하는 것이 아니라 모든 기능을 기존의 국가경찰관들이 도맡게 되었다. 이를 위한 법적 토대는 현행 경찰법과 경찰공무원법 전부개정법률안의 국회 입법 발의(2020. 8. 4, 더불어 민주당의 김영배 의원 대표발의)에 기인한다.

8) 이렇게 15년간 실시하며 정착된 제주자치경찰제가 국가경찰제로 흡수된다는 것은 우리나라가 1991년 지방자치제를 실시한 후 지속적으로 분권을 추구하는 차원에서 볼 때, 분권정신에도 어긋난다고 본다. 그리고 지금은 난제들 때문에 일원화로 시작하지만 중장기적으로는 반드시 이원화 제도로 전환하는 것이 바람직하다고 본다.

지금까지 살펴본 제주자치경찰제의 내용을 중심으로 제주자치경찰제가 개선되어야 할 몇 가지를 제언하면 다음과 같다. 물론 아래의 시각은 최근 국회에서 자치경찰제 관련 법안들이 통과되기 이전을 상정하고 있음을 밝혀둔다. 물론 아래에서 일부는 2020년 12월 9일 국회 본회의에서 통과된 자치경찰 관련 법률도 언급하고 있다.

1. 법적인 차원에서 개선

제주자치경찰제는 향후 법적인 차원에서 개선되어야 할 과제로 다음의 두 가지를 지적할 수 있다. 하나는 향후 자치경찰제를 도입하기 위한 법을 만들어 내는데 실패하여 현재의 제주도에서만 시행 중인 자치경찰제 모델로 계속 유지될 것이라는 시나리오였다. 다른 하나는 문재인 정부(2017. 5. 10.~2022. 5. 10)에서 현재 추진 중인 국가경찰관을 자치경찰로 점차 전환시켜 나가는 자치경찰제 전환방식이 성공적으로 이루어진다는 시나리오였다.

무엇보다 2019년 여당인 더불어 민주당과 제1야당인 국민의 힘(전, 자유한국당) 간의 첨예한 정치적 대립분위기를 평가해 볼 때, 문재인 정부가 추진 중인 자치경찰제 도입은 상당히 어려울 수도 있었지만, 2020년 4월 15일 총선에서 더불어 민주당이 180석이라는 과반수 이상을 얻음으로써 입법 측면에서 유리한 분위기가 조성되었다.

이 문제는 검경수사권 조정 문제, 국가경찰에게 수사종결권 부여 문제, 고위공직자수사처(일명 공수처) 설치 문제9) 및 여야 간의 일치된 합의를 이끌어 내야 하는 중대한 문제들과 맞물려 있는 사안이었다. 위의 어느 것 하나도 쉽게 풀릴 테마는 없어 보였다. 이는 너무 큰 난제들로 보여졌으며 더 많은 시간이 필요해 보였지만, 과반수 이상의 의원을 보유한 여당으로서 많은 표를 가진 만큼 모두 다 이루는 결과를 보여주었다.

이미 제주특별자치도는 문재인 정부가 준비 중인 전국 단위 자치경찰제 도입 시 시범지역으로 선정되어 있기도 하다. 하지만 이것이 가능하기 위해서는 여야 간 합의된 경찰법 전부개정안이 순조롭게 이루어져야 하고 6개월 후 시범실시를 진행해 본 후 전국 17개 광역시도에 확대 실시해야 하는 여정이 멀기만해 보인

---

9) 2020년 12월 9일 국회 본회의에서 공수처법안이 상정된 후 전격 통과됨으로써 새해인 2021년 초에 본격 가동에 들어 갈 것으로 보여진다.

다. 따라서 만일 전국 확대 방식의 자치경찰제가 시행되기 어렵다면 기존의 제주 자치경찰단 내에서 만이라도 현재 주어져 있는 자치경찰의 권한보다 더 많이 부여해 줄 필요가 있다.

하지만 문재인 정부에서 자치경찰제가 시행되든 안되든 간에 전국적인 자치경찰제의 도입 관련 논의와 연구는 계속되어야 하는 테마였다. 즉 지속적이고 끝임없이 자치경찰제 도입을 위해 논의하고 토론한다는 것은 시민의 치안안정을 위해 매우 바람직한 과제이기 때문이다. 마침내 법이 통과되었으며 결국 2021년 7월 1일부터 전국 광역시도에 자치경찰제가 시행되게 된 것이다.

2. 제도적 차원에서 더 나은 자치경찰제 관련 개선

제주자치경찰제의 제도적 차원에서 더 좋은 자치경찰제 관련 개선방안들이 나와 주어야 한다. 2006년 7월 제주자치경찰제는 일명 제주특별법 제7장 자치경찰 제87조~119조에 따라 제주도민들이 원하던 원하지 않던 간에 노무현 참여정부에 의해 도입 시행되었다. 본 저서의 앞부분에서 언급했듯이 제주자치경찰제의 시행에 대한 법적 근거도 독자적인 이른바 제주자치경찰법이 제정되어 실시된 것이 결코 아니라 제주도의회가 만든 조례에 따라 지금까지 운영되어 오고 있다.

제주자치경찰의 업무도 제주도지사와 제주경찰청장 간에 업무협약을 맺고 여기서 나온 일부 한정된 직무만을 다루고 있는 것이다. 이와 같이 제주경찰청장 간 업무협약에 따라 제주자치경찰은 지난 15년 간을 예방 순찰 및 교통스티커 발부 등 교통단속권(교통사고조사는 예외) 이외에는 아무런 권한이 주어지지 않았다는 비판을 받아 왔다.

사실상 최근에 와서야 음주측정10)과 교통통행 금지권한이 추가로 부여되었다. 불과 몇 년 전만 해도 음주단속 권한을 갖지 못했었으며 또한 제주 지역축제행사장에 접근하는 차량도 통제할 권한조차 없었기 때문에 무늬만 경찰이라는 비판적 이미지에 머물기도 했던 게 사실이다. 향후에도 제주자치경찰의 권한이 지속적이며 점차적으로 확대되도록 법적 제도적 개선이 이루어져야 할 것이다.

---

10) 자치경찰은 음주측정을 한 후 서류를 작성하고 국가경찰 교통조사계에 이관하는 정도의 권한을 몇 년 전에야 추가로 부여 받았다.

3. 계급별 승진과 인사적체 문제의 개선

제주자치경찰의 경우 계급별 승진과 인사적체 문제의 개선이 필요한 실정이다. 제주자치경찰은 수년전 국가경찰처럼 경감계급까지 근속승진(자동승진)의 혜택을 볼 수 있도록 인사제도가 개선되었다. 그리고 특별승진제와 심사승진제도역시 국가경찰의 승진 모델을 참고로 도입해 시행 중이다. 하지만 제주자치경찰은 그 규모와 조직이 소규모인 관계로 시험승진제[11]만큼은 아직 까지 도입하지못했다. 사실 제주자치경찰에게 있어서 승진 문제는 가장 큰 관심의 대상일 수밖에 없다고 본다.

이러한 승진 적체 문제는 이미 제주자치경찰에게 있어서 가장 큰 문제로 향후풀어야 할 과제 및 고민 사항이 된지 오래다. 제주자치경찰 조직이 작다보니 제주자치경찰공무원들이 상층부로 승진할 수 있는 자리에 여유가 없는 상태다. 이미 모두다 계급별로 직위가 채워져 있는 등 적지 않은 인사 적체를 보여주고 있다. 이 문제의 개선을 위해서는 관련 제주특별법 등을 개정하여 타 부처나 기관들과 인사교류를 실시하는 기본 토대도 구축되어야 한다고 본다. 그리고 더 나아가서 타 행정부처들과 활발하게 인사교류가 가능할 수 있도록 지속적으로 방안을찾아 나가는 노력이 요구된다.

인사적체에도 불구하고 2021년 초에 제주자치경찰단은 다음과 같이 직원들 중다수를 승진시키는 기염을 토했다. 즉 경정 2명, 경감 2명, 경위 4명, 경사 3명, 경장 10명 등 총 21명이다. 정년퇴직과 의원면직으로 공석이 생겼기 때문이다.

〈표 14-1〉 제주자치경찰의 2021년 자치경찰공무원 승진임용 예정자 선발

(자치경감 ➡ 자치경정)

연번	소속	계급	성명	비고
1	관광경찰과	자치경감	김 정 호	
2	교통생활안전과	지치경김	이 철 우	

---

11) 시험승진을 정규적으로 실시하여 승진시킬 수 있는 자리가 없는 관계로 아직까지 시행이 보류되어 왔다. 향후에도 제주자치경찰의 조직이 대폭적으로 확대되기 전에는 시험승진제를 시행하기가 쉽지 않아 보인다.

(자치경위 ➡ 자치경감)

연번	소속	계급	성명	비고
1	교통생활안전과	자치경위	김 동 하	
2	경찰정책관	자치경위	강 세 웅	

(자치경사 ➡ 자치경위)

연번	소속	계급	성명	비고
1	경찰정책관	자치경사	이 지 훈	
2	교통생활안전과	자치경사	양 동 욱	
3	서귀포지역경찰대	자치경사	고 호 영	
4	경찰정책관	자치경사	현 정 아	

(자치경장 ➡ 자치경사)

연번	소속	계급	성명	비고
1	교통생활안전과	자치경장	김 명 훈	
2	수 사 과	자치경장	한 성 찬	
3	관광경찰과	자치경장	손 승 우	

(자치순경 ➡ 자치경장)

연번	소속	계급	성명	비고
1	관광경찰과	자치순경	김 태 훈	
2	교통생활안전과	자치순경	김 덕 조	
3	경찰정책관	자치순경	이 정 천	
4	교통생활안전과	자치순경	이 원 진	
5	서귀포지역경찰대	자치순경	박 규 원	
6	교통정보센터	자치순경	이 기 혁	
7	교통생활안전과	자치순경	이 용 준	
8	관광경찰과	자치순경	김 신 용	
9	교통생활안전과	자치순경	강 동 현	
10	서귀포지역경찰대	자치순경	윤 선 진	

출처: http://www.jeju.go.kr/jmp/intro/number.htm(검색일: 2021. 03. 8).

제주자치경찰의 인력이 크지 않기 때문에 인사상 승진의 적체 문제는 필연적인 과제임에도 불구하고 위와 같이 2021년에도 총 21명의 승진자가 나왔다는 것은 제주자치경찰제의 지속적인 발전에 있어서 좋은 노력의 결실로 평가된다.

4. 인력적 차원에서 증원과 관리에 관한 보완 및 개선

제주자치경찰의 인력적 차원에서 증원 및 관리에 관한 보완 및 개선이 필요한 실정이다. 제주자치경찰의 인력은 2006년 127명으로 출발한 후 3명이 추가로 증원됨으로써 총 130명으로 확대되었다. 그 후 제주도청에서 행정직공무원 18명이 전보되었다. 2019년 2월 기준으로 순수 자치경찰은 151명 정도이며 2019년 하반기에 와서는 총 169명의 정원을 유지 중이다. 2020년 3월에도 동일한 수준을 유지하였다.

2019년 1월 제주경찰청에서 260명(2020년 2월 추가 8명 파견)을 파견함으로써 결국 제주자치경찰단장은 약 429명 정도를 직접 지휘하기도 했다. 물론 제주지방경찰청에서 자치경찰단으로 파견 보낸 268명은 시범실시가 이루어질 경우에 그대로 자치경찰공무원으로 남을 것이고 그렇지 않다면 모두 제주경찰청 산하로 원대복귀하게 될 예정이었다.[12] 마침내 제주자치경찰단에 파견되었던 제주국가경찰관 268명은 2020년 12월 31일 원래 국가경찰기관으로 되돌아 가게 되었다.

한편 이들을 지휘하는 제주자치경찰 단장도 자치경무관인데, 자치경무관으로 계급이 승격된 것은 2019년 4월 1일 자였다. 이에 부수하여 자치총경 자리가 하나 더 생겨나게 된 것은 대단히 고무적인 변화였다. 그만큼 하위 계급에서 상위 계급으로 승진할 자리가 증가하게 된 것은 직원들의 사기 충전에도 플러스 요인이 될 것이다. 향후에 문재인 정부나 아니면 차기 정부(2022년 5월 10일 새정부 출범 예정)에서 국가경찰을 자치경찰로 전환해 나간다는 복안이 실현되면 자치경찰의 인력은 점차 증원 및 확대될 것으로 본다.

국회에서 2020년 12월 9일 통과된 지치경칠제 관련법인 「국가경찰과 자치경찰의 조직 및 운영에 관한 법률」(약칭 국자조운법)에서 제주자치경찰제는 그대로 존속하게 된 만큼 제주자치경찰단 스스로 예산을 확보하면서 인력을 확대해 나가는 지속적 노력이 시급한 실정이다.

---

12) 제주자치경찰단으로 파견된 국가경찰의 인력은 2020년 10월 말 현재 268명이다.

5. 제주자치경찰 조직의 확대문제 개선

제주자치경찰 조직의 확대문제가 개선되어야 한다. 제주자치경찰제가 2006년 7월 시행되던 당시에는 국가경찰 출신 38명이 특별임용 된 이후 연이어서 수년에 걸쳐 자치순경들이 여러 차례에 걸쳐 모집 및 임용되었다. 그래도 유니폼 인원이 많지 않다보니 정책과, 생활안전과, 관광경찰과, 교통정보센터 등 비교적 작은 조직으로 유지될 수밖에 없었다. 사실 특별사법경찰(민생사법경찰과) 업무만을 전담 수행하는 수사과도 과거에는 팀체제 수준이었다가 최근에 와서야 독자적인 과체제로 확대되어 자리 잡게 되었다. 2018년 4월부터 2020년 2월 사이에 268명의 국가경찰이 제주자치경찰조직으로 임시 파견되면서 별도의 지역경찰총괄 TF팀도 새 조직으로 구축되어 업무를 수행하는 역사적 기록도 남겼다. 이로써 제주자치경찰의 조직은 이전에 비해 비약적으로 확대되었다. 하지만 파견 나온 국가경찰 인력이 복귀하면 제주자치경찰조직은 다시 축소 되었으며 추가로 인력을 증원해야 하는 숙제를 부여받게 되었다. 제주자치경찰에서는 파견 국가경찰 중 77명 정도는 복귀하지 말고 자치경찰에 남아주기를 2020년 하반기 내내 경찰청과 정부에 요청했지만 실현되지는 못했다.

향후 제주자치경찰이 지금보다 더 큰 조직으로 확대될지에 대한 여부는 문재인 정부의 숙제이기도 하고 차기정부의 미래 과제이기도 하다. 2021년 7월 출범하는 17개 광역자치경찰제도와는 별도로 제주자치경찰제가 살아남아 기존의 제주특별법에 따른 자치경찰업무를 계속 독자적으로 수행해 나가게 되었는데, 이는 역시 국내에서 최초이기도 하다. 물론 제주자치경찰위원회가 도청에 사무국을 별도로 창설하게 되는데, 이로써 제주특별자치도에는 이전의 제주자치경찰과 「국가경찰과 자치경찰의 조직과 운영에 관한 법률」에 따라서 새로 국가경찰이 자치경찰업무를 수행하게 되는 이른바 2개의 자치경찰 조직이 공존하는 상황이 발생했다. 이 2개의 조직이 이처럼 각각 서로 다른 법률에 의해 운영되면서 제주도민에게 질좋은 치안서비스를 누가 많이 제공하는지 공존하며 경쟁하게 되었다.

6. 체계화되고 발전하기 위해 예산의 증액 개선

제주자치경찰제가 더욱 체계화되고 발전하기 위해서는 무엇보다 예산의 증액이 이루어져야 한다. 조직이 발전하기 위해서는 예산의 확대가 절대적인 주요 과제인데, 현재 제주자치경찰단에는 2006년 7월 국가경찰 중 퇴직과 동시에 특별임용 된 38명에 대한 임금과 운영비 관련 예산 정도만 국고에서 지원되고 있다. 목하 본 국고지원금은 그들이 퇴직할 때까지만 한시적으로 국한되어 지급될 것인지는 미래의 과제로 남아 있다. 2006년 7월 제주자치경찰제가 시행될 때, 국가경찰 38명이 제주자치경찰로 특별임용되어 이관된 이후 어느덧 10여명이 퇴직하였지만, 2021년 현재에도 이들 38명의 인건비와 운영비를 위한 국고지원액(경찰청)은 줄지 않고 동일한 수준으로 지속해서 지원되고 있음은 큰 다행으로 평가된다.

한편 제주자치경찰의 총예산 중 현재 국고에서 지원된 예산을 제외한 나머지 전액은 제주특별자치도 차원에서 도비로 부담하고 있다. 2019년 제주자치경찰의 총예산은 176억원이 조금 넘는데, 이 중에 국비는 69억원이 조금 넘고 제주특별자치도는 약 107억원을 부담했다. 하지만 이 액수는 제주경찰청 국가경찰 268명이 제주자치경찰단으로 파견됨으로써 그들의 운영비를 위한 비용이 포함된 액수이기 때문에 다소 크게 보여질 뿐이다. 2021년도 제주자치경찰의 총예산은 대략 173억원이 조금 넘는다.13)

제주도비를 통한 예산만으로는 어려운 만큼 향후 중앙정부로부터 예산이 지원되는 법적, 제도적 방안이 강구될 필요가 있는데 현재로서는 그렇게 녹록지는 않아 보인다.

7. 교육과 직무교육적 차원에서 획기적인 개선

제주자치경찰의 교육과 직무 교육적 차원에서 획기적인 개선이 요구된다. 경찰관은 충분한 교육과 훈련을 받고 지덕체를 겸비해야만 국민의 생명과 재산을 지키며 안정된 치안의 유지가 가능할 수 있는 것이다. 특히 시민의 안위를 위해 충분한 법 지식이 절대적으로 요구된다. 현재 제주자치경찰의 경우 인력과 비용의 부족으로 인해 직무교육이 활성화되지 못했다가 2019년에 와서 직무교육 프로그램의 틀이 상당히 체계화되었다. 그동안 직무교육을 받으러 갈 예산도 부족하고 동시에 A라는 직원이 직무교육을 받으러 다른 교육기관으로 빠져나가면 동료 중 다른 누군가가 대신해 주어야 하는 등 이런 저런 문제들이 상존하므로 직무교

---

13) 제주자치경찰의 2021년 예산은 총 17,307,994,000원이다.

육이 활발하지 못한 것으로 분석되었다.

이와 같이 직무교육에 참가할 예산 부족 및 인력의 공백문제 등으로 어려움이 상존하고 있기는 하지만 그럼에도 불구하고 이러한 문제는 지속적으로 개선해 나가야 한다. 다행히 제주자치경찰이 예산을 확보하고 국가경찰 소속의 직무교육기관이나 법무부 산하 법무연수원 등과 교류 협력 아래 제주자치경찰관들이 더 많은 자치경찰제 운영 관련 직무지식을 확대해 나갈 수 있도록 적극적 노력을 기울이고 있는 것은 매우 높이 살만하다. 직원들의 교육훈련 및 직무교육은 국민의 안위가 보장되도록 하는데 있어서 필수 사항이기 때문에 아무리 강조해도 부족하지 않다.

8. 파견된 국가경찰 268명과 업무상 화합 및 공조의 활성화 개선

제주자치경찰로 파견된 국가경찰 268명과 업무상 화합 및 공조의 활성화가 더욱 긴요했다. 문재인 정부에서는 제주자치경찰제 모델에다가 국가경찰 43,000여 명을 파견하여 자치경찰제를 시행하려고 계획했으나 법적 토대를 갖추는데 실패하고 이어서 김영배 의원의 경찰법 및 경찰공무원법 전부개정안이 발의되고 그에 따라 제주자치경찰단에 268명의 국가경찰이 파견되어 지구대와 파출소와 112 시스템상에서 호흡을 맞추어보는 등 밀접한 협조를 통해 제주도민들에게 질 높은 치안서비스를 제공하기 위한 시범실시에서 상당히 성공적이었다고 평가된다.

우리나라에서 최초로 제주자치경찰과 제주국가경찰이 공조를 이루어 시범실시를 시행해 본 자체만으로도 그 성패를 떠나 우리나라 자치경찰사에 큰 기록으로 남게 되었다. 특히 이를 위해 경찰 리더자들의 헌신이 긴요했으며 자치경찰관과 국가경찰관들의 상호 밀접한 호흡과 협조가 비교적 잘 이루어졌다는 점에서 적지 않은 의미를 남겼다. 우리는 이들이 국민의 안위를 위한 치안활동 및 책무를 수행하는데 전념했으며 그 업적과 역사를 한번쯤 주목해 볼 필요가 있다.

한편 이러한 시범실시는 2020년 12월 9일 제정된 「국가경찰과 자치경찰의 조직 및 운영에 관한 법률」이 새롭게 제정되어 자치경찰업무를 국가경찰이 수행하게 되는 새로운 일원화 모델을 정부가 발표 시행하면서 결국에는 2020년 12월 말 파견되었던 국가경찰 인력은 모두 철수하게 되었다.

우리가 주목할 것은 기존의 제주자치경찰은 2006년 7월 1일부터 제주특별법에 따라 시행된 것이고 그 당시 부여된 수행업무를 제주도지사의 직속하에 제주자치경찰단장이 수행해 나왔다. 그러나 2021년 7월부터는 「국가경찰과 자치경찰의 조직 및 운영에 관한 법률」에 따라 창설되는 제주특별자치도자치경찰위원회의 지시 감독을 받으면서 운영되게 된다. 위 양자가 상호 수행하는 업무영역만 잘 지키면서 유지해 나가면 되는 것이다. 하나의 예로 프랑스와 이탈리아는 자치경찰의 종류가 매우 많으며 각 자치경찰별로 업무분담이 잘 이루어져 있으며 전혀 충돌이 발생하지 않고 있다. 이번에 우리나라에서 또다시 유일한 모델을 시범실시하는 제주자치경찰의 2원화 모델도 성공적으로 안착될 것으로 심층 기대해 본다.

9. 정부 도입안의 변경과 기존 제주자치경찰제의 지속성 유지개선

애초부터 제주자치경찰제는 2006년 노무현 정부의 제주특별법이 낳은 산물이었다. 2003년 취임한 노무현 정부가 분권정신을 실천하는 차원에서 그리고 대통령 선거공약을 실천하기 위해 전국에 도입하려고 했던 자치경찰제의 전면 실시가 어려워졌다. 하나의 방안으로 전국에서 유일하게 제주특별자치도를 선정해 제주특별법을 제정하고 이에 따라 제주자치경찰제가 창설의 빛을 보게 되었다.

강력한 국가경찰제가 국가치안문제를 주도하면서 추가로 기초자치단체장인 시장들이 법에 따라 자치경찰제를 도입 시행하고 있는 유럽의 프랑스, 스페인, 이탈리아 자치경찰제를 정부가 벤치마킹하여 제주도에 전격 도입하게 된 것이다. 사실상 이런 의미에서 볼 때 제주자치경찰제도는 제주도민의 의지보다는 정부의 의지가 낳은 산물이었다.

제주자치경찰제 운영을 위해 100억원이 넘어간 예산측면(2020년 예산 218억원/2021년 173억원)에서 볼 때, 국고 지원은 국가경찰이 이동해 제주자치경찰에 특별임용된 38명의 인건비와 운영비 및 연금 등만 지원하는 개념이며 사실상 전액을 제주도민이 부남한다고 볼 수 있다.[14] 비록 수사권은 주어지지 않았지만 지역생활안전과 지역교통 및 지역집회 및 전염병 예방 등을 사전에 관리하는 것을 비롯해 많은 영역에서 지난 15년간 끊임없는 발전을 이루었다고 평가된다.

향후 제주자치경찰제는 이미 15년의 시행으로부터 많은 노하우를 축적한 만큼

---

14) 2020년 예산은 218억원이며 이 중 제주도 지방비가 134억원, 국비지원 84억원 및 균특예산이 44억원이었다.

2021년 7월부터 전국에 시행될 타 광역시도의 자치경찰제가 정착할 수 있도록 기여할 것으로 본다. 비록 17개 광역시도에서 자치경찰업무를 국가경찰이 대행하는 형태의 자치경찰제 모델을 시행하게 되었지만 그 내용면에서 전달해 줄 노하우가 상당히 클 것으로 본다.

10. 제주자치경찰의 112신고 총력대응 체계 구축과 지속성 유지개선

제주자치경찰은 제주경찰청에서 파견 나온 268명과 함께 제주도 전역에 7개의 자치지역관서(지구대 및 파출소)를 운영하면서 생활불편신고로 대변되는 이른바 112신고를 전담처리15)하는 경험을 했다. 특히 제주자치경찰은 제주지방경찰청의 국가경찰과 맺은 업무협약을 통해 112신고처리 매뉴얼을 제작하여 기관 간의 전담사무를 명확하게 분류하는 경험을 한 것이다. 그리고 행정응원 체제를 강화하여 주민들로부터 걸려오는 112신고처리에 제주자치경찰과 국가경찰이 총력대응하는 경험도 하고 좋은 노하우를 쌓았다. 이러한 활동의 결과, 이른바 자치지역경찰의 112현장대응시간이 2019년에 8분 25초에서 2020년 8월 약 7분 11초로 단축되었다. 이처럼 112만족도가 대폭 향상(2019년 78.0점 → 2020년 상반기 81.6점)하는 등 큰 성과가 나타난 것은 매우 고무적이다.

별도의 특례를 통해 제주자치경찰제는 그대로 존속하게 된 만큼 현재 성공적으로 운용되고 있는 112시스템도 지속적으로 유지 발전시키는 방안을 찾아나갈 필요가 있다. 무엇보다 인력증원이 가장 시급한 과제일 것이다. 특히 본 제주자치경찰제가 2021년 7월이면 15년간 쌓은 노하우와 2018년 4월부터 국가경찰이 자치경찰단에 파견되어 합동 근무하며 축적한 112 운영 시스템 관련 노하우는 향후 전국의 자치경찰제 시행 및 정착에 훌륭한 선행 모델로서 크게 기여할 수 있다는 좋은 사례도 남겼다고 평가된다.

특히 향후 언젠가는 현재의 「국가경찰과 자치경찰의 조직 및 운영에 관한 법률」이 개정되어 현재의 자치경찰업무를 국가경찰이 수행하고 있는 체제가 변경되어 자치경찰이 시도지사에게 전적으로 소속되어 국가경찰과 분리되어 운영되는

---

15) 전체 112신고유형 중 청소년비행, 분실습득, 주취자, 보호조치, 경범, 교통불편, 교통위반, 소음, 서비스요청, 노점상, 상담문의, 위험동물 등 12종의 생활불편 112신고 전담(제주 전체 112신고의 30%).

이원화 방안으로 발전할 가능성도 있다. 이 때를 대비해서 제주자치경찰의 경험들은 훗날 매우 중요한 기초 모델로서 적지 않은 기여를 할 것으로 본다.

11. 제주자치경찰의 생존 전략 모색

마침내 2020년 12월 9일 국회 본회의에서 경찰법 및 경찰공무원법 전부개정법률안이 폐지되는 대신 새롭게 「국가경찰과 자치경찰 조직 및 운영에 관한 법률」이 통과되어 2021년 1월 1일부터 본격 시행에 들어갔다. 그리고 폐지되어 제주국가경찰조직으로 이관되는 것으로 방향이 잡혔던 제주자치경찰단은 다행히 「국가경찰과 자치경찰 조직 및 운영에 관한 법률(일명 국자조운법)」에 따라 그대로 기존처럼 존치되는 것으로 최종 결정되었다. 이것이 제주자치경찰에게는 천만 다행이 아닐 수 없다.

하지만 2018년 4월부터 제주자치경찰단에 7개의 지구대와 파출소를 가지고 파견되어 제주자치경찰과 합동 근무를 수행해 오던 제주국가경찰 268명은 이미 2020년 12월 31일을 기해 제주경찰청 산하로 일괄 복귀하게 되었으며 동시에 제주자치경찰단 조직은 2018년 4월 제주국가경찰이 파견되어 오기 이전의 제주자치경찰조직체제로 완전히 회귀하여 운영되고 있다.

전장에서 언급했듯이 제주자치경찰은 그동안 이미 파견되어 와있던 국가경찰 268명 중 191명은 복귀하고 77명은 제주자치경찰 조직에 남도록 하는 방안을 2020년 말에 경찰청과 정부에 강력하게 건의해 왔지만 아쉽게도 이루어지지 못했으며 국가경찰들은 제주경찰청과 동부경찰서 및 서부경찰서 그리고 서귀포경찰서로 전격 복귀함으로써 마무리되었다.16) 특히 제주국가경찰 268명은 그당시 파견 나올 때 함께 가지고 왔던 7개의 지구대와 파출소도 모두 원래대로 가지고 되돌아갔다.

아무튼 제주자치경찰은 「국가경찰과 자치경찰 조직 및 운영에 관한 법률(일명 국자조운법)」에 따라 폐지되지 않고 기존대로 존치되는 행운을 얻게 되었지만, 목하 제주자치경찰인력 151명 정도만으로는 그 숫자가 너무 적은 관계로 스스로 직

---

16) 마침내 예상되었던 대로 2020년 12월 31일 자로 국가경찰에서 파견되었던 제주지방경찰청 소속 국가경찰 268명은 모두 국가경찰기관으로 원대 복귀하였으며 2021년 1월 1일부터 제주자치경찰은 다시 이전의 상태로 되돌아가서 자체적으로 운영되게 되었다. 제주자치경찰위원회가 만들어져서 그 산하에서 제주자치경찰이 기존대로 스스로 운영되는 길을 걷게 되었다.

접 운영함이 이전처럼 녹록지 않다. 이 때문에 제주자치경찰은 지속적으로 인력을 증원해야 하는 중대한 과제에 또다시 직면하였다.

좀더 자세히 들여다보면 제주자치경찰단은 현행 제주특별법에서 명시하고 있는 사무분야를 기존대로 수행하는 조직으로서 책임을 다할 것으로 본다. 다시 말해 2020년 12월 9일 국회 본회의에서 제정되어 2021년 1월 1일부터 새로 시행에 들어간 이른바 「국가경찰과 자치경찰조직 및 운영에 관한 법률」과는 무관하게 되었다. 즉 기존의 제주자치경찰은 위 새로운 법률의 적용을 받는 것이 아니라 기존에 적용받아 직무를 수행해 온 이른바 제주특별법에서 부여한 기존의 사무들을 원래대로 수행해 나가게 되었다.

한편 제주자치경찰이 새롭게 추가 인력을 확보하는 방법으로는 향후 두 가지를 상정해 볼 수 있다. 즉 하나는 다시 국가경찰에서 어려움 없이 지구대를 운영할 수 있는 최소한의 인력 77명을 이관받는 방법이다. 물론 이는 경찰청과 제주경찰청에서 흔쾌히 동의를 해 줄 때 가능한 일이다. 또다른 방법 하나는 추가로 필요한 인력을 전국 경찰을 대상으로 제주자치경찰에서 공개 모집하는 방법이 있을 수 있다.

제주자치경찰은 후자의 방법으로 이미 제주자치경찰을 선발한 경험을 가지고 있다. 즉 2006년 7월 1일 창설될 때, 전국의 국가경찰을 대상으로 모집공고를 내서 최종 38명을 특별임용 했던 경험이 바로 그것이다. 향후 제주자치경찰이 현재의 151명보다 더 많은 인력을 선발해 제주자치경찰제를 운영해 나갈지에 대해 그 귀추가 주목된다.[17]

12. 제주특별자치도의 국가경찰을 통한 자치경찰제 실시

이제 2021년 1월 1일부터 시행에 들어 간 소위 「국가경찰과 자치경찰조직 및 운영에 관한 법률」에 따라 제주특별자치도를 포함한 전국 17개 광역시도들은 시도자치경찰위원회를 2021년 6월 이전까지 창설해야 한다. 이렇게 창설되는 시도자치경찰위원회는 각기 자기네 시도의 "자치경찰업무를 수행하는 국가경찰"을 지휘하는 방식으로 전국 17개 광역시도에 2021년 7월 1일 일제히 자치경찰제가 시행되는 것이다.

---

17) 제주 제복자치경찰관의 수는 2021년 3월 현재 151명이지만 일반직원들까지 포함하면 모두 169명에 달한다(2021년 3월 제주자치경찰단 내부자료 참조).

　이처럼 우리나라에 국가경찰 창설 76년(2021년) 만에 비로써 전국 17개 광역시도 산하에 "합의제 행정기관"18)인 시도자치경찰위원회가 창설되어 자치경찰제의 첫걸음마를 시작하는 법적 토대를 갖추게 된 것은 우리나라 경찰사에 큰 획을 긋는 기록으로 남게 되었다.

　2021년 4월 현재 제주특별자치도에도 대통령령에 따라 제주특별자치도에 새 제주자치경찰위원회가 2021년 6월 말까지 설치되어야 하며 제주자치경찰관들도 제주도지사 산하에 창설되는 제주자치경찰위원회(위원장 포함 총 7명)의 지휘를 받는 체제로 그 소속이 변경되었다. 즉 2021년 6월 말까지 제주특별자치도에도 역시 대통령령에 따라 곧 제주특별자치도자치경찰위원회가 설치되는 것이다. 제주자치경찰위원회의 사무국 구성은 국가경찰 3명, 제주자치경찰 8명, 일반행정공무원 7명 등 총 18명, 그리고 제주특별자치도지사가 임명하는 제주자치경찰위원회 위원장 1명 및 상임위원 2명을 포함하여 총 20명으로 꾸려진다.19)

　제주자치경찰위원회는 타 16개 광역시도의 자치경찰위원회와 사뭇 다른 과제를 부여받게 되었다. 즉 제주자치경찰위원회는 다른 17개 광역시도와는 달리 목하 2개의 경찰조직(기존 자치경찰 조직 + 제주자치경찰 업무를 수행하게 될 제주국가경찰 조직)을 지휘하게 되는 것이다.20) 하나는 기존의 제주자치경찰단 조직(자치경찰 151명/생활안전, 교통, 특사경업무 등)이며, 다른 하나는 다른 16개 광역시도처럼 새로이 제주 국가경찰공무원으로 꾸려져서 자치경찰 업무를 수행하게 될 이른바 자치경찰(지역주민생활안전/지역교통/여청분야인 학교폭력과 가정폭력 및 아동학대 등) 조직인 국가경찰관들을 말한다.21)

---

18) 향후 창설되는 전국 17개 자치경찰위원회는 합의제 행정기관으로써 사무국을 만들 수 있으며 그 권한이 국가경찰위원회보다 훨씬 크다. 즉 국가경찰위원회는 심의의결 기관이기 때문에 사무국도 없으며 경찰청에서 인력이 파견되어 사무를 대행해 주고 있다.

19) 제주자치경찰위원회의 위원장과 상임위원 2명(국가경찰 담당 1명과 자치경찰 담당 1명)은 제주특별자치도지사가 임명하게 된다.

20) 말하자면 제주자치경찰위원회(위원 7명과 사무국 구성원 20명)는 기존의 자치경찰조직과 새로 국가경찰로 만들어져서 자치경찰업무를 수행하게 되는 제주자치경찰 업무를 수행하는 국가경찰관들을 제주경찰청장을 통해 지휘하게 된다. 제주도자치경찰위원회는 전국 16개 광역시도의 자치경찰위원회와는 달리 무려 2개의 경찰조직을 직접 지휘하게 되는 독특성을 보여주게 되었다는 점에 주목해 볼 가치가 있다.

21) 애초 국가경찰과 자치경찰 조직 및 운영에 관한 법률을 2020년 12월 제정하면서 기존의 제주자치경찰을 폐지하고 모든 인력을 제주국가경찰로 소속시키고자 하는 검토도 있었지만 기존의 자치경찰단은 그대로 존치하기로 하고 역시 새로 창설되는 제주자치경찰위원회의 지휘를 받도록 최종 결정되었다.

참고문헌

1. 저서 및 보고서

경찰청. (2016). 「2015 경찰통계연보」.

경찰청. (2016). 「경찰백서」. 서울: 경찰청.

경찰청. (2017). 「경찰백서」. 서울: 경찰청.

경찰청. (2019). 「2018 경찰백서」. 서울: 경찰청.

경찰청. (2020). 「2019 경찰백서」. 서울: 경찰청.

경기개발연구원. (2013). 「광역자치단체 특별사법경찰의 운영 개선 방안」, 정책연구 보고서 2013-13호.

권용수. (2012). 「특허청 공무원의 업무전문성 강화를 위한 조직 및 인적자원관리 개선방안」, 한국행정학회.

고인종·강영훈. (2018). 자치경찰제의 효율적인 운영방안에 대한 연구 - 제주특별자치도 자치경찰공무원의 인식을 중심으로-, 「한국위기관리논집」, 11(1).

고문현. (2009). 「환경특별사법경찰제도 개선방안에 관한 연구」, 환경부.

국토해양부 철도특별사법경찰대. (2011). 「2009 철도경찰통계연보」, 대전: 철도특별사법경찰대.

국토교통부 철도특별사법경찰대. (2014). 「2014 철도경찰통계연보」, 대전: 철도특별사법경찰대.

국토해양부(한국형사정책연구원). (2011). 「철도치안 효율화 방안 연구」, 국토해양부 발주 2011 연구용역보고서.

금창호·권오철·하동현. (2012). 제주자치경찰제도의 정책평가와 개선과제, 「한국지방행정연구원 보고서」.

김충남. (2008). 「경찰학개론」. 서울: 박영사.

김찬동·이세구. (2009). 「특별사법경찰제도의 장기발전방안」, 서울시정개발연구원 보고서, 2009-PR-51.

농촌진흥청. (2001). 「특별사법경찰관리 직무교육교재」.

대검찰청. (2010). 「2010년 특별사법경찰 업무처리 현황 및 성과지표 분석 보고서」.

대검찰청. (2014). 특사경회의자료.

법무부. (1990). 「각국의 사법경찰제도 II」, 과천: 법무부.

법무연수원. (2010). 「범죄백서」, 법무연수원.

법무연수원. (2011). 「2011 범죄백서」. 용인: 법무연수원.

법무연수원. (2012). 「특별사법경찰 수사실무과정(기초)」, 용인: 법무연수원.

법무연수원. (2015). 「특별사법경찰 수사실무과정(II)」, 용인: 법무연수원.

박노섭. (2006). "독일의 수사경찰", 「비교경찰론」, 서울: 수사연구서.

백창현. (2007). "특별사법경찰의 현황 및 개선방향", 한국형사정책연구원, 「형사정책연구」, 제8권 제4호.

법무부. (1990). 「각국의 사법경찰제도 II」, 과천: 법무부.

법무부. (2003). 「특별사법경찰관리 지명절차 등에 관한 지침」.

손기웅. (2009). 사회통합 긍정적 측면 − 독일통일 20년.

승재현・전현욱(대검찰청). (2015). 「특별사법경찰 역량강화 및 지휘체계 개선 방안」, 대검연구용역보고서.

서울시정개발연구원. (2009). 「특별사법경찰제도의 장기발전방안」.

서울특별시. (2011). 「서울시민의 건강・안전・행복 지킴이 서울시 특별사법경찰」.

서울시. (2016). 시정현황 자료(2016. 10월 현재).

서울시 행정국. (2009). 행정사무감사 자료.

신윤창・안치순. (2017). "남북한 치안체제 비교 및 통일대비 통합방안", 「한국비교정부학보」, 21(1).

신현기. (2021). 『자치경찰론(제6판)』, 부평: 진영사.

신현기. (2017). 『자치경찰론(제5판)』, 부평: 진영사.

신현기. (2010). 『자치경찰론(제4판)』, 부평: 진영사.

신현기・남재성・곽태석・박동균・김미호. (2021). 『새경찰학개론(제7판)』, 서울: 우공출판사.

신현기・이상열・남재성・양재열. (2018). 「서울시 특별사법경찰 10년, 자치경찰제도의 전환을 위한 발전방안 연구」, 서울시 연구보고서.

신현기・박경래・승재현・김도우(한국형사정책연구원). (2012). 「특사경 전담조직 활성화 방안에 관한 연구」, 연구총서 12 − AB − 05.

신현기 외. (2017). 『새경찰학개론(제5판)』, 서울: 우공출판사.

신현기 외 29인. (2015). 『새경찰학개론』, 서울: 우공출판사.

신현기・김학경・김형만 외. (2021). 『비교경찰제도론(제6판)』, 파주: 법문사.

신현기. (2015). 『경찰학개론(제2판)』, 파주: 법문사.

신현기. (2018). 『경찰조직관리론(제6판)』, 파주: 법문사.

신현기. (2018). 『경찰인사관리론(제6판)』, 파주: 법문사.

신현기・박억종・안성률・이상열・남재성. (2012). 『경찰학사전』, 파주: 법문사.

신현기. (2017). 『특별사법경찰론』, 파주: 법문사.

신현기. (2015). 「경찰학개론」, 파주: 법문사.

신현기. (2014). 「비교경찰제도론」, 서울: 우공출판사.

신현기. (2019). 「선거범죄수사론」, 서울: 우공출판사.

신현기・황정용. (2021). 「성폭력사건수사론」, 서울: 우공출판사.

신현기・김창준・진병동. (2020). 「경찰수사지휘론」, 서울: 우공출판사.

신현기・류은희. (2020). 「자금추적수사론」, 서울: 우공출판사.

신현기・강문봉. (2021). 「성폭력관련법률 및 판례」, 서울: 우공출판사.

신동운. (2008). 『형사소송법』, 파주: 법문사.

양영철. (2008). 「자치경찰론」, 서울: 대영문화사.

양문승. (2001). 『지역사회경찰활동론』, 서울: 대영문화사.

안영훈. (2005). 「우리나라 특별사법경찰제도의 개선방안 연구」, 과천: 법무부.

안영훈. (2005). 「유럽의 자치경찰제 모형에 관한 연구」, 치안정책연구소.

안용식・강동식・원구환. (2000). 『지방행정론』, 서울: 대영문화사.

임창호. (2013). 『지역사회경찰활동』, 서울: 청목출판사.

이성용 외. (2015). 『비교경찰론』, 서울: 박영사.

이시원. (2014). 「자치조직권 확대방안 연구」, 지방자차학회.

이인수. (2003). 환경사법경찰제도 현황 및 발전방향, 환경특별사법경찰 교육교재, 환경부.

이영돈・박창호. (2005). 『비교수사제도론』, 서울: 박영사.

이황우・김진혁・임창호. (2003). 『경찰인사행정론』, 서울: 법문사.

조철옥. (2008). 『경찰학개론』, 서울: 대영문화사.

정병하・임정호. (2009). 특별사법경찰조직의 전문화 방안에 관한 연구, 한국형사정책연구원, 2009년도 대검찰청 연구용역보고서.

정균환. (1996). 『자치경찰』, 서울: 신유출판사.

지방분권촉진위원회. (2013). 「지방분권백서」, 서울: 대통령소속 지방분권촉진위원회.

지방행정체제개편추진위원회. (2012). 「한국적 자치경찰제 실시방안 연구보고서」.

지방행정체제개편추진위원회. (2012). 「새로운 행정수요에 따른 한국적 자치경찰제 실시방안 연구」.

지방분권촉진위원회. (2013). 『지방분권백서』, 서울: 대통령소속 지방분권촉진위원회.

홍의표. (2012). 「한국적 자치경찰제 실시방안 연구」, 한국법제연구원 수행 제3차 중간보고서.

한국형사정책연구원(박경래, 승재현, 신현기, 김도우). (2012). 특사경 전담조직 활성화 방안에 관한 연구, 연구총서 12 – AB – 05.

한국형사정책연구원(승재현). (2015). 특별사법경찰 역량강화 및 지휘체계 개선 방안, 연구총서.

한국자치경찰연구원(신현기·안영훈). (2015). 「자치경찰의 특별사법경찰 사무수행 범위에 관한 연구」, 최종보고서.

한국지방행정연구원(안영훈·한부영). (2013). 지방자치단체 특별사법경찰 운영실태 및 발전지원방안 연구, 2013-12, 연구보고서, 2013〈대통령 소속 지방자치발전위원회 연구영역 발주〉.

환경부·대검찰청. (2005). 「환경사법경찰 특별교육 교재」.

환경부. (2009). 「환경특별사법경찰제도 개선방안에 관한 연구」, 최종보고서.

한겨레신문사. (1989). 「독일통일백서」.

2. 논 문

강선주. (2012). 지방분권 강화를 위한 자치경찰제에 관한 연구, 박사학위논문. 경상대학교 대학원.

강세웅. (2012). 자치경찰제 성공적 정착을 위한 발전방안에 관한 연구, 제주대학교 행정대학원 석사학위논문.

권용수. (2012). 특허청 공무원의 업무전문성 강화를 위한 조직 및 인적자원관리 개선방안, 한국행정학회.

곽영길. (2012). 지방정부의 특별사법경찰제도에 관한 연구. 「한국자치행정학보」, 26(1).

곽영길·이승철. (2019). 자치경찰위원회의 구성 및 운영에 관한 소고. 치안정책연구소, 「치안정책연구」.

고창경. (2020). 제주자치경찰의 존치 필요성과 지속적인 발전 방안, 2020년 10월 세미나 발표자료.

고인종·강영훈. (2015). 자치경찰제의 효율적인 운영방안에 대한 연구 -제주특별자치도 자치경찰공무원의 인식을 중심으로-, 「한국위기관리논집」, 11(1).

김원중. (2018). 제주자치경찰의 운영상 문제점과 개선방안, 「법과정책」, 24(2).

김성호·안영훈. (1998). 「자치경찰제의 준거틀과 모형 설계」, 한국지방행정연구원.

김성호. (2012). 국가경찰제 구조화에 관한 연구 -자치경찰제 도입을 중심으로-, 경기개발연구원, GRI 연구논총, 14(2).

김성훈, "자치경찰제에 근거한 남북한 경찰통합에 대한 연구", 서울대학교 통일평화연구원, 「통일과 평화」, 11(2).

김상호. (2019). 자치경찰제도 도입에 대한 시민태도 영향요인 분석. 치안정책연구소, 「치안정책연구」.

김길덕. (2016). 지역사회 안전확보를 위한 자치경찰제도 활성화 방안에 관한 연구, 영산대학교 법무·경영대학원 석사학위논문.

김도훈. (2016). 제주자치경찰제의 발전방안에 관한 연구, 부산대학교 행정대학원 석사학위논문.

김동규. (2017). 제주자치경찰 운영 현황 및 제도상 한계, 「시민과 함께하는 바람직한 자치경찰제 방향 모색 포럼」, 서울특별시 세미나자료(2017. 7. 21).

김민규. (2009). 특별사법경찰제도의 공법적 고찰: 일반행정기관에의 사법경찰권 부여에 관한 법치국가적 타당성 검토, 고려대학교 대학원 석사학위논문.

김봉구. (2014). 제주특별자치도 자치경찰의 효율화 방안, 「법정리뷰」, 31(1).

김병준. (1996), 자치경찰제도 도입의 의의와 도입모델, 「경실련 월간정책자료」.

김선아. (2013). 학교보안관의 업무에 관한 문화기술적 연구, 한국치안행정학회, 「한국치안행정논집」, 9(4).

김성은. (2009). 환경특별사법경찰제도의 현황과 개선방안 검토: 환경감사관 제도의 도입을 계기로, 한국형사정책연구원, 「형사정책연구」, 80.

김성호. (2012). 국가경찰제 구조화에 관한 실증연구 −자치경찰제 도입을 중심으로−, 경기개발연구원, GRI 연구논총, 14(2).

김수민. (2017). 서울시 여성안심 프로그램의 효과성 분석, 동국대학교 대학원 석사학위논문.

김영택. (2003). 자치경찰제도의 도입방안에 관한 연구, 동국대학교 행정대학원 석사학위논문.

김종수. (2009). 한국 자치경찰의 수사기능에 관한 고찰 −특사경 사무를 중심으로−, 「한국정부학회 동계학술논문발표회」.

김종오・김태진. (2011). 특별사법경찰의 교육훈련 효율성 제고 방안에 관한 연구, 한국공안행정학회, 「한국공안행정학회보」, 20(3).

김종오. (2011). 소방특별사법경찰의 역할 제고 방안, 한국공안행정학회, 「한국공안행정학회보」, 20(4).

김찬동・이세구. (2010). 특별사법경찰제도의 장기발전 방안, 서울시정개발연구원 연구보고서.

김찬선. (2014). 사회안전망과 지역사회주민의 안전생활만족의 관계, 한국콘텐츠학회, 「한국콘텐츠학회논문지」, 14(6).

김칠성. (2009). MB정부의 지방자치(행정)체제의 광역화 개편 정책과 최적합 자치 경찰모형의 탐색, 한국치안행정학회, 「한국치안행정논집」, 6(2).

김창윤. (2020). "북한의 치안정책에 관한 연구", 한국경찰학회보, 제22권 제4호(통권83호).

김해모. (2013). 우리나라 자치경찰 도입 방향에 관한 연구, 전남대학교 행정대학원 석사학위논문.

김해룡 외. (2008). 지방분권제도의 실질적 구현을 위한 법제정비에 관한 연구, 서울:

공법학회.

남재성. (2010). 자치경찰제에 대한 일선 국가경찰관들의 인식, 「경찰학논총」, 5(2).

노성훈·김학경. (2012). 지하철범죄 예방 전략: 서울 지하철의 성범죄를 중심으로, 「한국콘텐츠학회 논문지」, 12(3).

노호래. (2004). 지방분권 시대의 경찰사무 배분 방안, 한국경찰학회, 「한국경찰학회보」, 8.

대통령 소속 자치분권위원회. (2018). 자치경찰제 특별위원회안 발표 및 정책토론회 발표자료, 2018. 11. 13.

문성호. (2018). "경찰민주화와 자치경찰 전환", 대통령 소속 자치분권위원회, 자치경찰제 도입원칙과 바람직한 정책방향, 2018.5.3. 세미나 자료집.

문재우. (2003). 한국의 자치경찰제 모형 설정에 관한 연구, 한국공안행정학회, 「한국공안행정학회보」, 15.

문성호. (2017). 뉴시스와의 인터뷰.

민형동. (2007). 특별사법경찰의 현황 및 개선방안, 한국민간경비학회, 「한국민간경비학회보」, (10).

명도현. (2013). 경찰의 치안서비스 품질 측정지표 개발과 적용에 관한 연구, 원광대학교 대학원 박사학위논문.

백윤지. (2017). 여성안전정책이 지역범죄예방에 미치는 효과 분석, 서울대학교 대학원 석사학위논문.

백창현. (2007). 특별사법경찰의 현황 및 개선방안 －환경부와 국가보훈처를 중심으로－, 한국형사정책연구원, 한국형사정책연구원, 「형사정책연구」, 18(4).

박성수. (2017). 자치경찰제의 의미와 중요성, 「지방행정」, 10월호.

박성수. (2002). 자치경찰제 도입에 따른 경찰예산확보에 관한 연구, 4.

박억종. (2006). 한국형 자치경찰제도의 도입 방안에 관한 연구, 세종대학교 일반대학원 행정학 박사학위논문.

박억종. (2006). 자치경찰제 도입에 따른 정부법안과 시도지사협의회법안의 비교연구, 한국경찰발전연구학회, 「한국경찰연구」, 5(1).

박억종. (2008). 바람직한 한국형 자치경찰제도의 방향, 한국자치경찰학회, 「자치경찰연구」, 1(1).

박억종. (2008). 경찰과 지역사회의 활성화 방안, 한국자치경찰학회, 「자치경찰연구」, 1(2).

박진현. (2000). 우리나라 자치경찰 도입방안에 관한 실증적 연구, 한국공안행정학회, 「한국공안행정학회보」, 9.

박종승·배정환. (2013). 자치경찰관의 업무특성 요인이 조직성과 인식에 미치는 영향,

치안정책연구, 27(2).

박경래·승재현. (2012). 특별사법경찰의 운영실태와 현황 및 문제점, 한국특별사법경찰학회, 제1회 춘계학술세미나 발표자료.

박경래·이원상. (2009). 「특별사법경찰의 효율적 직무수행 방안에 관한 연구: 수사장구 사용 및 불심검문을 중심으로」, 2009년도 대검찰청 연구용역보고서.

박영순. (1993). 우리나라 철도공안행정체제의 제도화를 위한 연구, 대전대학교 경영행정대학원, 석사학위논문.

심익섭. (2017). 왜 자치경찰제인가?, 「지방행정」, 10월호.

심기환. (2007). 지방자치경찰제 실시에 따른 치안서비스 결정요인에 관한 연구 -주민과 공무원 인식을 중심으로-, 건국대학교 대학원 박사학위논문.

손영택. (1998). 사법경찰관리의 직무를 행할 자와 그 직무범위에 관한 법률: 비공무원에 대한 사법경찰권의 부여에 관하여, 「법제」, (483).

성수영. (2018). 한국형 자치경찰제 모델에 관한 연구, 석사학위논문, 경북대학교 대학원.

서범규. (2005). 참여정부 자치경찰 도입안의 주요 쟁점에 관한 분석, 한양대학교 지방자치대학원 석사학위논문.

서울시민생사법경찰단. (2017). 내부자료.

서울특별시. (2019). 「자치경찰제의 성공적 안착을 위한 도입방안」.

서울연구원. (2017). 시민이 원하는 바람직한 자치경찰제도의 원칙과 방향, 세미나 자료.

송하칠. (2013). 제주지역 자치경찰관과 국가경찰관의 직무만족에 관한 비교연구. 박사학위논문. 가천대학교 대학원.

석기호. (2009). 우리나라 자치경찰의 효율적 운영 방안: 제주자치경찰을 중심으로, 원광대학교 행정대학원 석사학위논문.

송병일. (2015). 합리적인 자치경찰제 도입 방안에 관한 연구, 한국자치경찰학회, 「자치경찰연구」, 8(1).

송영지. (2015). 자치경찰의 문제점, 「강원법학」, 43.

사법경찰관리의 직무를 행할 자와 그 직무범위에 관한 개정법률(법률 제11459호)

신승균·김종수. (2008). 한국 자치경찰의 특별사법경찰사무 수행에 관한 연구, 한국자치경찰학회, 「자치경찰연구」, 1(1).

신인봉. (2008). 제주자치경찰의 실시현황 및 개선방안, 한국자치경찰학회, 「자치경찰연구」, 1(2).

신상영. (2011). 생활안전 관점에서 본 서울의 도시환경적 특성 연구. 서울시정개발연구원.

신상영·조권중·장현석. (2013). 서울의 범죄위험지역 분석 및 안전증진 방안 연구. 서울연구원.

신상태. (2014). 사회안전망 구축과 시민문화 및 지역사회 결속의 관계, 석사학위논문. 서울벤처대학원대학교.

신현기. (2019). 문재인 정부의 자치경찰제 도입 방향과 시범실시, 12(2).

신현기. (2013). 관광경찰제 도입에 관한 실태분석, 「자치경찰연구」, 제6권 제2호(통권 14호, 2013년 여름).

신현기. (2014). 우리나라 관광경찰제의 현황과 미래지향적 제언, 「치안정책연구」, 치안정책연구소, 28(1).

신현기. (2007). 제주자치경찰제의 실태분석과 개선방안에 관한 연구. 「한국경찰연구」, 6(2).

신현기. (2010). 프랑스 리용(Lyon)시의 자치경찰제에 관한 연구. 「자치경찰연구」, 3(1).

신현기. (2010). 자치경찰제 모형의 다양성과 제주자치경찰제의 특성에 관한 연구. 「자치경찰연구」, 9(3): 1-29.

신현기·임종헌. (2011). 자치경찰제의 전국 확대 실시 가능성에 대한 연구, 「자치경찰연구」, 4(1).

신현기·김학배. (2011). 호주경찰제도의 구조와 특징에 관한 연구, 「자치경찰연구」, 4(2).

신현기·이상열. (2011). 오스트리아 경찰제도에 대한 역사적 고찰, 「자치경찰연구」, 4(3).

신현기. (2011). 제주자치경찰공무원의 승진현황과 개선방안에 관한 연구, 「한국치안행정논집」, 8(3): 1-24.

신현기. (2012). 지방행정체제개편추진위원회를 통해서 본 자치경찰제의 과제와 모델 고찰, 「자치경찰연구」, 5(1).

신현기·이임걸. (2012). 프랑스 군인경찰제도에 관한 연구, 「자치경찰연구」, 5(3).

신현기. (2012). 제주자치경찰단 특별사법경찰제의 실태분석과 개선방안에 관한 연구, 「한국경찰연구」, 11(3): 143-170.

신현기·홍의표. (2011). 자치경찰제의 전국 확대 실시 가능성에 대한 연구, 「자치경찰연구」, 4(1).

신현기. (2013). 캐나다 자치경찰제도에 관한 연구, 「자치경찰연구」, 6(3).

신현기. (2013). 노무현·이명박·박근혜 정부의 자치경찰제에 대한 실태 분석, 「치경찰연구」, 6(4).

신현기. (2014). 제주자치경찰제에 대한 역사적 고찰, 「자치경찰연구」, 7(1).

신현기. (2015). 제주자치경찰제의 변화와 박근혜 정부 자치경찰제의 전망, 「자치경찰연구」, 8(1).

신현기. (2015). 제주자치경찰제의 실태분석과 박근혜 정부의 자치경찰제 도입 방향, 「한국경찰연구」, 14(2).

신현기. (2016). 자치경찰제 시행을 대비한 서울시 특별사법경찰단의 운영실태와 발전방안에 관한 연구, 「자치경찰연구」, 9(1).

신현기·이진경·김재주. (2016). 박근혜 정부의 자치경찰제 도입에 대한 실태 분석, 「자치경찰연구」, 9(2).

신현기·김재주. (2016). 제주특별자치도 자치경찰 활동의 목표 설정과 평가 분석, 「자치경찰연구」, 9(3).

신현기. (2013). 캐나다 자치경찰제도에 관한 연구, 한국자치경찰학회, 「자치경찰연구」, 제6권 제3호.

신현기. (2015). 제주자치경찰제의 실태분석과 박근혜 정부의 자치경찰제 도입 방향, 한국경찰연구학회, 한국경찰연구, 14(2).

신현기. (2016). 자치경찰제 시행을 대비한 서울시 특별사법경찰단의 운영실태와 발전방안에 관한 연구, 한국자치경찰학회, 「자치경찰연구」, 9(1).

신현기. (2001). 지방자치경찰제도 도입의 당위성 분석(한독사회과학논총).

신현기. (2001). 우리나라 자치경찰제 도입에 관한 연구(한세대 교수논총).

신현기. (2002). 프랑스 경찰제도의 구조와 특징에 관한 역사적 고찰(한세대 교수논총).

신현기. (2003). 절충형 자치경찰제 도입에 관한 연구(한독사회과학논총).

신현기. (2004). 이탈리아 경찰제도의 구조와 특징에 관한 연구(한국경찰연구).

신현기. (2004). 스페인 경찰제도의 구조와 특징에 관한 연구(한세대 교수논총).

신현기. (2004). 프랑스 자치경찰의 특징에 관한 연구(한국경찰연구).

신현기. (2005). 스위스 경찰제도의 구조와 특징에 관한 연구(한세대 교수논총).

신현기. (2006). 미국의 경찰조직체계와 특징에 관한 연구, 한국유럽행정학회, 「한국유럽행정학회보」, 3(1).

신현기. (2006). 제주특별자치도 자치경찰공무원의 선발절차에 관한 연구, 한국유럽행정학회, 「한국유럽행정학회보」, 3(2).

신현기. (2006). 자치경찰과 국가경찰간의 업무협약에 관한 연구, 한세대학교, 「교수논총」, Vol. 22.

신현기. (2007). 벨기에 자치경찰의 구조와 특징에 관한 연구, 한국유럽행정학회, 「한국유럽행정학회보」, 4(1).

신현기. (2007). 제주자치경찰제의 실태분석과 개선방안에 관한 연구, 한국경찰발전연구학회, 「한국경찰연구」, 6(2).

신현기. (2008). 제주자치경찰의 인력확보 대책에 관한 고찰, 한국경찰발전연구학회, 「한국경찰연구」, 7(1).

신현기. (2008). 도농복합형 기초자치단체의 자치경찰 운영모형에 관한 연구, 한국경찰발전연구학회, 『한국경찰연구』, 7(2).

신현기. (2008). 참여정부의 자치경찰법안에 관한 역사적 고찰, 한국자치경찰학회, 「자치경찰연구」, 1(1).

신현기. (2008). 제주자치경찰의 기구개편과 성과에 관한 고찰, 한국자치경찰학회, 「자치경찰연구」, 1(2).

신현기. (2009). 제주자치경찰의 입직·승진제도 현황과 활성화 방안에 관한 고찰, 한국치안행정학회, 「한국치안행정논집」, 6(2).

신현기 외. (2009). 멕시코 자치경찰제도에 관한 연구, 한국자치경찰학회, 「자치경찰연구」, 2(1).

신현기. (2010). 프랑스 리용(Lyon)시 자치경찰에 관한 연구, 한국자치경찰학회, 「자치경찰연구」, 3(1).

신현기. (2010). 자치경찰제 모형의 다양성과 제주자치경찰제의 특성에 관한 연구, 한국자치경찰학회, 「자치경찰연구」, 3(2).

신현기. (2010). 영국경찰제도의 구조와 특징에 관한 연구, 한국유럽행정학회, 「한국유럽행정학회보」, 7(1).

신현기. (2002). "북한 경찰(인민보안성)에 관한 연구," 한독사회과학회, 『한독사회과학논총』, 제12권 제2호.

신현기. (2011). 제주자치경찰공무원의 승진현황과 개선방안에 관한 연구, 한국치안행정학회, 「한국치안행정논집」, 8(4).

신현기. (2011). 자치경찰제의 전국확대실시 가능성에 대한 연구, 한국자치경찰학회, 「자치경찰연구」, 4(1).

신현기. (2011). 호주경찰제도의 구조와 특징에 관한 연구, 한국자치경찰학회, 「자치경찰연구」, 4(2).

신현기. (2011). 오스트리아 경찰제도에 대한 역사적 고찰, 한국자치경찰학회, 「자치경찰연구」, 4(3).

신현기. (2012). 지방행정체제개편추진위원회를 통해서 본 자치경찰제의 과제와 모델 고찰, 한국자치경찰학회, 「자치경찰연구」, 5(1).

신현기 외. (2012). 프랑스 군인경찰제도에 관한 연구, 한국자치경찰학회, 「자치경찰연구」, 5(3).

신현기. (2012). 제주자치경찰단 특별사법경찰제의 실태분석과 개선방안에 관한 연구, 한국경찰연구학회, 「자치경찰연구」, 11(3).

신현기. (2013). 독일자치경찰제도에 관한 연구, 한국자치경찰학회, 「자치경찰연구」, 6(1).

신현기. (2013). 관광경찰제 도입논쟁에 관한 실태분석, 한국자치경찰학회, 「자치경찰연구」, (6)2.

신현기. (2013). 캐나다 자치경찰제도에 관한 연구, 한국자치경찰학회, 「자치경찰연구」, 6(3호).

신현기. (2013). 노무현·이명박·박근혜 정부의 자치경찰제에 관한 실태분석, 한국자치경찰학회, 「자치경찰연구」, 6(4).

신현기. (2014). 제주자치경찰제에 대한 역사적 고찰, 한국자치경찰학회, 「자치경찰연구」, 7(1).

신현기. (2014). 우리나라 관광경찰제의 현황과 미래지향적 제언, 치안정책연구소, 「치안정책연구」, 28(1).

신현기. (2015). 독일 주경찰단위의 범죄예방 프로그램에 관한 연구 −바이에른주 안전감시제도와 바덴−뷔르템베르크주 자원경찰관제도를 중심으로−, 한국민간경비학회, 「자치경찰연구」, 14(1).

신현기. (2015). 제주자치경찰제의 변화와 박근혜 정부 자치경찰제의 전망, 한국자치경찰학회, 「자치경찰연구」, 8(1).

신현기. (2015). 제주자치경찰제의 실태분석과 박근혜정부의 자치경찰제 도입 방향−, 한국경찰연구학회, 「자치경찰연구」, 14(2).

신현기. (2016). 자치경찰제 시행을 대비한 서울시 특별사법경찰단의 운영실태와 발전방안에 관한 연구, 한국자치경찰학회, 「자치경찰연구」, 9(1).

신현기. (2016). 독일 바이에른주와 바덴−뷔르템베르크주 경찰개혁의 현황과 실태분석, 한국경찰연구학회, 「자치경찰연구」, 15(2).

신현기. (2016). 박근혜 정부의 자치경찰제 도입에 대한 실태분석, 한국자치경찰학회, 「자치경찰연구」, 9(2).

신현기. (2016). 제주특별자치도 자치경찰 활동의 목표설정과 평가 분석, 한국자치경찰학회, 「자치경찰연구」, 9(3).

신현기. (2017). 일본 광역단위 자치경찰제도에 관한 연구, 한국자치경찰학회, 「자치경찰연구」, 10(1).

신현기. (2017). 자치경찰제도의 도입방향과 모델. 서울시 주최 시민과 함께하는 바람직한 자치경찰제 방향 모색 포럼.

신현기. (2017). 서울시 자치경찰제도 도입을 위한 원칙과 방향, 서울연구원 2017 분권포럼, 자치경찰 추진을 위한 쟁점과 과제(2017. 11. 21).

신현기. (2019). 문재인 정부의 자치경찰제 도입 방향과 시범실시, 한국자치경찰학회,

「자치경찰연구」, 12(2).

신현기. (2017). "프랑크푸르트시 도시경찰제와 서울시 자치경찰제 도입에 관한 실태분석", 한국치안행정학회, 「한국치안행정논집」, 13(4).

윤상흠. (2013). 자치경찰법안의 개선방안에 관한 연구, 제주대학교 행정대학원 석사학위논문.

양영철. (2017). 제주특별자치도 자치경찰제의 운영과 함의, 「지방행정」, 10월호.

양영철. (2016). 역대 정부의 자치경찰 도입 정책 추진과 정책적 함의에 관한 연구, 「한국경찰연구」, 14(1).

양재열·양현호. (2016). 제주자치경찰의 성과 검토와 자치경찰제의 정책방안 연구, 「자치경찰연구」, 9(2).

양재열. (2015). 제주자치경찰의 특별사법경찰 수사권 효율화 방안, 한세대학교 일반대학원 박사학위 논문.

양재열. (2015). 환경오염 예방 및 방지를 위한 환경특별사법경찰제도의 합리적 운영방안 고창 −환경부와 광역지방자치단체 환경특별사법경찰을 중심으로−, 한국자치경찰학회, 「자치경찰연구」, 8(3).

양재열. (2015). 특별사법경찰조직의 효율적인 운영방안: 서울시 특별사법경찰 전담부서 민생사법경찰과를 중심으로, 한국자치경찰학회, 「자치경찰연구」, 8(2).

안재경. (2015). 한국자치경찰제 도입방안에 관한 연구, 조선대학교 대학원 석사학위논문.

안정진. (2012). 특별사법경찰제도의 효율적인 운영방안에 관한 연구, 연세대법무대학원, 석사학위논문.

안영훈. (2009). 관광자치경찰제 도입방안에 관한 소고. 한국자치경찰학회, 제4회 정기학술세미나 자료집.

오세연·곽영길. (2015). 우리나라 관광경찰의 운영실태와 개선방안에 관한 연구. 「한국자치행정학보」, 29(3).

오용래. (1999). 지방자치단체와 지방자치경찰간의 관계정립에 관한 연구, 서울대학교 환경대학원 석사학위논문.

원소연·홍의표. (2012). 자치경찰제 도입을 위한 주요 쟁점과 시사점, 「인문사회과학연구」, 36.

원소연. (2017). 역대 정부의 자치경찰제도 도입방안 비교, 「지방행정」, 10월호.

이훈재. (2010). 캐나다 경찰제도에 관한 연구, 원광대학교 경찰학연구소, 「경찰학논총」, 5(2).

이관희. (2010). "자치경찰제 도입 시 예상되는 쟁점 및 고려사항", 「수사연구」, 5.

이기우. (1999). 지방경찰제와 자치교육제의 개선방안 연구, 「연구보고서」, 19.

이기우. (1998). 지방자치경찰제도 개선방안, 한국지방자치학회, 「한국지방자치학회보」, 22.

이대성・김종오. (2010). 지방자치단체 특별사법경찰의 역할 제고 방안에 관한 연구, 사회과학연구, 1(1).

이상수. (2009). 지방행정체제 개편에 따른 자치경찰제 도입방안 연구, 「책임연구 보고서」.

이상열. (2015). 서울시민 안전확보를 위한 광역 자치경찰제 도입 방안, 서울시의회 연구용역 보고서.

이상열. (2013). 자치경찰제 도입 방안 - 제주자치경찰제 사례 및 발전방안을 중심으로, 입법&정책, 4.

이상열. (2012). 제주자치경찰제의 실태분석 및 발전방안에 관한 연구, 한국경찰연구학회, 「한국경찰연구」, 11(1).

이상열・오종식. (2008). 제주특별자치도 자치경찰제의 발전방안에 관한 연구, 한국자치경찰학회, 「자치경찰연구」, 1(1).

이상열. (2006). 자치경찰제 도입에 따른 기대 효과, 한국경찰연구학회, 「한국경찰연구」, 5(1).

이상열 외. (2015). 서울시민 안전 확보를 위한 광역자치경찰제 도입 방안, 서울시의회, 「연구용역 최종보고서」, 6.

이승철・곽영길. (2010). 자치경찰의 도입 및 운영방안에 관한 연구, 한국자치행정학회, 「한국자치행정학보」, 24(2).

이승준. (2015). 박근혜 정부의 자치경찰 도입방안 검토, 「강원법학」, 44.

이영남. (2017). 자치경찰제도의 도입방향과 모델. 서울시 주최 시민과 함께하는 바람직한 자치경찰제 방향 모색 포럼.

이영남. (2017). 통합형 자치경찰제도 도입에 관한 연구, 한국경찰연구학회, 「한국경찰연구」, 15(4).

이영남. (2008). 제주자치경찰제도의 정착화 방안, 한국경찰연구학회, 「한국경찰연구」, 7(4).

이영남. (2011). 통일경찰을 위한 단계적 조직설계와 추진체계에 관한 연구, 한국경찰연구학회, 「힌국경찰연구」, 10(4).

이영남. (2017). "자치경찰제도의 도입방향과 모델", 서울특별시, 시민과 함께하는 바람직한 자치경찰제 방향 모색 포럼.

이영남. (2010). 관광경찰의 역할과 기능. 「경찰학논총」, 4(2).

이영남. (2013). 한국의 관광경찰제도의 발전방향. 「한국경찰연구」, 12(4).

이영남. (2014). 한국의 관광경찰 활성화에 관한 연구. 「경찰학논총」, 9(3).

이영남. (2004). 자치경찰제 도입방안의 분석과 방향, 「한국경찰연구」, 3(2).

이영남. (2005). 바람직한 한국적 자치경찰제도의 방향, 「한국경찰연구」, 4(2).

이영남. (2007). 제주자치경찰제도의 정착화 방안, 「한국경찰연구」, 7(4).

이영남. (2012). 한국의 자치경찰제도의 정립방향, 「한국경찰연구」, 11(4).

이윤호·남재성·차훈진. (2006). 독일의 경찰통합 사례에 따른 남북한 경찰조직의 통합방안, 「한독사회과학논총」, 16(2).

이종철. (2005). 우리나라 자치경찰제도의 모형정립과 발전방향에 관한 연구, 박사학위논문. 경남대학교 대학원.

이윤호·남재성·차훈진. (2006). 독일의 경찰통합 사례에 따른 남북한 경찰조직의 통합방안, 「한독사회과학논총」, 16(2).

이주호. (2013). 여성친화적 안전도시 조성을 위한 생활안전 정책과제, 「한국행정학회 하계학술대회」.

이현우·이미애. (2010). 자치경찰제 도입에 관한 비교연구, 「한국정책연구」, 10(2).

이민재. (2012). 경기도 특별사법경찰제도의 효율적 운영방안에 관한 연구, 단국대학교 행정법무대학원 석사학위논문.

이정열. (2009). 자치경찰제 도입의 실천적 문제점 분석, 영남대학교 행정대학원 석사학위논문.

이환범·이지영. (2015). 우리나라 자치경찰 사무배분 및 경찰청 조직개편 방안에 관한 연구, 한국조직학회, 「한국조직학회보」, 12(1).

이황우. (1999). 지방화시대에 따른 자치경찰제 도입모형에 관한 연구, 한국공안행정학회, 「한국공안행정학회보」, 4.

이황우. (1995). 지방자치시대 자치경찰제 도입모형에 관한 연구, 「한국공안행정학보」, 4호.

이현우·이미애. (2010). 자치경찰제 도입에 관한 비교 연구, 「한국정책연구」, 10(2).

이훈재. (2010). 제주자치경찰의 위상제고를 위한 수사기능 강화에 관한 연구, 한국경찰연구학회, 「한국경찰연구」, 16(1).

임준태. (2005). 캐나다 경찰에 관한 연구 - 조직과 신규교육과정을 중심으로 -, 치안정책연구소, 「치안정책연구」, 제17호.

제주특별자치도 설치 및 국제자유도시 조성을 위한 특별법(법률 제10700호, 2011. 5. 23 개정).

제주지방경찰청. (2019). 「제주자치경찰 확대시행 추진 과정」.

자치경찰제 실무추진단. (2008). 「자치경찰제 추진 중간보고서」, 61.

장석헌. (2007). 자치경찰제 도입 논의, 국회 행정자치위원회 공청회 자료, 39.

지방행정체제개편추진위원회. (2012). 새로운 행정수요에 따른 한국적 자치경찰제 실시

방안 연구, 연구보고서.

지방행정체제개편추진위원회. (2012). 제주자치경찰제도의 평가와 자치경찰 모델개발방안, 연구보고서.

전희재. (2006). 자치경찰제 도입방안과 법안에 대한 연구, 한국경찰연구학회, 「한국경찰연구」, 5(1).

전 훈. (2008). Jean-Marie Pontier, 공공서비스법(프랑스행정법 연구), 파주: 한국학술정보.

정균환. (1996). 「지방자치의 완성을 위한 자치경찰」, 도서출판 신유영사.

조규향. (2009). "자치경찰제도 운영방안에 관한 연구", 조선대학교 대학원 석사학위논문.

조성택. (2005). 한국의 자치경찰제 모형에 관한 이론적 탐색, 한국경찰학회, 「한국경찰학회보」, 9.

조성제·한동효. (2017). 여성친화적 안전도시 조성을 위한 자치입법의 과제, 「법학연구」, 25(2).

조성호 외. (2018). 자치경찰제 시행 대비 경기도 도입 방안 연구, 「정책보고서」, 경기연구원.

조준택·박지선. (2016). 범죄율과 범죄두려움이 서울시민의 행복에 미치는 영향, 「서울도시연구」, 17(4).

자치경찰제실무추진단. (2006). 외국의 경찰제도 비교.

최 관. (2012). 영국자치경찰과 제주자치경찰의 비교분석을 통한 한국자치경찰제도 발전방안, 「지방행정연구」, 26(1).

최기문. (2000). 한국적 자치경찰제 확립방안에 관한 연구, 동국대학교 행정학 박사학위논문.

최병일. (2010). 자치경찰제 정착을 위한 경찰체제 유형별 비교연구, 한국자치행정학회, 「한국자치행정학회보」, 24(1).

최용환. (2010). 자치경찰제 도입 및 제도정착에 관한 연구, 「충북개발연구원」, 34.

최은하. (2016). 제주자치경찰과 치안서비스의 기능, 「한국경찰학회보」, 18(5).

최응렬. (2017). 바람직한 자치경찰제도 도입방안, 「지방행정」, 10월호.

최종술. (2008). 역대정부의 경찰정책과 이명박 정부의 경찰정책과제, 「한국자치행정학보」, 22(2).

최종술. (2017). 지방자치와 자치경찰의 의의. 시민과 함께하는 바람직한 자치경찰제 방향 모색 포럼.

최종술. (2014). 특별사법경찰의 자치경찰화 방안 연구, 한국경찰학회, 「한국경찰학회보」, 16(6).

최종술. (2015). 우리나라 자치경찰제 도입 방안들의 프레임 분석, 「한국경찰연구학회 발표 논문집」, 4.

최천근. (2014). 국가경찰과 자치경찰간의 합리적 사무배분에 관한 연구, 「한국지방자치 학회보」, 26(2).

최진용. (2016). 지방자치 활성화를 위한 자치경찰제 도입에 관한 연구, 연세대학교 행 정대학원 석사학위논문.

치안정책연구소(안영훈). (2005). 「유럽형 자치경찰제도 모델분석」.

황문규. (2017). 새정부 자치경찰제 도입의 방향과 과제, 2017년 6개 학회 및 경찰교육 원 공동학술대회 자료집(2017. 10. 26).

황문규. (2017). 이른바 촛불혁명으로 탄생한 문재인 정부의 광역단위 자치경찰제, 2017 분권포럼: 자치경찰 추진을 위한 쟁점과 과제, 시민이 원하는 바람직한 자 치경찰제도의 원칙과 방향(2017. 11. 21).

황문규·최천근. (2013). 자치경찰제 추진에 있어 검경수사권 조정에 대한 고찰, 한국형 사정책연구원, 「형사정책연구」, 24(1).

황문규. (2017). 경찰개혁: 경찰을 경찰답게 만들기 위한 경찰조직 재설계, 「법학논총」, 제39집, 숭실대학교 법학연구소.

황문규. (2017). "문재인 정부의 광역단위 자치경찰제에 관한 고찰", 「한국지방자치학회 보」, 29(4).

황문규. (2017). "경찰개혁 '경찰을 경찰 답게' 만들기 위한 경찰조직 재설계", 「법학논 총」, 39.

황문규. (2018). "현 시점에서 도입 가능한 자치경찰제 모델 구상과 과제", 「한국경찰연 구」, 17(3).

황정익. (2007). 제주자치경찰 현황과 치안업무의 범위, 한국형사정책연구소, 「형사정책 연구」, 19(1).

홍의표·원소연. (2014). 주민밀착형 자치경찰제 실시 방안 연구, 한국자치경찰학회, 「자치경찰연구」, 7(1).

표창원. (1999). 영국경찰의 사례를 통해서 본 우리 실정에 맞는 자치경찰제 정립을 위 한 전제조건, 「시민을 위한 경찰발전연구회 학술세미나 자료집」, 80.

표창원. (2002). 영국경찰의 위상과 운영체계에 관한 고찰, 한국경찰연구학회, 「한국경 찰연구」, 1(1).

행정자치위원회 전문위원실. (2005). 자치경찰.

행안부 자치경찰제실무추진단. (2009). 「선진외국 경찰제도 비교」.

허경미. (2003). 경찰청 자치경찰제안의 문제점 및 대안, 한국공안행정학회, 「한국공안 행정학회보」, 16.

허경미. (2003). 지방자치경찰제의 도입 모형에 관한 연구, 「한국지방정부학회 춘계학술대회 발표 논문집」.

한국자치경찰연구원. (2015). 「자치경찰의 특별사법경찰 사무수행 범위에 관한 연구」.

한견우. (1999). 지방자치경찰의 실시에 따른 법적 문제점, 「치안논총」, 69.

한국자치경찰연구원. (2015). "자치경찰의 특별사법경찰 사무수행 범위에 관한 연구", 연구보고서.

한국관광공사. (2013). 관광경찰 도입방안에 관한 연구, 연구용역보고서.

한국법제연구원(원소연, 홍의표, 권영호, 이성용). (2011). 광역자치경찰과 기초자치경찰제에 대한 입법평가 − 제주자치경찰제의 사례와 독일경찰법제의 연구를 중심으로 −.

한동효. (2012). 역대 정부의 자치경찰제 도입 실패요인에 관한 연구, 「지방정부연구」, 16(2).

3. 외국자료

Breul, Jonathan D. & Kamensky, John M. (2008). Federal Government Reform: Lessonsfrom Clintons 'Reinvenment' and Bushs 'Management Agenda' Initiative, Public Administration Review, 68(6): 1009.

Fixler, Jr. & Pool, Jr. Robert W. (1998). Can Police Service Be Privatized?, ANNALS, AAPSS, 498, July: 108−118.

Götz, Volkmar. (1995). Allgemeines Polizei− und Ordnungsrecht, 12. Auflag, München.

Götz, Volkmar. (2012). Allgemeines Polizei− und Ordnungsrecht, 16. Aufl., München.

Home Office. (2011). The National Crime Agency, A Plan for the Creation of a National Crime −Fighting Capablilty, Home Office: 9−11.

Kearns, A., & Forrest, R. (2000). Social Cohesion and Multilevel Urban Government, Urban Studies, 37(5−6): 995−1017.

Kilpatrick, F. P., et al., (1964). The Image of the Federal Service, Washington D. C.: The Brooklngs: 254.

Lev−Wiesel, R. (2003). Indicators Constituting the Construct of Perceive Community Cohesion, Community Development Journal, 38(4): 332−343.

Lutz Meyer−Gossner. (2005). Strafprozessordnung, 51. Aufl., 20.

Osterburg, James W. & Ward, Richard H. (2007). Criminal Investigation: A Method for Reconstructing the Past, Anderson Publishing Co: 5.

Walker, Samuel E. & Katz, Charles M. (2007). The Police in America: An Introduction, McGraw-Hill: 1-2.

Wallace, P. Harvey., Roberson, Cliff. & Steckler, Craig. (1995). Fundamentals of Police Administration, Prentice-Hall: 4.

4. 인터넷 자료

https://go.seoul.co.kr/news/newsView.php?id=20210316011017&wlog_tag3=daum (검색일: 2021. 3. 18).

http://www.jeju.go.kr/jmp/index.htm(제주자치경찰단/ 검색일: 2020. 2. 28).

http://www.lrti.go.kr(법무연수원 사이버교육센터/검색일: 2020. 1. 30).

http://www.fihi.go.kr(수산인력개발원/검색일: 2020. 1. 5).

http://www.seoul.go.kr/main/index.html(검색일: 2020. 1. 10).

http://tip.daum.net/question/66000031/82966798?(검색일: 2020. 1. 24).

http://kin.naver.com/qna/detail.nhn?d1id/검색일: 2020. 02. 5).

http://mail2.daum.net/hanmaillex/ViewMail.daum(검색: 2020. 2. 2).

http://www.healthmedia.co.kr/news/articleView.html?idxno=18160(검색일: 2020. 01. 01).

http://www.mediajeju.com/news/articleView.html?idxno=318289(검색일: 2020. 01. 01).

http://www.jnuri.net/news/articleView.html?idxno=41492(검색일: 2020. 01. 28).

http://www.jejusori.net(제주의 소리, 검색: 2020. 10. 25).

https://www.jeju.go.kr/jmp/index.htm(제주자치경찰단 홈페이지: 2020. 10. 20).

https://www.news1.kr/articles/?4067948(전국 유일 제주자치경찰단, 권총·수갑 등 무기·탄약 관리 '구멍', 검색일: 2020. 10. 20).

http://news.khan.co.kr/kh_news/khan_art_view.html?artid=201908192218005&code=940100경향신문, 원문보기(2019. 8. 25 검색).

http://cafe.daum.net/soulsta/MIpW/17?(검색일: 2015. 12. 20)

https://www.asiae.co.kr/article/2020101409514513516(아시아경제, 검색: 2020.10.16).

https://news.v.daum.net/v/20201202221626970?f[KBS 제주] 보도(문준영 기자. 검색일: 2020. 12. 2).

http://www.jeju.go.kr/jejuedu/제주인재개발원/ 검색일: 2020. 10. 20).

찾아보기

저자의 주요 저서 및 논문

저 서

- 『독일통일백서(공역)』, 서울: 한겨레신문사, 1999.
- 『Korea zur Wiedervereinigung』, 독일 Herbert Utz 출판사, 1999.
- 『Korea zur Wiedervereinigung(제2판)』, 독일 Herbert Utz 출판사, 2018.
- 『남북한 통일정책비교(공저)』, 서울: 숭실대학교출판부, 2000.
- 『남북한 통일정책과 교류협력(공저)』, 서울: 백산자료원, 2001.
- 『베를린 시대의 독일공화국(공저)』, 서울: 엠 애드, 2001.
- 『독일연방정부론(공저)』, 서울: 백산자료원, 2001.
- 『현대행정의 이해(공저)』, 서울: 대영문화사, 2002.
- 『독일행정론(공저)』, 서울: 백산자료원, 2002.
- 『북한정부론(공저)』, 서울: 백산자료원, 2002.
- 『지방행정론(공저)』, 일산: 한국학술정보(주), 2002.
- 『유럽연합정부론(공저)』, 서울: 엠 애드, 2002.
- 『한국행정의 윤리와 부패(공저)』, 일산: 한국학술정보(주), 2003.
- 『독일지방행정론(공저)』, 서울: 엠 애드, 2003.
- 『정책학개론(공저)』, 서울: 웅보출판사, 2003.
- 『경찰학개론(공저)』, 서울: 법문사, 2004.
- 『경찰행정학(공저)』, 서울: 법문사, 2005.
- 『비교경찰제도의 이해』, 서울: 웅보출판사, 2006.
- 『경찰조직론』, 파주: 법문사, 2007.
- 『새행정학개론』, 파주: 21세기사, 2008.
- 『현대행정의 이해(제3판, 공저)』, 서울: 대영문화사, 2015.
- 『경찰학개론』, 파주: 21세기사, 2010.
- 『자치경찰론(4판)』, 부평: 진영사, 2010.
- 『경찰학사전』, 파주: 법문사, 2012.
- 『새경찰학개론(제3판)』, 서울: 우공출판사, 2013.
- 『경찰인사관리론(제4판)』, 파주: 법문사, 2014.
- 『경찰조직관리론(제4판)』, 파주: 법문사, 2014.
- 『비교경찰제도론(제2판)』, 서울: 우공출판사, 2014.
- 『새경찰학개론(제4판)』, 서울: 우공출판사, 2015.

- 『비교경찰제도론(제4판)』, 파주: 법문사, 2015.
- 『경찰인사관리론(제5판)』, 파주: 법문사, 2016.
- 『경찰조직관리론(제5판)』, 파주: 법문사, 2016.
- 『특별사법경찰론』, 파주: 법문사, 2017.
- 『경찰인사관리론(제6판)』, 파주: 법문사, 2018.
- 『경찰조직관리론(제6판)』, 파주: 법문사, 2018.
- 『비교경찰제도론(제5판)』, 파주: 법문사, 2018.
- 『행정학개론』, 부평: 진영사, 2019.
- 『선거범죄수사론』, 서울: 우공출판사, 2019.
- 『자금추적수사론』, 서울: 우공출판사, 2020.
- 『성폭력사건수사론』, 서울: 우공출판사, 2020.
- 『경찰수사지휘론』, 서울: 우공출판사, 2020.
- 『비교경찰제도론(제6판)』, 파주: 법문사, 2021.
- 『자치경찰론(제6판)』, 부평: 진영사, 2021.
- 『성폭력관련법률 및 판례』, 서울: 우공출판사, 2021.

논 문

- 독일 공공행정과 사기업에서 인력수급계획의 방법에 관한 연구(한독사회과학논총, 1999).
- 정책집행의 전개과정에 관한 연구(한·독사회과학논총, 1999).
- 유엔헌장에 나타난 목적, 기본토대 및 특성의 변화과정 연구(한독사회과학논총, 2000).
- 국제연합 사무국과 사무총장의 기능에 대한 역사적 고찰(한독사회과학논총, 2000).
- Die Sicherheitspolitik der USA in der asiatisch−pazipischen Region(한양대, 2000).
- 지방자치경찰제도 도입의 당위성 분석(한독사회과학논총, 2001).
- 우리나라 자치경찰제 도입에 관한 연구(한세대 교수논총, 2001).
- 사회적 시장경제질서와 독일통일(한국정책학회보, 2001).
- 한국 민간경비와 경찰의 협력방안에 관한 연구(한독사회과학논총, 2001).
- 북한경찰(인민보안성)에 관한 연구(한독사회과학논총, 2002).
- 프랑스 경찰제도의 구조와 특징에 관한 역사적 고찰(한세대 교수논총, 2002).
- 절충형 자치경찰제 도입에 관한 연구(한독사회과학논총, 2003).
- 순찰지구대 운용상의 문제점에 관한 고찰(한독사회과학논총, 2003).
- 한국 기초방범교육의 발전방안에 관한 연구(경찰공제회, 2003).

- 독일 주정부의 경찰제도에 관한 연구(한세대 교수논총, 2003).
- 경찰계급단계의 개선방안에 관한 연구(한독사회과학논총, 2004).
- 이탈리아 경찰제도의 구조와 특징에 관한 연구(한국경찰연구, 2004).
- 유럽연합에서 경찰공조의 현황과 과제(한국경찰연구, 2004).
- 스페인 경찰제도의 구조와 특징에 관한 연구(한세대 교수논총, 2004).
- 경찰공무원 성과상여금제도의 개선방안에 관한 연구(한독사회과학논총, 2004).
- 프랑스 자치경찰의 특징에 관한 연구(한국경찰연구, 2004).
- 국가경찰공무원의 부패원인과 방지에 관한 연구(한국유럽행정학회보, 2004).
- 우리나라 여성경찰제도에 관한 역사적 고찰(한국경찰연구, 2005).
- 지역경찰제의 조기정착화 방안에 관한 연구(한국유럽행정학회보, 2005).
- 스위스 경찰제도의 구조와 특징에 관한 연구(한세대 교수논총, 2005).
- 우리나라 수사경과제의 개선방안에 대한 연구(한독사회과학논총, 2005).
- 학교경찰(School Police) 제도에 관한 연구(한국경찰연구, 2005).
- 미국의 경찰조직체계와 특징에 관한 연구", 한국유럽행정학회, 『한국유럽행정학회보』, 제3권 제1호, 2006.
- 우리나라 경찰근속승진제도의 개선방안에 관한 연구, 한국경찰발전연구학회, 『한국경찰연구』, 제5권 제1호, 2006.
- 우리나라 성폭력범죄의 실태분석에 관한 연구, 한·독사회과학회, 『한독사회과학논총』, 제16권 제1호, 2006.
- 제주특별자치도 자치경찰공무원의 선발절차에 관한 연구, 한국유럽행정학회, 『한국유럽행정학회보』, 제3권 제2호, 2006.
- 조직폭력범죄의 실태분석과 수사상 개선방안에 관한 연구, 한독사회과학회, 『한·독사회과학논총』, 제16권 제2호, 2006.
- 행정부공무원 노동조합 경찰청지부에 관한 연구, 한국경찰발전연구학회, 『한국경찰연구』, 제5권 제2호, 2006.
- 자치경찰과 국가경찰간의 업무협약에 관한 연구, 한세대학교, 『교수논총』, Vol. 22, 2006.
- 벨기에 자치경찰의 구조와 특징에 관한 연구, 한국유럽행정학회, 『한국유럽행정학회보』, 제4권 제1호, 2007.
- 공상경찰관 손해진보제계의 개선방안에 관한 연구, 한국경찰발전연구학회, 『한국경찰연구』, 제6권 제1호, 2007.
- 제주자치경찰제의 실태분석과 개선방안에 관한 연구, 한국경찰발전연구학회, 『한국경찰연구』, 제6권 제2호, 2007.
- 제주자치경찰의 인력확보 대책에 관한 고찰, 한국경찰발전연구학회, 『한국경찰연구』, 제7권 제1호, 2008.

- 도농복합형 기초자치단체의 자치경찰 운영모형에 관한 연구, 한국경찰발전연구학회, 『한국경찰연구』, 제7권 제2호, 2008.
- 경찰청렴도 제고를 위한 정책제언, 한・독사회과학회, 『한독사회과학논총』, 제18권 제2호, 2008.
- 순직・공상경찰관의 보상제도에 관한 연구, 한국경찰발전연구학회, 『한국경찰연구』, 제7권 제4호, 2008.
- 참여정부의 자치경찰법안에 관한 역사적 고찰, 한국자치경찰학회, 『자치경찰연구』, 제1권 제1호, 2008.
- 제주자치경찰의 기구개편과 성과에 관한 고찰, 한국자치경찰학회, 『자치경찰연구』, 제1권 제2호, 2008.
- 경찰관범죄의 위기대책에 관한 연구, 인천대학교 위기관리연구센터, 『위기관리와 안전문화』, 제2권 제3호, 2008.
- 선진국 대도시 지방정부의 지방행정체제 특성에 관한 연구, 한독사회과학회, 『한・독사회과학논총』, 제19권 제1호, 2009.
- 광역경제권 구상과 정부간 관계모델에 관한 연구 －독일광역권 운영기구를 중심으로－, 한・독사회과학회, 『한・독사회과학논총』, 제19권 제3호, 2009.
- 국제반부패논의와 유럽연합과 독일의 대응, 한・독사회과학회, 『한독사회과학논총』, 제19권 제4호, 2009.
- 여자경찰관의 위상과 역할제고에 관한 연구, 한국치안행정학회, 『한국치안행정논집』, 제6권 제1호, 2009.
- 제주자치경찰의 입직・승진제도 현황과 활성화 방안에 관한 고찰, 한국치안행정학회, 『한국치안행정논집』, 제6권 제2호, 2009.
- 멕시코 자치경찰제도에 관한 연구, 한국자치경찰학회, 『자치경찰연구』, 제2권 제1호, 2009.
- UN경찰의 조직과 임무에 관한 연구, 한국자치경찰학회, 『자치경찰연구』, 제2권 제2호, 2009.
- 한국과 독일의 경찰간부후보생 교육훈련제도에 관한 비교 연구, 한국경찰연구학회, 『한국경찰연구』, 제9권 제2호, 2010.
- 프랑스 리용(Lyon)시 자치경찰에 관한 연구, 한국자치경찰학회, 『자치경찰연구』, 제3권 제1호, 2010.
- 자치경찰제 모형의 다양성과 제주자치경찰제의 특성에 관한 연구, 한국자치경찰학회, 『자치경찰연구』, 제3권 제2호, 2010.
- 영국경찰제도의 구조와 특징에 관한 연구, 한국유럽행정학회, 『한국유럽행정학회보』, 제7권 제1호, 2010.
- 경찰시험제도의 개편에 대한 고찰 －일반 순경과 경찰간부후보 채용을 중심으로－,

한국치안행정학회, 『한국치안행정논집』, 제8권 제2호, 2011.

- 제주자치경찰공무원의 승진현황과 개선방안에 관한 연구, 한국치안행정학회, 『한국치안행정논집』, 제8권 제4호, 2011.

- 자치경찰제의 전국확대실시 가능성에 대한 연구, 한국자치경찰학회, 『자치경찰연구』, 제4권 제1호, 2011.

- 호주경찰제도의 구조와 특징에 관한 연구, 한국자치경찰학회, 『자치경찰연구』, 제4권 제2호, 2011.

- 오스트리아 경찰제도에 대한 역사적 고찰, 한국자치경찰학회, 『자치경찰연구』, 제4권 제3호, 2011.

- 지방행정체제개편추진위원회를 통해서 본 자치경찰제의 과제와 모델 고찰, 한국자치경찰학회, 『자치경찰연구』, 제5권 제1호, 2012.

- 특별사법경찰제의 발전과정과 성과에 대한 고찰, 한국자치경찰학회, 『자치경찰연구』, 제5권 제2호, 2012.

- 프랑스 군인경찰제도에 관한 연구, 한국자치경찰학회, 『자치경찰연구』, 제5권 제3호, 2012.

- 철도특별사법경찰제의 실태분석과 개선방안에 관한 연구, 한국민간경비학회, 『한국민간경비학회보』, 제19호, 2012.

- 제주자치경찰단 특별사법경찰제의 실태분석과 개선방안에 관한 연구, 한국경찰연구학회, 『한국경찰연구』, 제11권 제3호(2012 가을).

- 독일경찰대학원의 교육과 연구기능 －독일연방공화국의 경찰행정에 관한 교육, 재교육, 연구의 중심지－, 한국경찰연구학회, 『한국치안행정논집』, 제9권 제1호(2012. 5).

- 서울특별시 특별사법경찰제의 실태분석과 개선방안에 관한 연구, 한국민간경비학회, 『한국민간경비학회보』, 제11권 제3호, 2012.

- 북한이탈주민의 사회일탈 예방을 위한 보안경찰의 역량강화 방안, 한국치안행정학회, 『한국치안행정논집』, 제9권 제4호(2013 2월).

- 특별사법경찰 교육훈련제도의 개선방안에 관한 연구, 한국경찰연구학회, 『한국경찰연구』, 제12권 제1호(2013 봄).

- 서울시 지하철보안관제도의 개선방안에 관한 연구, 한국민간경비학회, 『한국민간경비학회보』, 제12권 제2호, 2013.

- 독일자치경찰제도에 관한 연구, 한국자치경찰학회, 『자치경찰연구』, 제6권 제1호(통권 13호/ 2013 봄), 2013.

- 관광경찰제 도입논쟁에 관한 실태분석, 한국자치경찰학회, 『자치경찰연구』, 제6권 제2호, 2013.

- 캐나다 자치경찰제도에 관한 연구, 한국자치경찰학회, 『자치경찰연구』, 제6권 제3호, 2013.

- 노무현·이명박·박근혜 정부의 자치경찰제에 관한 실태분석, 한국자치경찰학회, 『자치경찰연구』, 제6권 제4호(통권 제16호), 2013.
- 경찰공무원 보건안전 및 복지기본법 시행에 대한 실태분석, 한국경찰복지연구학회, 『경찰복지연구』, 제1권 제1호(창간호), 2013.
- 순직·공상경찰관 후원제도의 실태분석과 개선방안, 한국민간경비학회, 『한국민간경비학회보』, 제13권 제1호(2014년 2월).
- 제주자치경찰제에 대한 역사적 고찰, 한국자치경찰학회, 『자치경찰연구』, 제7권 제1호(통권 제17호), 2014.
- 우리나라 관광경찰제의 현황과 미래지향적 제언, 치안정책연구소, 『치안정책연구』, 제28권 제1호(2014년 6월).
- 경찰공무원 보건안전 및 복지증진 제1차 기본계획안의 현황 분석, 한국경찰복지연구학회, 『경찰복지연구』, 제2권 제2호, 2014.
- 독일 주경찰단위의 범죄예방 프로그램에 관한 연구 −바이어른주 안전감시제도와 바덴−뷔르템베르크주 자원경찰관제도를 중심으로−, 한국민간경비학회, 『한국민간경비학회보』, 제14권 제1호, 2015(2월 28일).
- 제주자치경찰제의 변화와 박근혜정부 자치경찰제의 전망, 한국자치경찰학회, 『자치경찰연구』, 제8권 제1호(통권 21호), 2015(3월 31일).
- 제주자치경찰제의 실태분석과 박근혜정부의 자치경찰제 도입 방향−, 한국경찰연구학회, 『한국경찰연구』, 제14권 제2호, 2015(6월 30일).
- 경찰인사구조의 개선을 위한 바람직한 방향, 한국자치경찰학회, 『자치경찰연구』, 제8권 제3호(통권 23호), 2015(9월 30일).
- 경찰교육원의 교육과 재교육기능에 대한 연구, 한국치안행정학회, 『한국치안행정논집』, 제12권 제3호, 2015(11월 30일).
- 공익희생자를 위한 선양사업의 현황과 미래지향적 제언 −국가경찰, 국민안전처 소속 중앙소방본부와 해양경비안전본부 해양경찰을 중심으로−, 한국경찰연구학회, 『한국경찰연구』, 제14권 제4호, 2015 (12월 30일).
- 미국과 일본의 순직·공상경찰공무원 보상제도에 관한 연구−, 한국민간경비학회, 『한국민간경비학회보』, 제14권 제5호, 2015(12월 30일).
- 자치경찰제 시행을 대비한 서울시 특별사법경찰단의 운영실태와 발전방안에 관한 연구, 한국자치경찰학회, 『자치경찰연구』, 제9권 제1호(통권 25호), 2016(6월 30일).
- 독일 바이에른주와 바덴−뷔르템베르크주 경찰개혁의 현황과 실태분석, 한국경찰연구학회, 『한국경찰연구』, 제15권 제2호, 2016(6월 30일).
- 식품의약품안전처 특별사법경찰운영에 관한 실태분석, 한국민간경비학회, 『한국민간경비학회보』, 제15권 제3호, 2016(6월 30일).
- 북한이탈주민에 대한 신변보호 관리실태의 문제점과 효율적 개선방안에 관한 연구,

한국치안행정학회, 『한국치안행정논집』, 제13권 제2호, 2016(8월 30일)〈장승수/신현기 공저〉.

- 박근혜 정부의 자치경찰제 도입에 대한 실태분석, 한국자치경찰학회, 『자치경찰연구』, 제9권 제2호(통권 26호), 2016(9월 30일)〈신현기/이진경/김재주 공저〉.
- 2016년 경찰맞춤형복지제도의 시행계획, 한국경찰복지연구학회, 『경찰복지연구』, 제4권 제2호, 2016(신현기/양재열 공저).
- 제주특별자치도 자치경찰 활동의 목표설정과 평가 분석, 한국자치경찰학회, 『자치경찰연구』, 제9권 제3호, 2016(신현기/김재주 공저).
- 프랑크푸르트시 도시경찰제와 서울시 자치경찰제 도입에 관한 실태분석, 한국치안행정학회, 『한국치안행정논집』, 제13권 제4호, 2017(2월 30일).
- 국가경찰의 2017년 맞춤형복지제도 시행 계획에 관한 고찰, 한국경찰복지연구학회, 『경찰복지연구』, 제5권 제1호.
- 일본 광역단위 자치경찰제도에 관한 연구, 한국자치경찰학회, 『자치경찰연구』, 제10권 제1호, 2017(6월 30일).
- 제주자치경찰단 관광경찰제의 현황과 미래지향적 제언, 한국치안행정학회, 『한국치안행정논집』, 제13권 제4호, 2017(11월 23일).
- 순직·공상경찰공무원의 복지향상을 위한 공무원 재해보상법, 한국경찰복지연구학회, 『경찰복지연구』, 제6권 제1호, 2018(신현기/김정일).
- 특허, 디자인 및 영업비밀 특사경 운영방안, 특허청 연구용역보고서, 2018.
- 금융감독원 특별사법경찰(특사경)제도 운용 방안, 금융감독원, 「금융감독연구」, 제6권 제1호(2019. 4).
- 오스트리아와 독일 바이에른주 경찰개혁이 한국경찰개혁에 주는 시사점 분석, 한국치안행정학회, 『한국치안행정논집』, 제16권 제2호, 2019(8월 12일).
- 서울시 민생사법경찰조직 운영상의 문제점과 개선방안, 한국경찰학회, 『한국경찰학회보』, 제21권 제5호, 2019(10월 31일).
- 문재인 정부의 자치경찰제 도입 방향과 시범실시, 한국자치경찰학회, 「자치경찰연구」, 제12권 제2호, 2019(12월 30일).
- 자치경찰제를 대비한 경기도특별사법경찰단의 조직과 성과에 대한 고찰, 「자치경찰연구」, 제13권 제1호, 2020(6월 30일).
- 독일 바이에른 주경찰과 인진김시원 간의 치안협력에 관한 실태 분석, 한국경찰연구학회, 「한국경찰연구」, 제19권 제3호(2020 가을).

저자약력

■ 신현기

가평 설악 중·고등학교
국민대학교 법정대학 행정학과 및 동 행정대학원(행정학
  석사)
독일 슈파이어(Speyer) 행정대학원 수료
독일 바이에른주립 뮌헨(München)대학교 철학박사(Dr.
  phil. / 정책학 전공 / 사회학 부전공)
(전) 한세대학교 경찰복지학부장, 인문사회학부장, 학생
    처장(2006), 교무처장(2007), 기획처장(2008~2009),
    학생처장(2010), 일반대학원장 겸 경찰법무대학원
    장(2011), 중앙도서관장(2012~2013), 일반대학원장 겸 경찰법무대학원장(2014),
    미래지식교육원장 겸 평생교육원장(2015.2~2018.12), 기획처장(2018.7~2020.
    3), 기획처장(2021.1~2), 경찰청 경찰혁신위원회 위원, 경기지방경찰청 경학
    교류자문위원회 위원, 치안정책연구소 연구위원, 경찰청 특별승진위원, 안행부
    행정고시출제위원, 경찰간부후보생 시험출제위원, 제주자치경찰채용시험 출제
    위원, 신임순경채용시험 면접위원, 한국경찰연구학회장, 한국치안행정학회장,
    한국유럽경찰학회장, 한국자치경찰학회장, 한국경찰복지연구학회장, 한국민간
    경비학회 부회장, 한국테러학회 부회장, 대통령 소속 지방자치발전위원회 자치
    경찰 TFT 위원, 경찰청 치안정책고객평가단 평가위원, 경찰청 성과평가위원,
    군포시 정보공개심의위원회 위원, 의왕시 정보공개심의위원회 위원, 노무현정
    부 자치경찰제실무추진단 위원(2003~2007), 이명박정부 지방행정체제개편추
    진위원회 자치경찰소위원회 위원(2008~2012), 박근혜대통령 소속 지방자치발
    전위원회 자치경찰소위원회 TFT 위원(2013~2016), 한국경찰연구학회장(2004~
    2008), 한국치안행정학회장(2015~2016), 제34대 전국대학교기획처장협의회
    회장(2019) 역임.
(현) 한세대학교 인문사회과학부장, 경찰행정학과장, 경찰법무대학원 석사/박사 학
    과장, 한국자치경찰학회장, 특별사법경찰연구소 소장, 한국특별사법경찰학회 회
    장, 한국경찰학회 부회장, 경기남부경찰청 인권위원장, 경찰청 외사협력위원회
    위원, 경찰청 경찰공무원보건안전 및 복지증진정책심의위원회 자문위원.

자치경찰 – 제주자치경찰제도의 체계적 접근 –

2021년 6월 20일 초판 인쇄
2021년 6월 25일 초판 1쇄 발행

저 자 신 현 기

발행인 배 효 선

발행
처서 法 文 社

주 소 10881 경기도 파주시 회동길 37-29
등 록 1957년 12월 12일/제2-76호(윤)
전 화 (031)955-6500~6 FAX (031)955-6525
E-mail (영업) bms@bobmunsa.co.kr
(편집) edit66@bobmunsa.co.kr
홈페이지 http://www.bobmunsa.co.kr
조 판 법 문 사 전 산 실

정가 30,000원 ISBN 978-89-18-91201-1

불법복사는 지적재산을 훔치는 범죄행위입니다.
이 책의 무단전재 또는 복제행위는 저작권법 제136조 제1항에 의거, 5년
이하의 징역 또는 5,000만원 이하의 벌금에 처하게 됩니다.